David Moll

Ausfuhrverbote für NS-Raubkunst

Schriften zum Kulturgützerschutz / Cultural Property Studies

Herausgegeben von /
Edited by
Professor Dr. Wilfried Fiedler, Saarbrücken
Professor Dr. Dr. h.c. Erik Jayme, Heidelberg
Professor Dr. Kurt Siehr, Hamburg

David Moll

Ausfuhrverbote für NS-Raubkunst

DE GRUYTER

Dr. iur. *David Moll*, München

ISBN 978-3-11-054137-3
e-ISBN (PDF) 978-3-11-054324-7
e-ISBN (EPUB) 978-3-11-054166-3

Library of Congress Cataloging-in-Publication Data
A CIP catalog record for this book has been applied for at the Library of Congress.

Bibliografische Information der Deutschen Nationalbibliothek
Die Deutsche Nationalbibliothek verzeichnet diese Publikation in der Deutschen Nationalbibliografie; detaillierte bibliografische Daten sind im Internet über http://dnb.dnb.de abrufbar.

Druck und Bindung: CPI books GmbH, Leck
♾ Gedruckt auf säurefreiem Papier
Printed in Germany

www.degruyter.com

Vorwort

Die vorliegende Arbeit wurde im Dezember 2014 der Universität Augsburg als Dissertation vorgelegt.

Besonderer Dank gilt meinem Doktorvater Prof. Dr. Matthias Rossi für die Betreuung meiner Arbeit sowie für zahlreiche fachliche Anregungen und seine große Hilfsbereitschaft in allen Belangen rund um den Prozess der Promotion. Danken möchte ich überdies Prof. Dr. Christoph Vedder für die zügige Erstellung des Zweitgutachtens. Außerdem möchte ich meiner Familie und allen Freunden danken, die mich beim Erstellen der Arbeit unterstützt haben. Insbesondere möchte ich mich bei Louise von Hoerner für die große Unterstützung bei der Korrektur des Manuskriptes bedanken.

München, im Juni 2017 David Moll

https://doi.org/10.1515/9783110543245-001

Inhalt

Vorwort — V

Abkürzungsverzeichnis — XXI

Vorbemerkungen — 1
Zur Neufassung des Kulturgutschutzgesetzes — **1**
Zur Verwendung des Begriffs NS-Raubkunst — **2**

Einleitung — 3
Gegenstand der Arbeit — **3**
Gang der Untersuchung — **13**

1. Kapitel: Ausfuhrverbote für Kulturgüter — 17
§ 1 Rechtsbegriffe im Kulturgüterschutz — **17**
A. Kulturgut — **17**
I. Völkerrecht — **17**
II. Unionsrecht — **18**
III. Nationales Recht — **19**
IV. Literatur — **20**
V. Ergebnis — **20**
B. Kulturerbe — **21**
C. Denkmal und Denkmalschutz — **21**
D. Kunstwerk — **22**
§ 2 Ziele des Kulturgüterschutzes — **22**
A. Schutz der kulturellen Bindung — **23**
I. Kultureller Nationalismus und Internationalismus — **24**
II. Kriterien für die nationale Zuordnung von Kulturgütern — **26**
B. Zugänglichkeit für die Allgemeinheit — **27**
C. Bewertung — **28**
§ 3 Überblick über den Abwanderungsschutz für in Deutschland belegene Kulturgüter — **29**
§ 4 Entwicklung des Abwanderungsschutzes für Kulturgüter im 20. Jahrhundert in Deutschland — **30**
A. Abwanderungsschutz zur Zeit der Weimarer Republik — **31**
I. Ausfuhrverordnung — **31**
1. Anwendungsbereich — **32**

2. Eintragung in das Verzeichnis der national wertvollen Kunstwerke — **33**
3. Erteilung der Ausfuhrgenehmigung — **34**
II. Denkmalschutzverordnung — **35**
B. Das Dritte Reich — **36**
I. Anschauung des NS-Regimes in Kulturgüterschutzfragen — **36**
II. Abwanderungsschutz zur Zeit des Dritten Reichs — **37**
C. Abwanderungsschutz während der Nachkriegszeit — **38**
D. Abwanderungsschutz in der DDR — **39**
§ 5 Das Gesetz zum Schutz deutschen Kulturgutes gegen Abwanderung — **40**
A. Gesetzgebungskompetenz — **40**
B. Zielsetzung — **41**
C. Fortgeltung der Ausfuhrverbote aus der NS-Zeit — **42**
D. Fortgeltung der Ausfuhrverbote aus der DDR-Zeit — **43**
E. Anwendungsbereich des KultgSchG — **43**
I. Sachlicher Anwendungsbereich — **43**
1. Kulturgutbegriff des KultgSchG — **44**
2. Zugehörigkeit zum deutschen Kulturbesitz — **45**
3. Wesentlicher Verlust für den deutschen Kulturbesitz — **47**
II. Persönlicher Anwendungsbereich — **48**
1. Kulturgut im Privateigentum — **48**
2. Kulturgut im öffentlichen Eigentum — **48**
3. Kulturgut im kirchlichen Eigentum — **52**
F. Eintragungsverfahren — **52**
I. Zuständigkeit — **53**
II. Einleitung des Eintragungsverfahrens — **53**
1. Kulturgut im Privateigentum — **53**
a) Verfahrenseinleitung — **53**
b) Pflicht zur Verfahrenseinleitung — **54**
2. Kulturgut im öffentlichen Eigentum — **55**
a) Verfahrenseinleitung — **55**
b) Pflicht zur Verfahrenseinleitung — **56**
III. Länderverzeichnisse und Gesamtverzeichnis — **57**
IV. Rechtsfolgen der Einleitung des Eintragungsverfahrens — **57**
V. Rechtsnatur der Verfahrenseinleitung — **58**
VI. Sachverständigen-Ausschuss — **59**
VII. Bestehen einer Eintragungspflicht — **59**
1. Kulturgut in Privateigentum — **59**
2. Kulturgut im öffentlichen Eigentum — **63**

VIII. Bestehen einer Recherchepflicht — 67
1. Kulturgut im Privateigentum — 67
2. Kulturgut im öffentlichen Eigentum — 68
IX. Löschung der Eintragung — 69
X. Rechtsnatur der Eintragung — 70
XI. Anhörung — 70
XII. Rechtsschutzmöglichkeiten gegen die Eintragung — 71
1. Kulturgut im Privateigentum — 71
2. Kulturgut im öffentlichen Eigentum — 72
XIII. Eintragungspraxis — 72
G. Rechtsfolgen der Eintragung — 74
I. Ausfuhrverbot mit Genehmigungsvorbehalt — 74
II. Steuererleichterungen — 75
III. Ausfuhrgenehmigungsverfahren — 75
1. Antragsberechtigung — 75
2. Zuständigkeit und Verfahren — 76
3. Entscheidung über die Ausfuhrgenehmigung — 76
4. Nebenbestimmungen — 79
5. Billiger Ausgleich bei Notverkäufen — 80
6. Verstoß gegen das Ausfuhrverbot — 81
7. Rechtsschutz gegen die Versagung der Ausfuhrgenehmigung — 81
H. Vereinbarkeit der Ausfuhrbeschränkungen des KultgSchG mit Art. 14 GG — 81
I. Vereinbarkeit der Ausfuhrbeschränkungen des KultgSchG mit Unionsrecht — 84
§ 6 Landesrechtlicher Verbringungsschutz für Kulturgüter am Bespiel des Bayerischen Denkmalschutzgesetzes — 87
A. Überblick — 87
B. Gesetzgebungskompetenz — 88
C. Zielsetzung des BayDSchG — 89
D. Anwendungsbereich des BayDSchG — 89
I. Sachlicher Anwendungsbereich — 89
1. Denkmalgeeignete Objekte — 90
a) Relevante Denkmalgattungen — 90
b) Bewegliches Denkmal — 92
2. Denkmalwürdigkeit — 92
3. Denkmalfähige Objekte — 93
II. Persönlicher Anwendungsbereich — 93
E. Eintragung beweglicher Denkmäler — 93

I. Zuständigkeit — 93
II. Einleitung des Eintragungsverfahrens — 94
III. Eintragungsentscheidung — 95
IV. Recherchepflicht — 96
V. Rechtsnatur der Eintragung — 96
VI. Löschung der Eintragung — 96
VII. Rechtschutzmöglichkeiten des Denkmaleigentümers — 97
VIII. Eintragungspraxis — 97
F. Rechtsfolgen der Eintragung — 97
I. Erlaubnispflichtige Maßnahmen — 97
II. Verbringungsverbot mit Erlaubnisvorbehalt — 98
III. Staatliches Vorkaufsrecht — 98
IV. Enteignung — 100
V. Zuschüsse und Steuererleichterungen — 100
VI. Das Erlaubnisverfahren — 101
1. Antragsberechtigung — 101
2. Zuständigkeit und Verfahren — 101
3. Entscheidung über die Verbringungserlaubnis — 101
4. Nebenbestimmungen — 105
5. Billiger Ausgleich — 105
6. Verstoß gegen das Ausfuhrverbot — 105
7. Rechtsschutz gegen die Versagung der Verbringungserlaubnis — 106
G. Vereinbarkeit des Verbringungsverbotes mit Art. 14 GG — 106
H. Vereinbarkeit des Verbringungsverbots mit Unionsrecht — 108
§ 7 Verordnung Nr. 116/2009 — 109
A. Anwendungsbereich — 109
B. Erteilung der Ausfuhrgenehmigung — 110
I. Verfahren — 110
II. Voraussetzung der Ausfuhrgenehmigung — 110
III. Verstoß gegen das Ausfuhrverbot — 111
IV. Rechtsschutz gegen die Nichterteilung der Ausfuhrgenehmigung — 112
§ 8 Ergebnis — 112

2. Kapitel: Kunstraub und Restitution — 115
§ 1 Der NS-Kunstraub an den Juden — 115
A. Die Entziehung im Deutschen Reich und im angeschlossenen Österreich — 115
I. Die verschiedenen Arten der Entziehung — 116

II. Die „freiwilligen“ Entziehungen aufgrund der wirtschaftlichen Diskriminierung jüdischer Kunstsammler — 117
1. Die Verdrängung der Juden aus dem Wirtschaftsleben des Deutschen Reichs — 117
2. Die „freiwilligen“ Veräußerungen — 121
III. Die zwangsweise Entziehung durch staatlichen Hoheitsakt — 121
1. Erstreckung der Entziehungsmaßnahmen auf das Gebiet des „angeschlossenen“ Österreichs — 122
2. Anmeldepflicht für jüdisches Vermögen — 123
3. Verbot der freihändigen Veräußerung und Zwangsverkauf — 123
4. Einziehung volks- und staatsfeindlichen Vermögens — 124
IV. Entziehung von Kulturgütern jüdischer Emigranten — 125
1. Die Emigration der verfolgten deutschen und österreichischen Juden — 125
2. Die Erschwerung bzw. das Verbot der Verbringung von jüdischen Kulturgütern ins Ausland — 127
a) Allgemein gegen den Transfer bzw. die Ausfuhr von Vermögenswerten jüdischer Emigranten gerichtete Vorschriften und Maßnahmen — 127
aa) Verschärfung der Reichsfluchtsteuer — 127
bb) Diskriminierung jüdischer Emigranten aufgrund devisenrechtlicher Bestimmungen — 128
cc) Beschränkung der Ausfuhr beweglicher Vermögensobjekte durch jüdische Emigranten — 130
(1) Kontrolle jüdischen Umzugsgutes durch die NS-Behörden — 130
(2) Generelle Genehmigungspflicht für die Verbringung beweglicher Vermögensobjekte ins Ausland und die Ausfuhrabgabe — 131
b) Speziell gegen die Ausfuhr von Kulturgütern jüdischer Emigranten gerichtete Vorschriften und Maßnahmen — 132
aa) Der Missbrauch der Ausfuhrverordnung — 132
bb) Der Abwanderungsschutz für Kulturgüter im angeschlossenen Österreich — 137
cc) Das absolute Ausfuhrverbot für bedeutende Kulturgüter — 138

dd) Goebbels Reformbemühungen und die Überprüfung jüdischen Umzugsgutes durch Kunstsachverständige — 139
3. Die Entziehung zurückgelassener Vermögenswerte jüdischer Emigranten — 141
V. Der Sonderfall der Einziehung „entarteter“ Kunst — 142
B. Die Entziehung im besetzten Ausland — 144
C. Verwendung der entzogenen Kulturgüter — 145
D. Beispiele für die Instrumentalisierung der Ausfuhrverordnung — 147
I. Die Entziehung der Sammlung Behrens — 147
II. Die Entziehung der Majolika-Sammlung Pringsheim — 149
E. Die Entziehung der Musikbibliothek Peters — 150
F. Die Entziehung der Sammlungen von Louis und Alphonse Rothschild — 153
G. Ergebnis — 155
§ 2 Die Restitution von Kulturgütern aus ehemals jüdischem Besitz in Deutschland — 157
A. Begriff der Restitution — 157
B. Die Restitution von NS-Raubkunst auf Grundlage des alliierten Rückerstattungsrechts — 159
I. Die rechtlichen Grundlagen der Restitution durch die westalliierten Besatzungsmächte — 159
II. Der Erlass der Rückerstattungsgesetze der westalliierten Besatzungsmächte — 161
III. Die Restitution von Kulturgütern auf Grundlage des USREG, des BrREG und der REAO — 163
1. Der räumliche Geltungsbereich der Rückerstattungsgesetze — 163
2. Die Voraussetzungen des Rückerstattungsanspruchs — 164
a) Die Entziehungstatbestände — 164
b) Die Entziehungsvermutung bei „freiwilligen“ Entziehungen — 166
aa) Voraussetzung der Entziehungsvermutung — 167
bb) Widerlegung der Vermutung der ungerechtfertigten Entziehung — 167
c) Entziehungen im Zusammenhang mit der Ausfuhrverordnung — 169
3. Der Anspruch als Naturalrestitution — 170
4. Der Ausschluss des Rückerstattungsanspruchs — 172
5. Die Anmeldung des Rückerstattungsanspruchs — 174

IV. Lückenhaftigkeit der Kulturgüterrestitution auf Grundlage der alliierten Rückerstattungsgesetze — **174**
C. Der Überleitungsvertrag — **175**
D. Die Restitution von NS-Raubkunst in der frühen Bundesrepublik — **176**
E. Die Restitution von NS-Raubkunst im Beitrittsgebiet nach der Wiedervereinigung — **177**
I. Die völkerrechtlichen Vorgaben — **177**
II. Die Restitution von NS-Raubkunst auf Grundlage des § 1 Abs. 6 VermG — **179**
1. Sinn und Zweck der Regelung — **179**
2. Der räumliche Geltungsbereich des § 1 Abs. 6 VermG — **181**
3. Die Voraussetzungen des Rückerstattungsanspruchs nach § 1 Abs. 6 VermG — **181**
a) Die Entziehungstatbestände nach § 1 Abs. 6 VermG — **182**
b) Die Entziehungsvermutung bei „freiwilligen" Entziehungen — **183**
c) Der Rückerstattungspflichtige bei Ansprüchen nach § 1 Abs. 6 VermG — **183**
d) Entziehungen im Zusammenhang mit der Ausfuhrverordnung — **184**
4. Der Anspruch auf Naturalrestitution — **184**
5. Der Ausschluss der Naturalrestitution — **186**
a) Der Ausschluss der Rückerübertragung wegen Unmöglichkeit der Restitution nach § 4 Abs. 1 S. 1 VermG — **187**
b) Der Ausschluss der Rückerübertragung nach § 5 Abs. 1 VermG — **187**
c) Der Ausschluss der Rückübertragung wegen redlichen Erwerbs nach § 4 Abs. 2, 3 VermG — **189**
d) Entschädigungsansprüche bei Ausschluss der Rückübertragung — **190**
5. Die Anmeldung des Rückerstattungsanspruchs nach § 1 Abs. 6 VermG — **190**
III. Der Musikverlag C.F. Peters während der sowjetischen Besatzung und des DDR-Regimes und dessen anschließende Restitution auf Grundlage von § 1 Abs. 6 VermG — **191**
F. Die Restitution von NS-Raubkunst auf Grundlage der Washingtoner Prinzipien, der Gemeinsamen Erklärung und der Handreichung — **192**

I. Die Washingtoner Prinzipien und ihre Umsetzung in Deutschland — 192
1. Die Washingtoner Prinzipien — 192
2. Die Umsetzung der Washingtoner Prinzipien in Deutschland — 196
a) Die Restitutionsgrundsätze der Stiftung Preußischer Kulturbesitz — 196
b) Die Gemeinsame Erklärung — 196
c) Die Handreichung — 198
d) Provenienzrecherche und Dokumentation NS-verfolgungsbedingter Kulturgutverluste — 200
e) Die Beratende Kommission — 200
f) Anwendung der Washingtoner Prinzipien, der Gemeinsamen Erklärung und der Handreichung gegenüber Privatpersonen, Stiftungen und Privatsammlungen — 201
II. Die Rechtlichen Wirkungen der Washingtoner Prinzipien, der Gemeinsamen Erklärung und der Handreichung — 202
1. Die rechtliche Unverbindlichkeit der Washingtoner Prinzipien, der Gemeinsamen Erklärung und der Handreichung — 202
2. Einordnung der Bestimmungen der Washingtoner Prinzipien als „soft law" — 203
a) Begriff des „soft law" — 204
b) Das „soft law" der Washingtoner Prinzipien — 207
3. Die Innerstaatlichen Wirkungen des „soft law" der Washingtoner Prinzipien — 208
a) Beschränkung der unmittelbaren innerstaatlichen Geltung der Washingtoner Prinzipien nach Art. 25 S. 1, 59 Abs. 2 S. 1 GG — 208
b) Mittelbare innerstaatliche Wirkungen der Washingtoner Prinzipien — 209
aa) Anwendung im Rahmen behördlicher Ermessensentscheidungen — 210
bb) Anwendung im Rahmen behördlicher Gestaltungsspielräume auf Tatbestandsebene — 211
4. Mittelbare Wirkungen des nationalen „soft law" der Gemeinsamen Erklärung und der Handreichung — 212
5. Selbstbindung der Verwaltung nach festgestelltem verfolgungsbedingten Entzug — 212
G. Die Restitution von NS-Raubkunst auf Grundlage von § 985 BGB — 216

I. Anwendbarkeit des Zivilrechts auf die Restitution von NS-Raubkunst — 216
II. Eigentumsverlust aufgrund von Entziehungen während der NS-Zeit — 218
1. Eigentumsverlust aufgrund „freiwilliger“ Entziehungen während der ersten Raubkunstphase — 218
2. Eigentumsverlust bei Entziehung durch staatlichen Hoheitsakt während der zweiten Raubkunstphase — 221
III. Eigentumsverlust durch Rechtserwerb Dritter — 223
1. Gutgläubiger Erwerb vom Nichtberechtigten — 223
2. Gutgläubiger Erwerb im Wege der öffentlichen Versteigerung — 224
3. Eigentumsverlust durch Ersitzung — 225
IV. Durchsetzbarkeit des Herausgabeanspruchs aus § 985 BGB — 225
V. Inhalt des Herausgabeanspruchs nach § 985 BGB — 226
H. Die Restitution von als „entartet“ entzogener Kunst — 227
I. Ergebnis — 229

3. Kapitel: Ausfuhrverbote für NS-Raubkunst — 232
§ 1 Kunstrestitution und Ausfuhrverbote in Österreich — 233
A. Die Restitution von NS-Raubkunst bis zum Erlass des Kunstrückgabegesetzes — 233
B. Die Vereitelung von Restitutionen durch Instrumentalisierung des Ausfuhrverbotsgesetzes — 236
C. Die Vereitelung der Restitutionen der Sammlungen Alphonse und Louis Rothschild — 238
D. Das Kunstrückgabegesetz — 240
I. Restitutionsentscheidung — 240
III. Tatbestandvoraussetzungen des Kunstrückgabegesetzes — 242
1. Rückerstattung von Kulturgutverlusten aufgrund des Ausfuhrverbotsgesetzes — 242
2. Weitere Rückerstattungstatbestände — 243
IV. Ausnahmebestimmung zum Denkmalschutzgesetz — 243
VIII. Die Restitution der Sammlungen Alphonse und Louis Rothschild auf Grundlage des § 1 Abs. 1 Nr. 1 KRG — 245
§ 2 Die Ausfuhrverbotspraxis in Bezug auf NS-Raubkunst in Deutschland — 245
I. Nachkriegszeit — 245
II. Die Gegenwart — 249

§ 3 Der Konflikt zwischen Restitution und Kulturgüterschutz am Beispiel des Falles der Musikbibliothek Peters — 252
A. Die Unterschutzstellung der Musikbibliothek Peters auf Grundlage des KultgSchG — 252
B. Die Rechtsprechung zum Fall des Musikbibliothek Peters — 256
I. Das Urteil des Verwaltungsgerichts Berlin — 256
II. Das Urteil des Verwaltungsgerichts Dresden — 258
III. Das Urteil des Oberverwaltungsgerichts Bautzen — 260
IV. Das Urteil des Bundesverwaltungsgerichts — 261
§ 4 Ausfuhrverbote für NS-Raubkunst: Die Bewertung der Rechtslage — 264
A. Ausfuhrverbote nach dem KultgSchG für NS-Raubkunst — 265
I. Anwendbarkeit des KultgSchG auf NS-Raubkunst — 265
1. Die Bestimmungen der alliierten Rückerstattungsgesetze — 265
a) Der Anspruch auf Naturalrestitution — 266
b) Der Ausschluss des Restitutionsanspruchs — 268
2. Die völkerrechtlichen Verpflichtungen der Bundesrepublik Deutschland — 269
3. Die Bestimmungen des Vermögensgesetzes — 271
a) Der Anspruch auf Naturalrestitution — 271
b) Der Ausschluss des Restitutionsanspruchs — 272
4. Die Bestimmungen der Washingtoner Prinzipien, der Gemeinsamen Erklärung und der Handreichung — 273
a) Der mittelbare Restitutionsanspruch — 273
b) Das Ziel einer „gerechten und fairen Lösung" — 274
II. Die Eintragung von NS-Raubkunst — 276
1. Die Eintragung von bereits restituierter NS-Raubkunst — 277
a) Die Einleitung des Eintragungsverfahrens gegen den Willen des Kulturguteigentümers — 278
aa) Antragsrecht — 278
bb) Pflicht zur Einleitung des Eintragungsverfahrens — 278
b) Eintragungspflicht bei NS-Raubkunst — 279
c) Selbstbindung der Verwaltung — 280
d) Löschung der Eintragung bei NS-Raubkunst — 281
e) Rechtsschutzmöglichkeiten des Raubkunsteigentümers — 281
2. Die Eintragung (noch) nicht restituierter NS-Raubkunst — 282
a) NS-Raubkunst im öffentlichen Besitz — 282

aa) Öffentliches Eigentum — 282
(1) Einleitung des Eintragungsverfahrens — 283
(a) Anmelde- bzw. Antragsrecht — 283
(b) Entscheidung über die Verfahrenseinleitung — 283
(2) Verfahrensausschluss des Restitutionsberechtigten — 285
(3) Eintragungsentscheidung — 286
(4) Löschung der Eintragung — 287
(5) Rechtsschutzmöglichkeiten des Restitutionsberechtigten — 287
bb) Privateigentum — 288
b) NS-Raubkunst in Privatbesitz — 288
aa) Eigentum des Besitzers — 288
bb) Eigentum des Restitutionsberechtigten — 289
III. Der Sonderfall der Eintragung vor der Entziehung — 289
IV. Das Ausfuhrgenehmigungsverfahren bei NS-Raubkunst — 290
1. Die Erteilung der Ausfuhrgenehmigung bei NS-Raubkunst — 290
a) Das Interesse an einer wirtschaftlichen Verwertung von NS-Raubkunst im Ausland — 291
b) Das „soft law" der Washingtoner Prinzipien, der Gemeinsamen Erklärung und der Handreichung — 292
c) Der NS-verfolgungsbedingte Entzug des Kulturgutes — 292
d) Die Abwägungsentscheidung — 292
e) Nebenbestimmungen — 293
2. Rechtsschutz gegen die Nichterteilung der Ausfuhrgenehmigung — 294
V. Ergebnis — 294
VI. Vorschläge zur Änderung des KultgSchG — 295
1. Suspendierung des KultgSchG bei restituierter NS-Raubkunst — 295
2. Einführung eines gesetzlichen Vorkaufsrechts — 298
3. Modifizierung der Bestimmung des § 22 Abs. 3 KultgSchG — 298
B. Ausfuhrverbote für NS-Raubkunst nach dem BayDSchG — 299
I. Die Anwendbarkeit des BayDSchG auf NS-Raubkunst — 299

II. Die Eintragung von NS-Raubkunst — 300
1. Die Eintragung restituierter NS-Raubkunst — 300
a) Verfahrenseinleitung gegen den Willen des Eigentümers — 300
b) Eintragungsentscheidung — 301
c) Löschung der Eintragung — 301
d) Rechtsschutzmöglichkeiten des Denkmaleigentümers — 301
2. Die Eintragung noch nicht restituierter NS-Raubkunst — 302
a) Einleitung des Eintragungsverfahrens — 302
b) Verfahrensausschluss des Restitutionsberechtigten — 302
c) Eintragungsentscheidung — 302
d) Löschung der Eintragung — 302
e) Rechtsschutzmöglichkeiten des Restitutionsberechtigten — 303
III. Erlaubnisverfahren bei NS-Raubkunst — 303
1. Erteilung der Verbringungserlaubnis bei NS-Raubkunst — 303
2. Nebenbestimmungen — 304
3. Rechtsschutz gegen die Nichterteilung der Ausfuhrgenehmigung — 304
IV. Ausübung des staatlichen Vorkaufsrechtes bei NS-Raubkunst — 304
V. Enteignung von NS-Raubkunst — 305
VI. Ergebnis — 305
VII. Vorschlag zur Änderung des BayDSchG — 305
C. Ausfuhrverbote für NS-Raubkunst nach der Verordnung Nr. 116/2009 — 306

Fazit — 308

Nachträgliche Anmerkung: Die Behandlung von NS-Raubkunst nach dem KGSG — 310
§ 1 Die Ausfuhrverbote des KGSG — 311
A. Eingetragenes national wertvolles Kulturgut — 311
B. Öffentliches Kulturgut — 312
C. Erstreckung der Verordnung 116/2009 auf die Ausfuhr innerhalb des Binnenmarktes — 313
§ 2 Anwendbarkeit des KGSG auf NS-Raubkunst — 313

§ 3 Belastung von NS-Raubkunst mit einem Ausfuhrverbot — **314**
§ 4 Löschung der Eintragung — **315**
§ 5 Das Ausfuhrgenehmigungsverfahren — **315**
§ 6 Fortgeltung der Ausfuhrverbote aus der NS-Zeit — **317**
§ 7 Fazit zur Behandlung von NS-Raubkunst nach dem KGSG — **317**

Literaturverzeichnis — 320

Abkürzungsverzeichnis

a.A.	anderer Ansicht
a.a.O.	am angegebenen Ort
ABl.	Amtsblatt
ABl. EU	Amtsblatt der Europäischen Union
Abs.	Absatz
Abschn.	Abschnitt
a. F.	alte Fassung
Alt.	Alternative
AO	Abgabenordnung
Art.	Artikel
Aufl.	Auflage
BArch	Bundesarchiv
BayDSchG	Bayerisches Denkmalschutzgesetz
BayVBl.	Bayerische Verwaltungsblätter
BayVwVfG	Bayerisches Verwaltungsverfahrensgesetz
BEG	Bundesentschädigungsgesetz
Beschl.	Beschluss
BGB	Bürgerliches Gesetzbuch
BGBl.	Bundesgesetzblatt
BGH	Bundesgerichtshof
BGHZ	Entscheidungen des Bundesgerichtshofs in Zivilsachen
BHO	Bundeshaushaltsordnung
BKM	Beauftragter der Bundesregierung für Kultur und Medien
BrREG	Militärregierungsgesetz Nr. 59 zur Rückerstattung feststellbarer Vermögensgegenstände an Opfer der nationalsozialistischen Unterdrückungsmaßnahmen
BRüG	Bundesrückerstattungsgesetz
BT-Dr	Bundestagsdrucksache
BV	Bayerische Verfassung
BVerfG	Bundesverfassungsgericht
BVerfGE	Entscheidungen des Bundesverfassungsgerichts
BVerwG	Bundesverwaltungsgericht
bzw.	beziehungsweise
ca.	circa
DDR	Deutsche Demokratische Republik
DDR-GBl.	Gesetzblatt der Deutschen Demokratischen Republik
d. h.	das heißt
DÖV	Die Öffentliche Verwaltung
ebda.	ebenda
Einf.	Einführung
Einl.	Einleitung
EuGH	Gerichtshof der Europäischen Union
f./ff.	folgende
FAZ	Frankfurter Allgemeine Zeitung

Fn.	Fußnote
FS	Festschrift
gem.	gemäß
GG	Grundgesetz
GStA	Geheimes Staatsarchiv
GVBl.	Gesetz- und Verordnungsblatt
h.M.	herrschende Meinung
Hrsg.	Herausgeber
Hs.	Halbsatz
JuS	Juristische Schulung
i.A.	im Auftrag
i.d.F.	in der Fassung
i.V.m.	in Verbindung mit
i.S.d.	im Sinne des
i.S.v.	im Sinne von
JCC	Jewish Claims Conference
JNBl.	Jüdisches Nachrichtenblatt
JZ	JuristenZeitung
Kap.	Kapitel
KMK	Ständige Konferenz der Kultusminister der Länder in der Bundesrepublik Deutschland
KultgSchG	Gesetz zum Schutz deutschen Kulturgutes gegen Abwanderung
KultGüRückG	Gesetz zur Ausführung des UNESCO-Übereinkommens vom 14. November 1970 über Maßnahmen zum Verbot und zur Verhütung der rechtswidrigen Einfuhr, Ausfuhr und Übereignung von Kulturgut und zur Umsetzung der Richtlinie 93/7/EWG des Rates vom 15. März 1993 über die Rückgabe von unrechtmäßig aus dem Hoheitsgebiet eines Mitgliedsstaats verbrachten Kulturgüter (Kulturgüterrückgabegesetz)
KRG	Bundesgesetz über die Rückgabe von Kunstgegenständen und sonstigem beweglichem Kulturgut aus österreichischen Bundesmuseen und Sammlungen und aus dem sonstigen Bundeseigentum (Kunstrückgabegesetz)
KUR	Journal für Kunstrecht, Urheberrecht und Kulturpolitik
LG	Landgericht
lit.	Littera
m.E.	meines Erachtens
MilReg.	Militärregierung
MRG Nr. 52	Gesetz Nr. 52 über die Sperre und Kontrolle von Vermögen der Militärregierungen
m.w.Nachw.	mit weiteren Nachweisen
NJW	Neue Juristische Wochenschrift
Nr.	Nummer
NS-VEntschG	NS-Verfolgtenentschädigungsgesetz
OLG	Oberlandesgericht
OVG	Oberverwaltungsgericht
REAO	Anordnung der Alliierten Kommandantur Berlin BK/O (49) 180 zur Rückerstattung feststellbarer Vermögensgegenstände an Opfer der nationalsozialistischen Unterdrückungsmaßnahmen
RGBl.	Reichsgesetzblatt

Rn.	Randnummer
RStBl.	Reichssteuerblatt
s.	siehe
S.	Seite/Satz
SPK	Stiftung Preußischer Kulturbesitz
StGBl.	Staatgesetzblatt
sog.	sogenannt
Urt.	Urteil
USREG	Militärregierungsgesetz Nr. 59 zur Rückererstattung feststellbarer Vermögensgegenstände
u. U.	unter Umständen
v.	vom/von
VermG	Gesetz zur Regelung offener Vermögensfragen (Vermögensgesetz)
VG	Verwaltungsgericht
vgl.	vergleiche
VwGO	Verwaltungsgerichtsordnung
VIZ	Zeitschrift für Vermögens- und Immobilienrecht
VO Nr. 120	Verordnung Nr. 120 über die Rückerstattung geraubter Vermögensobjekte
VwVfG	Verwaltungsverfahrensgesetz
WRV	Weimarer Reichsverfassung
z. B.	zum Beispiel
Ziff.	Ziffer
ZOV	Zeitschrift für offene Vermögensfragen

Vorbemerkungen

Zur Neufassung des Kulturgutschutzgesetzes

Mit dem Verfassen der vorliegenden Dissertation wurde Ende 2008 begonnen. Im Dezember 2014 wurde die Arbeit bei der Universität Augsburg zur Korrektur eingereicht. Anlass für den Verfasser sich mit der vorliegenden Thematik zu befassen, war der seit 2006 schwelende Gerichtsstreit über die Belastung der Musiksammlung Peters mit einem mit einem Ausfuhrverbot nach dem Kulturgutschutzgesetz in seiner bis Anfang August 2016 geltenden Fassung.[1] Die Musiksammlung war ihren jüdischen Alteigentümern während der Zeit des Dritten Reichs vom NS-Regime entzogen worden und wurde nach der Wiedervereinigung an deren Erben auf Grundlage des Vermögensgesetzes restituiert. Das Gerichtsverfahren zeigte den Konflikt zwischen den dem Schutz des deutschen Kulturbesitzes dienenden Ausfuhrverboten des KultgSchG und den Interessen der Restitutionsberechtigten[2] an einer unbeschränkten Ausfuhr von NS-Raubkunst auf. Es wurde deutlich, dass das KultgSchG keine hinreichende Grundlage für eine interessengerechte Lösung dieses Konfliktes bot.

Der Gesetzgeber hat diese Problematik nun erkannt und mit den §§ 13 Abs. 2 und 23 Abs. 3 entsprechende Ausnahmeregelungen in die am 6. August 2016 in Kraft getretene Neufassung des Kulturgutschutzgesetzes[3] eingefügt. Nach diesen Bestimmungen wird die Ausfuhr von NS-Raubkunst ermöglicht, sofern diese mit dem Zweck der Rückgabe an einen im Ausland lebenden Restitutionsberechtigten erfolgen soll.

Dass der Gesetzgeber sich des Konflikts zwischen den Ausfuhrverboten des KultgSchG und dem Ausfuhrinteresse der Restitutionsberechtigten annehmen wird, war bis zur Einreichung der Arbeit Ende 2014 in keiner Weise absehbar. Daher wurde dieser Konflikt im Rahmen der vorliegenden Bearbeitung auf Grundlage der Bestimmungen des damals geltenden KultgSchG gelöst. Auch darüber hinaus wird der Bearbeitung grundsätzlich die Ende 2014 geltende

1 „Gesetz zum Schutz deutschen Kulturgutes gegen Abwanderung (KultgSchG)“ (neugefasst durch Bek. v. 8.7.1999 (BGBl. 1999 I S. 1754), zuletzt geändert durch Art. 2 G v. 18.5.2007 (BGBl. 2007 I S. 757)). Im Folgenden „KultgSchG“ genannt.

2 Sofern in der vorliegenden Arbeit von einem „(Restitutions-)Berechtigten“ die Rede ist, ist damit nicht nur der eigentlich Anspruchsberechtigte vor der Erfüllung des Restitutionsanspruchs gemeint, sondern auch der (ehemals) Berechtigte, dessen Restitutionsanspruch bereits erfüllt worden ist.

3 „Gesetz zum Schutz von Kulturgut (Kulturgutschutzgesetz – KGSG)“ v. 31.7.2016 (BGBl. I S. 1914). Im Folgenden „KGSG“ genannt.

https://doi.org/10.1515/9783110543247-002

Rechtslage zur Grunde gelegt und nur die bis zu diesem Zeitpunkt erschienene Literatur und Rechtsprechung berücksichtigt. Auf die erwähnten Ausnahmebestimmungen des KGSG wird anschließend, im Rahmen einer nachträglich eingefügten Anmerkung eingegangen.

Die Tatsache, dass sich der Gesetzgeber nun entschieden hat, den Konflikt zwischen den Ausfuhrverboten zum Schutz des deutschen Kulturbesitzes und den Interessen der Restitutionsberechtigten an einer unbeschränkten Ausfuhr von NS-Raubkunst einer gesetzlichen Regelung zuzuführen, zeigt, dass nach alter Rechtslage eine Regelungslücke bestand, die aufgrund der praktischen und politischen Relevanz der ihre zu Grunde liegenden Problematik geschlossen werden musste. Das gesetzgeberische Handeln bestätigt daher auch die Auffassung des Verfassers, wonach die alte Rechtslage keine hinreichende Rechtsgrundlage für eine akzeptable Lösung der vorliegenden Interessenkollision bot und die Schaffung gesetzlicher Ausnahmeregelungen für die Ausfuhr von NS-Raubkunst dringend erforderlich war.

Zur Verwendung des Begriffs NS-Raubkunst

Der Verfasser hat sich aus Gründen der Lesbarkeit dafür entschieden, den Begriff „NS-Raubkunst“ gleichbedeutend mit dem Begriff des „NS-verfolgungsbedingt entzogenem Kulturgut“ zu verwenden. Zwar ist eine solche Verwendung des Begriffs „NS-Raubkunst“ streng genommen nicht korrekt, da es sich bei den verschiedenen Entziehungsmaßnamen, mit denen das NS-Regime auf die Kulturgüter verfolgter Personengruppen zugriff, grundsätzlich nicht um Raube im juristischen Sinne handelte. Dennoch hat sich der Begriff der „NS-Raubkunst“ mittlerweile quasi als Kurzform von „NS-verfolgungsbedingt entzogenem Kulturgut“ sowohl in der Praxis als auch im Schrifttum durchgesetzt und wird auch in diesem Sinne von dem Verfasser verwandt. Gleiches gilt selbstverständlich sofern in dieser Arbeit vom „Kunstraub“ der Nationalsozialisten bzw. vom „NS-Kunstraub“ die Rede ist.

Einleitung

Gegenstand der Arbeit

Spätestens seit die Weltöffentlichkeit im November 2013 von der Existenz der Kunstsammlung Cornelius Gurlitts erfuhr, ist die Thematik der NS-Raubkunstrestitution zu einem der dominierenden Themen in den Feuilletons der deutschen und internationalen Presse geworden. Gurlitt hatte die aus über tausend Werken bestehende Sammlung von seinem Vater Hildebrandt geerbt, der im Auftrag der Nationalsozialisten mit Kunst handelte. Zwar stellte sich im Nachhinein heraus, dass der Anteil der Sammlung NS-Raubkunst wohl weitaus geringer ist, als zunächst angenommen.[1] Dennoch zeigte der Fall Gurlitt auf, dass das Kapitel der Wiedergutmachung des NS-Kunstraubs an der jüdischen Bevölkerung auch über siebzig Jahren nach Ende des Dritten Reichs noch lange nicht abgeschlossen ist.

Der Kunstraub der Nationalsozialisten ist hinsichtlich seines Umfangs in der Geschichte ohne Beispiel. Selbst äußerst konservative Schätzungen gehen davon aus, dass die Nationalsozialisten zwischen 1933 und 1945 mindestens 200.000 Kunstwerke in Deutschland und Österreich, sowie 400.000 Artefakte aus den besetzten Gebieten in West- und Osteuropa geraubt haben.[2] Sowohl in Deutschland und Österreich, als auch in den besetzten Gebieten richtete sich der Kunstraub hauptsächlich gegen die rassisch verfolgte jüdische Bevölkerung, so dass ein Großteil der gestohlenen Werke als NS-Raubkunst zu qualifizieren ist.[3]

Zu ersten Restitutionen von NS-Raubkunst kam es in Deutschland nach Ende des Zweiten Weltkriegs auf Grundlage der durch die westalliierten Besatzungsmächte erlassenen Rückerstattungsgesetze. Da nach diesen Gesetzen die Geltendmachung von Restitutionsansprüchen innerhalb einer relativ kurz bemessenen Anmeldefrist erfolgen musste, konnte jedoch nur ein Bruchteil der tatsächlich Anspruchsberechtigten die Restitution der ihnen entzogenen Werke erfolgreich betreiben.[4] Nach der Wiedervereinigung wurde den Opfern des NS-

---

1 Zum Stand der Provenienzforschung vgl. u. a. den am 14.1.2016 vorgelegten Bericht über die Arbeit der Taskforce Schwabinger Kunstfund (abrufbar unter: http://www.taskforce-kunstfund.de/fileadmin/_downloads/Bericht%20TFK%2014-1-2016%20Druckfassung.pdf (Stand: Dezember 2014)).

2 Vgl. die Stellungnahme von *Jonathan Petropoulos* vor dem House Banking Committee vom 10.2.2000 (abrufbar unter: http://archives.financialservices.house.gov/banking/21000pet.shtml (Stand: Dezember 2014)).

3 Vgl. 2. Kapitel § 1.

4 Vgl. 2. Kapitel § 2 B.

https://doi.org/10.1515/978311054324-003

Kunstraubs auf Grundlage des Vermögensgesetzes[5] auch für ihre im Beitrittsgebiet belegenen Kulturgüter ein Restitutionsanspruch eingeräumt, der inhaltlich an das alliierte Rückerstattungsrecht anknüpft.[6]

Weltpolitische Bedeutung gewann das Thema der NS-Raubkunstrestitution spätestens durch die „Washington Conference on Holocaust Era Assets", die im Dezember 1998 auf Initiative des amerikanischen Außenministeriums in Washington stattfand. Im Rahmen dieser Konferenz verabschiedeten die Teilnehmer – darunter insgesamt 44 Staaten – die sog. „Washingtoner Prinzipien"[7]. Bei diesen Prinzipien handelt es sich um eine rechtlich unverbindliche „Selbstverpflichtung" (sog. „soft law") der Konferenzteilnehmer, nach der diese nach NS-Raubkunst zu forschen, und mit den Alteigentümern der identifizierten Werke bzw. mit deren Rechtsnachfolgern „eine gerechte und faire Lösung" zu finden haben. Eine solche „gerechte und faire Lösung" kann in der Rückgabe von NS-Raubkunst liegen, erlaubt aber auch eine anderweitige Einigung der Parteien.

In Deutschland wurden die Washingtoner Prinzipien im Dezember 1999 durch die sog. „Gemeinsame Erklärung"[8] umgesetzt, in der Bund, Länder und Kommunen ihre Bereitschaft zur Suche nach NS-Raubkunst und zur Restitution der identifizierten Objekte bekräftigen. Überdies hat der Beauftragte der Bundesregierung für Kultur und Medien[9] im Februar 2001 eine „Handreichung"[10] herausgegeben, die den von Restitutionsstreitigkeiten betroffenen öffentlichen Kulturinstitutionen bei der Anwendung der Washingtoner Prinzipien und der Gemeinsamen Erklärung eine Orientierungshilfe bietet. Auch bei der Gemeinsamen Erklärung und der Handreichung handelt es sich lediglich um rechtlich

---

5 „Gesetz zur Regelung offener Vermögensfragen (Vermögensgesetz – VermG)" vom 23.9.1990 (neugefasst durch Bek. v. 9.2.2005 (BGBl. I S. 205), zuletzt geändert durch Art. 3 des Gesetzes v. 23.5.2011 (BGBl. I S. 920). Im Folgenden „VermG" genannt.

6 Vgl. 2. Kapitel § 2 E.

7 „Grundsätze der Washingtoner Konferenz in Bezug auf Kunstwerke, die von den Nationalsozialisten beschlagnahmt wurden (Washington Principles)". Abrufbar unter: http://www.lostart.de/Webs/DE/Koordinierungsstelle/WashingtonerPrinzipien.html (Stand: Dezember 2014). Im Folgenden „Washingtoner Prinzipien" genannt.

8 „Erklärung der Bundesregierung, der Länder und der kommunalen Spitzenverbände zur Auffindung und zur Rückgabe NS-verfolgungsbedingt entzogenen Kulturgutes, insbesondere aus jüdischem Besitz (Gemeinsame Erklärung)". Abrufbar unter: http://www.lostart.de/Webs/DE/Koordinierungsstelle/GemeinsameErklaerung.html (Stand: Dezember 2014).

9 Im Folgenden „BKM" genannt.

10 „Handreichung zur Umsetzung der ‚Erklärung der Bundesregierung, der Länder und der kommunalen Spitzenverbände zur Auffindung und zur Rückgabe NS-verfolgungsbedingt entzogenen Kulturgutes, insbesondere aus jüdischem Besitz' vom Dezember 1999" vom Februar 2001, überarbeitet im November 2007. Abrufbar unter: http://lostart.de/Webs/DE/Service/Downloads/Index.html (Stand Dezember 2014).

unverbindliche „Selbstverpflichtungen" von Bund, Ländern und Kommunen, NS-Raubkunst zu identifizieren und aus ethisch-moralischen Gründen an die Berechtigten zu restituieren bzw. mit diesen eine anderweitige „gerechte und faire Lösung" zu finden.

Die Washingtoner Prinzipien, die Gemeinsame Erklärung und die Handreichung bieten NS-Opfern bzw. ihren Rechtsnachfolgern somit keine justiziable Anspruchsgrundlage, mit der sie ihre Restitutionsgehren durchsetzen können. Deutsche Museen in öffentlicher Trägerschaft fühlen sich jedoch grundsätzlich an die in diesen „soft law"-Bestimmungen statuierte „Selbstverpflichtung" zur Restitution gebunden, so dass auf Grundlage dieser Regelungen in den letzten Jahren etliche Werke an die Alteigentümerfamilien restituiert werden konnten.[11]

Kaum ein kunstrechtliches bzw. kulturpolitisches Thema birgt solche Brisanz in sich und wird mit solcher Emotionalität diskutiert, wie die Restitution von NS-Raubkunst. Grund dafür ist zum einen, dass sich in der Provenienz von NS-Raubkunst die rassische Verfolgung ihrer jüdischen Alteigentümer, und damit auch der Holocaust, wiederspiegelt. Die Restitution dieser Werke wird daher von ihren Befürwortern als Wiedergutmachung für die Grausamkeiten betrachtet, welche die Juden während der Zeit des Dritten Reichs erlitten hatten.

Überdies trägt der boomende Kunstmarkt seinen Teil zur Kontroverse über die Restitution von NS-Raubkunst bei. So haben in den letzten Jahren einige restituierte Kunstwerke bei Versteigerungen der internationalen Kunstauktionshäuser sehr hohe Erlöse erzielt. Hervorzuheben in diesem Zusammenhang ist die Auktion des zuvor aus österreichischem Staatsbesitz restituierten Klimt Gemäldes „Adele Bloch Bauer I", das 2006 von Christie's in New York für 135 Millionen Dollar versteigert wurde, dem damals höchsten Veräußerungserlös, der für ein Kunstwerk erzielt wurde.[12] Obwohl natürlich nur ein Bruchteil der restituierten Werke derart hohe Summen auf dem Kunstmarkt erzielen, erheben Restitutionsgegner oftmals den Vorwurf, den Restitutionsberechtigten gehe es nur um ihre finanziellen Vorteile. In der Presse war diesbezüglich sogar von einem „Shoa Business" bzw. einer „Restitutionsindustrie" die Rede, deren alleiniges Ziel es sei, durch Öffnung der deutschen Museen „für Nachschub auf dem internationalen Kunstmarkt" zu sorgen.[13] Solche einseitigen Äußerungen haben zur Emotionalisierung der Raubkunstdebatte beigetragen und ignorieren schlichtweg die Tatsache, dass

---

11 Zu den Washingtoner Prinzipien, der Gemeinsamen Erklärung und der Handreichung vgl. 2. Kapitel § 2 F.

12 *Müller/Tatzkow* Verlorene Bilder Verlorene Leben, S. 169.

13 Vgl. *Schultz* Man sagt „Holocaust" und meint Geld, FAZ v. 10.1.2007; *Baier* „Da helfen nur scharfe Anwälte", Die Welt v. 20.11.2006.

die betroffenen Werke auf unrechtmäßige Art und Weise in die deutschen Museen gelangt sind.

Die Heftigkeit des Diskurses über NS-Raubkunst ist schließlich auch auf die Tatsache zurückzuführen, dass wahrscheinlich beinahe jedes größere Kunstmuseum der westlichen Welt[14], und sicherlich jedes bedeutende deutsche Museum, Werke in seinem Bestand hat, bei denen zumindest der Verdacht besteht, dass es sich um NS-Raubkunst handelt. Aus diesem Grund befürchten Restitutionsgegner, dass vermehrte Raubkunstrestitutionen bzw. eine zu restitutionsfreundliche Kulturpolitik die Gefahr einer Entleerung der bedeutenden deutschen Kunstmuseen in sich birgt. In der Tat können Raubkunstrestitutionen dazu führen, dass Museen die betroffenen Werke verlieren, wenn es ihnen nicht gelingt, sich mit den Berechtigten über einen Rückkauf des Restitutionsobjektes, ein Leihgeschäft oder eine anderweitige Lösung, die einen Verbleib des Werkes in dem Museum ermöglicht, zu einigen. In solchen Fällen wird von Seiten der Restitutionskritiker oftmals beklagt, dass die restituierten Werke der deutschen Öffentlichkeit entzogen werden. Diese Klagen werden umso lauter, wenn Kunstwerke im Anschluss an die Restitution ins Ausland verbracht werden. Grund dafür, dass Raubkunstrestitutionen in einigen Fällen zur Abwanderung von Kulturgut aus Deutschland führen, ist zum einen, dass die anspruchsberechtigten Alteigentümer bzw. deren Erben häufig im Ausland wohnhaft sind. Dies ist in vielen Fällen auf die NS-bedingte Vertreibung ihrer Familien und deren verständlicherweise fehlende Bereitschaft, nach Kriegsende nach Deutschland heimzukehren, zurückzuführen. Ein weiterer Grund dafür, dass Restitutionen oftmals eine Ausfuhr von Kunstwerken nach sich ziehen ist, dass sich die restituierten Werke in den internationalen Kunsthandelszentren wie London und New York grundsätzlich für wesentlich mehr Geld veräußern lassen, als dies in Deutschland der Fall ist.

Sofern Restitutionen eine Abwanderung bedeutender Kulturgüter zur Folge haben, kritisieren Restitutionsgegner oftmals, dass dies zu einer irreparablen Schädigung des deutschen Kulturbesitzes führen würde. Ein rechtliches Mittel, mit dem der deutsche Kulturbesitz vor einer solchen angeblichen Schädigung durch Abwanderung wertvoller Kulturgüter ins Ausland geschützt werden soll, stellen speziell für Kulturgüter geltende Ausfuhrverbote dar. Diese Ausfuhrverbote sind Bestandteil der Rechtsmaterie des Kulturgüterschutzes, die neben dem Substanzschutz von Kulturgut auch dessen Schutz vor einer Abwanderung umfasst. Kulturgüter nehmen in unserer Gesellschaft eine bedeutende Aufgabe ein, die sie über andere wertvolle Objekte erhebt. Insbesondere wird ihnen eine identitätsstiftende Funktion für die Gesellschaft, aus der sie stammen, zuge-

14 *Palmer* Museums and the Holocaust, S. 5.

sprochen. Eines der Hauptziele des Kulturgüterschutzes ist es daher, bedeutende Kulturgüter an ihre Herkunftsgesellschaft bzw. ihren Herkunftsstaat zu binden. Zur Erreichung dieses Ziels haben die meisten Staaten Ausfuhrverbote für bedeutende Kulturgüter erlassen.[15]

In Deutschland fanden sich solche Ausfuhrverbote auf nationaler Ebene bis Anfang August 2016 im KultgSchG und finden sich nun im KGSG.[16] Wie bereits im Rahmen der Vorbemerkung zur Neufassung des Kulturgutschutzgesetzes erläutert, wird der vorliegenden Arbeit die nach dem KultgSchG geltende Rechtslage zu Grunde gelegt. Das KultgSchG stellt die Ausfuhr bedeutender Kulturgüter aus dem Bundesgebiet unter Genehmigungsvorbehalt, sofern diese in einem der von den Bundesländern geführten Verzeichnisse national wertvollen Kulturgutes eingetragen sind.[17]

Der nationale Abwanderungsschutz des KultgSchG wird auf unionsrechtlicher Ebene durch die Verordnung Nr. 116/2009[18] ergänzt. Diese statuiert für die von ihrem Anhang erfassten Kulturgüter Ausfuhrverbote mit Genehmigungsvorbehalt für die Außengrenzen der Europäischen Union. Ziel der Verordnung ist es zu verhindern, dass für den Kulturbesitz der Mitgliedsstaaten bedeutende Objekte, deren Ausfuhr aus ihren Herkunftsstaaten aufgrund des offenen europäischen Binnenmarktes nicht kontrolliert werden kann, nicht über dritte Mitgliedsstaaten das Gebiet der Europäischen Union verlassen.[19]

Überdies enthalten fast alle Denkmalschutzgesetze der Bundesländer sog. „Verbringungsverbote" für geschützte bewegliche Denkmäler, nach denen das Verbringen der betroffenen Objekte von ihrem Aufstellungsort aus Substanzschutzgründen erlaubnispflichtig ist. Diese Erlaubnispflicht erstreckt sich selbstverständlich auch auf die Ausfuhr geschützter beweglicher Denkmäler aus Deutschland.[20]

Die Zielrichtung des Kulturgüterschutzes steht derjenigen der NS-Raubkunstrestitution diametral entgegen.[21] Während der Kulturgüterschutz das Kulturgut an seinen Herkunftsstaat binden will, ist es Ziel der Restitution von NS-Raubkunst, verfolgungsbedingt entzogenes Kulturgut an seine Alteigentümer bzw. an deren Rechtsnachfolger zurückzuführen, unabhängig davon, ob dadurch die

---

15 Zum Hintergrund des Abwanderungsschutzes für Kulturgüter vgl. 1. Kapitel § 2 A.
16 Vgl. oben S. 1f.
17 Vgl. 1. Kapitel § 5.
18 „Verordnung (EG) Nr. 116/2009 des Rates vom 18. Dezember 2008 über die Ausfuhr von Kulturgütern" (ABl. EU L 39 v. 10. 2. 2009 S. 1).
19 Vgl. 1. Kapitel § 7.
20 Vgl. 1. Kapitel § 6.
21 *Lenski* BayVBl. 2008, 12 (16).

Bindung des Restitutionsobjektes an seinen Herkunftsstaat aufgelöst wird. Die mit der Restitution verfolgte rechtliche Zuordnung eines Kulturgutes zu seinem berechtigten Eigentümer ist in gleichem Maße schutzwürdig, wie die durch Ausfuhrverbote geschützte territoriale Bindung von Kulturgut. Da NS-Raubkunstrestitutionen wie erläutert oftmals eine Ausfuhr der betroffenen Kulturgüter nach sich ziehen, stellt sich die Frage, wie der Konflikt zwischen dem durch die Ausfuhrverbote geschützten Interesse der Allgemeinheit, bedeutende Kulturgüter in Deutschland zu halten, und dem Interesse der Restitutionsberechtigten, die betroffenen Objekte im Anschluss an die Restitution auch aus Deutschland ausführen zu dürfen, im Einzelfall zu lösen ist. Konkret gesagt ist (unter Zugrundelegung der für die vorliegende Arbeit maßgeblichen Rechtslage Ende 2014) zu untersuchen, ob die auf europarechtlicher, nationaler und auf Landesebene existierenden Ausfuhr- bzw. Verbringungsverbote überhaupt auf NS-Raubkunst anwendbar sind. Alsdann gilt es zu klären, ob die zuständigen Behörden im Rahmen des jeweiligen Unterschutzstellungsverfahrens bei bedeutender NS-Raubkunst von einer Belastung mit einem Ausfuhr- bzw. Verbringungsverbot absehen können bzw. müssen, oder ob diese Objekte wie „gewöhnliche" Kulturgüter zu behandeln sind. Abschließend ist zu untersuchen, ob und unter welchen Umständen den Eigentümern von NS-Raubkunst eine entsprechende Ausfuhrgenehmigung bzw. Verbringungserlaubnis zu erteilen ist.

Diese Fragen wurden in Literatur und Rechtsprechung – jedenfalls bis zum Zeitpunkt der Einreichung dieser Arbeit im Dezember 2014 – nur in Ansätzen und nur im Hinblick auf die Anwendbarkeit der auf nationaler Ebene bestehenden Ausfuhrverbote nach dem KultgSchG auf NS-Raubkunst und das entsprechende Unterschutzstellungsverfahren diskutiert. Die deutsche Verwaltungspraxis sah in der Regel von der Belastung von NS-Raubkunst mit einem Ausfuhrverbot auf Grundlage des KultgSchG sowie mit den auf europa- und landesrechtlicher Ebene bestehenden Ausfuhr- und Verbringungsverboten ab. Damit wurde – wohl auch zur Vermeidung außenpolitischer Konflikte – dem Ausfuhrinteresse der Restitutionsberechtigten vor dem Allgemeininteresse am Schutz des deutschen Kulturbesitzes Vorrang eingeräumt.

So wurde beispielsweise nach der Restitution des Gemäldes „Berliner Straßenszene" von Ernst Ludwig Kirchner aus dem Berliner Brücke-Museum im Jahre 2006 von der Berliner Senatsverwaltung kein Verfahren zur Eintragung des Bildes in das Berliner Verzeichnis national wertvollen Kulturgutes eingeleitet, welches ein Ausfuhrverbot nach dem KultgSchG für das Bild zur Folge gehabt hätte. Das Bild wurde anschließend nach New York überführt, wo es von Christie's versteigert und von dem amerikanischen Kunstsammler Ronald Lauder erworben wurde.[22] Vertreter der deutschen Kunst- und Kulturszene übten daraufhin heftige Kritik an der Berliner Verwaltung und beklagten, dass die unterlassene Belastung des Werkes mit einem Ausfuhrverbot dazu geführt hätte, dass ein Hauptwerk des deutschen Expressionismus, das „von einer ganzen Nation als ihr geistiges Erbe betrachtet" wird, der deutschen Öffentlichkeit entzogen wurde.[23]

Anders als bei Kirchners „Berliner Straßenszene" wurde im Fall der bedeutenden Musikbibliothek Peters verfahren. Diese war nach der Wiedervereinigung auf Grundlage des VermG an die restitutionsberechtigte Alleinerbin der Alteigentümerfamilie restituiert worden, die das Eigentum an der Sammlung anschließend auf den Frankfurter C.F. Peters Verlag übertrug. 2004 verlangten die Eigentümer des Verlages von der Leipziger Stadt- und Musikbibliothek und dem Leipziger Bach Archiv, wo die Sammlung bereits seit DDR-Zeiten verwahrt war, die Herausgabe einiger besonders wertvoller Stücke der Musikbibliothek und verbrachten diese – wohl in der Absicht eines anschließenden Auslandsverkaufs – zunächst nach Berlin. Daraufhin leiteten die zuständigen Landesbehörden in Berlin und Sachsen ein Ausfuhrverbotsverfahren nach dem KultgSchG ein und belasteten die Musikbibliothek schlussendlich mit einem entsprechenden Ausfuhrverbot. Da Vertreter des C.F. Peters Verlages sowohl vor dem VG Berlin als auch vor dem VG Dresden Klage gegen die Einleitung des Ausfuhrverbotsverfahrens nach dem KultgSchG erhoben, erhielt die Rechtsprechung Gelegenheit, sich mit der Frage auseinanderzusetzen, ob die Ausfuhrverbote des KultgSchG auch für NS-Raubkunst gelten bzw. ob die zuständigen Landesbehörden bei NS-Raubkunst von der Belastung mit einem Ausfuhrverbot abzusehen haben. Sowohl das VG Berlin als auch das VG Dresden waren in ihren Urteilen der Auffassung, dass es rechtens ist, auf Grundlage des VermG restituierte NS-Raubkunst mit einem Ausfuhrverbot nach dem KultgSchG zu belasten. Dieser Auffassung schloss sich das OVG Bautzen als Berufungsgericht und das BVerwG in seiner Revisionsentscheidung an.[24]

Die Belastung von NS-Raubkunst mit einem Ausfuhr- bzw. Verbringungsverbot ist insbesondere dann problematisch, wenn die Restitutionsberechtigten im Ausland wohnhaft sind und durch die Verfügungsbeschränkung daher gehindert werden, das betroffene Kulturgut im Anschluss an die Restitution an ihrem Wohnsitz in Besitz zu nehmen. Aber auch dann, wenn die Berechtigten eine Veräußerung des Restitutionsobjektes beabsichtigen, ist die Belastung des Werkes mit einem Ausfuhrverbot vor dem Hintergrund der durch die Restitution ange-

---

22 Zur Restitution der Berliner Straßenszene vgl. unten S. 250 f.

23 Vgl. *Schulz* Amputation einer einzigartigen Sammlung, FAZ v. 4.11.2006.

24 Zur Belastung der Musikbibliothek Peters mit einem Ausfuhrverbot nach dem KultgSchG sowie zur dazu ergangenen Rechtsprechung vgl. unten S. 251–263.

strebten Wiedergutmachung des NS-Unrechts heikel. Wie erwähnt lassen sich auf dem internationalen Kunstmarkt weitaus höhere Veräußerungserlöse erzielen, als dies in Deutschland möglich ist. Sofern ein Raubkunstwerk mit einem Ausfuhrverbot belastet wird, kann dies daher in der Praxis durchaus zur Folge haben, dass sich dessen Marktwert halbiert. Die Belastung von NS-Raubkunst mit einem Ausfuhrverbot kann aus diesem Grund dazu führen, dass die durch die Restitution des Werkes erfolgte Wiedergutmachung in wirtschaftlicher Hinsicht erheblich geschmälert wird. Es stellt sich daher die Frage, ob eine solche Verwaltungspraxis mit den in Deutschland geltenden Restitutionsgesetzen, den dahinterstehenden völkerrechtlichen Restitutionsverpflichtungen, sowie der nach den Washingtoner Prinzipien, der Gemeinsamen Erklärung und der Handreichung bestehenden „Selbstverpflichtung" deutscher Behörden zur Restitution von NS-Raubkunst vereinbar ist.

Wie erläutert statuieren das KultgSchG, die Verordnung 116/2009 und die Landesdenkmalschutzgesetze kein absolutes Ausfuhr- bzw. Verbringungsverbot, sondern stellen die Ausfuhr lediglich unter Genehmigungs- bzw. Erlaubnisvorbehalt. In einem zweiten Schritt stellt sich daher die Frage, ob bzw. unter welchen Voraussetzungen die zuständigen deutschen Behörden verpflichtet sind, den Restitutionsberechtigten eine Ausfuhrgenehmigung bzw. Verbringungserlaubnis für das Restitutionsobjekt zu erteilen. Diese Problematik, die mittlerweile im KGSG ausdrücklich gesetzlich geregelt ist, war bis Einreichung der Arbeit Ende 2014 von der Literatur noch nicht behandelt und in der Rechtsprechung zur Musikbibliothek Peters lediglich angeschnitten worden. Der ehemalige BKM Bernd Neumann, der als solcher für die Erteilung der nach dem KultgSchG erforderlichen Ausfuhrgenehmigung zuständig war, hat sich während seiner Amtszeit dahingehend erklärt, dass er bei NS-Raubkunst stets eine solche Ausfuhrgenehmigung erteilen wird und er Verfügungsbeschränkungen für NS-Raubkunst generell für unvorstellbar hält.[25] Auch wenn davon auszugehen war, dass Neumanns Nachfolgerin Monika Grütters diese Auffassung bereits vor Inkrafttreten des KGSG teilte, stellte sich bis dahin die Frage, wie die Erteilung der Ausfuhrgenehmigung auf Grundlage des KultgSchG bei NS-Raubkunst in rechtlicher Hinsicht zu beurteilen war. Es war daher zu prüfen, ob bzw. unter welchen Umständen, der BKM rechtlich verpflichtet ist, bei NS-Raubkunst den Restitutionsberechtigten eine Ausfuhrgenehmigung zu erteilen. Die gleichen Fragen stellen sich auch heute noch sich im Rahmen der

25 So betonte Bernd Neumann im Rahmen seiner Rede zur Eröffnung des Symposiums „Verantwortung wahrnehmen" vom 11.12.2008: „Jede Form der fairen und gerechten Lösung kann nur an die prinzipielle Bereitschaft zur Rückgabe anknüpfen. Verjährung kann es nicht geben. Verfügungsbeschränkungen sind unvorstellbar." (*Neumann* in: Verantwortung wahrnehmen, S. 15 (19)). Vgl. auch *Koldehoff* Die Bilder sind unter uns, S. 232.

Erteilung der Ausfuhrgenehmigung nach der Verordnung 116/2009 und der Verbringungserlaubnis nach den Landesdenkmalschutzgesetzen.

Über die Frage hinaus, wie der erläuterte Konflikt zwischen den kulturgüterschützenden Ausfuhr- bzw. Verbringungsverboten und dem Ausfuhrinteresse der Restitutionsberechtigten bei Einreichung dieser Arbeit Ende 2014 zu lösen war, wird im Rahmen der vorliegenden Ausführungen auch ein Blick darauf geworfen werden, wie diese Problematik von der Verwaltungspraxis der Nachkriegszeit gelöst wurde. Die Frage, ob dem Interesse von NS-Opfern bzw. deren Rechtsnachfolgern, restituierte Kunstwerke aus dem Bundesgebiet auszuführen, oder dem Allgemeininteresse, diese in Deutschland zu halten, Vorrang einzuräumen ist, stellte sich in einzelnen Fällen bereits im Rahmen der ersten Restitutionswelle auf Grundlage des alliierten Rückerstattungsrechts.

Während in Deutschland nur vereinzelt Restitutionen unter Verwendung von Ausfuhrverboten erschwert bzw. faktisch vereitelt wurden, war dies im Österreich der Nachkriegszeit an der Tagesordnung. Die österreichischen Behörden nutzten die sehr weit gefassten österreichischen Ausfuhrverbote für Kulturgüter für eine faktische „Erpressung", indem sie die von im Ausland wohnhaften Restitutionsberechtigten beantragten Ausfuhrgenehmigungen grundsätzlich nur unter der Bedingung erteilten, dass die Berechtigten sich bereit erklärten, wertvolle Objekte ihrer Sammlung den österreichischen Bundes- und Landesmuseen unentgeltlich zu überlassen. Wohl auch aufgrund dieser besonders missbräuchlichen Ausfuhrverbotspraxis der Nachkriegszeit hat sich der österreichische Gesetzgeber des Konfliktes zwischen dem Ausfuhrinteresse der Restitutionsberechtigten und dem Allgemeininteresse am Schutz des österreichischen Kulturbesitzes angenommen. So ist in dem Kunstrückgabegesetz von 1998[26] bestimmt, dass die Verbringungsverbote des österreichischen Denkmalschutzgesetzes, für einen Zeitraum von 25 Jahren ab der Restitution, auf NS-Raubkunst keine Anwendung finden. Der österreichische Gesetzgeber hat sich somit entschieden, dem Interesse der Restitutionsberechtigten an ihrer unbeschränkten Verfügungsbefugnis den Vorrang vor dem Allgemeininteresse am Schutz des österreichischen Kulturerbes einzuräumen.

Dem Konflikt zwischen NS-Raubkunstrestitutionen und kulturgüterschützenden Ausfuhrverboten wird überdies durch den Umstand, dass die Nationalsozialisten ihrerseits unter dem Deckmantel des Kulturgüterschutzes Kunstraub betrieben, eine zusätzliche Brisanz verliehen. Wie nachfolgend herausgearbeitet

---

26 „Bundesgesetz über die Rückgabe von Kunstgegenständen und sonstigem beweglichem Kulturgut aus österreichischen Bundesmuseen und Sammlungen und aus dem sonstigen Bundeseigentum (Kunstrückgabegesetz – KRG)" (BGBl. I Nr. 181/1998). Im Folgenden „KRG" genannt.

wird, instrumentalisierte das NS-Regime das Vorgängergesetz des heutigen KultgSchG, die noch aus der Weimarer Republik stammende Verordnung über die Ausfuhr von Kunstwerken[27], und missbrauchte diese systematisch, um jüdischen Emigranten ihren Kunstbesitz zu entziehen. Auch vor diesem Hintergrund erschien es vor Inkrafttreten besonders heikel, wenn NS-Raubkunst mit einem Ausfuhrverbot nach dem KultgSchG, das seinerseits das unmittelbare Nachfolgergesetz der zum Kunstraub missbrauchten Ausfuhrverordnung darstellt, belastet und dadurch die Restitution erschwert oder sogar in faktischer Hinsicht vereitelt wird.

Wie bereits erwähnt, hat sich der deutsche Gesetzgeber im Zuge der Novellierung des Kulturgüterschutzrechtes erfreulicherweise mittlerweile entschieden, den Konflikt zwischen den auf nationaler Ebene bestehenden Ausfuhrverboten und dem Interesse der Restitutionsberechtigten an einer unbeschränkten Ausfuhr von NS-Raubkunst zu Gunsten Letzterer zu lösen. So statuiert § 23 Abs. 3 KGSG bei NS-Raubkunst, die mit einem Ausfuhrverbot auf Grundlage des KGSG belastet ist, unter bestimmten Umständen eine Verpflichtung des BKM zur Erteilung einer Ausfuhrgenehmigung. Vorausgesetzt wird insoweit, dass der NS-verfolgungsbedingte Entzug des betroffenen Kulturgutes „rechtskräftig oder durch eine abschließende Regelung der Beteiligten" festgestellt wurde und das betroffene Objekt mit dem Zweck ausgeführt werden soll, „es an außerhalb des Bundesgebiets lebende ursprüngliche Eigentümer oder deren dort lebende Rechtsnachfolger zurückzugeben." Unter denselben Voraussetzungen können Restitutionsberechtigte überdies nach § 13 Abs. 2 KGSG die Löschung der Eintragung von NS-Raubkunst aus einem Verzeichnis national wertvollen Kulturgutes durchsetzen und somit die Aufhebung des aus der Eintragung folgenden Ausfuhrverbots erwirken.

Aufgrund dieser Neuregelungen hat sich die Rechtsposition der Restitutionsberechtigten gegenüber der vor Inkrafttreten des KGSG geltenden Rechtslage erheblich verbessert. Es wird ihnen quasi ein „Recht auf Ausfuhr" eingeräumt, sofern die Ausfuhr mit dem Zweck erfolgt, das Restitutionsobjekt an einen im Ausland lebenden Restitutionsberechtigten zurückzugeben. Die vorgenannten Neuerungen sind nicht nur vor dem zeitgeschichtlichen Hintergrund der NS-Verfolgung der Alteigentümer und des daraus resultierenden Kulturgutverlustes, sondern auch aufgrund der von der Bundesrepublik Deutschland eingegangenen

---

27 „Verordnung über die Ausfuhr von Kunstwerken vom 11. Dezember 1919" (RGBl. I 1919 S. 1961). Im Folgenden „Ausfuhrverordnung" genannt.

„Selbstverpflichtung" zur Restitution von NS-Raubkunst nach den Washingtoner Prinzipien höchst begrüßenswert.[28]

Gang der Untersuchung

Das erste Kapitel beleuchtet die zum Schutze des in Deutschland belegenen Kulturgutes geltenden Abwanderungsschutzbestimmungen. Wie bereits zuvor angemerkt, befinden sich diese Ausführungen auf dem Stand der Einreichung der vorliegenden Arbeit im Dezember 2014, so dass sich die Ausführungen zu dem auf nationaler Ebene geltenden Abwanderungsschutz ausschließlich auf das KultgSchG beziehen. Einleitend wird mit einer Erläuterung der Begrifflichkeiten und der Ziele des Kulturgüterschutzes begonnen. Daran anschließend wird die Entwicklung des Abwanderungsschutzes für Kulturgüter im 20. Jahrhundert in Deutschland geschildert. Im Rahmen dieser Darstellung liegt das Hauptaugenmerk auf der zur Zeiten der Weimarer Republik erlassenen Ausfuhrverordnung, die, wie im anschließenden Kapitel herausgearbeitet wird, vom NS-Regime systematisch zum Kunstraub an jüdischen Emigranten missbraucht wurde.

Alsdann wird auf den in Deutschland auf nationaler Ebene bestehenden Abwanderungsschutz für Kulturgüter auf Grundlage des KultgSchG eingegangen. Der Schwerpunkt der Darstellung liegt dabei zum einen auf der für die vorliegende Problematik entscheidende Frage, ob die zuständigen obersten Landesbehörden verpflichtet sind, Kulturgut, das in den Schutzbereich des KultgSchG fällt, in ein entsprechendes Verzeichnis national wertvollen Kulturgutes einzutragen, oder ob ihnen insoweit ein Ermessensspielraum eingeräumt ist. Zum anderen wird ausgiebig diskutiert, unter welchen Voraussetzungen den Eigentümern der von den Ausfuhrverboten des KultgSchG betroffenen Kulturgüter eine entsprechende Ausfuhrgenehmigung zu erteilen ist.

Anschließend wird auf den denkmalrechtlichen Abwanderungsschutz auf Landesebene eingegangen. Die Darstellung erfolgt dabei exemplarisch anhand des Bayerischen Denkmalschutzgesetzes[29], da eine zusammenfassende Erläuterung des Abwanderungsschutzes auf Grundlage aller Denkmalschutzgesetze wegen ihrer Vielgestaltigkeit den Rahmen der vorliegenden Arbeit sprengen würde. Auch im Rahmen der Darstellung des Abwanderungsschutzes auf Grundlage des BayDSchG liegt der Fokus auf der Frage, unter welchen Voraussetzungen bewegliche Denk-

28 Vgl. dazu auch *Moll* KUR 2016, 43.

29 „Gesetz zum Schutz und zur Pflege der Denkmäler (Bayerisches Denkmalschutzgesetz – BayDSchG)" v. 25.6.1973 (BayRS IV S. 354) BayRS 2242-1-K. Im Folgenden „BayDSchG" genannt.

mäler mit einem Verbringungsverbot zu belasten sind bzw. den von diesen Verbringungsverboten betroffenen Denkmaleigentümern eine entsprechende Verbringungserlaubnis zu erteilen ist.

Abschließend wird kurz auf den europarechtlichen Abwanderungsschutz für in Deutschland belegene Kulturgüter auf Grundlage der Verordnung Nr. 116/2009 eingegangen und deren Schutzbereich sowie die Voraussetzungen für die Erteilung einer Ausfuhrgenehmigung nach dieser Verordnung erläutert.

Das zweite Kapitel widmet sich dem Themenkomplex des NS-Kunstraubs an der jüdischen Bevölkerung und der anschließenden Restitution der entzogenen Werke. Der Abschnitt des NS-Kunstraubs ist im Wesentlichen auf die Entziehungen in Deutschland und Österreich beschränkt, da grundsätzlich nur die Restitution der auf diesen Gebieten entzogenen Kunstwerke im Rahmen der vorliegenden Bearbeitung von Relevanz ist. Einen Schwerpunkt der Darstellung bildet dabei die Frage, inwieweit die Nationalsozialisten die Ausfuhrverbote für national wertvolle Kunstwerke auf Grundlage der Ausfuhrverordnung als Mittel zur Entziehung jüdischen Kunstbesitzes nutzten und somit unter dem Deckmantel des Kulturgüterschutzes Kunstraub betrieben.

Im darauffolgenden Abschnitt werden zunächst der Begriff der Restitution und anschließend die verschiedenen Rechtsgrundlagen auf Grundlage derer NS-Raubkunst restituiert werden kann, illustriert. Die Erläuterung des Rückerstattungsrechts konzentriert sich dabei grundsätzlich auf diejenigen rechtlichen Elemente, die für die Beurteilung des Konfliktes zwischen der Raubkunstrestitution und den kulturgüterschützenden Ausfuhrverboten von Bedeutung sind. Begonnen wird mit der Darstellung des alliierten Rückerstattungsrechts, welches auch heute noch von großer Bedeutung ist, da sowohl das VermG, als auch die zur Umsetzung der Washingtoner Prinzipien und der Gemeinsamen Erklärung erlassene Handreichung auf dieses zurückgreifen. Den nächsten Schwerpunkt bildet die Erläuterung der Voraussetzungen der Restitution von NS-Raubkunst auf Grundlage des VermG, das NS-Opfern und ihren Rechtsnachfolgern nach der Wiedervereinigung auch für die auf dem Beitrittsgebiet belegenen Raubkunstwerke einen Restitutionsanspruch einräumte. Anschließend wird auf die restitutionsrechtlichen „soft law"-Bestimmungen der Washingtoner Prinzipien, der Gemeinsamen Erklärung und der Handreichung eingegangen und insbesondere deren rechtliche Wirkungen einer genauen Überprüfung unterzogen. Alsdann wird die Restitution von NS-Raubkunst auf Grundlage von § 985 BGB beleuchtet. Diesbezüglich ist vor allem die Eigentumssituation bei NS-Raubkunst für die vorliegende Arbeit von Bedeutung, welche in diesem Abschnitt daher eingehend betrachtet wird. Abschließend wird kurz auf die Restitution von als „entartet" eingezogenen Kunstwerken eingegangen.

Das dritte und letzte Kapitel beschäftigt sich mit der Frage, wie der Konflikt der entgegengesetzten Zielrichtungen des Abwanderungsschutzes für Kulturgut und der Raubkunstrestitution im Falle einer Kollision unter Zugrundelegung der im Dezember 2014 geltenden Gesetzeslage rechtlich zu beurteilen ist. Im Allgemeinen geht es um die Frage, ob in solchen Kollisionsfällen dem öffentlichen Interesse am Schutz des deutschen Kulturbesitzes oder dem privaten Ausfuhrinteresse der Restitutionsberechtigten Vorrang einzuräumen ist. Zur rechtlichen Beantwortung dieser Frage wird im Wesentlichen auf die in den beiden vorherigen Kapiteln abstrakt erläuterten Rechtsprobleme zurückgegriffen und die dort gewonnenen Erkenntnisse auf konkrete Fallgestaltungen übertragen.

Bevor diesbezüglich auf die in Deutschland Ende 2014 geltende Rechtslage eingegangen wird, soll das Augenmerk zunächst auf die Rückerstattungspraxis der Nachkriegszeit in Österreich gerichtet werden. Diese stellte ein besonders negatives Beispiel dafür dar, wie kulturgüterschützende Ausfuhrverbote zur Verhinderung von Raubkunstrestitutionen und somit zur Perpetuierung des NS-Kunstraubs eingesetzt wurden. Anschließend richtet sich der Blick auf die Frage, wie die der Konflikt zwischen kulturgüterschützenden Ausfuhrverboten und NS-Raubkunstrestitution von der deutschen Verwaltungspraxis während der Nachkriegszeit sowie im vergangenen Jahrzehnt gehandhabt wurde. Nachfolgend wird der für das vorliegende Thema exemplarische Fall der Belastung der auf Grundlage des VermG restituierten Musikbibliothek Peters mit einem Ausfuhrverbot nach dem KultgSchG und die entsprechende Rechtsprechung dargestellt.

Alsdann wird der Konflikt zwischen der NS-Raubkunstrestitution und den auf den verschiedenen rechtlichen Ebenen bestehenden Ausfuhrverboten einer eingehenden rechtlichen Überprüfung unterzogen. Begonnen wird mit der Frage, ob die Ausfuhrverbote des KultgSchG auf NS-Raubkunst anwendbar sind, oder ob NS-Raubkunst generell vom Anwendungsbereich des KultgSchG auszunehmen ist. Daran anschließend wird untersucht, ob NS-Raubkunst, wie „normale" Kulturgüter auch, mit einem Ausfuhrverbot belastet werden kann, oder ob sich diesbezüglich im Rahmen des Unterschutzstellungverfahrens spezifische Besonderheiten ergeben, die eine solche Belastung ausschließen. Danach wird dargestellt, unter welchen Voraussetzungen den Eigentümern von NS-Raubkunst eine Ausfuhrgenehmigung zu erteilen ist. Nachfolgend werden auf Grundlage der gewonnenen Erkenntnisse verschiedene Änderungen des KultgSchG vorgeschlagen. Sodann wird auf die Frage eingegangen, ob NS-Raubkunst auch mit einem Ausfuhrverbot nach dem BayDSchG belastet werden kann und unter welchen Voraussetzungen den Alteigentümern bzw. den Erben eine entsprechende Verbringungserlaubnis zu erteilen ist. Die Darstellung folgt dabei dem für das KultgSchG erläuterten Schema und endet wiederum mit einem Gesetzesänderungsvorschlag. Zum Abschluss des Kapitels wird erläutert, wie der Konflikt zwischen den für die

Außengrenzen der Europäischen Union geltenden Ausfuhrverboten nach der Verordnung Nr. 116/2009 und dem Ausfuhrinteresse der Restitutionsberechtigten rechtlich zu lösen ist.

Im Anschluss wird im Rahmen einer nachträglich eingefügten Anmerkung auf die Abwanderungsschutzbestimmungen des Anfang August 2016 in Kraft getretenen KGSG eingegangen. Dabei werden natürlich insbesondere die bereits erwähnten Ausnahmeregelungen, welche es den Restitutionsberechtigten unter bestimmten Voraussetzungen ermöglichen, die Ausfuhr von NS-Raubkunst durchzusetzen, in den Vordergrund gestellt. Es wird aufgezeigt, wie der deutsche Gesetzgeber den der vorliegenden Arbeit zu Grunde liegenden Konflikt auf nationaler Ebene gelöst hat.

1. Kapitel: Ausfuhrverbote für Kulturgüter

Zum Schutz der in Deutschland belegenen Kulturgüter existieren auf europarechtlicher und nationaler Ebene Ausfuhrverbote sowie auf landesrechtlicher Stufe Verbringungsverbote, die faktisch ein Ausfuhrverbot nach sich ziehen. Bevor auf diese Ausfuhr- bzw. Verbringungsverbote im Einzelnen eingegangen wird, bedarf es zunächst der Klärung verschiedener Rechtsbegriffe, die im Bereich des Kulturgüterschutzes von Bedeutung sind, sowie der Erläuterung der Gründe, warum der Kulturgüterschutz überhaupt Kulturgüter mit dem Mittel des Ausfuhrverbots an einem bestimmten Ort halten will.

§ 1 Rechtsbegriffe im Kulturgüterschutz

A. Kulturgut

Die Parameter, die einen Gegenstand zum Kulturgut machen, beruhen auf dem jeweiligen kulturellen und nationalen Selbstverständnis und der Identität des Volkes, aus dessen Kreis das Objekt stammt.[1] Da diese meist sehr unterschiedlich sind und einer stetigen Veränderung unterliegen, existiert bis heute weder im Völker- noch im Unionsrecht und auch nicht auf innerstaatlicher Ebene eine allgemein anerkannte Definition des Begriffs „Kulturgut".[2] Gleiches gilt für die juristische Literatur.[3] Dennoch lassen sich diesen verschiedenen rechtlichen Ebenen sowie der Literatur unterschiedliche Definitionen bzw. Kategorisierungen von Kulturgut entnehmen, anhand derer sich einem allgemeinen Verständnis des Kulturgutbegriffs angenähert werden kann.[4]

I. Völkerrecht

Auf völkerrechtlicher Ebene wurden zahlreiche Versuche unternommen, den Begriff des Kulturgutes zu definieren bzw. zu kategorisieren.[5] Hinzuweisen ist

1 Brockhaus, Band 16, S. 69.

2 *Fechner* in: *Fechner/Oppermann/v. Prott* (Hrsg.), Prinzipien des Kulturgüterschutzes, S. 16; v. *Schorlemer* Internationaler Kulturgüterschutz, S. 46.

3 Vgl. *Odendahl* Kulturgüterschutz, S. 384–386.

4 *Odendahl* a.a.O., S. 375.

5 Vgl. *Odendahl* a.a.O., S. 375–378.

https://doi.org/10.1515/9783110543324-004

insoweit auf die Kulturgutdefinition der „Konvention zum Schutz von Kulturgut bei bewaffneten Konflikten vom 14. Mai 1954 (Haager Konvention)“[6], die den Begriff des Kulturgutes in die internationale Terminologie eingeführt hat.[7] Art. 1 a) der Haager Konvention definiert Kulturgut als „[b]ewegliches oder unbewegliches Gut, das für das kulturelle Erbe aller Völker von großer Bedeutung ist“. Beispielhaft aufgezählt werden anschließend „Bau-, Kunst- oder geschichtliche Denkmale religiöser oder weltlicher Art, archäologische Stätten, Gebäudegruppen, die als Ganzes von historischem oder künstlerischem Interesse sind, Kunstwerke, Manuskripte, Bücher und andere Gegenstände von künstlerischem, historischem oder archäologischem Interesse sowie wissenschaftliche Sammlungen und bedeutende Sammlungen von Büchern, Archivalien oder Reproduktionen des oben bezeichneten Kulturguts.“

Erwähnenswert ist zudem der Kulturgutbegriff des „Übereinkommen[s] über Maßnahmen zum Verbot und zur Verhütung der unzulässigen Einfuhr, Ausfuhr und Übereignung von Kulturgut“ vom 14. November 1970 (sog. „Pariser Konvention“)[8].[9] In Art. 1 der Pariser Konvention wird Kulturgut als „das von jedem Staat aus religiösen oder weltlichen Gründen als für Archäologie, Vorgeschichte, Geschichte, Literatur, Kunst oder Wissenschaft besonders bedeutungsvoll bezeichnete Gut“ bezeichnet. Dieses muss bestimmten, anschließend in Art. 1 der Pariser Konvention aufgeführten Kategorien angehören, die an Eigenschaften wie die Bedeutung, das Alter, oder die Seltenheit der Objekte anknüpfen.

II. Unionsrecht

Auf europarechtlicher Ebene taucht der Rechtsbegriff des Kulturgutes an prominentester Stelle in Art. 36 AEUV auf, der eine Ausnahme vom Verbot der Ein- und Ausfuhrbeschränkungen nach Art. 34 und 35 AEUV „zum Schutze [...] des nationalen Kulturgutes von künstlerischem, geschichtlichem oder archäologischem Wert“ statuiert. Diese Norm enthält jedoch keine Legaldefinition des Kulturgutbegriffs, sondern überlässt es vielmehr den Mitgliedsstaaten zu bestimmen, welche Objekte als nationales Kulturgut zu qualifizieren sind.[10]

Auch die Verordnung Nr. 116/2009 definiert den Begriff des Kulturgutes nicht, sondern führt lediglich in ihrem Anhang Kategorien von Objekten auf, die als

6 BGBl. 1967 II S. 1235.
7 *Weber* Unveräußerliches Kulturgut im nationalen und internationalen Rechtsverkehr, S. 7; *Lenski* Öffentliches Kulturrecht, S. 34.
8 BT-Dr VI/3511 S. 3.
9 *Lenski* Öffentliches Kulturrecht, S. 34.
10 *Odendahl* Kulturgüterschutz, S. 379.

Kulturgüter i. S. d. Verordnung gelten. Im Anhang werden zunächst 15 Kategorien von Kulturgütern gebildet, die an das Alter, die Herstellungsart und die Funktion oder an eine Kombination dieser Merkmale anknüpfen.[11] Diese Kategorien werden anschließend bestimmten Wertgrenzen zugeordnet, die überschritten werden müssen, um als Kulturgüter im Sinne der Verordnung zu gelten.

Ein weiterer gemeinschaftsrechtlicher Versuch der Erfassung des Kulturgutbegriffs findet sich in der „Richtlinie 93/7/EWG des Rates vom 15. März 1993 über die Rückgabe von unrechtmäßig aus dem Hoheitsgebiet eines Mitgliedstaats verbrachten Kulturgütern“[12]. Nach deren Art. 1 Nr. 1 gilt ein Gegenstand als Kulturgut, der „nach den einzelstaatlichen Rechtsvorschriften oder Verwaltungsverfahren im Sinne des Artikels 36 des Vertrages [AEUV] als ‚nationales Kulturgut von künstlerischem, geschichtlichem oder archäologischem Wert‘ eingestuft wurde und unter eine der im Anhang genannten Kategorien fällt oder, wenn dies nicht der Fall ist, zu öffentlichen Sammlungen gehört, die im Bestandsverzeichnis von Museen, von Archiven oder von erhaltenswürdigen Beständen von Bibliotheken aufgeführt sind.“ Der Anhang der Richtlinie 93/7/EWG ist dabei nahezu identisch mit dem der Verordnung Nr. 116/2009. Die Richtlinie stellt somit sowohl auf den nationalen Kulturgutbegriff der Mitgliedsstaaten, als auch auf die im Anhang vorgenommene Kategorisierung ab.[13]

III. Nationales Recht

Auf nationaler Ebene wird der Kulturgutbegriff in rechtlicher Hinsicht maßgeblich durch das KultgSchG geprägt.[14] Auch wenn dieses den Begriff des Kulturgutes nicht definiert, so lässt § 1 Abs. 1 S. 1 KultgSchG gewisse Rückschlüsse auf den Kulturgutbegriff zu, wenn er das Gesetz auf „Kunstwerke und anderes Kulturgut – einschließlich Bibliotheksgut“ für anwendbar erklärt.[15] Eine genauere Erläuterung des Kulturgutbegriffs des KultgSchG erfolgt anschließend im Rahmen der Darstellung des Abwanderungsschutzes auf Grundlage dieses Gesetzes.[16]

---

11 *Lenski* Öffentliches Kulturrecht, S. 33.

12 ABl. L EU 74 v. 27.03.1993 S. 74. Im Folgenden „Richtlinie 93/7/EWG“ genannt.

13 *Lenski* Öffentliches Kulturrecht, S. 33.

14 *Lenski* a. a. O., S. 30.

15 Ebda.

16 Vgl. unten S. 44 f.

IV. Literatur

Auch in der Literatur wurde versucht, den Begriff des Kulturgutes zu erfassen. So versteht z. B. eine Definition unter einem Kulturgut „alle Werte und Objekte [...], die für eine Gesellschaft, eine Epoche oder einen Kontinent spezifisch, also prägend sind“.[17] Nach anderer Auffassung sind Kulturgüter als „alle individuellen schöpferischen Gestaltungen des Menschen sowie alle historisch bedeutsamen Objekte von Menschenhand“ zu bezeichnen.[18] Hervorgehoben wird häufig das entscheidende Element des kulturellen Wertes bzw. der kulturellen Bedeutung, welche bloße Objekte aufgrund der ihnen von der Gesellschaft beigemessenen kulturellen Wertschätzung zu Kulturgütern erhebe.[19] Dieses Element manifestiere sich in erster Linie in der historischen, künstlerischen, wissenschaftlichen, architektonischen oder archäologischen Bedeutung des Gegenstandes sowie insbesondere in seiner Unersetzlichkeit.[20]

V. Ergebnis

Im Ergebnis bleibt festzuhalten, dass zwar kein einheitlicher Kulturgutbegriff existiert, jedoch werden bei Betrachtung aller rechtlichen Ebenen sowie der Literatur gemeinsame Begriffselemente erkennbar, aus denen *Odendahl* den folgenden Kulturgutbegriff ableitet:

„Kulturgüter sind körperliche Gegenstände, beweglich oder unbeweglich, Einzelstücke oder Sammlungen/Ensembles, vom Menschen geschaffen, verändert, geprägt oder seine kulturelle Entwicklung widerspiegelnd, denen ein historischer, künstlerischer, wissenschaftlicher, architektonischer, archäologischer oder sonstiger kultureller Wert unterschiedlicher Dimension zukommt.“[21]

Diese Definition bietet eine gute Basis für ein allgemeines Verständnis des Kulturgutbegriffs und soll daher der vorliegenden Arbeit generell zu Grunde gelegt werden.

---

17 *Abele* in: *Fechner/Oppermann/v. Prott* (Hrsg.), Prinzipien des Kulturgüterschutzes, S. 81.

18 *Engstler* Die Territoriale Bindung von Kulturgütern im Rahmen des Völkerrechts, S. 13.

19 *Fechner* in: *Fechner/Oppermann/v. Prott* (Hrsg.), Prinzipien des Kulturgüterschutzes, S. 22; *Odendahl* Kulturgüterschutz, S. 388.

20 Ebda.; *v. Schorlemer* Internationaler Kulturgüterschutz, S. 83.

21 *Odendahl*, a. a. O., S. 387. Diese Definition wird von *Lenski* Öffentliches Kulturrecht, S. 35 f. dem Grundsatz nach übernommen. Sie spart lediglich die beispielhaften Begriffsmerkmale aus *Odendahl's* Definition aus und ist überdies der Auffassung, dass die von *Odendahl* genannten Werthaltigkeitsansätze teilweise redundant seien, da insoweit Überschneidungen bestünden (vgl. ebda.).

B. Kulturerbe

Der Begriff des Kulturerbes ist im Vergleich zum Begriff des Kulturgutes der weitere Begriff. Kulturgüter sind Bestandteil des kulturellen Erbes, welches neben Kulturgütern als körperliche Gegenstände auch immaterielle Werte von kultureller Bedeutung erfasst.[22]

C. Denkmal und Denkmalschutz

Der Denkmalbegriff, der in Deutschland im Wesentlichen in den Denkmalschutzgesetzen der Länder verankert ist, überschneidet sich zumindest teils mit dem Begriff des Kulturgutes.[23] Ein Unterschied besteht jedoch darin, dass bei Denkmälern der städtebauliche und gestalterische Aspekt, sowie vor allem die historische Bedeutung des Gegenstandes eine erhebliche Rolle spielt.[24] Einem Denkmal muss – im Gegensatz zu einem Kulturgut – zwingend eine historische Dimension innewohnen, so dass Gegenstände aus der unmittelbaren Gegenwart per Definition keine Denkmäler sein können.[25] Der Denkmalbegriff ist daher im Ergebnis enger als der des Kulturgutes. Denkmäler sind aus diesem Grund als Untergruppe von Kulturgut einzuordnen.[26]

Vorrangige Aufgabe des Denkmalschutzes ist der Schutz der historischen Substanz von unbeweglichen Denkmälern.[27] Er umfasst jedoch, entsprechend den jeweiligen Regelungen in den Denkmalschutzgesetzen der Länder, auch den Abwanderungsschutz für bewegliche Denkmäler. Eine genauere Befassung mit dem landesrechtlichen Denkmalschutz erfolgt im Rahmen der Darstellung des Abwanderungsschutzes für bewegliche Denkmäler am Beispiel des BayDSchG.[28]

---

22 *Odendahl* a. a. O., S. 392.
23 *Odendahl* a. a. O., S. 394.
24 Ebda.
25 *Odendahl* a. a. O., S. 395.
26 *Odendahl* a. a. O., S. 397.
27 *Hipp* Schutz von Kulturgütern in Deutschland, S. 13.
28 Vgl. unten 1. Kapitel § 6.

D. Kunstwerk

Kunstwerke bilden im Rahmen des Kulturgutbegriffs eine weitere Untergruppe.[29] Dem Kunstwerkbegriff unterfallen insbesondere Werke der Malerei, der bildenden Kunst, des Kunsthandwerks, des Kunstgewerbes, der Volkskunst sowie der Bau- und Gartenkunst.[30] Anders als Denkmäler müssen Kunstwerke nicht notwendigerweise einen historischen Bezug aufweisen.[31] Zu betonen ist, dass nur solche Kunstwerke als Kulturgüter einzustufen sind, denen ein entsprechend hoher kultureller Wert zukommt.[32]

§ 2 Ziele des Kulturgüterschutzes

Kulturgüter nehmen in unserer Gesellschaft äußerst bedeutende Funktionen ein und sind daher besonders schützenswert. Sie können Zeugnis über vergangene Epochen ablegen und dienen dadurch der Wissenschaft sowie der Bildung der Allgemeinheit.[33] Überdies verkörpern Kulturgüter die kulturelle Leistung eines Volkes und sind Symbole seiner nationalen Identität.[34] Als solche sind sie von identitätsstiftender Bedeutung für die Angehörigen des Kulturkreises, aus dem sie stammen.[35]

Aufgrund dieser besonderen Funktion und Bedeutung versucht der Kulturgüterschutz Kulturgüter mit rechtlichen Mitteln zu schützen. Eines der primären Ziele des Kulturgüterschutzes ist es, Kulturgüter aufgrund ihrer Einmalig- und Unwiederbringlichkeit in ihrer Originalsubstanz zu erhalten.[36] Zudem will er Kulturgüter an dem Ort ihrer unmittelbaren Zugehörigkeit (Ursprungsort) bewahren.[37] Letzteres Ziel wird als Schutz der „kulturellen Bindung" eines Kulturgutes bezeichnet.[38] Neben diesen beiden primären Zielen bestehen noch weitere Ziele des Kulturgüterschutzes, deren Bedeutung in der Literatur jedoch lediglich

---

29 *Odendahl* Kulturgüterschutz, S. 397.
30 *Odendahl* a. a. O., S. 398.
31 Ebda.
32 Ebda.
33 *Hipp* Schutz von Kulturgütern in Deutschland, S. 5.
34 *Engstler* Die Territoriale Bindung von Kulturgütern im Rahmen des Völkerrechts, S. 16; *Hipp*, a. a. O., S. 5.
35 *Müller* in: *Fechner/Oppermann/v. Prott* (Hrsg.), Prinzipien des Kulturgüterschutzes, S. 261; *Odendahl* Kulturgüterschutz, S. 363 f.
36 *Fechner* in: *Fechner/Oppermann/v. Prott* (Hrsg.), Prinzipien des Kulturgüterschutzes, S. 26.
37 *Fechner* a. a. O., S. 27.
38 *Odendahl* Kulturgüterschutz, S. 407.

als sekundär eingestuft wird, und die im Wesentlichen der Steigerung des kulturellen Wertes des Kulturgutes dienen.[39] Dabei handelt es sich um die wissenschaftliche Erforschung von Kulturgut, dessen Nutzung sowie um die Zugänglichkeit von Kulturgut für die Allgemeinheit.[40] Zwar stellt der Substanzschutz das vorderste Ziel des Kulturgüterschutzes dar, da alle weiteren Ziele ohne den Substanzschutz ihr Schutzobjekt und folglich auch ihren Sinn verlieren.[41] Für die vorliegende Arbeit, welche sich auf den Abwanderungsschutz für Kulturgut beschränkt, ist dieser jedoch nicht von Interesse. Der Schutz der kulturellen Bindung, der den dogmatischen Hintergrund für Ausfuhrverbote für Kulturgüter darstellt, bedarf hingegen einer Betrachtung. Die als sekundär eingestuften Ziele des Kulturgüterschutzes sind für die vorliegende Bearbeitung grundsätzlich ohne Bedeutung, da sie in rechtlicher Hinsicht nicht durch Ausfuhrverbote geschützt werden. Das Ziel der Zugänglichkeit von Kulturgut für die Allgemeinheit soll jedoch vorliegend kurz erläutert werden, da m. E. der Sinn des Schutzes einer kulturellen Bindung zumindest in Frage gestellt werden kann, sofern die betroffenen Kulturgüter nicht der Allgemeinheit zugänglich sind.

A. Schutz der kulturellen Bindung

Wie erwähnt ist es eines der primären Ziele des Kulturgüterschutzes, Kulturgüter mit rechtlichen Mitteln an einem bestimmten Platz zu bewahren.[42] Hintergrund dieses Ziels ist die traditionelle Annahme, dass sich Kulturgüter durch eine kulturelle Bindung zu der Gesellschaft, deren Kultur sie repräsentieren, auszeichnen.[43] Diese kulturelle Bindung eines Kulturgutes zu einer Gesellschaft, und folglich auch dessen identitätsstiftende Wirkung für die Angehörigen dieser Gesellschaft, könne durch seine Entfernung aus dem Zugriffsbereich der Gesellschaft beeinträchtigt werden.[44] Wie anschließend dargestellt, wird diese klassische Ansicht, wonach ein Kulturgut einem bestimmten Ort zugehörig ist, zwar in der neueren Literatur vermehrt als nicht mehr zeitgemäß kritisiert. Die traditionelle Auffassung hat sich jedoch zumindest in rechtlicher Hinsicht durchgesetzt und bildet den dogmatischen Hintergrund des Abwanderungsschutzes für Kulturgüter.

39 *Odendahl* a. a. O., S. 422.
40 *Fechner* in: *Fechner/Oppermann/v. Prott* (Hrsg.), Prinzipien des Kulturgüterschutzes, S. 27–29; *Odendahl* a. a. O., S. 422–427.
41 *Fechner* a. a. O., S. 26; *Odendahl* a. a. O., S. 406.
42 *Fechner* a. a. O., S. 27.
43 *Odendahl* Kulturgüterschutz, S. 399.
44 *Odendahl* a. a. O., S. 400; *v. Schorlemer* Internationaler Kulturgüterschutz, S. 65.

I. Kultureller Nationalismus und Internationalismus

Befürworter des Schutzes der kulturellen Bindung argumentieren häufig mit dem kulturellen Wert von Kulturgütern, der diesen durch die Gesellschaft verliehen würde, zu deren kulturellem Erbe sie gehören.[45] Die kulturelle Bindung eines Kulturgutes an eine Gesellschaft sei also gerade der Faktor, der Kulturgüter von sonstigen erhaltenswerten Gegenständen unterscheide.[46] Kulturgüter werden daher als ihrem jeweiligen geistig-kulturellen Umfeld zugehörig betrachtet.[47] Nur im Rahmen ihres ursprünglichen Kontexts können Kulturgüter ihre volle Aussagekraft und Bedeutung entfalten, da sich die notwendigen Einsichten in gesellschaftliche Vorgänge der Vergangenheit nur dann schlüssig ermitteln lassen, wenn das jeweilige Objekt auch in seinem ursprünglichen Umfeld erhalten und dokumentiert sei.[48] Die Bewahrung eines Kulturguts auf dem Gebiet, auf dem es entstanden ist, gewährleiste überdies die Belassung kultureller Werte in ihrem ursprünglichen Zusammenhang und dadurch die Erhaltung einzelner Stücke als Teile eines übergeordneten Ganzen.[49] Wichtig seien zudem die regionale und bevölkerungsnahe Präsentation eines Kulturgutes sowie die daraus folgende Auseinandersetzung der Gesellschaft des Ursprungsorts mit dem Objekt. Diese trügen dazu bei, dass das kulturelle Erbe einer Gesellschaft lebendig erhalten werde und seien daher für den kulturellen Wert eines Kulturgutes entscheidend.[50]

Aus diesen Gründen sollen Kulturgüter ihrer Ursprungsgesellschaft zugeordnet werden. Weil die meisten Gesellschaften heutzutage sesshaft sind, führt die Zuordnung von Kulturgut zu einer Gesellschaft in der Regel auch zur Bindung an ein Territorium.[51] Da dem Nationalstaat, als Einheit in welcher sich Gesellschaften zusammenschließen und mit der sich große Teile dieser identifizieren, Rechtssubjektivität im internationalen Rechtsverkehr zukommt, stellt sich Bindung an ein Territorium in der Regel als Bindung an einen Nationalstaat dar.[52] Nationalstaaten stellen folglich, als das wesentliche Völkerrechtssubjekt, auch das traditionelle Zuordnungssubjekt für Kulturgut dar.[53] Der Schutz der kulturellen Bindung wird daher auch mit dem Schlagwort des „kulturellen Nationalismus“

45 *Odendahl* a. a. O., S. 407.
46 Ebda.
47 *Müller* in: *Fechner/Oppermann/v. Prott* (Hrsg.), Prinzipien des Kulturgüterschutzes, S. 265 f.
48 *Syssoeva* Kunst im Krieg, S. 313.
49 *Engstler* Die Territoriale Bindung von Kulturgütern im Rahmen des Völkerrechts, S. 15.
50 *Fiedler* in: *Fechner/Oppermann/v. Prott* (Hrsg.), Prinzipien des Kulturgüterschutzes, S. 170.
51 *Odendahl* Kulturgüterschutz, S. 415.
52 *Odendahl* a. a. O., S. 416.
53 *Fechner in: Fechner/Oppermann/v. Prott* (Hrsg.), Prinzipien des Kulturgüterschutzes, S. 31; *Fiedler* in: *Fechner/Oppermann/v. Prott* (Hrsg.), Prinzipien des Kulturgüterschutzes, S. 166; *Odendahl* a. a. O. S. 416.

umschrieben.[54] Der Gedanke der Bindung eines Kulturgutes an das Gebiet eines Nationalstaats findet sich auch in der Pariser Konvention bestätigt, die in ihrem Kern auf das nationale Kulturerbe und den Grundsatz der territorialstaatlichen Bindung abstellt.[55] Da die kulturelle Bindung von Kulturgut an einen Staat im Wesentlichen durch dessen Ausfuhr gefährdet ist, wird versucht, diese Bindung durch entsprechende Abwanderungsschutzgesetze für „nationale" Kulturgüter zu sichern. Die Abwanderungsschutzgesetze der verschiedenen Staaten sind sehr unterschiedlich ausgestaltet, wobei sich insbesondere in Ländern mit reichem kulturellem Erbe strengere Regelungen finden lassen, als in Ländern, in denen eine geringere Anzahl bedeutender Kulturgüter belegen ist.[56]

In der Literatur wird dem kulturellen Nationalismus häufig die Idee eines „kulturellen Internationalismus" gegenübergestellt, nach der bestimmte Kulturgüter ein „gemeinsames Erbe der Menschheit" darstellen, und die freie Mobilität dieser Objekte im Rahmen eines internationalen Austauschs zu erstreben ist.[57] Nach diesem Gedanken ist die nationale Zuordnung von Kulturgütern grundsätzlich unerheblich, solange deren physische Erhaltung und Zugänglichkeit für eine breite Öffentlichkeit gesichert ist.[58] Die Idee, dass bestimmte Güter ein gemeinsames Erbe der Menschheit darstellen, entstammt ursprünglich dem Umwelt- und Ressourcennutzungsrecht.[59] Aufgrund der wachsenden wirtschaftlich-kulturellen Verflechtung, der Internationalisierung des Kunstmarktes sowie der Zunahme des kulturellen Austausches wurde versucht, dieses Konzept auf den Bereich des Kulturgüterschutzes zu übertragen.[60] Verfechter eines gemeinsamen Kulturerbes der Menschheit argumentieren, dass ein internationaler Austausch kultureller Güter in besonderem Maße zum Völkerverständnis beitrage und daher ein wertvolles Mittel zur Aufrechterhaltung des internationalen Friedens darstelle.[61]

---

54 Vgl. *Lenski* Öffentliches Kulturrecht, S. 320.

55 Vgl. Art 4. der Pariser Konvention. *Dolzer* in: *Dolzer/Jayme/Mußgnug* (Hrsg.), Rechtsfragen des internationalen Kulturgüterschutzes, S. 15; *Roellecke* in: *Mußgnug/Roellecke* (Hrsg.), Aktuelle Fragen des Kulturgüterschutzes, S. 31 (43).

56 *Fechner* in: *Fechner/Oppermann/v. Prott* (Hrsg.), Prinzipien des Kulturgüterschutzes, S. 32.

57 Vgl. z. B. *Müller* in: *Fechner/Oppermann/v. Prott* (Hrsg.), Prinzipien des Kulturgüterschutzes, S. 266–271; *Hipp* Schutz von Kulturgütern in Deutschland, S. 16–18; *v. Schorlemer* Internationaler Kulturgüterschutz, S. 582; *Lenski* Öffentliches Kulturrecht, S. 320–322.

58 *Hipp*, a. a. O. S. 16 f.

59 *Odendahl* Kulturgüterschutz, S. 419. v. *Schorlemer* Internationaler Kulturgüterschutz, S. 560 nennt das Seevölker- und Weltraumrecht als Ausgangspunkt für die Entwicklung des „Common Heritage-Prinzips".

60 *v. Schorlemer* a. a. O., S. 561.

61 *Engstler* Die Territoriale Bindung von Kulturgütern im Rahmen des Völkerrechts, S. 17.

Der Gedanke des kulturellen Internationalismus kommt vor allem in dem UNESCO-„Übereinkommen zum Schutz des Kultur- und Naturerbes der Welt“ von 1972 (sog. Welterbekonvention)[62] zum Ausdruck.[63] So heißt es bereits in Abs. 7 der Präambel der Welterbekonvention, „dass Teile des Kultur- und Naturerbes von außergewöhnlicher Bedeutung sind und daher als Bestandteil des Welterbes der ganzen Menschheit erhalten werden müssen“. In Art. 6 Abs. 1 der Welterbekonvention verpflichten sich die Unterzeichnerstaaten, dieses Weltkulturerbe zu schützen. Zu betonen ist jedoch, dass die Welterbekonvention nicht in die rechtliche Zuordnung der betroffenen Kulturgüter zu den Unterzeichnerstaaten eingreift.[64] Sie bestimmt lediglich, dass diese gesteigerte Schutz- und Erhaltungspflichten für das Kultur- und Naturerbe der Menschheit treffen[65], und dass die Staatengemeinschaft insoweit unterstützend tätig wird, sofern sie von den Einzelstaaten um Hilfe ersucht wird.[66] Betroffen ist daher nicht die kulturelle Bindung, sondern lediglich der Substanzschutz der erfassten Kulturgüter.[67]

Es ist somit festzuhalten, dass sich kultureller Nationalismus und Internationalismus grundsätzlich in einem Spannungsverhältnis gegenüberstehen. Da jedoch in (völker-)rechtlicher Hinsicht die Idee eines kulturellen Erbes der Menschheit allein für den Substanzschutz bestimmter Kulturgüter von Bedeutung ist und keine nationalstaatlichen Bindungen der betroffenen Objekte aufgelöst werden, schließen sich beide Strömungen nicht gegenseitig aus.[68] Es bleibt damit bei der rechtlichen Zuordnung von Kulturgütern zu bestimmten Nationalstaaten.

II. Kriterien für die nationale Zuordnung von Kulturgütern

Zur Klärung der Frage, welche Kriterien zur Zuordnung eines Kulturgutes zu einem bestimmten Nationalstaat heranzuziehen sind, kann z. B. auf Art. 4 der Pariser Konvention zurückgegriffen werden.[69] Dieser stellt u. a. auf die Nationalität des Schöpfers des Kulturgutes, den Schaffungsort – sofern das jeweilige Kulturgut für

---

62 BGBl. II 1977 S. 213.

63 *Dolzer in: Dolzer/Jayme/Mußgnug* (Hrsg.), Rechtsfragen des internationalen Kulturgüterschutzes, S. 16; *Lenski* Öffentliches Kulturrecht, S. 320.

64 *Fiedler* in: *Fechner/Oppermann/v. Prott* (Hrsg.), Prinzipien des Kulturgüterschutzes, S. 170; *Müller* in: *Fechner/Oppermann/v. Prott* (Hrsg.), Prinzipien des Kulturgüterschutzes, S. 269; *Lenski* Öffentliches Kulturrecht, S. 321.

65 Vgl. Art. 4, 5 der Welterbekonvention.

66 Vgl. Art. 6 der Welterbekonvention.

67 *Odendahl* Kulturgüterschutz, S. 421.

68 *Hipp* Schutz von Kulturgütern in Deutschland, S. 17.

69 *Hipp* a.a.O., S. 15.

den betreffenden Staat bedeutsam ist – sowie auf dessen Fundort ab.[70] In der Literatur finden sich teils identische Zuordnungskriterien. Dort werden auch Nationalität des herstellenden Künstlers und der Schaffungsort des Kulturgutes genannt.[71] Außerdem werden die Bestimmung des Werkes für einen bestimmten Ort durch den herstellenden Künstler, die Tatsache, dass ein Kulturgut für einen bestimmten Kulturkreis eine besondere Bedeutung entfaltet, sowie die Belegenheit des Kulturgutes als Zuordnungskriterien aufgezählt. [72]

B. Zugänglichkeit für die Allgemeinheit

Eines der sekundären Ziele des Kulturgüterschutzes ist wie erläutert die Zugänglichkeit von Kulturgut für die Allgemeinheit.[73] Diese vermag es, die kulturelle Wirkung und den kulturellen Wert eines Kulturgutes zu steigern, da dessen Bedeutung für einen Kulturkreis eng mit seiner Einbeziehung in die Gesellschaft zusammenhängt.[74] Traditioneller Ort allgemeiner Zugänglichkeit sind die öffentlichen Museen.[75] In rechtlicher Hinsicht kommt das Ziel der allgemeinen Zugänglichkeit von Kulturgut vor allem in einigen völkerrechtlichen Verträgen sowie in den Denkmalschutzgesetzen der Länder zum Ausdruck. Letztere bestimmen in fast allen Bundesländern, dass Denkmäler im Rahmen des für den Eigentümer Zumutbaren für die Allgemeinheit zugänglich sein müssen.[76]

Als staatliche Mittel, um bestimmte Kulturgüter der Allgemeinheit zugänglich zu machen, kommen insbesondere Vorkaufsrechte in Betracht.[77] In Deutschland ist auf nationaler Ebene im KultgSchG ein solches Vorkaufsrecht nicht zu finden, obwohl es unter rechtlichen Gesichtspunkten durchaus denkbar wäre, dem Staat ein solches Vorkaufsrecht für besonders wertvolle Kulturgüter einzuräumen, um deren Zugänglichkeit für die Allgemeinheit zu sichern. Auf Landesebene sind staatliche Vorkaufsrechte in einigen Landesdenkmalschutzgesetzen verankert.

---

70 Vgl. Art. 4 a, b der Pariser Konvention.

71 *Müller* in: *Fechner/Oppermann/v. Prott* (Hrsg.), Prinzipien des Kulturgüterschutzes, S. 264; *Odendahl* Kulturgüterschutz, S. 408.

72 *Müller* a. a. O., S. 264: *Odendahl* a. a. O., S. 409; *Maurer* Die Ausfuhr von Kulturgütern in Europäischen Union, S. 35.

73 *Fechner* in: *Fechner/Oppermann/v. Prott* (Hrsg.), Prinzipien des Kulturgüterschutzes, S. 27.

74 *Odendahl* Kulturgüterschutz, S. 424.

75 *Fechner* in: *Fechner/Oppermann/v. Prott* (Hrsg.), Prinzipien des Kulturgüterschutzes, S. 28.

76 *Odendahl* Kulturgüterschutz, S. 424 f.

77 *Fechner* in: *Fechner/Oppermann/v. Prott* (Hrsg.), Prinzipien des Kulturgüterschutzes, S. 28. *Odendahl*, Kulturgüterschutz, S. 441.

Mit Ausnahme des Art. 19 BayDSchG beziehen sich diese jedoch ausschließlich auf unbewegliche Denkmäler.[78] Daneben besteht für den Staat schlicht die Möglichkeit des Ankaufs wertvoller Kulturgüter, um deren Zugänglichkeit für die Allgemeinheit zu sichern.[79]

C. Bewertung

Es bleibt festzuhalten, dass der Schutz der kulturellen Bindung von Kulturgut eines der primären Ziele des Kulturgüterschutzes darstellt. In rechtlicher Hinsicht stellt sich die kulturelle Bindung eines Kulturgutes als Bindung an einen Nationalstaat dar und wird durch Ausfuhrbeschränkungen sichergestellt.

Es ist jedoch zweifelhaft, ob solche Ausfuhrbeschränkungen zum Schutze der kulturellen Bindung eines Kulturgutes überhaupt sinnvoll sind, wenn das entsprechende Kulturgut in seinem Ursprungsstaat nicht – auch nicht auf virtuellem Wege – für die Allgemeinheit zugänglich ist. Es fällt bei Betrachtung der Argumente, die für eine Schutzbedürftigkeit der kulturellen Bindung von Kulturgut angeführt werden, nämlich auf, dass diese meist durch die allgemeine Zugänglichkeit des entsprechenden Kulturgutes bedingt sind: Wie soll eine Gesellschaft Objekten überhaupt die nötige Bedeutung verleihen, die diese zu Kulturgütern erhebt, wenn es bereits an der Möglichkeit fehlt, die betroffenen Gegenstände zu besichtigen? Wie kann ein Kulturgut von identitätsstiftender Bedeutung für die Gesellschaft, aus der es stammt, sein, wenn diese gar nicht von der Existenz des Kulturgutes weiß? Von selbst versteht sich, dass nicht mit der Wichtigkeit einer regionalen und bevölkerungsnahen Präsentation zugunsten des Schutzes der kulturellen Bindung argumentiert werden kann, wenn das entsprechende Kulturgut überhaupt nicht für die Allgemeinheit zugänglich ist.

Es zeigt sich m. E. folglich, dass ein Schutz der kulturellen Bindung grundsätzlich nur dann sinnvoll ist, wenn das entsprechende Kulturgut bereits an seinem Ursprungsort für die Öffentlichkeit auf irgendeine Art und Weise zugänglich ist. Ist dies nicht der Fall, so dürfte m. E. die kulturelle Bindung nur dann schutzwürdig sein, wenn der kulturelle Wert eines Kulturgutes maßgeblich von seinem Zusammenhang mit seiner ursprünglichen Umgebung abhängt und dieser Zusammenhang ein übergeordnetes Ganzes darstellt, der durch die Abwanderung des Kulturgutes zerstört werden würde. Es lässt sich daher m. E. vertreten, dass das Ziel der allgemeinen Zugänglichkeit im Vergleich zu dem des Schutzes

78 Vgl. unten S. 98 Fn. 478.

79 *Odendahl*, Kulturgüterschutz, S. 441.

der kulturellen Bindung einen durchaus gleichrangigen Stellenwert besitzt, da letzteres Ziel ohne ersteres grundsätzlich an Sinn verliert.

§ 3 Überblick über den Abwanderungsschutz für in Deutschland belegene Kulturgüter

Dem Völkerrecht bzw. dem zu seiner Umsetzung erlassenen deutschen Recht sind keine eigenständigen Ausfuhrverbote für Kulturgüter zu entnehmen. In der Pariser Konvention haben sich die Vertragsstaaten lediglich verpflichtet, die „unzulässige Einfuhr, Ausfuhr und Übereignung von Kulturgut" zu bekämpfen[80] und Rückführungsansprüche für illegal verbrachtes Kulturgut zu schaffen[81]. Hierfür sollen die Vertragsstaaten die erforderlichen rechtlichen und organisatorischen Voraussetzungen schaffen und insbesondere ausländische Ausfuhrbeschränkungen im Inland durchsetzen.[82] Zur Ausführung der Pariser Konvention wurde in Deutschland 2007 das Kulturgüterrückgabegesetz[83] erlassen. Dieses regelt zum einen die Geltendmachung von Rückgabeansprüchen für illegal verbrachtes Kulturgut.[84] Zum anderen enthält es Bestimmungen zum Schutz bedeutender Kulturgüter anderer Vertragsstaaten, nach welchen der Import bestimmter Objekte in das Bundesgebiet der Genehmigung bedarf.[85] Das KultGüRückG statuiert jedoch keine eigenständigen Ausfuhrverbote. Es setzt für die Eröffnung seines Schutzbereichs für deutsches Kulturgut lediglich eine Eintragung in ein Verzeichnis national wertvollen Kulturgutes nach dem KultgSchG voraus.[86] Auch die von Deutschland bisher nicht ratifizierte[87] UNIDROIT Kon-

80 Vgl. Art. 2 der Pariser Konvention.
81 Vgl. Art. 7 lit. b ii, 13 c, d der Pariser Konvention.
82 Vgl. Art. 5 der Pariser Konvention. *Berndt* Internationaler Kulturgüterschutz, S. 48.
83 „Gesetz zur Ausführung des UNESCO-Übereinkommens vom 14. November 1970 über Maßnahmen zum Verbot und zur Verhütung der rechtswidrigen Einfuhr, Ausfuhr und Übereignung von Kulturgut und zur Umsetzung der Richtlinie 93/7/EWG des Rates vom 15. März 1993 über die Rückgabe von unrechtmäßig aus dem Hoheitsgebiet eines Mitgliedsstaats verbrachten Kulturgütern (Kulturgüterrückgabegesetz – KultGüRückG)", v. 18.5.2007 (BGBl. 2007 I S. 757). Im Folgenden „KultGüRückG" genannt.
84 Vgl. Abschn. 2, 3 KultGüRückG.
85 Vgl. Abschn. 4 KultGüRückG.
86 Vgl. § 1 Abs. 3 KultGüRückG.
87 Stand Dezember 2014.

vention von 1995[88] regelt ausschließlich Rückgabeansprüche für Kulturgüter und bestimmt keine Ausfuhrverbote.

Auf gemeinschaftsrechtlicher Ebene statuiert die Verordnung Nr. 116/2009 Ausfuhrverbote für Kulturgüter. Zweck dieser Verordnung ist es, die aufgrund offener Binnengrenzen weggefallenen nationalen Ausfuhrkontrollen durch eine einheitliche Ausfuhrkontrolle an den Außengrenzen der Europäischen Union zu ersetzen.[89] Die Verordnung dient somit im Wesentlichen der Ergänzung nationaler Abwanderungsschutzbestimmungen und knüpft auch hinsichtlich der Voraussetzungen für die Erteilung einer Ausfuhrgenehmigung an diese an.[90] Es ist daher sinnvoll, die Bestimmungen der Verordnung Nr. 116/2009 im Anschluss an die nationalen Abwanderungsschutzbestimmungen zu erörtern. Die Richtlinie 93/7EWG und das zu ihrer Umsetzung in Deutschland erlassene KultGüRückG von 1998[91], welches im Rahmen der Umsetzung der Pariser Konvention 2007 novelliert wurde[92], enthalten hingegen – wie hinsichtlich letzterer Regelung bereits erläutert – keine eigenständigen Ausfuhrverbote. Es wird lediglich bestimmt, dass nur solche deutschen Kulturgüter, die nach dem KultgSchG in ein Verzeichnis national wertvollen Kulturgutes eintragen sind, Gegenstand von Rückgabeansprüchen sein können.[93]

Wie bereits erläutert, werden auf nationaler Ebene Ausfuhrverbote für Kulturgüter durch das KultgSchG statuiert. Auf landesrechtlicher Ebene können die Verbringungsverbote der Landesdenkmalschutzgesetze ein Ausfuhrverbot nach sich ziehen.

§ 4 Entwicklung des Abwanderungsschutzes für Kulturgüter im 20. Jahrhundert in Deutschland

Während der klassische Denkmalschutz im Sinne eines Substanzschutzes für unbewegliche Denkmäler auf eine lange Tradition zurückgreifen kann, stellt der

88 „UNIDROIT Convention on Stolen or Illegally Exported Cultural Objects“, v. 24.6.1995 (abrufbar unter: http://www.unidroit.org/instruments/cultural-property/1995-convention (Stand: Dezember 2014)).

89 Vgl. Abs. 3 der Präambel der Verordnung Nr. 116/2009.

90 Vgl. Art. 2 Abs. 2 Uabs. 3 der Verordnung Nr. 116/2009.

91 „Gesetz zur Umsetzung der Richtlinie 93/7 EWG des Rates über die Rückgabe von unrechtmäßig aus dem Hoheitsgebiet eines Mitgliedstaats verbrachten Kulturgütern (Kulturgüterrückgabegesetz – KultGüRückG)“ von 1998 (BGBl. 1998 I S. 3162).

92 Vgl. oben S. 29 Fn. 83.

93 Vgl. Art. 1 Nr. 1, 2 der Richtlinie 93/7EWG; § 1 Abs. 3 KultGüRückG.

Schutz beweglicher Kulturgüter eine relativ neue Rechtsmaterie dar, die sich erst zu Beginn des 20. Jahrhunderts herausbildet hat.[94] Einen Anfang machten insoweit das Hessische Denkmalschutzgesetz von 1902 und das Denkmalschutzgesetz des Großherzogtums Oldenburg aus dem Jahre 1911, die beide erste Schutzbestimmungen für bedeutendes bewegliches Kulturgut enthielten.[95]

A. Abwanderungsschutz zur Zeit der Weimarer Republik

Erste Bestimmungen zum Denkmal- und Kulturgüterschutz auf nationaler Ebene fanden sich in der Weimarer Reichsverfassung.[96] So war in Art. 150 Abs. 1 WRV bestimmt, dass „die Denkmäler der Kunst, der Geschichte und der Natur" „den Schutz und die Pflege des Staates" genießen. Da der Begriff „Staat" das Reich und die Länder umfasste, war der Denkmalschutz Gegenstand der konkurrierenden Gesetzgebung.[97] Nach Art. 150 Abs. 2 WRV war es „Sache des Reichs, die Abwanderung deutschen Kunstbesitzes in das Ausland zu verhüten". Der Abwanderungsschutz fiel somit in die ausschließliche Gesetzgebungskompetenz des Reiches.[98] Aufgrund dieser Kompetenzzuweisungen an das Reich wurde die Ausfuhrverordnung 11. Dezember 1919[99] sowie die „Verordnung über den Schutz von Denkmälern und Kunstwerken" vom 8. Mai 1920[100] erlassen.[101]

I. Ausfuhrverordnung

Grund für den Erlass der Ausfuhrverordnung war, dass wegen der wirtschaftlichen Notlage und der hohen Inflation nach Ende des Ersten Weltkriegs die Ausfuhr von Kulturgütern aus Deutschland stark zugenommen hatte und ein Ausverkauf des deutschen Kulturbesitzes drohte.[102] Die Geltung der Ausfuhrverordnung war zwar ursprünglich bis zum 31. Dezember 1925 befristet,[103] sie wurde jedoch wie-

94 *Uhl* Der Handel mit Kunstwerken im europäischen Binnenmarkt, S. 43; *Hipp* Schutz von Kulturgütern in Deutschland, S. 47.
95 Vgl. *Hipp* a.a.O., S. 47 f.; *Odendahl* Kulturgüterschutz, S. 45–47.
96 RGBl. I 1919, S. 1383. Im Folgenden „WRV" genannt.
97 *Berndt* Internationaler Kulturgüterschutz, S. 73.
98 Ebda.
99 Vgl. oben S. 12 Fn. 27.
100 RGBl. I 1920 S. 913. Im Folgenden „Denkmalschutzverordnung" genannt.
101 *Hipp* Schutz von Kulturgütern in Deutschland, S. 49.
102 *Berndt* Internationaler Kulturgüterschutz, S. 75; *Odendahl* Kulturgüterschutz, S. 60.
103 Vgl. § 7 der Ausfuhrverordnung.

derholt verlängert[104] und schließlich durch die „Verordnung des Reichspräsidenten über die Ausfuhr von Kunstwerken“ vom 20. Dezember 1932[105] unbefristet in Kraft gesetzt, so dass sie während der gesamten NS-Zeit ihre Gültigkeit behielt. Nach Kriegsende blieb die Ausfuhrverordnung zunächst wirksam und wurde unter dem Grundgesetz als früheres Reichsrecht zu Bundesrecht. Erst mit dem Erlass des KultgSchG im Jahre 1955 trat sie außer Kraft.[106] Auch heutzutage kommt der Ausfuhrverordnung durchaus noch rechtliche Bedeutung zu. Dies ist der Tatsache geschuldet, dass die Ausfuhrverordnung eine ganz wesentliche Grundlage für das heutige KultgSchG darstellt, welches deren Systematik übernommen hat. Insbesondere knüpft das KultgSchG aufgrund der Übergangsbestimmung des § 22 Abs. 3 KultgSchG auch heute noch an die auf Grundlage der Ausfuhrverordnung verfügten Ausfuhrverbote an.

1. Anwendungsbereich

In § 1 stellte die Ausfuhrverordnung die Ausfuhr eines Kunstwerks unter Genehmigungsvorbehalt, sobald dieses „in das Verzeichnis der Werke eingetragen ist, deren Verbringung in das Ausland einen wesentlichen Verlust für den nationalen Kunstbesitz bedeuten würde“ (sog. „Verzeichnis der national wertvollen Kunstwerke“[107]). In sachlicher Hinsicht musste es sich bei dem Eintragungsgegenstand also zunächst um ein Kunstwerk handeln.[108] Überdies wurden nur bewegliche Kunstwerke erfasst, da nur bei diesen die Gefahr der Ausfuhr bestand. Die Verbringung eines Kunstwerks ins Ausland stellte dann „einen wesentlichen Verlust für den nationalen Kulturbesitz“ dar, wenn es sich um ein „national wertvolles Kunstwerk“ handelte.[109] Dies erforderte eine besondere kulturelle Bedeutung bzw. einen besonderen kulturellen Wert des Kunstwerks, der reichsweiter oder lediglich regionaler Art sein konnte.[110] Geschützt werden sollten in

---

104 Eine erste Verlängerung bis zum 31.12.1927 erfolgte nach § 1 des „Gesetz[es] über Ausfuhr von Kunstwerken“ vom 21.12.1925 (RGBl. I 1925 S. 470). Zur nächsten Verlängerung bis zum 31.12.1929 kam es auf Grund von § 1 des „Gesetz[es] über Ausfuhr von Kunstwerken“ vom 21.12.1927 (RGBl. I 1927 S. 485). Nach § 1 des „Gesetz[es] über Ausfuhr von Kunstwerken“ vom 24.12.1929 (RGBl. I 1929 S. 244) erfolgte eine weitere Verlängerung bis zum 31.12.1931.

105 RGBl. I 1932 S. 572.

106 Vgl. § 22 Abs. 1 KultgSchG a. F.

107 Vgl. § 1 S. 1 der „Ausführungsbestimmungen zur Verordnung über die Ausfuhr von Kunstwerken vom 11. Dezember 1919“ (RGBl. I 1919 S. 1962). Im Folgenden „Ausführungsbestimmungen“ genannt.

108 Zum Begriff des Kunstwerks vgl. oben S. 22.

109 *Schmidt* in: *Nipperdey*, WRV, Art. 150 Ziff. V. S. 121.

110 *Schmidt* a. a. O., Art. 150 Ziff. V. S. 121 f.; *Hipp* Schutz von Kulturgütern in Deutschland, S. 49.

erster Linie „Schöpfungen deutscher Herkunft".[111] Daneben durfte die Ausfuhrverordnung jedoch „auch auf hervorragende Kunstwerke fremder Kulturen ausgedehnt werden, die seit langer Zeit schon auf das Engste mit unseren Künstlern verwachsen sind und in diesem Sinne einen Teil des nationalen Kunstbestandes darstellen'".[112] Damit war wohl gemeint, dass auch Werke ausländischer Künstler „national wertvoll" sein können, wenn diese einen besonders engen Bezug zum deutschen Kulturerbe aufwiesen. Werke lebender oder kurz zuvor verstorbener Künstler wurden hingegen nicht in das Verzeichnis der national wertvollen Kunstwerke aufgenommen.[113]

2. Eintragung in das Verzeichnis der national wertvollen Kunstwerke

Das Verzeichnis der national wertvollen Kunstwerke wurde gem. § 2 S. 1 der Ausfuhrverordnung vom Reichinnenminister geführt, der somit für die Eintragung zuständig war. Nach § 1 S. 1 der zur Ausfuhrverordnung erlassenen Ausführungsbestimmungen[114] erfolgte die Eintragung grundsätzlich „auf Vorschlag oder nach Anhörung der Regierung des Landes, in dem sich das Kunstwerk befindet". Die abschließende Eintragungsentscheidung oblag in diesem Fall dem Reichsinnenminister. Wenn hingegen eine Landeszentralbehörde die Eintragung eines Kunstwerks verlangte, musste diese nach § 2 S. 2 der Ausfuhrverordnung erfolgen. Gem. § 2 S. 1 der Ausführungsbestimmungen hatten die Regierungen der Länder „von Amts wegen oder auf Ersuchen des Reichsministeriums des Inneren Sachverständige mit der Ermittlung und Prüfung der für eine Eintragung in Betracht kommenden Kunstwerke" zu betrauen. Das Ergebnis solcher Prüfungen und Ermittlungen war nach § 2 S. 2 der Ausführungsbestimmungen dem Reichsinnenminister mitzuteilen. Überdies konnte das Reichsinnenministerium gem. § 2 S. 3 der Ausführungsbestimmungen selbst entsprechende Ermittlungen und Prüfungen veranlassen. Nach § 3 der Ausführungsbestimmungen war jeder

111 *Schmidt* a.a.O., Art. 150 Ziff. V. S. 122, Fn. 105.

112 Ebda.

113 *Schmidt* a.a.O., Art. 150 Ziff. V. S. 122; *Hipp* Schutz von Kulturgütern in Deutschland, S. 49. Strittig ist, ob die Ausfuhrverordnung neben Kunstwerken im Privateigentum auch solche im öffentlichen Eigentum erfasste. Nach *Uhl* Der Handel mit Kunstwerken im europäischen Binnenmarkt, S. 44 und *Hipp* a.a.O., S. 49 erfasste die Ausfuhrverordnung auch Kulturgüter im öffentlichen Eigentum. Demgegenüber geht *Berndt* Internationaler Kulturgüterschutz, S. 75 davon aus, dass der Anwendungsbereich der Ausfuhrverordnung auf Kulturgut im Privateigentum beschränkt war.

114 Vgl. oben S. 32 Fn. 107.

Kunstbesitzer verpflichtet, den Sachverständigen seine Kunstwerke „auf Verlangen zu zeigen, die Prüfung zu gestatten und die hierfür erforderlichen Auskünfte zu erteilen".

Im Rahmen der Eintragungsentscheidung des Reichsinnenministers war allein das Interesse der Allgemeinheit am Schutz des deutschen Kulturerbes, „dem sich das private Interesse des Eigentümers unbedingt unterzuordnen" hatte, entscheidend.[115] Daher fand bei der Entscheidung über die Eintragung auch keine Abwägung zwischen dem öffentlichen Interesse am Schutz des deutschen Kulturbesitzes gegen die Abwanderung ins Ausland und dem privatem Interesse des Eigentümers an der unbeschränkten Verfügungsmacht über sein Kunstwerk statt.[116] War ein Objekt daher als „national wertvolles Kunstwerk" einzustufen, so war der Reichsinnenminister auch verpflichtet, dieses in das Verzeichnis der national wertvollen Kunstwerke einzutragen. Die Nichtberücksichtigung der Eigentümerinteressen wurde mit der Sozialpflichtigkeit des Eigentums nach Art. 153 Abs. 3 WRV[117] begründet.[118]

Der in § 1 der Ausfuhrverordnung angeordnete Genehmigungsvorbehalt für die Ausfuhr eingetragener „national wertvoller Kunstwerke" wurde gem. § 1 S. 2 der Ausführungsbestimmungen mit der Eintragung des betroffenen Kunstwerks wirksam. Die Eintragung wirkte somit konstitutiv.[119] Gem. § 1 S. 5 der Ausführungsbestimmungen konnte gegen die Eintragungs-entscheidung keine Beschwerde erhoben werden. Möglich war jedoch die Streichung eines Kunstwerks aus dem Verzeichnis.[120] Diese war zwar gesetzlich nicht vorgesehen, sie wurde jedoch sowohl von Amts wegen als auch auf Antrag für zulässig erachtet.[121]

3. Erteilung der Ausfuhrgenehmigung

Über die Erteilung der Ausfuhrgenehmigung entschied nach § 3 Abs. 1 der Ausfuhrverordnung bis 1925 der Reichskommissar für Aus- und Einfuhrbewilligungen, danach trat der Reichsinnenminister an seine Stelle.[122] Voraussetzung für

---

115 *Schmidt* in: *Nipperdey*, WRV, Art. 150 Ziff. V. S. 122; *Hipp* Schutz von Kulturgütern in Deutschland, S. 49.

116 Ebda.

117 Art. 153 Abs. 3 WRV lautete: „Eigentum verpflichtet. Sein Gebrauch soll zugleich Dienst sein für das Gemeine Beste."

118 Vgl. *Schmidt* in: *Nipperdey*, WRV, Art. 150 Ziff. V. S. 122; *Hipp* Schutz von Kulturgütern in Deutschland, S. 49.

119 *Schmidt* a. a. O., Art. 150 Ziff. V. S. 121; *Odendahl* Kulturgüterschutz, S. 60.

120 *Schmidt* a. a. O., Art. 150 Ziff. V. S. 121.

121 Ebda.; *Hipp* Schutz von Kulturgütern in Deutschland, S. 50.

122 Vgl. § 1 des Gesetzes über Ausfuhr von Kunstwerken v. 21.12.1925.

die Erteilung der Ausfuhrgenehmigung war gem. § 3 Abs. 2 S. 1 der Ausfuhrverordnung die Zustimmung eines Ausschusses, der vom Reichsinnenminister zu ernennen war. Nach § 3 Abs. 2 S. 2 der Ausfuhrverordnung bestand der Ausschuss „aus drei Mitgliedern, von denen eins auf Vorschlag des Reichsbankdirektoriums[123], ein weiteres aus den Kreisen der Kunstsachverständigen auf Vorschlag der Landeszentralbehörde, in deren Gebiet sich das Kunstwerk bei Inkrafttreten dieser Verordnung befindet, ernannt" wurde. Nach § 3 Abs. 3 der Ausfuhrverordnung durfte dieser Ausschuss „seine Zustimmung nur erteilen, wenn der materielle Gewinn des Reichs den Verlust des Kunstwerkes rechtfertigt". Nach § 4 der Ausfuhrverordnung konnte die Ausfuhrgenehmigung an eine Bedingung geknüpft werden. Sowohl § 3 Abs. 3 als auch § 4 der Ausfuhrverordnung wurden jedoch Ende 1929 ersatzlos gestrichen.[124] Im Rahmen der Entscheidung über die Genehmigungserteilung war daher fortan allein ausschlaggebend, ob das öffentliche Interesse am Verbleib des Kunstwerks im Inland oder das private Interesse des ausfuhrwilligen Eigentümers überwog. Wurde ein eingetragenes Kunstwerk ohne Genehmigung aus dem Reichsgebiet ausgeführt, so konnte nach § 6 Abs. 1 S. 1 der Ausfuhrverordnung der Exporteur „mit Gefängnis und mit Geldstrafe bis zur dreifachen Höhe des Wertes des Kunstwerkes, auf das sich die strafbare Handlung bezieht, oder mit einer dieser Strafen betraft" werden. Daneben konnte gem. § 6 Abs. 1 S. 2 der Ausfuhrverordnung das betroffene Kunstwerk auch eingezogen werden.

II. Denkmalschutzverordnung

Neben der Ausfuhrverordnung enthielt auch die Denkmalschutzverordnung ein Ausfuhrverbot für bewegliche Kulturgüter. So war in § 1 S. 1 der Denkmalschutzverordnung bestimmt, dass „bewegliche Gegenstände, die einen geschichtlichen, wissenschaftlichen oder künstlerischen Wert haben, nur mit Genehmigung der Landeszentralbehörde oder der von ihr zu bezeichnenden Behörde" veräußert, verpfändet, wesentlich verändert oder aus dem Reichsgebiet ausgeführt werden dürfen. Diese Genehmigungspflicht betraf jedoch nur „Körperschaften, Anstalten und Stiftungen des öffentlichen Rechts, Familienstiftungen sowie Besitzer und Verwalter von Familienfideikommissen, Lehen, Stammgüter und Hausvermögen."[125] Gem. § 1 Abs. 3 der Denkmalschutzverordnung konnten zudem die Lan-

123 Nach § 1 des Gesetzes über Ausfuhr von Kunstwerken v. 24.12.1929 trat „an die Stelle des Reichsbankdirektoriums der Reichminister der Finanzen".
124 Vgl. § 1 des Gesetzes über Ausfuhr von Kunstwerken v. 24.12.1929.
125 Vgl. § 1 Abs. 1 S. 1 der Denkmalschutzverordnung.

deszentralbehörden „Vereine und Vereinigungen des Privatrechts und Sammlungen und Büchereien im Eigentum von Privatpersonen, die schon seit längerer Zeit im Gemeingebrauch gewesen sind, bezeichnen, auf welche die Vorschriften des Abs. 1 [der Denkmalschutzverordnung] entsprechende Anwendung finden". Durch die Verordnung wurden somit nicht einzelne Gegenstände, sondern öffentliche und quasi-öffentliche Sachgesamtheiten erfasst.[126] Da die Schutzgegenstände nicht erst in ein Verzeichnis eingetragen werden mussten, bot die Denkmalschutzverordnung einen umfassenderen Abwanderungsschutz als die Ausfuhrverordnung.[127]Die Gültigkeit der Denkmalschutzverordnung war gem. § 5 bis zum 31. Dezember 1925 befristet. Da die Denkmalschutzverordnung nicht innerhalb dieser Frist verlängert wurde, trat sie mit Ablauf des Jahres 1925 außer Kraft.[128]

B. Das Dritte Reich

I. Anschauung des NS-Regimes in Kulturgüterschutzfragen

Entsprechend ihrer Kunstdoktrin pervertierten die Nationalsozialisten die ursprünglichen Ziele des Kulturgüterschutzes und missbrauchten diesen für ihre Zwecke.[129] Da sich der Nationalsozialismus nicht auf klassischen kulturellen Werten, sondern auf dem „völkischen Gedanken" gründete, galten Kulturgüter nur insoweit als schutzwürdig, als „sie Symbol oder Verkörperung völkischen Lebens" waren und als solche für ideologische Zwecke instrumentalisiert werden konnten.[130] So führte beispielsweise die Orientierung der NS-Ideologie am Germanentum zu einer verstärkten Förderung von Ausgrabungen sowie zur Durchführung zahlreicher Erhaltungsmaßnahmen an germanischen Bodenaltertümern.[131] Überdies strebten die Nationalsozialisten, die von der Überlegenheit der deutschen Kunst und Kultur überzeugt waren, eine Neubewertung des europäischen Kulturerbes bzw. eine neue kunstgeschichtliche Hierarchie an.[132] So sollte vor allem der von Hitler – neben den berühmten Werken alter Meister – als Gipfel der künstlerischen Vollendung angesehenen österreichisch-bayerischen Land-

---

126 *Berndt* Internationaler Kulturgüterschutz, S. 77.
127 *Berndt* a. a. O., S. 77 f.
128 *Berndt* a. a. O., S. 78; *Hipp* Schutz von Kulturgütern in Deutschland, S 51.
129 *Hipp* a. a. O., S. 52; *Odendahl* Kulturgüterschutz, S. 70 f.
130 *Odendahl*, a. a. O., S. 71.
131 Ebda.
132 *Petropoulos* Kunstraub und Sammelwahn, S. 23, S. 306 f.

schafts- und Genremalerei des 19. Jahrhunderts die ihr gebührende Bedeutung in der Kunstgeschichte eingeräumt werden.[133]

Am Schutz wirklich „historisch, wissenschaftlich oder künstlerisch wertvoller Werke" bestand hingegen in der Regel kein Interesse.[134] Dies zeigt sich schon anhand des Faktums, dass die Nationalsozialisten zur Devisenbeschaffung zahlreiche bedeutende Kunstwerke aus beschlagnahmten Sammlungen ins Ausland veräußerten, was eine massive Schädigung des deutschen Kulturbesitzes zur Folge hatte.[135] Auch in dem Kampf des NS-Regimes gegen die sog. „entartete" Kunst, der die Vernichtung von Werken einer bestimmten Stilepoche zur „Säuberung" der deutschen Kunst zum Ziel hatte, zeigt sich, dass das Vorgehen des NS-Regimes nichts mehr mit einem Kulturgüterschutz im eigentlichen Sinne gemein hatte.[136] Die Enge der nationalsozialistischen Kunstdoktrin und die Vernichtung der Werke der „entarteten" Kunst führten vielmehr zu einer beispiellosen Zerstörung von Kulturgut und zu einer nicht mehr wiedergutzumachenden Schädigung des deutschen Kulturbesitzes.[137]

II. Abwanderungsschutz zur Zeit des Dritten Reichs

Da die Denkmalschutzverordnung bereits im Jahre 1925 außer Kraft getreten war, bestimmte sich der Abwanderungsschutz für Kulturgüter während des Dritten Reichs allein nach der Ausfuhrverordnung, die während der gesamten NS-Zeit ihre Gültigkeit behielt.[138] Es wurde somit zwar grundsätzlich am Abwanderungsschutz der Weimarer Zeit festgehalten, die Ausfuhrverordnung wurde jedoch im Sinne der nationalsozialistischen Kunstdoktrin ausgelegt und für die Zwecke des NS-Regimes instrumentalisiert. So wurde das Verzeichnis der national wertvollen Kunstwerke während der NS-Zeit einerseits im Sinne der nationalsozialistischen Kunstauffassung überarbeitet und insbesondere um Kunstwerke deutscher Herkunft erweitert.[139] Dadurch sollte der vom NS-Regime geforderten

---

133 Ebda. Dies kam vor allem im Rahmen der Auswahl der Exponate für das Linzer Führermuseum zum Ausdruck, in dem Werke der genannten Stilrichtung, durch ihre Gegenüberstellung mit Gemälden alter Meister, die nach Hitlers Meinung verdiente Anerkennung finden sollten (ebda.).

134 *Odendahl* Kulturgüterschutz, S. 71.

135 *Odendahl* a.a.O., S. 77.

136 Ebda. Zur Einziehung „entarteter" Kunst vgl. unten S. 142f.

137 *Odendahl* a.a.O., S. 71.

138 Vgl. oben S. 31f.

139 „Bericht der Bundesregierung zum Kulturgutschutz in Deutschland" v. 24.4.2013, S. 32 (abrufbar unter: http://www.bundesregierung.de/Content/DE/Artikel/2013/04/2013-04-24-kulturgutschutz.html (Stand: Dezember 2014)).

Nationalisierung der Kunstgeschichte Rechnung getragen werden.[140] Daneben wurde die Ausfuhrverordnung – wie bereits erwähnt – zur Entziehung von Kunstwerken jüdischer Emigranten missbraucht.[141] Dies führte dazu, dass in dem Verzeichnis der national wertvollen Kunstwerke von 1938[142] zahlreiche Werke jüdischer Eigentümer eingetragen waren. Dabei handelte es sich oft auch um Werke ausländischer Künstler, wie französischer Impressionisten, deren Qualifikation als „national wertvoll" zu der damaligen Zeit zumindest zweifelhaft gewesen sein dürfte und deren Eintragung jedenfalls im diametralen Widerspruch zur NS-Kunstdoktrin stand. Die Instrumentalisierung der Ausfuhrverordnung zur Entziehung von Kulturgütern jüdischer Auswanderer wird im Rahmen des Abschnitts über den NS-Kunstraub ausführlich erläutert, da diese in engem Zusammenhang mit den anderen rechtlichen Bestimmungen steht, auf Grundlage derer das NS-Regime jüdischen Sammlern ihren Kunstbesitz entzog.

C. Abwanderungsschutz während der Nachkriegszeit

Nach Ende des Zweiten Weltkriegs erfolgte zwar eine ideologische Abkehr von der missbräuchlichen Kulturgüterschutzpraxis der Nationalsozialisten und eine Rückbesinnung auf die ursprünglichen Zwecke und Ziele des Kulturgüterschutzes[143], in rechtlicher Hinsicht wurde jedoch zunächst an den bestehenden Bestimmungen festgehalten. So galt die Ausfuhrverordnung mitsamt dem Verzeichnis der national wertvollen Kunstwerke von 1938 bis zum Erlass des KultgSchG im Jahre 1955 weiter fort und wurde von den Ländern, die den Abwanderungsschutz vorübergehend an Stelle des Reiches wahrnahmen, umgesetzt.[144] In Hessen[145] und in Bayern[146] wurden dafür sogar eigene Vorschriften erlassen, aufgrund derer die dem Reich von der Ausfuhrverordnung verliehenen Befugnisse den entsprechenden Landesbehörden übertragen wurden.[147] Das

140 Ebda.
141 *Francini/Heuß/Kreis* Fluchtgut – Raubgut, S. 49; *Heuß* in: die eigene Geschichte, S. 429 (431); *Odendahl* Kulturgüterschutz, S. 72; *Schnabel* ZOV 2007, S. 107 (107); Bericht der Bundesregierung zum Kulturgutschutz in Deutschland v. 24.4.2013, S. 32.
142 BArch R 1501/400, Bestand R 1501 Reichsministerium des Innern. Nach dem Verzeichnis von 1938 wurde kein weiteres Verzeichnis der national wertvollen Kunstwerke erstellt.
143 *Hipp* Schutz von Kulturgütern in Deutschland, S. 57.
144 *Odendahl* Kulturgüterschutz, S. 84.
145 „Verordnung vom 22. September 1948 über die Befugnisse nach der Verordnung der Reichsregierung über die Ausfuhr von Kunstwerken vom 11. Dezember 1919" (GVBl. 1948 S. 134).
146 „Gesetz über die Ausfuhr von Kunstwerken" v. 30.5.1949 (GVBl. 1949, S. 120).
147 Vgl. *Hipp* Schutz von Kulturgütern in Deutschland, S. 57 f.

Bayerische Ausfuhrgesetz enthielt darüber hinaus auch materielle Bestimmungen zum Kulturgüterschutz, die sich jedoch nicht wesentlich von denen der Ausfuhrverordnung unterschieden.[148]

D. Abwanderungsschutz in der DDR

Die Kulturpolitik der DDR war durch die sozialistische Ideologie geprägt und ließ nur denjenigen Kulturgütern eine Bedeutung zukommen, die zur Entwicklung eines sozialistischen Volksbewusstseins beitragen konnten.[149] Kulturgüter, die nicht mit dieser Ideologie kompatibel waren, wurden hingegen systematisch zerstört.[150] Überdies kam es aufgrund des dringenden Devisenbedarfs der DDR zu einem Ausverkauf beweglichen Kulturgutes.[151] Im Widerspruch zu dieser schädlichen Kulturpolitik steht der umfassende Bestand an Rechtsnormen, welcher während der DDR-Zeit zum Kulturgüter- und Denkmalschutz geschaffen wurde.[152] Hervorzuheben innerhalb dieses Normgebildes ist die „Verordnung zum Schutze des deutschen Kunstbesitzes und des Besitzes an wissenschaftlichen Dokumenten und Materialien" vom 2. April 1953[153]. Nach dieser war „die Ausfuhr von Kunstwerken und von wissenschaftlichen Dokumenten und Materialien von allgemeinem kulturellem Wert oder von Gegenständen von besonderer historischer Bedeutung" nur nach Erteilung einer Ausfuhrgenehmigung durch die „Staatliche Kommission für Kunstangelegenheiten" erlaubt.[154] Mit dem Erlass des „Gesetz[es] zum Schutz des Kulturgutes der Deutschen Demokratischen Republik" vom 3. Juli 1980[155] wurde diese Verordnung, was den Abwanderungsschutz betrifft, abgelöst.[156] Schützenswertes Kulturgut im Sinne des DDR-KultgSchG war „alles für das gesellschaftliche Leben der Deutschen Demokratischen Republik besonders bedeutungsvolle Gut von hohem historischem, wirtschaftlichem oder künstlerischem Wert, das nationale oder internationale Bedeutung erlangt hatte oder erlangen kann."[157] Das DDR-KultgSchG folgte einem Tatbestandssystem, so dass für

148 *Hipp* a. a. O., S. 58.
149 *Odendahl* Kulturgüterschutz, S. 88.
150 Ebda.
151 *Hipp* Schutz von Kulturgut in Deutschland, S. 60. *Odendahl* a. a. O., S. 90, 96.
152 *Odendahl* a. a. O., S. 88. Zu den verschiedenen kulturgüter- und denkmalschützenden Normen der DDR-Zeit vgl. *Odendahl* a. a. O., S. 91–96.
153 DDR-GBl. 1953 I S. 522.
154 Vgl. §§ 1, 3 der Verordnung.
155 DDR-GBl. 1980 I S. 191. Im Folgenden „DDR-KultgSchG" genannt.
156 *Odendahl* Kulturgüterschutz, S. 96.
157 Vgl. § 2 Abs. 1 S. 1 DDR-KultgSchG.

eine Unterschutzstellung keine Eintragung des betroffenen Kulturgutes vorausgesetzt war.[158] Die aufgrund von § 6 Abs. 1 DDR-KultgSchG teilweise vorgenommenen Registrierungen hatten daher rein deklaratorische Bedeutung.[159] Die Ausfuhr des vom DDR-KultgSchG erfassten Kulturgutes bedurfte gem. § 10 Abs. 1, 2 DDR-KultgSchG grundsätzlich der vorherigen Genehmigung durch den Kulturminister. Zuwiderhandlungen gegen diese Genehmigungspflicht waren gem. § 12 Abs. 1 DDR-KultgSchG strafbar.

§ 5 Das Gesetz zum Schutz deutschen Kulturgutes gegen Abwanderung

A. Gesetzgebungskompetenz

Der Abwanderungsschutz für bedeutende Kulturgüter in der heutigen Bundesrepublik bestimmt sich nach dem Gesetz zum Schutz deutschen Kulturgutes gegen Abwanderung vom 6. August 1955. Die verfassungsrechtliche Grundlage für den Erlass des KultgSchG ergab sich aus Art. 74 Nr. 5 GG a. F., der dem Bund die konkurrierende Gesetzgebungskompetenz für „den Schutz deutschen Kulturgutes gegen Abwanderung ins Ausland" einräumte.[160] Durch Erlass des Art. 74 Nr. 5 GG a. F. wurde zum einen gem. Art. 125 Nr. 1, 2 GG zunächst die Fortgeltung der Ausfuhrverordnung sowie der in Anlehnung an diese Verordnung nach Kriegsende erlassenen landesrechtlichen Bestimmungen als Bundesrecht ermöglicht.[161] Zum anderen sollte der Bundesgesetzgeber befähigt werden, den Kulturgüterschutz auf eine „neue und umfassende gesetzliche Grundlage" zu stellen.[162] Dadurch sollte eine Überarbeitung, Ergänzung und Neuaufstellung des aufgrund der Ausfuhrverordnung erlassenen Verzeichnisses der national wertvollen Kunstwerke von 1938 ermöglicht werden.[163] Ein weiterer Grund für die Schaffung des Art. 74 Nr. 5 GG a. F. war, dass die vorherige Kompetenzgrundlage des Art. 150 Abs. 2

158 *Odendahl* Kulturgüterschutz, S. 95.

159 Ebda.

160 BT-Dr 2/76 S. 6. Durch das „Gesetz zur Änderung des Grundgesetzes" v. 27.10.1994 (BGBl. 1994 I S. 3146) wurde der „Schutz deutschen Kulturgutes gegen Abwanderung ins Ausland" zunächst Bestandteil der Rahmengesetzgebungskompetenz des Bundes nach Art. 75 Abs. 1 Nr. 6 GG, und anschließend durch das „Gesetz zur Änderung des Grundgesetzes" v. 28. 8. 2006 (BGBl. 2006 I S. 2034) gem. Art. 73 Abs. 1 Nr. 5 a GG in die ausschließliche Gesetzgebungskompetenz des Bundes überführt.

161 BT-Dr 2/76 S. 6; *Pieroth/Kampmann* NJW 1990, 1385 (1386).

162 BT-Dr 2/76 S. 6.

163 Ebda.

WRV[164], die sich nur auf die „eigentlichen Kunstwerke" bezog, als zu „eng" empfunden wurde, um darauf eine gesetzliche Neuregelung des Kulturgüterschutzes zu stützen.[165] Mit dem geplanten Gesetzesvorhaben sollte der Kulturgüterschutz – über die eigentlichen Kunstwerke hinaus – „auf anderes besonders wichtiges deutsches Kulturgut [...] ausgedehnt" werden, wobei jedoch eine Beschränkung „auf die bedeutendsten Kulturgüter" erfolgen sollte.[166] In Ausübung seiner Gesetzgebungskompetenz nach Art. 74 Nr. 5 GG a. F. verkündete der Bundesgesetzgeber am 9. August 1955 schließlich das KultgSchG, welches am Folgetag in Kraft trat.[167] Gleichzeitig trat gem. § 22 Abs. 1 KultgSchG a. F. die Ausfuhrverordnung nebst ihrer Ausführungsbestimmungen außer Kraft. Gleiches galt gem. § 22 Abs. 2 KultgSchG a. F. für die in Hessen und Bayern erlassenen landesrechtlichen Abwanderungsschutzbestimmungen. Genau wie die Ausfuhrverordnung folgt das KultgSchG einem Listensystem, nach dem die Ausfuhr von Kulturgut, das in ein Verzeichnis national wertvollen Kulturgutes eingetragen ist, einer Genehmigung bedarf.[168]

B. Zielsetzung

Ziel des KultgSchG ist es, den deutschen Kulturbesitz, der während der beiden Weltkriege bereits schwere Einbußen erlitten hatte und deshalb ohnehin schon stark dezimiert war, vor weiteren Verlusten zu bewahren.[169] Da es in den Jahren nach dem Zusammenbruch des Dritten Reichs aufgrund der Geldentwertung zu einem vermehrten Verkauf wertvollen deutschen Kulturgutes ins Ausland gekommen war, befürchtete man damals einen finanziell motivierten „Ausverkauf" des deutschen Kulturbesitzes.[170] Um weitere unersetzliche Kulturgutverluste zu verhindern, sollte das „noch vorhandene Kulturgut, soweit es für den deutschen Kulturbesitz von wesentlicher Bedeutung ist, in seinem Bestand erhalten und

---

164 Der gem. Art. 140 GG mit Erlass des GG außer Kraft getreten war.
165 BT-Dr 2/76 S. 6; *Pieroth/Kampmann* NJW 1990, 1385 (1386).
166 BT-Dr 2/76 S. 6; *Pieroth/Kampmann* a. a. O., 1385 (1386).
167 Vgl. § 24 KultgSchG a. F.; *Bernsdorff/Kleine-Tebbe* Kulturgutschutz in Deutschland, Teil A, § 24.
168 Vgl. § 1 Abs. 4 S. 1 KultgSchG.
169 BT-Dr 2/76 S. 6; *Pieroth/Kampmann* NJW 1990, 1385 (1386).
170 BT-Dr 2/76 S. 6; *Pieroth/Kampmann* a. a. O., 1385 (1386); *Berndt* Internationaler Kulturgüterschutz, S. 82; *Peya* Die Ausfuhr von Kulturgütern im nationalen und Gemeinschaftsrecht, S. 185.

gegen die immer noch akute Gefahr der Abwanderung aus dem Gebiet der Bundesrepublik Deutschland" geschützt werden.[171]

C. Fortgeltung der Ausfuhrverbote aus der NS-Zeit

Zwar waren sich die Schöpfer des KultgSchG darüber im Klaren, dass nach Ende des Dritten Reichs eine umfassende Neuregelung des Abwanderungsschutzes für bedeutende Kulturgüter erforderlich war, um einen Schlussstrich unter die durch den Nationalsozialismus beeinflusste Kulturgüterschutzpraxis zu ziehen.[172] Eine eindeutige Abkehr und Distanzierung von den Abwanderungsschutzbestimmungen der NS-Zeit lässt das KultgSchG allerdings nicht erkennen. Wie erläutert war zwar in § 22 Abs. 1 KultgSchG a. F. bestimmt, dass die Ausfuhrverordnung nebst ihren Ausführungsbestimmungen außer Kraft tritt. In Art. 22 Abs. 3 KultgSchG wird jedoch wieder an die aufgrund der Eintragung in das Verzeichnis der national wertvollen Kunstwerke aus dem Jahre 1938 bestehenden Ausfuhrverbote angeknüpft. So bestimmt § 22 Abs. 3 KultgSchG, dass die Ausfuhr der Kunstwerke, die aufgrund der Ausfuhrverordnung in das Verzeichnis der national wertvollen Kunstwerke eingetragen waren und bisher noch nicht in ein nach dem KultgSchG aufgestellten Verzeichnis national wertvollen Kulturgutes aufgenommen wurden, genehmigungspflichtig bleibt, bis über eine solche Aufnahme entschieden worden ist. Mit dieser Regelung sollte das Vakuum überbrückt werden, das durch das Außerkrafttreten der Ausfuhrverordnung mit Erlass des KultgSchG entstanden war.[173] Für die betroffenen Kunstwerke besteht somit bis zur unanfechtbaren Entscheidung der obersten Landesbehörde über ihre Eintragung nach dem KultgSchG ein vorläufiges Ausfuhrverbot mit Genehmigungsvorbehalt.[174] Da das Verzeichnis der national wertvollen Kunstwerke im Jahre 1938 letztmalig aktualisiert wurde, knüpft § 22 Abs. 3 KultgSchG an die dortigen Eintragungen an. Der Entscheidungsprozess über die Übernahme der im Verzeichnis der national wertvollen Kunstwerke von 1938 eingetragenen Kulturgüter war 2013 noch nicht abgeschlossen, so dass zumindest bis zu diesem Zeitpunkt die aufgrund einer Eintragung in das Verzeichnis von 1938 verfügten Ausfuhrverbote teilweise noch rechtliche Geltung beanspruchten.[175]

---

171 BT-Dr 2/76 S. 6.

172 Vgl. ebda.; *Peya* Die Ausfuhr von Kulturgut im nationalen und Gemeinschaftsrecht, S. 185.

173 *Bernsdorff/Kleine-Tebbe* Kulturgutschutz in Deutschland, Teil A, § 22 Rn. 4.

174 Ebda.

175 Vgl. Bericht der Bundesregierung zum Kulturgutschutz in Deutschland v. 24.4.2013, S. 33, 53 f.

D. Fortgeltung der Ausfuhrverbote aus der DDR-Zeit

Das KultgSchG knüpft auch an den Abwanderungsschutz aus der DDR-Zeit an. Der nach der Wiedervereinigung neu eingefügte § 22 Abs. 5 KultgSchG bestimmt, dass die Ausfuhr des nach dem DDR-KultgSchG registrierten Kulturgutes genehmigungspflichtig bleibt, bis über dessen Eintragung in ein Verzeichnis national wertvollen Kulturgutes entschieden worden ist.[176] Damit wird Kulturgut, das nach dem DDR-KultgSchG registriert wurde, auch nachdem dieses Gesetz mit Inkrafttreten des KultgSchG im Beitrittsgebiet gem. Art. 8 EV seine Geltung verloren hatte, einem vorläufigen Ausfuhrverbot mit Genehmigungsvorbehalt unterstellt.[177]

E. Anwendungsbereich des KultgSchG

I. Sachlicher Anwendungsbereich

Nach § 1 Abs. 1 S. 1 KultgSchG werden „Kunstwerke und anderes Kulturgut – einschließlich Bibliotheksgut -, deren Abwanderung aus dem Geltungsbereich dieses Gesetzes einen wesentlichen Verlust für den deutschen Kulturbesitz bedeuten würde" (sog. „national wertvolles Kulturgut") in ein „Verzeichnis national wertvollen Kulturgutes" eingetragen. Von entscheidender Bedeutung für die Eröffnung des sachlichen Anwendungsbereichs des KultgSchG ist somit zunächst, dass es sich bei dem betroffenen Objekt um ein Kulturgut handelt. Der in § 1 Abs. 1 S. 1 KultgSchG verwendete Begriff des „Kunstwerks" stellt lediglich eine Unterkategorie des weiteren Kulturgutbegriffs dar.[178] Bei dem anschließend erwähnten „Bibliotheksgut" handelt es sich nur um ein Beispiel für erfasstes Kulturgut.[179] Weitere Voraussetzung für eine Eintragung in ein Verzeichnis national wertvollen Kulturgutes ist, dass das jeweilige Kulturgut überhaupt Bestandteil des deutschen Kulturbesitzes ist und dass seine Abwanderung für diesen einen wesentlichen Verlust bedeutet. Diese Eintragungsvoraussetzungen werden anschließend erläutert.

Der Vollständigkeit halber ist zu erwähnen, dass das KultgSchG gem. seinen §§ 10 – 15 auch national wertvolles Archivgut erfasst. Die Unterschutzstellung

---

176 Dies war 2013 noch nicht abschließend geschehen (vgl. ebda.).

177 *Bernsdorff/Kleine-Tebbe* Kulturgutschutz in Deutschland, Teil A, § 22 Rn. 11.

178 *Bernsdorff/Kleine-Tebbe* a. a. O., Teil A, § 1 Rn 12; *Peya* a. a. O., S. 195. Zu den Begrifflichkeiten vgl. oben 1. Kapitel § 1.

179 *Bernsdorff/Kleine-Tebbe* a. a. O., Teil A, § 1 Rn 30; *Peya* a. a. O., S. 195.

national wertvollen Archivgutes wird hier jedoch ausgespart. Die vorliegende Arbeit beschränkt sich auf Ausfuhrverbote für Objekte, die dem ohnehin schon sehr weiten Kulturgutbegriff unterfallen.[180]

1. Kulturgutbegriff des KultgSchG

Das KultgSchG enthält keine spezielle Definition des Kulturgutbegriffs.[181] Es kann daher grundsätzlich auf die allgemeinen obigen Ausführungen zum Begriff des Kulturgutes verwiesen werden.[182] Es ist jedoch insoweit eine Einschränkung vorzunehmen, als dass das KultgSchG ausschließlich den Schutz des deutschen Kulturbesitzes vor Abwanderung ins Ausland zum Ziel hat und daher naturgemäß nur bewegliches Kulturgut erfasst.[183] Weitere Hinweise, welche Kulturgüter der Gesetzgeber vom KultgSchG erfasst sehen wollte, lassen sich aus der Gesetzesbegründung entnehmen. In dieser werden Kulturgüter als Objekte von „künstlerischem, kulturhistorischem, historischem oder literarischem Wert" bezeichnet.[184] Überdies äußert sich die Gesetzesbegründung dahingehend, dass – neben den eigentlichen Kunstwerken – auch anderes besonders wichtiges deutsches Kulturgut, wie z. B. besonders wertvolle Handschriften, Inkunabeln und Erstausgaben, bedeutsame Sammlungen sowie geschlossene Bibliotheken, in den Schutzbereich des KultgSchG fallen soll.[185] Anhaltspunkte für die Auslegung des Kulturgutbegriffs i. S.v. § 1 Abs. 1 S. 1 KultgSchG können sich auch aus der Kategorisierung des eingetragenen Kulturgutes in dem vom BKM nach § 6 Abs. 2 KultgSchG geführten Gesamtverzeichnis national wertvollen Kulturgutes[186] ergeben.[187] Dort werden insgesamt zehn Kategorien von Kulturgut gebildet: Gemälde, Glasmalerei, Handzeichnungen/Grafik, Bibliotheksgut, Skulpturen, Kunstgewerbe, Münzen und Medaillen, Sammlungen einschließlich Bibliotheken und Sonstiges. Während sich bei den ersten sieben Kategorien die Kulturgutqualität be-

---

180 Im Hinblick die Unterschutzstellung von national wertvollem Archivgut kann auf die entsprechenden Ausführungen bei *Bernsdorff/Kleine-Tebbe* a. a. O., Teil A, §§ 10 – 15 verwiesen werden.

181 *Hipp* Schutz von Kulturgütern in Deutschland, S. 72.

182 Vgl. oben S. 20.

183 *Hipp* Schutz von Kulturgütern in Deutschland, S. 73.

184 BT-Dr 2/76 S. 7.

185 BT-Dr 2/76 S. 6 f. Eine ausführliche Erläuterung, welche Objekte schutzfähiges Kulturgut i. S.v. § 1 Abs. 1 S. 1 KultgSchG darstellen können, findet sich bei *Bernsdorff/Kleine-Tebbe* Kulturgutschutz in Deutschland, Teil A, § 1 Rn. 12–48.

186 Vgl. unten S. 57.

187 *El-Bitar* Der deutsche und der französische Kulturgüterschutz nach der Umsetzung der Kulturgüterrückgaberichtlinie, S. 77.

reits aus dem Objekt selbst ergibt, muss bei einer Sammlung ein besonderer kultureller Wert hinzukommen, um als Kulturgut i.S.v. § 1 Abs. 1 S. 1 KultgSchG qualifiziert werden zu können.[188] Dies ist dann der Fall, wenn die Sammlung eine eigene wissenschaftliche Leistung des Sammlers darstellt, die ein bestimmtes Fachwissen erfordert.[189] Die letztgenannte Kategorie „Sonstiges" trägt der Tatsache Rechnung, dass der Kulturgutbegriff nicht abschließend ist und dem Wandel unterliegt.[190] Sie kann daher als Auffangkategorie für Objekte herangezogen werden, die zwar nicht den ersten sieben Unterteilungen zuzuordnen sind, die jedoch aufgrund ihres besonderen kulturellen Werts besonders schützenswert sind.

2. Zugehörigkeit zum deutschen Kulturbesitz

Von § 1 Abs. 1 S. 1 KultgSchG werden nur solche Kulturgüter erfasst, die Bestandteil des deutschen Kulturbesitzes sind. Welche Kriterien erfüllt sein müssen damit ein Kulturgut dem deutschen Kulturbesitz zugeordnet werden kann, ist gesetzlich nicht definiert. In der Gesetzesbegründung heißt es insoweit, dass zum deutschen Kulturbesitz „Kulturgüter deutscher oder ausländischer Herkunft im Bereich der Bundesrepublik zu zählen [sind], die nach ihrer künstlerischen Eigenart, nach ihrem kulturellen Wert oder durch ihre Bedeutung für die kulturelle Entwicklung in Deutschland als dauernd besonders wertvoller Bestandteil des deutschen Kulturbesitzes anzusehen sind."[191] Dabei soll die Person des Eigentümers ohne Belang sein.[192] Entscheidendes Kriterium für die Zuordnung eines Kulturgutes zum deutschen Kulturbesitz ist daher vor allem dessen Belegenheit in Deutschland im Zeitpunkt der Eintragung und nicht seine Herkunft oder die Nationalität des Eigentümers.[193] Äußerst strittig ist jedoch, ob über die bloße Belegenheit eines Kulturguts auf dem Bundesgebiet hinaus weitere Erfordernisse erfüllt werden müssen, damit dieses dem deutschen Kulturbesitz zugeordnet werden kann. So fordern einige Stimmen in der Literatur, dass es stets Eintragungsvoraussetzung sein müsse, dass das betroffene Kulturgut auch einen „ir-

---

188 *Hipp* Schutz von Kulturgütern in Deutschland, S. 75.

189 *Bernsdorff/Kleine-Tebbe* Kulturgutschutz in Deutschland, Teil A, § 1 Rn 42.

190 *Berndt* Internationaler Kulturgüterschutz, S. 88; *El-Bitar* Der deutsche und der französische Kulturgüterschutz nach der Umsetzung der Kulturgüterrückgaberichtlinie, S. 78.

191 BT-Dr 2/76 S. 7.

192 Ebda.

193 *Bernsdorff/Kleine-Tebbe* Kulturgutschutz in Deutschland, Teil A, § 1 Rn. 50 f.; *Bila* Nationaler Kulturgüterschutz in der Europäischen Union, S. 61 f.; *El-Bitar* Der deutsche und der französische Kulturgüterschutz nach der Umsetzung der Kulturgüterrückgaberichtlinie, S. 83.

gendwie gearteten Bezug zur deutschen Kultur" aufweist.[194] Dieser Auffassung wird in dem rechtlich unverbindlichen Kriterienkatalog der Kultusministerkonferenz der Länder[195], den diese erstmals im Jahre 1983 erstellt hatte, um einen einheitlichen Vollzug des KultgSchG zu sicher zu stellen, nicht gefolgt.[196]

Nach dem Kriterienkatalog der KMK in seiner Fassung vom 29. April 2010[197] ist es für eine Eintragung nach § 1 Abs. 1 S. 1 KultgSchG ausreichend, wenn es sich bei den betroffenen Kulturgütern um „wichtige Objekte von Künstlerinnen und Künstlern mit internationalem Rang" handelt.[198] Darüber hinaus wird zumindest kein besonderer inhaltlicher Bezug des Kulturgutes zur deutschen Kultur gefordert. Lediglich alternativ sind auch Objekte, die von besonderer Bedeutung für die deutsche Geschichte sind, in ein Verzeichnis national wertvollen Kulturgutes einzutragen.[199] Voraussetzung, dass ein ausländisches Kulturgut dem deutschen Kulturbesitz zugerechnet werden kann, soll allein eine gewisse Dauer seiner Belegenheit auf dem Bundesgebiet sein.[200] Auch nach der wohl überwiegenden Auffassung in der Literatur ist es nicht erforderlich, dass ein Kulturgut einen besonderen inhaltlichen Bezug zur deutschen Kultur aufweist, damit es die Eintragungsvoraussetzungen nach § 1 Abs. 1 S. 1 KultgSchG erfüllt.[201] Ein solcher sei

---

194 *Pieroth/Kampmann* NJW 1990, 1385 (1387); *Bernsdorff/Kleine-Tebbe* a. a. O., Teil A, § 1 Rn. 54; *Peya* Die Ausfuhr von Kulturgütern im nationalen und Gemeinschaftsrecht, S. 200.

195 Im Folgenden „KMK" genannt. Dem Kriterienkatalog der KMK kommt zwar keine rechtliche Verbindlichkeit, sondern lediglich die Bedeutung einer „empfehlenden Richtlinie" zu. Er wird jedoch sowohl von Gerichten als auch von Sachverständigen bei der Einstufung von Objekten als national wertvolles Kulturgut herangezogen, und ist daher von einer nicht zu unterschätzenden Bedeutung (*Bernsdorff/Kleine-Tebbe* a. a. O., Teil A, § 1 Rn. 10; *Hipp* Schutz von Kulturgütern in Deutschland, S. 72; *Peya*, a. a. O., S. 203; *Rietschel* Internationale Vorgaben zum Kulturgüterschutz und ihre Umsetzung in Deutschland, S. 117).

196 *Hipp* a. a. O.; *Peya*, a. a. O., S. 203.

197 „Empfehlung der Kultusministerkonferenz für Eintragungen in das Verzeichnis national wertvollen Kulturgutes und das Verzeichnis national wertvoller Archive nach dem Gesetz zum Schutz deutschen Kulturgutes gegen Abwanderung" v. 29. 4. 2010 (abrufbar unter: http://www.kmk.org/fileadmin/veroeffentlichungen_beschluesse/2010/2010_04_29-Verzeichnis-Kulturgut-Archive.pdf (Stand: Dezember 2014).

198 Vgl. S. 2 Ziff. 1 lit. a des Kriterienkatalogs der KMK.

199 Vgl. S. 2 Ziff. 1 lit. b, c des Kriterienkatalogs der KMK.

200 So heißt es auf S. 3 des Kriterienkatalogs der KMK: „Der Anwendungsbereich des Gesetzes kann sich auch auf Kulturgut erstrecken, dass außerhalb Deutschland entstanden ist, sich aber bereits so lange in Deutschland befindet, dass es auch als Bestandteil des deutschen Kulturerbes aufgefasst wird."

201 *Bila* Nationaler Kulturgüterschutz in der Europäischen Union, S. 62; *Hipp* Schutz von Kulturgütern in Deutschland, S. 77; *El-Bitar* Der deutsche und der französische Kulturgüterschutz nach der Umsetzung der Kulturgüterrückgaberichtlinie, S. 84; *Lenski* BayVBl. 2008, 12 (13); *Rietschel* Internationale Vorgaben zum Kulturgüterschutz und ihre Umsetzung in Deutschland, S. 118.

vom Gesetzgeber gerade nicht gefordert und zudem als Eintragungsvoraussetzung aufgrund der sich daraus ergebenden Abgrenzungsschwierigkeit kaum praktikabel.[202] Als maßgebliches Kriterium für die Zugehörigkeit eines Kulturgutes zum deutschen Kulturbesitz wird daher lediglich seine nicht nur vorübergehende Belegenheit auf dem Gebiet der Bundesrepublik Deutschland gefordert.[203] Für eine solche nicht nur vorübergehende Belegenheit des Kulturgutes in der Bundesrepublik bedarf es jedenfalls einer gewissen Verfestigung der Beziehung zur deutschen Kultur, die stets im Einzelfall zu prüfen ist und bei Exponaten einer befristeten Ausstellung oder Objekten einer Auktion in Deutschland in der Regel fehlen wird.[204]

3. Wesentlicher Verlust für den deutschen Kulturbesitz

Um die Eintragungsvoraussetzungen i. S.v. § 1 Abs. 1 S. 1 KultgSchG zu erfüllen, muss ein Kulturgut überdies von derartiger Bedeutung sein, dass seine Abwanderung aus dem Bundesgebiet „einen wesentlichen Verlust für den deutschen Kulturbesitz bedeuten würde". Wann ein Kulturgut diese Voraussetzung erfüllt, ist abermals gesetzlich nicht bestimmt. Aus der Gesetzesbegründung ergibt sich insoweit nur, dass es sich um Kulturgut „von besonderem künstlerischem, kulturhistorischem, historischem oder literarischem Wert" handeln muss, das zudem – wie bereits erwähnt – einen besonders wertvollen Bestandteil des deutschen Kulturbesitzes darstellt.[205] Ob ein Kulturgut diese Voraussetzungen erfüllt, ist in jedem Einzelfall „im Rahmen einer Gesamtschau zu ermitteln".[206] Dabei sind die „künstlerische Eigenart, der (kunst-)historische Rang und der kulturelle Wert der Objekte" ebenso von Bedeutung „wie ihre Einzigartigkeit oder Seltenheit sowie ihre Bedeutung für die kulturelle Entwicklung in Deutschland."[207] Im Rahmen dieser Gesamtschau gilt, je gewichtiger die Bedeutung eines Kulturgutes, desto unentbehrlicher ist dieses für den deutschen Kulturbesitz und desto eher ist daher von einem „wesentlichen Verlust" für diesen auszugehen.[208]

---

202 *Bila* a. a. O., S. 62; *El-Bitar* a. a. O., S. 84; *Rietschel* a. a. O., S. 118.

203 *Bila* a. a. O., S. 62; *Hipp* Schutz von Kulturgütern in Deutschland, S. 77; *Peya* Die Ausfuhr von Kulturgütern im nationalen und Gemeinschaftsrecht, S. 199; *El-Bitar* a. a. O., S. 83 f.; *Lenski* BayVBl. 2008, 12 (13); *Rietschel* a. a. O., S. 118; *Lenski* Öffentliches Kulturrecht, S. 246.

204 *Hipp* a. a. O., S. 77; *Peya* a. a. O., S. 200.

205 BT-Drs 2/76 S. 7.

206 BVerwG Urt. v. 27.5.1993 – Az.: 7 C 33.92, S. 289.

207 Ebda. *Lenski* BayVBl. 2008, 12 (13).

208 *Bernsdorff/Kleine-Tebbe* Kulturgutschutz in Deutschland, Teil A, § 1 Rn. 62.

Hinweise zur Auslegung des Begriffs des wesentlichen Verlusts lassen sich auch aus dem Kriterienkatalog der KMK entnehmen. Dort heißt es zunächst, „dass es sich um solche Objekte handelt, deren drohende Abwanderung [...] mit an Sicherheit grenzender Wahrscheinlichkeit eine Intervention des Staates [...] zur Folge hätte oder haben müsste, um eine solche Abwanderung zu verhindern.“[209] Im Anschluss an diese m. E. nichtssagende Formulierung wird weiter ausführt, dass neben den erwähnten „wichtige[n] Objekte[n] von Künstlerinnen und Künstlern mit internationalem Rang“ solche Kulturgüter in das Verzeichnis national wertvollen Kulturgutes einzutragen sind, die „für die deutsche Kunst und Geschichte (einschließlich der Naturgeschichte) oder für die Landesgeschichte oder für die Geschichte historischer Regionen von herausragender Bedeutung sind.“[210] Bei dem Begriff des wesentlichen Verlusts für den deutschen Kulturbesitz handelt es sich um einen unbestimmten Rechtsbegriff, dessen Auslegung nach herrschender Ansicht der vollen gerichtlichen Überprüfung unterliegt, so dass den obersten Landesbehörden bei seiner Anwendung kein Beurteilungsspielraum zukommt.[211]

II. Persönlicher Anwendungsbereich

1. Kulturgut im Privateigentum

Für Kulturgut im Eigentum privater natürlicher oder juristischer Personen ist der persönliche Anwendungsbereich des KultgSchG uneingeschränkt eröffnet, so dass es insoweit keiner weiteren Erläuterungen bedarf.

2. Kulturgut im öffentlichen Eigentum

Einer ausführlichen Erörterung bedarf jedoch die Anwendung des KultgSchG auf Kulturgut im öffentlichen Eigentum. Seit Einführung des § 18 Abs. 2 KultgSchG im Jahre 2007[212] kann auch im öffentlichen Eigentum befindliches Kulturgut unter

---

209 Vgl. S. 2 lit. C Ziff. 1 des Kriterienkatalogs der KMK.

210 Vgl. S. 2 lit. C Ziff. 1 lit. b, c des Kriterienkatalogs der KMK.

211 *Pieroth/Kampmann* NJW 1990, 1385 (1388); *Bila* Nationaler Kulturgüterschutz in der Europäischen Union, S. 62; *Hipp* Schutz von Kulturgütern in Deutschland, S. 71; *Peya* Die Ausfuhr von Kulturgütern im nationalen und Gemeinschaftsrecht, S. 201; *El-Bitar* Der deutsche und der französische Kulturgüterschutz nach der Umsetzung der Kulturgüterrückgaberichtlinie, S. 85; *Lenski* BayVBl. 2008 S. 12 (15) *Lenski*, Öffentliches Kulturrecht, S. 248.

212 § 18 Abs. 2 KultgSchG wurde aufgrund von Art. 2 Nr. 1 lit. b des „Gesetz[es] zur Ausführung des UNESCO- Übereinkommens vom 14. November 1970 über Maßnahmen zum Verbot und zur Verhütung der rechtswidrigen Einfuhr, Ausfuhr und Übereignung von Kulturgut (Ausführungsgesetz

Abwanderungsschutz gestellt werden. Dieses war zuvor gem. § 18 KultgSchG a. F. (welcher der heutigen Fassung des § 18 Abs. 1 KultgSchG entspricht) grundsätzlich vom Anwendungsbereich des KultgSchG ausgeschlossen. Für die vorliegende Arbeit ist die Anwendung des KultgSchG auf Kulturgut im öffentlichen Eigentum von großer Bedeutung, da sich NS-Raubkunst vor ihrer Restitution – zumindest nach herrschender Auffassung – in vielen Fällen nicht nur im Besitz, sondern auch im Eigentum öffentlicher deutscher Museen oder anderer öffentlicher Kulturinstitutionen befindet.[213]

Nach § 18 Abs. 1 KultgSchG (bzw. § 18 KultgSchG a. F.) findet das KultgSchG „auf das im öffentlichen Eigentum befindliche national wertvolle Kulturgut und Archivgut keine Anwendung, soweit zu dessen Veräußerung nur oberste Bundes- oder Landesbehörden befugt sind oder nach besonderen gesetzlichen Vorschriften die Genehmigung einer aufsichtführenden Stelle der öffentlichen Verwaltung erforderlich ist". Die Regelung des § 18 Abs. 1 1. Alt. KultgSchG bezieht sich auf Kulturgut im Bundes- und Landeseigentum, das durch die Regelung des § 63 Bundeshaushaltsordnung[214] und die entsprechenden Vorschriften des Landeshaushaltsrechts über die Veräußerung von Vermögensgegenständen geschützt ist.[215] Nicht vom Ausschlusstatbestand des § 18 Abs. 1 S. 1 1. Alt. KultgSchG erfasst werden im Umkehrschluss hingegen Kulturgüter im öffentlichen Eigentum, bei denen auch die den Ministerien untergeordneten Behörden zur Veräußerung befugt sind.[216] Die zweite Alternative des § 18 Abs. 1 KultgSchG nimmt insbesondere den kommunalen Kulturbesitz grundsätzlich aus dem sachlichen Anwendungsbereich des KultgSchG heraus, da in den meisten Gemeindeordnungen die Veräußerung von wertvollen Kulturgütern durch die Gemeinden der Genehmigung

---

zum Kulturgutübereinkommen – KGÜAG)" v. 18. 5. 2007 (BGBl. 2007 I S. 757 (Nr. 21), 2547 i.V.m. B. v. 28.03.2008 BGBl. II 2008 S. 235) in das KultgSchG eingefügt.

213 Zur Eigentumssituation bei NS-Raubkunst vgl. unten S. 218 – 225.

214 Bundeshaushaltsordnung v. 19. 8. 1969 (BGBl. 1969 I S. 1284) zuletzt geändert durch Art. 2 des Gesetzes v. 15. 6. 2013 (BGBl. 2013 I S. 2395). Im Folgenden „BHO" genannt. Gem. § 63 Abs. 2 S. 1 BHO dürfen Vermögensgegenstände nur veräußert werden, „wenn sie zur Erfüllung der Aufgaben des Bundes in absehbarer Zeit nicht benötigt werden". Nach § 63 Abs. 3 S. 1 BHO dürfen sie „nur zu ihrem vollen Wert veräußert werden". Gem. § 63 Abs. 3 S. 2 BHO können jedoch Ausnahmen im Haushaltsplan zugelassen werden. Gem. § 63 Abs. 3 S. 2 kann bei geringem Wert des Vermögensgegenstandes oder bei Bestehen eines dringenden Bundesinteresses außerdem das Bundesministerium der Finanzen Ausnahmen zulassen.

215 *Hönes* BayVBl. 1989, 38 (40); *Bernsdorff/Kleine-Tebbe* Kulturgutschutz in Deutschland, Teil A, § 18 Rn. 3; *Hipp* Schutz von Kulturgütern in Deutschland, S. 97; *El-Bitar* Der deutsche und der französische Kulturgüterschutz mach Umsetzung der Kulturgüterrückgaberichtlinie, S. 78.

216 *Hipp* a. a. O., S. 98.

der staatlichen Aufsichtsbehörden unterstellt ist.[217] Es bleibt festzuhalten, dass die Regelung des § 18 Abs. 1 KultgSchG bzw. des § 18 KultgSchG a. F. (zunächst) fast sämtliches Kulturgut im öffentlichen Eigentum vom Anwendungsbereich des KultgSchG ausnimmt. Kulturgut im öffentlichen Eigentum, das ausnahmsweise nicht unter § 18 Abs. 1 KultgSchG fällt, ist wie Privateigentum zu behandeln, so dass das KultgSchG uneingeschränkt Anwendung findet.

Da nach § 18 KultgSchG a. F. somit nahezu keine Möglichkeit bestand, national wertvolles Kulturgut im öffentlichen Eigentum in die entsprechenden Verzeichnisse einzutragen, war dieses vor der Einführung des § 18 Abs. 2 KultgSchG auch nicht vor der Gefahr einer Abwanderung ins Ausland geschützt.[218] Kulturgüter im öffentlichen Eigentum wurden als nicht schutzbedürftig, weil nicht ausreichend gefährdet angesehen, da die Verfügung über solche Gegenstände aufgrund der oben genannten öffentlich-rechtlichen Bindungen öffentlicher Kulturguteigentümer ohnehin einer gewissen staatlichen Kontrolle unterliegt.[219] Diese Sichtweise änderte sich jedoch in den letzten Jahren vor der Novellierung des § 18 KultgSchG. Grund dafür war, dass einige Fälle gezeigt hatten, dass im Landes- bzw. im kommunalen Eigentum stehendes Kulturgut eines Abwanderungsschutzes bedarf, um zu verhindern, dass dieses aus rein finanziellen Gründen ins Ausland veräußert wird.[220] Mit der Schaffung des § 18 Abs. 2 KultgSchG sollte daher „ein Zeichen gegen die Gefahr eines drohenden Ausverkaufs öffentlichen Kulturgutes gesetzt werden."[221]

Hauptgrund für den Erlass des § 18 Abs. 2 KultgSchG war es jedoch, eine Möglichkeit zu schaffen, dass auch Kulturgut im öffentlichen Eigentum vom Schutzbereich des gleichzeitig mit der Novellierung des § 18 Abs. 2 KultgSchG erlassenen KultGüRückG erfasst wird und somit Gegenstand von Rückgabeansprüchen nach diesem Gesetz sein kann.[222] Wie bereits erwähnt wurde das KultGüRückG zur Ausführung der Pariser Konvention und zur Umsetzung der Richtlinie 93/7EWG erlassen und regelt vor allem zwischenstaatliche Rückgabe-

217 *Hönes* BayVBl. 1989, 38 (40); *Hipp* a. a. O., S. 98; *Peya* Die Ausfuhr von Kulturgütern im nationalen und Gemeinschaftsrecht, S. 206; *Weber* Unveräußerliches Kulturgut im nationalen und internationalen Rechtsverkehr, S. 264; *El-Bitar* Der deutsche und der französische Kulturgüterschutz nach Umsetzung der Kulturgüterrückgaberichtlinie, S. 78. Eine beispielhafte Übersicht über die Bestimmungen der einzelnen Gemeindeordnungen findet sich bei *Hipp* a. a. O., S. 98 Fn. 140.

218 *El-Bitar* a. a. O., S. 79.

219 BT-Dr 2/76 S. 12; BT-Dr 16/1371 S. 22; *Hipp* Schutz von Kulturgütern in Deutschland, S. 97; *Rietschel* Internationale Vorgaben zum Kulturgüterschutz und ihre Umsetzung in Deutschland, S. 157.

220 Vgl. die Beispiele bei *Lenski* BayVBl. 2008 S. 12 (12).

221 Bericht der Bundesregierung zum Kulturgutschutz in Deutschland v. 24.4.2013, S. 45.

222 BT-Dr 16/1371 S. 22.

ansprüche für unrechtmäßig in das Hoheitsgebiet anderer Länder verbrachtes Kulturgut.[223] Gem. seines § 1 Abs. 3 schützt das KultGüRückG nur solche Kulturgüter, die in ein Verzeichnis national wertvollen Kulturgutes nach dem KultgSchG eingetragen sind „oder für die ein Eintragungsverfahren eingeleitet und die Einleitung des Verfahrens öffentlich bekannt gemacht worden ist." Voraussetzung für das Bestehen eines Rückgabeanspruchs gegen andere EU-Mitgliedstaaten[224] oder andere Vertragsstaaten des UNESCO-Kulturgutübereinkommens[225] ist daher eine Eintragung des Anspruchsgegenstandes nach dem KultgSchG bzw. zumindest die Einleitung des Eintragungsverfahrens. Nur diese Gegenstände sind nach dem KultGüRückG bei illegaler Verbringung in einen anderen Vertragsstaat nach Deutschland zurückzuführen.[226] Aus diesem Grund war es dringend notwendig, durch die Einfügung des § 18 Abs. 2 KultgSchG eine Eintragungsmöglichkeit für Kulturgut im öffentlichen Eigentum zu schaffen.[227]

Im Zuge der Novellierung des § 18 KultgSchG wurde zunächst in Erwägung gezogen, alle Kulturgüter, die in den Bestandsverzeichnissen deutscher Museen eingetragen sind oder sonst im Eigentum des Bundes oder der Länder stehen, pauschal in die nach dem KultgSchG geführten Verzeichnisse aufzunehmen.[228] Eine solche Regelung wurde jedoch schlussendlich abgelehnt, da diese die Verfügungsbefugnis der Museumsleitungen und der anderen öffentlichen Eigentümer unnötig eingeschränkt hätte.[229] Zudem war man der Auffassung, dass nicht sämtliches Kulturgut, das im Bestandsverzeichnis eines Museums bzw. im Eigentum des Bundes oder der Länder steht, zwangsläufig als „national wertvoll" einzustufen ist.[230] Es wurde daher nach einer Kompromisslösung gesucht, nach welcher jedes öffentliche Kulturgut vor seiner Eintragung in die Verzeichnisse einer Untersuchung auf seine Bedeutung für den deutschen Kulturbesitz unterzogen werden sollte.[231] Schließlich einigte man sich auf die Bestimmung des § 18 Abs. 2 KultgSchG. Nach dieser Regelung kann „national wertvolles Kulturgut [...], auf das das Gesetz nach § 18 Absatz 1 keine Anwendung findet, [...] von Amts

223 Vgl. dazu *Rietschel* Internationale Vorgaben zum Kulturgüterschutz und ihre Umsetzung in Deutschland, S. 136–162.
224 Vgl. § 3 KultGüRückG.
225 Vgl. § 4 KultGüRückG.
226 *Rietschel* Internationale Vorgaben zum Kulturgüterschutz und ihre Umsetzung in Deutschland, S. 157.
227 BT-Dr 16/1371 S. 22.
228 *Rietschel* Internationale Vorgaben zum Kulturgüterschutz und ihre Umsetzung in Deutschland, S. 157.
229 *Rietschel* a. a. O., S. 157 f.
230 Ebda.
231 *Rietschel* a. a. O., S. 158.

wegen, auf Grund einer Anmeldung durch den jeweiligen Eigentümer oder auf Antrag der oder des Beauftragten der Bundesregierung für Kultur und Medien in das Verzeichnis national wertvollen Kulturgutes [...] eingetragen werden". Dadurch wird den Berechtigten die Möglichkeit eröffnet, Kulturgüter im öffentlichen Eigentum unter den Schutz des Ausfuhrverbots nach § 1 Abs. 4 S. 1 KultgSchG zu stellen, sofern diese als national wertvoll zu qualifizieren sind.[232]

3. Kulturgut im kirchlichen Eigentum

Nach § 19 Abs. 2 KultgSchG haben die Kirchen und die als Körperschaften des öffentlichen Rechts anerkannten Religionsgemeinschaften die Möglichkeit, das in ihrem Eigentum befindliche Kulturgut, welches gem. § 19 Abs. 1 S. 1 KultgSchG grundsätzlich vom Anwendungsbereich des KultgSchG ausgeschlossen ist, zur Aufnahme in die Verzeichnisse anzumelden. Diese Eintragungsmöglichkeit für kirchliches Kulturgut ist jedoch für die vorliegende Arbeit schon deshalb kaum relevant, da es – wenn überhaupt – wohl nur sehr wenig Fälle gibt, in denen NS-Raubkunst in kirchliches Eigentum gelangt ist. Überdies besitzt die Bestimmung des § 19 Abs. 2 KultgSchG bis heute keine praktische Relevanz, da von der Möglichkeit, kirchliches Kulturgut in die Verzeichnisse einzutragen, bisher kein Gebrauch gemacht worden ist.[233] Eine weitere Darstellung der Anwendung der Bestimmungen des KultgSchG auf Kulturgut im kirchlichen Eigentum kann daher vorliegend unterbleiben.

F. Eintragungsverfahren

Das Eintragungsverfahren richtet sich vor allem nach den §§ 1–4 KultgSchG. Diese Bestimmungen galten ursprünglich nur für Kulturgut im Privateigentum bzw. für Kulturgut im öffentlichen Eigentum, welches nicht gem. § 18 KultgSchG a. F. vom Anwendungsbereich des KultgSchG ausgeschlossen war. Mit Ausdehnung des Anwendungsbereichs des KultgSchG auf sämtliches öffentliches Eigentum wurden für dieses – abgesehen von § 18 Abs. 2 KultgSchG – keine speziellen Eintragsvorschriften geschaffen. Vielmehr soll sich der Gesetzesbegründung nach das Eintragungsverfahren nach den allgemeinen Vorschriften richten.[234] Demnach bestimmt sich das Eintragungsverfahren bei Kulturgut im öffentlichen Eigentum

232 Ebda.
233 Bericht der Bundesregierung zum Kulturgutschutz in Deutschland v. 24.4.2013, S. 51.
234 BT-Dr 16/1371 S. 22.

grundsätzlich nach denselben Vorschriften wie die Eintragung von Kulturgut im Privateigentum. Dies kann jedoch nur insoweit gelten, als dass § 18 Abs. 2 KultgSchG nicht eine speziellere Regelung enthält.

I. Zuständigkeit

Nach §§ 2 Abs. 1, 18 Abs. 2 S. 2 KultgSchG entscheiden die obersten Landesbehörden über die Eintragung von Kulturgut im privaten und öffentlichen Eigentum. Dabei handelt es sich regelmäßig um das jeweilige Ministerium bzw. in den Stadtstaaten um die entsprechende Senatsbehörde, denen der Bereich Kultur untersteht.[235]

II. Einleitung des Eintragungsverfahrens

1. Kulturgut im Privateigentum

a) Verfahrenseinleitung

Die Einleitung des Eintragungsverfahrens bei Kulturgut im Privateigentum bestimmt sich nach § 3 KultgSchG. In § 3 Abs. 1 S. 1 KultgSchG ist geregelt, dass die Eintragung auf Antrag oder von Amts wegen erfolgen kann. Wer antragsberechtigt i. S. v. § 3 Abs. 1 S. 1 1. Alt. KultgSchG ist, haben die Landesregierungen gem. § 3 Abs. 1 S. 2 KultgSchG durch Rechtsverordnung zu bestimmen. Von dieser Ermächtigung haben bisher Berlin, Brandenburg, Bremen, Hamburg, Niedersachsen, Nordrhein-Westfalen, Rheinland-Pfalz, das Saarland, Sachsen, Sachsen-Anhalt, Schleswig-Holstein und Thüringen Gebrauch gemacht.[236] Nach den jeweiligen Antragsverordnung sind stets die Eigentümer des betroffenen Kulturgutes, teils dessen Besitzer – wenn Eigentum und Besitz auseinanderfallen – und vereinzelt auch die Akademien der Künste, Museen sowie Bibliotheken oder Archive antragsberechtigt. Ist dem Eigentümer oder Besitzer kein Antragsrecht aufgrund einer landesrechtlichen Rechtsverordnung eingeräumt, so kann dieser allenfalls die Behörde anregen, von Amts wegen tätig zu werden.[237] Gem. § 3 Abs. 2 KultgSchG steht überdies dem BKM ein Antragsrecht „zur Wahrung eines ge-

---

235 Vgl. die Übersicht bei *Bernsdorff/Kleine-Tebbe* Kulturgutschutz in Deutschland, Teil A, § 2 Rn. 2.

236 Die landesrechtlichen Rechtsverordnungen sind abrufbar unter: http://www.kulturgutschutz-deutschland.de/DE/2_Rechtsgrundlagen/nationales_Recht/Abwanderungsschutz/Abwanderungsschutz_node.html (Stand: Dezember 2014).

237 *Bernsdorff/Kleine-Tebbe* Kulturgutschutz in Deutschland, Teil A, § 3 Rn. 3.

meindeutschen Interesses“ zu. Dieses „gemeindeutsche Interesse“ kann sich aus der gesamtstaatlichen Bedeutung des betroffenen Kulturgutes ergeben.[238]

b) Pflicht zur Verfahrenseinleitung

Von besonderer Wichtigkeit für die vorliegende Thematik ist die Frage, ob und unter welchen Umständen eine Pflicht der obersten Landesbehörden zur Einleitung eines Eintragungsverfahrens nach § 3 Abs. 1 S. 1 KultgSchG besteht, oder ob ihnen insoweit Ermessen eingeräumt ist. Da es in § 3 Abs. 1 S. 1 KultgSchG heißt, dass die Eintragung auf Antrag oder von Amts wegen erfolgen „kann“, wäre es denkbar davon auszugehen, dass es im Ermessen der obersten Landesbehörde steht, ob diese ein Eintragungsverfahren einleitet oder nicht. Es ist diesbezüglich jedoch die Regelung des § 22 S. 2 Nr. 1 VwVfG zu beachten. Diese bestimmt, dass das grundsätzlich geltende Opportunitätsprinzip, wonach es im Ermessen der Verwaltung steht, ein Verwaltungsverfahren durchzuführen (vgl. § 22 S. 1 VwVfG), gerade dann nicht gilt, wenn die zuständige „Behörde auf Grund von Rechtsvorschriften von Amts wegen oder auf Antrag tätig werden muss“. In diesen Fällen ist die zuständige Behörde rechtlich verpflichtet, ein Verwaltungsverfahren einzuleiten.[239]

Eine Pflicht, ein Verwaltungsverfahren gem. § 22 S. 2 Nr. 1 1. Alt. VwVfG von Amts wegen einzuleiten, besteht insbesondere dann, wenn die Behörde nach Vorschriften des materiellen Rechts zum Erlass eines Verwaltungsakts verpflichtet ist.[240] Da ein Verwaltungsakt stets nur innerhalb eines Verwaltungsverfahrens erlassen werden kann, führt die materiell rechtliche Pflicht zum Erlass eines Verwaltungsaktes notwendigerweise auch zu einer Pflicht zur Verfahrenseinleitung.[241] Bei der Eintragung eines Kulturgutes in ein Verzeichnis national wertvollen Kulturgutes handelt es sich um einen Verwaltungsakt i. S.v. § 35 S. 1 VwVfG.[242] Zudem ergibt sich – wie anschließend ausführlich erläutert – aus § 1 Abs. 1 S. 1 KultgSchG eine Pflicht der obersten Landesbehörden Kulturgüter, welche die materiellen Eintragungsvoraussetzungen erfüllen, in ein Verzeichnis national wertvollen Kulturgutes einzutragen.[243] Somit besteht eine materiell-rechtliche Pflicht der obersten Landesbehörden zum Erlass eines Verwaltungsaktes, die gem. § 22 S. 2 Nr. 1 1. Alt. VwVfG eine Pflicht der obersten Landesbehörden zur Einleitung

238 *Bernsdorff/Kleine-Tebbe* a. a. O., Teil A, § 3 Rn. 5.
239 *Ramsauer*, in: *Kopp/Ramsauer* VwVfG, § 22 Rn. 25 f.
240 Ebda.
241 Ebda.
242 Vgl. unten S. 70.
243 Vgl. unten S. 59 – 63.

eines Eintragungsverfahrens von Amts wegen gem. § 3 Abs. 1 S. 1 2. Alt. KultgSchG nach sich zieht.[244] Diese Verpflichtung zur Verfahrenseinleitung von Amts wegen besteht bereits dann, wenn gewichtige Anhaltspunkte dafürsprechen, dass die Eintragungsvoraussetzungen i. S. d. § 1 Abs. 1 S. 1 KultgSchG vorliegen bzw. die Auffassung, dass die einzutragenden Gegenstände in den Schutzbereich des KultgSchG fallen, nicht abwegig ist.[245]

Ist dem Kulturguteigentümer, dessen Besitzer oder einer öffentlichen Institution aufgrund einer entsprechenden landesrechtliche Rechtsverordnung ein Antragsrecht i. S. v. § 3 Abs. 1 S. 1 1. Alt., S. 2 KultgSchG eingeräumt und wird von diesem Recht Gebrauch gemacht, so ergibt sich zudem auch aus § 22 S. 2 Nr. 1 2. Alt. VwVfG eine Pflicht der obersten Landesbehörden zur unverzüglichen Einleitung eines Eintragungsverfahrens. Nur wenn es von vorneherein ausgeschlossen ist, dass das betroffene Kulturgut die Eintragungsvoraussetzungen des § 1 Abs. 1 S. 1 KultgSchG erfüllt, kann trotz eines Eintragungsantrags von der Verfahrenseinleitung abgesehen werden.[246]

Im Ergebnis ist festzustellen, dass mit dem Wort „kann" i. S. v. § 3 Abs. 1 S. 1. KultgSchG lediglich die beiden Möglichkeiten der obersten Landesbehörden, auf Antrag oder von Amts wegen tätig zu werden, umschrieben werden.[247] Keinesfalls wird den obersten Landesbehörden hinsichtlich der Entscheidung, ob ein Eintragungsverfahren einzuleiten ist, Ermessen eingeräumt.

2. Kulturgut im öffentlichen Eigentum

a) Verfahrenseinleitung

Nach § 18 Abs. 2 S. 1 KultgSchG „kann" Kulturgut im öffentlichen Eigentum, das unter § 18 Abs. 1 KultgSchG fällt, „von Amts wegen, auf Grund einer Anmeldung durch den jeweiligen Eigentümer oder auf Antrag der oder des Beauftragten der Bundesregierung für Kultur und Medien in das Verzeichnis national wertvollen Kulturgutes oder das Verzeichnis national wertvoller Archive eingetragen werden." Eine Anmeldung durch den öffentlichen Kulturguteigentümer kommt insbesondere bei Kulturgut, das sich im Eigentum von rechtlich selbstständigen Stiftungen oder des Bundes befindet in Betracht.[248] Sofern sich das betroffene

244 So auch *Bernsdorff/Kleine-Tebbe* Kulturgutschutz in Deutschland, Teil A, § 3 Rn. 1.

245 BVerwG Urt. v. 24. 11. 2011 – Az.: 7 C 12.10, Rn. 52; OVG Bautzen Urt. v. 19. 8. 2010 – Az.: 1 A 112/09 5 K 1837/05, S. 19; *Bernsdorff/Kleine-Tebbe* a. a. O., Teil A, § 3 Rn. 6.

246 *Bernsdorff/Kleine-Tebbe* a. a. O., Teil A, § 3 Rn. 2; vgl. auch *Ramsauer* in: *Kopp/Ramsauer*, VwVfG, § 22 Rn. 26.

247 *Bernsdorff/Kleine-Tebbe* a. a. O., Teil A, § 3 Rn. 3.

248 BT-Dr 16/4145 S. 11.

Kulturgut jedoch in Landeseigentum befindet, kann das Eintragungsverfahren nur von Amts wegen eingeleitet werden, da ein Land die Aufnahme eines Kulturgutes in das Verzeichnis nicht bei sich selbst anmelden kann.[249] In diesem Fall bleibt es jedoch den Museen oder den anderen öffentlichen Institutionen, in deren Besitz sich das betroffene Kulturgut befindet, unbenommen, eine Verfahrenseinleitung von Amts wegen anzuregen. Der BKM kann stets eine Eintragung beantragen, ohne sich dabei – wie bei Kulturgut im Privateigentum – auf das Erfordernis der „Wahrung eines gemeindeutschen Interesses" berufen zu müssen. Das Antragsrecht des BKM ist vor allem für solche Fälle geschaffen worden, in denen das jeweilige Bundesland, in dem sich das betroffene Kulturgut befindet, dieses nicht für national wertvoll erachtet, während aus gesamtstaatlicher Sicht eine Eintragung erstrebenswert erscheint.[250]

b) Pflicht zur Verfahrenseinleitung

Auch bei „national wertvollem" Kulturgut im öffentlichen Eigentum stellt sich die Frage, ob und unter welchen Voraussetzungen die obersten Landesbehörden zur Einleitung eines Eintragungsverfahrens verpflichtet sind. Der Wortlaut des § 18 Abs. 2 S. 1 KultgSchG – „kann [...] eingetragen werden" – deutet auf den ersten Blick wiederum darauf hin, dass es im Ermessen der obersten Landesbehörden liegt, ob diese bei national wertvollem Kulturgut ein Eintragungsverfahren einleiten. Bei genauerer Betrachtung ist es jedoch denkbar, dass mit der Verwendung des Begriffs „kann" – wie im Rahmen von § 3 Abs. 1 S. 1 KultgSchG – lediglich die verschiedenen Möglichkeiten das Eintragungsverfahren von Amts wegen, auf Anmeldung des Eigentümers oder auf Antrag des BKM einzuleiten, umschrieben werden. Um die Frage nach dem Bestehen einer behördlichen Pflicht zur Einleitung des Eintragungsverfahrens hinreichend zu beurteilen, muss § 18 Abs. 1 S. 1 KultgSchG daher wieder im Zusammenhang mit § 22 S. 1, S. 2 Nr. 1 VwVfG gelesen werden.

Im Gegensatz zu Kulturgut im Privateigentum greift bei Kulturgut im öffentlichen Eigentum die Ausnahmeregelung des § 22 S. 2 Nr. 1 1. Alt. VwVfG jedoch nicht. Wie anschließend erläutert, besteht bei Kulturgut im öffentlichen Eigentum, welches die Eintragungsvoraussetzungen nach § 1 Abs. 1 S. 1 KultgSchG erfüllt, keine Pflicht der obersten Landesbehörden, dieses auch in ein Verzeichnis national wertvollen Kulturgutes einzutragen.[251] Es liegt somit keine materiell

249 Ebda.
250 BT-Dr 16/4145 S. 12.
251 Vgl. unten S. 63 – 67.

rechtliche Pflicht der obersten Landesbehörden zum Erlass eines Verwaltungsaktes vor, die eine Pflicht zur Einleitung eines Verwaltungsverfahrens von Amts wegen i.S.v. § 22 S. 2 Nr. 1 1. Alt. VwVfG zur Folge hätte. Die obersten Landesbehörden entscheiden bei Kulturgut im öffentlichen Eigentum somit gem. § 22 S. 1 VwVfG nach pflichtgemäßem Ermessen, ob sie ein Eintragungsverfahren von Amts wegen einleiten oder nicht. Sie können daher auch bei einem Kulturgut, welches eindeutig als national wertvoll zu qualifizieren ist, die Verfahrenseinleitung aus Gründen, die außerhalb der Bedeutung des betroffenen Kulturgutes für den deutschen Kulturbesitz liegen, unterlassen, solange eine solche Entscheidung nicht ermessensfehlerhaft ist.

Etwas Anderes gilt jedoch dann, wenn der öffentliche Kulturguteigentümer von seinem Anmelde- bzw. der BKM von seinem Antragsrecht nach § 18 Abs. 2 S. 1 KultgSchG Gerbrauch macht. In diesem Fall können die obersten Landesbehörden wiederum nur dann von einer Verfahrenseinleitung absehen, wenn es von vorneherein ausgeschlossen ist, dass das betroffene Kulturgut die Eintragungsvoraussetzungen des § 1 Abs. 1 S. 1 KultgSchG erfüllt.[252]

III. Länderverzeichnisse und Gesamtverzeichnis

Jedes Bundesland führt ein eigenes Verzeichnis national wertvollen Kulturgutes und entscheidet selbst darüber, welche Kulturgüter es für eintragenswert erachtet.[253] Die Eintragung hat in dem Bundesland zu erfolgen, in dem sich das Kulturgut im Zeitpunkt der Einleitung des Eintragungsverfahrens nach § 3 KultgSchG befindet.[254] Zusätzlich führt der BKM gem. § 6 Abs. 2 KultgSchG „ein aus den Verzeichnissen der einzelnen Länder gebildetes ‚Gesamtverzeichnis national wertvollen Kulturgutes'". Bei dem Gesamtverzeichnis handelt es sich lediglich um eine rein deklaratorische Zusammenfassung der konstitutiv wirkenden Landesverzeichnisse.[255]

IV. Rechtsfolgen der Einleitung des Eintragungsverfahrens

Sobald das Eintragungsverfahren eingeleitet wurde, ist das betroffene Kulturgut gem. § 4 Abs. 1 KultgSchG bis zur Bestandskraft der Entscheidung über die Eintragung mit einem vorläufigen Ausfuhrverbot belastet. Dies gilt sowohl für

252 *Ramsauer* in: *Kopp/Ramsauer*, VwVfG, § 22 Rn. 26.

253 *Uhl* Der Handel mit Kunstwerken im europäischen Binnenmarkt, S. 60; *Hipp* Schutz von Kulturgütern in Deutschland, S. 80.

254 *Bernsdorff/Kleine-Tebbe* Kulturgutschutz in Deutschland, Teil A, § 1 Rn. 67.

255 *Hipp* Schutz von Kulturgütern in Deutschland, S. 80.

Kulturgut im Privateigentum als auch für solches im öffentlichen Eigentum. Zwar ergibt sich dies für Letzteres nicht eindeutig aus dem KultgSchG. Da sich das Eintragungsverfahren bei öffentlichem Kulturgut nach den allgemeinen Eintragungsvorschriften bestimmt,[256] müssen sich m. E. jedoch auch die Rechtsfolgen der Einleitung des Eintragungsverfahrens nach den allgemeinen Vorschriften richten.

Bei dem vorläufigen Ausfuhrverbot nach § 4 Abs. 1 KultgSchG handelt es sich um ein absolutes Ausfuhrverbot, so dass der Genehmigungsvorbehalt nach § 1 Abs. 4 S. 1 KultgSchG bis zur Bestandskraft der Eintragungsentscheidung nicht greift.[257] Dies ist auch notwendig, da ansonsten der Widerspruch bestehen würde, dass der BKM bereits während des noch laufenden Eintragungsverfahrens im Rahmen des Ausfuhrgenehmigungsverfahrens über dieselben Fragen zu entscheiden hätte, die eigentlich durch die Eintragungsentscheidung der obersten Landesbehörde beantwortet werden sollen.[258]

V. Rechtsnatur der Verfahrenseinleitung

Die Einleitung des Eintragungsverfahrens stellt nach wohl herrschender Meinung und herrschender Rechtsprechung keinen Verwaltungsakts i. S. d. § 35 S. 1 VwVfG, sondern einen bloßen Realakt dar, da es sich bei dieser nicht um eine auf unmittelbare Rechtswirkung nach außen gerichtete Regelung handelt.[259] Zwar hat die Einleitung des Eintragungsverfahrens gem. § 4 Abs. 1 KultgSchG ein vorläufiges absolutes Ausfuhrverbot zur Folge. Dieses Ausfuhrverbot ist jedoch nicht Gegenstand der behördlichen Entscheidung, sondern lediglich ihre gesetzlich angeordnete Rechtsfolge.[260]

---

256 BT-Dr 13/1371 S. 22.

257 *Bernsdorff/Kleine-Tebbe* Kulturgutschutz in Deutschland, Teil A, § 1 Rn. 86.

258 Ebda.

259 BVerwG Urt. v. 24.11.2011 – Az.: 7 C 12.10, Rn. 24–30; OVG Bautzen Urt. v. 19.8.2010 – Az.: 1 A 112/09 5 K 1837/05, S. 10 f.; VG Dresden Urt. v. 5.11.2008 – Az.: 5 K 1837/05, S. 13; VG Berlin Urt. v. 29.11.2006 – Az.: 1 A 162/05, S. 5; *Hipp* Schutz von Kulturgütern in Deutschland, S. 81; *Peya* Die Ausfuhr von Kulturgütern im nationalen und Gemeinschaftsrecht, S. 211. A.A. *Bernsdorff/Kleine-Tebbe* a. a. O., Teil A, § 3 Rn. 10.

260 BVerwG Urt. v. 24.11.2011 – Az.: 7 C 12.10, Rn. 24–30. OVG Bautzen Urt. v. 19.8.2010 – Az.: 1 A 112/09 5 K 1837/05, S. 10 f; VG Dresden Urt. v. 5.11.2008 – Az.: 5 K 1837/05, S. 13; VG Berlin Urt. v. 29.11.2006 – Az.: 1 A 162/05, S. 5; *Hipp* a. a. O., S. 81; *Peya* a. a. O., S. 211.

VI. Sachverständigen-Ausschuss

Vor ihrer Entscheidung über die Eintragung von Kulturgut im privaten und im öffentlichen Eigentum haben die obersten Landesbehörden gem. § 2 Abs. 2 KultgSchG einen Sachverständigen-Ausschuss zu hören. Zwar müssen die Behörden das Ausschussvotum bei ihrer Entscheidungsfindung sachlich heranziehen, sie sind an dieses jedoch nicht gebunden.[261] Trotz dieser Unverbindlichkeit kommt der Äußerung des Sachverständigen-Ausschusses regelmäßig ein derart großes fachliches Gewicht zu, dass eine abweichende Entscheidung bezüglich der Eintragung nur in besonderen Ausnahmefällen in Betracht kommt.[262] Durch die Beteiligung des Sachverständigenausschusses soll sichergestellt werden, dass die Eintragungsentscheidung der obersten Landesbehörde, die in der Regel nicht über die notwendigen kunsthistorischen Kenntnisse und Erfahrungen verfügt, auf einer möglichst breiten und fachlich fundierten Entscheidungsgrundlage beruht.[263] Nach § 2 Abs. 2 S. 2 KultgSchG besteht der Ausschuss aus fünf Sachverständigen, wobei ein Sachverständiger gem. § 2 Abs. 2 S. 3 KultgSchG auf Vorschlag des BKM zu berufen ist. Gem. § 2 Abs. 2 S. 4 KultgSchG sind bei der Zusammenstellung des Ausschusses „die Kreise der Fachleute aus den öffentlichen Verwaltungen, der Hochschullehrer, der privaten Sammler, des Kunsthandels und Antiquariates zu berücksichtigen."

VII. Bestehen einer Eintragungspflicht

1. Kulturgut in Privateigentum

Nachdem zuvor bereits die Voraussetzungen erläutert wurden, unter denen die obersten Landesbehörden bei Kulturgut im Privateigentum zur Einleitung eines Eintragungsverfahrens gem. § 3 Abs. 1 KultgSchG verpflichtet sind, wird in diesem Abschnitt ausführlich begründet, warum sich aus § 1 Abs. 1 S. 1 KultgSchG auch eine Pflicht dieser Behörden zur schlussendlichen Eintragung von national wertvollem Kulturgut ergibt. Es geht also um die Frage, ob die obersten Landesbehörden zur Eintragung von Kulturgütern, welche die Voraussetzungen des § 1 Abs. 1 S. 1 KultgSchG erfüllen, verpflichtet sind, oder ob ihnen insoweit ein Ermessensspielraum eingeräumt ist und sie daher auch bei national wertvollem Kulturgut von einer Eintragung absehen können. Die Gesetzesbegründung nimmt zu dieser Problematik keine Stellung.[264] In Literatur und Rechtsprechung wurde

---

261 *Bernsdorff/Kleine-Tebbe* Kulturgutschutz in Deutschland, Teil A, § 2 Rn. 42; *Hipp* Schutz von Kulturgütern in Deutschland, S. 82f.

262 *Uhl* Der Handel mit Kunstwerken im europäischen Binnenmarkt, S. 61.

263 *Pieroth/Kampmann* NJW 1990 S. 1388.

264 BT-Dr 2/76 S. 7.

die Frage nach dem Bestehen einer Eintragungspflicht bisher nur sehr oberflächlich behandelt. Dabei wird sich eindeutig dafür ausgesprochen, dass § 1 Abs. 1 S. 1 KultgSchG eine behördliche Eintragungspflicht statuiert, wenn die im öffentlichen Interesse geschaffenen materiellen Eintragungsvoraussetzungen vorliegen.[265] Die gegen eine Eintragung sprechenden privaten Interessen des Kulturguteigentümers können nach dieser Auffassung daher erst im Rahmen der Entscheidung über die Erteilung der Ausfuhrgenehmigung nach § 5 KultgSchG Berücksichtigung finden.[266] Aufgrund der für die vorliegende Arbeit essentiellen Bedeutung der Problematik soll an dieser Stelle die Frage nach dem Bestehen einer Eintragungspflicht ausführlich erörtert werden und die in Literatur und Rechtsprechung vertretene Auffassung auf ihre Richtigkeit überprüft werden. Dies hat durch Auslegung des § 1 Abs. 1 S. 1 KultgSchG zu geschehen, wobei vor allem dessen Wortlaut und Normzweck, sowie der Zusammenhang, in dem die Vorschrift steht, von entscheidender Bedeutung sind.[267]

Stellt man zunächst auf den Wortlaut des § 1 Abs. 1 S. 1 KultgSchG ab, so fällt auf, dass es dort heißt, dass national wertvolle Kulturgüter in die entsprechenden Verzeichnisse eingetragen „werden". Die Verwendung des Wortes „werden" spricht gegen das Vorliegen eines behördlichen Ermessensspielraums, der grundsätzlich durch den Gebrauch von Worten wie „kann", „darf" oder auch „soll" im Normtext kenntlich gemacht wird.[268] Das Wort „werden" räumt keine alternativen Handlungsmöglichkeiten ein, so dass es in rechtlicher Hinsicht mit dem Wort „müssen" gleichzusetzen ist. Die Verwendung des Wortes „müssen" in verwaltungsrechtlichen Gesetzestextes spricht grundsätzlich für das Vorliegen einer gebundenen Behördenentscheidung ohne Ermessensspielraum.[269] Das

---

265 Rspr.: BVerwG Urt. v. 24.11.2011 – Az.: 7 C 12.10, Rn. 52; OVG Bautzen Urt. v. 19.8.2010 – Az.: 1 A 112/09 5 K 1837/05, S. 19; VG Dresden Urt. v. 5.11.2008 – Az.: 5 K 1837/05, S. 18; VG Berlin Urt. v. 29.11. 2006 – Az.: 1 A 162/05, S. 7. Lit.: *Bernsdorff/Kleine-Tebbe* Kulturgutschutz in Deutschland, Teil A, § 1 Rn. 65, 68; *Berndt* Internationaler Kulturgüterschutz, S. 85; *Hipp* Schutz von Kulturgütern in Deutschland, S. 79; *Kleeberg/Eberl* Kulturgüter in Privatbesitz, Rn. 310; *Peya* Die Ausfuhr von Kulturgütern im nationalen und Gemeinschaftsrecht, S. 210; *Weber* Unveräußerliches Kulturgut im nationalen und internationalen Rechtsverkehr, S. 273; *Thorn* Internationaler Kulturgüterschutz nach der UNIDROIT-Konvention, S. 249; *Schnabel* ZOV 2007, 107 (111); *Lenski* BayVBl. 2008, 12 (16); *Rietschel* Internationale Vorgaben zum Kulturgüterschutz und ihre Umsetzung Deutschland, S. 120; *Lenski* Öffentliches Kulturrecht, S. 248.

266 OVG Bautzen Urt. v. 19.8.2010 – Az.: 1 A 112/09 5 K 1837/05, S. 19; VG Dresden Urt. v. 5.11.2008 – Az.: 5 K 1837/05, S. 18; VG Berlin Urt. v. 29.11.2006 – Az.: 1 A 162/05, S. 7; *Bernsdorff/Kleine-Tebbe* a.a.O., Teil A, § 1 Rn. 68.

267 *Ramsauer* in: *Kopp/Ramsauer*, VwVfG, § 40 Rn. 60.

268 *Ramsauer* a.a.O., § 40 Rn. 60.

269 *Aschke* in: *Bader/Ronellenfitsch*, VwVfG, § 40 Rn. 35.

gleiche wird daher anzunehmen sein, wenn der Gesetzgeber die Tätigkeit der Verwaltung mit dem Wort „werden" umschreibt. Der Wortlaut des § 1 Abs. 1 S. 1 KultgSchG lässt somit auf das Bestehen einer Eintragungspflicht schließen.[270]

Alsdann ist zu prüfen, ob auch der Normzweck des § 1 Abs. 1 S. 1 KultgSchG das Vorliegen einer Eintragungspflicht stützt. Mit dem Erlass der KultgSchG war die Schaffung einer wirkungsvollen Gesetzesbestimmung zum Schutz des deutschen Kulturbesitzes gegen die akute Gefahr der Abwanderung ins Ausland bezweckt.[271] Um einen solchen wirkungsvollen Abwanderungsschutz zu gewährleisten, ist es Ziel des KultgSchG, national wertvolles Kulturgut möglichst umfassend und vollständig unter Schutz zu stellen.[272] Sämtliche in Deutschland befindlichen national wertvollen Kulturgüter sollen durch Erfassung in den entsprechenden Verzeichnissen nach § 1 Abs. 1 S. 1 KultgSchG der staatlichen Ausfuhrkontrolle unterworfen werden, um dadurch die Erhaltung des deutschen Kulturbesitzes zu gewährleisten.[273] Die Erreichung dieses Ziels und die Effektivität der Schutzvorschrift des § 1 Abs. 1 S. 1 KultgSchG hängt dabei maßgeblich von der Eintragungspraxis der zuständigen Behörden ab. Es kann daher vom Gesetzgeber nur gewollt sein, dass die Eintragung nach § 1 Abs. 1 S. 1 KultgSchG von den obersten Landesbehörden möglichst strikt gehandhabt wird und dass Kulturgut, welches als national wertvoll identifiziert worden ist, von der obersten Landesbehörde auch in ein entsprechendes Verzeichnis eingetragen werden muss. Nur im Falle des Bestehens einer Eintragungspflicht stellt der § 1 Abs. 1 S. 1, Abs. 4 S. 1 KultgSchG eine wirksame Regelung zum Schutz des deutschen Kulturbesitzes gegen Abwanderung dar. Ein behördlicher Ermessensspielraum würde hingegen die Effektivität der Regelung in Frage stellen und ein umfassender Abwanderungsschutz für national wertvolles Kulturgut könnte nicht mehr gewährleistet werden. Da die einzelnen Länder aufgrund ihrer Kulturhoheit autonom über die Eintragung nach dem KultgSchG entscheiden, würde die Einräumung eines Ermessensspielraums zwangsläufig zu einer von Bundesland zu Bundesland unterschiedlichen Eintragungspraxis führen. Eine solche ungleichmäßige Eintragungspraxis würde nicht nur eine lückenhafte Unterschutzstellung des deutschen Kulturbesitzes nach sich ziehen, sondern sowohl für die obersten Landesbehörden, als auch für die betroffenen Kulturguteigentümer zu einer erheblichen Rechtsunsicherheit führen. Dies alles kann nicht im Sinne des Gesetzgebers ge-

---

270 So auch VG Berlin Urt. v. 29.11.2006 – Az.: 1 A 162/05, S. 7; *Bernsdorff/Kleine-Tebbe* Kulturgutschutz in Deutschland, Teil A, § 1 Rn. 65, 68; *Bernd*, Internationaler Kulturgüterschutz, S. 85; *Hipp* Schutz von Kulturgütern in Deutschland, S. 79; *Lenski* BayVBl. 2008, 12 (16).

271 BT-Dr 2/76 S. 6.

272 *Bernsdorff/Kleine-Tebbe* Kulturgutschutz in Deutschland, Teil A, § 3 Rn. 3.

273 *Schwarze* JZ 1994, 111 (112); *Bernsdorff/Kleine-Tebbe* a. a. O., Teil A, § 1 Rn. 68.

wesen sein. Dass die Eintragungspraxis nach dem KultgSchG in der Realität von Bundesland zu Bundesland sehr unterschiedlich gehandhabt wird[274], war sicherlich nicht so gewollt und ist vielmehr den obersten Landesbehörden zuzuschreiben, die sich nicht um einen einheitlichen Vollzug des KultgSchG bemühen. Der Normzweck des § 1 Abs. 1 S. 1 KultgSchG spricht daher eindeutig für eine Eintragungspflicht der obersten Landesbehörden.

Gegen das Bestehen einer behördlichen Eintragungspflicht bei Vorliegen der materiellen Eintragungsvoraussetzungen kann auch nicht angeführt werden, dass die obersten Landesbehörden gem. § 2 Abs. 2 KultgSchG vor der Eintragungsentscheidung einen Sachverständigen-Ausschuss zu hören haben.[275] Dieser Ausschuss nimmt den Behörden die Eintragungsentscheidung nicht ab. Er soll die obersten Landesbehörden lediglich dahingehend beraten, dass diese in die Lage versetzt werden, die Eintragungsvoraussetzungen des § 1 Abs. 1 S. 1 KultgSchG qualifiziert zu prüfen.[276] Da grundsätzlich davon auszugehen ist, dass der Ausschuss mit kompetenten Mitgliedern besetzt ist, wird der Ausschuss in der Regel zur Eintragung raten, wenn die Eintragungsvoraussetzungen erfüllt sind und, sofern dies nicht der Fall ist, empfehlen von einer Eintragung abzusehen. Angenommen der Ausschuss würde jedoch fälschlicherweise von einer Eintragung abraten, obwohl das betroffene Objekt als national wertvolles Kulturgut zu qualifizieren ist, so wäre die jeweilige oberste Landesbehörde verpflichtet, sich dem Ausschussvotum zu widersetzen und die Eintragung dennoch vorzunehmen.

Im Ergebnis bleibt festzuhalten, dass § 1 Abs. 1 S. 1 KultgSchG eine Eintragungspflicht statuiert. Erfährt eine oberste Landesbehörde daher von der Existenz von potentiell national wertvollem Kulturgut, so ist sie zunächst auf erster Stufe verpflichtet, nach § 3 Abs. 1 S. 1 2. Alt. KultgSchG von Amts wegen ein Eintragungsverfahren einzuleiten. Auf zweiter Stufe besteht dann gem. § 1 Abs. 1 S. 1 KultgSchG darüber hinaus eine Pflicht zur Eintragung des betroffenen Objekts, sofern sich während des Eintragungsverfahrens herausstellt, dass es sich bei diesem tatsächlich um national wertvolles Kulturgut handelt. Anderweitige Umstände, die nichts mit der Bedeutung des jeweiligen Kulturgutes für den deutschen Kulturbesitz zu tun haben, dürfen weder bei der Entscheidung über die Verfahrenseinleitung, noch im Rahmen der schlussendlichen Eintragungsentscheidung berücksichtigt werden. Auch die Tatsache, dass die Anzahl der als national wertvoll geschützten Kulturgüter wohl deutlich hinter dem tatsächlichen Bestand schützenswerter Objekte zurückbleibt[277], lässt keine Zweifel am Bestehen einer

274 Vgl. unten S. 72f.
275 *Lenski* BayVBl. 2008, 12 (16).
276 Ebda.
277 Vgl. unten S. 72f.

behördlichen Eintragungspflicht aufkommen. Dass die obersten Landesbehörden die ihnen aufgetragenen verwaltungsrechtlichen Aufgaben nicht hinreichend wahrnehmen, stellt nicht das Bestehen ihrer gesetzlichen Verpflichtungen, sondern vielmehr die Rechtmäßigkeit ihres Handelns in Frage.

2. Kulturgut im öffentlichen Eigentum

Wie bereits erwähnt ergibt sich aus § 18 Abs. 2 KultgSchG hingegen keine Pflicht zur Eintragung von national wertvollem Kulturgut im öffentlichen Eigentum. In diesem Abschnitt wird ausführlich begründet, warum § 18 Abs. 2 KultgSchG keine Eintragungspflicht statuiert, sondern die Eintragungsentscheidung vielmehr in das Ermessen der obersten Landesbehörden stellt. Diese Problematik wurde in der Literatur[278] bisher nur in Ansätzen und in der Rechtsprechung noch nicht behandelt. Sofern die Thematik bisher in der Literatur angesprochen wurde, haben die Autoren meist lediglich darauf verwiesen, dass § 18 Abs. 2 KultgSchG nur die Möglichkeit eröffne, Kulturgut im öffentlichen Eigentum in die Verzeichnisse einzutragen. Es wird daher wohl davon ausgegangen, dass § 18 Abs. 2 KultgSchG den obersten Landesbehörden bei der Eintragungsentscheidung einen Ermessensspielraum zugesteht. Ausdrücklich wird dies jedoch nur von *Lenski* geäußert.[279] Es ist an dieser Stelle angebracht, diese Sichtweise durch Auslegung des § 18 Abs. 2 KultgSchG einer genauen Überprüfung zu unterziehen, wobei wiederum der Wortlaut, der Bedeutungszusammenhang sowie der Normzweck des § 18 Abs. 2 KultgSchG entscheidend sind.

Betrachtet man den Wortlaut des § 18 Abs. 2 S. 1 KultgSchG – „kann [...] eingetragen werden.“ – so spricht bei isolierter Betrachtung dieser Regelung alles dafür, dass der Gesetzgeber durch die Verwendung des Wortes „kann“ den obersten Landesbehörden bei der Eintragungsentscheidung Ermessen eingeräumt hat. Hätte er eine Eintragungspflicht statuieren wollen, so wäre es konsequent gewesen, wenn er wie in § 1 Abs. 1 S. 1 KultgSchG die Formulierung „werden [...] eintragen“ bzw. eine andere Wortwahl, die eindeutig eine Handlungspflicht statuiert, verwendet hätte.

Zumindest leichte Zweifel an diesem Ergebnis kommen jedoch auf, wenn man den § 18 Abs. 2 S. 1 KultgSchG im Zusammenhang mit § 18 Abs. 2 S. 2 KultgSchG betrachtet. In § 18 Abs. 2 S. 2 KultgSchG heißt es, dass die obersten Landesbe-

278 Vgl. *Schnabel* ZOV 2007, S. 107 (109); *El-Bitar* Der deutsche und der französische Kulturgüterschutz nach Umsetzung der Kulturgüterrückgaberichtlinie, Vorwort und Danksagung, VIII; *Lenski* BayVBl. 2008, S. 12 (16) Fn. 38; *Rietschel* Internationale Vorgaben zum Kulturgüterschutz und ihre Umsetzung in Deutschland, S. 158; *Lenski* Öffentliches Kulturrecht, S. 248 f.
279 Ebda.

hörden über die Eintragung „nach diesem Gesetz" entscheiden. Dies wird in der Gesetzesbegründung zu § 18 Abs. 2 KultgSchG dahingehend erläutert, dass sich das Verfahren zur Eintragung von Kulturgut im öffentlichen Eigentum nach den allgemeinen Vorschriften für die Eintragung in die Verzeichnisse richtet.[280] Aufgrund der Regelung des § 18 Abs. 2 S. 2 KultgSchG erscheint es daher jedenfalls nicht abwegig zu vertreten, dass sich die schlussendliche Eintragungsentscheidung als abschließender Teil des Eintragungsverfahrens auch bei Kulturgut im öffentlichen Eigentum nach der allgemeinen Vorschrift des § 1 Abs. 1 S. 1 KultgSchG bestimmt. Der Wortlaut des § 1 Abs. 1 S. 1 KultgSchG – „werden" – würde dann auch bei der Eintragung von Kulturgut im öffentlichen Eigentum auf eine Eintragungspflicht der obersten Landesbehörden schließen lassen. Dieser Auslegung folgend, würde § 18 Abs. 2 S. 1 KultgSchG lediglich eine mit § 3 Abs. 1 S. 1 KultgSchG vergleichbare Verfahrensvorschrift darstellen, die nur die Einleitung des Eintragungsverfahrens betrifft. Insoweit könnte wiederum argumentiert werden, dass die Verwendung des Wortes „kann" im Rahmen des § 18 Abs. 2 S. 1 KultgSchG sich nur auf die verschiedenen Möglichkeiten der Verfahrenseinleitung bezieht.

Bedenken gegen diese Ansicht kommen jedoch auf, wenn man die Bestimmung des § 18 Abs. 2 S. 1 KultgSchG einem direkten Vergleich mit § 3 Abs. 1 S. 1 KultgSchG unterzieht und ihren Wortlaut genauer begutachtet. Betrachtet man § 3 KultgSchG in seiner Gesamtheit, so wird klar, dass es sich bei diesem um eine ausschließlich verfahrensrechtliche Bestimmung handelt, die sich nur auf die Einleitung des Eintragungsverfahrens bezieht. Im Gegensatz dazu handelt es sich bei § 18 Abs. 2 S. 1 KultgSchG nicht um solch eine rein verfahrensrechtliche Norm. Dies ergibt sich daraus, dass § 18 Abs. 2 S. 1 KultgSchG durch die Verwendung der Formulierung „national wertvolles Kulturgut" die materiell-rechtlichen Eintragungsvoraussetzungen für Kulturgut im öffentlichen Eigentum bestimmt. § 18 Abs. 2 S. 1 KultgSchG regelt somit sowohl die Verfahrenseinleitung, als auch die Voraussetzungen der schlussendlichen Eintragung von Kulturgut im öffentlichen Eigentum. Die nach § 1 Abs. 1 S. 1 KultgSchG bestehende Eintragungspflicht gilt daher für Kulturgut im öffentlichen Eigentum nicht. Die Verweisungsnorm des § 18 Abs. 2 S. 2 KultgSchG kann nur so verstanden werden, dass die allgemeinen Eintragungsvorschriften ausschließlich dann Anwendung finden, wenn § 18 Abs. 1 S. 1 KultgSchG keine speziellere Regelung für Kulturgut im öffentlichen Eigentum enthält. Hinsichtlich der Ausgestaltung der Eintragungsentscheidung enthält § 18 Abs. 2 S. 1 KultgSchG jedoch eine solche Spezialregelung, so dass insoweit nicht auf § 1 Abs. 1 S. 1 KultgSchG zurückgegriffen werden kann. Im Rahmen der Ein-

---

280 BT-Dr 16/1371 S. 22.

tragungsentscheidung bei Kulturgut im öffentlichen Eigentum können die Wertungen des § 1 Abs. 1 S. 1 KultgSchG daher allein zur Bestimmung der Begrifflichkeit „national wertvoll" herangezogen werden. Eine Eintragungspflicht für Kulturgut im öffentlichen Eigentum kann aus § 1 Abs. 1 S. 1 KultgSchG jedoch nicht abgeleitet werden. Der Wortlaut des § 18 Abs. 2 S. 1 KultgSchG und dessen Bedeutungszusammenhang mit den anderen Vorschriften des KultgSchG spricht somit dafür, dass den obersten Landesbehörden bei der Eintragungsentscheidung Ermessen zusteht.

Es ist weiter zu prüfen, ob dieses Ergebnis durch den Normzweck des § 18 Abs. 2 KultgSchG bestätigt wird. Zur Ermittlung des Normzwecks ist die Begründung des Gesetzesentwurfs der Bundesregierung vom 4. Mai 2006 zu § 18 Abs. 2 KultgSchG[281] heranzuziehen. Aus dieser geht hervor, dass mit der Schaffung des § 18 Abs. 2 KultgSchG zum einen der Abwanderungsschutz für Kulturgut im öffentlichen Eigentum verbessert werden sollte.[282] Vor allem aber sollte mit § 18 Abs. 2 KultgSchG eine Bestimmung geschaffen werden, welche die „Aufnahme national wertvollen Kultur- und Archivgutes aus öffentlichem Eigentum in das entsprechende Verzeichnis ermöglicht", damit auch dieses zum Gegenstand von Rückgabeansprüchen nach dem KultGüRückG gemacht werden kann.[283] Ziel des Gesetzgebers war es somit eindeutig nicht, sämtliches national wertvolles Kulturgut im öffentlichen Eigentum unter Abwanderungsschutz zu stellen. Es sollte lediglich eine „fakultative" Eintragungsmöglichkeit für Kulturgut im öffentlichen Eigentum geschaffen werden, um für dieses den Schutzbereich des KultGüRückG zu eröffnen. [284] Die obersten Landesbehörden sollten somit definitiv nicht verpflichtet werden, national wertvolles Kulturgut im öffentlichen Eigentum lückenlos in die jeweiligen Verzeichnisse einzutragen. Auch der Normzweck des § 18 Abs. 2 S. 1 KultgSchG spricht somit dafür, dass den obersten Landesbehörden bei der Eintragungsentscheidung Ermessen zukommt.

Zu erwähnen ist überdies, dass § 18 Abs. 2 S. 1 KultgSchG in seiner ursprünglichen Entwurfsfassung[285] die Entscheidung, ob ein Eintragungsverfahren eingeleitet wird oder nicht, allein zur Disposition des öffentlichen Kulturgutei-

281 BT-Dr 16/1371.

282 BT-Dr 16/1371 S. 22.

283 Ebda.

284 Ebda.

285 In seiner ursprünglichen Entwurfsfassung lautete § 18 Abs. 2 S. 1 KultgSchG wie folgt: „Im öffentlichen Eigentum befindliches national wertvolles Kulturgut und Archivgut, auf das das Gesetz nach Absatz 1 keine Anwendung findet, kann der jeweilige Eigentümer zur Aufnahme in das Verzeichnis national wertvollen Kulturgutes oder das Verzeichnis national wertvoller Archive anmelden." (vgl. BT-Dr 16/1371 S. 9).

gentümers stellte. Die Möglichkeiten der Verfahrenseinleitung von Amts wegen und auf Antrag des BKM wurden erst später in § 18 Abs. 2 S. 1 KultgSchG eingefügt.[286] Die nachträglich eingefügte Alternative der Verfahrenseinleitung von Amts wegen gem. § 18 Abs. 1 S. 1 1. Alt. KultgSchG stellt eine bloße Erweiterung der Eintragungsmöglichkeiten dar.[287] Diese war aus Sicht des Gesetzgebers notwendig, da § 18 Abs. 1 S. 1 KultgSchG in seiner ursprünglichen Fassung bei der Eintragung von Kulturgut im Landeseigentum zu dem widersprüchlichen Ergebnis geführt hätte, dass die Länder die Eintragung ihrer Kulturgüter bei sich selbst anzumelden hätten.[288] Dies wurde als nicht möglich erachtet und daher für den Fall der Eintragung von Landeseigentum die Möglichkeit der Verfahrenseinleitung von Amts wegen geschaffen.[289] Die Möglichkeit der obersten Landesbehörden, das Eintragungsverfahren von Amts wegen einzuleiten, hat somit allein verfahrensrechtliche Hintergründe. Keinesfalls wollte der Gesetzgeber die obersten Landesbehörden verpflichten, sämtliches national wertvolles Kulturgut im öffentlichen Eigentum von Amts wegen unter Abwanderungsschutz zu stellen. Auch das nachträglich eingefügte Antragsrecht des BKM nach § 18 Abs. 2 S. 1 3. Alt. KultgSchG vermag an der Tatsache, dass den obersten Landesbehörden im Rahmen der Eintragungsentscheidung Ermessen zukommt, nichts zu ändern. Dem BKM sollte dadurch lediglich die Möglichkeit eingeräumt werden, ein Eintragungsverfahren einzuleiten, wenn er ein Kulturgut aus Bundessicht für schützenswert hält.[290]

Im Ergebnis bleibt festzuhalten, dass § 18 Abs. 2 KultgSchG lediglich eine Möglichkeit schaffen will, Kulturgut im öffentlichen Eigentum in die Verzeichnisse einzutragen. Die Eintragungsentscheidung steht dabei stets im Ermessen der obersten Landesbehörden, gleich ob diese das Eintragungsverfahren von Amts wegen, auf Grund einer Anmeldung durch den jeweiligen Eigentümer oder auf Antrag des BKM eingeleitet hat. Im Rahmen der Ermessensentscheidung haben die obersten Landesbehörden das öffentliche Interesse am Verbleib des Kulturgutes in Deutschland gegen die einer Eintragung entgegenstehenden Umstände abzuwägen. Ersteres hängt ausschließlich von der Bedeutung des jeweiligen Objekts für den deutschen Kulturbesitz ab. Sofern die gegen eine Eintragung sprechenden Umstände das öffentliche Interesse am Verbleib des Kulturgutes in Deutschland überwiegen, können die obersten Landesbehörden auch dann, wenn das jeweilige Objekt als national wertvoll zu qualifizieren ist, von einer Eintragung absehen. Dabei dürfen sie jedoch natürlich nicht die Grenzen ihres Ermessens-

286 Vgl. BT-Dr 16/4145 S. 4.
287 BT-Dr 16/4145 S. 9.
288 BT-Dr 16/4145 S. 11.
289 Ebda.
290 BT-Dr 16/4145 S. 12.

spielraums überschreiten. Die auch im Zuge des Eintragungsverfahrens nach § 18 Abs. 2 KultgSchG bestehende Pflicht, vor der Eintragungsentscheidung gem. § 2 Abs. 2 KultgSchG einen Sachverständigen-Ausschuss anzuhören, kann auf das Bestehen des behördlichen Ermessensspielraums mangels Bindungswirkung des Ausschussvotums keinen Einfluss haben. Sofern der Ausschuss zu einer Eintragung von national wertvollem Kulturgut rät, können die obersten Landesbehörden jederzeit von dieser Empfehlung abweichen, sofern sie insoweit nicht ermessensfehlerhaft handeln.

Abschließend ist darauf hinzuweisen, dass sich der nach § 18 Abs. 2 KultgSchG eingeräumte Ermessenspielraum der obersten Landesbehörden in eine Eintragungspflicht wandelt, sobald national wertvolles Kulturgut aus öffentlichem Eigentum in Privateigentum übergeht.[291] Die obersten Landesbehörden sind in diesem Fall daher unverzüglich nach Vollendung der Eigentumsübertragung, also in Regel nach erfolgter Übergabe i.S.v. § 929 S. 1 BGB, zu einer Einleitung des Eintragungsverfahrens von Amts wegen gem. § 3 Abs. 1 S. 1 2. Alt. KultgSchG verpflichtet. Bestätigt sich dann im Rahmen des Eintragungsverfahrens, dass das betroffene Objekt als national wertvoll einzustufen ist, so sind sie gem. § 1 Abs. 1 S. 1 KultgSchG auch zur Eintragung verpflichtet.

VIII. Bestehen einer Recherchepflicht

1. Kulturgut im Privateigentum

Es stellt sich die Frage, ob mit der Pflicht der obersten Landesbehörden, sämtliche im Privateigentum stehenden, national wertvollen Kulturgüter in die entsprechenden Verzeichnisse einzutragen, auch die Pflicht korrespondiert, im Vorfeld des Eintragungsverfahrens aktiv nach den in Betracht kommenden Kulturgütern zu forschen. Ihrer Eintragungspflicht können die obersten Landesbehörden eigentlich nur nachkommen, wenn sie überhaupt erst sämtliche in Frage kommenden Objekte erfasst und diese auf ihre Bedeutung für den deutschen Kulturbesitz hin überprüft haben. Insoweit wären umfangreiche Forschungsmaßnahmen der obersten Landesbehörden erforderlich, um den gesamten Bestand der in Deutschland belegenen, national wertvollen Kulturgüter zu erfassen. Die obersten Landesbehörden müssten zunächst den Belegenheitsort bzw. die Eigentümer von potentiell national wertvollen Objekten ausfindig machen, dann vor Ort prüfen, ob es zumindest nicht abwegig ist, das jeweilige Objekt als national wertvoll zu qualifizieren, und, sofern dieses bejaht wird, gem. § 3 Abs. 1 S. 1 2. Alt. KultgSchG ein Eintragungsverfahren von Amts wegen einleiten.

---

291 *Lenski* BayVBl. 2008, 12 (16).

Gegen das Bestehen einer solchen Recherchepflicht spricht jedoch, dass das KultgSchG ein solches behördliches Tätigwerden nicht unmittelbar verlangt.[292] Weil es insoweit um ein behördliches Tätigwerden im Vorfeld des Eintragungsverfahrens geht, das in rechtlicher Hinsicht von diesem getrennt werden muss, hätte eine entsprechende Pflicht der obersten Landesbehörden auch unmittelbar im KultgSchG verankert werden müssen. Da in den Ausführungsbestimmungen zur Ausfuhrverordnung noch eine Ermittlungs- und Prüfungspflicht der Landesregierungen statuiert war[293], ist davon auszugehen, dass die Schöpfer des KultgSchG eine entsprechende behördliche Pflicht bewusst nicht in das Gesetz übernommen haben. Überdies fehlt es bereits an der erforderlichen behördlichen Ermächtigung, Kulturgut in Privateigentum, das in den Anwendungsbereich des KultgSchG fallen könnte, zu besichtigen, wissenschaftlich zu untersuchen und von dem Eigentümer die erforderlichen Auskünfte zu verlangen.[294] Eine solche Ermächtigung – die wiederum in den Ausführungsbestimmungen zur Ausfuhrverordnung noch gesetzlich verankert war[295] – wäre jedoch Voraussetzung für eine Recherchepflicht, da die obersten Landesbehörden ansonsten immer nur nach Einwilligung des Kulturguteigentümers tätig werden könnten. Die Abwesenheit der erforderlichen behördlichen Eingriffsermächtigungen spricht daher auch gegen das Bestehen einer Recherchepflicht der obersten Landesbehörden. Überdies ist davon auszugehen, dass es den obersten Landesbehörden an den erforderlichen finanziellen und personellen Mitteln fehlen dürfte, um selbständig nach national wertvollem Kulturgut zu forschen. Es würde eines erheblichen finanziellen Aufwandes bedürfen, sämtliche in Deutschland belegenen potentiell national wertvollen Kulturgüter zu besichtigen und wissenschaftlich zu untersuchen. Die obersten Landesbehörden müssten dazu etliche zusätzliche Stellen schaffen und eine Vielzahl von Kunsthistorikern als Sachverständige hinzuziehen. Dies dürften jedoch finanziell kaum machbar sein. Eine Pflicht der obersten Landesbehörden, nach national wertvollem Kulturgut in Privateigentum zu recherchieren, muss daher nicht nur aus rechtlichen, sondern auch aus tatsächlichen Gründen ausscheiden.

2. Kulturgut im öffentlichen Eigentum

Gegen das Bestehen einer Pflicht der obersten Landesbehörden, nach potentiell wertvollem Kulturgut im öffentlichen Eigentum zu forschen, spricht bereits, dass

292 Ebda.
293 Vgl. § 2 der Ausführungsbestimmungen.
294 *Hönes* BayVBl. 1989, 41.
295 Vgl. § 3 der Ausführungsbestimmungen.

es bei diesem bereits an einer Eintragungspflicht fehlt, welche auf eine solche Recherchepflicht schließen lassen könnte. Überdies kann genau wie bei Kulturgut im Privateigentum angeführt werden, dass eine solche Pflicht im KultgSchG nicht unmittelbar gesetzlich verankert ist und deren Durchführung zudem die finanziellen und personellen Mittel der obersten Landesbehörden übersteigen dürfte.

IX. Löschung der Eintragung

Gem. § 7 Abs. 1 KultgSchG kann der private Eigentümer eines eingetragenen Kulturgutes bei der obersten Landesbehörde dessen Löschung aus dem „Verzeichnis national wertvollen Kulturgutes" beantragen, wenn „seit der Bekanntmachung der Eintragung im Bundesanzeiger mehr als fünf Jahre vergangen" sind und „sich die Umstände wesentlich verändert" haben. Bei der Löschung nach § 7 Abs. 1 KultgSchG handelt es sich um eine die §§ 49, 51 VwVfG ausschließende Spezialvorschrift für den Widerruf rechtmäßiger Verwaltungsakte mit Wirkung für die Zukunft.[296] War die Eintragungsverfügung hingegen von Anfang an rechtswidrig, da es sich bei dem betroffenen Objekt nicht um national wertvolles Kulturgut handelt, so hat der betroffene Privateigentümer einen Anspruch darauf, dass die oberste Landesbehörde gem. § 48 Abs. 1 VwVfG nach pflichtgemäßem Ermessen über die Rücknahme des Eintragungsbescheids entscheidet.[297] Als actus contrarius zur Eintragung ist deren Löschung ein begünstigender Verwaltungsakt.[298] Mit Rücksicht auf die gem. Art. 14 Abs. 1 S. 1 GG geschützte Verfügungsbefugnis des Privateigentümers, sowie darauf, dass die Eintragung nur eine präventive Kontrolle der Ausfuhr sicherstellen soll, hat dieser einen Rechtsanspruch auf die Löschung, wenn die in § 7 Abs. 1 KultgSchG genannten Voraussetzungen erfüllt sind.[299] Zu den von § 7 Abs. 1 KultgSchG erfassten Umständen gehören nur solche, „die bei der Eintragung vorgelegen haben und für diese von Bedeutung waren".[300] Erfasst werden somit nur Umstände, die den deutschen Kulturbesitz betreffen.[301] Eine Veränderung von Umständen aus dem privaten Bereich des Kulturguteigentümers, die möglicherweise dessen gesteigertes Inter-

296 *Bernsdorff/Kleine-Tebbe* Kulturgüterschutz in Deutschland, Teil A, § 7 Rn. 1; *Hipp* Schutz von Kulturgütern in Deutschland, S. 87; *Peya* Die Ausfuhr von Kulturgütern im nationalen und Gemeinschaftsrecht, S. 218.

297 *Bernsdorff/Kleine-Tebbe* a.a.O., Teil A, § 7 Rn. 1; *Hipp* a.a.O., S. 87; *Peya* a.a.O., S. 218.

298 *Bernsdorff/Kleine-Tebbe* a.a.O., Teil A, § 7 Rn. 3; *Hipp* a.a.O., S. 87; *Peya* a.a.O., S. 218.

299 *Bernsdorff/Kleine-Tebbe* a.a.O., Teil A, § 7 Rn. 3; *Hipp* a.a.O., S. 87; *Peya* a.a.O., S. 218.

300 *Bernsdorff/Kleine-Tebbe* a.a.O., Teil A, § 7 Rn. 8.

301 *Bernsdorff/Kleine-Tebbe* a.a.O., Teil A, § 7 Rn. 8; *Hipp* Schutz von Kulturgütern in Deutschland, S. 86; *Peya* Die Ausfuhr von Kulturgütern im nationalen und Gemeinschaftsrecht, S. 218.

esse an der uneingeschränkten Mobilität des Kulturgutes zur Folge hat, muss daher unberücksichtigt bleiben.[302] Die geänderten Umstände sind dann wesentlich, d. h. rechtserheblich, wenn bei Berücksichtigung des neuen Sachverhalts die Eintragung nicht mehr vorgenommen werden dürfte.[303] Antragsbefugt für die Löschung ist der Eigentümer des Kulturgutes und daneben auch dessen Besitzer, sofern ihm die nach § 3 Abs. 1 S. 2 KultgSchG erlassene landesrechtliche Verordnung im Eintragungsverfahren ein Antragsrecht einräumt.[304]

M. E. muss die Löschungsmöglichkeit nach § 7 Abs. 1 KultgSchG auch für nach § 18 Abs. 2 KultgSchG eingetragenes Kulturgut im öffentlichen Eigentum bestehen. Es ist nicht ersichtlich, warum für Kulturgut im öffentlichen Eigentum ein strengerer Abwanderungsschutz als für Kulturgut im Privateigentum gelten soll, obwohl Ersteres aufgrund der grundsätzlich geringeren Abwanderungsgefahr weniger schutzbedürftig ist. Hinsichtlich der Löschungsvoraussetzungen gilt das zum Privateigentum Gesagte. Antragsbefugt ist der öffentliche Kulturguteigentümer.

X. Rechtsnatur der Eintragung

Die konstitutiv wirkende Eintragung, die insbesondere gem. § 1 Abs. 4 S. 1 KultgSchG die Belastung des jeweiligen Kulturgutes mit einem Ausfuhrverbot zur Folge hat, stellt einen dinglichen Verwaltungsakt i. S. d. § 35 S. 1 VwVfG mit grundsätzlich belastender Wirkung für den Eigentümer dar.[305] Für den Privateigentümer hat die Eintragung überdies wegen der nach § 1 Abs. 3 KultgSchG zu gewährenden Steuererleichterungen auch eine begünstigende Wirkung.[306]

XI. Anhörung

Aufgrund der Verwaltungsaktnatur der Eintragung sind die Beteiligten gem. § 28 Abs. 1 VwVfG von der obersten Landesbehörde vor der Eintragungsentscheidung

---

302 *Bernsdorff/Kleine-Tebbe* a. a. O., Teil A, § 7 Rn. 8.

303 *Bernsdorff/Kleine-Tebbe* a. a. O., Teil A, § 7 Rn. 10; *Hipp* Schutz von Kulturgütern in Deutschland, S. 86; *Peya* Die Ausfuhr von Kulturgütern im nationalen und Gemeinschaftsrecht, S. 218.

304 *Bernsdorff/Kleine-Tebbe* a. a. O., Teil A, § 7 Rn. 3.

305 *Bernsdorff/Kleine-Tebbe* a. a. O., Teil A, § 1 Rn. 71; *Berndt* Internationaler Kulturgüterschutz, S. 85; *Hipp* Schutz von Kulturgütern in Deutschland, S. 81; *Peya* Die Ausfuhr von Kulturgütern im nationalen und Gemeinschaftsrecht, S. 210 f.

306 *Hipp* a. a. O., S. 81; *Peya* a. a. O., S. 211.

anzuhören.[307] Somit sind jedenfalls der Eigentümer und gegebenenfalls der Besitzer (sofern Eigentum und Besitz auseinanderfallen) des betroffenen Kulturgutes als Beteiligte i. S.v. § 13 Abs. Nr. 2 1. Alt. VwVfG anzuhören, gleich ob es sich bei diesen um eine natürliche Person oder eine öffentliche Institution handelt.

XII. Rechtsschutzmöglichkeiten gegen die Eintragung

1. Kulturgut im Privateigentum

Statthafter Rechtsbehelf gegen die Einleitung des Eintragungsverfahrens ist eine allgemeine Leistungsklage auf Verfahrenseinstellung, da die Verfahrenseinleitung kein Verwaltungsakt i. S.v. § 35 S. 1 VwVfG, sondern ein Realakt ist.[308] Nach Auffassung der Rechtsprechung steht der Erhebung der allgemeinen Leistungsklage auch nicht die Vorschrift des § 44 a S. 1 VwGO entgegen, die bestimmt, dass gegen unselbständige behördliche Verfahrenshandlungen ein gesonderter Rechtsbehelf nicht gegeben ist.[309] Insoweit wird ausgeführt, dass das Gebot des effektiven Rechtsschutzes nach Art. 19 Abs. 4 GG in der vorliegenden Konstellation eine einschränkende Auslegung des § 44 a S. 1 VwGO gebiete, so dass gegen die Einleitung des Eintragungsverfahrens ausnahmsweise ein gesonderter Rechtsbehelf gegeben ist.[310] Als Grund dafür wird angeführt, dass die Einleitung des Eintragungsverfahrens wegen des vorläufigen Ausfuhrverbots nach § 4 Abs. 1 KultgSchG für den Betroffenen eine im Verhältnis zur abschließenden Eintragung nach § 1 Abs. 1 S. 1 KultgSchG andersartige Beschwer enthalte, die durch eine nachfolgende gerichtliche Entscheidung über die Eintragung auch nicht mehr rückwirkend beseitigt werden kann.[311] Statthafter Rechtsbehelf gegen eine posi-

---

307 *Bernsdorff/Kleine-Tebbe* Kulturgutschutz in Deutschland, Teil A, § 3 Rn. 7; *Bila* Nationaler Kulturgüterschutz in der Europäischen Union, S. 64 f.; *Hipp* a. a. O., S. 85; *Peya* a. a. O., S. 215 f.

308 BVerwG Urt. v. 24.11.2011 – Az.: 7 C 12.10, Rn. 32; OVG Bautzen Urt. v. 19.8.2010 – Az.: 1 A 112/09 5 K 1837/05, S. 10 – 13; VG Dresden Urt. v. 5.11.2008 – Az.: 5 K 1837/05, S. 13 f.; VG Berlin Urt. v. 29.11.2006 – Az.: 1 A 162/05, S. 5 – 7; *Schnabel* ZOV 2007, S. 107 (111). A.A. *Bernsdorff/Kleine-Tebbe* a. a. O., Teil A, § 3 Rn. 10, die der Einleitung des Eintragungsverfahrens Verwaltungsaktsqualität zumessen und deshalb eine Anfechtungsklage i. S.v. § 42 Abs. 1 Alt. 1 VwGO für statthaft halten.

309 BVerwG Urt. v. 24.11.2011 – Az.: 7 C 12.10, Rn. 32; OVG Bautzen Urt. v. 19.8.2010 – Az.: 1 A 112/09 5 K 1837/05, S. 13; VG Dresden Urt. v. 5.11.2008 – Az.: 5 K 1837/05, S. 14; VG Berlin Urt. v. 29.11.2006 – Az.: 1 A 162/05, S. 7. A.A. *Hipp*, Schutz von Kulturgütern in Deutschland, S. 87; *Peya* Die Ausfuhr von Kulturgütern im nationalen und Gemeinschaftsrecht, S. 212, die § 44 a S. 1 VwGO für einschlägig halten, und auch keine Ausnahme nach § 44 a S. 2 VwGO zulassen, so dass ein gesonderter Rechtsbehelf gegen die Einleitung des Eintragungsverfahrens ausscheidet.

310 BVerwG Urt. v. 24.11.2011 – Az.: 7 C 12.10, Rn. 32.

311 Ebda. Das OVG Bautzen Urt. v. 19.8.2010 – Az.: 1 A 112/09 5 K 1837/05, S. 13, das VG Dresden Urt. v. 5.11.2008 – Az.: 5 K 1837/05, S. 14 und das VG Berlin Urt. v. 29.11.2006 – Az.: 1 A 162/05, S. 7

tive Eintragungsentscheidung gem. § 1 Abs. 1 S. 1 KultgSchG ist hingegen die Anfechtungsklage i. S.v. § 42 Abs. 1 Alt. 1 VwGO.[312] Der Eigentümer ist in beiden Fällen aufgrund eines Eingriffs in sein nach Art. 14 Abs. 1 GG geschütztes Eigentumsrecht gem. § 42 Abs. 2 VwGO (analog[313]) klagebefugt. Gegen die Versagung einer beantragten Löschung kann der Kulturguteigentümer im Wege der Verpflichtungsklage i. S.v. § 42 Abs. 1 2. Alt. VwGO vorgehen.[314]

2. Kulturgut im öffentlichen Eigentum

Handelt es sich bei dem einzutragenden Kulturgut hingegen um öffentliches Eigentum, so kann der jeweilige Eigentümer weder gegen die Einleitung des Eintragungsverfahrens noch gegen die endgültige Eintragung auf dem Rechtsweg vorgehen, da er mangels Verletzung eigener Rechte nicht klagebefugt i. S.v. § 42 Abs. 2 1. Alt. ist.[315] Gleiches gilt im Falle der Versagung einer beantragten Löschung.

XIII. Eintragungspraxis

Gegenwärtig sind im Gesamtverzeichnis national wertvollen Kulturgutes 1961 abgeschlossene Eintragungsverfahren aufgenommen, die aber – vor allem im Falle der Eintragung von Sammlungen – teilweise eine Vielzahl von Einzelobjekten umfassen.[316] Die Anzahl der in rechtlicher Hinsicht vom KultgSchG erfassten national wertvollen Kulturgüter dürfte die der tatsächlichen Eintragungen jedoch deutlich übersteigen.[317] In Bezug auf national wertvolles Kulturgut in

---

kamen auch zu dem Ergebnis, dass gegen die Einleitung des Eintragungsverfahrens, entgegen § 44 a S. 1 VwGO, ausnahmsweise ein gesonderter Rechtsbehelf gegeben ist, sie stützten diese Lösung jedoch auf eine analoge Anwendung des § 44 a S. 2 VwGO.

312 *Bernsdorff/Kleine-Tebbe* Kulturgutschutz in Deutschland, Teil A, § 1 Rn. 80; *Hipp* Schutz von Kulturgütern in Deutschland, S. 87; *Peya* Die Ausfuhr von Kulturgütern im nationalen und Gemeinschaftsrecht, S. 211.

313 Im Falle der allgemeinen Leistungsklage.

314 *Bernsdorff/Kleine-Tebbe* Kulturgutschutz in Deutschland, Teil A, § 7 Rn. 11; *Hipp* Schutz von Kulturgütern in Deutschland, S. 87.

315 Dies gilt auch für Kulturgut im Gemeindeeigentum, da dessen Eintragung nicht das kommunale Selbstverwaltungsrecht der Gemeinde aus Art. 28 Abs. 2 S. 1 GG berührt, so dass es auch in diesem Fall an der Klagebefugnis des öffentlichen Kulturguteigentümers fehlt.

316 Dies ergab eine schriftliche Anfrage des Verfassers vom Dezember 2014 bei der Koordinierstelle für Kulturgutverluste in Magdeburg.

317 *v. Schorlemer* Internationaler Kulturgüterschutz, S. 408; *Bernsdorff/Kleine-Tebbe* Kulturgutschutz in Deutschland, Teil A, § 1 Rn. 68; *Lenski*, BayVBl. 2008, 12 (15).

Privateigentum wird daher kritisiert, dass die obersten Landesbehörden ihrer insoweit bestehenden Eintragungspflicht nicht hinreichend nachkommen.[318] Als Grund für diese unzureichende Eintragungspraxis wird angeführt, dass regelmäßig nur solche Objekte in ein entsprechendes Verzeichnis aufgenommen werden, die einer konkreten Abwanderungsgefahr ausgesetzt sind.[319] Ein wesentliches Problem ist überdies die in der Regel fehlende Kenntnis der obersten Landesbehörden von eintragungswürdigem Kulturgut im Privateigentum.[320] Oft erfahren die obersten Landesbehörden von der Existenz solcher Objekte erst, wenn diese bereits ins Ausland abgewandert sind und eine Eintragung nach dem KultgSchG nicht mehr möglich ist.[321] Da jedes Bundesland selbstständig über die Eintragung entscheidet, variiert zudem deren Handhabung und folglich auch Anzahl der Eintragungen von Bundesland zu Bundesland sehr stark.[322] Daran hat auch der Erlass des Kriterienkatalogs der KMK nichts Wesentliches ändern können.[323]

Von der seit 2007 bestehenden Möglichkeit, Kulturgut im öffentlichen Eigentum einzutragen, wurde bisher wenig Gebrauch gemacht.[324] Dies liegt auch daran, dass der enorme Umfang der Kulturgüter im öffentlichen Eigentum die obersten Landesbehörden vor eine in finanzieller und personeller Hinsicht kaum zu bewältigende Herausforderung stellt.[325]

---

318 *v. Schorlemer* a. a. O., S. 408; *Hipp* Schutz von Kulturgütern in Deutschland, S. 390 f., die als Bespiele für eine unzureichende Eintragungspraxis, die Verkäufe der Merkur-Bronzefigur von Johann Gregor van der Schardt aus der Sammlung des Grafen Schönborn-Wiesentheid in Schloss Weißenstein bei Pommersfelden, und der sog. „Stammheim-Missale“ aus dem Privatbesitz der Nachkommen des letzten Hildesheimer Fürstbischofs an das kalifornische Getty Museum nennt; *Lenski* BayVBl. 2008, 12 (15).

319 *Bernsdorff/Kleine-Tebbe* Kulturgutschutz in Deutschland, Teil A, § 1 Rn. 68; Bericht der Bundesregierung zum Kulturgutschutz in Deutschland v. 24.4.2013, S. 46.

320 Bericht der Bundesregierung zum Kulturgutschutz in Deutschland v. 24.4.2013, S. 48.

321 Bericht der Bundesregierung zum Kulturgutschutz in Deutschland v. 24.4.2013, S. 46.

322 *Pieroth/Kampmann* NJW 1990, S. 1385 (1386); *Bila* Nationaler Kulturgüterschutz in der Europäischen Union, S. 64; *Rietschel* Internationale Vorgaben zum Kulturgüterschutz und ihre Umsetzung in Deutschland, S. 117.

323 Bericht der Bundesregierung zum Kulturgutschutz in Deutschland v. 24.4.2013, S. 46.

324 Stand: 2013 (vgl. Bericht der Bundesregierung zum Kulturgutschutz in Deutschland v. 24.4.2013, S. 50).

325 Bericht der Bundesregierung zum Kulturgutschutz in Deutschland v. 24.4.2013, S. 51.

G. Rechtsfolgen der Eintragung

Die Rechtsfolgen der Eintragung von Kulturgut im Privateigentum ergeben sich unmittelbar aus dem ersten Abschnitt des KultgSchG. Diese Vorschriften sind auch auf Kulturgut im öffentlichen Eigentum anzuwenden, sofern dies sinnvoll ist und dem Zweck des § 18 Abs. 2 KultgSchG entspricht.[326]

I. Ausfuhrverbot mit Genehmigungsvorbehalt

Durch die Eintragung eines Kulturgutes – gleich ob im Privat- oder im öffentlichen Eigentum – in ein Verzeichnis national wertvollen Kulturgutes wird dieses gem. § 1 Abs. 4 S. 1 KultgSchG mit einem Ausfuhrverbot mit Genehmigungsvorbehalt belastet. Unter Ausfuhr i.S.v. § 1 Abs. 4 S. 1 KultgSchG ist jede körperliche Verbringung des eingetragenen Kulturgutes aus dem Bundesgebiet zu verstehen, auch wenn diese nur leihweise oder vorübergehend – z.B. zur Restaurierung oder Ausstellung des Kulturgutes – erfolgt.[327]

Dieser weite Bedeutungsgehalt des Begriffs der „Ausfuhr" wird durch § 1 Abs. 4 S. 4 KultgSchG bestätigt, der „das sonstige Verbringen" eines Kulturgutes aus Deutschland einer Ausfuhr gleichstellt.[328] Zwar kann ein eingetragenes Kulturgut im Inland – auch an einen Ausländer – frei veräußert werden.[329] Im Falle der Veräußerung geht jedoch das Ausfuhrverbot als dingliche Verfügungsbeschränkung mit Übertragung des Eigentums an dem Kulturgut auf den Erwerber über.[330] Die Möglichkeit der Einholung einer Ausfuhrgenehmigung i.S.v. § 1 Abs. 4 S. 1 KultgSchG besteht erst ab Unanfechtbarkeit der Eintragungsentscheidung, da

---

326 Mit Erlass des § 18 Abs. 2 KultgSchG wurden, im Hinblick auf die Rechtsfolgen der Eintragung von Kulturgut im öffentlichen Eigentum, keine besonderen Bestimmungen geschaffen. In der Gesetzesbegründung heißt es insoweit, dass das KultgSchG, abgesehen von der Schaffung einer Eintragungsmöglichkeit, auf Kulturgut im öffentlichen Eigentum keine Anwendung finden soll (BT-Dr 16/1371 S. 22). Da § 18 Abs. 2 KultgSchG auch einem verbesserten Abwanderungsschutz für Kulturgut im öffentlichen Eigentum dient (ebda.), kann dies jedoch nicht bedeuten, dass die Eintragung öffentlichen Eigentums keine Rechtsfolgen nach sich zieht. Es ist daher vielmehr bei jeder die Eintragungsfolgen regelnden Bestimmung im Einzelfall zu entscheiden, ob diese sinnvollerweise auch auf eingetragenes Kulturgut im öffentlichen Eigentum anzuwenden ist, und ob dies auch dem Normzweck des § 18 Abs. 2 KultgSchG entspricht.

327 BT-Drs. 2/76 S. 7; *Pieroth/Kampmann* NJW 1990, 1385 (1389); *Bernsdorff/Kleine-Tebbe*, Kulturgutschutz in Deutschland, Teil A, § 1 Rn. 84.

328 *Pieroth/Kampmann* a.a.O., 1385 (1389).

329 Ebda.; *Bila* Nationaler Kulturgüterschutz in der Europäischen Union, S. 67 f.

330 *Bila* Schutz von Kulturgütern in Deutschland, S. 67 f.

während des Eintragungsverfahrens gem. § 4 Abs. 1 KultgSchG ein absolutes Ausfuhrverbot besteht.

II. Steuererleichterungen

Die Eintragung seines Kulturguts hat für den Privateigentümer die positive Folge, dass das eingetragene Objekt gem. § 1 Abs. 3 KultgSchG „nach besonderer gesetzlicher Regelung bei der Heranziehung zu Steuern und zum Lastenausgleich begünstigt" wird. Damit soll die für den Eigentümer belastende Wirkung der Eintragung abgemildert und ein Ausgleich für die erschwerten wirtschaftlichen Verwertungsmöglichkeiten des eingetragenen Kulturgutes geschaffen werden.[331] Die Regelung des 1 Abs. 3 KultgSchG findet heutzutage ihre gesetzliche Ausgestaltung vor allem im Erbschaft- und Schenkungssteuerrecht sowie im Einkommenssteuerrecht.[332] So können eingetragene Kulturgüter unter den Voraussetzungen des § 13 Abs. 1 Nr. 2 des Erbschafts- und Schenkungssteuergesetzes[333] vollständig von der Erbschafts- und Schenkungssteuer befreit werden. Nach § 10 g Abs. 1, 2 des Einkommenssteuergesetzes[334] kann der Steuerpflichtige überdies „Aufwendungen für Herstellungs- und Erhaltungsmaßnahmen" an eingetragenen Kulturgütern unter bestimmten Umständen von der Steuer abziehen.

III. Ausfuhrgenehmigungsverfahren

Die Erteilung der Ausfuhrgenehmigung bestimmt sich sowohl für Kulturgut im privaten als auch im öffentlichen Eigentum nach den §§ 1 Abs. 4 S. 3, 5 KultgSchG.

1. Antragsberechtigung

Wer hinsichtlich der Ausfuhrgenehmigung antragsberechtigt ist, lässt sich dem KultgSchG nicht entnehmen. Die Antragsberechtigung kann jedoch nur beim privaten oder öffentlichen Eigentümer liegen, da es keinen Sinn machen würde, Dritten die Möglichkeit einzuräumen, eine Ausfuhrgenehmigung zu beantragen, wenn dies nicht dem Willen des Eigentümers entspricht.

---

331 BT-Dr 2/76 S. 7.

332 *Hipp* a. a. O., S. 93; *Lenski* BayVBl. 1/2008, 12 (14).

333 I.d.F. der Bekanntmachung v. 27.2.1997 (BGBl. I S. 378). Im Folgenden „ErbStG.

334 I.d.F. der Bekanntmachung v. 8.10.2009 (BGBl. I S. 3366, 3862). Im Folgenden „EStG".

2. Zuständigkeit und Verfahren

Die Entscheidung, ob die Ausfuhr von eingetragenem Kulturgut genehmigt wird, trifft gem. § 5 Abs. 1 KultgSchG der BKM. Nach § 5 Abs. 2 S. 1, 2 KultgSchG hat der BKM vor seiner Entscheidung einen von ihm berufenen, fünfköpfigen Sachverständigen-Ausschuss zu hören. Zur Wahrung der kulturpolitischen Interessen der Länder wird gem. § 5 Abs. 2 S. 3 KultgSchG einer der fünf Sachverständigen auf Vorschlag des Bundesrates und zwei weitere Sachverständige auf Vorschlag desjenigen Landes berufen, in dessen Verzeichnis das Kulturgut eingetragen ist.[335] Nach § 5 Abs. 2 S. 4 KultgSchG sind bei der Berufung der Sachverständigen – genau wie im Rahmen des Eintragungsverfahrens – „die Kreise der Fachleute aus den öffentlichen Verwaltungen, der Hochschullehrer, der privaten Sammler, des Kunsthandels und Antiquariates zu berücksichtigen". Der Ausschuss hat dieselben Kompetenzen wie der im Rahmen des Eintragungsverfahrens nach § 2 Abs. 2 KultgSchG auf Landesebene gebildete Sachverständigen-Ausschuss[336], d. h. der BKM ist verpflichtet, ihn zu beteiligen und sein Votum zu hören, er ist an dieses jedoch nicht gebunden.[337]

3. Entscheidung über die Ausfuhrgenehmigung

Zu den Voraussetzungen der Erteilung der Ausfuhrgenehmigung äußert sich das KultgSchG nicht unmittelbar. Vielmehr wird in § 1 Abs. 4 S. 3 KultgSchG nur negativ bestimmt, dass eine Ausfuhrgenehmigung zu versagen ist, „wenn bei Abwägung der Umstände des Einzelfalls wesentliche Belange des deutschen Kulturbesitzes überwiegen". Im Rahmen der Entscheidung über die Ausfuhrgenehmigung ist daher zwischen dem öffentlichen Belang der territorialen Bindung des Kulturgutes und den Interessen des ausfuhrwilligen privaten oder öffentlichen Eigentümers an seiner unbeschränkten Verfügungsbefugnis abzuwägen.[338] Dem BKM kommt nach wohl herrschender Literatur im Anschluss an diese auf der Tatbestandsebene des § 1 Abs. 4 S. 3 KultgSchG vorzunehmende Abwägung auf der

---

335 *Bernsdorff/Kleine-Tebbe* Kulturgutschutz in Deutschland, Teil A, § 5 Rn. 7; *Hipp* Schutz von Kulturgütern in Deutschland, S. 89.

336 *Bernsdorff/Kleine-Tebbe* a. a. O., Teil A, § 5 Rn. 8.

337 Zu den Kompetenzen des nach § 2 Abs. 2 KultgSchG gebildeten Sachverständigen-Ausschuss vgl. oben S. 59.

338 *Uhl* Der Handel mit Kunstwerken im europäischen Binnenmarkt, S. 65; *Bernsdorff/Kleine-Tebbe* Kulturgutschutz in Deutschland, Teil A, § 1 Rn. 89; *Hipp* Schutz von Kulturgütern in Deutschland, S. 88.

Rechtsfolgenseite kein Ermessen mehr zu.[339] Sofern gegen eine Ausfuhr keine „wesentlichen Belange des deutschen Kulturbesitzes" angeführt werden können oder die Interessen des Kulturguteigentümers diese überwiegen, hat der private Kulturguteigentümer einen Anspruch auf Erteilung der Ausfuhrgenehmigung.[340] Aufgrund der nach Art. 14 Abs. 1 S. 1 GG geschützten Verfügungs- und Verbringungsbefugnis des Privateigentümers kann dem Genehmigungsvorbehalt nach § 1 Abs. 4 S. 1 KultgSchG insoweit nur die Funktion zukommen, eine präventive Ausfuhrkontrolle zu gewährleisten.[341] Sofern hingegen „wesentliche Belange des deutschen Kulturbesitzes" die Interessen des Kulturguteigentümers überwiegen, ist die Ausfuhrgenehmigung zwingend zu versagen.[342]

Dass durch die Ausfuhr eines eingetragenen Kulturgutes keine „wesentlichen Belange des deutschen Kulturbesitzes" berührt werden, ist – sofern die Eintragungsentscheidung nicht grob fehlerhaft war – quasi undenkbar, da dies bereits durch das Faktum der Eintragung des betroffenen Objekts impliziert wird.[343] Auch sonst ist regelmäßig davon auszugehen, dass die „wesentlichen Belange des deutschen Kulturbesitzes" die Interessen des Kulturguteigentümers überwiegen, da Eintragung und Ausfuhrgenehmigung an vergleichbare Voraussetzungen gebunden sind.[344] In gleicher Weise hat sich auch der Gesetzgeber im Rahmen der Gesetzesbegründung zum KultgSchG geäußert, wonach die Möglichkeit, einem Privateigentümer eine Ausfuhrgenehmigung zu erteilen nur „unter ganz besonderen Umständen" im Einzelfall nicht ausgeschlossen sein soll.[345] Es müssen daher besonders wichtige Gründe auf Seiten des ausfuhrwilligen Eigentümers vorliegen, damit seinen Interessen ausnahmsweise Vorrang vor dem öffentlichen Interesse am Verbleib des eingetragenen Kulturgutes in Deutschland eingeräumt werden kann. Im Rahmen dieser Abwägung sind keine festgelegten Kriterien zu

---

339 *Bernsdorff/Kleine-Tebbe* a.a.O., Teil A, § 1 Rn. 87; *Hipp* a.a.O., S. 88; *Peya* Die Ausfuhr von Kulturgütern im nationalen und Gemeinschaftsrecht, S. 221; *Lenski* Öffentliches Kulturrecht, S. 249. A.A. wohl OVG Bautzen Urt. v. 19.8.2010 – Az.: 1 A 112/09 5 K 1837/05, S. 19; *Uhl* a.a.O., S. 65, die im Zusammenhang mit der Erteilung der Ausfuhrgenehmigung den Begriff „Ermessen" verwenden.

340 *Schwarze* JZ 1994, 111 (112); *Bernsdorff/Kleine-Tebbe* a.a.O., Teil A, § 1 Rn. 87; *Bila* Nationaler Kulturgüterschutz in der europäischen Union, S. 70; *Hipp* a.a.O., S. 88; *Peya* a.a.O., S. 221.

341 *Bernsdorff/Kleine-Tebbe* a.a.O., Teil A, § 1 Rn. 87.

342 *Bernsdorff/Kleine-Tebbe* a.a.O., Teil A, § 1 Rn. 89.

343 *Bernsdorff/Kleine-Tebbe* a.a.O., Teil A, § 1 Rn. 90.

344 *Pieroth/Kampmann* NJW 1990, 1385 (1389); *Bernsdorff/Kleine-Tebbe* a.a.O., Teil A, § 1 Rn. 87; *Hipp* Schutz von Kulturgütern in Deutschland, S. 88f.; *Berndt* Internationaler Kulturgüterschutz, S. 86; *Lenski* Öffentliches Kulturrecht, S. 250.

345 BT-Dr 2/76 S. 7.

berücksichtigen, da solche mangels praktischer Erfahrung aufgrund der geringen Anzahl der Anträge nicht entwickelt werden konnten.[346]

Bei den „wesentlichen Belangen des deutschen Kulturbesitzes" handelt es sich um einen unbestimmten Rechtsbegriff, der genau wie der „wesentliche Verlust für den deutschen Kulturbesitz" in § 1 Abs. 1 S. 1 KultgSchG gerichtlich voll überprüfbar ist.[347] Als „wesentliche Belange des deutschen Kulturbesitzes" i. S. v. § 1 Abs. 4 S. 3 KultgSchG kommt nur das öffentliche Interesse an einem Verbleib des Kulturgutes in Deutschland in Betracht.[348] Dieses ist abhängig von der kulturellen Bedeutung des betroffenen Objektes.[349] Andere Belange, wie etwa ein durch die Ausfuhr drohender Substanzverlust, sind nicht abwägungsrelevant, da das KultgSchG Kulturgut nur vor der Gefahr der Abwanderung ins Ausland schützen will und aufgrund der beschränkten Gesetzgebungskompetenz des Bundes nach Art. 73 Abs. 1 Nr. 5 lit. a GG auch keine weiteren Zwecke verfolgen darf.[350]

Strittig ist, inwieweit das bloße Interesse des Privateigentümers, das Kulturgut im Ausland wirtschaftlich zu verwerten, abwägungsrelevant ist. Für eine Berücksichtigung der wirtschaftlichen Interessen eines Privateigentümers wird § 8 KultgSchG angeführt, der zeige, dass auch die wirtschaftlichen Interessen des Privateigentümers im KultgSchG grundsätzlich zu berücksichtigen sind.[351] Richtig ist es jedoch davon auszugehen, dass ausschließlich wirtschaftliche Interessen des Eigentümers nicht abwägungsrelevant sind. Dies muss selbst dann gelten, wenn eine wirtschaftliche Notlage den Eigentümer zum Verkauf des Kulturgutes ins Ausland zwingt.[352] Dies ergibt sich aus dem systematischen Zusammenhang von § 1 Abs. 4 S. 3 KultgSchG und § 8 KultgSchG. § 8 KultgSchG hindert nämlich selbst bei einer wirtschaftlichen Notlage des Eigentümers die Versagung der Ausfuhrgenehmigung nicht, sondern setzt diese vielmehr voraus.[353]

---

346 *Uhl* Der Handel mit Kunstwerken im europäischen Binnenmarkt, S. 65.

347 *Pieroth/Kampmann* NJW 1990, 1385 (1389); *Schwarze* JZ 1994, 111 (112); *Bila* Nationaler Kulturgüterschutz in der Europäischen Union, S. 70; *El-Bitar* Der deutsche und der französische Kulturgüterschutz nach der Umsetzung der Kulturgüterrückgaberichtlinie, S. 87. A.A. *Berndt* Internationaler Kulturgüterschutz, S. 86, welcher den obersten Landesbehörden Beurteilungsspielraum einräumt.

348 *Bernsdorff/Kleine-Tebbe* Kulturgutschutz in Deutschland, Teil A, § 1 Rn. 90.

349 *Lenski* Öffentliches Kulturrecht, S. 250.

350 Ebda.

351 *Uhl* Der Handel mit Kunstwerken im europäischen Binnenmarkt, S. 65.

352 *Bernsdorff/Kleine-Tebbe* Kulturgutschutz in Deutschland, Teil A, § 1 Rn. 90; *Peya* Die Ausfuhr von Kulturgütern im nationalen und Gemeinschaftsrecht, S. 235.

353 *Bernsdorff/Kleine-Tebbe* a. a. O., Teil A, § 1 Rn 90.

Zugunsten des privaten oder öffentlichen Eigentümers kann im Rahmen der Abwägung nach § 1 Abs. 4 S. 3 KultgSchG hingegen wohl dessen Absicht bzw. die Absicht eines ausländischen Käufers, das betroffene Kulturgut im Ausland der Öffentlichkeit zugänglich zu machen, berücksichtigt werden. So wurde die öffentliche Zugänglichkeit im Ausland im Rahmen der Entscheidung über die Ausfuhrgenehmigung für die sog. „Waldseemüller-Weltkarte“, die an die Kongressbibliothek in Washington verkauft wurde, vom BKM als Mitgrund für die Erteilung der Ausfuhrgenehmigung angeführt.[354]

Ist eine Ausfuhrgenehmigung erteilt, so deckt diese alle Exporte des Kulturgutes ab.[355] Die Ausfuhrgenehmigung ist unbefristet und als dinglicher Verwaltungsakt nicht an die Person des Eigentümers, sondern an das Kulturgut selbst geknüpft.[356] Bisher wurde eine dauerhafte Ausfuhrgenehmigung für Kulturgut in Privateigentum erst in vier Fällen erteilt.[357] So wurde in den 1960er Jahren die Ausfuhr des sog. Texasarchivs in die USA, 1991 die Ausfuhr einer Federzeichnung von Stimmer in die Schweiz, 1997 die Ausfuhr einer Käfersammlung von Georg Frey ebenfalls in die Schweiz und schließlich 2000 die Ausfuhr der sog. Waldseemüllerkarte in die USA genehmigt.[358] Die geringe Zahl der erteilten Ausfuhrgenehmigungen ist nicht nur Folge der strikten Verfahrenshandhabung durch den BKM, sondern auch dem Umstand geschuldet, dass bisher nur wenige Ausfuhranträge gestellt wurden.[359]

4. Nebenbestimmungen

Nach § 1 Abs. 4 S. 2 KultgSchG kann die Ausfuhrgenehmigung an Bedingungen[360] geknüpft werden. Auch wenn das KultgSchG seinem Wortlaut nach nur von Bedingungen spricht, ist konkludent davon auszugehen, dass der Begriff der Bedingung insoweit nur als Oberbegriff für sämtliche Nebenbestimmungen i. S.v. § 36 VwVfG zu verstehen ist und eine Ausfuhrgenehmigung auch mit einer Befristung[361] oder Auflage[362] versehen werden kann.[363] Wenn durch eine mit einer

---

354 *Sprecher* Beschränkungen des Handels mit Kulturgut und die Eigentumsgarantie, S. 56.
355 *Peya* Die Ausfuhr von Kulturgütern im nationalen und Gemeinschaftsrecht, S. 236.
356 Ebda.
357 Stand 2013: (vgl. Bericht der Bundesregierung zum Kulturgutschutz in Deutschland v. 24.4. 2013, S. 57).
358 Ebda.
359 Ebda.
360 Vgl. § 36 Abs. 2 Nr. 2 VwVfG.
361 Vgl. § 36 Abs. 2 Nr. 1 VwVfG.
362 Vgl. § 36 Abs. 2 Nr. 4 VwVfG.
363 *Peya* Die Ausfuhr von Kulturgütern im nationalen und Gemeinschaftsrecht, S. 222.

Nebenstimmung versehene Ausfuhrgenehmigung den öffentlichen Belangen des deutschen Kulturbesitzes hinreichend Rechnung getragen werden kann, muss der BKM aufgrund des Verhältnismäßigkeitsgebots einer solchen Ausfuhrgenehmigung vor einer Versagung der Genehmigung Vorrang einräumen.[364] Denkbar ist z. B. die Erteilung einer befristeten Ausfuhrgenehmigung, wenn das Kulturgut nur für die Dauer einer Ausstellung als Leihgabe ins Ausland ausgeführt werden soll.[365] In Betracht kommt auch eine Erteilung der Ausfuhrgenehmigung unter der Auflage, dass ein ausländischer Erwerber sich bereit erklärt, das ausgeführte Kulturgut der Öffentlichkeit bzw. der Wissenschaft zugänglich zu machen.[366] Zusätzlich kann die Ausfuhrgenehmigung mit der Auflage versehen werden, dass das betroffene Kulturgut gelegentlich zu Ausstellungszwecken bzw. zur wissenschaftlichen Erforschung nach Deutschland zurück verbracht wird.[367] Es erscheint insbesondere sinnvoll, Ausfuhrgenehmigungen mit den beiden letztgenannten Nebenbestimmungen zu versehen. Dadurch könnte der Tatsache Rechnung getragen werden, dass die öffentliche Zugänglichkeit eines Kulturgutes dessen kulturellen Wert positiv beeinflusst.

5. Billiger Ausgleich bei Notverkäufen

Sofern dem privaten Kulturguteigentümer die Ausfuhrgenehmigung rechtskräftig versagt wurde und er „infolge einer wirtschaftlichen Notlage" zum Verkauf des Kulturgutes gezwungen ist, hat die oberste Landesbehörde desjenigen Landes in dem sich das Kulturgut befindet, gem. § 8 KultgSchG im Benehmen mit dem BKM „auf einen billigen Ausgleich unter Berücksichtigung der nach § 1 Abs. 3 KultgSchG zu gewährenden Steuervorteile hinzuwirken." Die oberste Landesbehörde soll nach dieser Bestimmung versuchen, durch die Erschließung von Geldmitteln oder die Gewinnung von privaten Sammlern oder Mäzenen, deutschen öffentlichen Museen oder Galerien den Ankauf des betroffenen Kulturgutes zu ermöglichen.[368] Zu einer Ausgleichszahlung ist die oberste Landesbehörde hingegen nicht verpflichtet.[369] Insoweit wird dem Umstand Rechnung getragen, dass es sich bei

---

364 *Bernsdorff/Kleine-Tebbe* Kulturgutschutz in Deutschland, Teil A, § 1 Rn. 88; *Hipp* Schutz von Kulturgütern in Deutschland, S. 89.

365 *Bernsdorff/Kleine-Tebbe* a. a. O., Teil A, § 1 Rn. 91.

366 Ebda.; *Hipp*, Schutz von Kulturgütern in Deutschland, S. 89.

367 *Bernsdorff/Kleine-Tebbe* a. a. O., Teil A, § 1 Rn. 91.

368 *Bernsdorff/Kleine-Tebbe* a. a. O., Teil A, § 8 Rn. 9; *Hipp* Schutz von Kulturgütern in Deutschland, S. 90 f.

369 *Pieroth/Kampmann* NJW 1990, 1385 (1389); *Hipp* a. a. O., S. 91.

der rechtmäßigen Versagung der Ausfuhrgenehmigung nicht um eine entschädigungspflichtige Enteignung i. S.v. Art. 14 Abs. 3 GG handelt.[370]

6. Verstoß gegen das Ausfuhrverbot

Verstößt ein privater Kulturguteigentümer gegen das endgültige Ausfuhrverbot mit Genehmigungsvorbehalt nach § 1 Abs. 4 S. 1 KultgSchG oder gegen das vorläufige absolute Ausfuhrverbot i. S.v. § 4 Abs. 1 KultgSchG, so kann er gem. § 16 Abs. 1 KultgSchG mit Freiheitsstrafe von bis zu drei Jahren oder mit Geldstrafe bestraft werden. Gem. § 16 Abs. 2 KultgSchG ist bereits der Versuch der ungenehmigten Ausfuhr strafbar. § 16 Abs. 3 KultgSchG bestimmt, dass das von der Straftat betroffene Kulturgut zugunsten desjenigen Landes, in dessen Verzeichnis es eingetragen bzw. in dem ein Eintragungsverfahren eingeleitet ist, eingezogen werden kann.

7. Rechtsschutz gegen die Versagung der Ausfuhrgenehmigung

Weil es sich bei der Ausfuhrgenehmigung nach § 1 Abs. 4 S. 1 KultgSchG um einen Verwaltungsakt i. S.v. § 35 S. 1 VwVfG handelt, kann ein privater Kulturguteigentümer gegen deren Versagung im Wege der Verpflichtungsklage nach § 42 Abs. 1 2. Alt. VwGO vorgehen.[371] Die notwendige Klagebefugnis i. S.v. § 42 Abs. 1 VwGO ergibt sich aus Art. 14 Abs. 1 GG. Dem öffentlichen Kulturguteigentümer stehen gegen die Versagung der Ausfuhrgenehmigung mangels Klagebefugnis keine Rechtsmittel zur Verfügung.

H. Vereinbarkeit der Ausfuhrbeschränkungen des KultgSchG mit Art. 14 GG

Wird ein Kulturgut in Privateigentum durch seine Eintragung mit einem Ausfuhrverbot i. S.v. § 1 Abs. 4 S. 1 KultgSchG belastet, so gehen Literatur und Rechtsprechung einhellig davon aus, dass es sich bei diesem Eingriff in die nach Art. 14 Abs. 1 GG geschützte Eigentumsfreiheit nicht um eine Enteignung i. S.v.

---

370 *Bernsdorff/Kleine-Tebbe* Kulturgutschutz in Deutschland, Teil A, § 8 Rn. 1; vgl. unten S. 81 f.

371 *Bernsdorff/Kleine-Tebbe* a. a. O., Teil A, § 1 Rn. 92; *Hipp*, Schutz von Kulturgütern in Deutschland, S. 90; *Peya* Die Ausfuhr von Kulturgütern im nationalen und Gemeinschaftsrecht, S. 239.

Art. 14 Abs. 3 GG, sondern um eine zulässige Inhalts- und Schrankenbestimmung i. S.v. Art. 14 Abs. 1 S. 2 GG handelt.[372]

Eine Enteignung scheidet aus, da das betroffene Kulturgut dem Eigentümer nicht entzogen, sondern lediglich dessen Ausfuhr einem Genehmigungsvorbehalt unterstellt wird und der betroffene Eigentümer somit nur in der Nutzung seines Eigentums eingeschränkt wird.[373] Selbst im Falle der Versagung der Ausfuhrgenehmigung kann der Eigentümer sein Kulturgut im Inland weiterhin uneingeschränkt nutzen oder es veräußern und auch ein Verkauf ins Ausland ist zumindest rechtlich nicht ausgeschlossen.[374] Die mit der Eintragung verbundenen Rechtfolgen stellen daher lediglich Inhalts- und Schrankenbestimmungen i. S. d. Art. 14 Abs. 1 S. 2 GG dar.[375]

Als solche sind diese auch verfassungsgemäß, da sie das Interesse der Allgemeinheit am Schutz des deutschen Kulturbesitzes und die Belange der Kulturguteigentümer in ein gerechtes und ausgewogenes Verhältnis bringen.[376] Der Zweck der Eintragung – der Schutz des deutschen Kulturgutes gegen Abwanderung ins Ausland – ist durch Art. 73 Abs. 1 Nr. 5 a GG verfassungsrechtlich legitimiert, wodurch die in dieser Hinsicht bestehende „besondere Sozialpflichtigkeit" der Kulturguteigentümer zum Ausdruck gebracht wird.[377] Das KultgSchG erfasst das Eigentum ausschließlich in seiner „sozialen Funktion", nämlich aufgrund

---

372 Rspr.: BVerwG Urt. v. 27.5.1993, NJW 1993, 3280 (3281 f.); OVG Lüneburg Urt. v. 19.4.1992, NVwZ-RR 1993, 79 (79–91); BVerwG Urt. v. 24.11.2011 – Az.: 7 C 12.10, Rn. 46; OVG Bautzen Urt. v. 19.8.2010 – Az.: 1 A 112/09 5 K 1837/05, S. 25; VG Dresden Urt. v. 5.11.2008 – Az.: 5 K 1837/05, S. 18; VG Berlin Urt. v. 29.11.2006 – Az.: 1 A 162/05, S. 8. Lit.: *Pieroth/Kampmann* NJW 1990, 1385 (1386); *Uhl* Der Handel mit Kunstwerken im europäischen Binnenmarkt S. 53 f.; *Schwarze* JZ 1994, 111 (112); *Bernsdorff/Kleine-Tebbe* a. a. O., Teil A, Vorb. Rn. 4 f.; *Bila* Nationaler Kulturgüterschutz in der Europäischen Union, S. 68 f.; *Maurer* Die Ausfuhr von Kulturgütern in der Europäischen Union, S. 119; *Hipp* a. a. O., S. 81 f.; *Peya* a. a. O., S. 192 f.; *Weber* Unveräußerliches Kulturgut im nationalen und internationalen Rechtsverkehr, S. 275 f.; *Sprecher* Beschränkungen des Handeln mit Kulturgut und die Eigentumsgarantie, S. 37–53; *El-Bitar* Der deutsche und der französische Kulturgüterschutz nach der Umsetzung der Kulturgüterrückgaberichtlinie, S. 88; *Lenski* BayVBl. 2008 12 (14); *Rietschel* Internationale Vorgaben zum Kulturgüterschutz und ihre Umsetzung in Deutschland, S. 120.

373 BVerwG Urt. v. 27.5.1993, NJW 1993, 3280 (3281).

374 Ebda. *Hipp* Schutz von Kulturgütern in Deutschland, S. 81, 90; *Peya* Die Ausfuhr von Kulturgütern im nationalen und Gemeinschaftsrecht, S. 192; *Sprecher* Beschränkungen des Handels mit Kulturgut und die Eigentumsgarantie, S. 53; *Rietschel* Internationale Vorgaben zum Kulturgüterschutz und ihre Umsetzung in Deutschland, S. 121.

375 BVerwG Urt. v. 27.5.1993, NJW 1993, 3280 (3281); *Hipp* a. a. O., S. 81; *Peya* a. a. O., S. 192.

376 BVerwG Urt. v. 27.5.1993, NJW 1993, 3280 (3281); *Hipp* a. a. O., S. 81; *Peya* a. a. O., S. 192; *Sprecher* Beschränkungen des Handels mit Kulturgut und die Eigentumsgarantie, S. 53.

377 BVerwG Urt. v. 27.5.1993, NJW 1993, 3280 (3281); *Hipp* a. a. O., S. 82; *Peya* a. a. O., S. 193.

seiner Eigenschaft als „national wertvolles Kulturgut" und seiner darauf beruhenden Bedeutung für den deutschen Kulturbesitz. Die Eintragung dient somit „allein einem qualifizierten öffentlichen Interesse an der Bewahrung herausragender deutscher Kulturgüter".[378]

Zweifelsohne ist das Ausfuhrverbot i. S. v. Art. 1 Abs. 4 S. 1 KultgSchG geeignet, diese Kulturgüter vor der Gefahr einer Abwanderung ins Ausland zu schützen. Auch gegen die Erforderlichkeit des Ausfuhrverbots bestehen keine Bedenken, da ein milderes, gleich wirksames Mittel nicht ersichtlich ist. Insofern ist zu betonen, dass das deutsche Ausfuhrverbot mit Genehmigungsvorbehalt gegenüber den in anderen europäischen Staaten geltenden absoluten Ausfuhrverboten eine für den Eigentümer weniger einschneidende Belastung darstellt.[379] Zudem stellt auch ein staatliches Vorkaufsrecht nicht ein gleich wirksames, milderes Mittel dar, denn seine Wirkung hängt von den staatlichen Mitteln ab, die für den Erwerb von Kulturgütern zur Verfügung stehen.[380] Aufgrund der meist extrem hohen Preise auf dem Kunstmarkt wäre ein solches Vorkaufsrecht auch kaum mit dem „Grundsatz des sparsamen Umgangs mit öffentlichen Mitteln" zu vereinbaren.[381] Überdies würde eine Beschränkung des Abwanderungsschutzes auf ein staatliches Vorkaufsrecht die Gefahr in sich bergen, dass Kulturguteigentümer Scheinverkäufe zu überhöhten Preisen tätigen, um den Staat zur Ausübung seines Vorkaufsrechtes zu bewegen.[382]

Vor dem Hintergrund des allgemeinen Interesses am Schutz des deutschen Kulturbesitzes und der besonderen Sozialpflichtigkeit der Eigentümer national wertvoller Kulturgüter sind die mit dem Genehmigungsvorbehalt des § 1 Abs. 4 S. 1 KultgSchG verbundenen Belastungen des Eigentümers auch angemessen.[383] Seine Möglichkeiten, das eingetragene Kulturgut wirtschaftlich zu nutzen, sind nur im Hinblick auf eine Verbringung ins Ausland eingeschränkt und dies auch nur, wenn die Voraussetzungen für die Erteilung einer Ausfuhrgenehmigung nach § 1 Abs. 4 S. 3 KultgSchG nicht vorliegen.[384] Für den Fall der Versagung der Ausfuhrgenehmigung ist hervorzuheben, dass die Aussicht, durch einen Verkauf ins Ausland einen erheblich höheren Preis zu erzielen, rein spekulativen Charakter

378 BVerwG Urt. v. 27.5.1993, NJW 1993, 3280 (3281); *Hipp* a.a.O., S. 81f.; *Peya* a.a.O., S. 193.

379 BVerwG Urt. v. 27.5.1993, NJW 1993, 3280 (3281).

380 Ebda.

381 Ebda.

382 BVerwG Urt. v. 27.5.1993, NJW 1993, 3280 (3281f.).

383 BVerwG Urt. v. 27.5.1993, NJW 1993, 3280 (3281); *Hipp*, Schutz von Kulturgütern in Deutschland, S. 82.

384 BVerwG Urt. v. 27.5.1993, NJW 1993, 3280 (3281); *Hipp*, a.a.O., S. 82; *Peya*, Die Ausfuhr von Kulturgut im nationalen und Gemeinschaftsrecht, S. 193.

hat und nicht in den Schutzbereich des Art. 14 Abs. 1 GG fällt, da weder der Marktwert noch künftige Erwerbschancen und Verdienstmöglichkeiten als eigentumsrechtlich geschützte Rechtspositionen anerkannt sind.[385] Somit folgt aus der Tatsache, dass eine Eintragung nach dem KultgSchG den Marktwert des betroffenen Kulturgutes regelmäßig sinken lässt, kein Eingriff in eine durch Art. 14 Abs. 1 GG geschützte Rechtsposition.[386] Die für den Eigentümer mit dem Genehmigungsvorbehalt verbundenen wirtschaftlichen Nachteile werden zudem durch das Einräumen der Steuervorteile nach § 1 Abs. 3 KultgSchG sowie durch die Gewährung des „billigen Ausgleichs" i. S. v. § 8 KultgSchG bei Versagung der Ausfuhrgenehmigung im Falle einer wirtschaftlichen Notlage des Eigentümers gemildert.[387]

Auch bei dem vorläufigen Ausfuhrverbot nach § 4 Abs. 1 KultgSchG handelt es sich um eine verhältnismäßige Inhalts- und Schrankenbestimmung i. S. v. Art. 14 Abs. 1 S. 2 GG.[388] Dieses ist insbesondere geeignet und erforderlich um sicherzustellen, dass während des schwebenden Eintragungsverfahrens nicht durch Verbringung des Kulturgutes aus dem Geltungsbereich des KultgSchG vollendendete Tatsachen geschaffen werden können und der deutsche Kulturbesitz auch während dieses Zeitraums hinreichend vor einer Abwanderung ins Ausland geschützt ist.[389]

I. Vereinbarkeit der Ausfuhrbeschränkungen des KultgSchG mit Unionsrecht

Nach herrschender Auffassung in Literatur und Rechtsprechung handelt es sich bei den Abwanderungsschutzbestimmungen des KultgSchG zwar um zum Schutze des freien Warenverkehrs grundsätzlich verbotene Ausfuhrbeschränkungen i. S. v. Art. 35 AEUV. Diese seien jedoch ausnahmsweise nach Art. 36 AEUV gerechtfertigt, so dass die Vorschriften des KultgSchG mit dem Unionsrecht in Einklang stünden.[390]

---

385 BVerfGE 74, 129 (148); *Peya* a. a. O., S. 193; *Sprecher* a. a. O., S. 48.

386 Ebda.

387 BVerwG Urt. v. 27.5.1993, NJW 1993, 3280 (3281); *Hipp* Schutz von Kulturgütern in Deutschland, S. 82; *Peya* Die Ausfuhr von Kulturgut im nationalen und Gemeinschaftsrecht, S. 193.

388 BVerwG Urt. v. 24.11.2011 – Az.: 7 C 12.10, Rn. 47; OVG Bautzen Urt. v. 19.8.2010 – Az.: 1 A 112/09 5 K 1837/05, S. 25; *Sprecher* Beschränkungen des Handels mit Kulturgut und die Eigentumsgarantie, S. 57.

389 BVerwG Urt. v. 24.11.2011 – Az.: 7 C 12.10, Rn. 47; OVG Bautzen Urt. v. 19.8.2010 – Az.: 1 A 112/09 5 K 1837/05, S. 25; *Sprecher* a. a. O., S. 57.

390 Rspr.: BVerwG Urt. v. 27.5.1993, NJW 1993, 3280 (3282); BVerwG Urt. v. 24.11.2011 – Az.: 7 C 12.10, Rn. 49; OVG Lüneburg, Urt. v. 19.4.1992, NVwZ-RR 1993, 79 (81 f.); OVG Bautzen Urt. v. 19.8.

Insoweit ist zunächst auszuführen, dass es sich bei Kulturgütern unstreitig um Waren i. S.v. Art. 28 Abs. 2 AEUV handelt.[391] Dieses ergibt sich bereits aus Art. 36 S. 1 AEUV, der für Kulturgüter im Rahmen der Bestimmungen über die Warenverkehrsfreiheit einen speziellen Ausnahmevorbehalt statuiert.[392] Überdies werden Kulturgüter auch vom Warenbegriff des EuGHs erfasst, da es sich um Objekte handelt, die „einen Geldwert haben und Gegenstand von Handelsgeschäften sein können“[393].

Die Abwanderungsschutzbestimmungen des KultgSchG müssen daher mit Art. 35 AEUV, der den freien Warenverkehr innerhalb des europäischen Binnenmarktes garantiert, in Einklang stehen. Art. 35 AEUV bestimmt, dass „mengenmäßige Ausfuhrbeschränkungen sowie alle Maßnahmen gleicher Wirkung“ zwischen den Mitgliedstaaten grundsätzlich verboten sind. Zwar handelt es sich bei dem Ausfuhrverbot nach § 1 Abs. 4 S. 1 KultgSchG nicht um eine „mengenmäßige Ausfuhrbeschränkung“ i. S.v. Art. 35 1. Alt. AEUV, da darin aufgrund der Genehmigungsmöglichkeit kein unüberwindbares Hindernis oder gar eine Kontingentierung der Ausfuhr liegt, was insoweit notwendig wäre.[394] Jedoch handelt es sich bei diesem nach der sog. „Dassonville-Formel“ um eine Maßnahme gleicher Wirkung i. S.v. Art. 35 2. Alt. AEUV, da das Ausfuhrverbot geeignet ist, „den innergemeinschaftlichen Handel unmittelbar oder mittelbar, tatsächlich oder potentiell zu behindern“.[395]

Nach Art. 36 AEUV sind Ausfuhrbeschränkungen der Mitgliedsstaaten jedoch ausnahmsweise zulässig, sofern sie zum Schutz ihres „nationalen Kulturgutes von künstlerischem, geschichtlichem oder archäologischem Wert“ gerechtfertigt sind. Da den Mitgliedsstaaten bei der Auslegung des Kulturgutbegriffs des Art. 36 S. 1 AEUV ein Beurteilungsspielraum zukommt, wird grundsätzlich

---

2010 – Az.: 1 A 112/09 5 K 1837/05, S. 26; VG Dresden Urt. v. 5.11.2008 – Az.: 5 K 1837/05, S. 18; VG Berlin Urt. v. 29.11.2006 – Az.: 1 A 162/05, S. 7 f. Lit.: *Schwarze* JZ 1994, 111 (112–114); *Hipp* Schutz von Kulturgütern in Deutschland, S. 238–241; *Peya* Die Ausfuhr von Kulturgütern im nationalen und Gemeinschaftsrecht, S. 190 f. Bedenken gegen die Erfüllung der Voraussetzungen des Rechtfertigungstatbestandes des Art. 36 AEUV erhebt hingegen *Berndt* Internationaler Kulturgüterschutz, S. 145–148.

391 OVG Lüneburg, Urt. v. 19.5.1992, NVwZ-RR 2/1993, 79 (82); *Schwarze* a. a. O., 111 (112 f.); *Berndt* a. a. O., S. 140; *Hipp* a. a. O., S. 214 f., 235.

392 *Schwarze* a. a. O., 111 (113).

393 *Kotzur* in: *Geiger/Khan/Kotzur*, EUV/AEUV, Art. 28 AEUV Rn. 16.

394 *Schwarze* JZ 1994, 111 (113); *Hipp* Schutz von Kulturgütern in Deutschland, S. 236. A.A.: OVG Lüneburg, Urt. v. 19.5.1992, NVwZ-RR 2/1993, 79 (81).

395 *Schwarze* a. a. O., 111 (113); *Hipp* a. a. O., S. 236–238.

davon ausgegangen, dass die Bestimmungen des KultgSchG vom Tatbestand des Art. 36 S. 1 AEUV erfasst werden.[396]

Aus dem Erfordernis „gerechtfertigt" i. S. v. Art. 36 S. 1 AEUV sowie aus Art. 36 S. 2 AEUV ergibt sich zudem, dass die Ausfuhrbeschränkungen des KultgSchG auch verhältnismäßig sein müssen.[397] Insoweit ist auszuführen, dass diese ein „geeignetes"[398] Mittel darstellen, um die in Deutschland belegenen national wertvollen Kulturgüter vor der Gefahr der Abwanderung ins Ausland zu schützen.[399] Die Ausfuhrbeschränkungen des KultgSchG sind auch „erforderlich"[400], da keine Maßnahmen ersichtlich sind, die den deutschen Kulturbesitz gleich wirksam schützen und dabei den innergemeinschaftlichen Handel weniger beschränken.[401] Ein absolutes Ausfuhrverbot – wie es anderen Mitgliedsstaaten existiert – stellt wie gesagt insofern ein schärferes Mittel dar. Ein Vorkaufsrecht des Bundes wäre weniger effektiv, da die Möglichkeit eine Ausfuhr zu verhindern, von der jeweiligen Haushaltslage des Bundes abhinge.[402] Zudem erweisen sich die Ausfuhrbeschränkungen des KultgSchG auch als „angemessen"[403], da die daraus folgenden Beschränkungen des freien Warenverkehrs nur einen kleinen, besonders bedeutenden Teil des in Deutschland belegenen Kulturgutes betreffen und somit nicht außer Verhältnis zu dem angestrebten Ziel – dem Schutz des deutschen Kulturbesitzes vor Abwanderung ins Ausland – stehen.

Abschließend ist festzustellen, dass die Ausfuhrbeschränkungen des KultgSchG nicht gegen Art. 36 S. 2 AEUV verstoßen, da diese „weder ein Mittel zur willkürlichen Diskriminierung noch eine verschleierte Beschränkung des Handels

---

396 *Schwarze* a. a. O., 111 (113 f.); *Hipp* a. a. O., S. 238 – 240. Zweifel bestehen jedoch insoweit, als dass – zumindest nach strenger Auslegung – Art. 36 S. 1 AEUV nur solche Kulturgüter erfasst, die in einer engen Beziehung zum jeweiligen Mitgliedsstaat stehen und für seine kulturelle Identität unverzichtbar sind (*Berndt* Internationaler Kulturgüterschutz, S. 144 f.; *Hipp* a. a. O., S. 239; *Lenski* Öffentliches Kulturrecht, S. 151). Diesbezüglich erscheint es jedenfalls bedenklich, dass sowohl die h.Lit., als auch der Kriterienkatalog KMK, Kulturgüter für eintragungsfähig halten, die keinen inhaltlichen Bezug zur deutschen Kultur aufweisen.

397 *Schroeder* in: *Streinz*, EUV/AEUV, Art. 36 AEUV, Rn. 50.

398 Zum Begriff der „Geeignetheit" vgl. *Schroeder* in: *Streinz*, a. a. O., Art. 36 AEUV, Rn. 53.

399 OVG Lüneburg, Urt. v. 19.5.1992, NVwZ-RR 2/1993, 79 (82); *Schwarze* JZ 1994, 111 (114); *Berndt* Internationaler Kulturgüterschutz, S. 146; *Hipp*, Schutz von Kulturgütern in Deutschland, S. 240; *Peya* Die Ausfuhr von Kulturgütern im nationalen und Gemeinschaftsrecht, S. 190.

400 Zum Begriff der „Erforderlichkeit" vgl. *Schroeder* in: *Streinz*, EUV/AEUV, Art. 36 AEUV, Rn. 53.

401 *v. Schorlemer* Internationaler Kulturgüterschutz, S. 498; *Hipp* Schutz von Kulturgütern in Deutschland, S. 232; *Peya* Die Ausfuhr von Kulturgütern im nationalen und Gemeinschaftsrecht, S. 190 f.

402 *Hipp* a. a. O., S. 240. A.A.: *Berndt* Internationaler Kulturgüterschutz, S. 147.

403 Zum Begriff der „Angemessenheit" vgl. *Schroeder* in: *Streinz*, EUV/AEUV, Art. 36 AEUV, Rn. 56.

zwischen den Mitgliedsstaaten darstellen".[404] Aufgrund der konkreten Ausgestaltung des KultgSchG durch die hierarchische Zweiteilung des Verfahrens in das Eintragungsverfahren auf Landesebene und das Ausfuhrgenehmigungsverfahren auf Bundesebene sowie die jeweils erforderliche Anhörung eines Sachverständigenausschusses, lassen dessen Ausfuhrbeschränkungen keinerlei Willkür erkennen.[405] Überdies sind die Ausfuhrbeschränkungen des KultgSchG auf national wertvolles Kulturgut beschränkt, so dass sie einen „international üblichen, ‚normalen' Kunst- und Antiquitätenhandel" weder verhindern noch erschweren.[406] Sie stellen daher keine verschleierte Handelsbeschränkung dar.

§ 6 Landesrechtlicher Verbringungsschutz für Kulturgüter am Bespiel des Bayerischen Denkmalschutzgesetzes

A. Überblick

Eines der Anliegen des auf Landesebene geregelten Denkmalschutzes ist es, Denkmäler aus Gründen des Substanzschutzes an ihrem historischen Ort zu erhalten.[407] Daher finden sich in fast allen Landesdenkmalschutzgesetzen Regelungen, welche die Verbringung eines beweglichen Kulturdenkmals an einen anderen Ort genehmigungspflichtig machen.[408] Es besteht somit ein landesrechtlicher Verbringungsschutz für Kulturgüter, die dem Denkmalbegriff des jeweiligen Denkmalschutzgesetzes unterfallen. Da sich die Genehmigungspflicht naturgemäß auch auf die Ausfuhr eines geschützten Kulturgutes bezieht, ziehen die Verbringungsverbote auch einen „landesrechtlichen Abwanderungsschutz" nach sich.

Die Denkmalmalschutzgesetze der einzelnen Bundesländer unterscheiden sich sowohl hinsichtlich ihres Schutzbereichs als auch in Bezug auf ihre Unterschutzstellungssystematik erheblich.[409] Eine Darstellung des denkmalrechtlichen

---

404 BVerwG Urt. v. 27.5.1993, NJW 1993, 3280 (3282); OVG Lüneburg, Urt. v. 19.5.1992, NVwZ-RR 2/1993, 79 (82); *Berndt* Internationaler Kulturgüterschutz, S. 148; *Hipp* Schutz von Kulturgütern in Deutschland, S. 241; *Peya* Die Ausfuhr von Kulturgütern im nationalen und Gemeinschaftsrecht, S. 190 f.

405 OVG Lüneburg, Urt. v. 19.5.1992, NVwZ-RR 2/1993, 79 (82); *Peya* a.a.O., S. 191.

406 BVerwG Urt. v. 27.5.1993, NJW 1993, 3280 (3282).

407 *Hönes* BayVBl. 1989, 38 (41).

408 Ebda.

409 *Moench* NJW 1983, 1998 (1998); *Eberl* in: *Kleeberg/Eberl*, Kulturgüter im Privatbesitz, Rn. 5.

Abwanderungsschutzes in sämtlichen Bundesländern würde somit den Rahmen der vorliegenden Arbeit sprengen.[410] Der landesrechtliche Abwanderungsschutz wird daher exemplarisch anhand des BayDSchG dargestellt.

B. Gesetzgebungskompetenz

Der Denkmalschutz ist den Ländern als Teil ihres Kulturrechtes nach Art. 70 GG zur gesetzlichen Regelung zugewiesen.[411] In Wahrnehmung dieser Gesetzgebungskompetenz haben die alten Bundesländer zwischen 1958 und 1980, und die neuen Bundesländer zwischen 1991 und 1993 Denkmalschutzgesetze geschaffen.[412] Das BayDSchG wurde am 25. Juni 1973 erlassen und trat am 1. Oktober 1973 in Kraft.

Sofern die Landesdenkmalschutzgesetze die Verbringung von Denkmälern unter Erlaubnisvorbehalt stellen, betrifft dies natürlich auch eine Verbringung ins Ausland. Ein solcher landesrechtlicher Abwanderungsschutz kollidiert nach herrschender Auffassung jedoch nicht mit der Gesetzgebungskompetenz des Bundes für „den Schutz deutschen Kulturgutes gegen Abwanderung ins Ausland" nach Art. 73 Abs. 1 Nr. 5 a GG. [413] Dies liegt daran, dass sich der Schutzzweck der Landesdenkmalschutzgesetze von dem auf Grundlage der genannten Bundeskompetenz erlassenen KultgSchG deutlich unterscheidet.[414] Zum einen ist der Begriff des Denkmals mit dem des nationalen Kulturgutes nicht identisch. Zum anderen entspricht es nicht der Zielsetzung der Landesdenkmalschutzgesetze, das deutsche Kulturgut vor Abwanderung ins Ausland zu schützen.[415] Dem Denkmalschutz liegt vielmehr der Erhaltungsgedanke zugrunde, welcher auch die („physische") Erhaltung des Kulturdenkmals an einem bestimmten Ort beinhaltet.[416] Die Denkmalschutzgesetze sind daher wesentlich ortsbezogener als das KultgSchG, da nicht nur die Ausfuhr geschützter Kulturgüter aus Deutschland,

---

410 Umfassende Analysen der einzelnen Landesdenkmalschutzgesetze finden sich z. B. bei *Eberl* a. a. O., I. Teil und bei *Martin/Krautzberger*, Handbuch Denkmalschutz und Denkmalpflege.

411 *Hammer* Jus 1997, 971 (971).

412 *Eberl* in: *Kleeberg/Eberl*, Kulturgüter in Privatbesitz, Rn. 2.

413 *Bila* Nationaler Kulturgüterschutz in der Europäischen Union, S. 73.

414 *Hönes* BayVBl. 1989, 38 (42); *Bila* a. a. O., S. 73; *Peya* Die Ausfuhr von Kulturgütern im nationalen und Gemeinschaftsrecht, S. 248; *Eberl* in: *Eberl/Martin/Greipl*, Bayerisches Denkmalschutzgesetz, Einl. Rn. 97.

415 *Bila* Nationaler Kulturgüterschutz in der Europäischen Union, S. 73; *Peya* a. a. O., S. 248.

416 *Hönes* BayVBl. 1989, 38 (41); *Eberl* in: *Eberl/Martin/Greipl*, Bayerisches Denkmalschutzgesetz, Einl. Rn. 97; *Lenski* Öffentliches Kulturrecht, S. 243.

sondern bereits jedes Verlassen des angestammten Aufstellungsortes der Genehmigung bedarf.[417]

C. Zielsetzung des BayDSchG

Aufgabe des Denkmalschutzes ist es, Kulturdenkmäler als Zeugnis der Geschichte zu erhalten und zu pflegen und damit für künftige Generationen zu bewahren.[418] Diese Aufgabe ist in Bayern bereits in der Verfassung[419] festgeschrieben.[420] So bestimmt Art. 141 Abs. 2 BV, dass „Staat, Gemeinden und Körperschaften des öffentlichen Rechts [...] die Aufgabe [haben], die Denkmäler der Kunst und der Geschichte zu schützen und zu pflegen, herabgewürdigte Denkmäler der Kunst und der Geschichte möglichst ihrer früheren Bestimmung wieder zurückzuführen [...]" In Einlösung dieser Staatszielbestimmung hat der bayerische Gesetzgeber das BayDSchG geschaffen, in welchem der Denkmalschutz näher ausgestaltet wird. Kern des in Art. 141 Abs. 2 normierten Verfassungsauftrages ist die „Lebendigerhaltung des historischen Erbes".[421] Aufgabe des Denkmalschutzes in Bayern ist somit die Integration der Denkmäler in das Leben der Gegenwart und deren unverfälschte Erhaltung als Zeugnisse einer vergangenen Zeit.[422] Dadurch soll die kulturelle Identität der Gemeinschaft gewahrt werden, welche im Wesentlichen von der gemeinsamen Vergangenheit mitbestimmt wird und sich vor allem in den Zeugnissen der Baukultur und der bildenden Kunst manifestiert.[423]

D. Anwendungsbereich des BayDSchG

I. Sachlicher Anwendungsbereich

Ein Gegenstand unterfällt nur dann den Bestimmungen des BayDSchG, wenn er die Voraussetzungen der Denkmallegaldefinition des Art. 1 Abs. 1 BayDSchG er-

417 *Bernsdorff/Kleine-Tebbe* Kulturgutschutz in Deutschland, Teil C, Rn. 14; *Peya* Die Ausfuhr von Kulturgütern im nationalen und Gemeinschaftsecht, S. 249.

418 *Eberl* in: *Kleeberg/Eberl*, Kulturgüter im Privatbesitz, Rn. 1.

419 Verfassung des Freistaates Bayern i. d. F. v. 15.12.1998 (GVBl. S. 991), zuletzt geändert durch Gesetz v. 11.11.2013 (GVBl. S. 638). Im Folgenden „BV" genannt.

420 Vgl. Art. 3, 141 Abs. 2 BV.

421 *Eberl* in: *Eberl/Martin/Greipl*, Bayerisches Denkmalschutzgesetz, Einl. Rn. 1.

422 Ebda.

423 Ebda.

füllt.[424] Nach dieser Norm sind Denkmäler „von Menschen geschaffene Sachen oder Teile davon aus vergangener Zeit, deren Erhaltung wegen ihrer geschichtlichen, künstlerischen, städtebaulichen, wissenschaftlichen oder volkskundlichen Bedeutung im Interesse der Allgemeinheit liegt". Die Tatbestandsvoraussetzungen dieser Denkmallegaldefinition werden mit den Begriffen „denkmalgeeignet", „denkmalwürdig" und „denkmalfähig" umschrieben.[425]

1. Denkmalgeeignete Objekte

Art. 1 Abs. 1 BayDSchG erfasst nur Sachen, d. h. körperliche Gegenstände.[426] Diese Sachen müssen „von Menschen geschaffen", also durch Menschenhand hergestellt sein.[427] Zudem müssen sie aus einer vergangenen Zeit, d. h. aus einer abgeschlossenen, historisch gewordenen Epoche stammen.[428] Das BayDSchG unterscheidet insbesondere zwischen drei verschiedenen Denkmalgattungen: Baudenkmäler, Bodendenkmäler und bewegliche Denkmäler.[429]

a) Relevante Denkmalgattungen

Vor dem Hintergrund des denkmalrechtlichen Verbringungsschutzes spielen nur bewegliche oder beweglich gemachte Objekte eine Rolle, da nur bei solchen eine Verbringung an einen anderen Ort bzw. eine Ausfuhr ins Ausland denkbar ist. Der Schutz beweglicher Gegenstände vor einer Verbringung an einen anderen Ort ist jedoch nicht auf die Gattung der beweglichen Denkmäler[430] beschränkt. Vielmehr sind vor allem auch historische Ausstattungsstücke von Baudenkmälern i. S.v. Art. 1 Abs. 2 S. 2 BayDSchG vor einer solchen Verbringung geschützt.[431]

Der Verbringungsschutz für historische Ausstattungsstücke von Baudenkmälern ist jedoch für die vorliegende Bearbeitung nicht relevant, da es m. E. praxisfern ist, dass NS-Raubkunst die entsprechenden Eigenschaften aufweist,

---

424 *Hammer* Jus 1997, 971 (971).

425 *Hammer* a. a. O., 971 (971–974).

426 Vgl. § 90 BGB.

427 *Eberl* in: *Eberl/Martin/Greipl*, Bayerisches Denkmalschutzgesetz, Art. 1 Rn. 5.

428 *Eberl* a. a. O., Art. 1 Rn. 6.

429 Vgl. z. B. Art. 3 Abs. 1 BayDSchG. Bezüglich der Denkmalgattungen der anderen Denkmalschutzgesetze vgl. die Übersicht bei *Eberl* in: *Kleeberg/Eberl*, Kulturgüter im Privatbesitz, Rn. 16.

430 Vgl. Art. 10 Abs. 1 BayDSchG.

431 Vgl. Art. 6 Abs. 1 Nr. 2 3. Alt. BayDSchG. Überdies ist anzumerken, dass auch Baudenkmäler selbst vor einer Verbringung geschützt sind (vgl. Art. 6 Abs. 1 Nr. 1 3. Alt. BayDSchG). Der Verbringungsschutz für Baudenkmäler ist jedoch für die vorliegende Arbeit nicht relevant, da NS-Raubkunst nicht unter den Begriff des Baudenkmals subsumiert werden kann.

die für eine Unterschutzstellung als Ausstattungsstück erforderlich sind. Voraussetzung wäre insoweit, dass sich das Raubkunstwerk bei Inkrafttreten des BayDSchG im Jahre 1973 in einem geschützten Baudenkmal befand[432] und dass es – damals wie heute – „integraler Bestandteil einer historischen Raumkonzeption oder einer ihr gleichzusetzenden historischen abgeschlossen Neuausstattung oder Umgestaltung" ist.[433] Überdies werden nur solche Ausstattungsstücke nach Art. 1 Abs. 2 S. 2 BayDSchG geschützt, die für die Ausstattung des Baudenkmals bestimmt worden sind.[434] Darüber hinaus ist zu betonen, dass die Ausstattung aus einer historisch abgeschlossenen Epoche stammen muss.[435] Daher können z.B. Sachen, die in der Gegenwart zur Ausstattung eines Baudenkmals verwendet wurden, nicht dem Schutz des BayDSchG unterliegen.[436]

Unter Berücksichtigung dieser einschränkenden Auslegung des Begriffs des historischen Ausstattungsstücks i.S.v. Art. 1 Abs. 2 S. 2 BayDSchG dürfte es praktisch ausgeschlossen sein, dass ein Raubkunstwerk die für eine Unterschutzstellung nötigen Eigenschaften aufweist. Letzteres Objekt ist nämlich gerade dadurch gekennzeichnet, dass es seinem ursprünglichen Eigentümer und somit auch seiner angestammten Umgebung, für die es bestimmt war, entzogen worden ist. Es ist daher kaum möglich, dass ein Raubkunstwerk bei Inkrafttreten des BayDSchG „integraler Bestandteil einer historischen Raumkonzeption oder einer ihr gleichzusetzende historischen abgeschlossen Neuausstattung oder Umgestaltung" i.S.v. Art. 1 Abs. 2 S. 2 BayDSchG war. Sofern ein Raubkunstwerk zwischen Kriegsende und Inkrafttreten des BayDSchG zur Ausstattung eines Raumes genutzt wurde, so kann dieses nicht als historisches Ausstattungsstück i.S.v. Art. 1 Abs. 2 S. 2 BayDSchG qualifiziert werden, da es sich bei dieser Zeitspanne im Zeitpunkt des Inkrafttretens des BayDSchG nicht um eine historisch abgeschlossene Epoche handelte. Es ist daher nahezu ausgeschlossen, dass NS-Raubkunst als historisches Ausstattungsstück eines Baudenkmals i.S.v. Art. 1 Abs. 2 S. 2 BayDSchG unter Denkmalschutz steht. Eine weitere Betrachtung des Verbringungsschutzes für diese Denkmalgattung kann somit unterbleiben. Die folgende Darstellung konzentriert sich daher ausschließlich auf den Verbringungsschutz für bewegliche Denkmäler, die unabhängig von einem etwaigen historischen Zusammenhang mit ihrer unmittelbaren Umgebung dem Denkmalschutz unterfallen können.

---

432 *Eberl* in: *Eberl/Martin/Greipl*, Bayerisches Denkmalschutzgesetz, Art. 1 Rn. 44.

433 Vgl. Art. 1 Abs. 2 S. 2 BayDSchG.

434 *Eberl* in: *Eberl/Martin/Greipl*, Bayerisches Denkmalschutzgesetz, Art. 1 Rn. 41.

435 Ebda.

436 Ebda.

b) Bewegliches Denkmal

Der Begriff des beweglichen Denkmals ist im BayDSchG nicht definiert.[437] Daher ist auf den Wortlaut des Art. 1 Abs. 1 BayDSchG zurückzugreifen und alle beweglichen Sachen oder Teile davon, welche dessen Tatbestandsmerkmale erfüllen als bewegliche Denkmäler zu qualifizieren.[438] Unter den Begriff des beweglichen Denkmals fallen z. B. „Bücher, Graphiken, Gemälde, Kelche, Leuchter, Lokomotiven, Möbel, Münzen, Oldtimer, Schiffe, Skulpturen, Urkunden sowie Sachgesamtheiten wie Archive, Bibliotheken, [und] kunst- und kulturgeschichtliche Sammlungen aller Art".[439] Voraussetzung für den Schutz beweglicher Denkmäler ist gem. Art. 3 Abs. 1 BayDSchG deren Eintragung in die Denkmalliste.[440]

2. Denkmalwürdigkeit

Ein Objekt ist denkmalwürdig, sofern seine Erhaltung gem. Art. 1 Abs. 1 BayDSchG im Interesse der Allgemeinheit liegt.[441] Dadurch soll verhindert werden, dass die Allgemeinheit für die Erhaltung von Gegenständen aufkommen muss, an denen lediglich eine kleine Zahl von Spezialisten oder Liebhabern interessiert ist und sich dadurch der Denkmalschutz ins Uferlose ausdehnt.[442] Unter Allgemeinheit ist zwar nicht die gesamte Bevölkerung zu verstehen, es muss jedoch zumindest in kulturell aufgeschlossenen Kreisen ein nachhaltiges Interesse an der Denkmalerhaltung bestehen. [443]

---

437 Zur Erfassung beweglicher Denkmäler in den anderen Bundesländern vgl. *Büchner* KUR, 2009, 131 (133 f.).

438 *Eberl* in: *Eberl/Martin/Greipl*, Bayerisches Denkmalschutzgesetz, Art. 1 Rn. 68.

439 Ebda.

440 Die Schutzvoraussetzungen für bewegliche Denkmäler sind in den verschiedenen Landesdenkmalschutzgesetzen unterschiedlich ausgestaltet (vgl. dazu die Übersicht bei *Eberl* in: *Kleeberg/Eberl*, Kulturgüter in Privatbesitz, Rn. 240). Die Mehrzahl der Denkmalschutzgesetze folgt dem Eintragungsprinzip. In diesem Fall hat die Eintragung konstitutive Wirkung (*Peya* Die Ausfuhr von Kulturgütern im nationalen und Gemeinschaftsrecht, S. 254 f.). Andere Denkmalschutzgesetze folgen dem Tatbestandssystem und fordern für eine Unterschutzstellung allein das Vorliegen der Denkmallegaldefinition. Die Eintragung in die Denkmalliste hat in diesen Ländern rein deklaratorische Bedeutung (*Peya* a. a. O., S. 256).

441 *Hammer* DÖV 1995, 358 (363).

442 *Hammer* a. a. O., 358 (363 f.).

443 *Hammer* Jus 1997, 971 (973).

3. Denkmalfähige Objekte

Das Interesse der Allgemeinheit muss nach Art. 1 Abs. 1 BayDSchG auf die geschichtliche, künstlerische, städtebauliche[444], wissenschaftliche oder volkskundliche Bedeutung der Sache zurückzuführen sein. Sachen sind u. a. von geschichtlicher Bedeutung, wenn sie Zeugnis eines vergangenen Zustandes bzw. einer Entwicklung oder Ausdruck historisch gewordener Auffassungen und Absichten sind.[445] Im Hinblick auf die künstlerische Bedeutung eines Gegenstandes ist auf dessen ästhetische Qualität und den ihm zugrundeliegenden schöpferischen Prozess abzustellen.[446] Einem Objekt kommt wissenschaftliche Bedeutung zu, wenn es für die Wissenschaft oder einen Wissenschaftszweig von Bedeutung ist.[447] Sachen haben volkskundliche Bedeutung, sofern sie „die Gepflogenheiten, Bräuche, und Auffassungen der Bevölkerung oder bestimmter Bevölkerungskreise [...] dokumentieren".[448]

II. Persönlicher Anwendungsbereich

Im Gegensatz zum KultgSchG unterscheidet das BayDSchG nicht zwischen privatem und öffentlichem Eigentum und findet auf beides grundsätzlich uneingeschränkt Anwendung.[449]

E. Eintragung beweglicher Denkmäler

I. Zuständigkeit

Da in Art. 2 Abs. 2 BayDSchG keine spezielle Zuständigkeit für die Eintragung beweglicher Denkmäler geregelt ist, ist auf Art. 2 Abs. 1 S. 2 BayDSchG zurückzugreifen. Zuständige Eintragungsbehörde ist somit das Landesamt für Denkmalpflege.[450] Im Gegensatz zu der Eintragung nach Art. 2 Abs. 1 BayDSchG muss die Eintragung jedoch nicht im Benehmen mit der Gemeinde erfolgen.[451]

---

444 Dieses Merkmal ist unter dem Aspekt des Abwanderungsschutzes ohne Bedeutung, so dass keine weitere Betrachtung erfolgt.

445 *Eberl* in: *Eberl/Martin/Greipl*, Bayerisches Denkmalschutzgesetz, Art. 1 Rn. 17.

446 *Hönes* DÖV 1984, 671 (671).

447 *Eberl* in: *Eberl/Martin/Greipl*, Bayerisches Denkmalschutzgesetz, Art. 1 Rn. 20.

448 *Eberl* a. a. O., Art. 1 Rn. 21.

449 *Göhner* in: *Eberl/Martin/Greipl*, Bayerisches Denkmalschutzgesetz, Art. 3 Rn. 2. Lediglich kirchliche Denkmäler erfahren gem. Art. 26 BayDSchG eine Sonderbehandlung.

450 Vgl. auch Art. 12 Abs. 2 S. 3 Nr. 1, 3 BayDSchG.

451 *Eberl* in: *Eberl/Martin/Greipl*, Bayerisches Denkmalschutzgesetz, Art. 2 Rn. 32.

II. Einleitung des Eintragungsverfahrens

Bewegliche Denkmäler „können" nach Art. 2 Abs. 2 BayDSchG nur auf Antrag des Berechtigten oder in „besonders wichtigen Fällen" von Amts wegen in die Denkmalliste eingetragen werden.[452] Berechtigter ist der Eigentümer des einzutragenden Objekts.[453] Andere Personen können eine Eintragung lediglich anregen, wobei dann zu prüfen ist, ob ein besonders wichtiger Fall i. S. d. Art. 2 Abs. 2 2. Alt. BayDSchG vorliegt.[454] Ein solcher besonders wichtiger Fall, in dem das Eintragungsverfahren von Amts wegen eingeleitet werden kann, liegt vor, wenn es um die Eintragung von Denkmälern geht, „deren Erhaltung z. B. wegen ihrer ganz besonderen Bedeutung, wegen ihrer außerordentlichen Seltenheit oder wegen ihres herausragenden Wertes für die Allgemeinheit unter allen Umständen erreicht werden soll".[455] Es kommt aber auch eine Eintragung von Amts wegen bei beweglichen Denkmälern von nicht ganz so großer Bedeutung in Betracht, wenn diese in ihrer Erhaltung besonders bedroht sind.[456]

Liegt ein Antrag des Eigentümers vor, so ist das Landesamt für Denkmalpflege gem. Art. 22 S. 2 Nr. 1 2. Alt. BayVwVfG verpflichtet, das Eintragungsverfahren einzuleiten, sofern nicht von vorneherein ausgeschlossen werden kann, dass der betroffene Gegenstand als Denkmal i. S. d. des Art. 1 Abs. 1 BayDSchG zu qualifizieren ist.[457] Eine Pflicht des Landesamtes für Denkmalpflege gem. Art. 22 S. 2 Nr. 1 1. Alt. BayVwVfG von Amts wegen tätig zu werden, besteht hingegen nicht, da es sich bei der Eintragungsentscheidung – wie sogleich erläutert – um eine Ermessensentscheidung handelt. Sofern daher kein entsprechender Antrag des Eigentümers vorliegt, steht es gem. Art. 22 Abs. S. 1 BayVwVfG im Ermessen des Landesamtes für Denkmalpflege, das Eintragungsverfahren von Amts wegen einzuleiten.

---

452 Zu den Eintragungsvoraussetzungen für bewegliche Denkmäler nach den Denkmalschutzgesetzen der anderen Bundesländer vgl. *Eberl* in: *Kleeberg/Eberl*, Kulturgüter in Privatbesitz, Rn. 241.

453 *Eberl* in: *Eberl/Martin/Greipl*, Bayerisches Denkmalschutzgesetz, Art. 2 Rn. 29.

454 Ebda.

455 Ebda.

456 Ebda.

457 Vgl. dazu die Ausführung zur Einleitung des Eintragungsverfahrens nach dem KultgSchG oben S. 55.

III. Eintragungsentscheidung

Nach Art. 2 Abs. 2 BayDSchG „können" bewegliche Denkmäler unter den dort genannten Voraussetzungen in die Denkmalliste eingetragen werden. Aufgrund dieses Wortlauts wird einheitlich davon ausgegangen, dass dem Landesamt für Denkmalpflege bei der Eintragungsentscheidung Ermessen zukommt.[458] Dies macht auch bei Betrachtung der Systematik des BayDSchG Sinn. Insoweit ist darauf hinzuweisen, dass einzig bei beweglichen Denkmälern die Eintragung konstitutive Wirkung für die Unterschutzstellung hat. Bau- und Bodendenkmäler sind hingegen auch ohne Eintragung geschützt und unterfallen somit in ihrer Gesamtheit den Erlaubnispflichten des BayDSchG.[459] Hätte der Gesetzgeber einen solchen umfassenden Schutz für sämtliche bewegliche Denkmäler gewollt, so hätte er auch diese bereits allein aufgrund ihrer Denkmaleigenschaft den Bestimmungen des BayDSchG unterstellen können. Dass der Gesetzgeber sich jedoch dafür entschieden hat, den Schutz beweglicher Denkmäler von ihrer Eintragung abhängig zu machen, spricht daher dafür, dass das Landesamt für Denkmalpflege gerade nicht verpflichtet sein soll, sämtliche bewegliche Denkmäler einzutragen, sondern im Einzelfall entscheiden kann, ob es ein Denkmal unter Schutz stellt oder nicht. Auch die Gesetzessystematik lässt somit auf einen Ermessensspielraum des Landesamtes für Denkmalpflege schließen.

Dieses hat daher zunächst auf Tatbestandsebene zu prüfen, ob es sich bei dem einzutragenden Objekt überhaupt um ein Denkmal i.S.v. Art. 1 Abs. 1 BayDSchG handelt. Die Tatbestandsmerkmale der Denkmallegaldefinition stellen dabei unbestimmte Rechtsbegriffe dar, bei deren Auslegung den Denkmalschutzbehörden nach herrschender Meinung jedoch kein Beurteilungsspielraum zukommt, so dass sie gerichtlich voll nachprüfbar sind.[460] Erfüllt der einzutragende Gegenstand die Voraussetzungen des Art. 1 Abs. 1 BayDSchG, so hat das Landesamt für Denkmalpflege auf der Rechtsfolgenseite nach pflichtgemäßem Ermessen zu entscheiden, ob es eine Eintragung vornimmt oder nicht. Im Rahmen dieser Ermessensentscheidung hat die Behörde den Nutzen, den die Allgemeinheit von der Eintragung des beweglichen Denkmals hat, sowie die Nachteile, welche die Eintragung für den Eigentümer mit sich bringt, zu berücksichtigen.[461]

---

458 *Eberl* in: *Kleeberg/Eberl*, Kulturgüter in Privatbesitz, Rn. 242 (dort findet sich auch eine Übersicht über die Rechtsnatur der Eintragungsentscheidungen in den anderen Bundesländern); *Eberl* in: *Eberl/Martin/Greipl*, Bayerisches Denkmalschutzgesetz, Art. 2 Rn. 30.

459 Vgl. Art. 3 Abs. 1 BayDSchG.

460 *Hönes* DÖV 1984, 671 (672 f); *Moench*, NVwZ 1988, 304 (304); *Hammer* JuS 1997, 971 (976).

461 *Eberl* in: *Eberl/Martin/Greipl*, Bayerisches Denkmalschutzgesetz, Art. 2 Rn. 30.

IV. Recherchepflicht

Eine Pflicht des Landesamtes für Denkmalpflege, im Vorfeld des Eintragungsverfahrens aktiv nach beweglichen Denkmälern zu suchen, lässt sich dem BayDSchG nicht entnehmen. Gegen das Vorliegen einer solchen Pflicht spricht überdies, dass es bereits an einer Pflicht zur Eintragung sämtlicher beweglicher Denkmäler fehlt.

V. Rechtsnatur der Eintragung

Gem. Art. 3 Abs. 1 BayDSchG unterfallen nur eingetragene bewegliche Denkmäler den Bestimmungen des BayDSchG. Da an diese konstitutiv wirkende Eintragung somit bestimmte Rechtsfolgen[462] geknüpft sind, handelt es sich bei der Eintragungsentscheidung um eine Regelung mit unmittelbarer Rechtswirkung nach außen und folglich um einen Verwaltungsakt i. S.v. Art. 35 S. 1 BayVwVfG.[463] Erfolgt die Eintragung ohne Antrag des Eigentümers in einem besonders wichtigen Fall von Amts wegen, so ist diese als ein für den Eigentümer belastender Verwaltungsakt zu qualifizieren.[464] Der Eigentümer ist daher nach Art. 28 Abs. 1 BayVwVfG vor der Eintragungsentscheidung anzuhören.[465]

VI. Löschung der Eintragung

Nach Art. 12 Abs. 2 Nr. 3 BayDSchG ist das Landesamt für Denkmalpflege verpflichtet, die Denkmalliste stets auf dem neuesten Stand zu halten. Die Denkmalliste soll daher nur Objekte umfassen, welche die Eintragungsvoraussetzungen erfüllen. Objekte, die nach dem letzten Stand der Erkenntnis zu Unrecht eingetragen wurden, und Objekte, bei denen aufgrund von Veränderungen die Eintragungsvoraussetzungen nachträglich weggefallen sind, sind daher aus der Denkmalliste zu löschen. [466] Die Löschungsentscheidung ist auf Art. 48, 49 BayVwVfG zu stützen. Durch die Löschung eines beweglichen Denkmals aus der Denkmalliste endet auch dessen Unterschutzstellung nach dem BayDSchG.

---

462 Dabei handelt es sich um den Eintritt der Erlaubnis- und Anzeigepflicht nach Art. 10 BayDSchG, die Begründung des Vorkaufsrechts nach Art. 19 Abs. 1 S. 1 2. Alt. BayDSchG, sowie um die Erlangung von Steuerbegünstigungen durch den Denkmaleigentümer.

463 *Eberl* in: *Eberl/Martin/Greipl*, Bayerisches Denkmalschutzgesetz, Art. 2 Rn. 31.

464 Ebda.

465 Ebda.

466 *Eberl* in: *Kleeberg/Eberl*, Kulturgüter in Privatbesitz, Rn. 250; *Eberl* in: *Eberl/Martin/Greipl*, Bayerisches Denkmalschutzgesetz, Art. 2 Rn. 26.

VII. Rechtschutzmöglichkeiten des Denkmaleigentümers

Da es sich bei der Eintragung um einen für den Eigentümer belastenden Verwaltungsakt handelt, kann er im Wege der Anfechtungsklage nach § 42 Abs. 1 Alt. 1 VwGO gegen diese vorgehen. Erfüllt ein bewegliches Denkmal nicht (mehr) die Eintragungsvoraussetzungen, so kann der Eigentümer dessen Löschung im Rahmen einer Verpflichtungsklage gem. § 40 Abs. 1 2. Alt. VwGO auf Aufhebung der Eintragungsentscheidung gem. Art. 48, 49 BayVwVfG auf dem Rechtsweg durchsetzen. In beiden Fällen ergibt sich die Klagebefugnis des Eigentümers aus Art. 14 Abs. 1 GG.

VIII. Eintragungspraxis

Die Teilliste C der Bayerischen Denkmalliste, in der bewegliche Denkmäler eingetragen sind, ist aus Datenschutzgründen nicht öffentlich einsehbar. Eine Anfrage des Verfassers beim Bayerischen Landesamt für Denkmalpflege ergab jedoch, dass 131 bewegliche Denkmäler in der Teilliste C verzeichnet sind.[467]

F. Rechtsfolgen der Eintragung

I. Erlaubnispflichtige Maßnahmen

Ist ein bewegliches Denkmal in die Denkmalliste eingetragen, so bestimmt Art. 10 Abs. 1 S. 1 BayDSchG, dass dessen Beseitigung, Veränderung und Verbringung an einen anderen Ort der Erlaubnis bedarf.[468] Die genannten Maßnahmen sind daher bis zu dem Zeitpunkt, an dem sie per Erlaubnis der unteren Denkmalschutzbehörde nach Art. 15 BayDSchG zugelassen wurden unzulässig.[469] Zweck der Verbotstatbestände mit Erlaubnisvorbehalt nach Art. 10 Abs. 1 BayDSchG ist die präventive Überprüfung der geplanten Maßnahme im Hinblick auf ihre Denkmalverträglichkeit, um die Erhaltung und Pflege der Denkmäler zu sichern.[470]

---

467 Stand: August 2014.

468 Eine Übersicht der Rechtsfolgen, der Unterschutzstellung beweglicher Denkmäler nach den Denkmalschutzgesetzen der anderen Bundesländer findet sich bei *Eberl* in: *Kleeberg/Eberl*, Kulturgüter in Privatbesitz, Rn. 243.

469 *Eberl* a.a.O., Rn. 145; *Viebrock* in: *Martin/Krautzberger*, Handbuch Denkmalschutz und Denkmalpflege, E Rn. 117.

470 *Viebrock* a.a.O., E Rn. 71.

II. Verbringungsverbot mit Erlaubnisvorbehalt

Vor dem Hintergrund des Abwanderungsschutzes für bewegliche Denkmäler ist nur das Verbot mit Erlaubnisvorbehalt für die Verbringung des Denkmals an einen anderen Ort gem. Art. 10 Abs. 1 S. 1 3. Alt. BayDSchG relevant.[471] Unter der Verbringung eines beweglichen Denkmals an einen anderen Ort ist jeder Standortwechsel des betroffenen Gegenstandes zu verstehen.[472] Die Erlaubnispflicht gilt daher sowohl für Ortsveränderungen innerhalb Bayerns, als auch für die Verbringung des Objektes aus Bayern und aus der Bundesrepublik Deutschland.[473] Ohne Bedeutung ist, ob die Verbringung lediglich vorübergehender Natur ist, so dass eine befristete Ortsveränderung, wie z. B. die Ausleihe eines Gemäldes zu Ausstellungszwecken ebenfalls erlaubnispflichtig ist.[474] Das Verbringungsverbot gibt der Unteren Denkmalschutzbehörde[475] die Möglichkeit, vor einem Standortwechsel präventiv zu prüfen, ob der neue Standort für das betroffene bewegliche Denkmal geeignet ist, oder ob ein Standortwechsel den Denkmalwert oder die Substanz des beweglichen Denkmals gefährdet.[476]

III. Staatliches Vorkaufsrecht

Beim Kauf eingetragener beweglicher Denkmäler steht dem Freistaat Bayern gem. Art. 19 Abs. 1 S. 1 2. Alt. BayDSchG ein Vorkaufsrecht[477] zu.[478] Gem. Art. 19 Abs. 1 S. 2 BayDSchG muss die Ausübung dieses Vorkaufsrechts durch das „Wohl der All-

471 Die Erlaubnispflicht für die Beseitigung – d. h. alle Maßnahmen, die dazu führen, dass das betroffenen Objekt nicht mehr vorhanden ist (vgl. *Eberl* in: *Eberl/Martin/Greipl*, Bayerisches Denkmalschutzgesetz, Art. 6 Rn. 33.) – ist hingegen für den Abwanderungsschutz ohne Bedeutung. Gleiches gilt für den Erlaubnisvorbehalt für die Veränderung beweglicher Denkmäler, da damit nur eine Umgestaltung des Objektes selbst gemeint ist (vgl. *Eberl* a. a. O., Art. 6 Rn. 33).

472 *Bernsdorff/Kleine-Tebbe* Kulturgutschutz in Deutschland, Teil C, Rn. 12.

473 *Bernsdorff/Kleine-Tebbe* a. a. O., Teil C Rn. 14; *Eberl* in: *Eberl/Martin/Greipl*, Bayerisches Denkmalschutzgesetz, Art. 10 Rn. 4

474 Ebda.

475 Vgl. Art. 11 Abs. 4 S. 1 BayDSchG.

476 *Bernsdorff/Kleine-Tebbe* Kulturgutschutz in Deutschland, Teil C Rn. 13.

477 Unter einem (schuldrechtlichen) Vorkaufsrecht, ist das Recht des (Vorkaufsrechts-)Berechtigten zu verstehen, nach Abschluss eines Kaufvertrages durch den (Vorkaufsrechts-)Verpflichteten (Verkäufer) mit einem Dritten, durch einseitige Erklärung gegenüber dem Verpflichteten zu bewirken, dass zwischen diesem und ihm ein Kaufvertrag unter den Voraussetzungen zustande kommt, welche der Verpflichtete mit dem Dritten vereinbart hat (vgl. §§ 463 f. BGB).

478 In über der Hälfte der anderen Landesdenkmalschutzgesetze sind auch Vorkaufsrechte verankert (vgl. Übersicht bei *Martin* in: *Martin/Krautzberger*, Handbuch Denkmalschutz und Denkmalpflege, B Rn. 91). Keines dieser Vorkaufsrechte bezieht sich jedoch auf bewegliche Denkmäler.

gemeinheit" gerechtfertigt sein[479], was stets der Fall ist, wenn „die eingetragenen beweglichen Denkmäler der Öffentlichkeit zugänglich gemacht oder in ihrer Gesamtheit erhalten werden sollen." Im Falle des Ziels der Zugänglichmachung eines beweglichen Denkmals für die Öffentlichkeit enthält das Gesetz keine Einschränkungen, wo diese zu erfolgen hat.[480] Die Zugänglichmachung beweglicher Denkmäler wird in der Regel durch Ausstellung in einem Museum erfolgen.[481] Ausreichend ist auch, dass ein bewegliches Denkmal durch die Ausübung des Vorkaufrechtes für die Öffentlichkeit zugänglich bleiben soll.[482] „Erhaltung in ihrer Gesamtheit" i.S.v. Art. 19 Abs. 1 S. 2 2. Hs. 2. Alt. BayDSchG meint die Erhaltung einer vollständigen Sammlung beweglicher Denkmäler als geschlossenes Ganzes.[483] Auch der Ankauf von Teilen einer Sammlung kann durch das Wohl der Allgemeinheit gerechtfertigt sein, wenn die Mittel nicht zum ganzheitlichen Erwerb ausreichen.[484]

Die Ausübung eines Vorkaufsrechtes ist grundsätzlich nur aus Gründen des Denkmalschutzes und der Denkmalpflege möglich.[485] Wird von dem Vorkaufsrecht mit dem alleinigen Ziel, die Ausfuhr des betroffenen Objekts aus dem Freistaat Bayern oder aus der Bundesrepublik Deutschland zu verhindern, Gebrauch gemacht, so ist dies nicht gerechtfertigt. Tritt jedoch zu dem Ziel des Abwanderungsschutzes die Absicht hinzu, das betroffene Denkmal der Öffentlichkeit zugänglich zu machen oder eine Sammlung beweglicher Denkmäler in ihrer Gesamtheit zu erhalten, so ist die Ausübung des Vorkaufsrechts gem. Art. 19 Abs. 1 S. 2 BayDSchG durch das Allgemeinwohl gerechtfertigt. Der Freistaat Bayern kann somit durch die Ausübung eines Vorkaufrechtes die Ausfuhr eines beweglichen Denkmals verhindern, wenn er dieses mit dem Ziel ankauft, es der Öffentlichkeit zugänglich zu machen bzw. es für die Öffentlichkeit zugänglich zu erhalten. Sofern die Abwanderung eines Teiles einer vollständigen Sammlung beweglicher Denkmäler droht, kann der Freistaat Bayern diese durch Ankauf der

479 Dabei handelt es sich um einen unbestimmten Rechtsbegriff, der gerichtlich vollumfänglich nachprüfbar ist, so dass dem Landesamt für Denkmalpflege diesbezüglich kein Beurteilungsspielraum zukommt (*Eberl* in: *Eberl/Martin/Greipl*, Bayerisches Denkmalschutzgesetz, Art. 19 Rn. 5)

480 Ebda.

481 Ebda.

482 Ebda.

483 Ebda.

484 Ebda.

485 Ebda.

Sammlung in ihrer Gesamtheit, und wenn dazu die Mittel nicht reichen, auch durch nur teilweisen Ankauf verhindern.

IV. Enteignung

Nach Art. 18 Abs. 1 S. 1 3. Alt. BayDSchG kann ein eingetragenes bewegliches Denkmal enteignet werden, wenn „eine Gefahr für den Bestand oder die Gestalt" des Denkmals nicht auf andere Weise nachhaltig abgewehrt werden kann.[486] Es muss also eine konkrete Möglichkeit einer Schädigung der Denkmalsubstanz oder des äußeren Erscheinungsbildes des Denkmals bestehen, die auf absehbare Zeit nicht durch ein milderes Mittel als die Enteignung gebannt werden kann.[487] Eine Enteignung mit dem Zweck, die Verbringung von eingetragenen beweglichen Denkmälern aus dem Geltungsbereich des BayDSchG oder aus der Bundesrepublik Deutschland zu verhindern, ist daher nicht zulässig, sofern damit nicht auch die Abwehr einer Gefahr für den Bestand oder die Gestalt eines Denkmals verbunden ist.[488] Enteignungsbegünstigte können gem. Art. 18 Abs. 1 S. 1, 2 BayDSchG der Freistaat Bayern sowie juristische Personen des öffentlichen und des Privatrechts sein. Eine Enteignung ist nur gegen Zahlung einer Entschädigung an den Eigentümer durch den Enteignungsbegünstigten zulässig, wobei der objektive Verkehrswert des enteigneten Denkmals für die Entschädigungshöhe maßgeblich ist.[489]

V. Zuschüsse und Steuererleichterungen

Nach Art. 22 BayDSchG wird der Denkmaleigentümer im Rahmen seiner Pflicht zur Konservierung und Restaurierung beweglicher Denkmäler durch Zuwendungen von Seiten des Freistaats Bayern und der kommunalen Gebietskörperschaften unterstützt.[490] Daneben knüpfen an die Denkmaleigenschaft eines Objektes eine Reihe von steuerlichen Vergünstigungen für den Denkmaleigentümer an. So werden Eigentümer eingetragener beweglicher Denkmäler insbesondere bei der

---

486 Die Möglichkeit der Enteignung besteht nach allen Landesdenkmalschutzgesetzen (vgl. die Übersicht bei *Viebrock* in: *Martin/Krautzberger*, Handbuch Denkmalschutz und Denkmalpflege, B Rn. 97).

487 *Eberl* in: *Eberl/Martin/Greipl*, Bayerisches Denkmalschutzgesetz, Art. 18 Rn. 9.

488 *Eberl* a. a. O., Art. 18 Rn. 8.

489 *Eberl* in: *Eberl/Martin/Greipl*, Bayerisches Denkmalschutzgesetz, Art. 19 Rn. 16.

490 *Göhner* in: *Eberl/Martin/Greipl*, Bayerisches Denkmalschutzgesetz, Art. 22 Rn. 2.

Heranziehung der Erbschafts- und Schenkungssteuer[491] sowie der Einkommensteuer[492] privilegiert.

VI. Das Erlaubnisverfahren

1. Antragsberechtigung

Das Verfahren für die Erteilung der Verbringungserlaubnis für bewegliche Denkmäler wird gem. Art. 15 Abs. 1 S. 1 BayDSchG auf schriftlichen Antrag hin eingeleitet. Antragsberechtigt ist der Eigentümer des eingetragenen beweglichen Denkmals.[493] Dem Antrag müssen alle Unterlagen beifügt werden, die für seine Bearbeitung erforderlich sind, so dass dieser entscheidungsreif ist, d. h. die Behörde muss anhand der beigefügten Unterlagen die Denkmalverträglichkeit und damit die Genehmigungsfähigkeit der beantragten Maßnahme beurteilen können.[494]

2. Zuständigkeit und Verfahren

Zuständig für die Erteilung der Verbringungserlaubnis ist die Untere Denkmalschutzbehörde.[495] Nach Art. 15 Abs. 1 BayDSchG ist der Antrag auf Erteilung einer denkmalrechtlichen Erlaubnis bei der Gemeinde einzureichen, welche ihn, mit ihrer Stellungnahme versehen, der Unteren Denkmalschutzbehörde vorlegt. Diese beteiligt den Heimatpfleger[496] und hört das Landesamt für Denkmalpflege an, bevor sie über die Erlaubnis entscheidet.[497]

3. Entscheidung über die Verbringungserlaubnis

Gem. Art. 10 Abs. 1 S. 2 BayDSchG „kann" bei eingetragenen beweglichen Denkmälern die Verbringungserlaubnis versagt werden, „soweit dies zum Schutz des

---

491 Vgl. § 13 Abs. 1 Nr. 2 ErbStG.
492 Vgl. § 10 g EStG.
493 *Viebrock* in: *Martin/Krautzberger*, Handbuch Denkmalschutz und Denkmalpflege, E Rn. 126.
494 *Viebrock* a. a. O., E Rn. 126 f.
495 Vgl. Art. 15 Abs. 2 BayDSchG.
496 Vgl. Art 13 BayDSchG.
497 Vgl. Art. 15 Abs. 2 BayDSchG. Zwar handelt es sich bei Art. 15 Abs. 2 BayDSchG lediglich um eine Sollvorschrift. Dies bedeutet jedoch nicht, dass es sich um eine bloße Empfehlung handelt. Vielmehr ist die Untere Denkmalschutzbehörde im Regelfall zur Anhörung des Landesamts für Denkmalpflege verpflichtet und darf lediglich in atypischen Fällen auf diese verzichten (*Martin* in: *Eberl/Martin/Greipl*, Bayerisches Denkmalschutzgesetz, Art. 15 Rn. 13a).

Denkmals erforderlich ist".[498] Eine Erlaubnis darf daher nur versagt werden, wenn die beabsichtigte Verbringung das bewegliche Denkmal gefährdet.[499] Ist dies nicht Fall, besteht für den Antragssteller ein Rechtsanspruch auf Erlaubniserteilung, da eine Versagung in diesem Fall nicht durch den Gesetzeszweck gerechtfertigt ist.[500] Ziel des Art. 10 Abs. 1 BayDSchG ist nämlich allein der (physische) Schutz eingetragener beweglicher Denkmäler.[501] Die Erhaltung eines bestehenden Zusammenhanges spielt bei der Entscheidung über die Verbringungserlaubnis nach Art. 10 Abs. 1 BayDSchG keine Rolle.[502] Stehen der Erlaubniserteilung hingegen denkmalrechtliche Gründe entgegen, da die geplante Verbringung das bewegliche Denkmal in irgendeiner Art und Weise gefährdet, so steht es im Ermessen der Behörde, die Erlaubnis zu versagen.[503]

Folglich ist zunächst zu prüfen, ob eine Verbringung das bewegliche Denkmal überhaupt in irgendeiner Weise gefährden kann. Es muss also eine Gefahr für die historische Substanz des Denkmals bzw. für dessen Erscheinungsbild bestehen. Ist dies nicht der Fall, kommt eine Versagung der Verbringungserlaubnis aus Gründen des Denkmalschutzes nicht in Betracht. Sofern das eingetragene bewegliche Denkmal an einen Ort verbracht werden soll, an dem es ebenso gut aufgehoben ist wie an seinem Ursprungsort, kann die Verbringungserlaubnis somit auch dann nicht versagt werden, wenn ein öffentliches Interesse daran besteht, dass das Denkmal an seinem bisherigen Aufbewahrungsort bleibt.[504] Kann hingegen eine Gefährdung des beweglichen Denkmals festgestellt werden, so sind im Rahmen der anschließenden Ermessensentscheidung die Gründe zu berücksichtigen, welche für und gegen die geplante Verbringung sprechen, und diese gegeneinander abzuwägen.

Strittig ist, ob und inwieweit im Rahmen dieser Abwägung die privaten (wirtschaftlichen) Interessen des Eigentümers an der uneingeschränkten Nutzung

---

498 Die Voraussetzungen für die Erteilung einer denkmalrechtlichen Verbringungserlaubnis sind in den verschiedenen Landesdenkmalschutzgesetzen unterschiedlich ausgestaltet, wobei nach sämtlichen Gesetzen die Erlaubnis nur dann versagt werden kann, wenn ihrer Erteilung Gründe des Denkmalschutzes entgegenstehen (vgl. *Moench* NJW 1983, 1998 (2001); *Erbguth/Paßlick* DVBl. 1984, 603 (610)).

499 *Moench* NVwZ 1988, 304 (310); *Eberl* in: *Eberl/Martin/Greipl*, Bayerisches Denkmalschutzgesetz, Art. 10 Rn. 5.

500 *Moench* a.a.O., 304 (310).

501 *Eberl* in: *Eberl/Martin/Greipl*, Bayerisches Denkmalschutzgesetz, Art. 10 Rn. 5.

502 Ebda.

503 *Moench* NVwZ 1988, 304 (310); *Viebrock* in: *Martin/Krautzberger*, Handbuch Denkmalschutz und Denkmalpflege, E Rn. 148.

504 *Eberl* in: *Eberl/Martin/Greipl*, Bayerisches Denkmalschutzgesetz, Art. 10 Rn. 5.

seines Eigentums zu berücksichtigen sind.[505] Gegen eine Berücksichtigung privater Belange wird der Rechtscharakter der denkmalrechtlichen Erlaubnis als dinglicher Verwaltungsakt angeführt. Da dieser von der Person des Antragstellers unabhängig ist, sei es grundsätzlich methodisch verfehlt, im Rahmen der Erlaubnisentscheidung denkmalrechtliche Fragen mit subjektiven Interessen des Eigentümers zu vermischen.[506] Im Hinblick auf eine Berücksichtigung rein wirtschaftlicher Eigentümerinteressen wird zudem vertreten, dass diese aufgrund der Systematik des BayDSchG grundsätzlich auszubleiben habe.[507] Insoweit wird argumentiert, dass das Gesetz gerade durch die Bereitstellung von finanziellen Vorteilen nach Art. 20, 22 BayDSchG das Hineinwirken wirtschaftlicher Faktoren in die Frage der Erlaubnisfähigkeit vermeiden wolle.[508] Aus diesem Grund können wirtschaftliche Interessen des Eigentümers, wie z. B. die Aussicht auf einen Verkaufserlös, nicht zu einer Erlaubnis führen.[509]

In seinem Beschluss vom 2. März 1999 hat das BVerfG jedoch festgestellt, dass eine kategorische Nichtberücksichtigung privater Interessen des Denkmaleigentümers im Rahmen der Erlaubnisentscheidung verfassungswidrig ist.[510] Zwar unterliege das Eigentum an einem Denkmal aufgrund des hohen verfassungsrechtlichen Ranges des Denkmalschutzes[511] einer gesteigerten Sozialbindung,[512] diese dürfe jedoch nicht zu einer vollständigen Aushöhlung des Kernbereichs der Eigentumsgarantie i. S. v. Art. 14 GG, zu dem sowohl die Privatnützigkeit als auch die grundsätzliche Verfügungsbefugnis des Eigentümers über den Eigentumsgegenstand gehören, führen.[513] Ein solcher Fall sei dann gegeben, „wenn selbst ein dem Denkmalschutz aufgeschlossener Eigentümer von einem [...] Denkmal keinen vernünftigen Gebrauch mehr machen und es praktisch auch nicht veräußern kann."[514] In diesen Fällen müssen die Zumutbarkeitser-

---

505 Vgl. *Kleeberg/Eberl* Kulturgüter in Privatbesitz, Rn. 151, *Martin* in: *Eberl/Martin/Greipl*, Bayerisches Denkmalschutzgesetz, Art. 6 Rn. 65 – 68.
506 *Martin* a. a. O., Art. 6 Rn. 67.
507 *Martin* a. a. O., Art. 6 Rn. 59.
508 Ebda.
509 *Martin* a. a. O., Art. 6 Rn. 82.
510 BVerfG Beschl. v. 2. 3. 1999, NJW 1999, 2877. Zwar betrifft dieser Beschluss grundsätzlich nur § 13 Abs. 1 S. 2 RhPfDenkmSchPlG. Nach *Martin* BayVBl. 2000, 584 (586) kann er jedoch problemlos auf das BayDSchG, sowie auf die meisten anderen Landesdenkmalschutzgesetze übertragen werden, da auch diese in der Berücksichtigung des Privateigentums kaum weiter gehen als die rheinlandpfälzische Regelung.
511 Für Bayern vgl. Art. 3, 141 Abs. 2 BV.
512 BVerfG Beschl. v. 2. 3. 1999, NJW 1999 2877 (2878).
513 Ebda.
514 Ebda.

wägungen zugunsten des Eigentümers in die Entscheidungsfindung über die denkmalrechtliche Erlaubnis mit einbezogen und die Erlaubnis erteilt werden.[515]

Überträgt man den Beschluss des BVerfG auf die Entscheidung über die Erlaubniserteilung nach Art. 10 Abs. 1 BayDSchG, so ist diese Norm dahingehend verfassungskonform auszulegen, dass die Einbeziehung privater Belange des Denkmaleigentümers sowie Zumutbarkeitserwägungen nicht gänzlich ausgeschlossen werden können.[516] Sofern im Einzelfall eine Fallkonstellation vorliegt, in welcher der Denkmaleigentümer von seinem Denkmal keinen vernünftigen Gebrauch mehr machen kann und es auch praktisch unveräußerlich ist, ist die Versagung der Erlaubnis unzumutbar. Im Hinblick auf die Erteilung einer Verbringungserlaubnis für ein bewegliches Denkmal nach Art. 10 Abs. 1 S. 1 3. Alt., S. 2 BayDSchG erscheint es daher vertretbar, von der Unzumutbarkeit der Versagung auszugehen, sofern der Denkmaleigentümer das Denkmal an seinem gegenwärtigen Standort nicht nutzen kann und es auch praktisch nicht veräußerbar ist. Eine Nutzung an dem gegenwärtigen Standort könnte z. B. dann ausgeschlossen sein, wenn der Denkmaleigentümer an einem anderen Ort wohnhaft ist und es ihm gerade aufgrund des Verbringungsverbots nicht möglich ist, das Denkmal an seinem Wohnort zu nutzen. Eine praktische Unveräußerlichkeit könnte gegeben sein, sofern das Denkmal keinen Marktwert, sondern nur einen ideellen Wert besitzt, oder wenn das Verbringungsverbot den Marktwert so drastisch reduziert, dass eine Veräußerung wirtschaftlich sinnlos ist. In diesen Fällen ist es vertretbar, die Versagung der Verbringungserlaubnis als für den Eigentümer unzumutbar zu halten, so dass das behördliche Ermessen insoweit auf null reduziert ist und ein Anspruch auf Erlaubniserteilung besteht.

---

515 Ebda.

516 So *Sprecher* Beschränkungen des Handels mit Kulturgut und die Eigentumsgarantie, S. 58, der generell für sämtliche Landesdenkmalschutzgesetze unter Verweis auf den Beschluss des BVerfG v. 2.3.1999 ausführt, dass bei der Entscheidung über die Verbringungserlaubnis eine Missachtung privater Interessen verfassungswidrig wäre und *Dirnberger* in: *Eberl/Martin/Greipl*, Bayerisches Denkmalschutzgesetz, Art. 20 Rn. 13, der Art. 6 Abs. 2 BayDSchG dahingehend verfassungskonform auslegt, dass sofern „für den Eigentümer keine sinnvolle Nutzungsmöglichkeit besteht und auch ein für den Denkmalschutz aufgeschlossener Eigentümer keinen vernünftigen Gebrauch mehr von dem Denkmal machen kann“, private Belange und Zumutbarkeitserwägungen in die Erlaubnisentscheidung einzubeziehen sind.

4. Nebenbestimmungen

Kann die Erfüllung der gesetzlichen Voraussetzungen des Art. 10 Abs. 1 S. 2 BayDSchG durch Nebenbestimmungen i. S.v. Art. 36 BayVwVfG sichergestellt und somit eine Ablehnung der Verbringungserlaubnis vermieden werden, so hat die Untere Denkmalschutzbehörde aufgrund des Grundsatzes der Verhältnismäßigkeit diese Möglichkeit als milderes Mittel stets der vollständigen Versagung der Verbringungserlaubnis vorzuziehen.[517] Insoweit ist es insbesondere denkbar, die Verbringungserlaubnis mit einer Befristung i. S.v. Art. 36 Abs. 2 Nr. 1 BayVwVfG zu verknüpfen, wenn die Entfernung des eingetragenen beweglichen Denkmals auf eine bestimmte Zeit begrenzt werden soll.[518] Möglich wäre es auch, die Erlaubnis mit einer Auflage i. S.v. Art. 36 Abs. 2 Nr. 4 BayVwVfG zu versehen, welche sicherstellt, dass das Denkmal an seinem neuen Aufbewahrungsort mindestens ebenso gut aufgehoben ist wie an seinem ursprünglichen.

5. Billiger Ausgleich

Nach Art. 20 Abs. 1 S. 1 BayDSchG ist dem Denkmaleigentümer eine finanzielle Entschädigung zu gewähren, wenn der Vollzug des BayDSchG für ihn „eine über den Rahmen der Sozialgebundenheit des Eigentums [...] hinausgehende Wirkung hat". Da jedoch nach der erläuterten Rechtsprechung des BVerfG bereits bei der Entscheidung über die Erteilung der denkmalrechtlichen Erlaubnis die privaten Belange des Denkmaleigentümers sowie Zumutbarkeitserwägungen einzubeziehen sind, kommt der salvatorischen Entschädigungsklausel nur ein geringer Anwendungsbereich zu.[519] Art. 20 Abs. 1 S. 1 BayDSchG ist nur dann einschlägig, wenn trotz Einbeziehung privater Belange und Zumutbarkeitserwägungen im Rahmen der Erlaubniserteilung eine Versagung zu einem vor dem Hintergrund der Belange des Denkmalschutzes grundsätzlich zulässigen Eigentumseingriff führt, der jedoch im konkreten Fall für den Eigentümer unzumutbar ist.[520]

6. Verstoß gegen das Ausfuhrverbot

Werden geschützte bewegliche Denkmäler ohne die dazu nach Art. 10 Abs. 1 S. 1 BayDSchG erforderliche Genehmigung von ihrem Aufstellungsort entfernt, so kann die Untere Denkmalschutzbehörde gem. Art. 15 Abs. 3 BayDSchG von dem

---

517 *Eberl* in: *Kleeberg/Eberl*, Kulturgüter in Privatbesitz, Rn. 245; *Martin* in: *Eberl/Martin/Greipl*, Bayerisches Denkmalschutzgesetz, Art. 6 Rn. 118.
518 Vgl. *Martin* a. a. O., Art. 6 Rn. 123.
519 *Dirnberger* in: *Eberl/Martin/Greipl*, Bayerisches Denkmalschutzgesetz, Art. 20 Rn. 14.
520 *Dirnberger* a. a. O., Art. 20 Rn. 17.

Eigentümer verlangen, dass die unerlaubt entfernten Gegenstände wieder an ihren ursprünglich Aufstellungsort zurückgebracht werden.[521] Bei der unerlaubten Entfernung eingetragener beweglicher Denkmäler handelt es sich gem. Art. 23 Abs. 1 Nr. 2 BayDSchG um eine Ordnungswidrigkeit, welche mit einer Geldbuße von bis zu 250.000,– Euro belegt werden kann.

7. Rechtsschutz gegen die Versagung der Verbringungserlaubnis

Da es sich bei der denkmalrechtlichen Verbringungserlaubnis um einen Verwaltungsakt i. S.v. Art. 35 BayVwVfG handelt, kann der Antragsteller im Wege der Verpflichtungsklage nach § 42 Abs. 1 2. Alt. VwGO gegen deren Versagung vorgehen, wobei sich die Klagebefugnis wiederum aus Art. 14 Abs. 1 GG ergibt.

G. Vereinbarkeit des Verbringungsverbotes mit Art. 14 GG

Zwar wird durch das Verbringungsverbot nach Art. 10 Abs. 1 BayDSchG in das nach Art. 14 Abs. 1 S. 1 GG geschützte Eigentumsgrundrecht des Denkmaleigentümers eingegriffen. Dieser Eingriff ist jedoch als verfassungsmäßige Inhalts- und Schrankenbestimmung i. S.v. Art. 14 Abs. 1 S. 2 GG gerechtfertigt, sofern man mit der vorliegend vertretenen Auffassung bei der Entscheidung über die Verbringungserlaubnis nach verfassungskonformer Auslegung des Art. 10 Abs. 1 S. 2 BayDSchG die Einbeziehung privater Belange des Denkmaleigentümers sowie von Zumutbarkeitserwägungen zulässt.

Insoweit ist auszuführen, dass es sich nach unstreitiger Ansicht in Literatur und Rechtsprechung bei den aus Denkmalschutzgründen verfügten landesrechtlichen Verbotsvorbehalten generell, und so auch bei dem Verbringungsverbot nach Art. 10 Abs. 1 BayDSchG, nicht um Enteignungen i. S.v. Art. 14 Abs. 3 GG, sondern um zulässige Inhalts- und Schrankenbestimmungen i. S.v. Art. 14 Abs. 1 S. 2 GG handelt.[522] Durch ein Verbringungsverbot für ein bewegliches Denkmal wird dem Denkmaleigentümer kein Eigentum entzogen, sondern lediglich dessen Verbringung unter Genehmigungsvorbehalt gestellt.[523] Selbst wenn die Verbringungserlaubnis versagt wird, kann der Denkmaleigentümer das bewegliche

---

521 *Martin* in: *Eberl/Martin/Greipl*, Bayerisches Denkmalschutzgesetz, Art. 15 Rn. 37.

522 Rspr.: BVerfG Beschl. v. 2.3.1999, NJW 1999, 2877 (2878). Lit.: *Bila* Nationaler Kulturgüterschutz in der Europäischen Union, S. 77; *Peya* Die Ausfuhr von Kulturgütern im nationalen und Gemeinschaftsrecht, S. 258; *Eberl* in: *Kleeberg/Eberl*, Kulturgüter in Privatbesitz, Rn. 274; *Sprecher* Beschränkungen des Handels mit Kulturgut und die Eigentumsgarantie, S. 58.

523 *Peya* a. a. O., S. 258.

Denkmal an seinem Ursprungsort nutzen. Es kann sich somit nicht um eine Enteignung handeln.

Das Verbringungsverbot i. S. v. Art. 10 Abs. 1 BayDSchG stellt eine verhältnismäßige Inhalts- und Schrankenbestimmung dar. Insoweit ist zunächst zu betonen, dass der Schutz von Kulturdenkmälern ein legitimes gesetzgeberisches Anliegen und eine Gemeinwohlaufgabe von hohem Rang darstellt, die einschränkende Regelungen wie das Verbringungsverbot nach Art. 10 Abs. 1 BayDSchG grundsätzlich rechtfertigt.[524] Das Verbringungsverbot stellt auch ein geeignetes Mittel dar, um die Substanz beweglicher Denkmäler zu schützen, sofern diese durch eine Verbringung bedroht ist. Nur sofern die Verbringung beweglicher Denkmäler umfassend unter Genehmigungsvorbehalt gestellt wird, ist eine hinreichende präventive Kontrolle zum Schutz der Denkmalsubstanz möglich. Die Verbringungsverbote sind auch erforderlich, da kein milderes, gleich wirksames Mittel ersichtlich ist, um bewegliche Denkmäler vor Substanzschäden, die durch die Verbringung drohen, zu bewahren. Das Verbringungsverbot nach Art. 10 Abs. 1 BayDSchG ist zudem angemessen, da die Belastung, die es für den Denkmaleigentümer zur Folge hat, zu dem Zweck des Schutzes beweglicher Denkmäler nicht außer Verhältnis steht. Durch das Verbringungsverbot wird die Privatnützigkeit des Eigentums grundsätzlich nicht beseitigt. Sofern im Einzelfall das Verbringungsverbot dazu führen sollte, dass auch für einen dem Denkmalschutz aufgeschlossenen Eigentümer keine Möglichkeit mehr besteht, das Denkmal vernünftig zu nutzen, so muss dies im Rahmen der Entscheidung über die Verbringungserlaubnis berücksichtigt werden und eine Versagung als für den Denkmaleigentümer unzumutbar ausscheiden.[525] Falls ausnahmsweise die Versagung der Verbringungserlaubnis zwar generell vor dem Hintergrund denkmalrechtlicher Belange zulässig sein sollte, im konkreten Einzelfall jedoch für den Eigentümer zu einer unzumutbaren Belastung führt, so wird den Belangen des Eigentümers durch die Ausgleichsregelung des Art. 20 BayDSchG hinreichend Rechnung getragen. Das Verbringungsverbot nach Art. 10 Abs. 1 BayDSchG ist daher mit Art. 14 Abs. 1 GG vereinbar.

---

524 Beschluss des BVerfG v. 2.3.1999, NJW 1999 2877 (2878); *Martin* in: *Martin/Krautzberger*, Handbuch Denkmalschutz und Denkmalpflege, G Rn. 132.
525 Vgl. oben S. 103 f.

H. Vereinbarkeit des Verbringungsverbots mit Unionsrecht

Zu der Frage, ob die Verbringungsverbote der Landesdenkmalschutzgesetze – und so auch Art. 10 Abs. 1 S. 1 3. Alt. BayDSchG – mit der europarechtlich garantierten Warenverkehrsfreiheit vereinbar sind, hat sich bisher weder die Rechtsprechung noch die Literatur geäußert. Insoweit ist zunächst auszuführen, dass es sich bei beweglichen Denkmälern, genau wie bei Kulturgütern, um Waren i. S. d. Art. 28 Abs. 2 AEUV handelt. Dies ergibt sich bereits daraus, dass es sich bei Denkmälern um eine Unterkategorie von Kulturgut handelt. Auch das denkmalrechtliche Verbringungsverbot ist geeignet, „den innergemeinschaftlichen Handel unmittelbar oder mittelbar, tatsächlich oder potentiell zu behindern“[526], so dass es sich bei diesem um eine grundsätzlich verbotene handelbeschränkende „Maßnahme gleicher Wirkung“ i. S.v. Art. 35 2. Alt. AEUV handelt.

Äußerst zweifelhaft ist m. E., ob das Verbringungsverbot des Art. 10 Abs. 1 BayDSchG ausnahmsweise nach Art. 36 S. 1 AEUV „zum Schutze [...] des nationalen Kulturgutes von künstlerischem, geschichtlichem oder archäologischem Wert“ gerechtfertigt ist. Aufgrund des Beurteilungsspielraums, der den Mitgliedsstaaten bei der Auslegung des Kulturgutbegriffs zukommt[527], können landesrechtlich geschützte bewegliche Denkmäler sicherlich grundsätzlich unter Art. 36 S. 1 AEUV subsumiert werden. Problematisch ist jedoch, dass in Deutschland durch das KultgSchG bestimmt wird, was unter einem „nationalen Kulturgut von künstlerischem, geschichtlichem oder archäologischem Wert“ zu verstehen ist. Sofern daher ein landesrechtlicher Verbringungsschutz für Objekte besteht, die nicht gleichzeitig in ein Verzeichnis national wertvollen Kulturgutes eingetragen sind, sind diese Verbringungsverbote m. E. daher nicht nach Art. 36 S. 1 AUEV gerechtfertigt. Um sicherzustellen, dass die landesrechtlichen Verbringungsverbote nicht unionsrechtswidrig sind, wäre es daher m. E. erforderlich, die Landesverzeichnisse national wertvollen Kulturgutes mit den Landesdenkmallisten zu synchronisieren.

Es ist abschließend darauf hinzuweisen, dass der EuGH auch ungeschriebene Rechtfertigungsgründe für Eingriffe in die Warenverkehrsfreiheit aufgrund zwingender Erfordernisse im Allgemeininteresse anerkennt, wobei strittig ist, ob diese auch auf ausfuhrbeschränkende Maßnahmen i. S. d. Art. 35 AEUV anzuwenden sind.[528] Zwar wird zu diesen ungeschriebenen Rechtsfertigungsgründen auch der Schutz kultureller Zwecke gezählt.[529] Ob die denkmalrechtlichen

---

526 Zur sog. „Dassonville Formel“ vgl. oben S. 85.

527 *Schroeder* in: *Streinz*, EUV/AEUV, Art. 36 Rn. 18.

528 *Schroeder* a. a. O., Art. 35 Rn. 9.

529 *Schroeder* a. a. O., Art. 36 Rn. 18; *Kingreen* in: *Calliess/Ruffert*, EUV/AEUV, Art. 34–36 Rn. 217.

Verbringungsverbote aufgrund zwingender Erfordernisse im Allgemeininteresse gerechtfertigt sind, muss jedoch, insbesondere wenn Denkmäler von lediglich regionaler Bedeutung betroffen sind, stark bezweifelt werden.

§ 7 Verordnung Nr. 116/2009

Die Verordnung Nr. 116/2009 ersetzt die aufgrund offener Binnengrenzen weggefallenen nationalen Ausfuhrkontrollen durch eine einheitliche Ausfuhrkontrolle an den Außengrenzen der Europäischen Union.[530] Ziel ist es zu verhindern, dass schützenswerte Kulturgüter entgegen nationaler Schutzbestimmungen über einen anderen Mitgliedsstaat aus der Gemeinschaft ausgeführt werden.[531] Die Verordnung Nr. 116/2009 ergänzt somit den nationalen Abwanderungsschutz des KultgSchG.[532]

A. Anwendungsbereich

Geschützes Kulturgut i. S. d. Verordnung Nr. 116/2009 sind gem. Art. 1 nur solche Objekte, die von ihrem Anhang erfasst werden. Wie bereits zu Beginn des Kapitels erwähnt werden in dem Anhang der Verordnung zunächst 15 Kategorien von Kulturgütern gebildet, die anschließend bestimmten Wertgruppen, von „wertunabhängig" bis zu 150.000 Euro, zugeordnet werden. Nur Objekte, die unter eine der genannten Kulturgutkategorien fallen und welche die Wertgrenzen der jeweiligen Wertgruppe überschreiten, fallen in den Schutzbereich der Verordnung. Der Anwendungsbereich der Verordnung unterscheidet sich daher von dem des KultgSchG erheblich. Sofern ein Kulturgut nicht in ein Verzeichnis national wertvollen Kulturgutes eingetragen ist, jedoch die Voraussetzungen erfüllt, um als Kulturgut im Sinne des Anhangs der Verordnung eingestuft zu werden, besteht für dieses Objekt allein ein unionsrechtlicher Abwanderungsschutz. Ist jedoch ein Objekt in ein Verzeichnis national wertvollen Kulturgutes eingetragen, ohne die Voraussetzungen des Anhangs der Verordnung zu erfüllen, so unterliegt der eingetragene Gegenstand allein dem Schutz des KultgSchG.[533] Hinsichtlich des Anwendungsbereichs der Verordnung ist überdies zu betonen, dass diese nicht

---

530 *Berndt* Internationaler Kulturgüterschutz, S. 150.
531 Ebda.
532 *Lenski* Öffentliches Kulturrecht, S. 251.
533 Berndt Internationaler Kulturgüterschutz, S. 153 f.

zwischen Kulturgut in privatem und öffentlichem Eigentum unterscheidet, sondern beides gleichermaßen erfasst.

B. Erteilung der Ausfuhrgenehmigung

I. Verfahren

Sofern ein Kulturgut dem Anhang der Verordnung Nr. 116/2009 unterfällt, bedarf dessen Ausfuhr aus dem Zollgebiet der Europäischen Union gem. Art. 2 Abs. 1 der Verordnung Nr. 116/2009 der Genehmigung. Von der Genehmigungspflicht erfasst ist nicht nur die endgültige Ausfuhr von Kulturgut über die Außengrenzen der Europäischen Union, sondern auch jede vorübergehende Ausfuhr.[534] Der Eigentümer eines von der Genehmigungspflicht betroffenen Kulturgutes kann als Beteiligter i. S.v. Art. 2 Abs. 2 der Verordnung Nr. 116/2009 die Ausfuhrgenehmigung beantragen. Zuständig für die Erteilung der Ausfuhrgenehmigung ist gem. Art. 2 Abs. 2 lit. a der Verordnung Nr. 116/2009 die zuständige „Behörde des Mitgliedsstaats, in dessen Hoheitsgebiet sich das betreffende Kulturgut am 1. Januar 1993 rechtmäßig und endgültig befunden hat". Nach dem genannten Datum ist gem. Art. 2 Abs. 2 lit. b der Verordnung Nr. 116/2009 die zuständige „Behörde des Mitgliedsstaats, in dessen Hoheitsgebiet es sich nach rechtmäßiger und endgültiger Verbringung aus einem anderen Mitgliedsstaat oder nach der Einfuhr aus einem Drittland oder Wiedereinfuhr aus einem Drittland nach rechtmäßiger Verbringung aus einem Mitgliedstaat in dieses Land befindet", für die Erteilung der Ausfuhrgenehmigung zuständig. In Deutschland liegt die Zuständigkeit für die Erteilung der Ausfuhrgenehmigung bei den Ländern bzw. bei den von diesen beauftragten Einrichtungen.[535]

II. Voraussetzung der Ausfuhrgenehmigung

Gem. Art. 2 Abs. 2 Uabs. 3 der Verordnung Nr. 116/2009 „kann" die Ausfuhrgenehmigung „im Hinblick auf die Ziele dieser Verordnung dann verweigert werden, wenn die betreffenden Kulturgüter unter eine Rechtsvorschrift zum Schutz nationalen Kulturgutes von künstlerischem, geschichtlichem oder archäologischem Wert in dem betreffenden Mitgliedsstaat fallen." Dies ist in Deutschland dann der Fall, wenn das jeweilige Kulturgut in ein Verzeichnis national wertvollen Kultur-

---

534 *Bernsdorff/Kleine-Tebbe* Kulturgutschutz in Deutschland, Teil D, Rn. 8.

535 Eine Auflistung der zuständigen Genehmigungsbehörden der einzelnen Bundesländer ist abrufbar unter: http://www.kulturgutschutz-deutschland.de/DE/4_Ansprechpartner/Ausfuhrbeh%C3%B6rden/Ausfuhrbeh%C3%B6rden_node.html (Stand: Dezember 2014).

gutes eingetragen ist.[536] Aufgrund der Verwendung des Wortes „kann“ wird davon ausgegangen, dass es bei nach dem KultgSchG eingetragenen Kulturgütern im behördlichen Ermessen liegt, ob eine Ausfuhrgenehmigung nach der Verordnung Nr. 116/2009 erteilt wird oder nicht.[537] Es kann daher auch bei eingetragenem Kulturgut im Einzelfall eine Ausfuhrgenehmigung erteilt werden.[538] Die im Rahmen dieser Ermessensentscheidung zu tätigende Güterabwägung dürfte bei eingetragenem deutschem Kulturgut im Wesentlichen der nach § 1 Abs. 4 S. 3 KultgSchG vorzunehmenden Abwägung entsprechen,[539] d. h. es ist das öffentliche Allgemeininteresse an einem Verbleib des Kulturgutes in Deutschland mit dem Ausfuhrinteresse des Kulturguteigentümers abzuwägen.[540] Sofern das betroffene Objekt nicht in ein Verzeichnis national wertvollen Kulturgutes eingetragen ist, handelt es sich bei dem Genehmigungserfordernis um eine reine Formalität und die zuständige Landesbehörde ist verpflichtet, die unionsrechtliche Ausfuhrgenehmigung zu erteilen.[541] Hoch problematisch ist die umgekehrte Konstellation, in der ein Kulturgut in den Schutzbereich eines nationalen Kulturgutschutzgesetzes fällt, es jedoch nicht vom Anhang der Verordnung erfasst wird. In diesen Fällen besteht kein Genehmigungsvorbehalt für die Ausfuhr des Objektes aus dem europäischen Binnenmarkt, so dass dessen Ausfuhr praktisch nicht kontrolliert werden kann.[542]

III. Verstoß gegen das Ausfuhrverbot

Gem. Art. 3 der Verordnung Nr. 116/2009 obliegt es den EU-Mitgliedsstaaten, die geeigneten Sanktionen für den Fall eines Verstoßes gegen die Verordnung fest-

---

536 *Bernsdorff/Kleine-Tebbe* Kulturgutschutz in Deutschland, Teil D, Rn. 8.

537 *Bernsdorff/Kleine-Tebbe* a. a. O., Teil D, Rn. 9; *Hipp* Schutz von Kulturgütern in Deutschland, S. 269; *Rietschel* Internationale Vorgaben zum Kulturgüterschutz und ihre Umsetzung in Deutschland, S. 89; *Lenski*, Öffentliches Kulturrecht, S. 252.

538 *Hipp* a. a. O., S. 269.

539 Ein Unterschied besteht jedoch insoweit, als dass es sich bei der Entscheidung über die Ausfuhrgenehmigung nach Art. 2 Abs. 2 Uabs. 3 der Verordnung Nr. 116/2009 um eine Ermessensentscheidung handelt, während im Rahmen der Entscheidung über Ausfuhrgenehmigung nach § 1 Abs. 4 S. 3 KultgSchG eine Abwägung auf Tatbestandsebene vorzunehmen ist.

540 Vgl. oben S. 76.

541 *Bernsdorff/Kleine-Tebbe* Kulturgutschutz in Deutschland, Teil D, Rn. 8; *Hipp* Schutz von Kulturgütern in Deutschland, S. 269; *Lenski* Öffentliches Kulturrecht, S. 250.

542 *Hipp* a. a. O., S. 269.

zulegen. In Deutschland sind insoweit die Straftatbestände der Abgabenordnung heranzuziehen.[543]

IV. Rechtsschutz gegen die Nichterteilung der Ausfuhrgenehmigung

Da es sich bei der Ausfuhrgenehmigung nach Art. 2 Abs. 1 der Verordnung Nr. 116/2009 um einen Verwaltungsakt i. S. v. § 35 S. 1 VwVfG handelt, kann der private Kulturguteigentümer gegen deren Versagung im Wege der Verpflichtungsklage nach § 42 Abs. 1 2. Alt. VwGO vorgehen.[544]

§ 8 Ergebnis

Auf Bundesebene bestimmt das KultgSchG Ausfuhrverbote für national wertvolle Kulturgüter. Der Abwanderungsschutz des KultgSchG wird auf Unionsebene durch die Verordnung Nr. 116/2009 ergänzt, welche Ausfuhrverbote für Kulturgüter an den Außengrenzen der Europäischen Union statuiert. Auf Landesebene besteht in Bayern ein Verbringungsverbot für bewegliche Denkmäler, welches faktisch auch ein Ausfuhrverbot nach sich zieht.

In sachlicher Hinsicht schützen sowohl das KultgSchG als auch die Verordnung Nr. 116/2009 Kulturgüter. Der Kulturgutbegriff der beiden Regelungen unterscheidet sich jedoch. Während das KultgSchG nur solche Objekte erfasst, die als national wertvolles Kulturgut einzustufen sind, ist es für die Eröffnung des Schutzbereichs der Verordnung Nr. 116/2009 allein maßgeblich, ob ein Objekt den in ihrem Anhang aufgelisteten Kategorien und Wertgruppen zugeordnet werden kann. Das BayDSchG schützt naturgemäß nur Denkmäler, die aufgrund der zwingend erforderlichen historischen Dimension eine Untergruppe von Kulturgut darstellen. Zu betonen ist, dass das KultgSchG erst seit 2007 auch Kulturgüter im öffentlichen Eigentum erfasst. Die Verordnung Nr. 116/2009 und das BayDSchG differenzieren hingegen nicht zwischen privatem und öffentlichem Eigentum.

Ein Kulturgut unterfällt nur dann dem Anwendungsbereich des KultgSchG, wenn es in ein Landesverzeichnis national wertvollen Kulturgutes eingetragen ist. Gleiches gilt in Bayern für bewegliche Denkmäler, auf welche die Schutzbestim-

---

543 U.U. kann ein Bannbruch gem. §§ 372 Abs. 1, 2, 370 Abs. 2 AO i.V.m. Art. 2 Abs. 1 der Verordnung Nr. 116/2009 vorliegen (vgl. S. 7 des vom BKM herausgegebenen „Leitfaden für die Ein- und Ausfuhr von Kulturgut nach und aus Deutschland"; abrufbar unter http://www.kulturgutschutz-deutschland.de/SharedDocs/Downloads/DE/Leitfaden%20f%C3%BCr%20die%20Ein-%20und%20Ausfuhr%20von%20Kulturgut.pdf?__blob=publicationFile (Stand: Dezember 2014)).

544 *Bernsdorff/Kleine-Tebbe* Kulturgutschutz in Deutschland, Teil A, § 1 Rn. 92; *Hipp* a. a. O., S. 90.

mungen des BayDSchG nur im Falle ihrer Eintragung in die Denkmalliste Anwendung finden. Für die Eröffnung des Schutzbereiches der Verordnung Nr. 116/2009 ist es hingegen ausreichend, wenn ein Kulturgut von deren Anhang erfasst wird, ohne dass es eines weiteren Vollzugaktes bedarf. Im Rahmen der Eintragung von Kulturgut in ein Verzeichnis national wertvollen Kulturgutes differenziert das KultgSchG zwischen Kulturgut im privaten und im öffentlichen Eigentum. Während bei ersterem die oberste Landesbehörde zur Eintragung verpflichtet ist, sofern das jeweilige Objekt als national wertvoll zu qualifizieren ist, kommt ihr bei letzterem im Rahmen der Eintragungsentscheidung ein Ermessensspielraum zu. Auch die Eintragung beweglicher Denkmäler nach dem BayDSchG steht im Ermessen des Landesamtes für Denkmalpflege.

Die Rechtsfolgen der Eintragung von Kulturgütern nach dem KultgSchG und von beweglichen Denkmälern nach dem BayDSchG unterscheiden sich dadurch, dass letzteres die weitreichenderen Erlaubnispflichten statuiert, da nicht nur die Ausfuhr, sondern bereits jeder Ortswechsel unter Erlaubnisvorbehalt steht. Es wird daher vertreten, dass die denkmalrechtlichen Verbringungsverbote gegenüber den Ausfuhrverboten des KultgSchG das umfassendere und damit effektivere Sicherungsmittel darstellen.[545] Nach der Verordnung Nr. 116/2009 bedarf die Ausfuhr eines von ihrem Anhang erfassten Kulturgutes aus der Europäischen Union der Genehmigung.

Unterfällt ein Kulturgut allen drei Regelungen, so muss der Eigentümer im Falle einer Ausfuhr aus der Europäischen Union drei Ausfuhrgenehmigungen einholen. Im Rahmen der Entscheidung über die Ausfuhrgenehmigung nach dem KultgSchG und der Verbringungserlaubnis nach dem BayDSchG sind die unterschiedlichen Schutzrichtungen der beiden Gesetze zu beachten. So kann die Ausfuhrgenehmigung nach dem KultgSchG nur aufgrund eines entgegenstehenden öffentlichen Interesses am Verbleib des betroffenen Kulturgutes in Deutschland, welches von der Bedeutung des Objektes abhängig ist, versagt werden. Ein durch die Ausfuhr drohender Substanzverlust kann nicht berücksichtigt werden. Die Versagung einer Verbringungserlaubnis für ein bewegliches Denkmal ist hingegen nur aus Gründen des Denkmalschutzes zulässig. Eine Versagung mit dem alleinigen Ziel, die Abwanderung des jeweiligen beweglichen Denkmals ins Ausland zu verhindern, ist rechtswidrig. Bei der Ausfuhrgenehmigungsentscheidung nach dem KultgSchG kommt dem BKM ein Abwägungsspielraum zu. Im Falle der Entscheidung über die Erteilung der Verbringungserlaubnis für ein eingetragenes bewegliches Denkmal, steht es im Ermessen der Unteren Denkmalschutzbehörde, diese zu versagen, wenn die beabsichtigte Verbringung das Denkmal in

545 *Pieroth/Kampmann* NJW 1990, 1385 (1386).

seiner Substanz gefährdet. Ist dies nicht der Fall, so ist die Untere Denkmalschutzbehörde zur Erteilung der Verbringungserlaubnis verpflichtet. Nach der Verordnung Nr. 116/2009 steht die Erteilung der Ausfuhrgenehmigung im behördlichen Ermessen, sofern das betroffene Kulturgut in ein Verzeichnis national wertvollen Kulturgutes eintragen ist. Ist dies nicht der Fall, so muss die unionsrechtliche Ausfuhrgenehmigung erteilt werden.

2. Kapitel: Kunstraub und Restitution

§ 1 Der NS-Kunstraub an den Juden

Der NS-Kunstraub in weiten Teilen Europas ist in der Geschichte einmalig und führte „zu den größten Kulturgutverlusten aller Zeiten".[1] Sowohl auf dem Reichsgebiet und später im angeschlossenen Österreich als auch in den besetzten Ländern richtete er sich hauptsächlich gegen die jüdische[2] Bevölkerung.[3] Er spiegelt daher die wesentliche ideologische Absicht der Nationalsozialisten, die Vernichtung der Juden und der jüdischen Kultur, die als parasitär und als Bedrohung für die „arische" Kultur gebrandmarkt wurde, wieder.[4] Die Sammelwut des NS-Regimes, der zahlreiche Kunstsammlungen jüdischer Familien zum Opfer fielen, erscheint daher „wie ein Vorgriff auf das Programm des Völkermords".[5]

A. Die Entziehung im Deutschen Reich und im angeschlossenen Österreich

Der Kunstraub am jüdischen Volk war Teil der systematischen Judenverfolgung, die in Deutschland unmittelbar mit der Machtübernahme der Nationalsozialisten am 30. Januar 1933 begann[6] und sich nach dem „Anschluss" am 13. März 1938 auch auf Österreich erstreckte.[7] Die Methoden des NS-Regimes zur Entziehung von

1 *Schnabel/Tatzkow* Nazi Looted Art, S. 16.

2 Soweit in der vorliegenden Arbeit von „Juden", im Zusammenhang mit deren Diskriminierung durch das NS-Regime die Rede ist, sind nicht Personen jüdischen Glaubens (sog. „Glaubensjuden") gemeint, sondern diejenigen Personen, die nach der nationalsozialistischen Definition der jüdischen „Rasse" (sog. „Rassejuden") angehörten (zu den Begrifflichkeiten vgl. *Barkai* Vom Boykott zur „Entjudung", S. 221, Fn. 4). Eine entsprechende Definition fand sich in § 5 der „Ersten Verordnung zum Reichsbürgergesetz" v. 14.11.1935 (RGBl. I 1935 S. 1333). Nach § 5 Abs. 1 S. 1 dieser Verordnung galten diejenigen Personen als „Rassejuden", die „von mindestens drei der Rasse nach volljüdischen Großeltern" abstammten. Unter bestimmten Voraussetzungen wurden auch jüdische Mischlinge mit nur zwei volljüdischen Großeltern als „Rassejuden" eingestuft (vgl. §§ 2 Abs. 2, 5 Abs. 2 der Ersten Verordnung zum Reichsbürgergesetz).

3 *Petropoulos* Kunstraub und Sammelwahn, S. 310 f; *Rudolph* Restitution von Kunstwerken aus jüdischem Besitz, S. 11.

4 *Petropoulos* a.a.O., S. 24, 311.

5 *Petropoulos* a.a.O., S. 24.

6 *Röhling* Restitution jüdischer Kulturgüter nach dem Zweiten Weltkrieg, S. 22.

7 *Röhling* a.a.O., S. 33.

https://doi.org/10.1515/9783110541373-005

Kunstwerken aus jüdischem Besitz wurden dabei analog zu der sich in den Jahren nach der Machtergreifung radikalisierenden Judenverfolgung stetig aggressiver und rücksichtloser.[8] Während die Nationalsozialisten zunächst versuchten, die Juden durch allgemein wirtschaftlich diskriminierende Maßnahmen zum Verkauf ihrer Kunstwerke zu zwingen, wurden diese ihnen später gezielt und unmittelbar entzogen. Das NS-Regime war dabei stets bemüht, den Entziehungsmaßnahmen einen legalen Anstrich zu verleihen, indem es diese auf Gesetze, Verordnungen und Erlasse stützte und sie meist als „Sicherstellung" bezeichnete.[9] Insbesondere diese formaljuristischen Rechtsgrundlagen, auf denen die Entziehung jüdischer Kunstsammlungen regelmäßig beruhte, werden nachfolgend betrachtet. Dabei soll angesichts des Themas der vorliegenden Arbeit der Schwerpunkt auf die Entziehung von Kulturgütern jüdischer Emigranten durch das Verbot oder die Erschwerung ihrer Ausfuhr gelegt werden. In diesem Zusammenhang wird insbesondere der Missbrauch der Ausfuhrverordnung zum Kunstraub an jüdischen Auswanderern beleuchtet.

I. Die verschiedenen Arten der Entziehung

Es ist grundlegend zwischen zwei Formen der Entziehung jüdischen Kunstbesitzes zu unterscheiden, namentlich der „freiwilligen" Entziehung durch Rechtsgeschäft und der zwangsweisen Entziehung durch staatlichen Hoheitsakt.[10] Bei ersterer Variante war die Veräußerung des rassisch verfolgten jüdischen Eigentümers, auf welcher der Vermögensverlust beruhte, zwar formal „freiwillig", in tatsächlicher Hinsicht war der Veräußerer jedoch „unfrei", da der Verkauf unter dem Druck seiner Verfolgung und wirtschaftlichen Diskriminierung durch das NS-Regime erfolgte, und er den Veräußerungserlös dringend zur Sicherung seiner Lebensgrundlage oder zur Ermöglichung der Emigration benötigte.[11] Bei letzterer Variante hingegen trat der Vermögensverlust nicht infolge einer Vermögensübertragung durch den Eigentümer, sondern, ohne oder gegen dessen Willen, aufgrund staatlicher Anordnung ein.[12]

8 *Hartung* Kunstraub in Krieg und Verfolgung, S. 45.

9 *Hartung* a. a. O., S. 26 f.; *Loitfellner* in: *Pawlowsky/Wendelin* (Hrsg.), Enteignete Kunst, S. 13 (13).

10 *Rudolph* Restitution von Kunstwerken aus jüdischem Besitz, S. 24 f. Daneben kam es auch zu etlichen Entziehungen durch „unkontrollierte Handlungen Einzelner", wie z. B. durch Diebstahl von Parteifunktionären, die jedoch aufgrund ihrer Vielfältigkeit nicht verallgemeinerungsfähig, und folglich einer abstrakten juristischen Bewertung nicht zugänglich sind (vgl. ebda.).

11 *Rudolph* a. a. O., S. 12; *Anton* Illegaler Kulturgüterverkehr, S. 403.

12 *Schnabel/Tatzkow* Nazi Looted Art, S. 36 f.

Die Zeit der „freiwilligen" Entziehungen jüdischer Kulturgüter begann mit der Machtergreifung der Nationalsozialisten und endete zumindest theoretisch mit dem Inkrafttreten der „Verordnung über den Einsatz des jüdischen Vermögens" vom 3. Dezember 1938[13], nach der Juden der freihändige Verkauf wertvoller Kunstgegenstände verboten war.[14] Von diesem Zeitpunkt an kam es meist zu zwangsweisen Entziehungen von Kunstwerken jüdischer Sammler.[15] Der Zeitraum der „freiwilligen" Entziehungen von der Machergreifung bis Ende 1938 wird daher auch als „erste Phase der Raubkunst" bezeichnet, die anschließenden Jahre bis Kriegsende als „zweite Phase der Raubkunst".[16]

II. Die „freiwilligen" Entziehungen aufgrund der wirtschaftlichen Diskriminierung jüdischer Kunstsammler

Entscheidende Voraussetzung für die jüdischen Kulturgutverluste während der ersten Raubkunstphase war die wirtschaftliche Verdrängung der deutschen Juden und deren daraus resultierende finanzielle Notlage. Diese zwang etliche jüdische Sammler, ihren Kunstbesitz zur Sicherung der Lebensgrundlage oder zur Ermöglichung ihrer Emigration erheblich unter Marktwert zu veräußern.[17]

1. Die Verdrängung der Juden aus dem Wirtschaftsleben des Deutschen Reichs

Von Beginn an war es erklärtes Ziel der Nationalsozialisten, die Juden gesellschaftlich wie wirtschaftlich auszugrenzen, um letztendlich deren Emigration zu erzwingen.[18] Mit der Verwirklichung dieser Absicht wurde bereits zwei Monate nach der Machtergreifung durch Verfügung des ersten allgemeinen Judenboykotts vom 1. April 1933 begonnen.[19] Dieser war durch eine Anordnung vom 28. März 1933[20] initiiert worden, mit der die Parteileitung der NSDAP „zum planmäßigen

---

13 RGBl. I 1938 S. 1709. Im Folgenden „Einsatzverordnung" genannt.

14 *Rudolph* Restitution von Kunstwerken aus jüdischem Besitz S. 25.

15 *Hartung* Kunstraub in Krieg und Verfolgung, S. 47.

16 *Anton* Illegaler Kulturgüterverkehr, S. 404 f. Zur Einteilung in diese beiden Phasen vgl. auch *Francini/Heuß/Kreis* Fluchtgut – Raubgut, S. 45; *Röhling* Restitution jüdischer Kulturgüter nach dem Zweiten Weltkrieg, S. 22.

17 *Schnabel/Tatzkow* Nazi Looted Art, S. 33.

18 *Rudolph* Restitution von Kunstwerken aus jüdischem Besitz S. 12 f.; *Anton* Illegaler Kulturgüterverkehr, S. 406, 411.

19 *Rudolph* a. a. O., S. 18.

20 *Walk* Das Sonderrecht für die Juden im NS-Staat, I, Rn. 19.

Boykott jüdischer Waren, jüdischer Ärzte und jüdischer Rechtsanwälte" aufgerufen hatte.[21]

Eine Fortsetzung fand die wirtschaftliche Ausgrenzung der jüdischen Bevölkerung im Erlass des „Gesetzes zur Wiederherstellung des Berufsbeamtentums" vom 7. April 1933[22]. Nach diesem Gesetz waren Beamte „nichtarischer Abstammung" in den Ruhestand zu versetzen.[23] „Beamte, die nach ihrer bisherigen politischen Betätigung nicht die Gewähr dafür bieten, dass sie jederzeit rückhaltlos für den nationalen Staat eintreten", konnten aus dem Dienst entlassen werden.[24] Aufgrund dieses Gesetzes wurde etwa die Hälfte der ca. 5.000 jüdischen Beamten entlassen oder zwangspensioniert.[25] Nach § 4 Abs. 1 S. 2 Hs. 2 der „Ersten Verordnung zum Reichsbürgergesetz" vom 14. November 1935[26] wurde es Juden schließlich endgültig verboten, ein öffentliches Amt zu bekleiden, und die bisher noch im Amt verbliebenen jüdischen Beamten wurden entlassen.[27] Zudem wurden, auf Grundlage anderer Rechtsvorschriften, zahlreiche Juden von der Ausübung solcher Berufe, wie z. B. Anwalt oder Arzt, in denen sie weit überproportional vertreten waren und zu denen häufig auch Kunstsammler gehörten, ausgeschlossen.[28]

Eine weitere einschneidende Maßnahme für die Juden im Reichsgebiet stellte die Errichtung der sog. „Reichskulturkammer" im September 1933 dar[29], deren Aufgabe die staatliche Organisation, Überwachung und Kontrolle der Kultur war.[30] Jeder Bürger, der im weitesten Sinne auf dem kulturellen Sektor tätig war, musste

---

21 Ebda; *Rudolph* Restitution von Kunstwerken aus jüdischem Besitz S. 18. Der Boykott verpflichtete die Parteimitglieder und trat am 1. April 1933 in Kraft (*Walk* a. a. O., I, Rn. 19).

22 RGBl. I 1933, S. 175.

23 Vgl. § 3 Abs. 1 des Gesetzes zur Wiederherstellung des Berufsbeamtentums.

24 Vgl. § 4 S. 1 des Gesetzes zur Wiederherstellung des Berufsbeamtentums.

25 *Barkai*, Vom Boykott zur „Entjudung", S. 36; *Anton* Illegaler Kulturgüterverkehr, S. 412.

26 Vgl. oben S. 115 Fn. 2.

27 *Francini/Heuß/Kreis* Fluchtgut – Raubgut, S. 39. In § 4 Abs. 2 S. 1 der Ersten Verordnung zum Reichsbürgergesetz war bestimmt, dass jüdische Beamten mit Ablauf des Jahres 1935 in den Ruhestand treten.

28 *Anton* Illegaler Kulturgüterverkehr, S. 412. So konnte z. B. nach § 1 Abs. 1 des „Gesetzes über die Zulassung zur Rechtsanwaltschaft" v. 7. 4. 1933 (RGBl. I 1933, S. 188) die Zulassung von Rechtsanwälten „nicht arischer Abstammung" bis zum 30. September 1933 zurückgenommen und Juden auf diesem Weg aus dem Rechtsanwaltsberuf verdrängt werden.

29 Rechtsgrundlage dafür war das „Reichskulturkammergesetz" v. 22. 9. 1933 (RGBl. I 1933, S. 661 f.).

30 *Röhling* Restitution jüdischer Kulturgüter nach dem Zweiten Weltkrieg, S. 29; *Anton* Illegaler Kulturgüterverkehr, S. 413.

der für ihn zuständigen Einzelkammer angehören.[31] Personen, die als politisch unzuverlässig bzw. ungeeignet eingestuft wurden, konnte entweder bereits die Aufnahme in die jeweilige Einzelkammer verweigert werden oder sie konnten aufgrund dieser Einstufung wieder aus der entsprechenden Einzelkammer ausgeschlossen werden.[32] Ab 1935 wurde mit dem systematischen Ausschluss der Juden aus der Reichskulturkammer begonnen, was zu einem faktischen Berufsverbot für jüdische Kulturschaffende führte.[33] In der Folge wurden zahlreiche bedeutende jüdische Kunsthandlungen aufgelöst und ihr Bestand öffentlich versteigert, so dass bereits im Jahre 1937 die „Arisierung" des deutschen Kunsthandels weitgehend abschlossen war.[34] Aufgrund dieser Geschehnisse wanderten zahlreiche jüdische Kunsthändler aus Deutschland aus und verlagerten ihre Tätigkeit nach New York, Paris oder Amsterdam.[35]

Den wohl wichtigsten Einschnitt im Leben der jüdischen Bevölkerung in Deutschland stellte der Erlass der sog. „Nürnberger Rassengesetze" vom 15. September 1935[36] dar. Diese schufen für „Arier" den neuen Status des „Reichsbürgers", an den alle politischen Rechte geknüpft waren[37], während Juden, deren rassische Zugehörigkeit anschließend durch die „Erste Verordnung zum Reichsbürgergesetz" vom 14. November 1935 erstmals gesetzlich definiert wurde[38], nur die Staatsbürgerschaft behielten.[39] Damit lieferten die Nürnberger Rassengesetze die Grundlage für zahlreiche weitere rechtliche Regelungen zur Verdrängung der Juden aus Wirtschaft und Gesellschaft bis hin zu dem Ziel der „Endlösung" der Judenfrage.[40]

---

31 Vgl. § 4 Abs. 1 der „Ersten Verordnung zur Durchführung des Reichskulturkammergesetzes" v. 1.11.1933 (RGBl. I 1933, S. 797).

32 Vgl. § 10 der Ersten Verordnung zur Durchführung des Reichskulturkammergesetzes.

33 *Anton* Illegaler Kulturgüterverkehr, S. 414. So waren nach einer Verordnung des Reichspropagandaministers *Goebbels* vom Februar 1936 jüdische Kunsthändler und andere Vertreiber von Kulturgut, von der Mitgliedschaft in der Reichkulturkammer ausgeschlossen (*Petropoulos* Kunstraub und Sammelwahn, S. 121).

34 *Francini/Heuß/Kreis* Fluchtgut – Raubgut, S. 42; *Anton* Illegaler Kulturgüterverkehr, S. 414.

35 *Röhling* Restitution jüdischer Kulturgüter nach dem Zweiten Weltkrieg, S. 29.

36 Unter den Begriff der „Nürnberger Rassengesetze" fallen das Reichsbürgergesetz v. 15.9.1935 (RGBl. I 1935, S. 1146) und das Gesetz zum Schutze des deutschen Blutes und der deutschen Ehre v. 15.9.1935 (RGBl. I 1935, S. 1146), die beide anlässlich des Reichsparteitags in Nürnberg erlassen wurden (vgl. *Essner*, Die „Nürnberger Gesetze" oder Die Verwaltung des Rassenwahns 1933–1945, S. 14).

37 Vgl. § 2 des Reichsbürgergesetzes.

38 Vgl. oben S. 115 Fn. 2.

39 *Petropoulos* Kunstraub und Sammelwahn, S. 121.

40 *Francini/Heuß/Kreis* Fluchtgut – Raubgut, S. 36; *Schnabel/Tatzkow* Nazi Looted Art, S. 33; *Anton* Illegaler Kulturgüterverkehr, S. 415.

Zu einer weiteren Verschärfung der wirtschaftlichen Repressalien kam es im Zuge der sog. „Reichskristallnacht" vom 9./10. November 1938, in der die wahllosen Verhaftungen und antisemitische Gewalttaten der zweiten Hälfte des Jahres 1938 ihren Höhepunkt fanden.[41] Neben nahezu allen noch bestehenden Synagogen, jüdischen Einrichtungen und Geschäften wurden auch zahlreiche jüdische Kulturgüter, insbesondere sakrale Kunstschätze, zerstört.[42] Im Anschluss an die „Reichskristallnacht" erließ die NS-Regierung sofort mehrere Verordnungen, die den Pogrom zum Anlass nahmen, auf das jüdische Vermögen zuzugreifen.[43] So verpflichtete z. B. die „Verordnung zur Wiederherstellung des Straßenbildes bei jüdischen Gewerbebetrieben" vom 12. November 1938[44] jüdische Wohnungsinhaber und Gewerbetreibende, Schäden, die während des Pogroms an ihren Gewerbebetrieben und Wohnungen entstanden waren, sofort und auf eigene Kosten zu beseitigen.[45] Zudem wurde den deutschen Juden durch die „Verordnung über eine Sühneleistung der Juden deutscher Staatsangehörigkeit" vom 12. November 1938[46] die Zahlung einer Kontribution von einer Milliarde Reichsmark an das Deutsche Reich auferlegt.[47] Die daran anknüpfende „Durchführungsverordnung über die Sühneleistung der Juden" vom 21. November 1938[48] bestimmte, dass jeder Jude 20 Prozent seines Vermögens zur Tilgung dieser „Sühneleistung" abzugeben hatte (sog. „Judenvermögensabgabe").[49] Die wirtschaftliche Verdrängung der deutschen Juden wurde schließlich durch die „Verordnung zur Ausschaltung der Juden aus dem deutschen Wirtschaftsleben" vom 12. November 1938[50], nach der Juden die Ausübung einer Vielzahl verschiedener gewerblicher Tätigkeiten untersagt war, komplettiert.[51] Der Erlass dieser Verordnung hatte die „Entjudung" bzw. „Arisierung" zahlreicher Betriebe zur Folge.[52]

---

41 *Anton* a. a. O., S. 421.

42 *Röhling* Restitution jüdischer Kulturgüter nach dem Zweiten Weltkrieg, S. 22; *Barkai* Vom Boykott zur „Entjudung", S. 147.

43 *Rudolph* Restitution von Kunstwerken aus jüdischem Besitz, S. 13 f.

44 RGBl I 1938 S. 1581.

45 Vgl. §§ 1, 2 Abs. 1 der Verordnung. Gem. § 2 Abs. 2 der Verordnung konnten auch die Versicherungsansprüche der geschädigten Juden „zugunsten des Reichs beschlagnahmt" werden.

46 RGBl. I 1938 S. 1579.

47 Vgl. § 1 der Verordnung.

48 RGBl. I 1938 S. 1638.

49 Vgl. § 4 Abs. 1 S. 1 der Durchführungsverordnung. Gem. § 3 Abs. 4 der Durchführungsverordnung wurde die Abgabe jedoch dann „nicht erhoben, wenn der Gesamtwert des Vermögens nach Abzug der Verbindlichkeiten [...] 5.000 Reichsmark nicht übersteigt".

50 RGBl I 1938 S. 1580.

51 Nach § 1 Abs. 1 dieser Verordnung, war Juden mit Wirkung vom 1. Januar 1939, „der Betrieb von Einzelhandelsverkaufsstellen, Versandgeschäften oder Bestellkontoren, sowie der selbstständige

2. Die „freiwilligen" Veräußerungen

Aufgrund dieser wirtschaftlichen Repressalien sahen sich etliche jüdische Sammler gezwungen, ihren Kunstbesitz freihändig oder im Rahmen von Versteigerungen zu veräußern.[53] Öffentliche Versteigerungen von Kunstobjekten verfolgter Juden (sog. „Judenauktionen") fanden hauptsächlich in den deutschen Kunsthandelszentren München, Frankfurt und Berlin sowie in der Schweiz statt.[54] Aufgrund der Vielzahl der verfolgungsbedingten Veräußerungen wurde der Kunstmarkt nach 1933 mit einer Unmenge von Kunstwerken überschwemmt.[55] Dies führte im Zusammenhang mit der fortwährenden Weltwirtschaftskrise zwangsläufig zu einem massiven Preisverfall.[56] Die Preisentwicklung wurde zudem dadurch negativ beeinflusst, dass sämtliche deutsch-jüdischen Kunstsammler aufgrund der aus ihrer wirtschaftlichen Diskriminierung folgenden finanziellen Schlechterstellung als Käufer ausfielen.[57] Verfolgte Sammler, die unter finanziellen Zwängen oder dem Druck der schnellstmöglichen Auswanderung ihre Kunstwerke veräußern mussten, konnten somit oft nur einen Bruchteil des wirklichen Marktwertes ihrer Objekte erzielen.[58] Diese formell „freiwilligen" Veräußerungen waren daher aufgrund der durch das NS-Regime geschaffenen „mittelbaren" Zwangslage zumindest aus finanziellen und psychischen Gründen „unfrei".[59] Sie führten auf dem Reichsgebiet bereits zur weitgehenden Auflösung der jüdischen Kunstsammlungen.[60]

III. Die zwangsweise Entziehung durch staatlichen Hoheitsakt

Während der Ende 1938 beginnenden zweiten Raubkunstphase wurden die verbliebenen deutsch-jüdischen Kunstsammlungen von den NS-Behörden systematisch beschlagnahmt, enteignet und anschließend im staatlichen Interesse

---

Betrieb eines Handwerks untersagt". Nach § 1 Abs. 2 war es ihnen „mit Wirkung vom gleichen Tage verboten, auf Märkten aller Art, Messen oder Ausstellungen Waren oder gewerbliche Leistungen anzubieten, dafür zu werben oder Bestellungen darauf anzunehmen". Zudem konnte gem. § 2 Abs. 2 S. 1 der Verordnung ein Jude, der „als leitender Angestellter in einem Wirtschaftsunternehmen tätig" war, „mit einer Frist von sechs Wochen gekündigt werden".

52 *Blau* Das Ausnahmerecht für die Juden in Deutschland 1933–1945, S. 8.

53 *Rudolph* Restitution von Kunstwerken aus jüdischem Besitz, S. 26.

54 Ebda; *Anton* Illegaler Kulturgüterverkehr, S. 413, 433.

55 *Anton*, a.a.O., S. 413.

56 Ebda.

57 *Anton* a.a.O., S. 412f.

58 *Schnabel/Tatzkow* Nazi Looted Art, S. 34.

59 *Anton* Illegaler Kulturgüterverkehr, S. 433.

60 Vgl. *Francini/Heuß/Kreis* Fluchtgut – Raubgut, S. 45; *Anton* a.a.O., S. 406.

finanziell verwertet.[61] Diese Zwangsentziehungen, die meist auf verschiedene Verordnungen und Erlasse gestützt waren, erstreckten sich nun auch auf das Gebiet des angeschlossenen Österreichs.

1. Erstreckung der Entziehungsmaßnahmen auf das Gebiet des „angeschlossenen" Österreichs

Unmittelbar mit dem Einmarsch der deutschen Truppen in Wien und dem „Anschluss" Österreichs an das Deutsche Reich am 13. März 1938 begann die Verfolgung der dort ansässigen Juden und der Zugriff auf ihr Vermögen, einschließlich ihres Kunstbesitzes.[62] Die Vermögensentziehungen konnten dabei weitgehend auf dieselben Rechtsgrundlagen wie im „Altreich" gestützt werden, da mit dem „Anschluss" Österreichs diejenigen Reichsgesetze, die nach dem „Anschluss" erlassen wurden, grundsätzlich auch in Österreich Geltung beanspruchten.[63] Die anschließend erläuterten gesetzlichen Regelungen, auf welche das NS-Regime die staatlichen Entziehungsmaßnahmen regelmäßig stützte, galten daher grundsätzlich auch für das Gebiet des angeschlossenen Österreichs, soweit sie nach dem 13. März 1938 erlassen wurden. Trotz der Geltung dieser Regelungen für das gesamte Reichsgebiet befasste sich das NS-Regime zunächst mit dem jüdischen Kunstbesitz in Wien, welches dadurch „zum Experimentierfeld für die Erprobung besonders radikaler antijüdischer Maßnahmen" wurde.[64] So beschlagnahmten die Nationalsozialisten binnen weniger Tage nach dem „Anschluss" in einem bisher nicht gekannten Tempo zahlreiche bedeutende jüdische Kunstsammlungen in Wien.[65]

61 *Francini/Heuß/Kreis* a. a. O.; *Hartung* Kunstraub in Krieg und Verfolgung, S. 47; *Anton*, a. a. O., S. 406.

62 *Petropoulos* Kunstraub und Sammelwahn, S. 111; *Röhling* Restitution jüdischer Kulturgüter nach dem Zweiten Weltkrieg, S. 33; *Loitfellner* in: *Pawlowsky/Wendelin* (Hrsg.), Enteignete Kunst, S. 13 (13); *Dorrmann* in: *Bertz* (Hrsg.)/*Dorrmann* (Hrsg.), Raub und Restitution, S. 121 (121); *Schnabel/Tatzkow* Nazi Looted Art, S. 62; *Anton* a. a. O., S. 307.

63 Vgl. § 1 Abs. 2 des „Ersten Erlasses des Führers und Reichskanzlers über die Einführung deutscher Reichsgesetze in Österreich" v. 15. 3. 1938 (RGBl. I 1938 S. 247).

64 *Petropoulos* Kunstraub und Sammelwahn, S. 112; *Schnabel/Tatzkow* Nazi Looted Art, S. 62; *Dorrmann* in: *Bertz* (Hrsg.)/*Dorrmann* (Hrsg.), Raub und Restitution, S. 121 (121).

65 *Loitfellner* in: *Pawlowsky/Wendelin* (Hrsg.), Enteignete Kunst, S. 13 (13); *Schnabel/Tatzkow* a. a. O. S. 62; *Dorrmann* a. a. O. S. 121 (121).

2. Anmeldepflicht für jüdisches Vermögen

Eine wichtige Grundlage für die staatlichen Beschlagnahmeaktionen der zweiten Raubkunstphase stellte die „Verordnung über die Anmeldung des Vermögens von Juden" vom 26. April 1938[66] dar. Nach §§ 1 Abs. 1, 4 S. 1 der Anmeldeverordnung hatte jeder Jude deutscher Staatsangehörigkeit sein gesamtes in- und ausländisches Vermögen, sofern es mehr als 5.000 Reichsmark betrug[67], bis zum 30. Juni 1938 bei der zuständigen höheren Verwaltungsbehörde anzumelden und zu bewerten.[68] Von der Anmeldepflicht war auch der jüdische Kunstbesitz umfasst. Mit Hilfe der Anmeldeverordnung erlangten die NS-Behörden daher umfassende Kenntnisse über die Größe, Lage und Verteilung der jüdischen Vermögenswerte, die sie für anschließende Konfiskationen nutzen konnten.[69]

3. Verbot der freihändigen Veräußerung und Zwangsverkauf

Nach § 7 der Anmeldeverordnung konnte der Beauftragte für den Vierjahresplan (Hermann Göring) „die Maßnahmen treffen, die notwendig sind, um den Einsatz des anmeldepflichtigen Vermögens im Einklang mit den Belangen der deutschen Wirtschaft sicherzustellen". Was unter dem „Einsatz des anmeldepflichtigen Vermögens" zu verstehen war, bestimmte sich nach der Einsatzverordnung vom 3. Dezember 1938[70]. In § 14 Abs. 1 S. 1 verbot die Einsatzverordnung Juden deutscher Staatsangehörigkeit[71] grundsätzlich den Erwerb, die Verpfändung und die freihändige Veräußerung von Gegenständen „aus Gold, Platin oder Silber" sowie von „Edelsteinen und Perlen". Dies galt gem. § 14 Abs. 1 S. 3 der Einsatzverordnung auch „für sonstige Schmuck- und Kunstgegenstände, soweit der Preis für den einzelnen Gegenstand 1000 Reichsmark" überstieg.[72] Wollte ein Jude die von der Einsatzverordnung erfassten Gegenstände freihändig veräußern, so bedurfte er

---

66 RGBl. I 1938 S. 414. Im Folgenden „Anmeldeverordnung" genannt.

67 Vgl. § 3 Abs. 2 der Anmeldeverordnung.

68 Ausgenommen waren gem. § 2 Abs. 2 der Anmeldeverordnung lediglich Gegenstände zum ausschließlichen persönlichen Gebrauch des Anmeldepflichtigen und Hausrat, der keinen Luxusgegenstand darstellte.

69 *Anton* Illegaler Kulturgüterverkehr, S. 421.

70 Vgl. oben S. 117 Fn. 13.

71 Vgl. § 14 Abs. 2 der Einsatzverordnung.

72 Durch § 3 der „Fünften Verordnung zur Durchführung der Verordnung über den Einsatz des jüdischen Vermögens" v. 25.4.1941 (RGBl. I 1941 S. 218; im Folgenden „5. Durchführungsverordnung" genannt) wurde dieser Mindestwert von 1000 Reichsmark jedoch aufgehoben. Dies führte anschließend zu einer systematischen Beschlagnahmung und Verwertung, der noch vorhandenen jüdischen Kunstsammlungen (*Anton* Illegaler Kulturgüterverkehr, S. 425). Vgl. auch *Rudolph* Restitution von Kunstwerken aus jüdischem Besitz, S. 35.

dafür der Genehmigung der Reichskammer der bildenden Künste in Berlin.[73] Alternativ konnte die Reichskammer der bildenden Künste bestimmen, dass die betroffenen Kunst- und Schmuckgegenstände „einer öffentlichen Stelle zum Erwerb" oder „den örtlich interessierten Stellen in den Reichsgauen anzubieten sind" sowie „gegen Devisen ins Ausland zu veräußern sind". [74] Entschied sich die Reichskammer gegen eine freihändige Veräußerung, so hatte sie nach § 5 Abs. 1 ihrer Verfahrensordnung „auf das Zustandekommen eines Kaufvertrags hinzuwirken und erforderlichenfalls den Vermittler hierfür zu bestimmen". Überdies hatte sie gem. § 5 Abs. 2 der Verfahrensordnung den Wert des betroffenen Gegenstandes bzw. dessen Kaufpreis zu bestimmen. Da der jüdische Eigentümer in diesen Fällen weder seinen Vertragspartner wählen noch den Kaufpreis festsetzen konnte, handelte es sich bei solchen Veräußerungen stets um Zwangsverkäufe.[75] Falls der jüdische Eigentümer sich weigerte, einen solchen Zwangsverkauf durchzuführen, konnte zur Herbeiführung der angestrebten Veräußerung ein Treuhänder eingesetzt werden, der zur Vornahme aller erforderlichen Rechtshandlungen ermächtigt war.[76] Die Einsatzverordnung und die in ihrem Gefolge erlassenen Verordnungen lieferten den NS-Behörden folglich ein wirkungsvolles Instrument zur Zwangsveräußerung jüdischer Kulturgüter.

4. Einziehung volks- und staatsfeindlichen Vermögens

Eine weitere wichtige Vorschrift, aufgrund derer jüdisches Vermögen – einschließlich des Kunstbesitzes – entzogen wurde, stellte das „Gesetz über die Einziehung volks- und staatsfeindlichen Vermögens" vom 14. Juli 1933[77] dar.[78]

---

73 Vgl. § 3 Abs. 2 S. 1 der „Verordnung zur Durchführung der Verordnung über den Einsatz des jüdischen Vermögens" v. 16.1.1939 (RGBl. I 1939 S. 37) i.V.m. §§ 1, 2 der 5. Durchführungsverordnung. Vgl. auch *Rudolph* a.a.O., S. 35.

74 Vgl. § 4 Abs. 1 der „Verfahrensordnung der Reichskammer der bildenden Künste als Ankaufsstelle für Kulturgut" v. 6.5.1941 (RGBl. I 1941 S. 245, im Folgenden „Verfahrensordnung" genannt). Voraussetzung für eine solche Entscheidung der Reichskammer der bildenden Künste war gem. § 2 Abs. 1 der Verfahrensordnung ein schriftlicher Antrag „durch den jüdischen Veräußerer, seines Vertreters oder eines von der Reichskammer der bildenden Künste für diesen Zweck zugelassenen Kunst- und Antiquitätenhändlers". Das Veräußerungsverfahren konnte somit nach den beiden letzten Varianten auch gegen den Willen des Eigentümers des betroffenen Kunst- oder Schmuckgegenstandes eingeleitet werden.

75 *Rudolph* Restitution von Kunstwerken aus jüdischem Besitz, S. 36.

76 Vgl. § 7 der Verfahrensordnung i.V.m. § 2 Abs. 1, 2 S. 1 der Einsatzverordnung. Vgl. auch *Rudolph* a.a.O., S. 36 Fn. 133.

77 RGBl. I 1933 S. 479. Dieses Gesetz galt nicht für das Gebiet des angeschlossenen Österreichs. Dort galt die „Verordnung über die Einziehung volks- und staatsfeindlichen Vermögens im Lande

Nach diesem Gesetz fanden die Vorschriften des „Gesetzes über die Einziehung kommunistischen Vermögens" vom 26. Mai 1933[79] auch „auf Sachen und Rechte, die zur Förderung marxistischer oder anderer, nach Feststellung des Reichministers des Inneren volks- und staatsfeindlicher Bestrebungen gebraucht oder bestimmt sind, Anwendung". Nach § 1 Abs. 1 des „Gesetzes über die Einziehung kommunistischen Vermögens" konnte das NS-Regime u. a. „Sachen und Rechte der Kommunistischen Partei Deutschlands [...] zugunsten des Landes einziehen". Dieses Einziehungsrecht konnte daher nach Feststellung des Reichsinnenministers unter dem Vorwand „volks- und staatsfeindlicher Bestrebungen" auch gegenüber Juden zur Entziehung ihres Kunstbesitzes missbraucht werden.

IV. Entziehung von Kulturgütern jüdischer Emigranten

Aufgrund der sich radikalisierenden gesellschaftlichen wie wirtschaftlichen Diskriminierung, und schließlich zur Rettung ihres Lebens, waren deutsche und österreichische Juden – solange dies noch möglich war – zur Emigration ins sichere Ausland gezwungen. Emigrationswillige Juden, die ihre Kulturgüter nicht im Vorfeld ihrer Auswanderung veräußert hatten, wurden größtenteils durch gezielte Maßnahmen des NS-Regimes an der Ausfuhr bzw. an der Mitnahme dieser Kulturgüter gehindert.

1. Die Emigration der verfolgten deutschen und österreichischen Juden

Zu Beginn des Jahres 1933 lebten auf dem Gebiet des Deutschen Reichs ca. 562.000 Juden.[80] Von diesen konnten bis Kriegsende insgesamt wohl rund 330.000 aus Deutschland auswandern.[81] In den Jahren 1933 bis 1938 emigrierten etwa 220.000 Juden und weitere 100.000 flohen von 1939 bis 1941 aus Deutschland.[82] Ab Oktober

Österreich" v. 18.11.1938 (RGBl. I 1938 S. 1620). Nach § 1 Abs. 1 dieser Verordnung konnten „Vermögen von Personen oder Personenvereinigungen, die volks- und staatsfeindliche Bestrebungen gefördert haben, sowie Sachen und Rechte, die zur Förderung solcher Bestrebungen gebraucht oder bestimmt waren oder sind, zugunsten des Landes Österreich" eingezogen werden. Gem. § 1 Abs. 2 der Verordnung oblag es dem Reichsinnenminister, festzustellen, „welche Bestrebungen als volks- und staatsfeindlich anzusehen sind".

78 *Walk* Das Sonderrecht für die Juden im NS-Staat, I, Rn. 177; *Francini/Heuß/Kreis* Fluchtgut – Raubgut, S. 46. Vgl. dazu auch *Rudolph* Restitution von Kunstwerken aus jüdischem Besitz, S. 37; *Anton* Illegaler Kulturgüterverkehr, S. 417 f.

79 RGBl. I 1933 S. 293.

80 Vgl. *Broszat/Frei* Das Dritten Reich im Überblick, S. 220.

81 Vgl. ebda.

82 Vgl. ebda.

1941 war eine Auswanderung auf legalem Weg grundsätzlich nicht mehr möglich, da mit dem geheimen Erlass des Reichssicherheitshauptamtes vom 23. Oktober 1941[83] die Auswanderung der Juden aus Deutschland für die Dauer des Krieges ausnahmslos verboten wurde.[84] Aufgrund eines Runderlasses vom 3. Januar 1942[85] wurde schlussendlich ein dauerhaftes Ausreiseverbot für deutsche und staatenlose Juden aus dem Deutschen Reich verfügt.[86] Trotzdem gelang es in den Jahren 1942 bis 1945 noch ca. 10.000 Juden, aus Deutschland zu fliehen.[87] Von den deutschen Juden, die nicht ins unbesetzte Ausland fliehen konnten, überlebten in Deutschland nur 20.000 den Krieg.[88] Rund 200.000 deutsche Juden ließ das NS-Regime deportieren und ermorden.[89]

Von den rund 185.000 Juden, die zu Beginn des Jahres 1938 in Österreich lebten, gelang es etwa 126.000 vor Kriegsbeginn aus Österreich auszuwandern.[90] Anschließend konnten bis zum 10. November 1941 nur noch ca. 2.000 Juden aus Österreich fliehen.[91] Danach war die Auswanderung von Juden vollständig verboten.[92] Allein in den Ghettos und Konzentrationslagern in Osteuropa wurden über 65.000 österreichische Juden ermordet.[93]

---

83 Vgl. *Walk* Das Sonderrecht für die Juden im NS-Staat, IV, Rn. 256.

84 Ebda.

85 Vgl. *Walk* a.a.O., IV, Rn. 293.

86 Ebda.

87 Vgl. *Broszat/Frei* Das Dritten Reich im Überblick, S. 220. Die Zahlen der jüdischen Emigranten aus dem Deutschen Reich divergieren – je nach Quelle – erheblich. So geht *Barkai* Von Boykott zur „Entjudung“, S. 156 davon aus, dass in den fünf Jahren von 1933 bis 1937 knapp 130.000 Juden, in den Jahren 1938 und 1939 etwa 118.000 Juden und nach dem Ausbruch des Zweiten Weltkriegs im September 1939 weitere 30.000 – 31.000 Juden aus Deutschland flohen. Demgegenüber heißt bei *Jäckel/Longerich/Schoeps* Die Verfolgung und Ermordung der europäischen Juden, Band I, S. 342, dass „die Zahl der jüdischen Emigranten aus Deutschland zwischen 1933 und 1945 [...] einschließlich der 98.000 Juden, die in europäische Länder auswanderten, die später von den Deutschen erobert wurde“, 346.000 betrug.

88 *Jäckel/Longerich/Schoeps* a.a.O., S. 342.

89 Ebda.

90 *Jäckel/Longerich/Schoeps* Die Verfolgung und Ermordung der europäischen Juden, Band II, S. 1075, 1079.

91 *Jäckel/Longerich/Schoeps* a.a.O., S. 1079.

92 Ebda.

93 *Jäckel/Longerich/Schoeps* a.a.O., S. 1080.

2. Die Erschwerung bzw. das Verbot der Verbringung von jüdischen Kulturgütern ins Ausland

Die Nationalsozialisten missbrauchten und verschärften verschiedene bestehende Gesetze und erließen mehrere neue Gesetze und anderweitige Rechtsvorschriften, um das Vermögen und insbesondere auch die Kulturgüter jüdischer Auswanderer in Deutschland bzw. in Österreich zu halten und sich anschließend einzuverleiben. Diese Maßnahmen führten dazu, dass ein Großteil der jüdischen Emigranten spätestens ab 1938 ihre Ausreise praktisch mittellos antreten musste.[94]

a) Allgemein gegen den Transfer bzw. die Ausfuhr von Vermögenswerten jüdischer Emigranten gerichtete Vorschriften und Maßnahmen

aa) Verschärfung der Reichsfluchtsteuer

Die sog. „Reichsfluchtsteuer" [95], die bereits 1931 eingeführt wurde, hatte ursprünglich keinen diskriminierenden Zweck und verpflichtete grundsätzlich alle deutschen Staatsangehörigen, die emigrieren wollten, ab einem Vermögen von über 200.000 Reichsmark bzw. einem Jahreseinkommen von mehr als 20.000 Reichsmark, ein Viertel ihres gesamten Vermögens an den deutschen Staat abzugeben.[96] Unter der NS-Herrschaft wurde die Reichsfluchtsteuer verschärft und dadurch zu einem wichtigen Instrument der systematischen Entziehung des Vermögens jüdischer Emigranten.[97] Angesichts der in den ersten Jahren des NS-Regimes ausdrücklich erwünschten jüdischen Emigration, drohte durch die Auswanderung finanziell leistungsfähiger Juden eine erhebliche Schmälerung der deutschen Steuerbasis, die durch die Erhebung der Reichsfluchtsteuer ausgeglichen werden sollte.[98] Mit Erlass des „Gesetzes zur Änderung der Vorschriften über

---

94 *Meinl/Zwilling* Legalisierter Raub, S. 43.

95 Diese wurde mit der „Vierten Verordnung des Reichspräsidenten zur Sicherung von Wirtschaft und Finanzen und zum Schutze des inneren Friedens" v. 8.12.1931 (RGBl. I 1931 S. 699) eingeführt. Zur „Reichsfluchtsteuer und sonstigen Maßnahmen gegen Kapital- und Steuerflucht" vgl. den Siebenter Teil, Kap. III, S. 731–737. Im Folgenden „Reichsfluchtsteuergesetz" genannt.

96 Vgl. §§ 1, 2 Abs. 4 S. 1, 3 Abs. 1 Reichsfluchtsteuergesetz. Zwar wurde die Steuerpflicht zunächst gem. § 4 Nr. 2 Reichsfluchtsteuergesetz auf Auswanderungen vor dem 1.1.1933 zeitlich befristet. Sie wurde jedoch immer wieder verlängert. Eine letzte Verlängerung, ohne zeitliche Beschränkung, fand im Dezember 1942 statt (vgl. *Walk* Das Sonderrecht für die Juden im NS-Staat, II, Rn. 389, III, Rn. 128, 133, IV, Rn. 52, 153, 292, 456; *Mußgnug* Die Reichsfluchtsteuer 1931–1953, S. 33–35).

97 *Barkai* Vom Boykott zur „Entjudung", S. 60, 111; *Anton* Illegaler Kulturgüterverkehr, S. 411. Zur Verschärfung der Reichsfluchtsteuer vgl. auch *Mußgnug* a. a. O., S. 31–33.

98 Vgl. den Runderlass des Reichsministers der Finanzen v. 26.7.1933 (vgl. *Walk* Das Sonderrecht für die Juden im NS-Staat, I, Rn. 199).

die Reichsfluchtsteuer“ vom 18. Mai 1934[99] wurde die Reichsfluchtsteuer daher bereits ab einem Vermögen von mehr als 50.000 RM erhoben, wobei der Steuersatz bei 25 Prozent belassen wurde, was den Kreis der Reichssteuerpflichtigen deutlich erweiterte.[100] Nur bei vollständiger Entrichtung dieser Abgabe wurde emigrierenden Juden gestattet, ihr Vermögen und damit auch ihren Kunstbesitz aus dem Reichsgebiet auszuführen.[101] Wurde die Steuer nicht innerhalb von zwei Monaten nach der Emigration vollständig entrichtet, konnte unter anderem das gesamte inländische Vermögen des Steuerpflichtigen beschlagnahmt werden.[102] Die NS-Behörden konnten zur „Sicherung“ ihrer Steueransprüche[103] folglich auch auf den Kunstbesitz jüdischer Sammler zurückgreifen und diesen beschlagnahmen.[104]

bb) Diskriminierung jüdischer Emigranten aufgrund devisenrechtlicher Bestimmungen

Auch wenn in den Anfangsjahren des NS-Regimes keine devisenrechtlichen Vorschriften existierten, die sich in diskriminierender Art und Weise gegen jüdische Auswanderer richteten, so entwickelte sich das Devisenrecht ab 1935 zu einem äußerst wichtigen Instrument der Ausplünderung jüdischer Emigranten.[105] Nach dem zur NS-Zeit geltenden Devisenrecht stand grundsätzlich jeglicher Kapitaltransfer ins Ausland unter Genehmigungsvorbehalt.[106] Selbst wenn ein

---

99 RGBl. I 1934 S. 392.

100 Vgl. Art. 1 Nr. 1. des Gesetzes über die Änderung der Reichsfluchtsteuer. Vgl. auch *Walk* Das Sonderrecht für die Juden im NS-Staat, I, Rn. 392.

101 *Rudolph* Restitution von Kunstwerken aus jüdischem Besitz S. 33; *Anton* Illegaler Kulturgüterverkehr, S. 415.

102 Vgl. § 9 Nr. 3 S. 1 i.V.m. § 4 Nr. 2 Reichsfluchtsteuergesetz.

103 Vgl. § 9 Nr. 3 S. 2 Reichsfluchtsteuergesetz.

104 *Francini/Heuß/Kreis* Fluchtgut – Raubgut, S. 46; *Loitfellner* in: *Pawlowsky/Wendelin* (Hrsg.), Enteignete Kunst, S. 13 (17). Vgl. z.B. die Beschlagnahme und Zwangsversteigerung des Kunstbesitzes von Lucie Mayer-Fuld zur Tilgung der Reichsfluchtsteuer im Jahre 1940 (*Schnabel/Tatzkow* Nazi Looted Art, S. 274).

105 *Banken* in: *Bähr/Banken* (Hrsg.), Wirtschaftssteuerung durch Recht im Nationalsozialismus, S. 121 (188–195, 208–210).

106 Nach § 13 Abs. 1 des „Gesetzes über die Devisenbewirtschaftung“ v. 4.2.1935 (RGBl. I 1935 S. 105; im Folgenden „Devisengesetz von 1935“ genannt) durften „Zahlungsmittel, Wertpapiere, Gold und Edelmetalle [...] nur mit Genehmigung ins Ausland [...] versandt oder überbracht werden“. Grundsätzlich ausgenommen von diesem Genehmigungsvorbehalt waren lediglich solche Vermögenswerte, die einen Betrag von zehn Reichsmark nicht überstiegen (vgl. § 28 Abs. 1 des Devisengesetzes von 1935). Ein vergleichbarer Genehmigungsvorbehalt fand sich auch in §§ 16, 22 und 28 des Gesetzes über die Devisenbewirtschaftung v. 12.12.1938 (RGBl. I 1938 S. 1734; im Folgenden „Devisengesetz von 1938“ genannt).

Geldtransfer ins Ausland genehmigt wurde, so konnte dieser ab 1934 bei einem Vermögen von über 2.000 Reichsmark nur noch im Wege der sog. „mittelbaren Transferierung" durchgeführt werden,[107] was mit hohen Kurseinbußen bis hin zum nahezu vollständigen Kapitalverlust verbunden war.[108] Nach dem vertraulichen Allgemeinen Erlass Nr. 73/38 des Reichwirtschaftsministers vom 7. Juni 1938[109] sollten schließlich Anträge von Juden, Vermögen ins Ausland zu transferieren, grundsätzlich abgelehnt werden[110], so dass Juden ab diesem Zeitpunkt „vermögenstechnisch in Deutschland vollständig gefangen" waren.[111]

Ein weiteres Instrument um emigrationswilligen Juden ihr Vermögen zu entziehen, stellten Sicherungsanordnungen nach § 37 a des Devisengesetzes von 1935[112] dar. Nach dieser Regelung konnten die Devisenstellen bereits beim Verdacht, „dass ein Inländer beabsichtigt, unter der Verletzung oder Umgehung der bestehenden Vorschriften Vermögenswerte der Devisenbewirtschaftung zu entziehen, [...] anordnen, dass der Betroffene über sein Vermögen oder über bestimmte Vermögenswerte nur mit Genehmigung verfügen darf".[113] Mit dem Erlass einer Sicherungsanordnung wurde folglich jede Kontobewegung für den Eigentümer genehmigungspflichtig.[114] Solche Sicherungsanordnungen wurden in der Praxis hauptsächlich gegen jüdische Emigranten erlassen, um diese schon vor

---

107 Vgl. den Runderlass 59/34 der Reichsstelle für Devisenbewirtschaftung vom 23.6.1934 (RStBl. 1934 S. 783 f.; *Walk* Das Sonderrecht für die Juden im NS-Staat, II, Rn. 409; *Mußgnug* Die Reichsfluchtsteuer 1931–1953, S. 39.

108 Mit „mittelbarer Transferierung" war gemeint, dass Emigranten ihr Geld nicht einfach ins Ausland transferieren konnten, sondern es auf ein „Auswanderersperrmark-Konto" in Deutschland einzahlen mussten, wodurch es in „Sperrguthaben" umgewandelt wurde. Um an Devisen zu gelangen, mussten die Auswanderer dieses „Sperrguthaben", bei der Deutschen Golddiskontbank gegen solche eintauschen. Bis Anfang 1935 zahlte die Deutsche Golddiskontbank noch die Hälfte des offiziellen Marktkurses des „Sperrguthabens" aus, dann setzte sie die Quote auf 30 Prozent herab, um sie anschließend stetig, bis auf 4 Prozent im September 1939 zu senken (*Barkai* Vom Boykott zur „Entjudung", S. 111 f.; *Banken* in: *Bähr/Banken* (Hrsg.), Wirtschaftssteuerung durch Recht im Nationalsozialismus, S. 121 (196, Fn. 271)).

109 SächsHStA, 11177, Oberfinanzpräsident Dresden, Nr. 461; *Walk* Das Sonderrecht für die Juden im NS-Staat, II, Rn. 482. Im Folgenden „Erlass Nr. 73/38" genannt.

110 Vgl. Ziff. I des Erlasses Nr. 73/38. Die Bestimmungen über die Mitnahme von Umzugsgut wurden durch den Erlass nicht berührt (vgl. Ziff. III. des Erlasses Nr. 73/38).

111 *Banken* in: *Bähr/Banken* (Hrsg.), Wirtschaftssteuerung durch Recht im Nationalsozialismus, S. 121 (214).

112 Vgl. oben S. 128 Fn. 106.

113 Vgl. § 37 a Abs. 1. S. 1 des Devisengesetzes von 1935. Eine Bestimmung gleichen Inhalts fand sich auch in § 59 Abs. 1 S. 1 des Devisengesetzes von 1938.

114 *Banken* in: *Bähr/Banken* (Hrsg.), Wirtschaftssteuerung durch Recht im Nationalsozialismus, S. 121 (198).

ihrer Abwanderung zu kontrollieren und ihr Vermögen faktisch zu „beschlagnahmen.“[115] Durch den Runderlass des Reichswirtschaftsministeriums Nr. 108/39 vom 16. August 1939[116] wurde schließlich bestimmt, dass sämtliche Kontoabhebungen deutscher Juden einer Genehmigung bedürfen.[117]

cc) Beschränkung der Ausfuhr beweglicher Vermögensobjekte durch jüdische Emigranten

(1) Kontrolle jüdischen Umzugsgutes durch die NS-Behörden

Ab Dezember 1936 wurden Juden, die eine Auswanderung vorbereiteten, von der Gestapo systematisch überwacht.[118] 1938 wurde schließlich eine ausdrückliche Regelung erlassen, die ausreisewilligen Juden die Mitnahme ihrer Vermögensobjekte und folglich auch ihrer Kunstwerke zusätzlich erschwerte.[119] Damit beträchtliche „Vermögenswerte, auf welche die Reichsfluchtsteuer und später auch die Judenvermögensabgabe erhoben werden konnten“, nicht heimlich mit dem Umzugsgut ins Ausland verbracht werden konnten, wurde mit Runderlass Nr. 38/38 des Reichswirtschaftsministers vom 13. Mai 1938[120] angeordnet, dass die Beförderung von Umzugsgut ins Ausland mindestens 14 Tage vor seiner Verpackung und Verladung der zuständigen Devisenstelle anzuzeigen ist und dass gegenüber dieser genaue Angaben, u. a. über den Wert der zu verschickenden

---

115 *Blau* Das Ausnahmerecht für die Juden in Deutschland 1933–1945, S. 37 Nr. 112; *Banken* in: *Bähr/Banken* (Hrsg.), a. a. O., S. 121 (199). Dass die Sicherungsanordnungen nach §§ 37 a und 37 b des Devisengesetzes von 1935 insbesondere auf jüdisches Vermögen anzuwenden waren, ergibt sich auch ausdrücklich aus verschiedenen Vorschriften. So bestimmte z. B. der vertrauliche Runderlass des Reichswirtschaftsministers Nr. 64/38 v. 14. 5. 1938, dass die gesetzeswidrige Verbringung von Vermögen ins Ausland durch jüdische Auswanderer und die Realisierung schon im Ausland befindlicher Werte, regelmäßig Sicherungsanordnungen nach § 37 a des Devisengesetzes von 1935 erforderlich machen (vgl. *Blau* a. a. O., S. 45 Nr. 156; *Walk* Das Sonderrecht für die Juden im NS-Staat, II, Rn. 469). Auch nach dem vertraulichen Erlass des Reichswirtschaftsministers Nr. 162/38 v. 5. 12. 1938 war durch Anwendung des § 37 a des Devisengesetzes von 1935 eine „planmäßige Sicherung des jüdischen Vermögens anzustreben“ (vgl. *Blau* a. a. O., S. 62, Nr. 200; *Walk* a. a. O., III, Rn. 52.)

116 *Walk* a. a. O., III, Rn. 227.

117 Vgl. *Walk* a. a. O., III, Rn. 227; *Banken* in: *Bähr/Banken* (Hrsg.), Wirtschaftssteuerung durch Recht im Nationalsozialismus, S. 121 (213 f., Fn. 334).

118 *Barkai* Vom Boykott zur „Entjudung“, S. 117.

119 *Barkai* a. a. O., S. 117; *Rudolph* Restitution von Kunstwerken aus jüdischem Besitz S. 33.

120 RStBl 1938 S. 504.

Gegenstände und die eigene Vermögenslage, zu machen sind.[121] Aufgrund dieser erlangten Angaben konnten die Zoll- und Devisenstellen besser kontrollieren, ob sich unter dem jüdischen Umzugsgut auch wertvolle Kulturgüter befanden und deren Ausfuhr verhindern.[122]

(2) Generelle Genehmigungspflicht für die Verbringung beweglicher Vermögensobjekte ins Ausland und die Ausfuhrabgabe

Mit Inkrafttreten des Devisengesetzes von 1938[123] wurde die Verbringung beweglicher Vermögensobjekte – und so auch von Kulturgütern – ins Ausland generell genehmigungspflichtig.[124] Nach § 57 Abs. 1 dieses Gesetzes durften Auswanderer „Umzugsgut und sonstige Sachen nur mit Genehmigung ins Ausland [...] versenden oder überbringen". Vom Begriff des Umzugsgutes waren dabei auch Kulturgüter erfasst.[125] Eine explizit Juden diskriminierende Regelung fand sich in § 58 des Devisengesetzes von 1938. Nach dieser Norm durften Juden deutscher Staatsangehörigkeit auch im „Reiseverkehr andere als die zum persönlichen Gebrauch unbedingt erforderlichen Gegenstände nur mit Genehmigung ins Ausland [...] mitnehmen". Mittels dieser Bestimmung konnte verhindert werden, dass emigrationswillige Juden bereits vor ihrer endgültigen Auswanderung Kulturgüter auf Reisen ins Ausland mitnahmen.[126]

Eine Mitnahmegenehmigung nach § 57 des Devisengesetzes von 1938 war bei jüdischen Emigranten grundsätzlich an eine „Ausfuhrabgabe" gekoppelt. So bestimmte u. a. der vertrauliche Erlass des Reichwirtschaftsministers Nr. 46/39

---

121 Vgl. RStBl. 1938 S. 504; vgl. auch *Barkai* Vom Boykott zur „Entjudung", S. 117; *Banken* in: *Bähr/Banken* (Hrsg.), Wirtschaftssteuerung durch Recht im Nationalsozialismus, S. 211, Fn. 326; *Rudolph* Restitution von Kunstwerken aus jüdischem Besitz S. 33.

122 Die Entscheidung, welche Gegenstände schließlich als Umzugsgut ins Ausland verbracht werden durften, traf nach dem Runderlass Nr. 38/38 die Devisenstelle im Einvernehmen mit der zuständigen Zollfahndungsstelle.

123 Vgl. oben S. 128 Fn. 106.

124 *Rudolph* Restitution von Kunstwerken aus jüdischem Besitz S. 34; *Anton* Illegaler Kulturgüterverkehr, S. 425 f.

125 Nach dem Runderlass des Reichswirtschaftsminister Nr. 49/39 v. 17. 4. 1939 (JNBl. v. 25.4.39 S. 1) war Umzugsgut i. S.v. § 57 Abs. 1 Alt. 1 des Devisengesetzes von 1938 „diejenige bewegliche Habe des Auswanderers, die zu seinem Hausrat gehört, seinem persönlichen Gebrauch oder der persönlichen Ausübung seines Berufes oder Gewerbes dient". Dass unter den Begriff des Umzugsgutes auch Kulturgüter zu subsumieren waren, ergab sich mittelbar aus Ziff. I Nr. 3 lit. c des Erlassen (der nur „Umzugsgut" und nicht „sonstige Sachen" i. S.v. § 57 Abs. 1 Alt. 2 des Devisengesetzes von 1938 erfasste) in dem ein „unbedingten Mitnahmeverbot" für bestimmte wertvolle Kulturgüter geregelt war.

126 Vgl. auch *Rudolph* Restitution von Kunstwerken aus jüdischem Besitz, S. 34, Fn. 121.

vom 20. März 1939[127], dass jüdischen Auswanderern für bestimmte „Kostbarkeiten" eine Mitnahmegenehmigung nach § 57 Devisengesetz von 1938 nur zu erteilen war, wenn diese den Gegenwert der auszuführenden Objekte in Devisen an die Reichsbank gezahlt hatten.[128] In der Praxis wurden von den zuständigen Devisenstellen teilweise sogar noch höhere Abgaben verlangt.[129] Da etliche auswanderungswillige Juden aufgrund ihrer wirtschaftlichen Notlage nicht mehr in der Lage waren, die für die Erteilung der Mitnahmegenehmigung erforderliche Zahlung zu leisten, konnten sie ihren Kunstbesitz auch aufgrund dieser Abgabe nicht aus dem Reichsgebiet ausführen.[130]

b) Speziell gegen die Ausfuhr von Kulturgütern jüdischer Emigranten gerichtete Vorschriften und Maßnahmen

Neben den allgemein gegen die Ausfuhr von Vermögenswerten gerichteten Vorschriften griff das NS-Regime auf bestehende Abwanderungsschutzbestimmungen zum Kulturgüterschutz zurück und verschärften diese, um jüdische Emigranten an der Mitnahme ihres Kunstbesitzes zu hindern.

aa) Der Missbrauch der Ausfuhrverordnung

Wie im vorherigen Kapitel erläutert bestimmte sich der Abwanderungsschutz für bedeutende Kunstwerke in Deutschland während der Zeit des Dritten Reichs nach der aus der Weimarer Republik stammenden Ausfuhrverordnung.[131] Obschon dieser kein diskriminierender Zweck innewohnte, wurde die Ausfuhrverordnung vom NS-Regime instrumentalisiert und dazu benutzt, jüdischen Auswanderern ihre Kunstsammlungen zu entziehen.[132]

Dieser Missbrauch spiegelt sich zum einen anhand der in dem Verzeichnis der national wertvollen Kunstwerke von 1938[133] aufgeführten Eintragungen wieder. So sticht bei Betrachtung dieser Liste ins Auge, dass dort zahlreiche jüdische

---

127 JNBl. v. 28.3.39 S. 1; *Walk* a.a.O., III, Rn. 171.

128 Ebda.

129 *Walk* Das Sonderrecht für die Juden im NS-Staat, III, Rn. 186.

130 Vgl. *Francini/Heuß/Kreis* Fluchtgut – Raubgut, S. 49 f.

131 Vgl. oben S. 37.

132 *Francini/Heuß/Kreis* a.a.O., S. 49; *Heuß* in: die eigene Geschichte, S. 429 (431); *Schnabel* ZOV 2007, S. 107 (107); *Kingreen* in: Bürokratien, Initiative und Effizienz, S. 17 (20); *Mummenthey* KUR 2012, 174 (176); Bericht der Bundesregierung zum Kulturgutschutz in Deutschland v. 24.4.2013, S. 32; *Moll* KUR 2016, 43 (46 f.).

133 BArch, R 1501/400, Bestand R 1501 Reichsministerium des Inneren.

Eigentümer verzeichnet waren. Hervorzuheben unter vielen sind insoweit die Hamburger Bankiersfamilie Behrens[134], der Frankfurter Bankier Max von Goldschmidt Rothschild[135], der Berliner Bankier Jakob Goldschmidt sowie Margarethe Oppenheim, aus deren Nachlass zahlreiche Objekte eingetragen waren. Die genannten jüdischen Kunstsammler waren allesamt in der aus dem Jahre 1927 stammenden Version des Verzeichnisses der national wertvollen Kunstwerke[136] noch nicht eingetragen gewesen. Es ist daher zumindest wahrscheinlich, dass sie erst nach der Machtergreifung der Nationalsozialisten im Zusammenhang mit ihrer rassischen Verfolgung eingetragen wurden.

Auffällig ist auch, dass vor allem Gemälde international begehrter ausländischer Künstler – insbesondere französischer Herkunft – aus jüdischem Eigentum in dem Verzeichnis der national wertvollen Kunstwerke von 1938 eingetragen waren. So waren allein aus dem Nachlass von Margarethe Oppenheim u. a. neun Gemälde und drei Zeichnungen von Cézanne sowie drei Gemälde von Van Gogh eingetragen. Unter den verzeichneten Werken der Sammlung Jakob Goldschmidt finden sich z. B. Gemälde von Cézanne, Courbet, Daumier, Goya, Manet, Monet und Renoir. Aus der Sammlung der Familie Behrens waren u. a. sechs Bilder von Corot, fünf von Daubigny sowie jeweils eins von Dupré, Delacroix und von Böcklin eingetragen. Berücksichtigt man, dass die Ausfuhrverordnung in erster Linie „Schöpfungen deutscher Herkunft“ erfassen sollte und Kunstwerke ausländischer Herkunft eigentlich nur dann eingetragen werden sollten, wenn diese „einen Teil des nationalen Kunstbestandes darstellen“[137], so erscheint es zumindest sehr zweifelhaft, ob die Werke der genannten ausländischen Künstler überhaupt die Eintragungsvoraussetzungen der Ausfuhrverordnung erfüllten. Insoweit ist auch darauf hinzuweisen, dass – bis auf Goya – keiner der genannten Maler in dem letzten offiziellen Verzeichnis von 1927 eingetragen war. Dies spricht dafür, dass die Eintragung dieser Künstler eigentlich nicht dem (ursprünglichen) Zweck der Ausfuhrverordnung entsprach. Noch widersprüchlicher erscheinen die Eintragungen der aufgeführten ausländischen Künstler vor dem Hintergrund der nationalsozialistischen Kunstdoktrin und der angestrebten Nationalisierung der deutschen Kultur. Es ist überdies daraus hinzuweisen, dass in dem Verzeichnis der national wertvollen Kunstwerke von 1927 nur ein einziger Künstler des 19. Jahrhunderts verzeichnet war.[138] Kunst aus dieser Epoche wurde wohl daher ursprünglich nicht als national wertvoll betrachtet.

---

134 Zum Entzug der Sammlung Behrens vgl. unten S. 147–149.
135 Zur Restitution der Sammlung von Max von Goldschmidt Rothschild vgl. unten S. 246.
136 BArch, R 2/12033, Bestand R 2 Reichsfinanzministerium.
137 Vgl. oben S. 32f.
138 *Mongi-Vollmer* in Museum im Widerspruch, S. 147 (174).

Es drängt sich somit der Verdacht auf, dass die Eintragung etlicher Werke jüdischer Kunstsammler den alleinigen Zweck hatte, zu verhindern, dass diese bei der Emigration ihrer jüdischen Eigentümer aus Deutschland ausgeführt werden. Dies erklärt auch, dass aus jüdischem Eigentum zahlreiche Gemälde eingetragen waren, die zwar von zweifelhafter Bedeutung für den deutschen Kulturbesitz waren, jedoch bereits damals wohl einen hohen Marktwert hatten. Die Eintragungen erfolgten daher wahrscheinlich auch vor dem Hintergrund, dass das NS-Regime die Gemälde nach Emigration ihrer Eigentümer durch Verkauf ins Ausland oder im Tausch gegen Devisen hervorragend wirtschaftlich verwerten konnte.

Der Verdacht der missbräuchlichen Instrumentalisierung der Ausfuhrverordnung durch das NS-Regime zum Kunstraub an den deutschen Juden wird von *Mummenthey* im Hinblick auf die in Hamburg erfolgten Eintragungen in das Verzeichnis der national wertvollen Kunstwerke von 1938 belegt.[139] Zur Bestätigung, dass zwischen der Eintragungspraxis während der Zeit des Dritten Reichs und der nationalsozialistischen Verfolgung ein Zusammenhang bestand, und dass die Ausfuhrverordnung bewusst eingesetzt wurde, um Emigranten an der Mitnahme ihrer Kunstwerke zu hindern, weist sie auf einen Vermerk der Hamburger Devisenstellen vom 28. Juli 1937 hin. In diesem wird betont, dass auch „bisher nicht geschützte Kunstwerke selbst dann noch in das Verzeichnis der national wertvollen Kunstwerke aufgenommen werden können, wenn ihre Ausfuhr bereits vorbereitet und sie [...] von der Zollfahndungsstelle wegen Verdachts der Kapitalverschiebung angehalten worden sind.“ [140] Überdies führt *Mummenthey* aus, dass die meisten Werke, die in Hamburg in dem Verzeichnis von 1938 aufgeführt waren, in den Jahren 1935 und 1937 eingetragen worden waren und jüdischen Sammlern gehörten.[141] In Hamburg dränge sich ihrer Meinung nach daher ein Missbrauch der Ausfuhrverordnung „im Zusammenhang mit der nationalsozialistischen Verfolgung“ auf.[142]

Eine Instrumentalisierung der Ausfuhrverordnung durch das NS-Regime wird von *Kingreen* und *Mongi-Vollmer* auch im Hinblick auf die in Frankfurt am Main erfolgten Eintragungen belegt.[143] So hatte sich auch dort die Praxis eingebürgert, die Abwanderung jüdischer Kunstsammlungen durch Eintragung in das Verzeichnis der national wertvollen Kunstwerke zu verhindern.[144] Überdies wurden

139 Vgl. *Mummenthey* KUR 2012, 174 (175 f.).
140 *Mummenthey* a.a.O. 174 (175) m.w.Nachw. in Fn. 17.
141 *Mummenthey* a.a.O. 174 (176).
142 Ebda.
143 *Kingreen* in: Bürokratien, Initiative und Effizienz, S. 17 (20); *Mongi-Vollmer* in Museum im Widerspruch, S. 147 (173–176).
144 *Kingreen* a.a.O., S. 17 (20).

die Eintragungen nach der Ausfuhrverordnung als Druckmittel genutzt, um auswanderungswillige Juden zu Schenkungen wertvoller Kulturgüter an die Stadt Frankfurt zu zwingen. So wurden u. a. zahlreiche Objekte aus der bedeutenden Musiksammlung Paul Hirsch's mit einem Ausfuhrverbot belegt und erst nachdem Teile der Sammlung der Stadt Frankfurt „geschenkweise" überlassen wurden, eine Ausfuhrgenehmigung erteilt.[145] Eine unrühmliche Rolle spielte insoweit der Leiter der Frankfurter Städtischen Galerie Alfred Wolters, der nachweislich bereits ab 1936 jüdischen Kunstbesitz in das Verzeichnis der national wertvollen Kunstwerke eintragen ließ, um diesen vor einer Abwanderung ins Ausland zu bewahren und damit für Frankfurt zu sichern.[146] Hervorzuheben sind diesbezüglich die Eintragungen der Sammlungen Hugo Nathans und Martin Flersheims, die Wolters auf Aufforderung des Frankfurter Polizeipräsidenten 1936 vorschlug, um auf diese Weise „eine vorzeitige Ausfuhr von Kunstgut polizeilich" zu verhindern.[147] Im Falle der Sammlungen Nathan wurden die Ausfuhrverbote der Ausfuhrverordnung im Jahre 1938 genutzt, um die bereits 1937 in die Schweiz emigrierte Martha Nathan – die Witwe Hugo Nathans und Erbin der Sammlung – zu zwingen, dem Frankfurter Städel Museum sechs Bilder zu übereignen.[148] Im Gegenzug wurde wohl für andere Kunstwerke eine Ausfuhrgenehmigung erteilt, damit Martha Nathan diese in die Schweiz mitnehmen konnte.[149] Aus der Sammlung Flersheim eignete sich das Städel wohl in ähnlicher Weise Werke an.[150] Der missbräuchliche Einsatz der Ausfuhrverordnung in den beiden genannten Fällen bestätigt sich in einem Brief, den Alfred Wolters am 20. Juni 1938 an den Direktor der Berliner Nationalgalerie Paul Ortwin Rave schickte.[151] Dort schildert Wolters seinen Umgang mit der Ausfuhrverordnung und führt insoweit aus: „Bei meiner jetzigen Tätigkeit handelt es sich immer um das Umzugsgut von Emigranten. In den beiden letzten Fällen Nathan und Flersheim bestand ein ausgesprochenes Interesse des Städels resp. der Städtischen Galerie, einzelnes zu erwerben, was ohne die ‚Liste' unmöglich gewesen wäre und mit ihr geglückt ist."[152]

145 Ebda.
146 *Tisa Francini* in: Museum im Widerspruch, S. 93 (107).
147 *Mongi-Vollmer* in Museum im Widerspruch, S. 147 (173–176).
148 *Mongi-Vollmer* a. a. O., S. 147 (174). Es ist darauf hinzuweisen, dass nach dem Testament des 1917 verstorbenen Hugo Nathan, die Kunstsammlung zunächst seiner Ehefrau Martha vererbt werden, und im Falle ihres Todes, dem Städel Museum zufallen sollte (ebda.). Aufgrund letzteren Teils dieser Verfügung sah sich Alfred Wolters – obwohl Martha Nathan noch lebte – 1938 als legitimiert an, die Schenkung der genannten sechs Bilder an das Städel zu erzwingen (ebda.).
149 *Mongi-Vollmer* a. a. O., S. 147 (176).
150 Ebda.
151 Ebda.
152 Ebda.

Der Missbrauch der Ausfuhrverordnung zum Kunstraub lässt sich überdies durch verschiedene Dokumente der mit dem Kulturgüterschutz befassten NS-Ministerien eindeutig belegen. So verwies der Reichsinnenminister Wilhelm Frick in einem Schnellbrief vom 7. Januar 1939 an den Reichspropagandaminister Joseph Goebbels darauf, dass die Ausfuhrverordnung ein wirksamen Mittel zum Schutze des deutschen Kulturbesitzes darstelle, das „in gewissem Umfange den Verhältnissen angepasst" werden könne, „u. a. auch besonderen Lagen, wie sie z. B. durch die Abwanderung der Juden geschaffen werden".[153] Ähnliches ergibt sich auch aus einer Niederschrift einer Besprechung im Reichsinnenministerium vom 21. Februar 1939 über „Maßnahmen zum Schutze des deutschen Kulturguts gegen Ausfuhr".[154] In dieser Niederschrift wurde unter Ziffer 1. explizit darauf verwiesen, dass die Eintragungen in das Verzeichnis der national wertvollen Kunstwerke „insbesondere in den Fällen, wo Gefährdungsmomente vorliegen, z. B. bei bevorstehenden Versteigerungen, Auswanderungen usw." erfolgen sollen.[155] Dass sich der Begriff „Auswanderung" auf die jüdische Auswanderung bezieht, wird unter Ziffer 3. der Niederschrift deutlich. Dort wird ausdrücklich erläutert, wie „die Ausfuhr von Kulturgut jeglicher Art, das sich im jüdischen Besitz befindet, zu verhindern" ist.[156] Abschließend ist auf einen Vermerk des Reichsministeriums für Wissenschaft, Erziehung und Volksbildung betreffend den „Schutz des deutschen Kulturgutes gegen Abwanderung (Mitnahme von Umzugsgut bei der Auswanderung von Juden)" vom 15. Mai 1939[157] hinzuweisen, anhand dessen sich ebenfalls der planmäßige Missbrauch der Ausfuhrverordnung zum Kunstraub an jüdischen Emigranten bestätigen lässt. In diesem Vermerk werden verschiedene Rechtsgrundlagen genannt, die sich zur Verhinderung der unerwünschten Abwanderung jüdischen Kulturgutes eigneten, wobei ausdrücklich auch auf die Ausfuhrverordnung verwiesen wird.[158]

Die Eintragungen in dem Verzeichnis der national wertvollen Kunstwerke von 1938, die belegte Ausfuhrverbotspraxis aus Hamburg und Frankfurt, sowie die

---

153 Schnellbrief des Reichsministers des Inneren v. 7.1.1939, GStA PK, HA Rep. 151 Finanzministerium, Nr. 1060.

154 Niederschrift über die Besprechung am 21.2.1939 im Reichsministerium des Innern, GStA PK, HA Rep. 151 Finanzministerium, Nr. 1060.

155 Ebda.

156 Ebda.

157 Vermerk des zuständigen Ministerialbeamten des Reichsministeriums für Wissenschaft, Erziehung und Volksbildung betreffend den „Schutz des deutschen Kulturgutes gegen Abwanderung (Mitnahme von Umzugsgut bei der Auswanderung von Juden)" v. 15.5.1939 (SächsHStA, 11127, Gemäldegalerie Dresden, Nr. 29/1; im folgenden „Vermerk vom 15. Mai 1939" genannt); vgl. dazu auch die Darstellung S. 139 f.

158 Vgl. Ziff. II des Vermerks vom 15. Mai 1939.

genannten Dokumente aus den mit dem Kulturgüterschutz befassten NS-Ministerien zeigen eindeutig, dass die Ausfuhrverordnung systematisch zur Entziehung von Kunstwerken jüdischer Emigranten instrumentalisiert wurde. Auch wenn sich aus den Bestimmungen der aus der Weimarer Zeit stammenden Ausfuhrverordnung keine Diskriminierung der jüdischen Bevölkerung ergibt, wurde diese vom NS-Regime in einer evident diskriminierenden Art und Weise eigesetzt, so dass die Ausfuhrverordnung in faktischer Hinsicht ein diskriminierendes Gesetz darstellte.

bb) Der Abwanderungsschutz für Kulturgüter im angeschlossenen Österreich

Der Abwanderungsschutz für wertvolle Kulturgüter in Österreich bestimmte sich während der NS-Zeit zum einen nach dem „Gesetz vom 5. Dezember 1918, betreffend das Verbot der Ausfuhr und der Veräußerung von Gegenständen von geschichtlicher, künstlerischer oder kultureller Bedeutung“[159]. Nach § 1 Ausfuhrverbotsgesetz war „die Ausfuhr von Gegenständen von geschichtlicher, künstlerischer oder kultureller Bedeutung (Antiquitäten, Gemälde, Miniaturen, Zeichnungen und Werke der Graphik, Statuen, Reliefs, Medaillen und Münzen, Gobelins und andere kunstgewerbliche Werke, archäologische und prähistorische Gegenstände, Archivalien, alte Handschriften und Drucke u. dgl.) [...] verboten“. Das Ausfuhrverbotsgesetz schützte sämtliche Gegenstände, die unter § 1 Abs. 1 Ausfuhrverbotsgesetz fielen, ohne dass es eines zusätzlichen Unterschutzstellungsaktes bedurfte. Gem. § 4 Abs. 1 des Ausfuhrverbotsgesetzes konnte das Bundesdenkmalamt „ausnahmsweise [...] in rücksichtswürdigen Fällen“ die Ausfuhr der erfassten Gegenstände bewilligen.

Zum anderen enthielt das „Bundesgesetz vom 25. September 1923, betreffend Beschränkungen in der Verfügung über Gegenstände von geschichtlicher, künstlerischer oder kultureller Bedeutung“[160] in § 5 Abs. 1 ein Veränderungsverbot für geschützte Denkmäler, welches auch deren Ausfuhr umfasste. Betroffen waren nach § 1 Abs. 1 S. 1 Denkmalschutzgesetz „unbewegliche und bewegliche Gegenstände von geschichtlicher, künstlerischer oder kultureller Bedeutung (Denkmale) [...], wenn ihre Erhaltung dieser Bedeutung wegen im öffentlichen Interesse gelegen ist“. Gem. § 3 S. 1 Denkmalschutzgesetz musste das Vorhandensein dieses öffentlichen Interesses bei Denkmälern in Privatbesitz vom Bundesdenkmalamt ausdrücklich festgestellt werden. War dies der Fall, so bestimmte § 5 Abs. 1 Denkmalschutzgesetz, dass „jede Veränderung an einem solchen

159 StGBl. 1918 S. 128 f. In der Fassung des Bundesgesetzes v. 24.1.1923 (BGBl 1923 S. 203 f.). Im Folgenden „Ausfuhrverbotsgesetz“ genannt.

160 BGBl. 1923 S. 1725 – 1727. Im Folgenden „Denkmalschutzgesetz“ genannt.

Denkmal, die den Bestand, die überlieferte Erscheinung oder künstlerische Wirkung dieses Denkmals beeinflussen könnte", der Zustimmung des Bundesdenkmalamtes bedurfte. Damit stand jeder Ortswechsel und somit auch die Ausfuhr eines geschützten Denkmals aus Österreich unter Genehmigungsvorbehalt.

Auch die österreichischen Behörden bedienten sich der für Kulturgüter geltenden Ausfuhrverbote – insbesondere nach dem Ausfuhrverbotsgesetz –, um Kunstwerke jüdischer Emigranten im Lande zu halten.[161] Vor allem das Ausfuhrverbotsgesetz wurde durch die Art und Weise seiner Anwendung zu einem wichtigen Instrument der Entziehung von Kunstgegenständen aus jüdischem Besitz.[162]

cc) Das absolute Ausfuhrverbot für bedeutende Kulturgüter

Zu einer Zuspitzung der Rechtslage für jüdische Auswanderer führte der zu § 57 des Devisengesetzes von 1938 verfügte Runderlass Nr. 49/39 des Reichwirtschaftsministers betreffend die „Mitnahme von Umzugsgut durch Auswanderer" vom 17. April 1939[163]. In Ziff. I. Nr. 3. lit. c bestimmte dieser Erlass ein „unbedingtes Mitnahmeverbot" für „Sachen, deren Ausfuhr" nach der (deutschen) Ausfuhrverordnung und dem (österreichischen) Ausfuhrverbotsgesetz untersagt war. Ferner war die Mitnahmegenehmigung „für sonstige Sachen von besonderer geschichtlicher, künstlerischer oder kultureller Bedeutung zu versagen". Für die von dieser Bestimmung erfassten Gegenstände durfte folglich keine Mitnahmegenehmigung nach § 57 Abs. 1 des Devisengesetzes von 1938 mehr erteilt werden. Die betroffenen Kulturgüter waren somit mit einem absoluten Ausfuhrverbot belastet. Es bestand folglich für jüdische Auswanderer überhaupt keine legale Möglichkeit mehr, bedeutende Kulturgüter aus Deutschland und Österreich auszuführen. Verfolgte jüdische Sammler waren somit gezwungen, ihre Kunstobjekte vor der Auswanderung zu Schleuderpreisen zu veräußern[164], oder – falls ein Verkauf nicht mehr möglich war – diese schlicht in der Heimat zurückzulassen. Auch der Runderlass Nr. 49/39, der die Erteilung der devisenrechtlichen Ausfuhrgenehmi-

---

161 So verweigerte beispielsweise das Bundesdenkmalamt im Jahr 1938 der Jüdin Lotte Heißfeld die Ausfuhrbewilligung für das Aquarell „Der alte Nordbahnhof, Wien" des österreichischen Malers Rudolf von Alt, woraufhin sich die Eigentümerin zum Verkauf des Werkes an das Wiener Auktionshaus Artaria gezwungen sah (vgl. *Voss* Bayerisches Bollwerk, FAZ v. 7.10.2010).

162 *Zechner* in: *Anderl/Caruso* (Hrsg.), NS-Kunstraub in Österreich und die Folgen, S. 235 (237 f.).

163 JNBl. v. 25.4.39 S. 1. Im Folgenden „Runderlass 49/39" genannt. Vgl. dazu auch *Rudolph* Restitution von Kunstwerken aus jüdischem Besitz, S. 34.

164 *Loitfellner* in: *Pawlowsky/Wendelin* (Hrsg.), Enteignete Kunst, S. 13 (14).

gung unmittelbar mit der Ausfuhrverordnung verknüpft, zeigt, dass diese ein wichtiges Element in dem Netz der Vorschriften darstellte, das jüdische Emigranten an der Mitnahme ihres Kunstbesitzes hinderte.

dd) Goebbels Reformbemühungen und die Überprüfung jüdischen Umzugsgutes durch Kunstsachverständige

Ab Dezember 1938 versuchte Reichspropagandaminister Joseph Goebbels den Abwanderungsschutz für „national wertvolles" Kulturgut in Deutschland zu verschärfen, da seiner Auffassung nach die bestehenden Regelungen keinen ausreichenden Schutz boten.[165] Aus diesem Grund verfasste er am 21. Dezember 1938 ein Rundschreiben an mehrere Reichsminister, in dem er härtere Strafen für Personen forderte, die Kulturgüter unter Verstoß gegen ein Ausfuhrverbot aus dem Reichsgebiet ausführten.[166] Diesem Rundschreiben legte Goebbels einen Entwurf für ein neues, strengeres Gesetz zur Verhinderung der Abwanderung bedeutender Kulturgüter bei.[167] Zweck dieser Reformbemühungen war es, Juden und NS-Gegner daran zu hindern, bedeutende Kunstwerke aus dem Reichsgebiet auszuführen.[168] Goebbels Gesetzesentwurf wurde jedoch von den anderen Reichministern aufgrund inhaltlicher Differenzen abgelehnt.[169]

Anfang 1939 erzielten schließlich Vertreter des Reichswirtschaftsministeriums, des Reichsinnenministeriums, des Reichsministeriums für Wissenschaft, Erziehung und Volksbildung und des Reichsministeriums für Propaganda und Volksaufklärung eine Einigung über verschiedene Maßnahmen zum „Schutz des deutschen Kulturgutes gegen Abwanderung", ohne dabei etwas an den bestehenden Regelungen über die Ausfuhr von Kulturgütern zu ändern.[170] Der Inhalt dieser Vereinbarung wurde in dem bereits erwähnten Vermerk des Reichsministeriums für Wissenschaft, Erziehung und Volksbildung vom 15. Mai 1939 festgehalten.[171] In diesem Vermerk heißt es einleitend, dass „die politisch an sich durchaus erwünschte starke Auswanderung von Juden" die Gefahr mit sich bringt, „dass hochwertiges Kulturgut ins Ausland abwandert, insbesondere als Umzugsgut mitgenommen wird". „Um dieser Gefahr vorzubeugen" einigten sich die

---

165 *Francini/Heuß/Kreis* Fluchtgut – Raubgut, S. 49.
166 *Petropoulos* Kunstraub und Sammelwahn, S. 86.
167 Ebda.
168 Ebda.
169 *Petropoulos* a.a.O., S. 86f.
170 *Heuß* in: die eigene Geschichte, S. 429 (430f.); *Rudolph* Restitution von Kunstwerken aus jüdischem Besitz, S. 34.
171 Vgl. oben S. 136 Fn. 157.

beteiligten Ministerien darauf, den Devisenstellen, die nicht über die nötigen Kenntnisse verfügten, um zu beurteilen, bei welchen Umzugsgütern es sich um wertvolle Kulturgüter handelte, die notwendigen Sachverständigen als Gutachter zur Verfügung zu stellen.[172] In Kunstfragen sollten sich die Devisenstelle „durch die vom Reichspropagandaministerium benannten Kunstsachverständigen der Reichskammer für bildende Künste und die vom Reichserziehungsministerium benannten Kunstsachverständigen der Museen“ beraten lassen.[173]

Entsprechend dem Vermerk vom 15. Mai 1939 wurde eine Liste von Sachverständigen erstellt[174], welche die Devisenstellen bei der Bewertung und Schätzung von Kulturgütern aus jüdischem Besitz fachkundig beraten sollten.[175] Bei den auf dieser Liste aufgeführten Sachverständigen für Kunstfragen handelte es sich durchweg um hochrangige Museumsdirektoren und um bedeutende Kunsthändler.[176] Die Sachverständigen sollten sich zudem auch aktiv nach wertvollen Kulturgütern in jüdischem Besitz erkundigen.[177] Dazu konnten sie die auf Grund der Anmeldeverordnung von den Juden abgegebenen Vermögensverzeichnisse heranziehen, die ihnen vor allem genaueste Kenntnisse über die Lage und den Schätzwert jüdischer Kulturgüter vermittelten.[178] Die erlangten Kenntnisse hatten die Sachverständigen den Devisenstellen mitzuteilen.[179]

Wie oben erwähnt, wurden in dem Vermerk vom 15. Mai 1939 zudem die verschiedenen Rechtsgrundlagen, die während der NS-Zeit „zur Verhinderung der unerwünschten Abwanderung von Kulturgut“ zur Verfügung standen, festgehalten.[180] Explizit genannt wurden neben der (deutschen) Ausfuhrverordnung, u. a. das (österreichische) Ausfuhrverbotsgesetz, §§ 57, 58 des Devisengesetzes von 1938 sowie §§ 6, 8 und 14 der Einsatzverordnung.[181] Weiter wurde in dem Vermerk ausgeführt, dass die genannten Vorschriften gleichmäßig gehandhabt werden sollten.[182] Zur Erreichung dieses Ziels sollte eine Ausfuhr nach sämtlichen Vorschriften untersagt werden, sofern ein Kulturgut die Voraussetzungen erfüllt, um

---

172 Vgl. Ziff. I Abs. 1 des Vermerks vom 15. Mai 1939.
173 Vgl. Ziff. I Abs. 1 lit. a des Vermerks vom 15. Mai 1939.
174 SächsHStA, 11127, Gemäldegalerie Dresden, Nr. 29/1. Die Liste ist auch abgedruckt bei *Heuß* in: die eigene Geschichte, S. 429 (445–455).
175 *Francini/Heuß/Kreis* Fluchtgut – Raubgut, S. 49; Heuß, a. a. O., S. 429 (431).
176 *Heuß* a. a. O., S. 429 (431).
177 Vgl. Ziff. III Nr. 2 Abs. 1 des Vermerks vom 15. Mai 1939.
178 Ebda. *Heuß* in: die eigene Geschichte, S. 429 (432).
179 Vgl. Ziff. III Nr. 2 Abs. 2 des Vermerks vom 15. Mai 1939; *Rudolph* Restitution von Kunstwerken aus jüdischem Besitz, S. 34.
180 Vgl. Ziff. II des Vermerks vom 15. Mai 1939.
181 Ebda.
182 Vgl. Ziff. III. Nr. 1 des Vermerks vom 15. Mai 1939.

nach § 1 der Ausfuhrverordnung in das Verzeichnis der national wertvollen Kunstwerke eingetragen zu werden.[183]

3. Die Entziehung zurückgelassener Vermögenswerte jüdischer Emigranten

Kulturgüter, die aufgrund der erläuterten Ausfuhrerschwernisse bzw. -verbote bei der Emigration zurückgelassen werden mussten, konnten nach dem „Gesetz über den Widerruf von Einbürgerungen und die Aberkennung der deutschen Staatsangehörigkeit" vom 14. Juli 1933[184] ihren Eigentümern entzogen werden.[185] In § 2 Abs. 1 S. 1 dieses Gesetzes war geregelt, dass Reichsangehörigen, die sich im Ausland aufhielten, die deutsche Staatsbürgerschaft entzogen werden konnte, „sofern sie durch ein Verhalten, das gegen die Pflicht zur Treue gegen Reich und Volk verstößt, die deutschen Belange geschädigt haben".[186] Gleiches galt gem. § 2 Abs. 1 S. 2 des Widerrufs- und Aberkennungsgesetzes für „Reichsangehörige, die einer Rückkehraufforderung" des Reichsinnenministers nicht Folge leisteten. Gem. § 2 Abs. 1 S. 3 dieses Gesetzes konnte „bei der Einleitung des Aberkennungsverfahrens oder bei Erlass der Rückkehraufforderung" das Vermögen der Emigranten beschlagnahmt und „nach Aberkennung der deutschen Staatsangehörigkeit als dem Reiche verfallen erklärt werden".[187]

Mit dem Erlass der „Elften Verordnung zum Reichsbürgergesetz" vom 25. November 1941[188] wurde schließlich eine formale „Rechtsgrundlage" für die endgültige und vollständige Ausraubung der ausgewanderten und deportierten Juden geschaffen.[189] Nach §§ 1 und 2 dieser Verordnung verlor ein Jude die deutsche Staatsangehörigkeit bereits dann, wenn er bei Inkrafttreten der Verordnung seinen gewöhnlichen, d.h. seinen nicht nur vorübergehenden, Aufenthalt im

---

183 Ebda.

184 RGBl. I 1933, S. 480. Im Folgenden „Widerrufs- und Aberkennungsgesetz" genannt.

185 *Rudolph* Restitution von Kunstwerken aus jüdischem Besitz, S. 37.

186 In der Praxis bedeutete dies, dass bei politischen Gegnern jegliche politische Äußerung als Anlass für den Entzug der Staatsbürgerschaft vorgeschoben werden konnte (vgl. *Meinl/Zwilling* Legalisierter Raub, S. 86).

187 Am 8.7.1941 wurden die Staatspolizeidienststellen von Heinrich Himmler angewiesen, sichergestellte Gegenstände bereits bei schwebenden Ausbürgerungsverfahren, d.h. vor der Ausbürgerung, zu versteigern und den Erlös bei den Kassen der Staatspolizei einzuzahlen. Dazu wurden die Zollämter angewiesen, auf Wunsch der Staatspolizei, unter Zollverschluss lagerndes Umzugsgut ausgewanderter Juden, zur Versteigerung freizugeben (vgl. *Walk* Das Sonderrecht für die Juden im NS-Staat, IV, Rn. 212).

188 RGBl. I 1941 S. 722. Im Folgenden „11. Verordnung zum Reichsbürgergesetz" genannt.

189 *Hartung* Kunstraub in Krieg und Verfolgung, S. 42; *Rudolph* Restitution von Kunstwerken aus jüdischem Besitz S. 15; *Anton* Illegaler Kulturgüterverkehr, S. 431.

Ausland hatte oder ihn später dort nahm, ohne dass ein Aberkennungsverfahren durchgeführt werden musste.[190] Ein bestimmtes, die deutschen Belange schädigendes Verhalten, wie es das Widerrufs- und Aberkennungsgesetzes noch forderte, war nicht mehr erforderlich. Gem. § 3 Abs. 1 S. 1 der 11. Verordnung zum Reichsbürgergesetz verfiel das Vermögen eines Juden, der seine Staatsangehörigkeit verloren hatte, dem Deutschen Reich. Eine spezielle Beschlagnahmeanordnung war nicht notwendig.[191] Der Verlust der Staatsangehörigkeit traf nicht nur die emigrierten Juden, sondern auch diejenigen, die in Konzentrationslager außerhalb der Reichsgrenzen verschleppt worden waren.[192] Diese verloren als Folge ihrer Deportation ihr Vermögen und wurden anschließend größtenteils in den Konzentrationslagern ermordet.[193] Mit der 11. Verordnung zum Reichsbürgergesetz wurde daher aus nationalsozialistischer Sicht „die Legitimation und Eingriffsgrundlage für den wirtschaftlichen Teil der ‚Endlösung der Judenfrage' geschaffen".[194] Zu einer abschließenden Zuspitzung führte der Erlass der „Dreizehnten Verordnung zum Reichsbürgergesetz" vom 1. Juli 1943[195], nach deren § 2 Abs. 1 das Vermögen der ermordeten Juden automatisch dem deutschen Reich verfiel.

V. Der Sonderfall der Einziehung „entarteter" Kunst

Die Entziehung der sog. „entarteten" Kunst nimmt innerhalb des NS-Kunstraubs eine Sonderstellung ein, da Anknüpfungspunkt für den Raub in diesem Falle nicht die rassische Verfolgung des (jüdischen) Eigentümers, sondern das Kunstobjekt selbst war.[196] Dies ist darauf zurückzuführen, dass die Nationalsozialisten einen „Kampf gegen ‚undeutsche zersetzende' Kunst, insbesondere gegen die zeitgenössische moderne Kunst" führten, deren Werke und Künstler als „entartet" gebrandmarkt wurden.[197] Aus diesem Grund wurde mit Erlass von Joseph Goebbels

190 *Rudolph* a.a.O. S. 38.
191 *Anton* Illegaler Kulturgüterverkehr, S. 431.
192 *Rudolph* Restitution von Kunstwerken aus jüdischem Besitz, S. 15, 38.
193 *Rudolph* a.a.O., S. 15. Nochmals ausdrücklich wurden durch den Runderlass des Reichsministeriums der Finanzen v. 15.8.1942 die Vermögenswerte abgeschobener Juden, mit deren Grenzübertritt als dem Reich verfallen erklärt (vgl. *Walk* Das Sonderrecht für die Juden im NS-Staat, IV, Rn. 409).
194 *Hartung* Kunstraub in Krieg und Verfolgung, S. 42.
195 RGBl. I 1943 S. 372.
196 Eine ausführliche Darstellung des Entzugs „entarteter" Kunst findet sich bei *Kunze* Restitution „Entarteter Kunst" S. 11–49.
197 *Röhling* Restitution jüdischer Kulturgüter nach dem Zweiten Weltkrieg, S. 25, 28; *Schnabel/Tatzkow* Nazi Looted Art, S. 37.

vom 30. Juni 1937[198] eine Kommission ins Leben gerufen, welche die deutschen öffentlichen Museen von dieser „Verfallskunst" säubern sollte.[199] Die von der „Säuberung" betroffenen Kunstwerke wurden anschließend in der Ausstellung „Entartete Kunst" vom 19. Juli 1937 in München gezeigt.[200] In der Ausstellung wurden neben Kunstwerken aus 32 öffentlichen Museen auch einige Objekte aus beschlagnahmten Privatsammlungen, die zuvor als Leihgaben in öffentlichen Museen ausgestellt waren, gezeigt.[201] Unmittelbar im Anschluss an die Ausstellung „Entartete Kunst" kam es zu einer weiteren Beschlagnahmeaktion, die weit umfangreicher als die vorangegangene ausfiel und alle Werke „entarteter" Kunst aus öffentlichen Museen und Sammlungen erfassen sollte.[202] Nach Ende dieser zweiten „Beschlagnahmewelle" waren insgesamt etwa 16.500 Werke von ca. 1.400 verschiedenen Künstlern „sichergestellt" worden.[203] Mit dem anschließend erlassenen „Gesetz über die Einziehung von Erzeugnissen entarteter Kunst" vom 31. Mai 1938[204], durch das die Beschlagnahmeaktionen nachträglich legitimiert werden sollten, wurde erstmals eine Norm erschaffen, „aufgrund derer Kunstwerke allein wegen ihrer ‚künstlerischen Qualität' entschädigungslos enteignet werden konnten".[205] Betroffen waren gem. § 1 des Einziehungsgesetzes alle „Erzeugnisse entarteter Kunst, die vor dem Inkrafttreten dieses Gesetzes in Museen oder der Öffentlichkeit zugänglichen Sammlungen sichergestellt" worden sind, „soweit sie bei der Sicherstellung im Eigentum von Reichsangehörigen oder inländischen juristischen Personen standen". Erfasst wurden somit neben Werken aus öffentlichem Eigentum, auch Werke privater Eigentümer, die als Leihgaben in öffentlich zugänglichen Museen ausgestellt waren.[206]

---

198 Abgedruckt bei *Kunze* Restitution „Entarteter Kunst", S. 39.
199 *Röhling* Restitution jüdischer Kulturgüter nach dem Zweiten Weltkrieg, S. 26; *Kunze* a. a. O., S. 39 f.
200 *Röhling* a. a. O., S. 26; *Schnabel/Tatzkow* Nazi Looted Art, S. 37.
201 *Röhling* a. a. O., S. 26; *Siehr* in: *Ebling/Schulze* (Hrsg.), Kunstrecht, 3. Teil Rn. 107.
202 *Kunze* Restitution „Entarteter Kunst", S. 42 f.
203 *Kunze* a. a. O., S. 43.
204 RGBl. I 1938 S. 612. Im Folgenden „Einziehungsgesetz" genannt.
205 Vgl. § 1 Einziehungsgesetz. *Schnabel/Tatzkow* Nazi Looted Art, S. 38.
206 *Siehr* in: *Ebling/Schulze* (Hrsg.), Kunstrecht, 3. Teil Rn. 107.

B. Die Entziehung im besetzten Ausland

Dem Kunstraub im besetzten Ausland[207] lagen einerseits wirtschaftliche Ziele zugrunde, da die beschlagnahmten Kulturgüter wegen ihrer Wertbeständigkeit hervorragende Verwertungsmöglichkeiten boten.[208] Anderseits waren die Plünderungen in den besetzten Gebieten, denen hauptsächlich jüdischer Kunstbesitz zum Opfer fiel, auch ideologisch motiviert und stellten eine der „vielen Ausdrucksformen des Kriegs gegen die Juden dar".[209] Zur Legitimation des Kunstraubs in den besetzten Gebieten trug die NS-Führung vor, man wolle lediglich dem Deutschen Reich ursprünglich „gehörende" Kunstschätze, d. h. solche Werke, die von Deutschen geschaffen wurden oder ihnen einst gehörten, ins Reich zurückführen.[210] Diese Rechtfertigung uferte schließlich „in dem größenwahnsinnigen Versuch aus, praktisch alle Artefakte der europäischen Kultur zusammenzuraffen".[211]

Die praktische Durchführung des Kunstraubes in den besetzten Gebieten oblag insbesondere dem von Alfred Rosenberg geleiteten „Einsatzstab Reichsleiter Rosenberg" – der größten Kunstbeuteorganisation des NS-Regimes.[212] Dieser wurde durch den Führererlass vom 1. März 1942[213] ermächtigt, in den besetzten Gebieten Kulturgüter, insbesondere solche aus jüdischem Eigentum, „für die weltanschaulichen Aufgaben der NSDAP und die späteren wissenschaftlichen Forschungsarbeiten der hohen Schule[214] beschlagnahmen zu lassen"[215]. Weitere

---

207 Der Kunstraub auf dem Gebiet des nationalsozialistisch besetzten Auslands wird vorliegend nur gestreift, da dessen Rückabwicklung grundsätzlich der sog. „äußeren Restitution" unterfällt, die im Rahmen der vorliegenden Arbeit nicht von Relevanz ist (vgl. unten S. 158). Da jedoch auch im Ausland entzogene Kunstwerke in Ausnahmefällen den Bestimmungen der „inneren Restitution" unterfallen (vgl. unten S. 163 f., 181), soll auf eine Darstellung des Kunstraubs in den besetzten Gebieten nicht gänzlich verzichtet, und diesbezüglich ein kurzer Überblick gegeben werden. Für eine ausführliche Darstellung des Kunstraubs auf den besetzten Gebieten vgl. z. B. *Petropoulos* Kunstraub und Sammelwahn, S. 130 – 194; *Röhling* Restitution jüdischer Kulturgüter nach dem Zweiten Weltkrieg, S. 34 – 56; *Rudolph* Restitution von Kunstwerken aus jüdischem Besitz, S. 48 – 45.

208 *Hartung* Kunstraub in Krieg und Verfolgung, S. 31; *Rudolph*, a. a. O., S. 48.

209 *Petropoulos* Kunstraub und Sammelwahn, S. 310; *Hartung* a. a. O., S. 32; *Rudolph* a. a. O., S. 48.

210 *Petropoulos* a. a. O., S. 23; *Hartung* a. a. O., S. 32.

211 *Petropoulos* a. a. O., S. 23.

212 *Hartung* Kunstraub in Krieg und Verfolgung, S. 33; *Anton* Illegaler Kulturgüterverkehr, S. 301 f.

213 Der Erlass ist abgedruckt bei *Hartung* a. a. O., S. 42 f.

214 Die „hohe Schule", deren Errichtung erst nach Kriegsende geplant war, sollte zur zentralen „Stätte der nationalsozialistischen Forschung in den Hauptdisziplinen Rassenkunde, Erbbiologie und der wissenschaftlichen Erforschung des ‚arischen' Volks" werden (*Röhling* Restitution jüdischer Kulturgüter nach dem Zweiten Weltkrieg, S. 32; *Hartung* a. a. O., S. 33).

bedeutende Kunstrauborganisationen waren die nach Dr. Kajetan Mühlmann benannte „Dienststelle Mühlmann“[216], das sog. „Devisenschutzkommando“[217], die pseudowissenschaftliche SS-Organisation „Ahnenerbe“[218], der „Kunstschutz“[219], sowie das nach Baron Eberhard von Künsberg benannte „Sonderkommando Künsberg“[220].[221]

Während das NS-Regime der Kultur der westlichen besetzten Länder durchaus Respekt zollte, wollte es im Osten vor allem die slawische Kultur zerstören und „arische“ Kulturgüter ins Deutsche Reich zurückführen.[222] Im Westen kam es daher oft auch zu Zwangsverkäufen, Beschlagnahmungen und Tauschgeschäften.[223] Im Osten hingegen wurden die dortigen Kulturgüter schlicht geraubt bzw. geplündert, ohne dass dafür fingierte vertragliche Vereinbarungen oder andere Vorschriften vorgeschoben wurden.[224] Auch hinsichtlich seiner Objekte unterschied sich der Kulturgüterraub in Ost- und Westeuropa. In Westeuropa stand vor allem die Entziehung bedeutender jüdischer Kunstsammlungen sowie der Tauschhandel mit als „entartet“ entzogenen Werken im Vordergrund.[225] In Osteuropa wurden dagegen überwiegend Kulturgüter aus jüdischen Einrichtungen, darunter zahlreiche Bibliotheken, Archive und religiöse Gegenstände geraubt und zerstört.[226]

C. Verwendung der entzogenen Kulturgüter

Ein Ziel des NS-Kunstraubs war es, Exponate für das sog. „Führermuseum“ zusammenzutragen. Hitler beabsichtigte in Linz das größte Museum Europas zu errichten, um so die „Höherwertigkeit“ der deutschen Kultur gegenüber anderen

---

215 Vgl. Abs. 2 S. 1 des Führererlasses v. 1.3.1942.

216 Vgl. *Petropoulos* Kunstraub und Sammelwahn, S. 131–137, 382; *Röhling* Restitution jüdischer Kulturgüter nach dem Zweiten Weltkrieg, S. 50.

217 Vgl. *Petropoulos* a.a.O., S. 172–186; *Röhling*, a.a.O., S. 35–39.

218 Vgl. *Petropoulos* a.a.O., S. 126–129.

219 Vgl. *Petropoulos* a.a.O., S. 155f.

220 Vgl. *Petropoulos*, a.a.O., S. 166f.,191–194; *Hartung* Kunstraub in Krieg und Verfolgung, S. 33.

221 *Hartung* a.a.O., S. 32f.

222 *Hartung* a.a.O., S. 35.

223 *Hartung* a.a.O., S. 37.

224 Ebda.

225 *Röhling* Restitution jüdischer Kulturgüter nach dem Zweiten Weltkrieg, S. 56.

226 Ebda.

Kulturen und die Bedeutung des „Großdeutschen Reiches" zu dokumentieren.[227] Dazu sollten vor allem Kunstwerke aus jüdischem Besitz in ganz Europa beschlagnahmt werden.[228] Zugleich bediente sich Hitler privater Kunsthändler, um auf dem internationalen Kunstmarkt bedeutende Werke zu erwerben.[229] 1939 wurde der Direktor der Dresdner Gemäldegalerie Hans Posse als „Sonderbeauftragter für das Führermuseum in Linz" damit betraut, die Sammlung des Führermuseums nach kunsthistorischen Gesichtspunkten zusammenzustellen und auszubauen.[230] Bei der Errichtung der Sammlung konnten Hitler bzw. Hans Posse in Hitlers Auftrag aufgrund des sog. „Führervorbehalts" ab Oktober 1940 auf sämtliche im Reichsgebiet beschlagnahmten Kunstwerke zurückgreifen.[231] Bis Kriegsende wurden mindestens 6.700 Objekte für das geplante „Führermuseum" zusammengetragen.[232]

Neben Hitler stellte auch Göring eine immense Kunstsammlung zusammen, die zum Teil aus NS-Raubkunst bestand.[233] Göring erwarb einerseits Werke aus den besetzten Ländern über den internationalen Kunsthandel, zum anderen ersteigerte er auf „Judenauktionen" Objekte aus beschlagnahmtem jüdischen Privatbesitz und überdies bediente er sich teils unmittelbar aus beschlagnahmten jüdischen Sammlungen.[234] Zudem betrieb Göring einen regen Tauschhandel mit Bildern, wobei er insbesondere als „entartet" beschlagnahmte Werke gegen alte Meister tauschte.[235] So gelang es Göring, die seinerzeit größte private Kunstsammlung Europas zusammenzutragen, die er auf seinem Landsitz „Carinhall"

---

227 *Röhling* a. a. O., S. 29. Eine ausführliche Darstellung der Sammelwut Hitlers und seiner Aneignungsmethoden, insbesondere im Hinblick auf das geplante Linzer Führermuseum, findet sich bei *Petropoulos* Kunstraub und Sammelwahn, S. 234–242.

228 *Röhling* a. a. O., S. 29 f.

229 *Röhling* a. a. O., S. 30, Fn. 61. Neben zahlreichen anderen Kunsthändlern, wurden insbesondere Karl Haberstock und Maria Almas Dietrich mit dem Erwerb von Kunstwerken beauftragt (ebda).

230 *Röhling* a. a. O., S. 30; *Hartung* Kunstraub in Krieg und Verfolgung, S. 34. Nach dem Tod von Hans Posse 1942 übernahm Hermann Voss dessen Aufgaben (vgl. *Loitfellner* in: *Pawlowsky/Wendelin* (Hrsg.), Enteignete Kunst, S. 15).

231 *Röhling* a. a. O., S. 30.

232 Vgl. die Bild-Datenbank des Deutschen Historischen Museums, in der 2014 knapp 6.700 Kunstwerke verzeichnet waren, die vom „Sonderauftrag Linz" angehäuft worden waren (abrufbar unter: http://www.dhm.de/datenbank/linzdb/ (Stand: Dezember 2014)).

233 *Röhling* Restitution jüdischer Kulturgüter nach dem Zweiten Weltkrieg, S. 30. Eine ausführliche Darstellung der Sammlertätigkeit Görings und seiner Aneignungsmethoden findet sich bei *Petropoulos* Kunstraub und Sammelwahn, S. 242–249.

234 *Francini/Heuß/Kreis* Fluchtgut – Raubgut, S. 241; *Röhling* a. a. O., S. 31; *Rudolph* Restitution von Kunstwerken aus jüdischem Besitz, S. 49 f.

235 *Röhling* a. a. O., S. 31.

bei Berlin ausstellte.[236] Insgesamt umfasste die Sammlung Göring über 4.200 Kunstobjekte.[237]

Hauptprofiteure des NS-Kunstraubes waren daneben die deutschen und österreichischen Museen. Etliche entzogene Kunstwerke, die nicht für die Sammlung des Führermuseums geeignet waren, wurden zu einem ermäßigten Preis, oder sogar unentgeltlich, an interessierte Museen übertragen.[238] Diese nahmen den beschlagnahmten jüdischen Kunstbesitz nicht nur dankbar in ihre Bestände auf, sondern konkurrierten teilweise regelrecht darum.[239] Dabei war unter den Leitern der erwerbenden Museen „die Vorstellung, gewissermaßen ein kulturhistorisches Anrecht auf die Sammlungen geflohener jüdischer Eigentümer zu haben", weit verbreitet.[240]

Überdies wurden Teile des entzogenen jüdischen Kunstbesitzes im Rahmen der erwähnten „Judenauktionen" veräußert.[241] Versteigert wurde entweder durch die örtlichen Finanzämter oder durch beauftragte Auktionshäuser.[242] Auch in den besetzten Gebieten – vor allem in Paris – betrieb das NS-Regime einen florierenden Handel mit entzogenen Kunstwerken.[243] Diese wurden dort veräußert oder gegen Devisen bzw. andere Werke, wie alte Meister, eingetauscht.[244]

D. Beispiele für die Instrumentalisierung der Ausfuhrverordnung

I. Die Entziehung der Sammlung Behrens

Der Fall der Entziehung der Kunstsammlung der Hamburger Bankiers-Familie Behrens zeigt, wie sich das NS-Regime die Ausfuhrverordnung zu Nutzen machte,

---

236 *Hartung* Kunstraub in Krieg und Verfolgung, S. 29.

237 Auch der Bestand der Kunstsammlung Görings ist in einer Bild-Datenbank des Deutschen Historischen Museums erfasst, in der 2014 4263 Objekte verzeichnet waren (abrufbar unter: http://www.dhm.de/datenbank/goering/dhm_goering.php?seite=18 (Stand: Dezember 2014)).

238 *Rudolph* Restitution von Kunstwerken aus jüdischem Besitz, S. 39.

239 So kam es beispielsweise im Rahmen der Verteilung der beschlagnahmten Rotschild-Sammlungen zu heftigen Streitereien zwischen den einzelnen österreichischen Museen (vgl. *Schnabel/Tatzkow* Nazi Looted Art, S. 303).

240 *Heuß* in: die eigene Geschichte, S. 429 (432).

241 *Rudolph* Restitution von Kunstwerken aus jüdischem Besitz, S. 40; *Schnabel/Tatzkow* Nazi Looted Art, S. 34; *Anton* Illegaler Kulturgüterverkehr, S. 419.

242 *Rudolph* a.a.O., S. 40.

243 *Hartung* a.a.O., S. 31.

244 *Buomberger*, Raubkunst – Kunstraub, S. 28; *Kunze* Restitution „Entarteter Kunst", S. 44–47; *Röhling* Restitution jüdischer Kulturgüter nach dem Zweiten Weltkrieg, S. 26–28; *Hartung*, a.a.O., S. 31; *Rudolph* Restitution von Kunstwerken aus jüdischem Besitz, S. 48.

um zu verhindern, dass emigrationswillige Juden ihren Kunstbesitz außer Landes brachten. Die Sammlung der Familie Behrens wurde von Eduard Ludwig Behrens begründet, der eine Gemälde- und Porzellansammlung aufbaute, „die bei seinem Tod am 18. April 1895 zu den bedeutendsten Privatsammlungen ihrer Art gehörten".[245] Der Bestand der Kunstsammlung umfasste unter anderem Werke von Menzel, Delacroix, Corot, Meissonier, Daubigny, Decamps, Rousseau, Fromentin, Dupré, Diaz, Troyon, Knaus, Vautier und Defregger.[246] Nach dem Tod von Eduard Ludwig Behrens erbte dessen Sohn Eduard Ludwig jun. den Großteil der Gemäldesammlung, während sein Bruder Theodor Ernst die Porzellansammlung sowie einige Kunstwerke erhielt.[247] Eduard Ludwig Behrens jun. erweiterte die ererbte Sammlung, wobei er sich insbesondere auf Werke von Thomas Herbst konzentrierte.[248]

Nachdem Eduard Ludwig Behrens jun. im Jahre 1925 verstorben war, erbte sein Sohn Georg dessen Kunstsammlung.[249] Als sich die Verhältnisse für seine Familie nach der Machtergreifung erheblich verschlechterten, beabsichtigte Georg Behrens 1935, die Sammlung in die Schweiz zu verbringen und sie eventuell dort zu veräußern.[250] Eine Ausfuhr wurde jedoch durch die NS-Behörden vereitelt, die am 1. April 1935 einen großen Teil der Sammlung in das Verzeichnis der national wertvollen Kunstwerke eintragen ließen.[251] Betroffen von der Eintragung waren acht Bilder von Menzel, jeweils fünf von Corot und Daubigny, sowie jeweils eins von Dupré, Delacroix und von Böcklin.[252] Der eingetragene Teil der Sammlung war nun mit einem Ausfuhrverbot nach § 1 der Ausfuhrverordnung belastet und eine Ausfuhr nur nach Erteilung einer entsprechenden Genehmigung durch den Reichsinnenminister nach § 3 Abs. 1 der Ausfuhrverordnung möglich. Am 27. Dezember 1935 stellte Regierungsdirektor von Kleinschmidt im Hinblick auf die eingetragenen Objekte in einem Schreiben an Esther Behrens klar, „dass jede Verbringung der Bilder in das Ausland ohne Genehmigung unzulässig und strafbar sowie jeder Eigentums- oder Besitzerwechsel anzeigepflichtig ist".[253] Am 29. Dezember 1935 wurden schließlich noch ein weiteres Bild von Dupré und zwei

---

245 *Bruhns* Kunst in der Krise, S. 236 f.
246 *Bruhns* a. a. O., S. 237.
247 Ebda.
248 Ebda.
249 Ebda.
250 Ebda.
251 *Bruhns* a. a. O., S. 238.
252 *Bruhns* a. a. O., S. 238.
253 *Bruhns* a. a. O., S. 238. Vgl. §§ 1 und 6 Abs. 1 der Ausfuhrverordnung und § 4 der Ausführungsbestimmungen.

von Theodore Rousseau in das Verzeichnis der national wertvollen Kunstwerke eingetragen.[254]

Im April 1938 wurde das Bankhaus L. Behrens & Söhne „arisiert" und Georg Behrens im November desselben Jahres in „Schutzhaft" genommen und misshandelt.[255] Georg Behrens floh schließlich 1939 über Belgien und Frankreich nach Kuba.[256] Seine Kunstsammlung musste er wegen des Ausfuhrverbots in Deutschland zurücklassen. Das Schicksal der einzelnen Werke konnte bis heute nur teilweise aufgeklärt werden.[257] Einige der durch die Ausfuhrverordnung gesperrten Bilder wurden durch Georgs Mutter, Franziska Behrens, die als Halbarierin in Hamburg bleiben konnte, verkauft oder sie wurden gestohlen.[258] So wurden z. B. ein Werk von Böcklin und sieben Bilder von Menzel veräußert.[259] Zwei Bilder von Daubigny waren angeblich Anfang 1938 gestohlen worden.[260] In jedem Fall hatte die Eintragung der einzelnen Werke in das Verzeichnis der national wertvollen Kunstwerke zur Folge, dass Georg Behrens diese nicht bereits 1935 in der Schweiz veräußern bzw. im Rahmen seiner Emigration ins Ausland verbringen konnte. Die Eintragung führte somit zumindest mittelbar zur Entziehung der betroffenen Werke.

II. Die Entziehung der Majolika-Sammlung Pringsheim

Der Fall der Majolika-Sammlung Pringsheim zeigt, dass das NS-Regime die Ausfuhrverbote nach der Ausfuhrverordnung auch dazu nutzte, emigrationswilligen Juden ihren Kunstbesitz abzupressen. Alfred Pringsheim – der Schwiegervater Thomas Manns – hatte zu Beginn des 20. Jahrhunderts die bedeutendste Sammlung historischen Kunsthandwerks in München.[261] Neben einer wertvollen Goldschmiedesammlung[262] besaß er die wohl größte Sammlung italienischer Majoliken, die je in privater Hand vereint war.[263] 1936 wurde die Majolika-Sammlung vom Bayerischen Kulturministerium in das Verzeichnis der national wertvollen Kunstwerke aufgenommen, so dass die Sammlung nicht mehr aus dem

254 Ebda.
255 Ebda.
256 Ebda.
257 Vgl. die Suchmeldungen abrufbar unter: www.lostart.de (Stand: Dezember 2014).
258 Ebda.
259 Ebda.
260 Ebda.
261 *Seelig* in: Entehrt. Ausgeplündert. Arisiert., S. 265 (265 f.).
262 Vgl. unten S. 246 – 248.
263 *Seelig* a. a. O., S. 265 (266).

Gebiet des Deutschen Reichs ausgeführt werden durfte.[264] Aufgrund dieser Verfügungsbeschränkung kam es 1938 zu einer Vereinbarung mit Vertretern des Deutschen Reiches, nach welcher sich Alfred Pringsheim bereit erklärte, drei Majoliken seiner Sammlung dem Berliner Schlossmuseum zu überlassen.[265] Im Gegenzug wurde ihm die Ausfuhrgenehmigung für die restliche Sammlung erteilt, damit er diese im Ausland veräußern konnte.[266] Die Sammlung wurde anschließend im Juni 1939 bei Sotheby's London für den sehr niedrigen Gesamterlös von 19.494,50 Britischen Pfund (ca. 234.000 Reichsmark) versteigert.[267] Nach Abzug einer Kommission von sieben Prozent für das Auktionshaus Sotheby's flossen 80 Prozent des Veräußerungserlöses an die Reichskasse, so dass für das Ehepaar Pringsheim nur noch ca. 3.500 RM übrig blieben.[268] Den Pringsheims gelang anschließend die Flucht in die Schweiz.[269] Dieser Fall zeigt, dass die Ausfuhrverordnung als Druckmittel eingesetzt wurde, um zur Emigration gezwungene Juden zur Übereignung wertvoller Kulturgüter an deutsche Museen zu nötigen. Auch auf diese Art und Weise wurde die Ausfuhrverordnung somit als Mittel zum Kunstraub missbraucht.

E. Die Entziehung der Musikbibliothek Peters

Die von Max Abraham gegründete und am 2. Januar 1894 in Leipzig eröffnete Musikbibliothek Peters war die erste öffentlich und kostenlos zugängliche Musikbibliothek Deutschlands.[270] Mit einem Bestand von zeitweise über ca. 30.000 Bänden, war sie auch die größte öffentlich zugängliche Privatsammlung im Musikbereich.[271] Ihre kulturelle und wissenschaftliche Bedeutung gründete insbesondere auf dem Besitz zahlreicher kostbarer Erstdrucke, seltener wissenschaftlicher Quellenwerke, einer umfangreichen Opernpartitursammlung sowie einer erstklassigen Autographensammlung, innerhalb derer vor allem die Werke Johann Sebastian Bachs hervorzuheben sind.[272] Überdies umfasste der Bestand der Bi-

---

264 *Seelig* a.a.O., S. 265 (268).
265 Ebda.
266 Ebda.
267 *Seelig* a.a.O., S. 265 (268f.).
268 *Seelig* a.a.O., S. 265 (269).
269 Ebda.
270 *Bucholtz* Henri Hinrichsen und der Musikverlag C.F. Peters, S. 228.
271 Ebda.
272 *Bucholtz* a.a.O., S. 228, 232.

bliothek auch eine wertvolle Sammlung von rund 1.600 Komponistenbildern.[273] Den Grundstock der Musikbibliothek Peters bildete die 1861 gegründete Musikleihanstalt von Alfred Dörffel, die ein Jahr nach ihrem Konkurs 1891 von Max Abraham, dem Alleininhaber des C.F. Peters Verlages, gekauft wurde.[274] Nach dem Tod Max Abrahams im Jahre 1900 übernahm dessen Neffe Henri Hinrichsen als Alleininhaber den Verlag.[275] Henri Hinrichsen beteiligte auch seine Söhne an der Verlagsarbeit. Sein ältester Sohn Max war seit 1928 im Verlag tätig und wurde im Juli 1931 offiziell als Teilhaber in die Firma aufgenommen.[276] Dessen Bruder Walter begann im März 1931 für den Verlag zu arbeiten.[277] Der dritte Sohn – Hans-Joachim Hinrichsen – trat im Oktober 1935 offiziell als Prokurist in die Firma C.F. Peters ein.[278]

Mit der Machtergreifung der Nationalsozialisten begann für die Familie Hinrichsen sowohl in beruflicher als auch gesellschaftlicher Hinsicht eine „Entwicklung der schleichenden Diskriminierung" und Ausgrenzung.[279] Zu ersten Erschwernissen ihrer verlegerischen Tätigkeit kam es bereits im Zuge des allgemeinen Judenboykotts von 1933 sowie anschließend aufgrund der von den Nationalsozialisten angestrebten „Entjudung" des Leipziger Kulturlebens.[280] Ab 1935 verschärfte sich die Situation für den C.F. Peters Verlag weiter, da verschiedene „arische" Komponisten, die von der Reichsmusikkammer unter Druck gesetzt worden waren, nicht mehr bereit waren, ihre Werke bei dem Verlag zu veröffentlichen.[281] Aufgrund dieser zunehmend eingeschränkten Arbeitsmöglichkeiten emigrierte Walter Hinrichsen im Juni 1936 in die USA und Max Hinrichsen November 1937 nach London.[282] Im Zuge der Emigration seiner beiden Brüder wurde Hans-Joachim Hinrichsen Anfang 1937 Teilhaber und Geschäftsführer und Ende des Jahres auch Betriebsführer des C.F. Peters Verlages.[283]

Während des Novemberpogroms wurden in der Nacht zum 10. November 1938 die Geschäftsräume des Verlagshauses C.F. Peters verwüstet und die Lagerbestände des Verlages geplündert und teils zerstört.[284] Am folgenden Tag wurde

273 *Bucholtz* a.a.O., S. 228.
274 *Bucholtz* a.a.O., S. 229.
275 *Bucholtz* a.a.O., S. 21, 229.
276 *Bucholtz* a.a.O., S. 66, Fn. 110.
277 *Bucholtz* a.a.O., S. 66.
278 *Bucholtz* a.a.O., S. 70.
279 *Bucholtz* a.a.O., S. 284.
280 *Bucholtz* a.a.O., S. 285–291.
281 *Bucholtz* a.a.O., S. 297 f.
282 *Bucholtz* a.a.O., S. 300.
283 Ebda.
284 *Bucholtz* a.a.O., S. 301.

Henri Hinrichsen in „Schutzhaft" genommen.[285] Sein Sohn Hans-Joachim wurde am 13. November 1938 verhaftet und in das Konzentrationslager Sachsenhausen verbracht, wo er über einen Monat inhaftiert blieb.[286] Kurz darauf verloren beide durch den Ausschluss aus der Reichsmusikkammer das Recht ihren Beruf weiter auszuüben. Überdies kam es zur „Zwangsarisierung" des Verlages durch den staatlich eingesetzten Verwalter SS-Standartenführer Gerhard Noatzke.[287] Noatzke, der auf Grundlage der Einsatzverordnung auch zum Treuhänder bestellt worden war, veräußerte den Verlag am 22. Juli 1939 an Dr. Kurt Herrmann und Dr. Johannes Petschull, zu dem viel zu niedrigen Kaufpreis von lediglich einer Million Reichsmark.[288] Mit dem Verlag wurde auch die Musikbibliothek Peters einschließlich ihres Grundstücks auf die neuen Gesellschafter übertragen.[289] Von dem Verkaufserlös hatten die Hinrichsens die Reichsfluchtsteuer, die Judenvermögensabgabe, sowie weitere diskriminierende Abgaben, die sich insgesamt auf ca. 650.000 Reichsmark beliefen, zu begleichen.[290] Die Restsumme sollte den Hinrichsens von dem Vertreter des Verlages C.F. Peters in London – der Firma Novello & Co. Ltd. – ausgezahlt werden, was jedoch nicht geschah.[291]

Ende Januar 1940 floh Henri Hinrichsen mit seiner Frau nach Brüssel.[292] Anfang März gelang es Hans-Joachim Hinrichsen ihnen nachzufolgen.[293] Die von dort geplante weitere Flucht in die USA gelang den Hinrichsens jedoch nicht mehr.[294] Hans-Joachim verstarb am 27. September 1940 in einem Internierungslager in Frankreich, seine Mutter Martha am 7. Oktober 1941 in Brüssel.[295] Henri Hinrichsen wurde von Brüssel nach Ausschwitz deportiert, wo er am 17. September 1942 ermordet wurde.[296]

---

285 Ebda.
286 *Bucholtz* a.a.O., S. 301, Fn. 80.
287 *Bucholtz* a.a.O., S. 302.
288 *Bucholtz* a.a.O., S. 303f, m.w.Nachw. in Fn. 92.
289 *Bucholtz* a.a.O., S. 304.
290 *Bucholtz* a.a.O., S. 304f., Fn. 94.
291 *Bucholtz* a.a.O., S. 305, 310.
292 *Bucholtz* a.a.O., S. 308.
293 *Bucholtz* a.a.O., S. 309f.
294 *Bucholtz* a.a.O., S. 310.
295 Ebda.
296 Ebda.

F. Die Entziehung der Sammlungen von Louis und Alphonse Rothschild

Bei der Beschlagnahmung der Sammlungen von Louis und Alphonse Rotschild handelt es sich zweifelsohne um den bekanntesten und bedeutendsten NS-Kunstraubfall in Österreich. Die beiden Brüder stammten aus dem außerordentlich bedeutenden Wiener Zweig der berühmten Bankiersfamilie Rothschild und besaßen jeweils eine herausragende Kunstsammlung.[297]

Alphonse Rothschild besaß in der Wiener Theresianumgasse ein Palais, das unter anderem eine kostbare Gobelinsammlung, erstklassige Gemälde französischer und niederländischer Meister, Zeichnungen, Möbel, Münzen, Skulpturen, Waffen, Uhren, Musikinstrumente sowie kostbare Bücher und Handschriften beherbergte.[298] Zusammen mit dem Kunstbesitz, der sich in den weiteren Liegenschaften von Alphonse Rothschild befand, gehörte seine Kunstsammlung zu den größten und wichtigsten, die je von einer Privatfamilie angelegt wurde.[299] Als Alphonse Rothschild Anfang 1938 in Vorahnung des „Anschlusses" Österreichs versuchte, seine Kunstsammlung ins sichere Ausland zu schaffen, bereitete ihm das Ausfuhrverbot für Kunstgegenstände nach dem Ausfuhrverbotsgesetz und die Auflage der Ausfuhrabgabe von zehn Prozent des Schätzwertes des auszuführenden Kunstwerks nach dem Ausfuhrabgabegesetz[300] erhebliche Schwierigkeiten.[301] Nach längeren Verhandlungen verpflichtete er sich gegenüber der Zentralstelle für Denkmalschutz, für den Erhalt der erforderlichen Ausfuhrgenehmigungen eine einmalige Abgabe von 171.660 Schilling zu leisten und darüber hinaus dem Österreichischen Museum für Kunst und Industrie, dem heutigen Museum für Angewandte Kunst, 39 Objekte aus seiner Sammlung zu schenken.[302] Aufgrund des „Anschlusses" Österreichs konnten jedoch auch die freigegebenen und bereits zur Abfertigung verpackten Kunstgegenstände nicht aus Österreich ausgeführt werden und wurden im März 1938 vor ihrer Ausfuhr am Wiener Ostbahnhof von den Nationalsozialisten beschlagnahmt.[303] Alphonse Rothschild

297 *Schnabel/Tatzkow* Nazi Looted Art, S. 302; *Müller/Tatzkow* Verlorene Bilder Verlorene Leben, S. 197.

298 *Schnabel/Tatzkow* a.a.O.; S. 32; *Müller/Tatzkow*, a.a.O., S. 201ff.

299 *Lillie*, Was einmal war, S. 1004.

300 „Bundesgesetz vom 24. Juli 1922 über die Ausfuhrabgabe für gewisse Waren (Ausfuhrabgabegesetz)" (BGBl 1922 S. 962–964) i.d.F. des „Bundesgesetzes, betreffend Abänderung des Ausfuhrabgabegesetzes" (BGBl 1937 S. 270–272).

301 *Krois* Die Restitution von Kunst- und Kulturgütern am Fall der Familie Rothschild, S. 58; *Müller/Tatzkow* Verlorene Bilder Verlorene Leben, S. 204f.

302 Krois a.a.O., S. 58; Müller/*Tatzkow* a.a.O., S. 205.

303 *Schnabel/Tatzkow* Nazi Looted Art, S. 302; *Müller/Tatzkow* a.a.O., S. 205.

gelang anschließend mit seiner Familie die Flucht in die USA, wo er 1942 verstarb.[304]

Louis Rothschild, der jüngere Bruder von Alphonse, übernahm nach dem Tod seines Vaters Albert Mayer Rothschild im Jahre 1911 von diesem die Führung des Wiener Bankhauses S.M.v. Rothschild und zog in das väterliche Palais in der Wiener Prinz-Eugen-Straße, das ebenfalls eine herausragende Kunstsammlung beherbergte.[305] Die ererbte Sammlung, die unter anderem französische und niederländische Malerei, darunter auch Werke von Franz Hals umfasste, wurde von Louis Rothschild um drei weiteren Werken von Franz Hals, zwei von Tintoretto und Bildern von Hans Holbein d. J., Teniers, Watteau sowie vielen weiteren bedeutenden Kunstobjekten erweitert.[306] Am 13. März 1938 wurde Louis Rothschild am Flughafen Aspern durch den Entzug seines Reisepasses an der Flucht aus Österreich gehindert.[307] Am Folgetag wurde er von der Gestapo in seinem Palais verhaftet und in das Hotel Metropol, dem Sitz der Wiener Gestapo, verbracht, wo er über ein Jahr in einer Zelle interniert blieb.[308] Zu einer Freilassung war die NS-Führung nur unter der Bedingung bereit, dass Louis Rothschild das gesamte Vermögen der Wiener Rothschild's vertraglich auf das Deutsche Reich übertrug.[309] Im Mai 1939 konnte durch Vermittlung von Alphonse Rothschild aus dem Exil die Freilassung von Louis Rothschild erreicht werden.[310] Im Gegenzug musste Louis Rothschild jedoch den gesamten Familienbesitz einschließlich der Kunstsammlungen durch notariellen Vertrag vom 8. Mai 1939 an den deutschen Staat abtreten und diesen in Österreich zurücklassen.[311] Ein Mittel, um dieser Vermögensentziehung den Anstrich der Legalität zu verleihen, stellte die Reichsfluchtsteuer dar, die jeweils auf etwa ein Viertel des Gesamtvermögens von Alphonse und Louis

---

304 *Lillie* Was einmal war, S. 1004; *Schnabel/Tatzkow* a. a. O., S. 302; *Müller/Tatzkow* a. a. O., S. 205.
305 *Lillie* a. a. O., S. 1113; *Schnabel/Tatzkow* a. a. O., S. 302.
306 *Müller/Tatzkow* Verlorene Bilder Verlorene Leben, S. 203 f.
307 *Lillie* Was einmal war, S. 1113; *Schnabel/Tatzkow* Nazi Looted Art, S. 302; *Dorrmann* in: *Bertz/Dorrmann*, Raub und Restitution, S. 121 (121), der jedoch den Fluchtversuch auf den 12. März 1938, und die Verhaftung auf den Folgetag datiert.
308 *Lillie* a. a. O., S. 1113; *Schnabel/Tatzkow* a. a. O., S. 302; *Dorrmann* a. a. O., S. 121 (121); *Müller/Tatzkow* Verlorene Bilder Verlorene Leben, S. 206.
309 *Müller/Tatzkow* a. a. O., S. 206.
310 *Lillie* Was einmal war, S. 1004, 1113 f.
311 *Lillie* a. a. O., S. 1113 f.; *Schnabel/Tatzkow* Nazi Looted Art, S. 303; *Dorrmann* in: *Bertz/Dorrmann*, Raub und Restitution, S. 121 (121 f.); *Müller/Tatzkow* Verlorene Bilder Verlorene Leben, S. 209.

Rotschild festgesetzt wurde.[312] Auch Louis Rothschild gelang anschließend die Flucht in die USA.[313]

Bereits am Tag der Verhaftung von Louis Rotschild wurden die in beiden Palais der Familie Rothschild vorhandenen Kunstobjekte sukzessive in das Zentraldepot für beschlagnahmte Kunst in der Wiener Hofburg verbracht und dort eingelagert.[314] Über die Verwertung der beschlagnahmten Kunstgegenstände konnte Hitler bzw. der von ihm ernannte „Sonderbeauftragte für das Führermuseum in Linz“ Hans Posse aufgrund des Führervorbehalts persönlich entscheiden.[315] So reservierte Hans Posse 324 Gemälde aus den beschlagnahmten Wiener Kunstsammlungen für das Linzer „Führermuseum“.[316] Von diesen Gemälden stammte ein großer Teil aus den Sammlungen von Louis und Alphonse Rothschild.[317] Die restlichen Rothschild'schen Sammlungsbestände wurden unter den österreichischen Museen verteilt, wobei insbesondere das Kunsthistorische Museum Wien zahlreiche bedeutende Werke erlangte.[318]

G. Ergebnis

Es bleibt festzuhalten, dass jüdische Kunstsammler von 1933 bis 1938 ihren Kunstbesitz regelmäßig im Rahmen von „freiwilligen“ Entziehungen durch

312 *Lillie* a.a.O., S. 1004; *Müller/Tatzkow* a.a.O., S. 207. Die zu entrichtende Reichsfluchtsteuer wurde bei Alphonse Rotschild auf 5.318.022 Reichsmark festgesetzt. Louis Rothschild wurde per vorläufigen Sicherheitsbescheid mitgeteilt, dass im Falle seiner Auswanderung eine Reichfluchtsteuer in Höhe von 5.420.000 Reichsmark anfalle (*Müller/Tatzkow* a.a.O., S. 207; der „vorläufige Sicherungsbescheid“ für Louis Rotschild v. 2.3.1939 ist abgedruckt bei *Brückler* Kunstraub, Kunstbergung und Restitution in Österreich 1938 bis heute, S. 83).

313 *Lillie* a.a.O., S. 1114; *Dormann*, in: *Bertz/Dormann*, Raub und Restitution, S. 121 (124).

314 *Schnabel/Tatzkow* Nazi Looted Art, S. 302; *Müller/Tatzkow* Verlorene Bilder Verlorene Leben, S. 197. Abschriften der Kataloge des Inventars der Sammlungen Alphonse Rothschild (3444 Objekten) und Louis Rothschild (919 Objekten), die in das Zentraldepot beschlagnahmter Kunstgegenstände in der Neuen Burg verbracht wurden, finden sich bei *Lillie* a.a.O., S. 1006–1110, m.w.Nachw. in Fn. 13, S. 1116–1134 m.w.Nachw. in Fn. 5.

315 *Schnabel/Tatzkow* a.a.O. S. 302f. Vor allem der Wunsch Hitlers, über die Verteilung der Sammlungen der Rothschild's entscheiden zu können, war überhaupt der Anlass für die Anordnung des „Führervorbehalts“ (vgl. *Dormann* in: *Bertz/Dormann*, Raub und Restitution, S. 122, m.w.Nachw. in Fn. 2).

316 *Brückler* Kunstraub, Kunstbergung und Restitution in Österreich 1938 bist heute, S. 85f; *Müller/Tatzkow* Verlorene Bilder Verlorene Leben, S. 209.

317 *Brückler*, a.a.O., S. 85f.

318 *Krois*, Die Restitution von Kunst- und Kulturgütern am Fall der Familie Rothschild, S. 62f.; *Müller/Tatzkow*, a.a.O., S. 209.

Rechtsgeschäft unter dem Druck ihrer wirtschaftlichen Diskriminierung und der bevorstehenden Emigration verloren. Ab 1938 griff das NS-Regime dann meist unmittelbar durch staatlichen Hoheitsakt auf jüdische Kunstsammlungen zu. Als Rechtsgrundlage hierfür dienten u. a. die Einsatzverordnung, nach welcher der Zwangsverkauf jüdischer Vermögenswerte angeordnet werden konnte, und das Gesetz über die Einziehung volks- und staatsfeindlichen Vermögens.

Jüdischen Emigranten wurden zum einen aufgrund devisenrechtlicher Regelungen sowie durch Abgaben, wie die Reichsfluchtsteuer, ihre liquiden Mittel entzogen. Zum anderen existierte ein Netz an Bestimmungen, das jüdische Auswanderer an der Mitnahme beweglicher Vermögensobjekte und so auch von Kulturgütern bei ihrer Flucht hinderte. Diesbezüglich ist auf die Genehmigungsvorbehalte nach §§ 57, 58 des Devisengesetzes von 1938 zu verweisen, die sich auch auf die Mitnahme von Kulturgut bei der Auswanderung erstreckten. Vor dem Hintergrund der vorliegenden Arbeit ist vor allem hervorzuheben, dass daneben die aus der Weimarer Zeit stammende Ausfuhrverordnung vom NS-Regime instrumentalisiert und – im Zusammenspiel mit den devisenrechtlichen Genehmigungsvorbehalten – zum Kunstraub an jüdischen Emigranten missbraucht wurde. Die Instrumentalisierung der Ausfuhrverordnung spiegelt sich insbesondere in den Eintragungen des Verzeichnisses der national wertvollen Kunstwerke von 1938 wieder. Dieses weist – im Gegensatz zu der Version von 1927 – überproportional viele Werke jüdischer Kunstsammler auf, deren Bedeutung für den deutschen Kulturbesitz – zumindest teils – eher nachrangig ist.

Belegt ist der Missbrauch der Ausfuhrverordnung durch das NS-Regime in der Literatur für die Städte Hamburg und Frankfurt. In Hamburg veranschaulicht insoweit vor allem der Fall der Sammlung Behrens, wie missbräuchliche Eintragungen in das Verzeichnis der national wertvollen Kunstwerke mittelbar zur Entziehung der betroffenen Werke aus jüdischem Eigentum führten. Der Fall Pringsheim zeigt überdies, dass es auch in München zu einem missbräuchlichen Einsatz der Ausfuhrverordnung gegenüber jüdischen Kunstsammlern kam, wobei in dem konkreten Fall das Ausfuhrverbot nach der Ausfuhrverordnung als Druckmittel eingesetzt wurde, um Alfred Pringsheim zur Übereignung wertvoller Kulturgüter an das Berliner Schlossmuseum zu zwingen.

Belegt werden kann der Missbrauch der Ausfuhrverordnung zur Entziehung jüdischer Kunstsammlungen zudem durch verschiedene Dokumente des NS-Regimes, in denen ausdrücklich darauf hingewiesen wird, dass die Ausfuhrverordnung dazu eingesetzt werden soll, Juden an der Mitnahme ihrer Kulturgüter bei der Auswanderung zu hindern. Auch der Runderlass 49/39 vom 17. April 1939, der ein absolutes devisenrechtliches Ausfuhrverbot für Kulturgüter verfügte, die in dem Verzeichnis der national wertvollen Kunstwerke eingetragen waren, und damit die devisenrechtliche Ausfuhrgenehmigung unmittelbar mit der Ausfuhrverordnung verknüpfte, zeigt, dass diese ein wichtiges Element in dem Netz der Vorschriften darstellte, auf welche das NS-Regime zurückgriff, um jüdische Emigranten an der Mitnahme ihres Kunstbesitzes zu hindern. Kulturgüter, die jüdische Emigranten aufgrund von Ausfuhrverboten bei ihrer Flucht in Deutschland zurücklassen mussten, konnten anschließend nach dem Widerrufs- und Aberkennungsgesetz und ab 1941 nach der 11. Verordnung zum Reichsbürgergesetz als dem „Reiche verfallen" erklärt werden.

§ 2 Die Restitution von Kulturgütern aus ehemals jüdischem Besitz in Deutschland

A. Begriff der Restitution

Der Begriff „Restitution" stammt von dem lateinischen Wort „restituere", das wiederherstellen bedeutet.[319] In rechtlicher Hinsicht entstammt der Terminus der Restitution ursprünglich dem Kriegsvölkerrecht und bezog sich nur auf die Wiedergutmachung völkerrechtswidriger Wegnahmen von Gegenständen durch eine Besatzungsmacht in einem kriegerisch besetzten Gebiet.[320] Nach Ende des Zweiten Weltkrieges erforderte jedoch das Unrecht, welches das NS-Regime verfolgten deutschen Staatsbürgern – insbesondere den deutschen Juden – auf dem Gebiet des Deutschen Reichs zugefügt hatte, zudem eine innerdeutsche Wiedergutmachung.[321] Es ist daher hinsichtlich der Rückerstattung des während der NS-Herrschaft entzogenen jüdischen Kunstbesitzes je nach Ort der Entziehung zwischen zwei Arten der Restitution zu unterscheiden.[322] Bei der Wiedergutmachung von Entziehungen, die außerhalb des Territoriums des Deutschen Reichs, also in den nationalsozialistisch besetzten Gebieten stattfanden, wird von der „äußeren Restitution" gesprochen.[323] Die Wiedergutmachung von Entziehungen, die innerhalb

---

319 *Röhling* Restitution jüdischer Kulturgüter nach dem Zweiten Weltkrieg, S. 62; *Hartung* Kunstraub in Krieg und Verfolgung, S. 66.
320 *Röhling* a.a.O., S. 62; *Hartung* a.a.O., S. 66.
321 *Rudolph* Restitution von Kunstwerken aus jüdischem Besitz, S. 57; *Anton* Illegaler Kulturgüterverkehr, S. 493.
322 *Rudolph* a.a.O., S. 57.
323 *Hartung* Kunstraub in Krieg und Verfolgung, S. 66; *Rudolph* a.a.O., S. 57; *Anton* Illegaler Kulturgüterverkehr, S. 493, 642.

des deutschen Reichsgebiets erfolgten, wird dementsprechend als „innere Restitution" bezeichnet.[324]

Die äußere Restitution betrifft den „Ausgleich des einem fremden Staat oder seinen Angehörigen (durch die Besatzungsmacht in einem kriegerisch besetzten Gebiet) zugefügten Unrechts" und stellt die Erfüllung des völkerrechtlichen Wiedergutmachungsanspruchs des geschädigten Staates gegen den schädigenden Staat dar.[325] Die von der äußeren Restitution erfassten Kulturgüter sind juristisch korrekt als „kriegsbedingt verbrachte Kulturgüter"[326] zu bezeichnen, wobei sich mittlerweile der umgangssprachliche Begriff der „Beutekunst" [327] verfestigt hat.

Die als innere Restitution bezeichnete Wiedergutmachung des innerhalb Deutschlands gegenüber verfolgten Personengruppen, vor allem gegenüber der jüdischen Bevölkerung, begangenen NS-Unrechts, stellte nach Ende des Zweiten Weltkrieges in völkerrechtlicher Hinsicht eine Neuerung dar.[328] Die gegenüber den eigenen Staatsbürgern vom NS-Regime begangenen Unrechtstaten „stellen zwar eine den Kern der Würde des Menschen verletzende Diskriminierung der jüdischen Bevölkerungsgruppe in Deutschland dar, sind jedoch [...] aus völkerrechtlichen Erwägungen im Grundsatz nicht zu beanstanden."[329] Nach Ende des Zweiten Weltkriegs war es eigentlich „kein völkerrechtliches Unrecht, wenn ein Staat seine eigenen Bürger verfolgte, da nach dem völkerrechtlichen Gleichheitsgrundsatz jeder Staat im Innenverhältnis zu seinen Staatsbürgern als souverän galt."[330] Das Völkerrecht, dessen Aufgabe es ist, zwischenstaatliche Beziehungen zu regeln, bestimmte somit „prinzipiell keine völkerrechtliche Pflicht der Wiedergutmachung von Unrechtstaten [...] des deutschen Staates innerhalb Deutschlands gegenüber deutschen Staatsbürgern."[331] Die innere Restitution, die in der Nachkriegszeit auf Grundlage der von den Westalliierten erlassenen Rückerstattungsgesetze durchgeführt wurde, stellte somit zu diesem Zeitpunkt eine völlig neue rechtliche Konzeption dar.[332]

---

324 *Engstler* Die Territoriale Bindung von Kulturgütern im Rahmen des Völkerrechts, S. 137; *Hartung* a.a.O., S. 66; *Rudolph* a.a.O., S. 57; *Anton* a.a.O., S. 493, 642.

325 *Engstler* a.a.O., S. 66; *Rudolph* a.a.O., S. 57; *Anton* a.a.O., S. 642.

326 Vgl. *Syssoeva* Kunst im Krieg, S. 28. Zur Erläuterung der Problematik der Restitution kriegsbedingt verlagerter Kulturgüter zwischen Deutschland und Russland wird auf die Darstellung bei *Syssoeva* Kunst im Krieg verwiesen.

327 Vgl. z.B. *Hartung* Kunstraub in Krieg und Verfolgung, S. 59; *Anton* Illegaler Kulturgüterverkehr, S. 403f.

328 Ebda.

329 *Anton* a.a.O., S. 493.

330 *Anton* a.a.O., S. 493f., 641.

331 *Anton* a.a.O., S. 641.

332 *Anton* a.a.O., S. 494, 641.

Kulturgüter, die der inneren Restitution unterfallen, sind genau genommen als „NS-verfolgungsbedingt entzogene Kulturgüter“ zu bezeichnen. Wie bereits in der entsprechenden Vorbemerkung klargestellt, wird im Rahmen der vorliegenden Arbeit anstelle des Begriffs des „NS-verfolgungsbedingt entzogenen Kulturgutes“ aus Gründen der Lesbarkeit der Begriff der „NS-Raubkunst“ in einer gleichbedeutenden Art und Weise verwandt. Erfasst vom Begriff der NS-Raubkunst werden somit sämtliche Kulturgüter, die Angehörigen verfolgter Personengruppen, vor allem der jüdischen Bevölkerung, in Deutschland während der Zeit des Dritten Reichs durch das NS-Regime entzogen wurden.[333] Darunter fallen nicht nur die zwangsweisen Entziehungen durch staatlichen Hoheitsakt während der zweiten Raubkunstphase, sondern unter bestimmten Voraussetzungen auch die „freiwilligen“ Entziehungen durch Rechtsgeschäft des jüdischen Alteigentümers in der Zeit der ersten Raubkunstphase.[334]

Gegenstand der vorliegenden Arbeit ist grundsätzlich die Wiedergutmachung des NS-Kunstraubs auf dem Gebiet des Deutschen Reichs an den Juden. Die Darstellung beschränkt sich daher prinzipiell auf die innere Restitution, also auf die Rückerstattung von NS-Raubkunst.[335] Nur insoweit in den besetzten Gebieten entzogene Kulturgüter von den innerdeutschen Rückerstattungsbestimmungen erfasst werden, ist die Restitution dieser Objekte von der hiesigen Darstellung erfasst.

B. Die Restitution von NS-Raubkunst auf Grundlage des alliierten Rückerstattungsrechts

I. Die rechtlichen Grundlagen der Restitution durch die westalliierten Besatzungsmächte

Als Ausgangspunkt der alliierten Restitutionspolitik gilt die „Alliierte Erklärung über die in den vom Feinde besetzten oder seiner Kontrolle stehenden Gebieten begangenen Enteignungshandlungen“ vom 5. Januar 1943 (sog. „Londoner Erklärung“)[336], die zwar selbst keine (spätere) Restitutionsverpflichtung Deutschlands begründete, jedoch bestimmte Vermögensübertragungen in den besetzten

333 *Hartung* Kunstraub in Krieg und Verfolgung, S. 60 *Anton*, a. a. O., S. 404.
334 *Müller* in: FS Siehr, 2010, S. 148; *Anton* a. a. O., S. 493.
335 Zur Erläuterung der äußeren Restitution kann auf die Darstellung bei *Röhling*, Restitution jüdischer Kulturgüter nach dem Zweiten Weltkrieg, S. 62–124 verwiesen werden.
336 Die englische Originalfassung der Londoner Erklärung ist abrufbar unter: http://www.lootedartcommission.com/inter-allied-declaration (Stand: Dezember 2014). Eine deutsche Übersetzung ist abgedruckt bei *Hartung* Kunstraub in Krieg und Verfolgung, S. 142 f.

Gebieten unter Nichtigkeitsvorbehalt stellte[337] und damit als Vorankündigung einer anschließenden Restitution durch die alliierten Besatzungsmächte zu werten ist.[338] Aufgrund der Beschränkung auf Vermögensübertragungen in den besetzten Gebieten diente die Londoner Erklärung nur der Vorbereitung der äußeren Restitution. Von großer Bedeutung für die spätere innere Restitution ist jedoch, dass die Londoner Erklärung auch solche Vermögensübertragungen erfasste, die scheinbar gesetzmäßige Rechtsgeschäfte darstellten.[339] Erstmals wurden privatrechtliche Vorgänge in die Restitutionspraxis miteinbezogen, so dass nun nicht nur staatliche Beschlagnahmen, sondern auch rechtsgeschäftliche Vermögensübertragungen als Entziehungen gewertet werden konnten.[340] Die Londoner Erklärung diente damit als Ideengeber und Grundlage für den Erlass der alliierten Rückerstattungsgesetze und als Leitfaden für die allgemeine Restitutionspraxis während der Besatzungszeit.[341]

In Ausführung der Londoner Erklärung wurde am 26. September 1944 in den westlichen Besatzungszonen das Gesetz Nr. 52 über die „Sperre und Kontrolle von Vermögen" der Militärregierungen[342], das der Sicherung der Restitution dienen sollte, von den jeweils zuständigen Militärbefehlshabern verkündet.[343] Nach diesem Gesetz wurde unter anderem solches Vermögen gesperrt und unter die Kontrolle der Besatzungsmächte genommen, das „Gegenstand von Zwang, rechtswidriger Maßnahmen der Beschlagnahme, Besitzentziehung oder Plünderung in Gebieten außerhalb Deutschlands gewesen ist, gleichgültig, ob dies auf Grund der Gesetzgebung, von Verfahren, die rechtliche Formen zu beachten vorgaben, oder auf andere Weise geschehen ist."[344] Aufgrund der Beschränkung auf Vorgänge außerhalb Deutschlands betraf das Gesetz zwar zunächst nur die

---

337 Im Rahmen der Londoner Erklärung sprachen die Unterzeichnerstaaten den Vorbehalt aus, „jede Übertragung und Veräußerung von Eigentum, Guthaben, Rechten und Anrechten, welcher Natur sie auch seien, für nichtig zu erklären, die sich in den von den Regierungen, mit denen sie in Feindseligkeiten begriffen sind, besetzten oder mittelbar oder unmittelbar kontrollierten Gebieten befinden oder befunden haben, oder die im Besitz von den in den betreffenden Gebieten wohnhaften Personen (einschließlich juristischer Personen) sind oder gewesen sind." (Vgl. Abs. 2 S. 2 der Londoner Erklärung; zitiert aus *Hartung* Kunstraub in Krieg und Verfolgung, S. 142 f.).

338 *Röhling* Restitution jüdischer Kulturgüter nach dem Zweiten Weltkrieg, S. 82; *Hartung* Kunstraub in Krieg und Verfolgung, S. 143; *Rudolph* Restitution von Kunstwerken aus jüdischem Besitz, S. 60.

339 Vgl. Abs. 3 S. 1 der Londoner Erklärung; *Müller* in: FS Siehr, 2010, S. 149.

340 *König* in: Verantwortung wahrnehmen, S. 101 (101); *Müller* a.a.O., S. 150.

341 *Hartung* Kunstraub in Krieg und Verfolgung, S.143; *Müller* a.a.O., S. 150.

342 Im Folgenden „MRG Nr. 52" genannt.

343 *Schwarz* Rückerstattung nach den Gesetzen der Alliierten Mächte, S. 25; *Rudolph* Restitution von Kunstwerken aus jüdischem Besitz, S. 61.

344 Zitiert aus *Schwarz* a.a.O., S. 25.

äußere Restitution.[345] Am 14. Juli 1945 wurde es jedoch auch auf Geschehnisse innerhalb Deutschlands ausgedehnt.[346] Damit wurde deutlich, dass nun auch die „innere Restitution" ein Bestandteil der Besatzungspolitik geworden war.[347] Erstmals wurde somit der „Grundsatz des Völkerrechts, dass der Sieger mit den inneren Maßnahmen des besiegten Staates nicht befasst sei, durchbrochen; die Restitution als völkerrechtliche Sanktion erstreckte sich nunmehr auch auf das innerhalb des besiegten Staats von ihm getane Unrecht."[348] Dadurch schufen die alliierten Siegermächte neues Völkerrecht, das eine unentbehrliche Voraussetzung für die anschließend zu regelnde innere Restitution darstellte.[349] Ob das MRG Nr. 52 neben den ausdrücklich erfassten Entziehungen durch staatlichen Hoheitsakt auch vermeintlich „freiwillige" Entziehungen durch Rechtsgeschäft erfassen sollte, ist unklar.[350]

II. Der Erlass der Rückerstattungsgesetze der westalliierten Besatzungsmächte

Federführend bei der Schaffung der alliierten Rückerstattungsgesetze waren die Vereinigten Staaten.[351] Vor allem im Bereich der Kulturgüterrestitution waren die Amerikaner zum Handeln gezwungen, da sich die meisten nach Kriegsende aufgefundenen Kulturgüter in ihrer Besatzungszone befanden und zudem zahlreiche in die USA geflüchtete jüdische Emigranten die Rückgabe ihrer durch das NS-Regime entzogenen Kulturgüter forderten.[352] Die Amerikaner scheiterten jedoch aufgrund von Einwänden der anderen Besatzungsmächte mit ihrem Versuch, im Alliierten Kontrollrat eine einheitliche gesetzliche Regelung für sämtliche Besatzungszonen durchzusetzen.[353] Um wenigstens für ihre Zone die Frage der Wiedergutmachung umfassend gesetzlich zu regeln, erließ die amerikanische Militärregierung am 10. November 1947 das Militärregierungsgesetz Nr. 59 zur

345 *Papier/Möller* NJW 1999, 3289 (3295).
346 *Schwarz* Rückerstattung nach den Gesetzen der Alliierten Mächte, S. 25.
347 *Schwarz* a.a.O., S. 26; *Papier/Möller* NJW 1999, 3289 (3295).
348 *Schwarz* a.a.O., S. 26.
349 Ebda.
350 Ebda.
351 *Schnabel/Tatzkow* Nazi Looted Art, S. 103.
352 *Röhling* Restitution jüdischer Kulturgüter nach dem Zweiten Weltkrieg, S. 101f.; *Heuß* in: *Schoeps/Ludewig* (Hrsg.), Eine Debatte ohne Ende?, S. 15 (15).
353 *Schnabel/Tatzkow* Nazi Looted Art, S. 103; *Rudolph* Restitution von Kunstwerken aus jüdischem Besitz, S. 70f.

„Rückererstattung feststellbarer Vermögensgegenstände“[354], das ausschließlich für die amerikanische Besatzungszone galt.[355] Am gleichen Tag erließen die Franzosen für ihre Besatzungszone die Verordnung Nr. 120 vom 10. November 1947 über die „Rückerstattung geraubter Vermögensobjekte“[356]. Diese orientierte sich weitgehend an der innerfranzösischen Rückerstattungsgesetzgebung und wich daher inhaltlich in vielen Punkten von der amerikanischen Regelung ab.[357] Am 12. Mai 1949 trat für die britische Besatzungszone das Militärregierungsgesetz Nr. 59 zur „Rückerstattung feststellbarer Vermögensgegenstände an Opfer der nationalsozialistischen Unterdrückungsmaßnahmen“[358] in Kraft. Das BrREG folgte hinsichtlich seiner Systematik, eines Teils seiner Terminologie sowie in Bezug auf viele wesentliche Bestimmungen dem Vorbild des USREG.[359] Für das Gebiet von Westberlin erließen die Westalliierten anschließend die Anordnung der Alliierten Kommandantur Berlin BK/O (49) 180 vom 26. Juli 1949 zur „Rückerstattung feststellbarer Vermögensgegenstände an Opfer der nationalsozialistischen Unterdrückungsmaßnahmen“[360].[361] Die REAO basierte auf einem Entwurf der Briten, der von den Amerikanern leicht verändert worden war.[362] Dementsprechend war die REAO fast identisch mit dem BrREG und wich nur in Einzelheiten von diesem ab. [363] Die sowjetrussische Besatzungsmacht erließ für ihre Zone kein einheitlich geltendes Rückerstattungsgesetz.[364] Allein in Thüringen trat am 14. September 1945 ein Wiedergutmachungsgesetz in Kraft, das allerdings nur zu wenigen Rückgaben führte und bereits im Jahr 1952 wieder aufgehoben wur-

---

354 ABl. d. MilReg. – Amerik. Kontrollgebiet – Ausgabe G, v. 10.11.1947. Im Folgenden „USREG“ genannt.

355 *Schwarz* Rückerstattung nach den Gesetzen der Alliierten Mächte, S. 54; *Schnabel/Tatzkow* Nazi Looted Art, S. 103; *Rudolph* Restitution von Kunstwerken aus jüdischem Besitz, S. 71 f.

356 Journal Officiel 1947, Nr. 119, S. 1219. Im Folgenden „VO Nr. 120“ genannt.

357 *Röhling* Restitution jüdischer Kulturgüter nach dem Zweiten Weltkrieg, S. 111; *Armbruster* Rückerstattung der Nazi-Beute, S. 518 f.

358 ABl. d. Mil.Reg. – Brit. Kontrollgebiet –1949, Nr. 28 S. 1169. Im Folgenden „BrREG“ genannt.

359 *Schwarz* in: *Herbst/Goschler* (Hrsg.), Wiedergutmachung in der Bundesrepublik Deutschland, S. 33 (34); *Graf* Rückgabe von Vermögenswerten an Verfolgte des nationalsozialistischen Regimes im Beitrittsgebiet, S. 42; *Röhling* Restitution jüdischer Kulturgüter nach dem Zweiten Weltkrieg, S. 112; *Armbruster* Rückerstattung der Nazi-Beute, S. 491; *Heuß* in: *Schoeps/Ludewig* (Hrsg.), Eine Debatte ohne Ende?, S. 15 (15).

360 VOBl. I S. 221. Im Folgenden „REAO“ genannt.

361 *Schnabel/Tatzkow* Nazi Looted Art, S. 103.

362 *Armbruster* Rückerstattung der Nazi-Beute, S. 508.

363 *Graf* Rückgabe von Vermögenswerten an Verfolgte des nationalsozialistischen Regimes im Beitrittsgebiet, S. 44; *Armbruster* a.a.O., S. 509.

364 *Röhling* Restitution jüdischer Kulturgüter nach dem Zweiten Weltkrieg, S. 112; *Schnabel/Tatzkow* Nazi Looted Art, S. 104; *Rudolph* Restitution von Kunstwerken aus jüdischen Besitz, S. 101.

de.[365] Vereinzelt kam es in der sowjetischen Besatzungszone zu Restitutionen aufgrund allgemeiner zivilrechtlicher Bestimmungen.[366] Eine umfassende Kulturgüterrestitution an jüdische Geschädigte fand dort jedoch nicht statt.[367]

III. Die Restitution von Kulturgütern auf Grundlage des USREG, des BrREG und der REAO

Aufgrund der Ähnlichkeiten des USREG, des BrREG und der REAO kann eine gemeinsame Betrachtung dieser Rückerstattungsgesetze erfolgen. Diesen Bestimmungen und der dazu ergangenen Rechtsprechung kommt auch heute noch eine große rechtliche Bedeutung zu, da sowohl das VermG[368] als auch die Handreichung[369] auf das dortige Raster zur Prüfung des verfolgungsbedingten Entzugs[370] verweisen. Die VO Nr. 120 wird von der nachfolgenden Darstellung hingegen ausgenommen, da diese für die heutige Rechtslage weitestgehend bedeutungslos ist.[371]

1. Der räumliche Geltungsbereich der Rückerstattungsgesetze

Voraussetzung für die Anwendbarkeit der alliierten Rückerstattungsgesetze war, dass der Entziehungsgegenstand im Zeitpunkt der Anspruchsstellung im Geltungsbereich des jeweiligen Rückerstattungsgesetzes (d. h. in der entsprechenden Besatzungszone), auf welches der Anspruch gestützt wurde, belegen war.[372] Ein

365 *Röhling* a. a. O., S. 112; *Schnabel/Tatzkow* a. a. O., S. 104; *Rudolph* a. a. O., S. 101. Zur Rückerstattung in Thüringen vgl. *Schwarz* Rückerstattung nach den Gesetzen der Alliierten Mächte, S. 325–327.

366 *Röhling* a. a. O., S. 112.

367 *Düx* VIZ 1992, Heft 7 S. 257 (258).

368 In § 1 Abs. 6 S. 2 VermG wird zur Prüfung eines verfolgungsbedingten Entzugs der II. Abschn. der REAO für entsprechend anwendbar erklärt.

369 In der Handreichung wird angeregt, bei der Prüfung des verfolgungsbedingten Entzugs den „Leitlinien der rückerstattungsrechtlichen Praxis der Nachkriegszeit zu folgen" (vgl. S. 27 der Handreichung).

370 Der Begriff des „verfolgungsbedingten Entzugs", der in der Gemeinsamen Erklärung und der Handreichung verwandt wird, ist gleichbedeutende mit der, in den alliierten Rückerstattungsgesetzen verwendeten Terminologie der „ungerechtfertigten Entziehung".

371 Es kann jedoch diesbezüglich auf die Darstellung bei *Schwarz* Rückerstattung nach den Gesetzen der Alliierten Mächte, S. 287–323 verwiesen werden.

372 Vgl. *Schwarz* a. a. O., S. 105 f.; *Rudolph* Restitution von Kunstwerken aus jüdischem Besitz, S. 74–77; *Armbruster* Rückerstattung der Nazi-Beute, S. 470; *Anton* Illegaler Kulturgüterverkehr, S. 647–650.

Rückerstattungsanspruch konnte daher nach dem Rückerstattungsgesetz geltend gemacht werden, in dessen Geltungsbereich sich der Entziehungsgegenstand im Zeitpunkt der Anspruchsstellung befand, gleich ob er in einer anderen Besatzungszone oder gar im besetzten Ausland entzogen worden war.[373]

2. Die Voraussetzungen des Rückerstattungsanspruchs

Art. 1 Abs. 1 S. 1 USREG, Art. 1 Abs. 1 S. 1 BrREG und Art. 1 Abs. 1 S. 1 REAO statuierten den Grundsatz, dass Vermögenswerte, die Personen während der NS-Zeit „aus Gründen der Rasse, Religion, Nationalität, politischen Auffassung oder der politischen Gegnerschaft gegen den Nationalsozialismus Vermögenswerte ungerechtfertigt entzogen worden" waren (sog. ungerechtfertigte Entziehung), soweit sie noch feststellbar sind, im größtmöglichen Umfang beschleunigt zurückzuerstatten sind. Die Entziehung musste folglich aus Gründen der Verfolgung des Berechtigten bzw. seines Rechtsvorgängers während der NS-Zeit erfolgt sein, d. h. es musste zwischen der Entziehung und der Verfolgung des Alteigentümers ein Kausalzusammenhang bestehen, der dann fehlte, wenn die Verfolgungsmaßnahmen nach allgemeiner Lebenserfahrung für den Eintritt des Entziehungsfalls ganz gleichgültig gewesen waren.[374] Die jüdische Bevölkerung wurden vom NS-Regime in ihrer Gesamtheit aus Gründen der Rasse verfolgt (sog. „Kollektivverfolgung")[375], so dass Vermögensverluste jüdischer Alteigentümer aus der Zeit des Dritten Reichs häufig im Zusammenhang mit ihrer Verfolgung standen.

a) Die Entziehungstatbestände

Die Tatbestandsvoraussetzungen einer „ungerechtfertigten Entziehung" bestimmten sich im Einzelnen nach den Art. 2 USREG, 2 BrREG, 2 REAO.[376] Nach diesen Vorschriften[377] lag eine den Rückerstattungsanspruch begründende ungerechtfertigte Entziehung vor, wenn der während der NS-Zeit eingetretene Ver-

---

373 *Schwarz* a. a. O., S. 105 f.; *Rudolph* a. a. O., S. 74–77; *Armbruster* a. a. O., S. 470; *Anton* a. a. O., S. 633, 647–650.

374 *Kubuschok/Weißstein* Rückerstattungsrecht der Britischen und Amerikanischen Zone, BZ 1 AZ 1 Rn. 12.

375 *Schwarz* Rückerstattung nach den Gesetzen der Alliierten Mächte, S. 126.

376 Art. 2 BrREG und Art. 2 REAO sind inhaltlich identisch. Art. 2 USREG weicht zwar in seiner Formulierung von den beiden Bestimmungen ab. Sein Regelungsgehalt stimmt jedoch im Wesentlichen mit dem der zuvor genannten Bestimmungen überein.

377 Zitiert nach Art. 2 Abs. 1 BrREG, 2 Abs. 1 REAO. Die Entziehungstatbestände des Art. 2 Abs. 1 USREG gleichen inhaltlich diesen Bestimmungen weitgehend.

mögensverlust eines Verfolgten (lit. a) „auf einem gegen die guten Sitten verstoßenden oder durch Drohung oder durch Zwang veranlassten oder mit einer widerrechtlichen Besitzentziehung verbundenen Rechtsgeschäft, oder auf einer sonstigen unerlaubten Handlung", (lit. b) „auf einem Staats- oder Verwaltungsakt[378] oder auf dem Missbrauch staatlicher oder behördlicher Machtbefugnis"[379] oder (lit. c) „auf Maßnahmen der NSDAP, ihrer Gliederungen oder angeschlossenen Verbände," beruhte. Der Entziehungsbegriff der alliierten Rückerstattungsgesetze umfasste somit sowohl die „freiwilligen" Entziehungen durch Rechtsgeschäft der ersten Raubkunstphase (lit. a), als auch die zwangsweisen Entziehungen durch staatlichen Hoheitsakt der zweiten Raubkunstphase (lit. b und c). Aus der Erstreckung des Entziehungstatbestandes auf rechtsgeschäftliche Entziehungen ergibt sich, dass der Rückerstattungsanspruch nicht nur gegen öffentlich-rechtliche Einrichtungen, sondern auch gegen Privatpersonen gerichtet war.

Diese genannten Entziehungstatbestände mussten überdies Verfolgungsmaßnahmen i. S. v. der Art. 1 USREG; 1 BrREG, 1 REAO darstellen oder sich aus solchen ergeben, wodurch der notwendige Kausalzusammenhang zwischen der Verfolgung des Berechtigten und seinem Vermögensverlust verdeutlicht wurde. Ein solcher Kausalzusammenhang war bei den Entziehungen der zweiten Raubkunstphase durch staatlichen Hoheitsakt grundsätzlich unproblematisch gegeben, da in diesen Fällen das Unrechtsurteil offen zu Tage lag.[380] Er fehlte jedoch

---

378 „Als Staats- oder Verwaltungsakte im Sinne des Abs. 1 b) gelten insbesondere Beschlagnahme, Einziehung Verfall kraft Gesetzes oder durch Gerichtsentscheidung oder sonstige Verfügung sowie Übertragung aufgrund einer Anordnung des Staates oder eines seiner Beamten (einschließlich eines Treuhänders)" (vgl. Art. 2 Abs. 3 BrREG, 2 Abs. 3 REAO; eine ähnliche Bestimmung fand sich in Art. 2 Abs. 3 USREG).

379 „Als Missbrauch der Staatsgewalt gelten insbesondere Entscheidungen der Gerichte und Verwaltungsbehörden, die zwar auf Grund im allgemeinen zu Recht anwendbarer Vorschriften, in diesem Fall aber ausschließlich oder vorwiegend zum Zwecke der Benachteiligung des Betroffenen im Sinne des Art. 1 ergangen sind; als Missbrauch der Staatsgewalt gilt ferner die Erwirkung von Entscheidungen oder Vollstreckungsmaßnahmen unter Ausnutzung des Umstandes, dass der Berechtigte wegen seiner Rasse, Religion, Nationalität, seiner politischen Auffassung oder seiner politischen Gegnerschaft gegen den Nationalsozialismus zur Wahrung seiner Rechte nicht im Stande war." (vgl. Art. 2 Abs. 4 S. 1 BrREG, 2 Abs. 4 S. 1 REAO; eine ähnliche Bestimmung fand sich in Art. 2 Abs. 4 S. 1 USREG).

380 *Anton* Illegaler Kulturgüterverkehr, S. 652. Eine ungerechtfertigte Entziehung lag daher insbesondere bei einem Zwangsverkauf des jüdischen Alteigentümers auf Grundlage der Einsatzverordnung (und der an sie anschließenden Verordnungen), im Falle des Entzugs jüdischer Vermögenswerte nach dem Gesetz über die Einziehung volks- und staatsfeindlichen Vermögens, bei Beschlagnahmen nach dem Widerrufs- und Aberkennungsgesetz, und bei einem Vermögensverfall nach der 11. und 13. Verordnung zum Reichsbürgergesetz unproblematisch vor.

nach ständiger Rechtsprechung zum alliierten Rückerstattungsrecht u. a. bei Kunstwerken, die als „entartet" eingezogen worden waren, da in diesen Fällen ihr Verlust nicht im Zusammenhang mit einer persönlichen Verfolgung des Alteigentümers gestanden habe, sondern allein auf Form und Inhalt des Kunstwerks selbst beruht habe.[381] Zur Bestimmung, ob ein rechtsgeschäftlicher Vermögensverlust eine anspruchsbegründende ungerechtfertigte Entziehung darstellte, war zugunsten des Antragsstellers die anschließend erläuterte Entziehungsvermutung heranzuziehen.

b) Die Entziehungsvermutung bei „freiwilligen" Entziehungen

Die Regelungen der Art. 3 USREG, 3 BrREG, 3 REAO beschäftigten sich mit den „freiwilligen" Entziehungen und statuierten zugunsten des Antragstellers eine gesetzliche Vermutung, dass von NS-Verfolgten abgeschlossenen Rechtsgeschäfte ungerechtfertigte Entziehungen im Sinne der alliierten Rückerstattungsgesetze darstellen.[382] Diese Vermutungsregelungen berücksichtigen die Tatsache, dass der Veräußerer eine der Entziehung zustimmende Willenserklärung abgegeben und somit zumindest den äußeren Schein der Freiwilligkeit der Vermögenseinbuße gesetzt hatte.[383] Der diesen Entziehungen innewohnende Zwang war hingegen lediglich der innere Beweggrund für die Veräußerung des betroffenen Vermögensgegenstandes und als solcher für den Antragsteller kaum zu beweisen.[384] Art. 3 BrREG und Art. 3 REAO sind abgesehen von unwesentlichen Formulierungsunterschieden inhaltsgleich. Art. 3 USREG unterscheidet sich von diesen Regelungen – neben seiner Formulierung – dadurch, dass ihm die verschärfte Vermutungsregelung für Kollektivverfolgte der Art. 3 Abs. 3 BrREG, 3 Abs. 3 REAO fehlt. Stattdessen räumt Art. 4 USREG den Antragstellern im Falle einer Kollektivverfolgung des Alteigentümers ein Anfechtungsrecht ein, dessen Ausübung dazu führt, „dass der durch das angefochtene Rechtsgeschäft übertragene oder aufgegebene Vermögensgegenstand als entzogenes Vermögen [...] gilt."[385] Da § 1

---

381 Zum Sonderfall der Restitution „entarteter" Kunst vgl. unten S. 227–229.

382 Vgl. Art. 3 Abs. 1 USREG, 3 Abs. 1 BrREG, 3 Abs. 1 REAO.

383 *Rudolph* Restitution von Kunstwerken aus jüdischem Besitz, S. 79; *Anton* Illegaler Kulturgüterverkehr, S. 654.

384 *Schwarz* Rückerstattung nach den Gesetzen der alliierten Mächte, S. 145; *Rudolph* a. a. O., S. 79; *Anton* a. a. O., S. 654 f.

385 Vgl. Art. 4 Abs. 4 S. 2 USREG; *Kubuschok/Weißstein* Rückerstattungsrecht der Britischen und Amerikanischen Zone, BZ 3, AZ 3, 4 Allg. Die Voraussetzung des Anfechtungsrechts nach Art. 4 Abs. 1 USREG entsprechen im Wesentlichen denen der verschärften Verfolgungsvermutung nach Art. 3 Abs. 3 BrREG, 3 Abs. 3 REAO.

Abs. 6 S. 2 VermG unmittelbar auf die Vermutungsregel des Art. 3 REAO verweist und sich auch die zu den Washingtoner Prinzipien und der Gemeinsamen Erklärung erlassene Handreichung an dieser Bestimmung orientiert, kommt dieser Norm auch gegenwärtig noch rechtliche Bedeutung zu. Es ist daher zweckmäßig, die Vermutung der ungerechtfertigten Entziehung anhand dieser Bestimmung zu erörtern.

aa) Voraussetzung der Entziehungsvermutung

Nach Art. 3 Abs. 1 REAO wurde zugunsten des Berechtigten vermutet, dass während der NS-Zeit abgeschlossene Rechtsgeschäfte dann „ungerechtfertigte Entziehungen" i. S. d. Art. 2 REAO darstellten, wenn (lit. a) die „Veräußerung oder Aufgabe der Vermögensgegenstände durch jemanden, der unmittelbar Verfolgungsmaßnahmen im Sinne des Art. 1 (REAO) ausgesetzt war" erfolgte oder (lit. b) die „Veräußerung oder Aufgabe der Vermögensgegenstände durch jemanden, der zu einem Personenkreis gehörte, den in seiner Gesamtheit die deutsche Regierung oder die NSDAP durch ihre Maßnahmen aus den Gründen des Art. 1 (REAO) vom kulturellen und wirtschaftlichen Leben in Deutschland auszuschließen beabsichtigte" vorgenommen wurde. Art. 3 Abs. 1 lit. a REAO setzte somit eine Individualverfolgung und Art. 3 Abs. 1 lit. b REAO eine Kollektivverfolgung des Berechtigten voraus. Die Individualverfolgung hatte der Antragsteller zu beweisen.[386] War dieser hingegen Jude und gehörte somit zu einem kollektiverfolgten Personenkreis, musste er seine bzw. die Verfolgung seines Rechtsvorgängers nicht gesondert darlegen.[387] Die Beweisführung beschränkt sich in diesen Fällen vielmehr auf den Nachweis des Abschlusses des Rechtsgeschäfts während der NS-Zeit und den Nachweis der Zugehörigkeit des Alteigentümers zur Gruppe der Juden.[388] Gelang dem Berechtigten dieser Nachweis, so führte die Vermutungsregelung des Art. 3 REAO grundsätzlich zu einer Beweislastumkehr zugunsten des Berechtigten im Hinblick auf das Vorliegen der ungerechtfertigten Entziehung.[389]

bb) Widerlegung der Vermutung der ungerechtfertigten Entziehung

Voraussetzung für die Widerlegung der Entziehungsvermutung war nach Art. 3 Abs. 2 REAO zum einen, dass „keine anderen Tatsachen eine ungerechtfertigte Entziehung im Sinne des Art. 2 beweisen oder für eine solche Entziehung"

386 *Schnabel/Tatzkow* Nazi Looted Art, S. 109.
387 *Rudolph* Restitution von Kunstwerken aus jüdischem Besitz, S. 80.
388 Ebda.
389 *Schnabel/Tatzkow* Nazi Looted Art, S. 110.

sprachen und der Rückerstattungspflichtige den Beweis erbrachte, „dass der Veräußerer einen angemessenen Kaufpreis erhalten hat und über ihn frei verfügen konnte". Unter einem angemessenen Kaufpreis war dabei ein „Geldbetrag, den ein Kauflustiger zu zahlen und ein Verkaufslustiger anzunehmen bereit wäre" zu verstehen. Maßgeblich für die Angemessenheit des Kaufpreises waren somit allein die Marktverhältnisse im Zeitpunkt des Abschlusses des Rechtsgeschäfts.[390] Typische Beispiele dafür, dass der Veräußerer nicht frei über den Kaufpreis verfügen konnte, waren die Fälle, in denen der „Kaufpreis auf ein gesperrtes Bankkonto eingezahlt werden musste, oder wenn der Verkäufer nach seiner Auswanderung durch seinen Bevollmächtigten auf Betreiben des Finanzamtes verkaufte" und dieses aus dem Verkaufserlös die Reichsfluchtsteuer beitrieb.[391]

War der Veräußerer – wie alle Juden – Mitglied eines kollektivverfolgten Personenkreises i. S. d. Art. 3 Abs. 1 lit. b REAO, so konnte gem. Art. 3 Abs. 3 REAO die Entziehungsvermutung bei Veräußerungen, die von dem Zeitpunkt des Erlasses der „Nürnberger Rassengesetze" am 15. September 1935 an vorgenommen wurden, nur unter zusätzlichen Voraussetzungen widerlegt werden. So musste der Rückerstattungspflichtige den Beweis erbringen, dass (lit. a) „das Rechtsgeschäft seinem wesentlichen Inhalt nach auch ohne die Herrschaft des Nationalsozialismus abgeschlossen worden wäre" oder (lit. b) „der Erwerber in besonderer Weise und mit wesentlichem Erfolg den Schutz der Vermögensinteressen des Berechtigten oder seines Rechtsvorgängers wahrgenommen hat, z. B. durch Mitwirkung bei einer Vermögensübertragung ins Ausland." Gelang es dem Rückerstattungspflichtigen nicht gem. Art. 3 Abs. 3 lit. b REAO zu beweisen, dass er die Vermögensinteressen des Veräußerers geschützt hatte, so war die Vermutungsregelung des Art. 3 Abs. 3 REAO nahezu unwiderleglich[392], da sich der Nachweis nach Art. 3 Abs. 3 lit. a REAO in den meisten Fällen kaum erbringen ließ.[393]

---

390 *Rudolph* Restitution von Kunstwerken aus jüdischem Besitz, S. 81.

391 *v. Godin* Rückerstattung feststellbarer Vermögensgegenstände in der amerikanischen Besatzungszone, Art. 3 Rn. 8.

392 *Anton*, Illegaler Kulturgüterverkehr, S. 663.

393 So führt *v. Godin*, Rückerstattung feststellbarer Vermögensgegenstände in der amerikanischen Besatzungszone, Art. 4 Rn. 6 zum Anfechtungsrecht nach Art. 4 Abs. 1 lit. a USREG (das an die gleichen Voraussetzungen wie Art. 3 Abs. 3 lit. a REAO anknüpft) aus, dass der vom Anfechtungsgegner zur Entkräftung des Anfechtungsrechts zu führende Beweis, abgesehen von Ausnahmefällen, grundsätzlich fast unmöglich zu erbringen gewesen sei.

c) Entziehungen im Zusammenhang mit der Ausfuhrverordnung

Mit der Frage, ob bzw. unter welchen Voraussetzungen Kulturgutverluste, die zumindest mittelbar auf der Belastung des betroffenen Entziehungsobjektes mit einem Ausfuhrverbot nach der Ausfuhrverordnung beruhten, Rückerstattungsansprüche nach den alliierten Rückerstattungsgesetzen begründeten, hat sich nach Kenntnis des Verfassers weder Literatur noch Rechtsprechung tiefergehend befasst. Das OLG München hat sich in einem Beschluss vom 10. März 1954[394] zumindest am Rande mit Vermögensverlusten im Zusammenhang mit den Ausfuhrverboten auf Grundlage der Ausfuhrverordnung beschäftigt. In diesem Beschluss wies das Gericht einen Antrag zweier Mitglieder der Familie Mendelsohn[395] auf Rückerstattung des Rembrandt Gemäldes „Bildnis der Hendrickje Stoffels“[396], das bereits in dem Verzeichnis der national wertvollen Kunstwerke in der Fassung von 1927 eingetragen war, zurück. Die Zurückweisung des Restitutionsgesuchs begründete das Gericht im Wesentlichen damit, dass die Voraussetzungen der Entziehungsvermutung nach Art. 3 USREG nicht vorlägen, da die Antragsteller, die teils arischer Abstammung waren, zum Zeitpunkt der Veräußerung des Gemäldes weder kollektiv, noch individuell verfolgt gewesen seien.[397] Im Hinblick auf die Ausfuhrverordnung merkte das Gericht anschließend lediglich an, dass eine „Beeinträchtigung auf Grund der Verordnung von 1919 [...] keine Rückerstattungsansprüche“ begründe.[398]

Da das Gericht die Anspruchsabweisung im Wesentlichen auf das Fehlen der Verfolgung der Antragsteller stützte, kann aus diesem Beschluss m. E. jedoch nicht gefolgert werden, dass es generell ausgeschlossen war, dass Entziehungen im Zusammenhang mit den Ausfuhrverboten der Ausfuhrverordnung Rückerstattungsansprüche nach den alliierten Rückerstattungsgesetzen begründeten. Vielmehr deutet der Beschluss darauf hin, dass sofern ein jüdischer Kunstsammler ein mit einem Ausfuhrverbot belastetes Kunstwerk vor seiner Emigration aufgrund des Ausfuhrverbotes veräußern musste, der Rückerstattungsanspruch – wie bei anderen rechtsgeschäftlichen Entziehungen auch – anhand der Entziehungsvermutung der Art. 3 USREG, 3 BrREG, 3 REAO zu beurteilen war. Sofern es dem Restitutionsgegner nicht gelang, diese Vermutungsregel zu widerlegen, war er rückerstattungspflichtig. Ein Rückerstattungsanspruch bestand selbstverständ-

394 OLG München, Beschl. v. 10.03.1954 – Wi 334/53. Der Beschluss wurde dem Verfasser vom Bundesamt für zentrale Dienste und offene Vermögensfragen zur Verfügung gestellt.

395 In dem Gerichtsbeschluss wurden aus Datenschutzgründen sämtliche Namen geschwärzt.

396 Vgl. dazu auch *Schoeps* Das Erbe der Mendelsohns, S. 309–311; *Müller/Tatzkow* Verlorene Bilder Verlorene Leben, S. 73–86.

397 OLG München, Beschl. v. 10.03.1954 – Wi 334/53, S. 6.

398 Ebda.

lich auch dann, wenn Kulturgüter aufgrund ihrer Belastung mit einem Ausfuhrverbot nach der Ausfuhrverordnung von dem Alteigentümer bei seiner Auswanderung in Deutschland zurückgelassen werden mussten und diese anschließend auf Grundlage diskriminierender Gesetze, wie des Widerrufs- und Aberkennungsgesetzes, oder der 11. Verordnung zum Reichsbürgergesetz als dem Reich verfallen erklärt wurden. In diesen Fällen lag eine anspruchsbegründende ungerechtfertigte Entziehung aufgrund eines staatlichen Hoheitsakts unproblematisch vor. Sofern ein jüdischer Emigrant, dessen Kunstsammlung mit Ausfuhrverboten belastet war, zu „Schenkungen" wertvoller Kulturgüter an deutsche Museen gezwungen wurde, um die benötigte Ausfuhrgenehmigung zu erhalten, griff wiederum die Entziehungsvermutung der Art. 3 USREG, 3 BrREG, 3 REAO. Diese konnte vom Restitutionsgegner in solchen Fällen bereits deshalb nicht widerlegt werden, weil überhaupt kein Geld und somit natürlich auch kein angemessener Kaufpreis an den Alteigentümer für die „geschenkten" Kulturgüter geflossen war.

3. Der Anspruch als Naturalrestitution

Da der alliierte Gesetzgeber davon ausging, dass die rückerstattungspflichtigen Objekte grundsätzlich noch in natura vorhanden waren, sahen die alliierten Rückerstattungsgesetze die Naturalrestitution als Regelfall der Wiedergutmachung vor.[399] Erst in zweiter Linie sollte die Wiedergutmachung durch die zur Naturalrestitution alternativen bzw. kumulativen Ansprüche auf Nachzahlung[400], Ersatzherausgabe[401] und Schadensersatz[402] verwirklicht werden.[403] Dementspre-

---

399 *Schwarz* Rückerstattung nach den Gesetzen der Alliierten Mächte, S. 175; *Graf* Rückgabe von Vermögenswerten an Verfolgte des nationalsozialistischen Regimes im Beitrittsgebiet, S. 184; *Armbruster* Rückerstattung der Nazi-Beute, S. 468.

400 Nach Art. 16 Abs. 1 USREG, 13 Abs. 1 BrREG und 14 Abs. 1 REAO konnte der Berechtigte im Falle eines rechtsgeschäftlichen Vermögensverlustes unter Verzicht auf seine anderweitigen rückerstattungsrechtlichen Ansprüche, von dem Ersterwerber des entzogenen Vermögens(-gegenstandes) den Differenzbetrag zwischen dem von diesem gezahlten Entgelt und einem angemessenen Entgelt verlangen (sog. „Nachzahlung").

401 Nach Art. 29 USREG, 25 BrREG und 26 REAO konnte der Rückererstattungsberechtigten von einem früheren Inhaber des entzogenen Vermögensgegenstandes, dasjenige herausverlangen, was dieser als Ersatz bzw. Ersatzanspruch für die Veräußerung, den Verlust, die Beschädigung oder eine Wertminderung des Entziehungsobjektes erlangt hatte.

402 Unter den Voraussetzungen der Art. 30 – 33 USREG, 26 Abs. 2, 27 BrREG, 26, 27 Abs. 2, 28 REAO haftete der Rückerstattungspflichtige bzw. sein Rechtsvorgänger dem Berechtigten auf Schadensersatz und Herausgabe von Nutzungen. Eine Schadensersatzpflicht des Rückerstattungspflichtigen bestand danach insbesondere im Falle der Unmöglichkeit der Herausgabe des ent-

chend bestimmten Art. 1 Abs. 1 USREG, 1 Abs. 1 BrREG und 1 Abs. 1 REAO, dass ein entzogener Vermögensgegenstand dem verfolgten Alteigentümer zurück zu erstatten ist. Mit Rückerstattung war in erster Linie die Rückgabe dessen, was weggenommen oder weggeben wurde[404], also die Wiederherstellung eines dem ehemaligen Rechtszustand entsprechendem Rechts- und Besitzstandes, gemeint.[405] Wie diese in rechtlicher Hinsicht von statten gehen sollte, war nicht eindeutig gesetzlich geregelt.[406] In den Art. 15 Abs. 1 USREG[407], 12 S. 1 BrREG[408] und 13 S. 1 REAO[409] war lediglich bestimmt, dass die Rückerstattungsanordnung – d. h. eine dem Rückerstattungsanspruch stattgebende Entscheidung der Wiedergutmachungsbehörden[410] – die Wirkung hatte, dass der Rechtsverlust an dem entzogenen Vermögensgegenstand als nicht eingetreten galt. Diese Vorschriften beinhalteten somit eine Fiktion, die auf die Wiederherstellung der im Zeitpunkt der Entziehung bestehenden dinglichen Rechtslage gerichtet war.[411] Der Berechtigte erlangte daher mit Rechtskraft der Rückerstattungsanordnung rückwirkend die Rechtsstellung wieder, die er im Zeitpunkt der Entziehung inne gehabt hatte.[412] Ein ehemaliger Eigentümer erhielt somit sein Eigentum wieder, ohne dass es

---

zogenen Vermögensgegenstandes (Vgl. Art. 30 Abs. 1, 31 Abs. 1 USREG, 25 Abs. 2, 26 Abs. 2 BrREG, 26 Abs. 2, 3, 27 Abs. 2 REAO).

403 *Graf* Rückgabe von Vermögenswerten an Verfolgte des nationalsozialistischen Regimes im Beitrittsgebiet, S. 184.

404 *Schwarz* Rückerstattung nach den Gesetzen der Alliierten Mächte, S. 175.

405 *v. Godin* Rückerstattung feststellbarer Vermögensgegenstände in der amerikanischen Besatzungszone, Art. 1 Rn. 2; *Armbruster* Rückerstattung der Nazi-Beute, S. 460. Daneben fallen unter den Begriff der Rückerstattung im Sinne der alliierten Rückerstattungsgesetze auch sämtliche weiteren, aus dem Tatbestand der Entziehung folgenden, zusätzlich oder an Stelle des Hauptanspruchs gewährten Ansprüche (vgl. *v. Godin* a. a. O., Art. 1 Rn. 2).

406 *Rudolph* Restitution von Kunstwerken aus jüdischem Besitz, S. 85.

407 Art. 15 Abs. 1 USREG lautet: „Eine dem Rückerstattungsanspruch stattgebende Entscheidung hat die Wirkung, dass der Verlust des Vermögensgegenstandes als nicht eingetreten, und später erworbene Rechte Dritter als nicht erworben gelten, soweit nicht dieses Gesetzt etwas Anderes bestimmt."

408 Art. 12 S. 1 BrREG lautet: „Soweit nicht dieses Gesetz etwas Anderes bestimmt, hat die Rückerstattungsanordnung die Wirkung, dass der Verlust der Rechte des Berechtigten oder seines Rechtsvorgängers an dem ungerechtfertigt entzogenen Vermögen als nicht erfolgt gilt."

409 Art. 13 S. 1 REAO lautet: „Soweit diese Anordnung nichts Anderes bestimmt, hat eine Rückerstattungsanordnung die Wirkung, dass der Verlust der Rechte des Anspruchserhebenden oder seines Rechtsvorgängers auf Vermögensgegenstände, welche den Gegenstand einer ungerechtfertigten Entziehung darstellen, als nicht erfolgt gilt."

410 *Kubuschok/Weißstein* Rückerstattungsrecht der Britischen und Amerikanischen Zone, BZ 12 AZ 15 Rn. 1.

411 *Rudolph* Restitution von Kunstwerken aus jüdischem Besitz, S. 85

412 *Rudolph* a. a. O., S. 85; *Anton* Illegaler Kulturgüterverkehr, S. 694.

hierzu einer Einigung mit dem Restitutionsverpflichteten über den Eigentumsübergang i. S. v. § 929 S. 1 BGB bedurfte.[413]

Zur Wiederherstellung des Besitzstandes bei beweglichen Sachen konnte der Berechtigte, der durch eine positive Rückerstattungsentscheidung sein Eigentum an dem betroffenen Vermögensgegenstand wiedererlangt hatte, dessen Herausgabe verlangen.[414] Strittig ist jedoch, welche Rechtsgrundlagen dem Berechtigten für sein Herausgabeverlangen zur Verfügung standen.[415] Zum einen wird vertreten, dass dem Berechtigten der allgemeine zivilrechtliche Herausgabeanspruch aus § 985 BGB zustand.[416] Daneben wird auch verfochten, dass der Berechtigte sein Begehren auf einen ungeschriebenen rückerstattungsrechtlichen Herausgabeanspruch stützen könne, wobei teilweise angenommen wird, dass dieser Anspruch § 985 BGB als lex specialis verdrängte.[417] In jedem Fall konnte der Berechtigte von dem rückerstattungspflichtigen Besitzer die Herausgabe des betroffenen Vermögensgegenstandes verlangen, wobei ein eventuell greifender besonderer rückerstattungsrechtlicher Herausgabeanspruch inhaltlich mit dem allgemeinen zivilrechtlichen Herausgabeanspruch nach § 985 BGB übereinstimmen dürfte.[418]

4. Der Ausschluss des Rückerstattungsanspruchs

Auch wenn das Restitutionsobjekt noch vorhanden war und die Rückerstattung nicht an der tatsächlichen Unmöglichkeit der Naturalrestitution scheiterte,

---

413 *v. Godin* Rückerstattung feststellbarer Vermögensgegenstände in der amerikanischen Besatzungszone, Art. 1 Rn. 2; *Rudolph* a. a. O., S. 85; *Armbruster* Rückerstattung der Nazi-Beute, S. 460; *Anton* a. a. O., S. 694.

414 *v. Godin* a. a. O., Art. 14 Rn. 2; *Rudolph* a. a. O., S. 85; *Armbruster* a. a. O., S. 460.

415 Vgl. *Anton* Illegaler Kulturgüterverkehr, S. 694 – 698.

416 *v. Godin* Rückerstattung feststellbarer Vermögensgegenstände in der amerikanischen Besatzungszone, Art. 14 Rn. 1; *Schwarz* Rückerstattung nach den Gesetzen der Alliierten Mächte, S. 176; *Rudolph* a. a. O., S. 85; *Anton* Illegaler Kulturgüterverkehr, S. 694 – 698.

417 So führt *Graf* Rückgabe von Vermögenswerten an Verfolgte des nationalsozialistischen Regimes im Beitrittsgebiet, S. 98 f., 102 aus, dass der Rückerstattungsanspruch inhaltlich auf die Wiederherstellung des Eigentums an dem betroffenen Vermögensgegenstand in rechtlicher und tatsächlicher Hinsicht ziele, so dass der allgemeine Herausgabeanspruch aus § 985 BGB nicht greifen können, da er von dem Rückerstattungsanspruch aus Art. 1 USREG, der insoweit lex specialis sei, verdrängt werde. *v. Godin* a. a. O., Art. 14 Rn. 1 und *Rudolph* a. a. O., S. 85 halten das Bestehen eines speziellen rückerstattungsrechtlichen Herausgabeanspruchs für zweifelhaft, da ein solcher in den Rückererstattungsgesetzen nicht erwähnt wurde.

418 Dieser Auffassung sind wohl *Papier/Möller* NJW 1999, 3289 (3295), die vom Vorliegen eines speziellen rückerstattungsrechtlichen Herausgabeanspruchs ausgehen, und insoweit ausführen, dass „das Rechtsverhältnis zwischen dem Geschädigten und dem Erwerber des Vermögenswerts [...] weitgehend dem Eigentümer-Besitzer-Verhältnis nachgebildet" wurde.

schlossen die alliierten Rückerstattungsgesetze den Rückerstattungsanspruch unter bestimmten Umständen aus. So bestimmten die Art. 18 Abs. 1 USREG, 14 Abs. 1 BrREG und 15 Abs. 1 REAO[419], dass entzogene Vermögensgegenstände dann nicht der Rückerstattung unterliegen, wenn sie „nach der Entziehung für einen öffentlichen Zweck enteignet oder einem Unternehmen, für dessen Zwecke eine solche Enteignung stattfinden konnte, verkauft oder zugewendet worden sind" und die betroffenen Vermögensgegenstände im Zeitpunkt des Inkrafttretens des jeweiligen Gesetzes „einem öffentlichen noch als gesetzmäßig anerkannten Zweck dienen."[420] Ziel dieser Regelungen war es, den Anspruch auf Naturalrestitution dort zu begrenzen, „wo der Veräußerer [Alteigentümer] auch ohne die Entziehung aus nichtdiskriminierenden Gründen sein Eigentum eingebüßt" hätte.[421] Nach den genannten Ausschlusstatbeständen blieben folglich die „Rechte, die auf Grund einer Enteignung zum öffentlichen Wohle begründet worden waren, bestehen und schließen die Rückerstattung des entzogenen Vermögensgegenstandes aus."[422] Die Enteignung muss sich dabei nicht gegen den Verfolgten, sondern gegen den Erwerber oder Nacherwerber gerichtet haben.[423] Ein öffentlicher Zweck im Sinne dieser Vorschriften lag dann vor, wenn „die Nutzung des Eigentums durch den neuen Eigentumsträger der Allgemeinheit oder einem Teil derselben zugutekommt."[424] Der Restitutionsausschluss im Falle einer der Entziehung nachfolgenden Enteignung, die dazu führt, dass der ursprüngliche Eigentümer auch ohne die Verfolgung sein Eigentumsrecht durch die Enteignung eingebüßt hätte, entspricht „der im Schadensersatzrecht anerkannten Lehre von der ‚hypothetischen Kausalität', die in § 848 BGB ihren Ausdruck findet".[425] Die Enteignung, vor der die Rückerstattungsgesetze sonst nicht Halt machten, musste gebilligt werden, weil sie Bestandteil der öffentlichen Ordnung geworden war.[426] Im Falle eines Restitutionsausschlusses nach Art. 18 Abs. 1 USREG, 14 Abs. 1 BrREG, 15 Abs. 1 REAO bestimmte der jeweilige zweite Absatz dieser Normen, dass der gegenwärtige Ei-

---

419 Art. 18 Abs. 1 USREG deckt sich inhaltlich nahezu mit den identischen Bestimmungen der Art. 14 Abs. 1 BrREG und 15 Abs. 1 REAO.

420 Vgl. Art. 14 Abs. 1 BrREG, 15 Abs. 1 REAO.

421 *Schwarz* Rückerstattung nach den Gesetzen der Alliierten Mächte, S. 176.

422 *Kubuschok/Weißstein* Rückerstattungsrecht der Britischen und Amerikanischen Zone, BZ 14 AZ 18 Allg.

423 *v. Godin* Rückerstattung feststellbarer Vermögensgegenstände in der amerikanischen Besatzungszone, Art. 18 Rn. 2.

424 *Kubuschok/Weißstein* Rückerstattungsrecht der Britischen und Amerikanischen Zone, BZ 14 AZ 18 Rn. 4.

425 *Schwarz* Rückerstattung nach den Gesetzen der Alliierten Mächte, S. 176; *Graf* Rückgabe von Vermögenswerten an Verfolgte des nationalsozialistischen Regimes im Beitrittsgebiet, S. 186.

426 *Schwarz* a. a. O., S. 176.

gentümer des betroffenen Gegenstandes den Berechtigten für den Wert des entzogenen Gegenstandes in dem Umfang zu entschädigen hatte, in dem die Schadensersatzansprüche nach den jeweiligen Rückerstattungsgesetzen nicht zu einer angemessenen Entschädigung führten.

5. Die Anmeldung des Rückerstattungsanspruchs

In sämtlichen Besatzungszonen hatten die Rückerstattungsberechtigten Anmeldefristen zu beachten, innerhalb derer sie ihren Anspruch gelten machen mussten. Nach dem USREG lief die Anmeldefrist bis zum 31. Dezember 1948[427], nach der BrREG bis zum 31. Dezember 1949[428] und nach der REAO bis zum 30. Juni 1950[429]. Alle diese Anmeldefristen stellten Ausschlussfristen dar, d. h. ihre Versäumung führte, selbst wenn der Betroffene an der fristgerechten Geltendmachung des Anspruchs schuldlos gehindert war, zum Untergang des Rückerstattungsanspruchs.[430]

IV. Lückenhaftigkeit der Kulturgüterrestitution auf Grundlage der alliierten Rückerstattungsgesetze

Die Restitution entzogener Kulturgüter auf Grundlage der alliierten Rückerstattungsgesetze wird in der zeitgenössischen Literatur kritisch beurteilt und teilweise sogar als gescheitert betrachtet.[431] So wird heute davon ausgegangen, dass die Anzahl der Kulturgüter, die nach den alliierten Rückererstattungsgesetzen restituiert wurden um ein Vielfaches niedriger war, als die Anzahl der tatsächlich entzogenen Kulturgüter, auf die diese Gesetze Anwendung fanden.[432] Die geringe Anzahl der Kulturgüterrestitutionen nach den alliierten Rückerstattungsgesetzen wird insbesondere auf deren kurze Anmeldefristen zurückgeführt.[433] Diese seien zwar für Immobilien angemessen gewesen, nicht aber für leicht versteckbare und

---

427 Vgl. Art. 56 Abs. 1 S. 1 USREG,

428 Nach einmaliger Verlängerung (vgl. *Kubuschok/Weißstein* Rückerstattungsrecht der Britischen und Amerikanischen Zone, BZ 48 AZ 56 Rn. 1).

429 Vgl. Art. 50 Abs. 2 REAO.

430 *Schwarz* Rückerstattung nach den Gesetzen der Alliierten Mächte, S. 265; *Schnabel/Tatzkow* Nazi Looted Art, S. 103; *König* in: Verantwortung wahrnehmen, S. 101 (107).

431 *Hartung* Kunstraub in Krieg und Verfolgung, S. 156, 187 f.; *Rudolph* Restitution von Kunstwerken aus jüdischem Besitz, S. 1.

432 *Röhling* Restitution jüdischer Kulturgüter nach dem Zweiten Weltkrieg, S. 113; *Hartung* a. a. O., S. 188; *Rudolph* a. a. O., S. 1.

433 *Rudolph* a. a. O., S. 2.

folglich schwer wiederauffindbare bewegliche Sachen wie Kulturgüter.[434] Vielen Anspruchsinhabern sei es daher nicht gelungen vor Ablauf der Anmeldefristen den damaligen Belegenheitsort und den Besitzer des entzogenen Kunstwerks zu ermitteln.[435] Als weiteren Grund für die geringe Anzahl der Kunstrestitutionen in der Nachkriegszeit wird angeführt, dass diese nicht Hauptzweck der alliierten Rückerstattungsgesetze waren und andere Restitutionen, wie die von Industrieanlagen, Grundstücken und Immobilien in der wirtschaftlich schwierigen Zeit des Wiederaufbaus vorrangig waren.[436]

C. Der Überleitungsvertrag

Von entscheidender Bedeutung für die Wiedergutmachung des NS-Unrechts in der frühen Bundesrepublik waren die Verpflichtungen, welche die Bundesrepublik Deutschland in dem „Vertrag zur Regelung der aus Krieg und Besetzung entstandenen Fragen (‚Überleitungsvertrag')"[437] gegenüber den Westalliierten übernommen hatte.[438] Die endgültige Fassung des Überleitungsvertrages wurde am 23. Oktober 1954 von der Bundesrepublik Deutschland, den USA, Großbritannien und Nordirland sowie von Frankreich in Paris unterzeichnet. Die Bezeichnung als Überleitungsvertrag rührt daher, dass dieser Vertrag die westalliierte Besatzung der Bundesrepublik beendete und folglich die Bundesrepublik vom Status eines besetzten Landes in die Souveränität „überleitete".[439] Im Hinblick auf die Wiedergutmachung von Kulturgutverlusten bildete der Überleitungsvertrag den Abschluss der alliierten Restitutionspolitik.[440]

Bestimmungen zur inneren Restitution fanden sich im dritten Teil des Überleitungsvertrages. Hervorzuheben ist insbesondere Art. 2 S. 1 des dritten Teils des Überleitungsvertrages, wonach die Bundesrepublik Deutschland die Notwendigkeit anerkannt und die Verpflichtung übernommen hat, die Rückerstattungsvor-

---

434 *Hartung* Kunstraub in Krieg und Verfolgung, S. 156.

435 *Rudolph* Restitution von Kunstwerken aus jüdischem Besitz, S. 2.

436 *Hartung* Kunstraub in Krieg und Verfolgung, S. 155 f.

437 In der gem. Liste IV zu dem am 23.10.1954 in Paris unterzeichneten Protokoll über die Beendigung des Besatzungsregimes in der Bundesrepublik Deutschland geänderten Fassung (BGBl. 1955 II S. 405).

438 *Buschom* in: *Bundesminister der Finanzen/Schwarz* (Hrsg.), Das Bundesrückerstattungsgesetz, S. 1 (48 f.).

439 *Heuß* in: *Schoeps/Ludewig* (Hrsg.), Eine Debatte ohne Ende?, S. 23; *Armbruster* Rückerstattung der Nazi-Beute, S. 530.

440 *Hartung* Kunstraub in Krieg und Verfolgung, S. 156; *Armbruster* a. a. O., S. 531.

schriften der Westalliierten[441] „und die dafür vorhergesehenen Programme für die Rückerstattung und Übertragung in vollem Umfange und mit allen ihr zur Verfügung stehenden Mitteln beschleunigt durchzuführen." Überdies ist in Art. 3 Abs. 1 S. 1 des dritten Teils des Überleitungsvertrages geregelt, dass die Rückerstattungsvorschriften der Westalliierten grundsätzlich aufrecht erhalten bleiben, „bis alle Verfahren über Ansprüche aufgrund dieser Vorschriften vollständig erledigt sind". Im Vierten Teil des Überleitungsvertrages verpflichtete sich die Bundesrepublik, diejenige NS-Opfer zu entschädigen, die durch ihre Verfolgung einen Schaden erlitten hatten. Im Fünften Teil des Überleitungsvertrages fanden sich Bestimmungen zur äußeren Restitution.[442]

D. Die Restitution von NS-Raubkunst in der frühen Bundesrepublik

In Erfüllung der Verpflichtung der Bundesrepublik zur inneren Restitution aus dem Überleitungsvertrag wurde am 19. Juli 1957 das Bundesrückerstattungsgesetz[443] ausgefertigt. Das BRüG stellte einerseits eine Ergänzung der alliierten Rückerstattungsgesetze dar. Es setzte die Geltung ihrer materiell- und verfahrensrechtlichen Vorschriften voraus und knüpfte an die nach diesen Gesetzen bestehenden Ansprüche an.[444] Anderseits begründete es aber auch neue Rückerstattungsansprüche.[445] Gegenüber den alliierten Rückerstattungsgesetzen enthielt das BRüG jedoch entscheidende Beschränkungen. So fand dieses Gesetz gem. § 1 BRüG nur auf Ansprüche gegen das Deutsche Reich und die ihm in dieser Norm gleichgestellten Rechtsträger Anwendung. Überdies konnte der Berechtigte nach dem BRüG nur Zahlung eines Geldbetrages oder Schadensersatz verlangen.[446] Einen Anspruch auf Naturalrestitution gewährte das BRüG hingegen nicht.[447] Dies wurde damit begründet, dass es insoweit keiner bundesgesetzlichen Neuregelung bedurfte, da die Möglichkeit, diese Ansprüche nach den alliierten Rückerstat-

441 Gemeint sind insbesondere das BrREG, das USREG und die VO Nr. 120 einschließlich der entsprechenden Durchführungsverordnungen (vgl. Teil 3 Art. 1 lit. a Überleitungsvertrag).

442 Vgl. dazu *Rudolph* Restitution von Kunstwerken aus jüdischem Besitz, S. 66–68; *Hartung* Kunstraub in Krieg und Verfolgung, S. 156 f.

443 „Bundesgesetz zur Regelung der rückerstattungsrechtlichen Geldverbindlichkeiten des Deutschen Reichs und gleichgestellter Rechtsträger" v. 19. 7. 1957 (BGBl. 1957 I S. 734). Im Folgenden „BRüG" genannt.

444 Vgl. §§ 1–11 BRüG. *Armbruster* Rückerstattung der Nazi-Beute, S. 531 f.

445 Vgl. §§ 12 f. BRüG.

446 Vgl. § 2 BRüG. *Buschom* in: *Bundesminister der Finanzen/Schwarz* (Hrsg.), Das Bundesrückerstattungsgesetz, S. 1 (78).

447 Ebda.

tungsgesetzen zu realisieren ausreichend gewesen sei.[448] Da es auf Grundlage des BRüG wegen des Ausschlusses der Naturalrestitution nicht zu Kulturgüterrückgaben an die Alteigentümer bzw. an deren Rechtsnachfolger kommen konnte, ist dieses Gesetz für die vorliegende Arbeit nur von untergeordneter Bedeutung, so dass eine weitere Darstellung des BRüG unterbleiben kann.

E. Die Restitution von NS-Raubkunst im Beitrittsgebiet nach der Wiedervereinigung

I. Die völkerrechtlichen Vorgaben

Die Wiedergutmachung des NS-Unrechts im Beitrittsgebiet stellt nicht nur einen moralisch erforderlichen Akt dar, sie war vielmehr auch rechtlich geboten.[449] In innerstaatlicher Hinsicht ergab sich dies aus dem ab der Wiedervereinigung auch in den neuen Bundesländern geltenden allgemeinen Gleichbehandlungsgrundsatz nach Art. 3 Abs. 1 GG, der auch bei der Wiedergutmachung des NS-Unrechts eine ungerechtfertigte Ungleichbehandlung der Bürger des Beitrittsgebiets gegenüber denen der alten Bundesländer verbot.[450] Daneben war die Wiedergutmachung des NS-Unrechts im Beitrittsgebiet auch aufgrund verbindlicher völkerrechtlicher Verpflichtungen der Bundesrepublik Deutschland unerlässlich.[451] Nachdem im Beitrittsgebiet während der Nachkriegszeit eine Wiedergutmachung des NS-Unrechts praktisch nicht stattgefunden hatte, bestanden die ehemaligen Westalliierten im Rahmen der Verhandlungen über den sog. „Zwei-Plus-Vier-Vertrag"[452] auf eine entsprechende völkerrechtliche Wiedergutmachungsverpflichtung der Bundesrepublik Deutschland. Eine solche wurde schließlich in der „Vereinbarung vom 27./28. September 1990 zu dem Vertrag über die Beziehungen zwischen der Bundesrepublik Deutschland und den Drei Mächten sowie zu dem Vertrag zur Regelung aus Krieg und Besatzung entstandener Fragen"[453] verankert.[454]

---

448 *Schmidt* in: *Bundesminister der Finanzen/Schwarz*, Das Bundesrückerstattungsgesetz, S. 123 (138).

449 *Wasmuth* in: Rechtshandbuch Vermögen und Investitionen in der ehemaligen DDR, Band II, § 1 VermG Rn. 141.

450 Ebda.

451 *Wasmuth* a.a.O., § 1 VermG Rn. 142.

452 „Vertrag über die abschließende Regelung in Bezug auf Deutschland" v. 12.9.1990. (BGBl. II 1990 S. 1317).

453 BGBl. II 1190 S. 1386. Im Folgenden „Vereinbarung vom 27./28. September" genannt. Vertragsparteien waren Deutschland, Frankreich, die USA, Großbritannien und Nordirland.

Die Vereinbarung vom 27./28. September bestimmte zunächst unter Ziff. 2, dass – vorbehaltlich einiger Ausnahmen[455] – der Überleitungsvertrag suspendiert wird und außer Kraft tritt. Damit verloren die Bestimmungen des Überleitungsvertrages zur Wiedergutmachung des NS-Unrechts jedoch nicht ihre Bindungswirkung. Dies ergibt sich aus Ziff. 4 lit. c Abs. 1 S. 1 der Vereinbarung, wonach die Bundesregierung „bestätigt, dass die Streichung des Dritten, Vierten und Fünften Teils" des Überleitungsvertrages „die Fortgeltung der darin festgelegten Grundsätze in Bezug auf die innere Rückerstattung, die Entschädigung für Opfer der nationalsozialistischen Verfolgung und die äußeren Restitutionen sowie die Fortgeltung der entsprechenden Bestimmungen des Bundesrückerstattungsgesetzes und des Bundesentschädigungsgesetzes nicht beeinträchtigt". Bereits aus dem Wortlaut „Fortgeltung" ergibt sich, dass sich diese Bestätigung nur auf das Gebiet der alten Bundesrepublik bezieht, auf dem folglich hinsichtlich der Wiedergutmachung des NS-Unrechts der Status quo aufrechterhalten werden sollte.[456]

Für das Beitrittsgebiet hat die Bundesregierung in Ziff. 4 lit. c Abs. 3 S. 1 der Vereinbarung vom 27./28. September erklärt, „dass das Bundesrückerstattungsgesetz und das Bundesentschädigungsgesetz[457] auf das Gebiet der gegenwärtigen Deutschen Demokratischen Republik erstreckt werden". Diesbezüglich wird in Ziff. 4 lit. c Abs. 3 S. 2 der Vereinbarung vom 27./28. September klargestellt, dass hierfür weitere Bestimmungen erforderlich sind, die den Gegebenheiten im Beitrittsgebiet Rechnung tragen. Da die Vereinbarung vom 27./28. September die alliierten Rückerstattungsgesetze nicht erwähnt, ist daraus der Umkehrschluss zu ziehen, dass diese Vereinbarung keine Verpflichtung statuiert, diese Gesetze auch für das Beitrittsgebiet in Kraft zu setzen.[458]

Die Verpflichtung der Bundesregierung zur Erstreckung des BRüG und des BEG auf das Beitrittsgebiet wurde mit Inkrafttreten des Einigungsvertrages[459] zumindest in formaler Hinsicht erfüllt, da dessen Art. 8 anordnet, dass das (alte)

---

454 *Wasmuth* in: Rechtshandbuch Vermögen und Investitionen in der ehemaligen DDR, Band II, § 1 VermG Rn. 142.

455 Vgl. Ziff. 3 der Vereinbarung der Vereinbarung vom 27./28. September.

456 BVerwG Urt. v. 18.05.1995, VIZ 1995, 522 (524); *Busche* in: *Säcker*, Vermögensrecht, § 1 Rn. 131; *Wasmuth* in: Rechtshandbuch Vermögen und Investitionen in der ehemaligen DDR, Band II, § 1 VermG Rn. 142.

457 „Bundesgesetz zur Entschädigung für Opfer der nationalsozialistischen Verfolgung" v. 18.9. 1953 (BGBl. 1953 III, Gliederungsnr. 251–1). Im Folgenden „BEG" genannt.

458 *Wasmuth* in: Rechtshandbuch Vermögen und Investitionen in der ehemaligen DDR, Band II, § 1 VermG Rn. 143.

459 „Vertrag zwischen der Bundesrepublik Deutschland und der Deutschen Demokratischen Republik über die Herstellung der Einheit Deutschlands" v. 31.8.1990 (BGBl. 1990 II S. 889). Im Folgenden „EV" genannt.

Bundesrecht – und somit auch das BRüG und das BEG – grundsätzlich auch im Beitrittsgebiet in Kraft tritt.[460] Gleichwohl konnten Ansprüche nach dem BRüG und dem BEG im Beitrittsgebiet wegen Ablauf der Anmeldefristen nicht mehr durchgesetzt werden.[461] Anstatt die Fristen für das BRüG und das BEG wieder neu in Kraft zu setzten, entschied sich der Bundesgesetzgeber jedoch dafür, die Wiedergutmachung des NS-Unrechts im Beitrittsgebiet durch die Einfügung der Bestimmung des § 1 Abs. 6 VermG im Rahmen des VermG zu regeln. Der in § 1 Abs. 6 VermG geregelte Rückerstattungsanspruch geht in seinen Rechtsfolgen dabei deutlich über das BRüG und das BEG hinaus, die nur Schadensersatz bzw. eine Entschädigung in Geld gewähren.[462] Die Bundesregierung ist daher durch den Erlass des § 1 Abs. 6 VermG sowie des „NS-Verfolgtenentschädigungsgesetz" vom 27. September 1994[463], das den Berechtigten dann eine Entschädigung gewährt, wenn ein Rückgabe nach dem VermG ausgeschlossen ist[464], ihrer völkerrechtlichen Verpflichtung aus der Vereinbarung vom 27./28. September nachgekommen und sogar weit über diese hinaus gegangen.[465] Abschließend ist noch zu erwähnen, dass es sich bei der Vereinbarung vom 27./28. September zwar um einen verbindlichen völkerrechtlichen Vertrag handelt, ihr jedoch mangels Transformierung in die deutsche Rechtsordnung gem. Art. 59 Abs. 2 S. 1 GG im innerstaatlichen Bereich keine unmittelbare rechtliche Wirkung zukommt.[466]

II. Die Restitution von NS-Raubkunst auf Grundlage des § 1 Abs. 6 VermG

1. Sinn und Zweck der Regelung

Genau wie während der sowjetischen Besatzungszeit war es auch zur Zeiten des SED-Regimes im Beitrittsgebiet praktisch nicht zu einer Wiedergutmachung des

---

460 VG Dresden Urt. v. 5.1.2008 – Az.: 5 K 1837/05, S. 16.

461 *Busche* in: *Säcker*, Vermögensrecht, § 1 Rn. 133.

462 Zum BRüG vgl. oben S. 176. Nach dem BEG hatte jeder, der aufgrund seiner NS-Verfolgung einen „Schaden an Leben, Körper, Gesundheit, Freiheit, Eigentum, Vermögen, in seinem beruflichen oder in seinem wirtschaftlichen Fortkommen erlitten" hatte, einen Anspruch auf Geldentschädigung (vgl. §§ 1–4 BEG).

463 BGBl. 1994 I S. 1671. Im Folgenden „NS-VEntschG" genannt.

464 Vgl. unten S. 190.

465 BVerwG Urt. v. 09.12.2004 – Az.: 7 C 2/04, S. 5; BVerwG Urt. v. 24.11.2011 Az.: 7 C 12.10, Rn. 36; VG Dresden Urt. v. 5.11.2008 – Az.: 5 K 1837/05, S. 16; *Wasmuth* in: Rechtshandbuch Vermögen und Investitionen in der ehemaligen DDR, Band II, Einf. VermG Rn. 797.

VG Dresden Urt. v. 5.1.2008 – Az.: 5 K 1837/05, S. 16 f.; *Wasmuth* a. a. O., § 1 VermG Rn. 143.

466 BVerwG Urt. v. 18.05.1995, VIZ 1995, 522 (524); BVerwG Urt. v. 24.11.2011 Az.: 7 C 12.10, Rn. 41; OVG Bautzen Urt. v. 19.08.2010 – Az.: 1 A 112/09 5 K 1837/05, S. 25.

NS-Unrechts gekommen.[467] Dies ist zum einen darauf zurückzuführen, dass die DDR, die sich als antifaschistischer Staat definierte, jede Verantwortung für das NS-Unrecht ablehnte.[468] Zum anderen war eine Rückerstattung entzogener Vermögenswerte auch deshalb nicht gewollt, weil diese eine (Rück-)Bildung von Privateigentum zur Folge gehabt hätte, die nicht in das sozialistische Wirtschafts- und Gesellschaftskonzept der DDR passte.[469] Um diese Wiedergutmachungslücke zu schließen, wurde § 1 Abs. 6 VermG nachträglich auf Druck der Bundesregierung und jüdischer Organisationen in das VermG eingefügt.[470] In § 1 Abs. 6 S. 1 VermG heißt es:

„Dieses Gesetz ist entsprechend auf vermögensrechtliche Ansprüche von Bürgern und Vereinigungen anzuwenden, die in der Zeit vom 30. Januar 1933 bis zu 8. Mai 1945 aus rassischen, politischen, religiösen oder weltanschaulichen Gründen verfolgt wurden und deshalb ihr Vermögen infolge von Zwangsverkäufen, Enteignungen oder auf andere Weise verloren haben."

Zweck dieser Regelung ist es, NS-Opfer und Opfer des DDR-Regimes in vermögensrechtlicher Hinsicht grundsätzlich gleich zu stellen.[471] Nur an einigen Stellen, an denen eine Differenzierung notwendig erschien, wurden für NS-Verfolgte gegenüber den Opfern des DDR-Regimes Sonderregelungen in das VermG eingeführt.[472] Dadurch, dass der Gesetzgeber die Ansprüche von NS-Verfolgten in das VermG eingegliedert und kein neues Restitutionsgesetz erlassen bzw. nicht das alliierte Rückerstattungsrecht wieder in Kraft gesetzt hat, hat er dem Grundsatz des sozial verträglichen Interessenausgleichs Rechnung getragen, der dem VermG innewohnt.[473] „Dieses Konzept beruht auf dem Gedanken, dass fast nach einem halben Jahrhundert, das zwischen dem Ende des 2. Weltkrieges und der Wiedervereinigung beider deutschen Staaten vergangen ist, auf dem Gebiet der früheren DDR rechtliche und soziale Strukturen gewachsen sind, denen im Einzelfall ein Bestandsschutz vor dem Restitutionsanspruch des Alteigentümers

467 *Hartung* Kunstraub in Krieg und Verfolgung, S. 170; *Rudolph* Restitution von Kunstwerken aus jüdischen Besitz, S. 101; *Fieberg/Reichenbach* in: *Fieberg/Reichenbach/Messerschmidt/Neuhaus*, VermG Band 1, VermG Einf. Rn. 51.

468 *Graf* Rückgabe von Vermögenswerte an Verfolgte des nationalsozialistischen Regimes im Beitrittsgebiet, S. 59; *Schnabel/Tatzkow* Nazi Looted Art, S. 108; *Fieberg/Reichenbach* a. a. O., VermG Einf. Rn. 51.

469 *Graf* a. a. O., S. 58 f.; *Rudolph* Restitution von Kunstwerken aus jüdischem Besitz, S. 101; *Fieberg/Reichenbach* a. a. O., VermG Einf. Rn. 51.

470 Vgl. dazu *Graf* a. a. O., S. 67 f.

471 *Neuhaus* in: *Fieberg/Reichenbach/Messerschmidt/Neuhaus*, VermG Band 1, § 1 VermG Rn. 131.

472 Ebda.

473 *v. Trott zu Solz* ZOV 1998, 163 (163); *Neuhaus* a. a. O., § 1 VermG Rn. 131.

nicht versagt werden kann."[474] Aufgrund des Konzepts des sozialverträglichen Interessenausgleichs schließt das VermG in verschiedenen Fällen eine Naturalrestitution aus und verweist den Berechtigten auf eine Entschädigungsleistung.[475]

2. Der räumliche Geltungsbereich des § 1 Abs. 6 VermG

Der Anwendungsbereich des § 1 Abs. 6 VermG ist bei beweglichen Restitutionsobjekten – und so auch bei Kulturgütern – nicht auf Entziehungen im Beitrittsgebiet beschränkt, sondern umfasst grundsätzlich auch Vermögensverluste in den späteren westlichen Besatzungszonen sowie auf dem Gebiet des besetzten Auslands.[476] Eine Begrenzung des räumlichen Anwendungsbereich des § 1 Abs. 6 VermG ergibt sich jedoch aus seinem Normzweck, nach dem diese Bestimmung die Lücke schließen soll, die dadurch entstanden ist, dass es weder während der sowjetischen Besatzungszeit noch zu Zeiten des SED-Regimes eine Wiedergutmachung des NS-Unrechts gegeben hat.[477] Entscheidend für die Anwendbarkeit des VermG ist daher, dass keine Wiedergutmachung in den westlichen Besatzungszonen bzw. in der Bundesrepublik Deutschland erlangt werden konnte.[478] Deshalb ist die Anwendbarkeit des § 1 Abs. 6 VermG auf solche Vermögensverluste beschränkt, die nicht in den Anwendungsbereich der alliierten Rückerstattungsgesetze bzw. des BRüG fielen.[479] Daraus ist der Umkehrschluss zu ziehen, dass das VermG jedenfalls in den Fällen anwendbar ist, in denen der Entziehungsgegenstand nach Kriegsende im Beitrittsgebiet belegen war und auch nicht anschließend in den Geltungsbereich der alliierten Rückerstattungsgesetze und des BRüG gelangt ist, während deren Anmeldefristen noch liefen.

3. Die Voraussetzungen des Rückerstattungsanspruchs nach § 1 Abs. 6 VermG

Der Gesetzgeber hat im Rahmen des § 1 Abs. 6 VermG das alliierte Rückerstattungsrecht zwar nicht generell übernommen, er wollte jedoch eine möglichst

---

474 Ebda.

475 Zum Ausschluss der Naturalrestitution vgl. unten S. 186–190.

476 *Wasmuth* in: Rechtshandbuch Vermögen und Investitionen in der ehemaligen DDR, Band 2, § 1 VermG Rn. 4.

477 Ebda.; *Schnabel/Tatzkow* Nazi Looted Art, S. 111; *Neuhaus* in: *Fieberg/Reichenbach/Messerschmidt/Neuhaus*, VermG Band 1, § 1 VermG Rn. 134.

478 Ebda.; *Wasmuth* in: Rechtshandbuch Vermögen und Investitionen in der ehemaligen DDR, Band 2, § 1 VermG Rn. 4.

479 Ebda.

weitgehende Anlehnung an dieses und an seine Terminologie.[480] Dies wird insbesondere durch § 1 Abs. 6 S. 2 VermG deutlich, der zugunsten des Rückerstattungsberechtigten auf die Entziehungsvermutung des Art. 3 Abs. 1 REAO verweist, sodass Ansprüche von NS-Geschädigten nach § 1 Abs. 6 VermG auf Grundlage dieser Regelung und der entsprechenden Rechtsprechung zu prüfen sind.[481] Überdies können auch die allgemeinen Bestimmungen des alliierten Rückerstattungsrechts zur Auslegung des Tatbestandes des § 1 Abs. 6 S. 1 VermG herangezogen werden.[482] Ansonsten scheidet ein Rückgriff auf Vorschriften des alliierten Rückerstattungsrechts und die bundesdeutschen Folgeregelungen jedoch aus.[483] Restitutionsberechtigt sind gem. § 1 Abs. 6 S. 1 VermG „Bürger und Vereinigungen", „die in der Zeit vom 30. Januar 1993 bis zum 8. Mai 1945 aus rassischen, politischen, religiösen oder weltanschaulichen Gründen verfolgt wurden" und deshalb einen Vermögensverlust erlitten haben. Der Begriff des „Bürgers" meint dabei jede natürliche Person und der Begriff der „Vereinigung" jede Form des Zusammenschlusses natürlicher Personen unabhängig von seiner rechtlichen Struktur oder seinem Rechtsstatus.[484] Wie schon nach dem alliierten Rückerstattungsrecht gelten auch nach § 1 Abs. 6 VermG Juden in ihrer Gesamtheit als kollektivverfolgt.[485] Darüber hinaus setzt auch § 1 Abs. 6 VermG voraus, dass die Maßnahme, die für den Vermögensverlust ursächlich war, auf der Verfolgung beruhte.[486]

a) Die Entziehungstatbestände nach § 1 Abs. 6 VermG

Art. 1 Abs. 6 VermG erfasst Vermögensverluste, die „infolge von Zwangsverkäufen, Enteignungen oder auf andere Art und Weise" eingetreten sind. Die Auslegung der genannten Entziehungstatbestände des § 1 Abs. 6 VermG hat sich dabei an dem Begriff des „ungerechtfertigten Entzugs" [487] der alliierten Rückerstattungsgesetze

---

480 BVerwG Urt. v. 24.11.2011 Az.: 7 C 12.10, Rn. 37; *Schnabel/Tatzkow* a. a. O., S. 109; *Neuhaus* in: *Fieberg/Reichenbach/Messerschmidt/Neuhaus*, VermG Band 1, § 1 VermG Rn. 132.

481 Ebda.

482 *Busche* in: *Säcker*, Vermögensrecht, § 1 Rn. 134.

483 BVerwG Urt. v. 24.11.2011 – Az.: 7 C 12.10, Rn. 37; *Busche* a. a. O., § 1 Rn. 134.

484 *Neuhaus* in: *Fieberg/Reichenbach/Messerschmidt/Neuhaus*, VermG Band 1, § 1 VermG Rn. 136; *Wasmuth* in: Rechtshandbuch Vermögen und Investitionen in der ehemaligen DDR, Band 2, § 1 VermG Rn. 168.

485 *Schnabel/Tatzkow* Nazi Looted Art, S. 109; *Anton* Illegaler Kulturgüterverkehr, S. 712.

486 *Neuhaus* in: *Fieberg/Reichenbach/Messerschmidt/Neuhaus*, VermG Band 1, § 1 VermG Rn. 136; *Wasmuth* in: Rechtshandbuch Vermögen und Investitionen in der ehemaligen DDR, Band 2, § 1 VermG Rn. 181.

487 Vgl. oben S. 164.

zu orientieren.[488] Der Begriff des „Zwangsverkaufs“ ist daher dementsprechend weit auszulegen, so dass es ausreicht, „wenn die Veräußerung des Vermögenswertes jedenfalls mitursächlich auf den bestehenden Verfolgungsdruck zurückzuführen ist“.[489] Folglich erfasst auch § 1 Abs. 6 VermG nicht nur die zwangsweisen Entziehungen der zweiten Raubkunstphase, sondern ebenfalls die „freiwilligen“ Entziehungen durch Rechtsgeschäft der ersten Raubkunstphase.

b) Die Entziehungsvermutung bei „freiwilligen“ Entziehungen

Zur Einordnung rechtsgeschäftlicher Vermögensverluste ordnet § 1 Abs. 6 S. 2 VermG die Anwendung des § 3 REAO an, wonach – wie zuvor geschildert – unter bestimmten Voraussetzung eine ungerechtfertigte Entziehung zu vermuten ist.[490]

c) Der Rückerstattungspflichtige bei Ansprüchen nach § 1 Abs. 6 VermG

Bei dem Rückerstattungspflichtigen kann es sich nach herrschender Meinung sowohl um Personen des öffentlichen Rechts, wie Bund, Länder, Gemeinden oder die Bundesanstalt für vereinigungsbedingte Sonderaufgaben, als auch um Privatpersonen handeln, wenn diese Eigentum aus ehemaligem Volkseigentum oder staatlicher Verwaltung erworben haben.[491] Zwar wird in der Literatur teilweise vertreten, dass sich der Anspruch nach § 1 Abs. 6 VermG auf Restitutionsansprüche gegenüber Personen des öffentlichen Rechts beschränke, da eine Anwendung gegenüber Privatpersonen eine verfassungswidrige entschädigungslose Enteignung darstellen würde.[492] Diese Auffassung ist jedoch mit der herrschenden Meinung[493] abzulehnen, da sich schon aus der Verweisung in § 1 Abs. 6 S. 2 VermG

---

488 *Rudolph* Restitution von Kunstwerken aus jüdischem Besitz, S. 103; *Neuhaus* in: *Fieberg/Reichenbach/Messerschmidt/Neuhaus*, VermG Band 1, § 1 VermG Rn. 144.

489 *Neuhaus* a.a.O., § 1 VermG Rn. 143.

490 Hinsichtlich der Voraussetzungen der Entziehungsvermutung nach § 3 Abs. 1 REAO und der Voraussetzungen für ihre Widerlegung nach Art. 3 Abs. 2, 3 REAO kann auf die Darstellung zum alliierten Rückerstattungsrecht verwiesen werden (vgl. oben S. 166–168).

491 *Neuhaus* in: *Fieberg/Reichenbach/Messerschmidt/Neuhaus*, VermG Band 1, § 2 VermG Rn. 43; *Hummert* in: *Säcker:* Vermögensrecht, § 2 Rn. 66; *Wasmuth* in: Rechtshandbuch Vermögen und Investitionen in der ehemaligen DDR, § 2 VermG Rn. 203.

492 So z.B. *Groeger* VIZ 1995, Heft 3, S. 145 f.

493 Vgl. z.B. *Graf* Rückgabe von Vermögenswerten an Verfolgte des nationalsozialistischen Regimes im Beitrittsgebiet, S. 151; *Rudolph* Restitution von Kunstwerken aus jüdischem Besitz S. 104, Fn. 347; *Anton* Illegaler Kulturgüterverkehr, S. 712. *Hartung* Kunstraub in Krieg und Verfolgung, S. 172 f. spricht sich zumindest im Ergebnis dafür aus, dass der Anspruch aus § 1 Abs. 6 VermG auch

auf § 3 REAO ergibt, dass § 1 Abs. 6 VermG auch mit einem privatem Erwerber abgeschlossene Rechtsgeschäfte erfasst, so dass es widersprüchlich wäre, Privatpersonen von der Restitutionspflicht auszunehmen.[494]

d) Entziehungen im Zusammenhang mit der Ausfuhrverordnung

Im Hinblick auf die vermögensrechtliche Beurteilung von Kulturgutverlusten, die im Zusammenhang mit den Ausfuhrverboten nach der Ausfuhrverordnung standen, gilt im Wesentlichen das im Rahmen der Darstellung des alliierten Rückerstattungsrechts Gesagte.[495] D.h. sofern ein jüdischer Auswanderer unter dem Druck eines Ausfuhrverbots Kulturgüter veräußerte bzw. diese unentgeltlich deutschen Museen überließ, ist zur Prüfung des Restitutionsanspruchs nach § 1 Abs. 6 S. 1 VermG über § 1 Abs. 6 S. 2 VermG auf die Entziehungsvermutung des § 3 REAO zurückzugreifen. Wurde ein mit einem Ausfuhrverbot belastetes Kulturgut nach der Flucht des Alteigentümers in Deutschland aufgrund eines diskriminierendes Gesetzes beschlagnahmt bzw. dem Reich verfallen erklärt, so besteht ebenfalls ein Anspruch nach § 1 Abs. 6 S. 1 VermG.

4. Der Anspruch auf Naturalrestitution

Der Rückübertragungsanspruch des Berechtigten ist in § 3 Abs. 1 S. 1 VermG geregelt. Danach sind „Vermögenswerte, die den Maßnahmen im Sinne des § 1 [VermG] unterlagen und in Volkseigentum überführt oder an Dritte veräußert wurden, [...] auf Antrag an die Berechtigten zurückzuübertragen, soweit dies nicht nach dem Gesetz ausgeschlossen ist." Damit normiert das VermG genau wie die alliierten Rückerstattungsgesetze den Grundsatz der Naturalrestitution.[496] Ziel ist dabei eine möglichst weitgehende Wiederherstellung der vor der Schädigung bestehenden Rechtsposition.[497] Auch wenn Vermögensverluste während des NS-Regimes nach § 1 Abs. 6 VermG nicht ausdrücklich erwähnt werden, so erfasst § 3

---

gegen Privatpersonen geltend gemacht werden kann und stützt sich dabei auf eine analoge Anwendung des § 1 Abs. 3 VermG.

494 *Anton* Illegaler Kulturgüterverkehr, S. 712.

495 Vgl. oben S. 169 f.

496 *Graf* Rückgabe von Vermögenswerte an Verfolgte des nationalsozialistischen Regimes im Beitrittsgebiet, S. 70; *Anton* Illegaler Kulturgüterverkehr, S. 712; *Redeker/Hirtschulz/Tank* in: *Fieberg/Reichenbach/Messerschmidt/Neuhaus*, VermG Band 1, § 3 VermG Rn. 2; *Busche* in: *Säcker*, Vermögensrecht, § 3 Rn. 1; *Wasmuth* in: Rechtshandbuch Vermögen und Investitionen in der ehemaligen DDR Band 2, § 3 VermG Rn. 1 f.

497 *Redeker/Hirtschulz/Tank*, a.a.O., § 3 VermG Rn. 15; *Wasmuth* a.a.O., § 3 VermG Rn. 4.

Abs. 1 S. 1 VermG diese Vermögensverluste seinem Sinn und Zweck nach, da Ziel auch in diesen Fällen die Wiederherstellung der vor der Entziehung bestehenden vermögensrechtlichen Positionen ist.[498]

Das VermG stellt dem Geschädigten grundsätzlich nur einen Anspruch auf Rückübertragung zur Verfügung, ohne dass die Eigentumsverhältnisse von Gesetzes wegen geändert werden.[499] Erst mit der bestandskräftigen Rückübertragungsentscheidung nach § 34 Abs. 1 S. 1 VermG ändert sich die Eigentümerstellung bzw. die Rechtsinhaberschaft und der Berechtigte wird, ohne weitere behördliche Akte und ohne dass es einer Einigung zwischen den Parteien über den Eigentumsübergang bedarf, Inhaber des restituierten Rechts.[500] Bei dem bestandskräftigen Rückübertragungsbescheid handelt es sich folglich um einen Verwaltungsakt, der privatrechtsgestaltende Wirkung entfaltet (sofern auch die übrigen Voraussetzung des § 34 Abs. 1 S. 1 VermG[501] vorliegen).[502] Der Berechtigte wird Inhaber des im Rückübertragungsbescheids auf ihn übertragenen Rechtes an dem Vermögenswert, der bisherige Inhaber verliert es.[503] Entscheidender Unterschied zum alliierten Rückerstattungsrecht ist dabei, dass das VermG keine Änderung der dinglichen Zuordnung der entzogenen Vermögenswerte zwischen dem Restitutionsberechtigten und dem Restitutionsverpflichteten vornimmt, sondern die heutige Eigentumslage anerkennt.[504] Der Rückübertragungsanspruch nach dem VermG ist daher nicht wie der Anspruch nach den alliierten Rückerstattungsgesetzen auf die rückwirkende Wiederherstellung der Rechtverhältnisse, wie sie vor der enteignenden Maßnahme bestanden haben, gerichtet, sondern auf deren Wiederherstellung mit Wirkung ex nunc, nämlich vom Zeitpunkt der Unanfechtbarkeit der behördlichen Entscheidung an.[505]

---

498 *Anton* Illegaler Kulturgüterverkehr, S. 719; *Rudolph* Restitution von Kunstwerken aus jüdischem Besitz, S. 104, *Redeker/Hirtschulz/Tank* a. a. O., § 3 VermG Rn. 13; *Wasmuth* a. a. O., § 3 VermG Rn. 1, 18.

499 *Redeker/Hirtschulz/Tank* a. a. O., § 3 VermG Rn. 4; *Wasmuth* a. a. O., § 3 VermG Rn. 7.

500 *Rudolph* Restitution von Kunstwerken aus jüdischem Besitz, S. 104 f.; *Redeker/Hirtschulz/Tank* a. a. O., § 3 VermG Rn. 4; *Wasmuth* a. a. O., § 3 VermG Rn. 7.

501 Gem. § 34 Abs. 1 S. 1 VermG ist, neben der Unanfechtbarkeit der Rückübertragungsentscheidung, Voraussetzung für den Rechtsübergang, dass der Berechtigte mögliche Zahlungsansprüche gegenüber dem Rückerstattungspflichtigen nach §§ 7, 7 a VermG erfüllt, und zudem eventuell erforderliche Sicherheitsleistungen erbracht hat.

502 *Redeker/Hirtschulz* in: *Fieberg/Reichenbach/Messerschmidt/Neuhaus*, VermG Band 1, § 34 Rn. 3; *Wasmuth* in: Rechtshandbuch Vermögen und Investitionen in der ehemaligen DDR Band 2, § 34 Rn. 66.

503 *Redeker/Hirtschulz* a. a. O., § 34 Rn. 8.

504 *Rudolph* Restitution von Kunstwerken aus jüdischem Besitz, S. 104 f.; *Anton* Illegaler Kulturgüterverkehr, S. 720.

505 *Rudolph* a. a. O., S. 104 f; *Anton* a. a. O., S. 720.

Dementsprechend wird der Rückerstattungspflichtige, sofern er noch im Besitz des Restitutionsobjektes ist, mit Bestandskraft der Rückübertragungsentscheidung unrechtmäßiger Besitzer.[506] Es besteht daher ab diesem Zeitpunkt eine Vindikationslage, so dass der Berechtigte den Restitutionsgegenstand von dem pflichtigen Besitzer nach § 985 BGB herausverlangen kann.[507] Ein spezieller vermögensrechtlicher Herausgabeanspruch besteht nicht, da der vermögensrechtliche Restitutionsanspruch nur auf Rückübertragung des Rechts gerichtet ist und darüber hinaus keine speziellen Herausgaberegelungen beinhaltet.[508]

5. Der Ausschluss der Naturalrestitution

Im Gegensatz zum alliierten Rückerstattungsrecht steht der Grundsatz der Naturalrestitution nach dem VermG jedoch unter dem Vorbehalt des sozialverträglichen Interessensausgleichs.[509] In diesem Sinne schließen die §§ 4, 5 VermG eine Naturalrestitution nach § 3 Abs. 1 S. 1 VermG aus und verweisen den Berechtigten auf Entschädigungsansprüche nach dem NS-VEntschG.[510] Der Rechtsprechung und der herrschenden Meinung nach, sind die Ausschlusstatbestände der §§ 4, 5 VermG auch auf NS-verfolgungsbedingte Vermögensverluste i.S.v. § 1 Abs. 6 VermG anzuwenden.[511]

---

506 *Wasmuth* in: Rechtshandbuch Vermögen und Investitionen in der ehemaligen DDR, Band 2, § 34 VermG Rn. 66.

507 *Graf* Rückgabe von Vermögenswerte an Verfolgte des nationalsozialistischen Regimes im Beitrittsgebiet, S. 99; *Rudolph*, Restitution von Kunstwerken aus jüdischem Besitz, S. 105; *Anton* Illegaler Kulturgüterverkehr, S. 720.

508 *Graf* a. a. O., S. 100.

509 *Graf* a. a. O., S. 188. Zum Grundsatz des sozialverträglichen Interessensausgleichs vgl. oben S. 180 f.

510 *Wasmuth* in: Rechtshandbuch Vermögen und Investitionen in der ehemaligen DDR, Band II, § 1 VermG Rn. 148. Zu diesen Entschädigungsansprüchen vgl. unten S. 190.

511 BVerwG Urt. v. 18. 5. 1995, VIZ 1995, 522 (522); BVerfG Beschl. v. 17. 2. 1999, VIZ 1999, 468 (468); *Rodenbach* in: *Fieberg/Reichenbach/Messerschmidt/Neuhaus*, VermG Band 1, § 4 Rn. 23 – 26 a; *Wasmuth* a. a. O., § 4 Rn. 7. Sehr kritisch *v. Trott zu Solz* ZOV 3/1998, 163 (163 – 168), der im Hinblick auf Vermögensentziehungen auf Grundlage nichtiger NS-Enteignungsvorschriften, wie der 11. Verordnung zum Reichsbürgergesetz, betont, dass in jedem Einzelfall zu prüfen sei, ob die Anwendung der Ausschlusstatbestände der §§ 4, 5 VermG noch als zulässige Inhalts- und Schrankenbestimmungen mit Art. 14 GG vereinbar ist.

a) Der Ausschluss der Rückerübertragung wegen Unmöglichkeit der Restitution nach § 4 Abs. 1 S. 1 VermG

Nach § 4 Abs. 1 S. 1 VermG ist „eine Rückübertragung des Eigentumsrechtes oder sonstiger Rechte an Vermögenswerten [...] ausgeschlossen, wenn dies von der Natur der Sache her nicht mehr möglich ist." Dadurch erfährt der Grundsatz der Naturalrestitution eine erhebliche Durchbrechung zugunsten einer sozialverträglichen und rechtspolitisch sinnvollen Lösung der offenen Vermögensfragen.[512] Ziel des Gesetzgebers war es, eine Rückgabe des Restitutionsobjektes zu verhindern, wenn dies im Hinblick auf die dadurch eintretenden Folgen – insbesondere wegen dadurch hervorgerufener schwerwiegender Konfliktsituationen – unvernünftig wäre.[513] Dadurch sollte den wirtschaftlichen Notwendigkeiten des Wiederaufbaus in den neuen Bundesländern Rechnung getragen und Investitionshemmnisse vermieden werden.[514] Trotz seines etwas missverständlichen Wortlauts lassen sich unter § 4 Abs. 1 S. 1 VermG sowohl Fälle der tatsächlichen[515] und der rechtlichen Unmöglichkeit[516] als auch Fälle, in denen eine Restitution von der Natur der Sache her nicht möglich ist[517], subsumieren.[518]

b) Der Ausschluss der Rückerübertragung nach § 5 Abs. 1 VermG

Hinzuweisen ist auch auf den Ausschlusstatbestand des § 5 Abs. 1 VermG[519], der den in § 4 Abs. 1 S. 1 VermG enthaltenen allgemeinen Ausschlusstatbestand der

---

512 *Rodenbach* a.a.O., § 4 Rn. 1.

513 *Rodenbach* a.a.O., § 4 Rn. 17; *Wasmuth* a.a.O., § 4 Rn. 9.

514 *Hellmann* in: *Fieberg/Reichenbach/Messerschmidt/Neuhaus*, VermG, § 4 Rn. 1, 3.

515 Tatsächlich Unmöglichkeit ist dann anzunehmen, wenn der Restitutionsgegenstand faktisch nicht mehr existiert, d.h. also insbesondere in Fällen des Untergangs oder wenn der Vermögensgegenstand so stark beschädigt ist, dass es sich nach wirtschaftlicher Anschauung um einen anderen Gegenstand handelt (vgl. *Rodenbach* in: *Fieberg/Reichenbach/Messerschmidt/Neuhaus*, VermG Band 1, § 4 Rn. 34; *Wasmuth* in: Rechtshandbuch Vermögen und Investitionen in der ehemaligen DDR, Band II, § 4 Rn. 15).

516 Rechtliche Unmöglichkeit liegt vor, wenn der Vermögenswert zwar faktisch noch vorhanden ist, der Rückgabe jedoch dauernde Rechtshindernisse entgegenstehen, die eine Restitution objektiv unmöglich machen (vgl. *Rodenbach* a.a.O., § 4 Rn. 36; *Wasmuth* a.a.O., § 4 Rn. 19).

517 Unmöglichkeit von der Natur der Sache her liegt dann vor, wenn eine Rückerübertragung zwar tatsächlich und rechtlich möglich wäre, aber wegen der mit einer Restitution einhergehende Folgen vernünftigerweise nicht in Betracht kommen kann (vgl. *Rodenbach* a.a.O., § 4 Rn. 47; *Wasmuth* a.a.O., § 4 Rn. 46).

518 *Rodenbach* a.a.O., § 4 Rn. 33; *Wasmuth* a.a.O., § 4 Rn. 12.

519 § 5 Abs. 1 VermG lautet: „Eine Rückübertragung von Eigentumsrechten an Grundstücken und Gebäuden ist gem. § 4 Abs. 1 [VermG] insbesondere auch dann ausgeschlossen, wenn Grundstücke und Gebäude

unmöglichen Restitution konkretisiert und unter bestimmten Umständen eine Restitution von Grundstücken und Gebäuden aufgrund eines entgegenstehenden öffentlichen Interesses ausschließt.[520] § 5 Abs. 1 VermG erfasst zwar keine beweglichen Kulturgüter, der Zweck dieser Norm und die ihr zu entnehmenden Wertungen sind jedoch im Rahmen des dritten Kapitels dieser Arbeit von Belang, sodass an dieser Stelle kurz auf diesen Ausschlusstatbestand einzugehen ist.

§ 5 Abs. 1 VermG ist Teil des dem VermG zugrundeliegenden Konzepts eines sozial verträglichen Interessensausgleichs.[521] Sämtlichen Tatbeständen des § 5 Abs. 1 VermG liegt „die Absicht des Gesetzgebers zugrunde, bestimmte tatsächliche oder rechtliche Veränderungen der Nutzungsart oder Zweckbestimmung eines entzogenen Grundstücks oder Gebäudes, an deren Aufrechterhaltung ein überwiegendes öffentliches Interesse besteht, nicht durch die Wiederbegründung der früheren Eigentumsverhältnisse in Frage zu stellen.“[522] Im Rahmen der Auslegung des § 5 Abs. 1 VermG ist es entscheidend, dass dem einer Restitution widerstreitenden öffentlichen Interesse ein so erhebliches Gewicht zukommt, „dass es dem Fall der tatsächlichen Unmöglichkeit wertungsmäßig entspricht.“[523] Sind diese Voraussetzungen erfüllt, so lässt das VermG das Privatinteresse des Restitutionsberechtigten an der Rückgabe des Grundstückes oder Gebäudes hinter dem öffentlichen Allgemeininteresse am Fortbestand der gegenwärtigen Nutzung des Restitutionsobjektes zurücktreten.

---

a) mit erheblichem baulichem Aufwand in ihrer Nutzungsart oder Zweckbestimmung verändert wurden und ein öffentliches Interesse an dieser Nutzung besteht,
b) dem Gemeingebrauch gewidmet wurden,
c) im komplexen Wohnungsbau oder Siedlungsbau verwendet wurden,
d) der gewerblichen Nutzung zugeführt oder in eine Unternehmenseinheit einbezogen wurden und nicht ohne erhebliche Beeinträchtigung des Unternehmens zurückgegeben werden können.“

Im Rahmen des § 5 Abs. 1 VermG ist zu berücksichtigen, dass – auch wenn dies nur in § 5 Abs. 1 lit. a VermG ausdrücklich erwähnt wird – sämtliche Ausschlusstatbestände dieser Norm ein öffentliches Interesse am Fortbestand der Nutzung erfordern (*Wasmuth* in: Rechtshandbuch Vermögen und Investitionen in der ehemaligen DDR, Band 2, § 4 Rn. 12).

520 *Hellmann*, in: *Fieberg/Reichenbach/Messerschmidt/Neuhaus*, VermG, § 5 Rn. 1.

521 Ebda. Zum Grundsatz des sozial verträglichen Interessensausgleich vgl. oben S. 180 f.

522 *Wasmuth* in: Rechtshandbuch Vermögen und Investitionen in der ehemaligen DDR, Band 2, § 5 Rn. 5.

523 *Hellmann* in: *Fieberg/Reichenbach/Messerschmidt/Neuhaus*, VermG, § 5 Rn. 1 b.

c) Der Ausschluss der Rückübertragung wegen redlichen Erwerbs nach § 4 Abs. 2, 3 VermG

Gem. § 4 Abs. 2 S. 1 VermG ist der Rückübertragungsanspruch ausgeschlossen, „wenn natürliche Personen, Religionsgemeinschaften oder gemeinnützige Stiftungen nach dem 8. Mai 1945 in redlicher Weise an dem Vermögenswert Eigentum oder dingliche Nutzungsrechte erworben haben." Mit dieser Norm sollte ein sozial verträglicher Ausgleich zwischen dem Rückübertragungsinteresse des Restitutionsberechtigten und dem Interesse des gegenwärtigen Privateigentümers, den betroffenen Vermögensgegenstand zu behalten, geschaffen werden.[524] Dabei wird dem Interesse des gegenwärtigen Eigentümers aus Gründen des Vertrauensschutzes Vorrang eingeräumt, sofern dieser sein Eigentum im Wege des redlichen Erwerbs erlangt hat.[525] Ein redlicher Eigentumserwerb des Staates oder öffentlicher Einrichtungen ist nicht möglich, da das während des Bestehens der DDR geschaffene sozialistische Eigentum vom Gesetzgeber als nicht schutzwürdig betrachtet wurde.[526] Zu betonen ist, dass der Begriff der Redlichkeit i. S. d. § 4 Abs. 2, 3 VermG nicht mit dem Begriff Gutgläubigkeit i. S. v. § 932 Abs. 2 BGB gleichzusetzen ist, sondern vielmehr diejenigen Erwerber schützen will, die sich an die in der ehemaligen DDR formell bestehende Rechtslage und ausgeübte Rechtspraxis gehalten haben.[527] § 4 Abs. 3 VermG enthält verschiedene, nicht abschließende Beispiele eines unredlichen Rechtserwerbs.[528] Generell ist von einem unredlichen Rechtserwerb auszugehen, „wenn der Erwerbsvorgang gesamt betrachtet auf einer sittlich anstößigen Manipulation beruhte."[529]

---

524 *Rodenbach* in: *Fieberg/Reichenbach/Messerschmidt/Neuhaus*, VermG, § 4 Rn. 60.

525 Ebda.

526 *v. Trott zu Solz/Gielen* ZOV 2006, 256 (260); *Rodenbach* a. a. O., § 4 Rn. 68.

527 *Rodenbach* a. a. O., § 4 Rn. 149.

528 In § 4 Abs. 3 VermG heißt es: „Als unredlich ist der Rechtserwerb in der Regel dann anzusehen, wenn er

a) nicht in Einklang mit den zum Zeitpunkt des Erwerbes in der Deutschen Demokratischen Republik geltenden allgemeinen Rechtsvorschriften, Verfahrensgrundsätzen und einer ordnungsgemäßen Verwaltungspraxis stand, und der Erwerber dies wusste oder hätte wissen müssen oder

b) darauf beruhte, dass der Erwerber durch Korruption oder Ausnutzung einer persönlichen Machtstellung auf den Zeitpunkt oder die Bedingungen des Erwerbs oder die Auswahl des Erwerbsgegenstandes eingewirkt hat oder

c) davon beeinflusst war, dass sich der Erwerber eine von ihm selbst oder von dritter Seite herbeigeführte Zwangslage oder Täuschung des ehemaligen Eigentümers zu Nutze gemacht hat."

529 *Rodenbach* in: *Fieberg/Reichenbach/Messerschmidt/Neuhaus*, VermG Band 1, § 4 Rn. 147; *Wasmuth* in: Rechtshandbuch Vermögen und Investitionen in der ehemaligen DDR, Band 2, § 4 Rn. 225.

d) Entschädigungsansprüche bei Ausschluss der Rückübertragung

Sofern in den Fällen des § 1 Abs. 6 VermG die Rückübertragung i. S. d. § 3 Abs. 1 S. 1 VermG nach den § 4 Abs. 1, 2, 3 und § 5 Abs. 1 VermG ausgeschlossen ist, hat der Berechtigte gem. § 1 Abs. 1 S. 1 NS-VEntschG grundsätzlich einen Anspruch auf Entschädigung. Die Höhe der Entschädigung bestimmt sich im Wesentlichen nach dem BRüG.[530] Bei beweglichen Sachen besteht ausnahmsweise statt des Entschädigungsanspruchs i. S. v. § 1 Abs. 1 S. 1 NS-VEntschG gem. § 10 VermG ein Anspruch auf Erlösherausgabe, sofern diese verkauft wurden und die Rückübertragung nach § 3 Abs. 4 VermG[531] bzw. aufgrund eines redlichen Dritterwerbs gem. § 4 Abs. 2, 3 VermG ausgeschlossen ist.[532]

5. Die Anmeldung des Rückerstattungsanspruchs nach § 1 Abs. 6 VermG

Rückübertragungsansprüche für bewegliche Sachen – und so auch für Kulturgüter – konnten gem. § 30 a Abs. 1 S. 1 VermG nur bis zum 30. Juni 1993 angemeldet werden. Bei dieser Frist handelt es sich – wie bei den Anmeldefristen der alliierten Rückerstattungsgesetze um eine Ausschlussfrist.[533] Nach ihrem Ablauf können vermögensrechtliche Ansprüche daher nicht mehr wirksam angemeldet werden und der Berechtigte ist mit seinen erhobenen Ansprüchen materiell-rechtlich ausgeschlossen.[534]

Gem. § 2 Abs. 1 S. 3 VermG stand der „Conference on Material Claims against Germany"[535] das Recht zu, Restitutionsansprüche nach § 1 Abs. 6 VermG anzumelden, soweit diese von den jüdischen Berechtigten, deren Rechtsnachfolgern oder den Nachfolgeorganisationen des Rückerstattungsrechts nicht geltend gemacht wurden. Mit Schreiben vom 28. Juni 1993 hat die JCC kurz vor Fristablauf von diesem Recht Gebrauch gemacht und eine allgemein gehaltene sog. „Globalmeldung" für das Beitrittsgebiet vorgenommen.[536] Auf Grundlage dieser Glo-

530 Vgl. § 2 NS-VEntschG.

531 Nach § 3 Abs. 4 S. 2, 3 VermG ist die Rückübertragung eines Vermögensobjektes ausgeschlossen, wenn der Verfügungsberechtigte nach Ablauf der Anmeldefrist i. S. d. § 3 der „Verordnung über die Anmeldung vermögensrechtlicher Ansprüche" (BGBl. I 1992 S. 1481), und ohne dass eine verspätete Anmeldung des Rückererstattungsberechtigten vorliegt, über den Vermögensgegenstand wirksam verfügt hat.

532 *Redeker/Hirtschulz* in: *Fieberg/Reichenbach/Messerschmidt/Neuhaus*, VermG Band 1, § 10 Rn. 5.

533 *Anton* Illegaler Kulturgüterverkehr, S. 721.

534 Ebda.

535 Auch als „Jewish Claims Conference" bezeichnet. Im Folgenden „JCC" genannt.

536 *Hartung* Kunstraub in Krieg und Verfolgung, S. 173 f.

balanmeldung konnte[537] die JCC auch nach Ablauf der Ausschlussfrist des § 30 a Abs. 1 S. 1 VermG Antragskonkretisierungen vornehmen und die entsprechenden Anträge rechtlich geltend machen.[538] Bedingung für eine wirksame Anmeldung durch die JCC war jedoch, dass aus den der Globalanmeldung beigefügten Unterlagen zumindest in individualisierbarer Weise hervorging, um welchen Vermögensgegenstand es sich handelte.[539]

III. Der Musikverlag C.F. Peters während der sowjetischen Besatzung und des DDR-Regimes und dessen anschließende Restitution auf Grundlage von § 1 Abs. 6 VermG

Nach Ende des Zweiten Weltkrieges wurde der C.F. Peters Verlag an Walter Hinrichsen, den Alleinerben Henri Hinrichsens, zurückübertragen.[540] Bereits im August 1946 wurde jedoch die Bezirksleitung der SED als Treuhänderin eingesetzt.[541] Die SED Treuhänderschaft wurde allerdings kurze Zeit später wieder beendet und Walter Hinrichsen setzte Johannes Petschull – der den Verlag bereits nach seiner Zwangsveräußerung während der NS-Zeit geführt hatte – als Generalbevollmächtigten ein.[542] Petschull trat ab Januar 1947 vor den Behörden als Verwalter des Vermögens von Walter Hinrichsen auf und wurde im Juli des anschließenden Jahres schließlich offiziell zu dessen Treuhänder ernannt.[543] Im Januar 1949 wurde der Verlag C.F. Peters jedoch unter Zwangsverwaltung gestellt und im November 1950 durch Gründung des VEB Edition Peters in Volkseigentum überführt und somit zum zweiten Mal enteignet.[544]

Noch vor der Wiedervereinigung verpflichtete sich der VEB Edition Peters mit Vertrag vom 28. Juni 1990 im Rahmen der nach § 11 Abs. 2 Treuhandgesetz[545] erforderlichen Umwandlung in eine Kapitelgesellschaft zum 30. Juni 1990, seine Vermögenswerte auf die neu gegründete C.F. Peters Leipzig Vertriebs GmbH zu

---

537 Eine Anfrage beim Bundesamt für zentrale Dienste und offene Vermögensfragen ergab, dass die JCC mittlerweile (Stand: Mai 2013) keine Präzisierungen aufgrund ihrer Globalanmeldung mehr vornehmen kann.

538 *Anton* Illegaler Kulturgüterverkehr, S. 724.

539 *Schnabel/Tatzkow* Nazi Looted Art, S. 112.

540 *Bucholtz* Henri Hinrichsen und der Musikverlag C.F. Peters, S. 312.

541 Ebda.

542 *Bucholtz* a. a. O., S. 312 f.

543 *Bucholtz* a. a. O., S. 313.

544 Ebda.

545 „Gesetz zur Privatisierung und Reorganisation des volkseigenen Vermögens (Treuhandgesetz)" v. 17.6.1990 (DDR-GBl. 1990 I S. 300).

übertragen.[546] Nach der Wiedervereinigung kam es zur Restitution des Musikverlages nach dem VermG. Durch Bescheid vom 1. September 1993 übertrug das Sächsische Landesamt zur Regelung offener Vermögensfragen sämtliche Anteile an der C.F. Peters Leipzig Vertriebs GmbH auf Grundlage von § 1 Abs. 6 VermG im Wege der Unternehmensrestitution nach § 6 Abs. 1, Abs. 5 a S. 1 lit. c VermG auf Evelyn Hinrichsen, die Alleinerbin nach Walter Hinrichsen.[547] Im November 1993 übertrug Evelyn Hinrichsen ihre Anteile an dem restituierten Verlag an die Frankfurter C.F. Peters GmbH & Co. KG[548], die von Max und Walter Hinrichsen sowie Johannes Petschull nach der erneuten Enteignung des Verlages durch das DDR-Regime zur Fortsetzung ihrer verlegerischen Tätigkeit in der Bundesrepublik 1950 gegründet worden war.[549]

F. Die Restitution von NS-Raubkunst auf Grundlage der Washingtoner Prinzipien, der Gemeinsamen Erklärung und der Handreichung

I. Die Washingtoner Prinzipien und ihre Umsetzung in Deutschland

1. Die Washingtoner Prinzipien

Nach dem Fall des Eisernen Vorhangs wurde die Wiedergutmachung NS-verfolgungsbedingter Vermögensverluste wieder zu einem weltpolitischen Thema.[550] Dies hing einerseits damit zusammen, dass der Öffentlichkeit im Zuge der Nachforschungen, die im deutschen Beitrittsgebiet zur Prüfung von Ansprüchen nach § 1 Abs. 6 VermG betrieben wurden, bewusst wurde, dass auch außerhalb der neuen Bundesländer zahlreiche Vermögensverluste infolge nationalsozialistischer Verfolgungsmaßnahmen nicht ausreichend aufgearbeitet worden waren.[551] Andererseits rückten Mitte der neunziger Jahre aufgrund journalistischer Nachforschungen die Verluste von Lebensversicherungen und Bankkonten ermordeter Juden sowie die Entschädigung von NS-Zwangsarbeitern in den Fokus der Allgemeinheit.[552] Darüber hinaus fielen in diese Zeit einige spektakuläre Kunstre-

546 OVG Bautzen, Urt. v. 10.08.2010 – Az.: 1 A 112/09, 5 K 1837/05, S. 3; VG Dresden, Urt. v. 5.11. 2008 – Az.: 5 K 1837/05, S. 2.

547 BVerwG Urt. v. 24.11.2011 – Az.: 7 C 12.10, Rn. 3; OVG Bautzen, Urt. v. 10.08.2010 – Az.: 1 A 112/ 09, 5 K 1837/05 S. 3; VG Dresden, Urt. v. 5.11.2008 – Az.: 5 K 1837/05, S. 2.

548 BVerwG Urt. v. 24.11.2011 – Az.: 7 C 12.10, Rn. 3; OVG Bautzen, Urt. v. 10.08.2010 – Az.: 1 A 112/ 09, 5 K 1837/05, S. 3.

549 *Bucholtz* Henri Hinrichsen und der Musikverlag C.F. Peters, S. 313.

550 *v. Trott zu Solz/Gielen* ZOV 2006, 256 (257); *Schnabel/Tatzkow* Nazi Looted Art, S. 192.

551 Ebda.

552 *v. Trott zu Solz/Gielen* a. a. O., 256 (257); *Schnabel/Tatzkow* a. a. O., S. 192.

stitutionsklagen in den USA und in Europa sowie Presseartikel und wissenschaftliche Veröffentlichungen über jüdische Kulturgutverluste während der NS-Zeit, die zumindest bei den staatlichen Museen dazu führten, dass diese sich zu einer kritischen Auseinandersetzung mit der Provenienz ihrer Kunstwerke gezwungen sahen.[553] All diese Ereignisse führten dazu, dass der Weltöffentlichkeit bewusst wurde, dass weitere Maßnahmen zur Wiedergutmachung des NS-Unrechts dringend notwendig waren.

Vor allem auf Initiative des Staatssekretärs des US-Außenministeriums Stuart Eizenstat fand vom 30. November bis zum 3. Dezember 1998 in Washington die „Washington Conference on Holocaust Era Assets"[554] statt, bei der unter anderem das Problem der nicht restituierten NS-Raubkunst erörtert wurde.[555] An der Washingtoner Konferenz nahmen 44 Staaten, 12 Nichtregierungsorganisationen – insbesondere jüdische Verfolgtenverbände – sowie der Vatikan teil.[556]

---

553 Ebda.

554 Im Folgenden „Washingtoner Konferenz" genannt.

555 *v. Trott zu Solz/Gielen* ZOV 2006, 256 (257); *Schnabel/Tatzkow* Nazi Looted Art, S. 192; Müller in: FS Siehr, 2010, S. 147 (150). Neben der Washingtoner Konferenz gab es weitere internationale Konferenzen und Beschlüsse auf europäischer Ebene, die sich mit dem Thema NS-Raubkunst befassten und die auch Deutschland bzw. die deutschen öffentlichen Museen betreffen. So rief der Europarat im Anschluss an die Washingtoner Konferenz in seiner „Resolution Nr. 1205 (1999) Looted Jewish cultural property" vom 4.11.1999 (abrufbar unter: http://assembly.coe.int/nw/xml/XRef/Xref-XML2HTML-EN.asp?fileid=16726&lang=en (Stand: Dezember 2014)) zur Restitution geraubter jüdischer Kulturgüter an die ursprünglich Berechtigten, deren Rechtsnachfolger, bzw. an die Ursprungsstaaten auf und betonte die Notwendigkeit, dass sich die Legislative der betroffenen Nationalstaaten diesem Problem widmet (vgl. auch *Hartung* a.a.O., S. 109; *Martinek* in: FS Fiedler, 2011, S. 415 (435 f.)). Auf Grundlage dieser Resolution wurde vom 3.-5.10.2000 in Vilnius eine internationale Konferenz abgehalten, bei welcher die Teilnehmerstaaten über die Behandlung verfolgungsbedingt entzogener Kulturgüter diskutierten (*Hartung* a.a.O., S. 113; *Martinek* a.a.O., S. 415 (437 f.). Die anschließend von den Teilnehmerstaaten abgegebene „Vilnius Forum Declaration" v. 5.10.2000 (abrufbar unter: http://www.lootedart.com/MFV7EE39608 (Stand: Dezember 2014)) entspricht in ihrem Regelungsgehalt weitgehend den Washingtoner Prinzipien (*Hartung* a.a.O., S. 114). Neu ist lediglich die ausdrückliche Einbeziehung des Kunsthandels und anderer privater Institutionen, sowie die ausdrückliche Erwähnung eines Internet-Zentralregisters (ebda.). Mit dem Problem der NS-Raubkunst befasste sich auch die „Terezin Declaration on Holocaust Era Assets and related issues" v. 30.6.2009 (abrufbar unter: http://www.holocausteraassets.eu/program/conference-proceedings/declarations/ (Stand. Dezember 2014)). In dieser Erklärung wird unter Bestätigung der Washingtoner Prinzipien u.a. festgestellt, dass lediglich ein Teil der NS-Raubkunst rückgeführt oder kompensiert wurde, und ausdrücklich anerkannt, dass auch Zwangsverkäufe rückgängig zu machen sind (*Martinek* a.a.O., S. 415 (438 f.)). Zudem werden auch Privatsammler und private Institutionen zur Anwendung der Washingtoner Prinzipien aufgefordert (ebda.).

556 *Schnabel/Tatzkow* a.a.O., S. 192.

Stuart Eizenstat unterbreitete den Konferenzteilnehmern einen aus elf Prinzipien bestehenden Katalogentwurf zur Behandlung von „Nazi-confiscated Art“, der auf Vereinbarungen zwischen der amerikanischen Kunsthändlervereinigung und der Vereinigung amerikanischer Kunstmuseumsdirektoren beruhte, und nach dem Willen der Konferenzveranstalter als internationaler Standard im Umgang mit NS-Raubkunst akzeptiert werden sollte.[557] Dieser Entwurf erfuhr nur wenige Änderungen und wurde, indem die Erwähnung der einzelnen Prinzipien im Schlusswort des Konferenzvorsitzenden ausdrücklich vielfache Zustimmung und keinerlei Widerspruch auslöste, durch die Konferenzteilnehmer akzeptiert.[558] Im Einzelnen einigte man sich auf die folgenden rechtlich unverbindlichen „Grundsätze der Washingtoner Konferenz in Bezug auf Kunstwerke, die von den Nationalsozialisten beschlagnahmt wurden (Washington Principles)“[559]:

> „Im Bestreben, eine Einigung über nicht bindende Grundsätze herbeizuführen, die zur Lösung offener Fragen und Probleme im Zusammenhang mit den durch die Nationalsozialisten beschlagnahmten Kunstwerken beitragen sollen, anerkennt die Konferenz die Tatsache, dass die Teilnehmerstaaten unterschiedliche Rechtssysteme haben und dass die Länder im Rahmen ihrer eigenen Rechtsvorschriften handeln.
>
> 1. Kunstwerke, die von den Nationalsozialisten beschlagnahmt und in der Folge nicht zurückerstattet wurden, sollten identifiziert werden.
> 2. Einschlägige Unterlagen und Archive sollten der Forschung gemäß den Richtlinien des International Council on Archives zugänglich gemacht werden.
> 3. Es sollten Mittel und Personal zur Verfügung gestellt werden, um die Identifizierung aller Kunstwerke, die von den Nationalsozialisten beschlagnahmt und in der Folge nicht zurückerstattet wurden, zu erleichtern.
> 4. Bei dem Nachweis, dass ein Kunstwerk durch die Nationalsozialisten beschlagnahmt und in der Folge nicht zurückerstattet wurde, sollte berücksichtigt werden, dass aufgrund der verstrichenen Zeit und der besonderen Umstände des Holocaust Lücken und Unklarheiten in der Frage der Herkunft unvermeidlich sind.
> 5. Es sollten alle Anstrengungen unternommen werden, Kunstwerke, die als durch die Nationalsozialisten beschlagnahmt und in der Folge nicht zurückerstattet identifiziert wurden, zu veröffentlichen, um so die Vorkriegseigentümer oder ihre Erben ausfindig zu machen.
> 6. Es sollten Anstrengungen zur Einrichtung eines zentralen Registers aller diesbezüglichen Informationen unternommen werden.
> 7. Die Vorkriegseigentümer und ihre Erben sollten ermutigt werden, ihre Ansprüche auf Kunstwerke, die durch die Nationalsozialisten beschlagnahmt und in der Folge nicht zurückgegeben wurden, anzumelden.

557 *Kuhn* in: die eigene Geschichte, S. 307 (308f.); *Parzinger* in: Verantwortung wahrnehmen, S. 49 (54).

558 *Kuhn* a.a.O., S. 307 (309).

559 Vgl. oben S. 4 Fn. 7.

8. Wenn die Vorkriegseigentümer von Kunstwerken, die durch die Nationalsozialisten beschlagnahmt und in der Folge nicht zurückgegeben wurden, oder ihre Erben ausfindig gemacht werden können, sollten rasch die nötigen Schritte unternommen werden, um eine gerechte und faire Lösung zu finden, wobei diese je nach den Gegebenheiten und Umständen des spezifischen Falls unterschiedlich ausfallen kann.
9. Wenn bei Kunstwerken, die nachweislich von den Nationalsozialisten beschlagnahmt und in der Folge nicht zurückgegeben wurden, die Vorkriegseigentümer oder deren Erben nicht ausfindig gemacht werden können, sollten rasch die nötigen Schritte unternommen werden, um eine gerechte und faire Lösung zu finden.
10. Kommissionen oder andere Gremien, welche die Identifizierung der durch die Nationalsozialisten beschlagnahmten Kunstwerke vornehmen und zur Klärung strittiger Eigentumsfragen beitragen, sollten eine ausgeglichene Zusammensetzung haben.
11. Die Staaten werden dazu aufgerufen, innerstaatliche Verfahren zur Umsetzung dieser Richtlinien zu entwickeln. Dies betrifft insbesondere die Einrichtung alternativer Mechanismen zur Klärung strittiger Eigentumsfragen."

Mit der Verabschiedung der Washingtoner Prinzipien haben sich die Teilnehmerstaaten der Washingtoner Konferenz deutlich zu ihrer historischen und moralischen Verantwortung zur Wiedergutmachung des NS-Unrechts bekannt.[560] Sie haben damit den entscheidenden Impuls zur Suche nach NS-Raubkunst sowie für die anschließend notwendigen Restitutionen gesetzt. [561] In den Punkten 1–6 bekunden die teilnehmenden Staaten ihre Bereitschaft zur Identifizierung von NS-Raubkunst unter Zugänglichmachung der erforderlichen Unterlagen und Zurverfügungstellung des dazu erforderlichen Personals und der notwendigen Mittel sowie zur Veröffentlichung der ermittelten Provenienzen in einem zentralen Verlustregister. Nach Punkt 4 soll NS-Geschädigten der Nachweis eines verfolgungsbedingten Entzugs erleichtert und nicht mehr eine lückenlose und vollständige Aufklärung der Provenienz des betroffenen Werkes verlangt werden.[562] In Punkt 8 – dem in rechtlicher Hinsicht sicherlich bedeutendsten Prinzip – haben die Teilnehmerstaaten erklärt, mit den Alteigentümern von NS-Raubkunst bzw. mit deren Erben die rasche Findung einer „gerechten und fairen Lösung" anzustreben. Dadurch haben die Teilnehmerstaaten ihr Absicht bekundet, NS-Unrechtsmaßnahmen aus moralisch-ethischen Gründen rückgängig zu machen und darauf zu verzichten, Restitutionsansprüche allein mit formaljuristischen Einwendungen abzuweisen.[563] In den letzten beiden Punkten erklären die Teilnehmerstaaten, sich bei strittigen Eigentumsfragen in Kommissionen und Gremien

560 *Roth* in: *Schoeps/Ludewig* (Hrsg.), Eine Debatte ohne Ende?, S. 123 (129).
561 *Hartung* Kunstraub in Krieg und Verfolgung, S. 106.
562 *Schnabel/Tatzkow* Nazi Looted Art, S. 195.
563 *Schnabel/Tatzkow* a. a. O., S. 193.

um eine alternative Streitbeilegung zu bemühen. Darin wird ein gravierender Fortschritt gegenüber der rein juristischen Klärung von Raubkunstdisputen gesehen.[564]

2. Die Umsetzung der Washingtoner Prinzipien in Deutschland

a) Die Restitutionsgrundsätze der Stiftung Preußischer Kulturbesitz

Bei der Umsetzung der Washingtoner Prinzipien in Deutschland nimmt die Stiftung Preußischer Kulturbesitz[565] eine Vorreiterrolle ein. In seinem Beschluss vom 4. Juni 1999 erklärte der Stiftungsrat der SPK, er begrüße „alle Bemühungen des Präsidenten, im Zusammenhang mit Kunstwerken aus ehemals jüdischem Eigentum, welche den Eigentümern verfolgungsbedingt entzogen worden sind und sich heute in Einrichtungen der Stiftung Preußischer Kulturbesitz befinden, zur Aufklärung der Sachverhalte beizutragen und Dokumentationen der Stiftung auch Dritten zugänglich zu machen".[566] Zudem wurde der Präsident der SPK ermächtigt, „im Verhandlungsweg mit den Berechtigten, Erben oder sonstigen Rechtsnachfolgern nach einvernehmlichen Lösungen zu suchen" und auch das betroffene Kunstwerk an die Antragssteller herauszugeben, „unabhängig davon, ob dies zwingende Folge einer gesetzlichen Regelung ist."[567] Falls die Alteigentümer bzw. die Erben nicht ermittelbar waren, erklärte sich die SPK überdies bereit, eine Einigung mit der JCC zu finden.[568] Zusätzlich hat die SPK gegenüber der JCC bereits im Juni 1993 verbindlich ihre Bereitschaft bekräftigt, unabhängig von der Anmeldefrist des VermG auch nach dem 30. Juni 1993 angemeldete Ansprüche zu berücksichtigen, wenn sich ein unrechtmäßiger Erwerb bzw. ein verfolgungsbedingter Verlust zweifelsfrei nachweisen lässt.[569]

b) Die Gemeinsame Erklärung

Zur Umsetzung sowie zur „Erläuterung und Präzisierung" der Washingtoner Prinzipien gaben die Bundesregierung, die Länder und die kommunalen Spitzenverbände am 14. Dezember 1999 eine rechtlich unverbindliche Erklärung „zur Auffindung und zur Rückgabe NS-verfolgungsbedingt entzogenen Kulturgutes,

---

564 *Hartung* Kunstraub in Krieg und Verfolgung, S. 106.
565 Im Folgenden „SPK" genannt.
566 Zitiert aus *Zimmermann* in: die eigene Geschichte, S. 323 (323).
567 Zitiert aus ebda.
568 *Schnabel/Tatzkow* Nazi Looted Art, S. 206.
569 *Zimmerman* in: die eigene Geschichte, S. 323 (326); *Schnabel/Tatzkow* a.a.O. S. 206.

insbesondere aus jüdischem Besitz“ (sog. „Gemeinsame Erklärung“)[570] heraus.[571] Mit der Verwendung des Terminus des „verfolgungsbedingten Entzugs“[572] verdeutlichen die Urheber der Gemeinsamen Erklärung, dass der Begriff der „Beschlagnahme“ im Sinne der Washingtoner Prinzipien[573] nicht als Beschlagnahme im engeren Sinne, d. h. als eine behördliche Beschlagnahme durch staatlichen Hoheitsakt, sondern in einem weiteren Sinne – eben als „verfolgungsbedingter Entzug“ – auszulegen ist und in dieser erweiterten Form in die deutsche „Rechtsordnung“ umgesetzt wird.[574]

In Ziffer I Abs. 2 S. 1 der Gemeinsamen Erklärung haben die Bundesregierung, die Länder und die kommunalen Spitzenverbände bekundet, „im Sinne der Washingtoner Erklärung in den verantwortlichen Gremien der Träger einschlägiger öffentlicher Einrichtungen darauf hinzuwirken, dass Kulturgüter, die als NS-verfolgungsbedingt entzogen identifiziert und bestimmten Geschädigten zugeordnet werden können, nach individueller Prüfung den legitimierten früheren Eigentümern bzw. deren Erben zurückgegeben werden“. Diese Aussage geht somit über die Washingtoner Prinzipien, in denen sich die Teilnehmerstaaten nur zur Findung einer „gerechten und fairen“ Lösung, die „je nach den Gegebenheiten und Umständen des spezifischen Falls unterschiedlich ausfallen kann“[575], bereit erklärt hatten, hinaus.[576] Erst anschließend in Ziffer I Abs. 3 der Gemeinsamen Erklärung heißt es ergänzend, dass den jeweiligen Einrichtungen empfohlen wird, „mit zweifelsfrei legitimierten früheren Eigentümern bzw. deren Erben über Umfang sowie Art und Weise einer Rückgabe oder anderweitige materielle Wiedergutmachung (z. B. gegebenenfalls in Verbindung mit Dauerleihgaben, finanziellem oder materiellen Wertausgleich) zu verhandeln, soweit diese nicht bereits anderweitig geregelt sind (z. B. durch Rückerstattungsvergleich)“. Damit sieht die Gemeinsame Erklärung die Rückgabe von NS-Raubkunst an den Geschädigten bzw. an dessen Erben im Grundsatz vor, wobei es jedoch den Beteiligten freigestellt ist, sich auf dem Verhandlungsweg um alternative Wiedergutmachungsmöglichkeiten zu bemühen.[577]

---

570 Vgl. oben S. 4 Fn. 8.

571 *Roth* in: *Schoeps/Ludewig* (Hrsg.), Eine Debatte ohne Ende?, S. 123 (129).

572 Vgl. auch Abs. 1 S. 1 der Einleitung und Ziff. I Abs. 2 S. 1, II S. 1, III Nr. 1, 3, 4 der Gemeinsamen Erklärung.

573 Vgl. die Punkte 1, 3, 4, 5, 7, 8, 9, 10 der Washingtoner Prinzipien.

574 *v. Trott zu Solz/Gielen* ZOV 2006, 256 (258); *Schnabel/Tatzkow* Nazi Looted Art, S. 195; *Müller* in: FS Siehr, 2010, S. 147 (150 f.).

575 Vgl. Punkt 8 der Washingtoner Prinzipien.

576 *Kuhn* in: die eigene Geschichte, S. 307 (313).

577 Vgl. *v. Trott zu Solz/Gielen* ZOV 2006, 256 (260). *Schnabel/Tatzkow* Nazi Looted Art, S. 202 sprechen daher folgerichtig vom „Rückgabegrundsatz“.

Überdies haben die Bundesregierung, die Länder und die kommunalen Spitzenverbände in der Gemeinsamen Erklärung bekundet, zur Suche nach NS-Raubkunst und zur Veröffentlichung der Rechercheergebnisse eine Internet-Datenbank einzurichten.[578] Die Gemeinsame Erklärung bezieht sich nur auf Kunstwerke aus „öffentlich unterhaltenen Archiven, Museen, Bibliotheken und deren Inventar" und fordert die Träger dieser Einrichtungen zur Umsetzung ihrer Grundsätze auf.[579]

c) Die Handreichung

Zur Umsetzung der Washingtoner Prinzipien und der Gemeinsamen Erklärung hat der BKM in Abstimmung mit den Ländern und den kommunalen Spitzenverbänden im Februar 2001 eine rechtlich unverbindliche Handreichung[580] herausgegeben, welche die betroffenen Institutionen bei der Anwendung der beiden Regelungen anleiten soll.[581] Sie enthält neben einer fachlichen Anleitung zur Provenienzrecherche und zum Umgang mit den Rechercheergebnissen[582] eine rechtlich unverbindliche „Orientierungshilfe" zur Prüfung des verfolgungsbedingten Entzugs, die anregt, „bei der Prüfung des Herausgabeverlangens den Leitlinien der rückerstattungsrechtlichen Praxis der Nachkriegszeit zu folgen".[583] Nach dieser Orientierungshilfe soll die Prüfung des verfolgungsbedingten Entzugs anhand eines Rasters erfolgen, das nahezu identisch ist mit dem der Entziehungsvermutung des Art. 3 REAO.[584] Zugunsten jüdischer Geschädigter gilt daher während der NS-Zeit die Vermutung der Kollektivverfolgung[585] und bei rechtsgeschäftlichen Vermögensverlusten die Vermutung des verfolgungsbedingten Entzugs.[586] Die Herausgeber der Handreichung haben damit die Bereitschaft der betroffenen öffentlichen Einrichtungen zum Ausdruck gebracht, sich nicht auf die derzeit existente dingliche Rechtslage zu berufen, sondern sich freiwillig dem Procedere des alliierten Rückerstattungsrechts zu unterwerfen.[587]

---

578 Vgl. Ziff. III der Gemeinsamen Erklärung.
579 Vgl. Ziff. IV S. 1 der Gemeinsamen Erklärung.
580 Vgl. oben S. 4 Fn. 10.
581 Vgl. S. 4 der Handreichung; *v. Trott zu Solz/Gielen* ZOV 2006, 256 (258).
582 Vgl. Ziff. I-IV. der Handreichung.
583 Vgl. S. 27 der Handreichung.
584 *Schnabel/Tatzkow* Nazi Looted Art, S. 203.
585 Vgl. S. 81 der Handreichung.
586 Vgl. S. 29 f., 82 f. der Handreichung. Hinsichtlich der einzelnen Voraussetzungen des verfolgungsbedingten Entzugs ist auf die obige Darstellung zum alliierten Rückerstattungsrecht zu verweisen (vgl. oben S. 164–168).
587 *Hartung* Kunstraub in Krieg und Verfolgung, S. 175.

Die Handreichung weist des weiteren darauf hin, dass zur Wiedergutmachung des NS-Unrechts je nach Einzelfall unterschiedliche „gerechte und faire" Lösungen denkbar sind.[588] In der Regel soll eine Rückgabe oder ein Rückkauf der betroffenen Kunstwerke erfolgen.[589] Daneben ist es aber auch denkbar, dass die Berechtigten mit der betroffenen öffentlichen Einrichtung eine Tauschvereinbarung oder einen (Dauer-)Leihvertrag abschließen,[590] oder dass das Museum an die Berechtigten eine angemessene Entschädigung zahlt.[591] Überdies kann das jeweilige Museum das betroffene Kunstwerk nach erfolgter Restitution natürlich auch wieder von den Eigentümern zurückkaufen.[592]

Vor dem Hintergrund der vorliegenden Arbeit ist darauf hinzuweisen, dass in der Handreichung betont wird, dass der für einen verfolgungsbedingten Entzug notwendige Kausalzusammenhang zwischen der NS-Verfolgung des Alteigentümers und dem Vermögensverlust insbesondere dann fehlen kann, wenn letzterer auf einer Verfügungsbeschränkung nach der Ausfuhrverordnung basierte.[593] Als Begründung wird angeführt, dass die Ausfuhrverordnung aus dem Jahre 1919 stamme und somit kein diskriminierendes Gesetz sei.[594] Dies trifft zwar grundsätzlich zu. Es darf jedoch insoweit nicht aus den Augen verloren werden, dass die Ausfuhrverordnung aufgrund ihrer missbräuchlichen Instrumentalisierung durch das NS-Regime ein wesentliches Rechtsmittel zum Kunstraub an jüdischen Emigranten darstellte[595], so dass Vermögensverluste, die auf Ausfuhrverboten nach der Ausfuhrverordnung basierten, oftmals einen NS-verfolgungsbedingten Entzug darstellen werden. Im Hinblick auf die konkrete rechtliche Beurteilung von Kulturgutverlusten im Zusammenhang mit den Ausfuhrverboten der Ausfuhrverordnung gilt das im Rahmen der Darstellung des alliierten Rückerstattungsrechts Gesagte[596], da die Handreichung auf dieses – und insbesondere auf die Entziehungsvermutung des § 3 REAO – verweist.

---

588 Vgl. S. 31 der Handreichung.
589 Ebda.
590 Ebda.
591 *Hartung* Kunstraub in Krieg und Verfolgung, S. 107 f.; *Raschèr* KUR, 2009 75 (77).
592 Vgl. das Beispiel auf S. 88 der Handreichung.
593 Vgl. S. 82 der Handreichung.
594 Vgl. S. 82 der Handreichung Fn. 15.
595 Vgl. oben S. 132–137.
596 Vgl. oben S. 169 f.

d) Provenienzrecherche und Dokumentation NS-verfolgungsbedingter Kulturgutverluste

Bei der Suche nach NS-Raubkunst spielt die vom Bund getragene Koordinierungsstelle für Kulturgutverluste in Magdeburg eine gewichtige Rolle. Im Zentrum ihrer Arbeit steht die Lostart Internet Datenbank (lostart.de), die als ihr zentrales Dokumentations- und Auskunftsmedium der Allgemeinheit Informationen zu kriegsbedingt verbrachten und NS-verfolgungsbedingt entzogenen Kulturgütern zur Verfügung stellt.[597] Am 13. November 2007 wurde die von der Kulturstiftung der Länder unterhaltene Arbeitsstelle für Provenienzforschung mit Sitz bei der SPK errichtet.[598] Ihre Aufgabe ist es, Museen, Bibliotheken, Archive und andere öffentliche Einrichtungen bei der Identifizierung von NS-Raubkunst in ihren Beständen zu unterstützen.[599] Dies geschieht insbesondere durch die Vergabe von Fördermitteln für Rechercheprojekte der einzelnen Museen.[600]

e) Die Beratende Kommission

In Ausführung der Washingtoner Prinzipien wurde mit Beschluss der Kultusministerkonferenz vom 5. Dezember 2002, auf Grundlage einer Absprache zwischen Bund, Ländern und kommunalen Spitzenverbänden, die Einsetzung der „Beratenden Kommission im Zusammenhang mit der Rückgabe NS-verfolgungsbedingt entzogenen Kulturgutes, insbesondere aus jüdischem Besitz“[601], bestätigt.[602] Der Beratenden Kommission soll im Rahmen von NS-Raubkunststreitigkeiten als Mediator zwischen den Parteien vermitteln.[603] Sie kann keine rechtsverbindlichen Urteile fällen, sondern lediglich rechtlich unverbindliche Empfehlungen abgeben.[604] Aufgrund der Besetzung der Beratenden Kommission mit hochrangigen Persönlichkeiten[605] haben ihre Empfehlungen für die Parteien und insbesondere

597 *Franz* in: die eigene Geschichte, S. 405 (405).

598 Vgl. http://www.lostart.de/Content/02_Aktuelles/2008/08-06-01-ASTHarti.html?nn=7160 (Stand: Dezember 2014).

599 Ebda.

600 Ebda.

601 Im Folgenden „Beratende Kommission“

602 *Druba* in: *Schoeps/Ludewig* (Hrsg.), Eine Debatte ohne Ende?, S. 211 (212). Der Beschluss ist abrufbar unter: http://www.kmk.org/fileadmin/veroeffentlichungen_beschluesse/2002/2002_12_05-Absprache-Kommission-Rueckgabe-Kulturgut.pdf (Stand: Dezember 2014).

603 *v. Trott zu Solz/Gielen* ZOV 2006, 256 (258).

604 Ebda.; *Druba* in: *Schoeps/Ludewig* (Hrsg.), Eine Debatte ohne Ende?, S. 211 (216).

605 Mitglieder der Beratenden Kommission sind 2014: Dr. Hans-Otto Bräutigam, Prof. Dr. Jutta Limbach (Vorsitzende), Prof. Dr. Dr. Dietmar von der Pfordten, Prof. Dr. Reinhard Rürup, Prof. Dr. Rita Süssmuth, Dr. Wolf Tegethoff, Dr. Richard von Weizsäcker, Prof. Dr. Ursula Wolf.

für die öffentliche Wahrnehmung jedoch durchaus ein erhebliches Gewicht.[606] Die Beratende Kommission kann nur auf gemeinsamen Wunsch des Alteigentümers bzw. seiner Erben und der öffentlichen Einrichtung, die sich im Besitz des beanspruchten Kulturgutes befindet, angerufen werden.[607] Die Beratende Kommission hat bisher neun Empfehlungen abgegeben.[608] In vier Fällen empfahl sie die Rückgabe der betroffenen Kunstwerke an die Erben der ursprünglichen Eigentümer, in drei Fällen riet sie, von einer Rückgabe abzusehen, in je einem Fall empfahl sie, die Zahlung einer Entschädigung an die Erben der Alteigentümerin des von dem Restitutionsstreit betroffenen Werkes sowie den Abschluss eines Vergleichs zwischen den Parteien.[609]

f) Anwendung der Washingtoner Prinzipien, der Gemeinsamen Erklärung und der Handreichung gegenüber Privatpersonen, Stiftungen und Privatsammlungen

Die Washingtoner Prinzipien beziehen sich nur auf Kunstwerke, die sich im Eigentum der Teilnehmerstaaten befinden.[610] Dementsprechend konnten private Kunstsammler und privatrechtlich organisierte Institutionen auch im Rahmen der Gemeinsamen Erklärung nicht zur Umsetzung der Washingtoner Prinzipien verpflichtet, sondern lediglich aufgefordert werden, sich freiwillig den Grundsätzen und Verfahrensweisen der Gemeinsamen Erklärung anzuschließen.[611] Dieser Aufforderung folgend, haben sich einige Privatpersonen und Stiftungen mit den Alteigentümern bzw. mit den Erben auf Grundlage der Washingtoner Prinzipien, der Gemeinsamen Erklärung und der Handreichung geeinigt und die Kunstwerke zumeist an diese herausgegeben.[612] Es wird jedoch kritisiert, dass insgesamt bei privaten Sammlern und Institutionen eher eine Hinhaltetaktik zu erkennen sei, die wohl auch mit dem geringeren öffentlichen Druck, dem sich diese im Vergleich zu staatlichen Museen ausgesetzt sehen, zusammenhänge.[613]

---

606 *v. Trott zu Solz/Gielen* ZOV 2006, 256 (258).

607 *Druba* in: *Schoeps/Ludewig* (Hrsg.), Eine Debatte ohne Ende?, S. 211 (215).

608 Stand: Dezember 2014.

609 Die Pressemitteilung zu den einzelnen Empfehlungen sind abrufbar unter: http://www.lostart.de/Webs/DE/Kommission/Index.html (Stand: Dezember 2014).

610 *Schnabel/Tatzkow* Nazi Looted Art, S. 196.

611 Vgl. Ziff. IV S. 2 der Gemeinsamen Erklärung.

612 *Schnabel/Tatzkow* Nazi Looted Art, S. 197.

613 Ebda.; *Rudolph* Restitution von Kunstwerken aus jüdischem Besitz, S. 5.

II. Die Rechtlichen Wirkungen der Washingtoner Prinzipien, der Gemeinsamen Erklärung und der Handreichung

1. Die rechtliche Unverbindlichkeit der Washingtoner Prinzipien, der Gemeinsamen Erklärung und der Handreichung

Aus den Texten der Washingtoner Prinzipien, der Gemeinsamen Erklärung und der Handreichung geht eindeutig die rechtliche Unverbindlichkeit dieser Bestimmungen hervor. Den Washingtoner Prinzipien wird ausdrücklich vorangestellt, dass es sich lediglich um „nicht bindende Grundsätze" handelt und dass „die Tatsache, dass die Teilnehmerstaaten unterschiedliche Rechtssysteme haben und dass die Länder im Rahmen ihrer eigenen Rechtsvorschriften handeln" anerkannt wird. Einer rechtsverbindlichen Einigung standen gerade diese unterschiedlichen Rechtssysteme der Teilnehmerstaaten im Weg, die sich aus diesem Grund auf den Kompromiss einer unverbindlichen Empfehlung bzw. moralischen „Selbstverpflichtung" zum „gerechten und fairen" Umgang mit NS-Raubkunst einigten.[614] Die Washingtoner Prinzipien stellen daher keine justiziable Anspruchsgrundlage für Restitutionsbegehren von NS-Opfern bzw. deren Erben dar.[615]

Ebenso ergibt sich aus den Bestimmungen der Gemeinsamen Erklärung ihre rechtliche Unverbindlichkeit. So wird in ihrer Einleitung darauf verwiesen, dass die Bundesrepublik Deutschland ihre Restitutionsverpflichtungen nach den alliierten Rückerstattungsgesetzen, dem Bundesentschädigungsgesetz und im Beitrittsgebiet nach dem Vermögensgesetz erfüllt hat. Anschließend wird betont, dass „das Rückerstattungsrecht und das allgemeine Zivilrecht der Bundesrepublik Deutschland [...] damit abschließend und umfassend" den Bereich der Restitution von NS-Raubkunst regeln. Aus dieser Formulierung ergibt sich eindeutig, dass die Urheber der Gemeinsamen Erklärung keine neue, auf dem Rechtsweg durchsetzbare Anspruchsgrundlage für die Restitution von NS-Raubkunst schaffen wollten.[616] Die Gemeinsame Erklärung stellt es vielmehr in das „Ermessen" der betroffenen öffentlichen Einrichtungen bzw. ihrer Träger, unter Berücksichtigung

---

614 *Röhling* Restitution jüdischer Kulturgüter nach dem Zeiten Weltkrieg, S. 224; *Hartung* Kunstraub in Krieg und Verfolgung, S. 104; *Kuhn* in: die eigene Geschichte, S. 307 (309); *Parzinger* in: Verantwortung wahrnehmen, S. 49 (54); *Schönenberger* Restitution von Kulturgut, S. 256; BVerwG Urt. v. 24.11.2011 – Az.: 7 C 12.10, Rn. 43; OVG Bautzen Urt. v. 19.8.2010 – Az.: 1 A 112/09 5 K 1837/05, S. 22f.; VG Dresden Urt. v. 5.11.2008 – Az.: 5 K 1837/05, S. 18; VG Berlin Urt. v. 29.11.2006 – Az.: 1 A 162/05, S. 7.

615 *Müller* in: FS Siehr, 2010, S. 147 (150).

616 Vgl. S. 27 der Handreichung; *Martinek* in: FS Fiedler, 2011, S. 415 (431); BVerwG Urt. v. 24.11. 2011 – Az.: 7 C 12.10, Rn. 43; VG Dresden Urt. v. 5.11.2008 – Az.: 5 K 1837/05, S. 18.

der Washingtoner Prinzipien und der Gemeinsamen Erklärung über Restitutionsgesuche im Einzelfall zu entscheiden.[617]

Gleiches gilt für die Handreichung, aus deren Vorwort sich bereits ergibt, dass es sich lediglich um eine „rechtlich nicht verbindliche Orientierungshilfe" zur Umsetzung der Washingtoner Prinzipien und der Gemeinsamen Erklärung handelt.[618] Auch im Rahmen der in der Handreichung enthaltenen „Orientierungshilfe zur Prüfung des verfolgungsbedingten Entzugs und zur Vorbereitung von Entscheidungen über Restitutionsbegehren" wird nochmals ausdrücklich betont, dass es sich bei dieser „nicht um ein verbindliches Regelwerk, sondern lediglich um die Anregung, bei der Prüfung des Herausgabeverlangens den Leitlinien der rückerstattungsrechtlichen Praxis der Nachkriegszeit zu folgen" handelt.[619] Somit vermag es auch die Handreichung nicht, die betroffenen öffentlichen Einrichtungen rechtlich zu binden und einen rechtlich durchsetzbaren Restitutionsanspruch für NS-Geschädigte bzw. ihre Erben zu begründen.[620]

Aus den Washingtoner Prinzipien, der Gemeinsamen Erklärung sowie der Handreichung lässt sich daher lediglich eine politische bzw. ethisch-moralische „Selbstverpflichtung" der betroffenen öffentlichen Einrichtungen zur Restitution von NS-Raubkunst an den Alteigentümer bzw. an dessen Erben oder zur Findung einer alternativen „gerechten und fairen Lösung" ableiten. Diese Regelungen besitzen in der Praxis jedoch eine beachtliche moralische Autorität[621], aufgrund der es für öffentliche Museen – zumindest bei zweifelsfrei verfolgungsbedingt entzogenen Kunstwerken – angesichts des drohenden Ansehensverlustes im In- und Ausland kaum möglich ist, berechtigte Restitutionsgesuche abzuweisen.

2. Einordnung der Bestimmungen der Washingtoner Prinzipien als „soft law"

Aufgrund ihrer rechtlichen Unverbindlichkeit werden die Washingtoner Prinzipien allgemein als „soft law" bezeichnet.[622] Nachfolgend wird der Begriff des „soft law" und dessen mögliche innerstaatliche (Rechts-)Wirkungen erörtert.

---

617 Vgl. S. 27 der Handreichung.

618 Vgl. S. 4 der Handreichung.

619 Vgl. S. 27 der Handreichung.

620 Vgl. auch *Martinek* in: FS Fiedler, 2011, S. 415 (431); BVerwG Urt. v. 24.11.2011 – Az.: 7 C 12.10, Rn. 43.

621 *Schönenberger* Restitution von Kulturgut, S. 256; *Müller* in: FS Siehr, 2010, S. 147 (150).

622 *v. Selle/Zschunke* Osteuropa, 56. Jg., 1–2/2006, 383 (383); *Raschèr* KUR 2009 75 (77); *Knauff* Der Regelungsverbund: Recht und Soft Law im Mehrebenensystem, S. 259 f. „Soft law" existiert auch auf innerstaatlicher Ebene (vgl. *Knauff* a. a. O., S. 343–372), so dass die Gemeinsame Erklärung und die Handreichung ebenfalls als (nationales) „soft law" bezeichnet werden können.

a) Begriff des „soft law"

Der Begriff des „soft law" entstammt dem Völkerrecht und bezeichnet ein noch recht junges Phänomen, das sich häufig dort zeigt, wo der Staatengemeinschaft der Wille fehlt, rechtsverbindliche Regelungen zu verabschieden.[623] Eine allgemein anerkannte Definition des „soft law" im Völkerrecht existiert bislang nicht.[624] Eine erste Definition bezeichnet „soft law" „als die einer rechtlichen Bindung ähnlich wirkende Anbindung eines Völkerrechtssubjekts an eine Norm, die von ihm mitgeschaffen oder unterstützt wurde, die aber tatsächlich keine rechtlich verbindliche Wirkung besitzt".[625] Eine zweite Definition beschreibt den Begriff des „soft law" als „im Entstehen begriffene Verhaltensmuster [...], die keiner Rechtsquelle zuzuordnen sind und denen daher trotz ihrer missverständlichen Bezeichnung als „law" keine völkerrechtliche Bindungswirkung zukommt".[626] Eine dritte Definition versteht unter dem Terminus des „soft law" „verhaltensbezogene Regelungen, die von Hoheitsträgern bzw. mit der Ausübung von Hoheitsgewalt befassten Stellen geschaffen werden, die über keine oder nur eine auf die Innensphäre des Regelungsgebers bezogene Rechtsverbindlichkeit verfügen und die ihre Steuerungswirkung auf außerrechtlichem Wege erzielen".[627] Auch wenn sich aus dem Vergleich dieser Definitionen einige Unschärfen ergeben, so ist als wesentliches Merkmal aller Definitionen die rechtliche Unverbindlichkeit von „soft law"-Regelungen hervorzuheben. Bei „soft law" handelt es sich also um eine reine „Selbstverpflichtung" seiner Schöpfer, die sich freiwillig einem rechtlich unverbindlichen Verhaltensprogramm, bzw. speziellen Richtlinien und Standards unterwerfen, die weder vor nationalen noch vor internationalen Gerichten justiziabel sind.[628]

„Soft law"-Regelungen können grundsätzlich nicht den Rechtsquellen des Völkerrechts zugeordnet werden.[629] Die Rechtsquellen des Völkerrechts werden in

---

623 *v. Selle/Zschunke* a.a.O., 383 (383).
624 *v. Selle/Zschunke* a.a.O., 383 (384).
625 *Ehricke* NJW 1989, 1906 (1907).
626 *Heintschel v. Heinegg* in: *Ipsen*, Völkerrecht, § 20 Rn. 20.
627 *Knauff* Der Regelungsverbund: Recht und Soft Law im Mehrebenensystem, S. 228.
628 *Martinek* in: FS Fiedler, 2011, S. 415 (418, 420). Die Literatur begegnet dem Phänomen des „soft law" teilweise mit Bedenken, da es sich bei den von ihm umfassten Erscheinungsformen gerade nicht um Recht handele, und es daher „die Gefahr einer Aufweichung der anerkannten Rechtsquellen des Völkerrechts" in sich berge, und somit eine Quelle steter Unsicherheiten und Schwierigkeiten sei (vgl. *Ehricke* NJW 31/1989, 1906 (1907); *Heintschel v. Heineg* in: *Ipsen*, Völkerrecht, § 20 Rn. 22).
629 *Heintschel v. Heinegg*, a.a.O., § 20 Rn. 22.

Art. 38 Abs. 1 lit. a–c IGH-Statut[630] aufgelistet, der diesbezüglich die völkerrechtlichen Verträge, das Völkergewohnheitsrecht und die allgemeinen Rechtsgrundsätze des Völkerrechts nennt.[631] Aufgrund ihrer rechtlichen Unverbindlichkeit sind „soft law"-Vereinbarungen von völkerrechtlichen Verträgen i. S.v. Art. 38 Abs. 1 lit. a IGH-Statut abzugrenzen. Entscheidende Voraussetzung eines völkerrechtlichen Vertrages ist es nämlich, dass die Parteien bei Vertragsschluss mit Rechtsbindungswillen gehandelt haben.[632] An einem Rechtsbindungswillen fehlt es, wenn die Parteien in der Einigung lediglich politische Intentionen oder Empfehlungen zum Ausdruck gebracht haben, wie es bei „soft law"-Vereinbarungen der Fall ist.[633] Sie können daher keinen völkerrechtlichen Vertrag i. S.v. Art. 38 Abs. 1 lit. a IGH-Statut darstellen.[634] „Soft law" führt auch nicht per se zur Bildung von Völkergewohnheitsrecht i. S.v. Art. 38 Abs. 1 lit. b IGH-Statut.[635] Nur in Ausnahmefällen kann sich „soft law" zu „hartem", rechtsverbindlichen Völkergewohnheitsrecht verfestigen bzw. zu dessen Entstehung beitragen, wenn die dazu erforderlichen Voraussetzungen vorliegen.[636] Das Umschlagen von „soft law" in „hartes" Völkergewohnheitsrecht ist daher in jedem Einzelfall sorgfältig nachzuweisen.[637] Zwischenstaatliche „soft law"-Vereinbarungen können ferner nicht den allgemeinen Rechtsgrundsätzen i. S.v. Art. 38 Abs. 1 lit. c IGH-Statut zugeordnet werden. Unter diese Norm fallen „anerkannte Rechtsprinzipien, die allen oder doch den meisten nationalen Rechtsordnungen gemein sind, also ihrem Ursprung nach [...] völkerrechtsfremde Normen, die nicht in einem völkerrechtlichen Rechtserzeugungsverfahren entstanden sind."[638] Unabhängig von seinem Inhalt kann „soft law" daher nicht zu den allgemeinen Rechtsgrundsätzen des Völkerrechts gehören, da dieses seinen Ursprung gerade im zwischenstaatlichen Bereich hat.[639] „Soft law" kann daher nicht den in Art. 38 Abs. 1 IHG-Statut genannten Rechtsquellen des Völkerrechts zugeordnet werden.[640] Zwar enthält Art. 38 Abs. 1 IGH-Statut keine abschließende Bestimmung der Rechtserzeugungsprozesse, so dass die Möglichkeit besteht, dass Völkerrecht auch außerhalb der dort genannten Quellen geschaffen wird.[641] Es besteht jedoch Einigkeit dar-

---

630 Art. 38 Abs. 1 lit. a-c IGH-Statut lautet: „Der Gerichtshof, dessen Aufgabe es ist, die ihm unterbreiteten Streitigkeiten nach dem Völkerrecht zu entscheiden, wendet an

a) internationale Übereinkünfte allgemeiner oder besonderer Natur, in denen von den streitenden Staaten ausdrücklich anerkannte Regeln festgelegt sind;
b) das internationale Gewohnheitsrecht als Ausdruck einer allgemeinen, als Recht anerkannten Übung;
c) die von den Kulturvölkern anerkannten allgemeinen Rechtsgrundsätze."

über, dass dies bei „soft law"-Vereinbarungen, deren Hauptcharakteristikum gerade ihre rechtliche Unverbindlichkeit ist, nicht der Fall ist.[642]

„Soft law"-Vereinbarungen werden häufig im Vorfeld der Entstehung einer den Völkerrechtsquellen zuzuordnenden Norm bemüht, da sich über den Inhalt bestimmter Verhaltensweisen meist besser ein Konsens erzielen lässt, „wenn diese zunächst rechtlich unverbindlich sind und sich im internationalen Verkehr bewähren sollen, bevor sie zu Normen des ‚hard law' werden."[643] Derartige Vereinbarungen haben gegenüber verbindlichen Vorschriften den Vorteil der Flexibilität, die Spielraum für zukünftige Entwicklungen lässt und es den partizipierenden Staaten erleichtert, den erzielten Konsens trotz unterschiedlicher Rechtssysteme in das nationale Recht umzusetzen.[644] Durch Transformation des „soft law" in das nationale Recht kann dann eine tatsächliche normative Bindung entstehen.[645] Als Beispiel für „soft law"-Vereinbarungen können Bestimmungen in nicht-ratifizierten Verträgen, Entschließungen internationaler Konferenzen oder Organisationen, Verhaltenskodizes und „Gentlemen Agreements" genannt werden.[646]

---

631 *Heintschel v. Heinegg*, in: *Ipsen* Völkerrecht, 3. Kap. Einl. Rn. 2f.; *Streinz* in: *Sachs*, GG, Art. 25 Rn. 28f.

632 *Marquier* Soft law: Das Beispiel des OSZE-Prozesses, S. 101; *Heintschel v. Heinegg* in: *Ipsen*, Völkerrecht, § 10 Rn. 3.

633 Ebda.

634 Vgl. auch *v. Selle/Zschunke* Osteuropa, 56. Jg., 1–2/2006, S. 383 (386).

635 *Marquier* Soft law: Das Beispiel des OSZE-Prozesses, S. 127.

636 *Marquier* a.a.O., S. 127–131; *Martinek* in: FS Fiedler, 2011, S. 415 (419). Zu den Voraussetzungen der Entstehung von Völkergewohnheitsrecht vgl. unten S. 207f.

637 *Marquier* a.a.O., S. 131.

638 *Heintschel v. Heinegg* in: *Ipsen* Völkerrecht, § 18 Rn. 1.

639 Etwas Anderes wäre nur denkbar, wenn anerkannte Rechtsprinzipien der Einzelstaaten durch eine „soft law"-Vereinbarung auch im zwischenstaatlichen Bereich festgeschrieben werden.

640 *Heintschel v. Heinegg* in: *Ipsen* Völkerrecht, § 20 Rn. 20, 22

641 *Heintschel v. Heinegg* a.a.O., 3. Kap. Einl. Rn. 3.

642 *Heintschel v. Heinegg* a.a.O., § 20 Rn. 20; *Vitzthum* in: *Vitzthum* (Hrsg.), Völkerrecht, 1. Abschn. Rn. 152.

643 *Heintschel v. Heinegg* a.a.O., § 20 Rn. 21.

644 *v. Selle/Zschunke* Osteuropa, 56. Jg., 1–2/2006, 383 (384).

645 *Ehricke* NJW 1989, 1906 (1907).

646 *Engel* Völkerrecht als Tatbestandsmerkmal deutscher Normen, S. 244; *Heintschel v. Heinegg* in: *Ipsen* Völkerrecht, § 20 Rn. 20.

b) Das „soft law" der Washingtoner Prinzipien

Bei den rechtlich unverbindlichen Washingtoner Prinzipien handelt es sich um eine typische „soft law"-Vereinbarung, die sehr flexibel ausgestaltet wurde, um zunächst überhaupt einen Konsens auf internationaler Ebene zu erreichen. Zur Umsetzung und Ausgestaltung der Washingtoner Prinzipien sind anschließend die einzelnen Nationalstaaten aufgefordert.[647] Diese können das „soft law" der Washingtoner Prinzipien durch eine entsprechende gesetzliche Transformierung in das nationale Recht in rechtsverbindliches „hard law" umwandeln, oder – wie in Deutschland geschehen – rechtlich unverbindliche Präzisierungs- und Ausführungsbestimmungen erlassen, die ihrerseits wiederum nationales „soft law"[648] darstellen. Gerade im Kunstrestitutionsrecht, das von juristischen, politischen und historischen Fragen geprägt ist und aufgrund der vielen unterschiedlichen Fallgestaltungen eine pauschalierte Herangehensweise verbietet, kann die Flexibilität des „soft law" von Vorteil sein und eine dem jeweiligen Einzelfall angemessene Lösung ermöglichen.[649]

Hinsichtlich der Zuordnung der Washingtoner Prinzipien zu den Rechtsquellen des Völkerrechts gilt das zum „soft law" oben abstrakt Gesagte. Insbesondere besteht im Schrifttum Übereinstimmung darüber, dass die Washingtoner Prinzipien keinen völkerrechtlichen Vertrag i. S.v. Art. 38 Abs. 1 lit. a IGH-Statut darstellen.[650] Die Washingtoner Prinzipien haben sich auch nicht zu Völkergewohnheitsrecht i. S.v. Art. 38 Abs. 1 lit. b IGH-Statut verfestigt. Das Völkergewohnheitsrecht „umfasst die Summe der Verhaltensregeln, die bisher von Völkerrechtssubjekten in ihrem Verkehr untereinander angewendet worden sind [...] und bzgl. deren Rechtsgültigkeit eine allgemeine Rechtsüberzeugung besteht [...]".[651] In objektiver Hinsicht ist daher eine „wiederholte, gefestigte oder regelmäßige, einheitliche Übung seitens relevanter Subjekte und Organe" erforderlich.[652] In subjektiver Hinsicht müssen diese dabei in der Überzeugung handeln, „zu diesem Verhalten von Völkerrechts wegen verpflichtet zu sein (opinio iuris necessitatis)".[653] Aufgrund der im Einzelfall doch erheblich abweichenden Praxis

---

647 Vgl. Punkt 11 der Washingtoner Prinzipien.

648 Zu den Erscheinungsformen des „soft law" auf nationaler Ebene vgl. *Knauff* Der Regelungsverbund: Recht und Soft Law im Mehrebenensystem, S. 346–370.

649 *Raue* in: die eigene Geschichte, S. 287 (289); *Müller* in: FS Siehr, 2010, S. 147 (159); *Martinek* in: FS Fiedler, 2011, S. 415 (443 f.).

650 *v. Selle/Zschunke*, Osteuropa, 56. Jg., 1–2/2006 S. 383 (386); *Schnabel/Tatzkow* Nazi Looted Art, S. 196; *Crezelius* in: Verantwortung wahrnehmen, S. 133 (139).

651 *Vitzthum* in: *Vitzthum* (Hrsg.), Völkerrecht, 1. Abschn. Rn. 131.

652 Ebda.

653 Ebda.

der Teilnehmerstaaten der Washingtoner Konferenz beim Umgang mit NS-Raubkunst fehlt es im Falle der Washingtoner Prinzipien bereits an dem objektiven Element der „wiederholten, gefestigten oder regelmäßigen, einheitlichen Übung". Zudem handeln die einzelnen Staaten bei der Anwendung der Washingtoner Prinzipien auch nicht in der Überzeugung, dazu völkerrechtlich verpflichtet zu sein, so dass es auch an dem subjektiven Element für die Bildung von Völkergewohnheitsrecht fehlt. Die Washingtoner Prinzipien haben sich somit weder zu Völkergewohnheitsrecht verfestigt, noch können sie einer anderen Rechtsquelle des Völkerrechts zugeordnet werden.[654]

Jayme spricht im Hinblick auf die Washingtoner Prinzipien nicht von „soft law", sondern von „‚narrativen' Normen".[655] In rechtlicher Hinsicht entspricht der Begriff der rechtlich unverbindlichen „‚narrativen' Normen" dem Terminus des „soft law". *Jayme* betont jedoch besonders die moralische Komponente dieser Regelungen.[656] „‚Narrative' Normen" beschreibt er als „Regeln, welche formulieren und ‚erzählen'" und die über die Einbruchstellen in gesetzlichen Generalklauseln, wie guter Glauben, Rechtmissbrauch, gute Sitten und Treu und Glauben sowie bei der Konkretisierung unbestimmter Rechtsbegriffe in das nationale Recht hineinwirken und dadurch den Moralvorstellungen bei der Lösung einzelner Fallgestaltungen Eingang in das Recht verschaffen.[657] „‚Narrative' Normen" sind seiner Ansicht nach als Element der Entscheidungsfindung und als Orientierungshilfe für die Lösung rechtlicher Fälle von einer gewissen Bedeutung und führen in rechtlicher Hinsicht für Gerichte oder andere rechtliche Instanzen, die mit ihrer Anwendung befasst sind, zumindest dann zu einem Begründungszwang, wenn ihre Entscheidung von ihnen abweicht.[658]

3. Die Innerstaatlichen Wirkungen des „soft law" der Washingtoner Prinzipien

a) Beschränkung der unmittelbaren innerstaatlichen Geltung der Washingtoner Prinzipien nach Art. 25 S. 1, 59 Abs. 2 S. 1 GG

Nach Art. 25 S. 1 GG sind die „allgemeinen Regeln des Völkerrechts" „Bestandteil des Bundesrechts". Durch die Einbeziehung der „allgemeinen Regeln des Völkerrechts" in das innerstaatliche Recht öffnet Art. 25 S. 1 GG die deutsche

654 Vgl. auch *Hartung* Kunstraub in Krieg und Verfolgung, S. 108.
655 *Jayme* in: FS Rehbinder, 2002, S. 539 (539, 543 f.); *Jayme* in: Museen im Zwielicht, S. 257 (258 f.).
656 Ebda.
657 *Jayme* in: FS Rehbinder, 2002, S. 539 (541); *Jayme* in: Museen im Zwielicht, S. 257 (258, 263).
658 *Jayme* in Museen im Zwielicht, S. 257 (258 f.).

Rechtsordnung zum Völkerrecht.[659] Erst aufgrund dieser Verfassungsnorm kommen dem Völkerrecht, für das im innerstaatlichen Bereich ansonsten kein grundsätzlicher Rechtsanwendungsbefehl besteht, innerstaatliche Rechtswirkungen zu.[660] Bei der Bestimmung der „allgemeinen Regeln des Völkerrechts" ist auf die Rechtsquellen des Völkerrechts i. S.v. Art. 38 Abs. 1 lit. a-c IGH-Statut zurückzugreifen.[661] Ausgenommen sind jedoch völkerrechtliche Verträge, für die Art. 59 Abs. 2 S. 1 GG als lex specialis greift und Art. 25 S. 1 GG insoweit verdrängt.[662] Über Art. 25 S. 1 GG können daher nur das Völkergewohnheitsrecht i. S.v. Art. 38 Abs. 1 lit. b IGH-Statut sowie die allgemeinen Rechtsgrundsätze des Völkerrechts i. S. d. Art. 38 Abs. 1 lit. c IGH-Statut innerstaatliche Geltung erlangen.[663] Wie oben festgestellt, handelt es sich bei den Bestimmungen der Washingtoner Prinzipien jedoch weder um Völkergewohnheitsrecht i. S.v. Art. 38 Abs. 1 lit. b IGH-Statut noch um allgemeine Rechtsgrundsätze i. S. d. Art. 38 Abs. 1 lit. c IGH-Statut. Die Washingtoner Prinzipien gehören daher als bloße unverbindliche Empfehlung nicht zu den allgemeinen Regeln des Völkerrechts, so dass diese „soft law"-Bestimmungen über Art. 25 S. 1 GG keine (unmittelbare) innerstaatliche Geltung erlangen können.[664] Die Washingtoner Prinzipien können ferner nicht über Art. 59 Abs. 2 S. 1 GG (unmittelbare) innerstaatliche Geltung entfalten, da sie keinen völkerrechtlichen Vertrag i. S.v. Art. 38 Abs. 1 lit. a IGH-Statut darstellen. Eine Einbeziehung der Washingtoner Prinzipien in die deutsche Rechtsrechtsordnung über Art. 25 S. 1, 59 Abs. 2 S. 1 GG scheidet somit aus.[665]

b) Mittelbare innerstaatliche Wirkungen der Washingtoner Prinzipien

Obwohl unverbindlichen „soft law"-Vereinbarungen wie den Washingtoner Prinzipien keine unmittelbare innerstaatliche Geltung zukommt, können diese jedoch auf verschiedene Art zumindest mittelbar in das nationale Recht einfließen und auf diesem Wege auch im innerstaatlichen Bereich rechtliche Wirkungen entfalten.

---

659 *Koenig* in: *v. Mangoldt/Klein/Starck*, GG, Art. 25 Rn. 2.
660 *Koenig* a. a. O., Art. 25 Rn. 2 f.
661 *Koenig* a. a. O., 25 Rn. 17.
662 *Koenig* a. a. O., Art. 25 Rn. 18.
663 Ebda.
664 Vgl. *Koenig* a. a. O., Art. 25 Rn. 25; *Rojahn* in: *v. Münch/Kunig*, GG, Art. 25 Rn. 6.
665 Vgl. auch *Crezelius* in: Verantwortung wahrnehmen, S. 133 (138 – 140).

aa) Anwendung im Rahmen behördlicher Ermessensentscheidungen

Zu klären ist die Rolle, die völkerrechtlichen „soft law"-Vereinbarungen wie den Washingtoner Prinzipien im Rahmen verwaltungsrechtlicher Ermessensentscheidungen zukommt. Eine Behörde kann, sofern sie den Zweck ihrer Ermächtigung sowie die gesetzlichen Grenzen des Ermessens berücksichtigt (vgl. § 40 VwVfG), grundsätzlich frei über die bei der Ermessensentscheidung zu berücksichtigenden Gesichtspunkte entscheiden.[666] Nach der wohl herrschenden Meinung dürfen daher auch „soft law"-Vereinbarungen von der betroffenen Behörde im Rahmen verwaltungsrechtlicher Ermessensentscheidungen berücksichtigt werden.[667] Dies ist verfassungsrechtlich zulässig, da „eine auf ‚soft law' gestützte Ermessensentscheidung weder unmittelbar noch mittelbar zur Inkorporation von ‚soft law' in das deutsche Recht" führt.[668] Es kommt daher nicht zu einer unzulässigen Umgehung der Art. 25 S. 1, 59 Abs. 2 S. 1 GG. „Die Exekutive nützt vielmehr nur den ihr eingeräumten Gestaltungsspielraum, um die Inhalte von „soft law" zu verwirklichen, zu denen sie sich im zwischenstaatlichen Verkehr bekannt hat."[669] Der Exekutive kann daher kein Ermessensfehlgebrauch vorgeworfen werden, wenn sie im Rahmen ihrer Ermessensentscheidung eine „soft law"-Vereinbarung berücksichtigt.

Auf der anderen Seite kann nach wohl herrschender Auffassung „soft law" die Exekutive bei ihrer Ermessensausübung nicht binden, so dass diese auch keine Ermessensgrenzen überschreitet, wenn ihre Entscheidung im Widerspruch zu einer einschlägigen „soft law"-Regelung steht. [670] Mangels förmlicher Transformierung in das deutsche Recht gehört „soft law" „nicht zur deutschen Rechtsordnung und somit auch nicht zum gesetzlichen Rahmen, innerhalb dessen sich die Ermessensentscheidung bewegen muss".[671] Im Ergebnis bleibt damit festzu-

666 *Kunig* FS Doehring 1989, 529 (547).

667 *Engel* Völkerrecht als Tatbestandmerkmal deutscher Normen, S. 256 f; *Koenig* in: *v. Mangoldt/Klein/Starck*, GG, Art. 25 Rn. 25. So wohl auch *Kunig* a. a. O., 529 (547, 549). Zwar beziehen sich die diesbezüglichen Feststellungen von *Kunig* nur auf Empfehlungen internationaler Organisationen. Bei diesen handelt es sich jedoch eine Kategorie des „soft law". Es ist nicht ersichtlich, dass *Kunig* seine Befunde nicht für andere „soft law"-Kategorien, insbesondere für zwischenstaatliche Vereinbarung mit Empfehlungscharakter, gelten lassen will.

668 *Engel* a. a. O., S. 256 f.

669 *Engel* a. a. O., S. 257.

670 *Kunig* FS Doehring 1989, 529 (547); *Engel* a. a. O. S. 257.

671 *Engel* a. a. O., S. 257. Anders hat sich bis jetzt wohl lediglich das VG Berlin in seinem umstrittenen Beschluss vom 22. 1. 1996 (VG Berlin Beschl. v. 22. 01. 1996, NVwZ-Beil. 1996, 51) geäußert. Das VG Berlin ging davon aus, dass deutsche Behörden im Rahmen der Ermessensentscheidung über die Aufenthaltsbefugnis nach § 30 Abs. 4 AuslG verpflichtet sind, das „soft law" des Daytoner Abkommens und die sich daraus ergebenden völkerrechtlichen Verpflichtungen zu berücksich-

halten, dass die anwendungsbetroffene Behörde entsprechende „soft law"-Vereinbarungen im Rahmen ihrer Ermessensentscheidung berücksichtigen kann, sie dazu aber nicht verpflichtet ist. Die Washingtoner Prinzipien können daher im Rahmen behördlicher Ermessensentscheidungen als ermessensleitender Gesichtspunkt berücksichtigt werden. Sie binden jedoch den Träger der betroffenen öffentlichen Einrichtung nicht. Dieser Auffassung sind wohl auch das VG Dresden und das VG Berlin in ihren Entscheidungen zur Musikbibliothek Peters gefolgt. Die Gerichte betonen jeweils, dass die Washingtoner Prinzipien dort, „wo die gesetzlichen Regelungen den handelnden Behörden einen Entscheidungsspielraum lassen" – also wenn ein Ermessensspielraum besteht – Wirkung entfalten „können".[672]

bb) Anwendung im Rahmen behördlicher Gestaltungsspielräume auf Tatbestandsebene

In dem Maße, in dem die Wertungen von „soft law"-Vereinbarungen wie den Washingtoner Prinzipien im Rahmen behördlicher Ermessensentscheidungen auf der Rechtsfolgenseite von Bedeutung sein können, stehen auch ihrer Berücksichtigung im Rahmen der Ausfüllung auf Tatbestandsebene bestehender behördlicher Gestaltungsspielräume keine Bedenken entgegen.[673] Im Hinblick auf die Auslegung unbestimmter Rechtsbegriffe wird diese Auffassung in der Literatur bestätigt.[674] Sofern das Gesetz von der betroffenen Behörde eine Abwägungsentscheidung auf Tatbestandsebene verlangt, kann nichts anderes gelten. Auch in diesen Fällen nutzt die Exekutive lediglich den ihr vom deutschen Gesetzgeber

---

tigen und dass dieses Abkommen ihr Ermessen auf Null reduziert, so dass die betroffenen Antragssteller einen Anspruch auf Erteilung der Aufenthaltsbefugnis haben (VG Berlin Beschl. v. 22.01.1996, NVwZ-Beil. 1996, 51 (53–55)). Das VG Stuttgart hingegen ist im Rahmen seines Beschlusses vom 28.11.1997 der herrschenden Literatur gefolgt, und entschied, dass das Abkommen von Dayton mangels einer Transformierung in Bundesrecht gem. Art. 59 Abs. 2 S. 1 GG keine innerstaatlichen Bindungswirkungen erzeugen kann (VG Stuttgart, Beschl. v. 28.11.1997, NVwZ-Beil. 1998, 36 (37)).

672 VG Berlin Urt. v. 29.11.2006 – Az.: 1 A 162/05, S. 7; VG Dresden Urt. v. 5.11.2008 – Az.: 5 K 1837/05, S. 18.

673 Diese Ausführungen werden vorliegend vor dem Hintergrund des § 1 Abs. 4 S. 3 KultgSchG gemacht, der eine solche Abwägungsentscheidung auf Tatbestandsebene vorschreibt (vgl. oben S. 76 f.).

674 Vgl. *Kunig* FS Doehring 1989, S. 529 (547); *Koenig* in: *v. Mangoldt/Klein/Starck*, GG, Art. 25, Rn. 25; *Rojahn* in: *v. Münch/Kunig*, GG, Art. 25 Rn. 7 die dafür jedoch voraussetzen, dass der unbestimmte Rechtsbegriff einen völkerrechtlichen Bezug aufweisen muss. Vgl. auch *Jayme* in: Museen im Zwielicht, S. 257 (263); *Ehricke* NJW 1989, 1906 (1907).

eingeräumten Gestaltungsspielraum, ohne dass es zu einer verfassungswidrigen Eingliederung völkerrechtlicher Bestimmungen in die deutsche Rechtsordnung kommt. Die deutschen Behörden sind jedoch im Rahmen solcher Abwägungsentscheidungen – aus denselben Gründen wie im Rahmen von Ermessensentscheidungen – nicht an „soft law"-Vereinbarungen gebunden. Die Washingtoner Prinzipien können daher im Rahmen von Abwägungsentscheidungen auf Tatbestandsebene herangezogen werden, eine Verpflichtung dazu besteht jedoch nicht.

4. Mittelbare Wirkungen des nationalen „soft law" der Gemeinsamen Erklärung und der Handreichung

Genau wie das internationale „soft law" der Washingtoner Prinzipien, kann auch das nationale „soft law" der Gemeinsamen Erklärung und der Handreichung mittelbar in das nationale Recht einfließen. So bestehen gegen eine Berücksichtigung der Gemeinsamen Erklärung und der Handreichung im Rahmen behördlicher Ermessensentscheidungen ebenfalls keine Bedenken, da insoweit nur die vom Gesetzgeber eingeräumten behördlichen Gestaltungspielräume ausgefüllt werden. Jedoch können auch diese Regelungen die handelnde Behörde aufgrund ihrer rechtlichen Unverbindlichkeit bei ihrer Ermessensausübung nicht binden. Sie stellen für die anwendungsbetroffene Behörde lediglich eine Empfehlung bzw. unverbindliche Orientierungshilfe dar, anhand derer diese ihr Ermessen ausrichten können. Gleiches gilt, sofern das Gesetz Behörden einen Abwägungsspielraum auf Tatbestandsebene einräumt.

5. Selbstbindung der Verwaltung nach festgestelltem verfolgungsbedingten Entzug

Strittig ist, ob auf Grundlage der Bestimmungen der Washingtoner Prinzipien, der Gemeinsamen Erklärung und der Handreichung eine Selbstbindung der Verwaltung entstehen kann, welche die selbstgebundenen öffentlichen Einrichtungen aufgrund des allgemeinen Gleichheitssatzes i. S.v. Art. 3 Abs. 1 GG verpflichten würde, ihre Restitutionspraxis grundsätzlich an den genannten „soft law"-Bestimmungen auszurichten, und welche ein Abweichen von diesen Regelungen im Einzelfall nur bei Vorliegen eines sachgerechten Grundes gestatten würde.[675]

---

675 Für eine solche Selbstbindung der Verwaltung sprechen sich *v. Trott zu Solz/Gielen* ZOV 2006, 256 (260) aus. So wohl auch *Martinek* in: FS Fiedler, 2011, S. 415 (443), der betont, dass gute Gründe für die Annahme bestehen, „dass die Washingtoner Erklärung und die deutsche Gemeinsame Erklärung die Ausübung des Ermessens durch die Träger öffentlicher Einrichtungen beim Umgang mit NS-Raubkunst regeln, so dass in einem Restitutionssachverhalt […] die Träger der öffentlichen

Der Grundsatz der Selbstbindung der Verwaltung stellt sich als Ausprägung des allgemeinen Gleichheitssatzes nach Art. 3 Abs. 1 GG dar, und verpflichtet die Exekutive, nicht ohne sachlichen Grund von ihrer eigenen Verwaltungspraxis abzuweichen.[676] Voraussetzung für eine Selbstbindung der Verwaltung nach Art. 3 Abs. 1 GG ist eine ständige, gleichmäßige Übung der Verwaltungspraxis.[677] Häufig sind die Maximen der behördlichen Verwaltungspraxis in entsprechenden Verwaltungsvorschriften niedergelegt, die daher oft die tatsächliche Verwaltungspraxis widerspiegeln, sowie wichtiges Indiz für eine zu erwartende Verwaltungspraxis sind, und denen im Falle einer Selbstbindung eine mittelbare Außenwirkung zukommt.[678] Ist eine Selbstbindung der Verwaltung anzunehmen, so hat der Bürger einen Anspruch darauf, dass die Behörde auch in seinem Fall nicht ohne sachlichen Grund von der bisher geübten Verwaltungspraxis abweicht, da ansonsten ein Verstoß gegen Art. 3 Abs. 1 GG vorläge.[679] Im Bereich der Leistungsverwaltung kann daher der Gleichbehandlungsanspruch aus Art. 3 Abs. 1 GG im Falle einer Selbstbindung zu einem (mittelbaren) materiellen Anspruch des Bürgers auf Erteilung einer Begünstigung erstarken.[680]

Im Hinblick auf eine Selbstbindung der Verwaltung bei der Behandlung von NS-Raubkunst ist zunächst zu bedenken, dass sich die betroffenen öffentlichen Einrichtungen bei Raubkunstrückgaben oder alternativen „gerechten und fairen Lösungen“ auf dem Gebiet der „frei gestaltenden Verwaltung“[681] bewegen, da sie ohne einen entsprechenden formellen Gesetzesvorbehalt in Form eines Restitutionsgesetzes tätig werden. Zwar darf die Verwaltung aufgrund des Grundsatzes vom Vorbehalt des Gesetzes prinzipiell nur tätig werden, wenn sie dazu durch formelles Gesetz ermächtigt wurde.[682] Dies gilt jedoch grundsätzlich nicht im Bereich der Leistungsverwaltung[683], zu dem auch die Rückgabe von NS-Raubkunst durch den Träger der betroffenen öffentlichen Einrichtung an den Antragsteller

---

Verwaltung zur Rechtfertigung einer Abweichung vom Restitutionsgrundsatz Gründe anführen müssten, wenn sie sich nicht dem Vorwurf einer Verletzung des allgemeinen Gleichbehandlungsgebots aussetzen wollten“. Gegen eine Selbstbindung der Verwaltung sprechen sich *Hartung* Kunstraub in Krieg und Verfolgung, S. 176 f. und *Crezelius* in: Verantwortung wahrnehmen, S. 133 (138 – 140) aus.

676 *Heun* in: *Dreier*, GG, Art. 3 Rn. 57; *Sachs* in: *Stelkens/Bonk/Sachs*, VwVfG, § 40 Rn. 104.

677 *Sachs* a.a.O., § 40, Rn. 105.

678 *Sachs* a.a.O., § 40, Rn. 106; *Stober* in: *Wolff/Bachof/Stober/Kluth*, Verwaltungsrecht I, § 24 Rn. 26; *Starck* in: *v. Mangoldt/Klein/Starck*, GG, Art. 3 Rn. 269.

679 *Stober* a.a.O., § 24 Rn. 26.

680 *Heun* in: *Dreier*, GG, Art. 3 Rn. 60.

681 Vgl. *Sachs* in: *Stelkens/Bonk/Sachs*, VwVfG, § 40, Rn. 31.

682 *Ehlers* in: *Erichsen/Ehlers* (Hrsg.), Allgemeines Verwaltungsrecht, § 2 Rn. 40.

683 *Ehlers* a.a.O., § 2 Rn. 45.

oder eine anderweitige „gerechte und faire Lösung" zählt, sofern sie für den Antragsteller eine Begünstigung darstellt. Der Träger einer öffentlichen Einrichtung kann daher NS-Raubkunst – abgesehen von den haushaltrechtlichen Voraussetzungen[684] – auch ohne entsprechende gesetzliche Ermächtigung an die Antragsteller zurückgeben bzw. sich mit diesen über eine alternative Lösung einigen. Im Rahmen der „frei gestaltenden (Leistung-)Verwaltung" stehen der Verwaltung erhebliche Gestaltungsspielräume zu. Ob es sich bei diesen um „Ermessensspielräume" im verwaltungsrechtlichen Sinne handelt, ist strittig. Jedenfalls entsprechen die dort zu berücksichtigenden rechtlichen Bindungen im Wesentlichen denen der Ermessensverwaltung.[685] Insbesondere greift auch im Rahmen der „frei gestaltenden (Leistungs-)Verwaltung" die Selbstbindung der Verwaltung durch.[686] Eine Selbstbindung der Verwaltung beim Umgang mit NS-Raubkunst kann daher zumindest nicht ausgeschlossen werden.

Wie bereits erwähnt entsteht in der Praxis eine Selbstbindung der Verwaltung regelmäßig aufgrund von Verwaltungsvorschriften[687], welche die handelnden Behörden im Innenverhältnis binden und daher meist die tatsächliche Verwaltungspraxis widerspiegeln bzw. ein wichtiges Indiz für die zu erwartende Verwaltungspraxis darstellen. Eine vergleichbare Funktion bzw. Wirkung kann jedoch weder den Washingtoner Prinzipien, noch der Gemeinsamen Erklärung und der Handreichung zukommen.[688] Im Hinblick auf die Washingtoner Prinzipien ist zu sagen, dass diese – wie oben festgestellt – zwar im Rahmen behördlicher Gestaltungsspielräume berücksichtigt werden können, sie jedoch mangels Trans-

---

684 Vgl. dazu *Kirchmaier* FS Siehr, 2010, S. 177 (177–189).

685 Nach *Sachs* in: *Stelkens/Bonk/Sachs*, VwVfG, § 40, Rn. 31 handelt es sich mangels gesetzlicher Ermächtigung nicht um Ermessen, wenn einer Behörde Handlangspielräume in Bereichen zustehen, die gesetzlich nicht geregelt sind. Die im Rahmen der „frei gestaltenden Verwaltung" bestehenden Rechtsbindungen entsprächen jedoch „weithin denen der Ermessensverwaltung." (ebda.). *Ramsauer* in: *Kopp/Ramsauer*, VwVfG, § 40 Rn. 5 spricht hingegen auch dann von „Ermessen", wenn die Behörde berechtigt ist, Verwaltungsakte ohne gesetzliche materielle Ermächtigungsgrundlage zu erlassen und hält § 40 VwVfG jedenfalls für entsprechend anwendbar (ebda.).

686 *Sachs* a.a.O., § 40 Rn. 31; vgl. auch *Dürig* in *Maunz/Dürig*, GG, Art. 3 Abs. 1 Rn. 461–466.

687 „Unter Verwaltungsvorschriften sind abstrakt-generelle Regelungen innerhalb der Verwaltungsorganisation von übergeordneten Verwaltungsinstanzen oder Vorgesetzten an nachgeordnete Stellen oder Amts- respektive Organwalter zu verstehen." (*Erichsen/Ehlers* Allgemeines Verwaltungsrecht, § 2 Rn. 65).

688 A.A. *v. Trott zu Solz/Gielen*, ZOV 2006, 256 (260) die der Auffassung sind, dass die Gemeinsame Erklärung verwaltungsverfahrensrechtlich als Ermessensrichtlinie zu verstehen sei, so dass „ein Träger der öffentlichen Verwaltung bei der Ausübung seines Ermessens nach § 40 VwVfG eine durch Richtlinien geleitete Praxis und die daraus folgende Selbstbindung der Verwaltung zu beachten" habe.

formierung in das innerdeutsche Recht keinerlei Bindungswirkung gegenüber der Verwaltung erzeugen können und daher nicht mit einer Verwaltungsvorschrift vergleichbar sind. Dies gilt auch für die Gemeinsame Erklärung und die Handreichung. Sie sind für die anwendungsbetroffenen Behörden ausdrücklich unverbindlich und wollen dieser lediglich eine Orientierungshilfe geben, wie mit NS-Raubkunst zu verfahren ist, nicht jedoch ihr „Ermessen" verbindlich lenken. Mangels Bindungswirkung kann daher aus den Bestimmungen der Washingtoner Prinzipien, der Gemeinsamen Erklärung und der Handreichung nicht auf eine bestimmte (zu erwartende) Restitutionspraxis der Träger öffentlicher Kunst- und Kultureinrichtungen geschlossen werden. Sie besitzen im Gegensatz zu Verwaltungsvorschriften keinerlei Indizwirkung für die zu erwartende Verwaltungspraxis, so dass in Restitutionsfragen eine „antizipierte Verwaltungspraxis", die eine ständige gleichmäßige Übung ersetzen kann[689], ausscheidet.

Zur Klärung der Frage, ob sich die jeweiligen öffentlichen Träger der betroffenen Museen in Restitutionsfragen selbst gebunden haben, bedürfte es daher einer Feststellung ihrer tatsächlichen Verwaltungspraxis. Hierbei ist zu beachten, dass die Selbstbindung jeweils nur den Bereich des Verwaltungsträgers, dessen Behörde sie durch ihr Verhalten begründet hat, betreffen kann.[690] Eine Selbstbindung innerhalb eines Verwaltungsträgers läge dann vor, wenn dieser bei den bisherigen Restitutionsgesuchen tatsächlich eine ständige und gleichmäßige Verwaltungspraxis verfolgt hat, die ihrem Inhalt nach den Empfehlungen der Washingtoner Prinzipien, der Gemeinsamen Erklärung und der Handreichung entspricht. Im Falle des Vorliegens einer solchen Selbstbindung hätte ein restitutionsersuchender Antragsteller einen mittelbaren Anspruch aus Art. 3 Abs. 1 GG darauf, dass auch sein Restitutionsantrag auf Grundlage der Washingtoner Prinzipien, der Gemeinsamen Erklärung und der Handreichung geprüft wird, und der selbstgebundene Verwaltungsträger anschließend eine diesen Bestimmungen entsprechende Entscheidung fällt. Liegt unzweifelhaft ein verfolgungsbedingter Entzug vor, so hätte der Antragsteller daher einen mittelbaren Anspruch darauf, dass der selbstgebundene Verwaltungsträger das betroffene Kunstwerk an ihn zurückgibt, oder dass auf dem Verhandlungsweg eine anderweitige „gerechte und faire Lösung" erreicht wird, sofern nicht ein sachgerechter Grund eine abweichende Behandlung des Falles gestattet.

---

689 Vgl. *Sachs* in: *Stelkens/Bonk/Sachs*, VwVfG, § 40 Rn. 112.
690 *Sachs* a.a.O., § 40 Rn. 129.

G. Die Restitution von NS-Raubkunst auf Grundlage von § 985 BGB

I. Anwendbarkeit des Zivilrechts auf die Restitution von NS-Raubkunst

Nach der herrschenden Rechtsprechung zum alliierten Rückerstattungsrecht konnte die Wiedergutmachung NS-verfolgungsbedingter Vermögensverluste grundsätzlich nur nach Maßgabe der Rückerstattungsgesetze und in den dort vorgesehen Verfahren verfolgt werden, die das allgemeine Zivilrecht insoweit verdrängten.[691] Dies wurde u. a. damit begründet, dass die Wiedergutmachung des NS-Unrechts aufgrund der dabei bestehenden besonderen Schwierigkeiten nur auf Grundlage besonderer gesetzlicher Regelungen vorgenommen werden könne.[692] Auch spreche der Wortlaut der alliierten Rückerstattungsgesetze[693] dafür, dass diese sich die ausschließliche Geltung für die Wiedergutmachung verfolgungsbedingten NS-Unrechts vorbehalten, und dass der ordentliche Rechtsweg nur für solche Ansprüche eröffnet ist, die sich nicht auf verfolgungsbedingte Gründe stützen.[694] Überdies wurde darauf verwiesen, dass im „Interesse einer baldigen Beruhigung des Wirtschaftslebens" Restitutionsansprüche innerhalb der Anmeldefristen der alliierten Regelungen zu einem Abschluss gebracht werden müssten.[695]

Mit Erlass des VermG stellte sich die Frage des Verhältnisses des speziellen Rückerstattungsrechts zum allgemeinen Zivilrecht erneut.[696] Die Rechtsprechung und auch Teile der Literatur gehen diesbezüglich davon aus, dass § 1 Abs. 6 VermG – sofern sein Anwendungsbereich eröffnet ist – den zivilrechtlichen Herausgabeanspruch als lex specialis verdrängt.[697] Insoweit wird angeführt, dass dem

---

691 BGH Urt. v. 16.3.2012 – V ZR 279/10, S. 6 f. (m.w.Nachw. auf BGH Urt. 11.02.1953 – II ZR 51/52, BGHZ 9, 34, 54; BGH Urt. v. 8.10.1953 – IV ZR 30/53, BGHZ 10, 340, 343; BGH Urt. 5.05.1956 – VI ZR 138/54, RzW 1956, 237; BGH Beschl. v. 27.05.1954 – IV ZB 15/54, NJW 1954, 1368). Vgl. dazu auch ausführlich *Rudolph* Restitution von Kunstwerken aus jüdischem Besitz, S. 89 – 92.

692 BGH Urt. v. 16.3.2012 – V ZR 279/10, S. 7; *Rudolph* a. a. O., S. 90.

693 Vgl. Art 51 REAO: „Ansprüche, die unter diese Anordnung fallen, können, soweit in ihr nichts anderes bestimmt ist, nur in dem Verfahren nach dieser Anordnung und unter Einhaltung ihrer Fristen geltend gemacht werden. Ansprüche aus anderen Gründen, die nicht unter diese Anordnung fallen können im ordentlichen Rechtsweg geltend gemacht werden". Art. 57 USREG und Art. 49 Abs. 1 BrREG enthalten nahezu gleichlautende Regelungen.

694 BVerwG Urt. v. 18.5.1995, VIZ 1995, 522 (523).

695 BGH Urt. v. 16.3.2012 – V ZR 279/10, S. 7; *Rudolph* Restitution von Kunstwerken aus jüdischem Besitz, S. 92. In seinem Beschluss vom 28.2.1955 vertrat der BGH jedoch eine andere Auffassung und erklärte ausnahmsweise den zivilrechtlichen Herausgabeanspruch für einschlägig (vgl. dazu *Rudolph* a. a. O., S. 92 – 94, m.w.Nachw. auf BGH Beschl. v. 28.2.1955, NJW 1955, 905).

696 Vgl. dazu *Rudolph* a. a. O., S. 105 – 114.

697 *Wasmuth* in: Rechtshandbuch Vermögens und Investitionen in der ehemaligen DDR, Einf. VermG Rn. 773, m.w.Nachw.; *Rudolph* a. a. O., S. 105 – 109, die diesbezüglich das Urteil des BVerwG

VermG der Grundsatz des sozialverträglichen Interessensausgleichs zugrunde liegt – der u. a. in der Anmeldefrist des § 30 a VermG seinen Ausdruck gefunden hat – und der nicht durch Geltendmachung des zivilrechtlichen Herausgabeanspruchs umgangen werden soll.[698]

In der Entscheidung vom 16. März 2012 über die Herausgabe des Plakats „Dogge" aus der „Plakatsammlung Sachs", die sich im Besitz des Deutschen Historischen Museums in Berlin befand, ist der BGH nun hinsichtlich des Verhältnisses des allgemeinen zivilrechtlichen Herausgabeanspruchs zum alliierten Rückerstattungsrecht von der ständigen Rechtsprechung abgewichen. In seinem Urteil bejahte er einen Herausgabeanspruch der Erben des Alteigentümers Hans Sachs nach § 985 BGB und sah diesen jedenfalls dann nicht als durch die alliierten Rückerstattungsgesetze[699] verdrängt an, „wenn der verfolgungsbedingt entzogene Vermögensgegenstand nach dem Krieg verschollen war und der Eigentümer erst nach Ablauf der Frist für die Anmeldung eines Rückerstattungsanspruchs von seinem Verbleib Kenntnis erlangt hat".[700] Der BGH argumentierte, dass die von Art. 51 S. 1 REAO ausgehende Sperrwirkung[701] durch den diese Anordnung beherrschenden Grundsatz der Naturalrestitution begrenzt werde.[702] Dem vorrangigen Ziel der Naturalrestitution würde es widersprechen, wenn der zivilrechtliche Herausgabeanspruch durch die alliierten Rückerstattungsgesetze auch dann verdrängt werden würde, wenn es für den Berechtigten unmöglich war, die Rückgabe des betroffenen Vermögensgegenstandes innerhalb der Anmeldefristen dieser Gesetze zu erreichen, weil er bis zum Ablauf der Anmeldefristen als verschollen galt.[703] Bliebe es bei der Sperrwirkung des alliierten Rückerstattungsrechts, so wäre der Berechtigte bzw. sein Rechtsnachfolger auch nach Wiederauffinden des betroffenen Vermögensgegenstandes von der angestrebten Wiedergutmachung durch Rückgabe dauerhaft ausgeschlossen.[704] Dadurch würden die alliierten Rückerstattungsbestimmungen dem Berechtigten jede Mög-

---

vom 18.4.1995 (BVerwG, Urt. v. 18.4.1995, VIZ 1995, 522) und das Urteil des OLG Dresden vom 16.2.2000 (OLG Dresden, Urt. v. 16.2.2000, VIZ 2000, 413) erläutert.

698 *Wasmuth* a.a.O., Einf. VermG, Rn. 773. *Rudolph* a.a.O., S. 109 – 114 hält dieses Ergebnis für nicht überzeugend, und spricht dem Berechtigten vor allem dann, wenn die Anmeldefrist des § 30 a VermG abgelaufen ist, das Recht zu, sein Restitutionsbegehren auf Grundlage des dinglichen Herausgabespruchs nach § 985 BGB geltend zu machen.

699 In dem vorliegenden Fall war die REAO einschlägig (vgl. BGH Urt. v. 16.3.2012 – V ZR 279/10, S. 6).

700 BGH Urt. v. 16.3.2012 – V ZR 279/10, S. 1, 8.

701 Vgl. oben S. 216 Fn. 693.

702 BGH Urt. v. 16.3.2012 – V ZR 279/10, S. 8 f.

703 BGH Urt. v. 16.3.2012 – V ZR 279/10, S. 10.

704 Ebda.

lichkeit nehmen, die Wiederherstellung des rechtmäßigen Zustandes zu erreichen und auf diese Weise das nationalsozialistische Unrecht perpetuieren, was mit dem Sinn und Zweck dieser Vorschriften, welcher darin bestehe, die Interessen des Geschädigten zu schützen, nicht zu vereinbaren sei.[705]

II. Eigentumsverlust aufgrund von Entziehungen während der NS-Zeit

1. Eigentumsverlust aufgrund „freiwilliger" Entziehungen während der ersten Raubkunstphase

Die rechtlichen Wirkungen der „freiwilligen" bzw. rechtsgeschäftlichen Vermögensentziehungen der ersten Raubkunstphase beurteilt sich danach, ob das jeweilige Rechtsgeschäft nach § 138 BGB nichtig ist. Für die Frage der Wirksamkeit des Eigentumsübergangs ist insoweit entscheidend, ob neben dem schuldrechtlichen Verpflichtungsgeschäft auch das dingliche Verfügungsgeschäft nichtig ist.[706]

Zunächst ist zu prüfen, ob die rechtsgeschäftliche Veräußerung durch den verfolgten jüdischen Eigentümer von dem speziellen Wuchertatbestand des § 138 Abs. 2 BGB erfasst wird.[707] Dafür ist in objektiver Hinsicht ein auffälliges Missverhältnis zwischen Leistung und Gegenleistung erforderlich, welches dann besteht, wenn der Wert der Leistung annähernd doppelt so hoch ist, wie der der Gegenleistung.[708] Entscheidend für die rechtliche Beurteilung ist daher der Marktwert des betroffenen Kulturgutes zur Zeit des Geschäftsabschlusses.[709] Der subjektive Tatbestand des Wuchers, der – da die Schwäche des anderen Teils zur Zeit des Abschlusses des Rechtsgeschäftes bestanden haben muss – bei Beurteilung rechtsgeschäftlicher Entziehung aus der NS-Zeit noch nach § 138 Abs. 2 BGB a. F. zu bestimmen ist, erforderte damals die Ausbeutung einer „Notlage" des

705 BGH Urt. v. 16.3.2012 – V ZR 279/10, S. 10 f.

706 *Rudolph* Restitution von Kunstwerken aus jüdischem Besitz, S. 147 f. Das wertneutrale abstrakte Verfügungsgeschäft wird nur dann von der Sittenwidrigkeit des Verpflichtungsgeschäfts erfasst, wenn die Unsittlichkeit gerade im Vollzug der Leistung liegt (*Ellenberger* in: *Palandt*, BGB, § 138 Rn. 20). Auf die Möglichkeit der jüdischen Alteigentümer die Veräußerung gem. §§ 123, 142 BGB nach dem Zusammenbruch des Dritten Reichs anzufechten, wird vorliegend nicht eingegangen, da jedenfalls heute die Anfechtungsfrist nach § 124 BGB längst abgelaufen und eine Anfechtung daher ausgeschlossen ist. Hinsichtlich der Voraussetzungen, unter denen eine Anfechtung rechtsgeschäftlicher Entziehungen der ersten Raubkunstphase möglich war, kann auf die Darstellung bei *Anton* Illegaler Kulturgüterverkehr, S. 435 – 445 verwiesen werden.

707 Zur Nichtigkeit rechtsgeschäftlicher Entziehungen gem. § 138 Abs. 2 BGB vgl. auch *Anton* Illegaler Kulturgüterverkehr, S. 471 – 479.

708 *Ellenberger* in: *Palandt*, BGB, § 138 Rn. 66 f.

709 *Rudolph* Restitution von Kunstwerken aus jüdischem Besitz, S. 148 f.

jüdischen Veräußerers.[710] Eine solche Notlage bestand jedenfalls dann, wenn der jüdische Eigentümer in seiner wirtschaftlichen Existenz bedroht war und sich dies für ihn als Zwang zum Abschluss des Rechtsgeschäftes ausgewirkt hat.[711] Aufgrund der mit der Machtergreifung einsetzenden wirtschaftlichen Diskriminierung der deutschen Juden befanden sich diese während der NS-Zeit regelmäßig in einer solchen Notlage.[712] Das Tatbestandsmerkmal des „Ausbeutens" der Notlage verlangte, dass der Erwerber in dem Bewusstsein handelte, mit dem Geschäftsabschluss die Notlage des jüdischen Veräußerers auszunutzen, ohne dass es einer hierauf gerichteten Absicht bedurfte.[713] Die Erfüllung der Tatbestandsmerkmale des § 138 Abs. 2 BGB zieht neben der Nichtigkeit des schuldrechtlichen Verpflichtungsgeschäfts stets auch die des dinglichen Verfügungsgeschäftes nach sich,[714] so dass im Falle des Eingreifens des § 138 Abs. 2 BGB jüdische Veräußerer ihr Eigentum an dem jeweiligen Kunstwerk nicht verloren haben.[715]

Lassen sich die Voraussetzungen des Wuchers gem. § 138 Abs. 2 BGB nicht nachweisen, so ist weiter zu prüfen, ob eine Nichtigkeit des betroffenen Rechtsgeschäfts nach der Generalklausel des § 138 Abs. 1 BGB wegen Sittenwidrigkeit[716] in Betracht kommt.[717] Nach herrschender Rechtsprechung und herrschender Lehre ist zur Beurteilung der Sittenwidrigkeit eines Rechtsgeschäfts die Wertanschauung entscheidend, die zur Zeit der Vornahme des Rechtsgeschäfts vor-

---

710 *Rudolph* a.a.O., S. 149.

711 *Rudolph* a.a.O., S. 149f. m.w.Nachw. in Fn. 477–480.

712 *Rudolph* a.a.O., S. 150f. *Rudolph* betont, dass sich spätestens seit der „Reichskristallnacht" vom 9./10.11.1938, auch an sich wohlhabende Juden in einer solchen Notlage befunden haben (ebda.).

713 *Rudolph* a.a.O., S. 152, m.w.Nachw. in Fn. 487.

714 *Ellenberger* in: *Palandt*, BGB, § 138 Rn. 75.

715 *Rudolph* Restitution von Kunstwerken aus jüdischem Besitz, S. 152.

716 Zur Konkretisierung des Rechtsbegriffs der „guten Sitten" ist auf die herrschende Rechts- und Sozialmoral und die der Rechtsordnung immanenten rechtsethischen Werte und Prinzipien, insbesondere das im Grundgesetz verkörperte Wertesystem abzustellen (*Ellenberger* in: *Palandt*, BGB, § 138 Rn. 2–6). Die Sittenwidrigkeit eines Rechtsgeschäfts kann sich dabei aus seinem Inhalt, oder – was bei den rechtsgeschäftlichen Entziehungen der ersten Raubkunstphase regelmäßig der Fall sein wird – aus seinem Gesamtcharakter ergeben (*Ellenberger* a.a.O., § 138 Rn. 7f.). Im letzteren Fall ist eine Gesamtwürdigkeit des Rechtsgeschäftes vorzunehmen, in die Inhalt, Beweggrund und Zweck des Geschäftes miteinzubeziehen sind (*Ellenberger* a.a.O., § 138 Rn. 8). Ergibt sich die Sittenwidrigkeit erst aus dem Gesamtcharakter des Rechtsgeschäfts, so ist in subjektiver Hinsicht zwar kein Bewusstsein der Sittenwidrigkeit bzw. eine Schädigungsabsicht erforderlich, der Handelnde muss jedoch die Tatsachen kennen, welche zur Sittenwidrigkeit des Rechtsgeschäfts führen (ebda.).

717 Zur Nichtigkeit rechtsgeschäftlicher Entziehungen gem. § 138 Abs. 1 BGB vgl. auch *Anton* Illegaler Kulturgüterverkehr, S. 445–459.

herrschte.[718] Dies entspreche „dem allgemeinen Rechtsgedanken, dass Schuldverhältnisse nach der Zeit ihrer Entstehung zu beurteilen sind."[719] Somit sind nach dieser Ansicht Rechtsgeschäfte, die zur Zeit des Dritten Reichs durchgeführt wurden, auch anhand des damals geltenden, nationalsozialistischen Wertmaßstabes auf ihre Sittenwidrigkeit zu überprüfen.[720] Folgt man dieser Auffassung, so dürften „freiwillige" Entziehungen der ersten Raubkunstphase wohl nur in den seltensten Fällen als sittenwidrig einzustufen sein, da die wirtschaftliche Verdrängung und Vertreibung der deutschen Juden mit dem damals geltenden Wertmaßstab in Einklang standen.

Es ist darauf hinzuweisen – ohne dass es einer Klärung des Streits bedarf -, dass *Rudolph* die Auffassung von Rechtsprechung und herrschender Lehre bezüglich des Beurteilungszeitpunkts der Sittenwidrigkeit im Rahmen der Bewertung von Rechtsgeschäften jüdischer Veräußerer aus der Zeit des Dritten Reichs für nicht überzeugend hält.[721] Sie ist der Meinung, dass für die Feststellung, ob eine Rechtsgeschäft eines jüdischen Veräußerers gegen die guten Sitten verstößt, eine „nicht von der antisemitischen Propaganda beeinflusste Anschauung" maßgebend sei.[722] Zur Beurteilung der Sittenwidrigkeit will *Rudolph* daher auf einen Bewertungsmaßstab zurückgreifen, der demjenigen gleicht, den das alliierte Rückerstattungsrecht an das Vorliegen einer ungerechtfertigten Entziehung im Falle eines rechtsgeschäftlichen Vermögensverlustes anlegt.[723] Es sei daher grundsätzlich davon auszugehen, dass ein Rechtsgeschäft eines jüdischen Veräußerers während der NS-Zeit gegen die guten Sitten verstoßen habe und daher gem. § 138 Abs. 1 BGB nichtig ist.[724] Etwas anderes müsse jedoch dann gelten,

---

718 *Ellenberger* in: *Palandt*, BGB, § 138 Rn. 9; *Armbrüster* in: Münchener Kommentar, BGB, § 138 Rn. 133; *Sack/Fischinger* in: *Staudinger*, BGB (2011), § 138 Rn. 94.

719 *Armbrüster* a. a. O., § 138 Rn. 133.

720 So auch *Hartung* Kunstraub in Krieg und Verfolgung, S. 268, Fn. 1109.

721 *Rudolph* Restitution von Kunstwerken aus jüdischem Besitz, S. 157 f. führt insoweit aus, dass das hinter der h.M. stehende „Interesse, Rechtssicherheit zu schaffen und das Vertrauen des Erwerbers in den Bestand des Rechtsgeschäftes zu schützen [...] in den Fällen, in denen das Rechtsgeschäft in der Zeit vom 30. Januar 1933 bis zum 8. Mai 1945 von einem jüdischen Veräußerer abgeschlossen wurde, der hierzu durch die nationalsozialistische Verfolgungsmaßnahme bestimmt worden ist, hinter dessen Interesse am Schutz seines Eigentums zurücktreten" muss.

722 *Rudolph* a. a. O., S. 155 – 157.

723 *Rudolph* a. a. O., S. 158 f. Zu den Voraussetzungen der Vermutung der ungerechtfertigten Entziehung nach alliiertem Rückerstattungsrecht und deren Widerlegung vgl. oben S. 166 – 168.

724 *Rudolph* a. a. O., S. 159 – 162.

wenn es dem Erwerber gelinge, die Entziehungsvermutung der alliierten Rückerstattungsgesetze zu widerlegen.[725]

Die Sittenwidrigkeit der Veräußerung erstrecke sich auch auf das dingliche Verfügungsgeschäft, da es dem Erwerber eben darum geht, das Eigentum an dem betroffenen Gegenstand zu erwerben, so dass der Verstoß gegen die guten Sitten gerade im Vollzug der Leistung liegt.[726] Dieser Auffassung folgend, hat ein jüdischer Veräußerer im Falle der Sittenwidrigkeit des Rechtsgeschäfts sein Eigentum daher nicht verloren.

2. Eigentumsverlust bei Entziehung durch staatlichen Hoheitsakt während der zweiten Raubkunstphase

Die zwangsweisen Entziehungen jüdischer Vermögenswerte während der zweiten Raubkunstphase wurden vor allem auf die Einsatzverordnung (und die weiteren zu ihrer Durchführung erlassenen Verordnungen)[727], das Gesetz über die Einziehung volks- und staatsfeindlichen Vermögens[728], das Widerrufs- und Aberkennungsgesetz[729], sowie auf die 11. Verordnung zum Reichsbürgergesetz[730] gestützt.[731] Die rechtliche Wirksamkeit dieser NS-Gesetze ist insbesondere anhand eines Leitsatzes *Gustav Radbruchs* – der sog. „Radbruchschen Formel" – sowie der zu ihrer Umsetzung erlassenen Rechtsprechung zu beurteilen.[732]

Die Thesen *Radbruchs* beschäftigen sich insbesondere mit dem Konflikt zwischen positivem Recht und Naturrecht bzw. mit dem Gegensatz zwischen Rechtssicherheit und Gerechtigkeit.[733] Im Einzelnen heißt es: „Der Konflikt zwischen der Gerechtigkeit und Rechtssicherheit dürfte dahin zu lösen sein, dass das positive, durch Satzung und Macht gesicherte Recht auch dann Vorrang hat, wenn es inhaltlich ungerecht und unzweckmäßig ist, es sei denn, dass der Widerspruch des positiven Gesetzes zur Gerechtigkeit ein so unerträgliches Maß erreicht, dass das Gesetz als ‚unrichtiges' Recht der Gerechtigkeit zu weichen hat. [...] Wo Ge-

725 *Rudolph* a. a. O., S. 158 f; *Anton* Illegaler Kulturgüterverkehr, S. 445 – 459 folgt im Wesentlichen der Auffassung *Rudolphs*.

726 *Rudolph* a. a. O., S. 161. Zu den Voraussetzungen der Erstreckung der Sittenwidrigkeit des schuldrechtlichen Verpflichtungsgeschäfts auf das dingliche Verfügungsgeschäft vgl. *Ellenberger* in: *Palandt*, BGB, § 138 Rn. 20.

727 Vgl. oben S. 123 f.

728 Vgl. oben S. 124 f.

729 Vgl. oben S. 141.

730 Vgl. oben S. 141 f.

731 *Rudolph* Restitution von Kunstwerken aus jüdischem Besitz, S. 162 – 166.

732 *Hartung* a. a. O., S. 138 – 142; *Rudolph* a. a. O., S. 163 – 166.

733 *Hartung* a. a. O., S. 138 f.; *Rudolph* a. a. O., S. 164.

rechtigkeit nicht einmal erstrebt wird, wo die Gleichheit, die den Kern der Gerechtigkeit ausmacht, bei der Setzung positiven Rechts bewusst verleugnet wurde, da ist das Gesetz nicht etwa nur ‚unrichtiges Recht', vielmehr entbehrt es überhaupt der Rechtsnatur."[734] Nach dieser Formel handelt es sich insbesondere bei denjenigen NS-Gesetzen, die Juden diskriminieren und ihnen ihre Menschenrechte versagen, nicht etwa um „unrichtiges Recht", sondern um überhaupt gar kein Recht, so dass von diesen Gesetzen auch keinerlei Rechtswirkungen ausgehen können.[735]

Die Gedanken *Radbruchs* finden in der Rechtsprechung des BGH, der in mehreren Entscheidungen geurteilt hat, dass NS-Gesetze, welche Juden diskriminierten, niemals Recht, sondern bereits zur Zeit ihrer formalen Geltung Unrecht gewesen seien, ihre Fortsetzung.[736] So hat der BGH beispielsweise entschieden, dass der § 3 der 11. Verordnung zum Reichsbürgergesetz „wegen seines den Grunderfordernissen jeder rechtsstaatlichen Ordnung widersprechenden Unrechtsgehalts als von vornherein nichtig anzusehen ist."[737] Auch das BVerfG hat sich in seiner Rechtsprechung mit der Radbruchschen Formel auseinandergesetzt und in zahlreichen Entscheidungen betont, dass NS-Gesetzen die Geltung als Recht aberkannt werden kann, „weil sie fundamentalen Prinzipien der Gerechtigkeit so evident widersprechen, dass der Richter, der sie anwenden oder ihre Rechtsfolgen anerkennen wollte, Unrecht statt Recht sprechen würde."[738]

Im Ergebnis ist somit festzustellen, dass alle NS-Gesetze, welche Juden aus rassischen Gründen diskriminierten und sie ihres Vermögens beraubten, wegen ihres unerträglichen Widerspruchs zur Gerechtigkeit bereits von Anfang an nichtig waren und somit keinerlei Rechtswirkungen entfalten konnten.[739] Damit waren unter anderem die Einsatzverordnung (einschließlich ihrer Durchführungsverordnungen), das Gesetz über die Einziehung volks- und staatsfeindlichen Vermögens, das Widerrufs- und Aberkennungsgesetz und die 11. Verordnung zum

---

734 Zitiert aus *Rudolph* a.a.O., S. 164, m.w.Nachw. in Fn. 528.

735 *Rudolph* a.a.O., S. 164.

736 *Hartung* Kunstraub in Krieg und Verfolgung, S. 140; *Rudolph*, a.a.O., S. 165. Ausdrücklich sprach der BGH der Anmeldeverordnung, der Einsatzverordnung und der 11. VO zum Reichsbürgergesetz von Anfang an jede Rechtswirksamkeit ab (*Hartung* a.a.O., S. 140, m.w.Nachw. in Fn. 541–543).

737 Zitiert aus *Rudolph*, a.a.O., S. 165 f. (m.w.Nachw. in Fn. 534 auf BGH, NJW, S. 905). Zur Nichtigkeit der 11. Verordnung zum Reichsbürgergesetz vgl. auch BVerwG, Urt. v. 18.05.1995, VIZ 1995, 522 (522).

738 Zitiert aus *Rudolph* a.a.O., S. 166 (m.w.Nachw. in Fn. 535 auf BVerfG v. 17.12.1953, BVerfGE 3, 58 (119); BVerfG v. 18.12.1953; BVerfGE 3, 225 (232); BVerfG v. 19.2.1957, BVerfGE 6, 132 (198); BVerfG v. 14.2.1968, BVerfGE 23, 98 (106)). Vgl. auch *Hartung* Kunstraub in Krieg und Verfolgung, S. 139 f.

739 *Hartung* a.a.O., S. 141; *Rudolph* a.a.O., S. 166.

Reichsbürgergesetz von Anfang an nichtig und konnten keinerlei Rechtswirkung entfalten.[740] Nach der wohl herrschenden Auffassung in der Literatur sowie nach der sich durchgesetzten Rechtsprechung des BGH folgt aus der Nichtigkeit der genannten Gesetze auch die Nichtigkeit darauf gestützter Entziehungsakte, so dass diese dem Deutschen Reich kein Eigentum verschaffen konnten, sondern das Eigentum des betroffenen jüdischen Rechtsinhabers vielmehr unberührt ließen.[741]

III. Eigentumsverlust durch Rechtserwerb Dritter

1. Gutgläubiger Erwerb vom Nichtberechtigten

Denkbar ist, dass der Alteigentümer eines Raubkunstwerkes bzw. dessen Rechtsnachfolger sein Eigentum an dem Objekt aufgrund eines gutgläubigen Dritterwerbes gem. § 932 BGB im Anschluss an die Entziehung verloren hat. Insoweit ist jedoch zu berücksichtigen, dass gem. § 935 Abs. 1 BGB ein gutgläubiger Erwerb an abhanden gekommenen Sachen nicht möglich ist. Abhandengekommen ist eine Sache, wenn der Eigentümer den unmittelbaren Besitz an ihr ohne seinen Willen verloren hat.[742] Dies ist dann der Fall, wenn der Besitzverlust unfreiwillig war.[743]

Hinsichtlich der Einstufung NS-verfolgungsbedingter Vermögensverluste als Fälle eines Abhandenkommens i. S.v. Art. 935 Abs. 1 BGB, ist zunächst auf die verschiedenen Auffassungen in der Literatur in Bezug auf die Beurteilung der rechtsgeschäftlichen Entziehungen der ersten Raubkunstphase hinzuweisen. So vertreten *Schnabel/Tatzkow* den Standpunkt, dass Sachen, die „unter wirtschaftlichem oder persönlichem Druck" von ihrem jüdischen Eigentümer veräußert wurden, grundsätzlich nicht als abhandengekommen einzustufen seien, da die Besitzaufgabe nicht unfreiwillig erfolgt sei.[744] *Rudolph* ist hingegen der Meinung, dass „bei sämtlichen Rechtsgeschäften, die ein jüdischer Veräußerer in der Zeit vom 30. Januar 1933 bis zum 8. Mai 1945 abgeschlossen hat, zu vermuten ist, dass er hierbei unter dem Eindruck des durch die nationalsozialistischen Ver-

---

740 *Rudolph* a. a. O., S. 166.

741 *Hartung* Kunstraub in Krieg und Verfolgung, S. 141; *Rudolph*, a. a. O., S. 167–168 (m.w.Nachw. in Fn. 542 auf BGH, NJW 1955, 905 ff). Zur Nichtigkeit der auf der 11. Verordnung zum Reichsbürgergesetz basierenden Entziehungen vgl. auch BVerwG Urt. v. 18.05.1995, VIZ 1995, 522 (522). Dort heißt es ausdrücklich: „Die Nichtigkeit betrifft die Ausbürgerung ebenso wie die Konfiskation des Vermögens".

742 *Bassenge* in: *Palandt*, BGB, § 935 Rn. 3.

743 *Oechsler* in: Münchener Kommentar, BGB, § 935 Rn. 2.

744 *Schnabel/Tatzkow* Nazi Looted Art, S. 45.

folgungsmaßnahmen begründeten Zwangs gestanden hat."[745] Dieser Zwang habe sich auch auf die Besitzaufgabe des jüdischen Veräußerers bezogen, so dass davon auszugehen sei, dass diese ohne dessen Willen erfolgte und ein veräußertes Kunstwerk daher als abhandengekommen i. S.v. § 935 Abs. 1 S. 1 BGB einzustufen sei.[746]

Hinsichtlich der Frage, ob NS-Raubkunst, die während der zweiten Raubkunstphase aufgrund staatlichen Hoheitsakts entzogen wurde als abhandengekommen i. S.v. § 935 Abs. 1 BGB einzustufen ist, ist auszuführen, dass Beschlagnahmen aufgrund eines staatlichen Hoheitsaktes grundsätzlich kein Abhandenkommen begründen, selbst wenn dieser rechtswidrig ist.[747] Dies gilt zumindest nach herrschender Literatur jedoch nicht, wenn die Beschlagnahme nichtig war.[748] Da die Entziehungsakte der zweiten Raubkunstphase, welche die jüdische Bevölkerung diskriminierten, grundsätzlich als nichtig einzustufen sind, wird daraus geschlossen, dass die betroffenen Kunstwerke auch als abhandengekommen i. S.v. § 935 Abs. 1 BGB einzustufen sind.[749]

2. Gutgläubiger Erwerb im Wege der öffentlichen Versteigerung

Hinzuweisen ist darauf, dass gem. § 935 Abs. 2 2. Alt. BGB ausnahmsweise ein gutgläubiger Erwerb an abhanden gekommenen Sachen möglich ist, sofern diese „im Wege der öffentlichen Versteigerung veräußert" wurden.[750] Eine Versteigerung ist nur dann eine „öffentliche Versteigerung", wenn die Voraussetzungen des § 383 Abs. 3 BGB erfüllt sind. Nach dieser Vorschrift hat die Versteigerung „durch einen für den Versteigerungsort bestellten Gerichtsvollzieher oder zu Versteigerung befugten anderen Beamten oder öffentlich angestellten Versteigerer öffentlich zu erfolgen", wobei Zeit und Ort der Versteigerung „unter allgemeiner Bezeichnung der Sache öffentlich bekannt zu machen" sind. Die sog. „Judenauktionen", auf

745 *Rudolph* Restitution von Kunstwerken aus jüdischem Besitz, S. 232.

746 Ebda. So im Ergebnis auch *Müller-Katzenburg* in: Museen im Zwielicht, S. 221 (234 f.).

747 *Bassenge* in: *Palandt*, BGB, § 935 Rn. 6.

748 Ebda.; *Oechsler* in: Münchener Kommentar, BGB, § 935 Rn. 12; *Wiegand* in: *Staudinger*, BGB (2011), § 935 Rn. 17 f.

749 *Rudolph* Restitution von Kunstwerken aus jüdischem Besitz, S. 235; *Schnabel/Tatzkow* Nazi Looted Art, S. 45; *Hartung* Kunstraub in Krieg und Verfolgung, S. 279; *Müller-Katzenburg* in: Museen im Zwielicht, S. 221 (234 f.).

750 *Rudolph* a. a. O., S. 240 – 265 ist jedoch der Auffassung, dass ein gutgläubiger Erwerb gem. § 935 Abs. 2 2. Alt. BGB bei NS-Raubkunst nicht möglich sei, da die Vorschriften des alliierten Rückerstattungsrechts, das grundsätzlich keinen gutgläubigen Erwerb kennt, einen solchen vollumfänglich und unbefristet ausschließen würden.

denen das NS-Regime entzogene jüdische Kunstsammlungen verwertete[751], können als öffentliche Versteigerung eingeordnet werden, sofern sie im Einzelfall die Voraussetzungen des § 383 Abs. 3 BGB erfüllten.[752] Heutzutage werden Versteigerungen der internationalen Auktionshäuser wie Sotheby's und Christie's in der Regel durch einen öffentlich bestellten Versteigerer durchgeführt und sind grundsätzlich jedermann zugänglich, so dass sie meist den Schutz des § 935 Abs. 2 2. Alt. BGB genießen.[753]

3. Eigentumsverlust durch Ersitzung

Zu erwähnen ist abschließend die Möglichkeit, dass ein Dritter durch Ersitzung gem. § 937 BGB Eigentum an einem Raubkunstwerk erwirbt.[754] Nach § 937 Abs. 1 BGB kann jeder, der „eine bewegliche Sache zehn Jahre im Eigenbesitz hat", das Eigentum an dieser erwerben. Dies gilt auch für Sachen, die als abhandengekommen i. S.v. § 935 Abs. 1 BGB einzuordnen sind.[755] Ausgeschlossen ist die Ersitzung jedoch gem. § 937 Abs. 2 BGB, wenn der Besitzer „bei dem Erwerb des Eigenbesitzes nicht in gutem Glauben ist oder, wenn er später erfährt, dass ihm das Eigentum nicht zusteht." Nicht gutgläubig i. S.v. § 937 Abs. 2 BGB ist der Besitzer, wenn er beim Besitzerwerb wusste oder infolge grober Fahrlässigkeit nicht wusste, dass er nicht Eigentümer ist bzw. durch den Besitzerwerb nicht Eigentümer wird, oder wenn er dies nachträglich erkennt.[756] Für ein Fehlen des guten Glaubens kann u. a. die Listung eines Raubkunstwerkes auf der Lostart Internet Datenbank[757] sprechen.[758]

IV. Durchsetzbarkeit des Herausgabeanspruchs aus § 985 BGB

Gem. § 197 Abs. 1 Nr. 1 Alt. 1 BGB verjährt der Herausgabeanspruch nach § 985 BGB in 30 Jahren. Nach Ablauf dieser Frist kann der Schuldner die Herausgabe unter Erhebung der Verjährungseinrede gem. § 214 Abs. 1 BGB verweigern.[759] Verlangt ein Alteigentümer eines Raubkunstwerkes bzw. dessen Rechtsnachfolger daher

751 Vgl. oben S. 121.
752 Vgl. dazu ausführlich *Rudolph* Restitution von Kunstwerken aus jüdischem Besitz, S. 238 f.
753 *Müller-Katzenburg* in: Museen im Zwielicht, S. 221 (237); *Rudolph* a. a. O., S. 238.
754 Vgl. dazu umfassend *Rudolph* a. a. O., S. 265 – 278.
755 *Müller-Katzenburg* in: Museen im Zwielicht, S. 221 (237).
756 *Bassenge*, in: *Palandt*, BGB, § 937 Rn. 1.
757 Vgl. oben S.200.
758 *Rudolph* Restitution von Kunstwerken aus jüdischem Besitz, S. 270.
759 *Ellenberger* in: *Palandt*, BGB, § 214 Rn. 1.

die Herausgabe des Objektes gem. § 985 BGB, so kann der gegenwärtige Besitzer daher grundsätzlich die Verjährungseinrede erheben. Es ist jedoch zu betonen, dass sich Museen in öffentlicher Trägerschaft grundsätzlich den Washingtoner Prinzipien und der Gemeinsamen Erklärung verpflichtet fühlen und daher in der Regel auf die Erhebung der Verjährungseinrede verzichten werden.[760]

V. Inhalt des Herausgabeanspruchs nach § 985 BGB

§ 985 BGB gibt dem Eigentümer einen Anspruch auf Herausgabe der Sache, d.h. auf „Auskehrung“ (Abgabe) des Besitzes an ihr, wodurch dann der den Eigentumsverhältnissen entsprechende Besitzstand wiederhergestellt wird.[761] Soweit sich der Anspruch – was beim der Herausgabe von NS-Raubkunst regelmäßig der Fall sein wird – gegen den nicht besitzberechtigten unmittelbaren Alleinbesitzer richtet, ist er also auf Abgabe unmittelbaren Alleinbesitzes an den Eigentümer, nach Wahl des Besitzers in der Form § 854 Abs. 1 oder Abs. 2 BGB gerichtet.[762] Der Schuldner muss aktiv lediglich dafür sorgen, dass der Gläubiger den unmittelbaren Besitz an der Sache erhält.[763] Dazu muss er dem übernahmebereiten Eigentümer den Zugang zu der Sache ermöglichen und ihre Wegnahme dulden.[764]

Strittig ist jedoch, an welchem Ort dies zu erfolgen hat. So wird teilweise vertreten, dass die Herausgabe an dem Ort zu erfolgen habe, an dem sich die Sache gerade befindet.[765] Die wohl herrschende Meinung vertritt dagegen eine diffe-

760 *Rudolph* ist darüber hinaus der Auffassung, dass es öffentlichen Museen wegen unzulässiger Rechtsausübung nach § 242 BGB verwehrt sei, die Herausgabe von NS-Raubkunst unter Berufung auf die Verjährungseinrede zu verweigern, da diese den Grundsätzen der Gemeinsamen Erklärung bzw. den Restitutionsgrundsätzen der SPK verpflichtet seien, die einen konkludenten Verzicht auf die Erhebung der Verjährungseinrede enthalten würden. Zwar komme dem Verzicht aufgrund der rechtlichen Unverbindlichkeit der Gemeinsamen Erklärung und der Restitutionsgrundsätze der SPK keine Rechtsverbindlichkeit zu. Jedoch sei dieser unverbindliche Verzicht, einem unwirksamen Verzicht auf die Verjährungseinrede gleichzustellen, dessen Erklärung dazu führt, dass derjenige, der unwirksam auf die Verjährungseinrede verzichtet hat und diese dennoch erhebt, rechtsmissbräuchlich handelt. Öffentliche Museen würden daher rechtmissbräuchlich handeln, wenn sie die Herausgabe von NS-Raubkunst unter Berufung auf die Einrede der Verjährung verweigern. Der Eigentümer könne daher in diesen Fällen die Verjährungseinrede durch den Gegeneinwand der unzulässigen Rechtsausübung entkräften und seinen Herausgabeanspruch nach § 985 BGB erfolgreich durchsetzen (vgl. *Rudolph* Restitution von Kunstwerken aus jüdischem Besitz, S. 288–291).

761 *Gursky* in: *Staudinger*, BGB, § 985 Rn. 1, 60 (2013).

762 *Gursky* a.a.O., § 985 Rn. 61.

763 *Baldus* in: Münchener Kommentar, BGB, § 985 Rn. 47.

764 *Gursky* in: *Staudinger*, BGB, § 985 Rn. 61 (2013).

765 Ebda.; *Baldus* in: Münchener Kommentar, BGB, § 985 Rn. 55.

renzierende Auffassung nach der nur der gutgläubige und unverklagte Besitzer die Sache an ihrem gegenwärtigen Belegenheitsort herauszugeben habe.[766] Der bösgläubige und der verklagte Besitzer haben die Sache hingegen an dem Ort herauszugeben, an dem sich diese bei Eintritt der Bösgläubigkeit bzw. der Rechtshängigkeit befand.[767] Der deliktische Besitzer habe sie am Ort der Erlangung herauszugeben.[768] Gleich welcher Auffassung man folgt, ist die Herausgabeschuld nach § 985 BGB jedenfalls nicht als „Bringschuld" ausgestaltet, so dass keine Abgabe des Besitzes am Wohnsitz des Eigentümers geschuldet ist. Zwar vertritt eine äußerst streitbare Mindermeinung, dass sich ausnahmsweise – bei leicht transportierbaren Sachen und einem weit entfernt wohnenden Gläubiger – aus § 242 BGB ergeben könne, dass der Schuldner die Sache auch auf Kosten und Gefahr des Gläubiger verschicken müsse.[769] Eine solche Pflicht scheidet bei der Herausgabe von Kunstwerken jedoch grundsätzlich aus, da sich Kunsttransporte meist als komplexe Angelegenheit erweisen und regelmäßig der Einschaltung eines spezialisierten Kunstspediteurs bedürfen, so dass es sich bei Kunstwerken normalerweise nicht um leicht transportierbare Sachen handeln wird.

Es bleibt somit festzuhalten, dass ein nach § 985 BGB Berechtigter keinen Anspruch darauf hat, dass ihm der Schuldner das betroffene Kunstwerk an seinem Wohnsitz oder an einem anderen gewünschten Ort übergibt oder es dorthin versendet. Dies würde eine über § 985 BGB hinausgehende Dienstleistung darstellen, die nicht geschuldet ist.

H. Die Restitution von als „entartet" entzogener Kunst

Wie bereits erwähnt handelt es sich bei der Restitution von als „entartet" entzogenen Kunstwerken insoweit um einen Sonderfall, als dass die Wiedergutmachung dieser Vermögensverluste nach – heutzutage stark kritisierter – Rechtsprechung der Nachkriegszeit grundsätzlich nicht in den Regelungsbereich der

---

766 BGH, NJW 1981, 752 (753); *Bassenge* in: *Palandt*, BGB, § 985 Rn. 10; *Ebbing* in: *Erman*, BGB, § 985 Rn. 23; vgl. dazu auch *Gursky* in: *Staudinger*, BGB (2013), § 985 Rn. 61 (m.w.Nachw. auf die h.M.).
767 BGH, NJW 1981, 752 (753); *Bassenge* a.a.O., § 985 Rn. 10; *Ebbing* a.a.O., § 985 Rn. 23.
768 *Bassenge* a.a.O., § 985 Rn. 10.
769 Vgl. *Baldus* in: Münchener Kommentar, BGB, § 985 Rn. 59. A.A: *Gursky* in: *Staudinger*, BGB (2013), § 985 Rn. 61. Sehr kritisch *Baldus* a.a.O., § 985 Rn. 59.

alliierten Rückerstattungsgesetze fiel.[770] Dies galt selbst dann, wenn die betroffenen Kunstwerke vor ihrer Entziehung in Privateigentum standen und sich lediglich als Leihgabe in einem öffentlichen Museum befanden.[771] Nach Ansicht der Gerichte handelte es sich bei als „entartet" eingezogenen Kunstwerken nicht um verfolgungsbedingte Vermögensverluste i. S. d. alliierten Rückerstattungsgesetze.[772] Entscheidend für die Entziehung der als „entartet" deklarierten Werke sei nicht eine persönliche Verfolgung des Eigentümers, sondern vielmehr die Form und der Inhalt der Kunstwerke selbst gewesen, so dass es an dem nötigen Kausalzusammenhang zwischen dem Vermögensverlust und der persönlichen Verfolgung des Alteigentümer fehle.[773] In Abkehr zu der Rechtsprechung der Nachkriegszeit wird in der aktuellen Literatur vertreten, dass als „entartet" entzogene Kunstwerke unter den an das alliierte Rückerstattungsrecht anknüpfenden Tatbestand des § 1 Abs. 6 VermG subsumiert werden können.[774]

Sofern die speziellen Wiedergutmachungsvorschriften der alliierten Rückerstattungsgesetze nicht einschlägig waren bzw. davon ausgegangen wird, dass § 1 Abs. 6 VermG mangels persönlicher Verfolgung des Alteigentümers nicht einschlägig ist, kann die Restitution von als „entartet" entzogenen Kunstwerken auf Grundlage von § 985 BGB verfolgt werden. *Kunze* vertritt diesbezüglich die durchaus strittige Auffassung, dass das Einziehungsgesetz als nichtig und damit unwirksam einzustufen ist.[775] Folgt man dieser Auffassung, so hat der Alteigentümer durch die Enteignung auf Grundlage des Einziehungsgesetzes das Eigentum

---

770 *Kunze* Restitution „Entartete Kunst", S. 250 f; *Schnabel/Tatzkow* Nazi Looted Art, S. 105; *Anton* Illegaler Kulturgüterverkehr, S. 671. Zur Kritik an der Rechtsprechung der Nachkriegszeit vgl. *Kunze* a. a. O., S. 251 f.

771 *Kunze* a. a. O., S. 251.

772 *Kunze* a. a. O., S. 250 f.; *Anton* Illegaler Kulturgüterverkehr, S. 673.

773 *Kunze* a. a. O., S. 250 f., *Schnabel/Tatzkow* Nazi Looted Art, S. 105; *Anton* a. a. O., S. 671, 673 f.

774 *Kunze* a. a. O., S. 254. Auch *Busche* in: *Säcker:* Vermögensrecht, § 1 Rn. 171, Fn. 366 geht wohl davon aus, dass als „entartet" entzogene Kunstwerke grundsätzlich von § 1 Abs. 6 VermG erfasst werden. Überdies nennen *Busche* a. a. O., § 1 Rn. 153 und *Wasmuth* in: Rechtshandbuch Vermögen und Investitionen in der ehemaligen DDR, § 1 VermG Rn. 157 das Einziehungsgesetz als Rechtsvorschrift in deren Zusammenhang ein Vermögensverlust nach § 1 Abs. 6 VermG eingetreten sein könne. Eine Begründung, wie der auch im Rahmen des § 1 Abs. 6 VermG zu fordernde Kausalzusammenhang, zwischen der Verfolgung des Alteigentümers und dem Vermögensverlust, im Falle der Entziehung „entarteter" Kunst zu begründen ist, wird jedoch von keinem der genannten Verfasser geliefert.

775 Zur Nichtigkeit des Einziehungsgesetzes und zur Folge der Nichtigkeit für die Enteignungen vgl. *Kunze* a. a. O., S. 67–91. *Schnabel/Tatzkow* Nazi Looted Art, S. 40 bewerten das Einziehungsgesetz nur dann als nichtig, wenn sich die entschädigungslose Enteignung gegen Kunstwerke im Privateigentum richtete. Zum Meinungsstreit über die rechtliche Bewertung des Einziehungsgesetzes vgl. auch *Anton* Illegaler Kulturgüterverkehr, S. 1122–1137.

an seinem Kunstwerk nicht verloren. Er bzw. sein Rechtsnachfolger kann daher grundsätzlich von dem derzeitigen Besitzer des Kunstwerkes nach § 985 BGB dessen Herausgabe verlangen,[776] sofern er sein Eigentum nicht aufgrund eines Eigentumserwerbs eines Dritten verloren hat[777] und der Herausgabeanspruch auch nicht verjährt ist[778].

I. Ergebnis

Nach dem USREG, dem BrREG und der REAO waren in den westlichen Besatzungszonen während der Nachkriegszeit sog. „ungerechtfertigte Entziehungen", d. h. solche Vermögensverluste, die während der NS-Zeit verfolgte Personen aufgrund ihrer Verfolgung erlitten hatten, rückgängig zu machen. Unter den Begriff der ungerechtfertigten Entziehung waren sowohl die rechtsgeschäftlichen Entziehungen jüdischen Kunstbesitzes aus der ersten Raubkunstphase als auch die zwangsweisen Entziehungen solcher Objekte durch staatlichen Hoheitsakt während der zweiten Raubkunstphase zu subsumieren. Das alliierte Rückerstattungsrecht sah im Grundsatz eine Wiedergutmachung in Form der Naturalrestitution vor. Wurde einem Rückerstattungsanspruch stattgegeben, so erlangte der Alteigentümer bzw. dessen Rechtsnachfolger rückwirkend sein Eigentumsrecht wieder und konnte von dem Besitzer Herausgabe verlangen. Je nachdem welcher Auffassung man sich anschließt, konnte das Herausgabeverlangen auf § 985 BGB oder auf einen speziellen rückerstattungsrechtlichen Herausgabeanspruch gestützt werden, der sich inhaltlich nicht von Ersterem unterscheiden dürfte. Zu betonen ist, dass die alliierten Rückerstattungsgesetze in den Art. 18 Abs. 1 USREG, 14 Abs. 1 BrREG und 15 Abs. 1 REAO das Privatinteresse des Restitutionsberechtigten hinter einem öffentlichen Allgemeininteresse zurückstuften und den Restitutionsanspruch aus diesem Grunde ausschlossen.

Mit Unterzeichnung des Überleitungsvertrags im Jahre 1954 verpflichtete sich die Bundesrepublik Deutschland die Rückerstattungspolitik der westalliierten Besatzungsmächte auch nach Ende der Besatzungszeit fortzuführen. Aufgrund dieser Verpflichtung wurde 1957 das BRüG erlassen, nach dem jedoch nur die Zahlung eines Geldbetrages und Schadensersatz, aber keine Naturalrestitution verlangt werden konnte.

---

776 *Schnabel/Tatzkow* a. a. O., S. 40, 106.
777 Vgl. dazu *Kunze* Restitution „Entartete Kunst", S. 158–222.
778 Vgl. dazu *Kunze* a. a. O., S. 234–235.

Da es in den neuen Bundesländern weder während der sowjetischen Besatzung, noch zur DDR-Zeit zu einer umfassenden Wiedergutmachung des NS-Unrechts gekommen war, wurde nach der Wiedervereinigung die Schaffung neuer Restitutionsbestimmungen für dieses Gebiet erforderlich. Völkerrechtliche Grundlage für die innere Restitution auf dem Beitrittsgebiet war insbesondere die Vereinbarung vom 27./28. September. Nach dieser Vereinbarung wurde zum einen im Hinblick auf die alten Bundesländer (u. a.) bestimmt, dass trotz der grundsätzlichen Suspendierung des Überleitungsvertrages dessen Grundsätze in Bezug auf die innere Rückerstattung weiter fortgelten. Zum anderen verpflichtete sich die Bundesregierung, das BRüG und das BEG auf das Beitrittsgebiet zu erstrecken. Über diese Verpflichtung hinaus hat die Bundesregierung für das Beitrittsgebiet § 1 Abs. 6 VermG erlassen, der – im Gegensatz zum BRüG und dem BEG – eine Rückerstattung der während der NS-Zeit entzogenen Vermögenswerte ermöglicht.

§ 1 Abs. 6 VermG knüpft in seinen Voraussetzungen an das alliierte Rückerstattungsrecht an und erfasst somit wiederum sowohl rechtsgeschäftliche Vermögensverluste, als auch solche aufgrund staatlichen Hoheitsakts. Auch § 1 Abs. 6 VermG zielt grundsätzlich auf die Naturalrestitution des Entziehungsgegenstandes. Erlangt eine positive Rückübertragungsentscheidung Bestandskraft, so wird der Berechtigte Eigentümer des Entziehungsgegenstandes und kann vom Besitzer dessen Herausgabe gem. § 985 BGB verlangen. Auch das VermG enthält mit den §§ 4, 5 VermG restitutionsausschließende Tatbestände. Insoweit sind insbesondere § 4 Abs. 1 S. 1 VermG und § 5 Abs. 1 VermG hervorzuheben, die eine Ausprägung des Grundsatzes des sozialverträglichen Interessensausgleiches darstellen und das Privatinteresse des Rückerstattungsberechtigten hinter einem öffentlichen Allgemeininteresse zurücktreten lassen.

Die 1998 beschlossenen Washingtoner Prinzipien und die zu deren Umsetzung in Deutschland erlassenen Bestimmungen der Gemeinsamen Erklärung und der Handreichung stellen rechtlich unverbindliches „soft law“ dar und bieten daher keine justiziable Anspruchsgrundlage für NS-Raubkunstrestitutionen. Die genannten Erklärungen können jedoch dann rechtliche Wirkung entfalten, wenn der Gesetzgeber dem Gesetzesanwender einen entsprechenden Gestaltungsspielraum eingeräumt hat. So können die Washingtoner Prinzipien, die Gemeinsame Erklärung und die Handreichung insbesondere im Rahmen behördlicher Ermessensentscheidungen Berücksichtigung finden und dadurch eine mittelbare Rechtswirkung entfalten. Die anwendungsbetroffene Behörde ist jedoch nicht verpflichtet, ihre Entscheidung an den genannten Bestimmungen auszurichten. Gleiches gilt, sofern das Gesetz einer Behörde einen Abwägungsspielraum auf Tatbestandsebene einräumt. Bildet sich innerhalb eines Trägers öffentlicher Museen eine ständige, gleichmäßige, auf den Washingtoner Prinzipien, der Gemeinsame Erklärung und der Handreichung basierende Verwaltungspraxis heraus, so kann dies m. E. eine entsprechende Selbstbindung dieses Verwaltungsträgers begründen. Dies bedeutet, dass der selbstgebundene Verwaltungsträger Restitutionsgesuche grundsätzlich auf Grundlage der genannten Bestimmungen zu prüfen hat und nur bei Vorliegen eines sachgerechten Grundes von der ständigen Verwaltungspraxis abrücken darf. Im Falle eines unzweifelhaften NS-verfolgungsbedingten Entzugs hätte der Berechtigte daher einen mittelbaren Restitutionsanspruch aus Art. 3 Abs. 1 GG.

Seit der Entscheidung des BGH zur Plakatsammlung Sachs aus dem Jahre 2012 kann zumindest dann, wenn das Restitutionsobjekt nach dem Krieg als verschollen galt und der Alteigentümer daher sein Restitutionsbegehren nicht auf Grundlage des alliierten Rückerstattungsrechts verfolgen konnte, ein Restitutionsanspruch auf § 985 BGB gestützt werden. Insoweit ist natürlich Voraussetzung, dass der Alteigentümer bzw. dessen Rechtsnachfolger sein Eigentum weder durch die Entziehung noch durch einen späteren Rechtserwerb Dritter im Wege des gutgläubigen Erwerbs vom Nichtberechtigten oder im Wege der Ersitzung verloren hat. Der Herausgabeanspruch nach § 985 BGB ist auf Abgabe des Besitzes an den Eigentümer gerichtet. Die Besitzabgabe hat nach herrschender Meinung beim gutgläubigen und unverklagten Besitzer am gegenwärtigen Belegenheitsort der Sache, beim bösgläubigen und verklagten Besitzer an dem Ort, an dem sich diese bei Eintritt der Bösgläubigkeit bzw. der Rechtshängigkeit befand und beim deliktischen Besitzer am Ort ihrer Erlangung zu erfolgen. § 985 BGB vermittelt dem Berechtigten daher keinen Anspruch darauf, dass ihm der Schuldner das betroffene Kunstwerk an seinem Wohnsitz oder an einem anderen gewünschten Ort übergibt oder es dorthin versendet.

Bei der abschließenden erwähnten Restitution von als „entartet" entzogenen Kunstwerken handelt es sich insoweit um einen Sonderfall, als die Entziehung nicht an die Verfolgung des Eigentümers anknüpft, sondern an Form und Inhalt des Kunstwerkes. Nach ständiger Rechtsprechung zum alliierten Rückerstattungsrecht begründen diese Entziehungen daher keinen Restitutionsanspruch. Den Alteigentümern von als „entartet" entzogenen Werken bzw. deren Rechtsnachfolgern steht jedoch grundsätzlich der Anspruch nach § 985 BGB offen.

3. Kapitel: Ausfuhrverbote für NS-Raubkunst

Nachdem in den vorherigen beiden Kapiteln die rechtlichen Grundlagen des Abwanderungsschutzes für Kulturgüter und der NS-Raubkunstrestitution dargestellt wurden, gilt es im abschließendes Kapitel zu klären, wie Fälle, in denen die entgegengesetzten Zielrichtungen dieser beiden Rechtsmaterien kollidieren, in rechtlicher Hinsicht konkret zu lösen sind. Abstrakt formuliert geht es um die Frage, ob dem öffentlichen Interesse am Schutz des deutschen Kulturbesitzes, oder dem privaten Ausfuhrinteresse eines Restitutionsberechtigten – der selbst oder dessen Rechtsvorgänger vom NS-Regime aus rassischen Gründen verfolgt wurde – Vorrang einzuräumen ist. Diese Frage ist gerade deshalb relevant, weil sich in der Praxis gezeigt hat, dass Restitutionsbegehren oftmals mit der Absicht verbunden sind, die betroffenen Kulturgüter im Anschluss an die Restitution aus Deutschland auszuführen.[1] Ausfuhrverbote für wertvolle Kulturgüter können daher zu einem faktischen Restitutionshindernis werden.[2] Dies gilt insbesondere dann, wenn der Restitutionsberechtigte im Ausland wohnhaft ist und das Restitutionsobjekt an seinem Wohnsitz in Besitz nehmen will. Aber auch sofern der Restitutionsberechtigte eine Veräußerung des Kulturgutes im Ausland anstrebt, ist die Belastung eines solchen Objektes mit einem Ausfuhr- bzw. Verbringungsverbot problematisch, da dieses die wirtschaftlichen Verwertungsmöglichkeiten des Restitutionsgutes drastisch einschränkt.

Bevor insoweit auf Ausfuhrverbotspraxis und die Rechtslage in Deutschland eingegangen wird, lohnt sich der Blick nach Österreich. Dort wurde der Konflikt zwischen den Belangen der NS-geschädigten Alteigentümer bzw. von deren Rechtsnachfolgern und dem Interesse des österreichischen Staates, bedeutende Kulturgüter in Österreich zu halten, aufgrund der im vorherigen Kapitel geschilderten weitreichenden österreichischen Ausfuhrverbote[3] und insbesondere wegen der missbräuchlichen Ausfuhrverbotspraxis der Nachkriegszeit besonders augenscheinlich.

1 *Schönenberger* Restitution von Kulturgut, S. 181.
2 *Schönenberger* a.a.O., S. 181f.
3 Vgl. oben S. 137f.

https://doi.org/10.1515/978311054324-006

§ 1 Kunstrestitution und Ausfuhrverbote in Österreich

A. Die Restitution von NS-Raubkunst bis zum Erlass des Kunstrückgabegesetzes

Ausgangspunkt für alle nachfolgenden Restitutionsgesetze im Österreich der Nachkriegszeit war das Nichtigkeitsgesetz vom 15. Mai 1946[4], das in § 1 einen allgemeinen Nichtigkeitsvorbehalt für Vermögensentziehungen, die „während der deutschen Besetzung Österreichs [...] im Zuge seiner durch das Deutsche Reich erfolgten politischen oder wirtschaftlichen Durchdringung vorgenommen worden sind", statuierte. Die genauen Rechtsfolgen dieses Nichtigkeitsvorbehaltes wurden in den anschließend erlassenen Rückstellungsgesetzen geregelt.[5]

Das 1. Rückstellungsgesetz vom 26. Juli 1946[6] bestimmte die Rückgabe von Vermögenswerten aus österreichischem Bundes- oder Landesbesitz, die vom Deutschen Reich aufgrund nach Kriegsende aufgehobener Vorschriften oder aufgrund verwaltungsbehördlicher Verfügungen aus rassischen, nationalen oder anderen Gründen im Zusammenhang mit der nationalsozialistischen Machtübernahme entzogen worden waren.[7] Das 2. Rückstellungsgesetz vom 6. Februar 1947[8] verfügte auf Grundlage der Nichtigkeit der durch NS-Verfolgung bewirkten Vermögensübertragungen[9] die Rückgabe der in Bundeseigentum stehenden entzogenen Vermögenswerte.[10] Das 3. Rückstellungsgesetz vom 6. Februar 1947[11]

---

4 „Bundesgesetz über die Nichtigerklärung von Rechtsgeschäften und sonstigen Rechtshandlungen, die während der deutschen Besetzung Österreichs erfolgt sind" (BGBl. I Nr. 106/1946).

5 *Anton* Illegaler Kulturgüterverkehr, S. 529. Insgesamt wurden zwischen 1946 und 1949 sieben Rückstellunggesetze beschlossen, wobei jedoch nur die ersten drei für die Restitution von Kulturgütern von Bedeutung waren.

6 „Bundesgesetz vom 26. Juli 1946 über die Rückstellung entzogener Vermögen, die sich in der Verwaltung des Bundes oder der Bundesländer befinden" (abgedruckt bei *Brückler* Kunstraub, Kunstbergung und Restitution in Österreich 1938 bis heute, S. 423 f.).

7 Vgl. § 1 Abs. 1 des 1. Rückstellungsgesetzes i.V. m. § 1 des „Gesetz[es] über die Erfassung arisierter und anderer im Zusammenhange mit der nationalsozialistischen Machtübernahme entzogenen Vermögenschaften" v. 10. 5. 1945 (StGBl. Nr. 10/1945).

8 „Bundesgesetz vom 6. Februar 1947 über die Rückstellung entzogener Vermögen, die sich im Eigentum der Republik Österreich befinden" (abgedruckt bei *Brückler* Kunstraub, Kunstbergung und Restitution in Österreich 1938 bis heute, S. 425 f.)

9 *Anton* Illegaler Kulturgüterverkehr, S. 533.

10 Vgl. § 1 Abs. 1 des 2. Rückstellungsgesetzes i.V. m. § 1 des Gesetzes über die Erfassung arisierter und anderer im Zusammenhange mit der nationalsozialistischen Machtübernahme entzogenen Vermögenschaften.

umfasste nach seinem § 1 Abs. 1 auch die Rückgängigmachung rechtsgeschäftlicher Vermögensentziehungen und richtete sich daher auch gegen die Privaterwerber von Vermögenswerten, die während der „deutschen Besetzung Österreichs" „im Zusammenhang mit der nationalsozialistischen Machtübernahme" entzogen worden waren.[12] Wie bei den alliierten Rückerstattungsgesetzen wurde ein solcher Zusammenhang gem. § 2 Abs. 1 des 3. Rückstellungsgesetzes bei Rechtsgeschäften von politisch Verfolgten (z. B. Juden)[13] vermutet, wenn nicht der Vermögenserwerber darlegen konnte, „dass die Vermögensübertragung auch unabhängig von der Machtergreifung des Nationalsozialismus erfolgt wäre".[14] Gem. § 3 Abs. 1 des 3. Rückstellungsgesetzes waren Vermögensentziehungen i. S. d. § 1 Abs. 1 des 3. Rückerstellungsgesetzes nichtig, so dass der Berechtigten aus seinem Eigentumsrecht – entsprechend dem besonderen Verfahren des 3. Rückstellungsgesetzes – gegen den aktuellen Besitzer vorgehen konnte.[15] Zu betonen ist, dass nach § 4 Abs. 1 des 3. Rückstellungsgesetzes die Möglichkeit des anspruchsausschließenden gutgläubigen Erwerbs bestand, was dazu führte, dass der größte Teil der durch Rechtsgeschäft entzogenen Kunstgegenstände nicht restituiert wurde.[16]

Obwohl die Antragsfristen der verschiedenen Rückstellungsgesetze mehrfach, und letztendlich bis zum 31. Juli 1956 verlängert wurden,[17] erwiesen sich die Rückstellungsgesetze als unzulängliche Rechtsgrundlage für die Restitution von NS-Raubkunst. Es konnte daher nur ein Bruchteil der entzogenen Kunstwerke an die Berechtigten restituiert werden, während tausende Objekte in Verwahrung der Republik Österreich verblieben.[18]

---

11 „Bundesgesetz vom 6. Februar 1947 über die Nichtigkeit von Vermögensentziehungen" (abgedruckt bei *Brückler* Kunstraub, Kunstbergung und Restitution in Österreich 1938 bis heute, S. 426–431).

12 *Schnabel/Tatzkow* Nazi Looted Art, S. 128.

13 Bei Juden, die sich im Zeitpunkt der Vermögensentziehung innerhalb des Reichsgebiets aufhielten, war nach dem „Anschluss" Österreichs generell von einer politischen Verfolgung auszugehen (*Anton* Illegaler Kulturgüterverkehr, S. 535).

14 *Schnabel/Tatzkow* Nazi Looted Art, S. 128.

15 *Anton* Illegaler Kulturgüterverkehr, S. 536 f.

16 *Schnabel/Tatzkow* Nazi Looted Art, S. 128.

17 Ebda.

18 *Blimlinger* in: *Anderl/Bazil/Blimlinger/Kühschelm/Mayer/Stelzl-Gallian/Weidinger* (Hrsg.), ... wesentlich mehr Fälle als angenommen, S. 17 (22).

Aus diesem Grunde wurde am 27. Juni 1969 das 1. Kunst- und Kulturgutbereinigungsgesetz[19] erlassen, das rechtmäßigen Eigentümern die Möglichkeit einräumte, Herausgabeansprüche für die im Gewahrsam des Bundesdenkmalamtes befindlichen Kunst- und Kulturgüter bis spätestens zum 31. Dezember 1972[20] geltend zu machen.[21] Wurde ein solcher Anspruch nicht geltend gemacht oder rechtskräftig abgewiesen, so gingen die betroffenen Objekte gem. § 7 des 1. Kunst- und Kulturgutbereinigungsgesetzes entschädigungslos in Bundeseigentum über. Dies traf auf einen Großteil der von dem Gesetz erfassten Kulturgüter zu, da viele Anspruchsteller ihre frühere Eigentümerstellung nicht hinreichend nachweisen konnten bzw. überhaupt keine Kenntnis von ihrem Anspruch hatten.[22]

Zugunsten der rechtmäßigen Eigentümer der betroffenen Objekte wurde daher am 13. Dezember 1985 das 2. Kunst- und Kulturgutbereinigungsgesetz[23] erlassen, das diesen einen Herausgabeanspruch für Kulturgüter einräumte, die aufgrund des 1. Kunst- und Kulturgutbereinigungsgesetzes in Bundeseigentum übergegangen waren.[24] Dieser Anspruch musste gem. § 2 Abs. 1 S. 2 des 2. Kunst- und Kulturgutbereinigungsgesetzes spätestens bis zum 30. September 1986 angemeldet werden. Bemerkenswert ist, dass gem. § 4 Abs. 5 des 2. Kunst- und Kulturgutbereinigungsgesetzes die in Österreich für Kulturgüter geltenden Ausfuhrverbote nach dem Denkmalschutzgesetz und dem Ausfuhrverbotsgesetz für die vom Herausgabeanspruch des 2. Kunst- und Kulturgutbereinigungsgesetz erfassten Gegenstände für die Anspruchsberechtigten für die Dauer von 25 Jahren nach Inkrafttreten dieses Gesetzes außer Kraft gesetzt wurden. Dies zeigt, dass der österreichische Gesetzgeber den Interessen der Restitutionsberechtigten, vor dem zeitgeschichtlichen Hintergrund von NS-Verfolgung und Kunstraub, Vorrang gegenüber dem Allgemeininteresse am Schutz des österreichischen Kulturbesitzes vor Abwanderung ins Ausland einräumte.

Die nach Ablauf der Anmeldefrist des 2. Kunst- und Kulturgutbereinigungsgesetzes in Bundeseigentum verbliebenen Kunstobjekte wurden anschließend auf

---

19 „Bundesgesetz vom 27. Juni 1969 über die Bereinigung der Eigentumsverhältnisse des im Gewahrsam des Bundesdenkmalamtes befindlichen Kunst- und Kulturgutes" (abgedruckt bei *Brückler* Kunstraub, Kunstbergung und Restitution in Österreich 1938 bis heute, S. 425 f.).
20 Nach einmaliger Verlängerung der Antragsfrist (*Schnabel/Tatzkow* Nazi Looted Art, S. 130).
21 *Schnabel/Tatzkow* a. a. O., S. 130; *Anton* Illegaler Kulturgüterverkehr, S. 547 f.
22 *Schnabel/Tatzkow* a. a. O., S. 130; *Anton* a. a. O., S. 548.
23 „Bundesgesetz vom 13. Dezember 1985 über die Herausgabe und Verwertung ehemals herrenloses Kunst- und Kulturgut, das sich im Eigentum des Bundes befindet" (BGBl. 2/1986).
24 *Anton* a. a. O., S. 548 f.

Grundlage dieses Gesetzes sowie des sog. „Mauerbachgesetzes“[25] „dem Bundesverband der israelitischen Kultusgemeinde Österreichs zum Zwecke der Verwertung und der Verteilung des Erlöses“ übereignet.[26] Die Verwertung erfolgte 1996 durch Versteigerung der Objekte bei Christie's in London.[27] Auch für die von der Verwertung betroffenen Kulturgüter wurden die Ausfuhrverbote nach dem Denkmalschutz- und dem Ausfuhrverbotsgesetz außer Kraft gesetzt, um sicherzustellen, dass die Ersteigerer ihre Erwerbung ohne bürokratische Hürden in jeden Staat ausführen können.[28]

Trotz dieser Wiedergutmachungsbemühungen bleibt festzuhalten, dass es in Österreich von der Nachkriegszeit bis in die neunziger Jahre nicht zu einer systematischen Provenienzforschung und Erfassung von NS-Raubkunst kam, und auch die rechtlichen Grundlagen für eine umfassende Restitution unzureichend waren.[29] Ein Großteil der in Österreich befindlichen NS-Raubkunst konnte daher nicht an die Berechtigten restituiert werden.[30]

B. Die Vereitelung von Restitutionen durch Instrumentalisierung des Ausfuhrverbotsgesetzes

Die soeben erläuterte gesetzgeberische Entscheidung der achtziger bzw. neunziger Jahre, den Interessen der Restitutionsberechtigten stets den Vorrang vor dem Allgemeininteresse am Schutz der territorialstaatlichen Bindung des österreichischen Kulturbesitzes einzuräumen, ist vor dem Hintergrund der missbräuchlichen österreichischen Ausfuhrverbotspraxis der Nachkriegszeit zu sehen, deren Wiederholung es zu vermeiden galt. Diesbezüglich ist auszuführen, dass es im Österreich der Nachkriegszeit gängige Praxis war, die Ausfuhrverbote nach dem Ausfuhrverbotsgesetz von 1918[31] als Druckmittel einzusetzen um ausfuhrwillige Restitutionsberechtigte zur Übereignung wertvoller Kulturgüter an die österreichischen Bundes- und Landesmuseen zu zwingen.[32] Auf diesem Wege wurde in

---

25 „Bundesgesetz, mit dem das 2. Kunst- und Kulturgutbereinigungsgesetz geändert wird“ v. 11.7. 1995 (abgedruckt bei *Brückler* Kunstraub, Kunstbergung und Restitution in Österreich 1938 bis heute, S. 451–453).

26 *Anton* Illegaler Kulturgüterverkehr, S. 549.

27 *Anton* a. a. O., S. 550.

28 Ebda.

29 *Schnabel/Tatzkow* Nazi Looted Art, S. 128–131.

30 Ebda.

31 Vgl. oben S. 137.

32 *Loitfellner* in: *Pawlowsky/Wendelin* (Hrsg.), Enteignete Kunst, S. 13 (22); *Schnabel/Tatzkow* a. a. O., S. 129, 133; *Lillie* in: *Bertz/Dorrmann* (Hrsg.), Raub und Restitution, Kulturgut aus jüdischen

etlichen Fällen die Rückgabe von NS-Raubkunst vereitelt und die betroffenen Objekte anschließend in die österreichischen Museen überführt.[33]

Das Ausfuhrverbotsgesetz hatte auch nach Kriegsende seine Gültigkeit behalten und belastete – wie oben erwähnt – Kulturgüter bereits allein aufgrund ihrer geschichtlichen, künstlerischen oder kulturellen Bedeutung mit einem Ausfuhrverbot, ohne dass es eines weiteren Unterschutzstellungsaktes bedurfte.[34] Aufgrund dieses weiten Anwendungsbereichs des Ausfuhrverbotsgesetzes war restituierte NS-Raubkunst grundsätzlich mit einem Ausfuhrverbot belastet, so dass Restitutionsberechtigte eine Ausfuhrgenehmigung benötigten, wenn sie das betroffene Objekt aus Österreich ausführen wollten. Als besonders problematisch stellte sich die Belastung restituierter NS-Raubkunst mit einem Ausfuhrverbot insbesondere deshalb dar, weil die anspruchsberechtigten Alteigentümer bzw. deren Erben, die aufgrund ihrer Verfolgung durch das NS-Regime ins Ausland geflohen waren, nach Kriegsende oft nicht mehr zu einer Rückkehr nach Österreich bereit waren.[35] Daher scheiterte häufig die tatsächliche Rückführung NS-verfolgungsbedingt entzogener Vermögenswerte an die nunmehr im Ausland lebenden Berechtigten.[36] Diesen wurde zwar durch die Restitution formal das Eigentum an ihren Kunstobjekten zurück übertragen, es bestand jedoch für die Berechtigten im Anschluss an die Restitution keine Möglichkeit, das betroffene Kulturgut auch tatsächlich an ihrem Wohnsitz in Besitz zu nehmen. Wollten im Ausland lebende Berechtigte ihre Kunstwerke an ihrem Wohnsitz in Besitz nehmen, oder sie im Ausland veräußern, so musste mit dem zuständigen Bundesdenkmalamt in jedem Einzelfall verhandelt werden, unter welchen Bedingungen eine Ausfuhr genehmigt wird.[37]

Diese Situation missbrauchte der österreichische Staat für einen faktische „Erpressung". So erhielten NS-Geschädigte für ihre restituierten Kunstwerke oft nur dann eine Ausfuhrgenehmigung, wenn sie sich ihrerseits bereits erklärten, den österreichischen Bundes- und Landesmuseen wertvolle Stücke ihrer Sammlung zu überlassen.[38] Dabei wurde von Staatsseite stets darauf geachtet, das Motiv dieser

---

Besitz von 1933 bis heute, S. 245 (250); *Blimlinger* in: *Anderl/Bazil/Blimlinger/Kühschelm/Mayer/Stelzl-Gallian/Weidinger* (Hrsg.), ... wesentlich mehr Fälle als angenommen, S. 17 (20); *Anton* Illegaler Kulturgüterverkehr, S. 542 f.

33 *Schnabel/Tatzkow* a. a. O., S. 129; *Lillie* a. a. O., S. 245 (249).

34 *Anton* Illegaler Kulturgüterverkehr, S. 542.

35 *Schnabel/Tatzkow* Nazi Looted Art, S. 133.

36 *Anton* Illegaler Kulturgüterverkehr, S. 560.

37 *Dormann* in: *Bertz/Dormann* (Hrsg.), Raub und Restitution, S. 121 (124).

38 *Schnabel/Tatzkow* Nazi Looted Art, S. 129, 133; *Dormann* a. a. O., S. 121 (124); *Lillie* in: *Bertz/Dormann* (Hrsg.), Raub und Restitution, S. 245 (249 f.).

abgepressten „Schenkungen" und „Widmungen" zu verschleiern und sie als großzügige und spontane Willensäußerungen darzustellen.[39] Daneben wurden Restitutionsberechtigte oftmals unter dem Druck der Ausfuhrverbote zu einem Tausch wertvoller Raubkunstwerke gegen minderwertige Dubletten oder zweitrangige Sammlungsbestände aus österreichischen Museen gezwungen.[40] Der österreichische Staat bediente sich somit in der Nachkriegszeit erneut eines Instrumentariums, welches bereits vom NS-Regime zum Kunstraub an den Juden missbraucht wurde.[41] Die erpressten Übereignungen werden daher in der Literatur zu Recht auch als „Verlängerung der NS-Vermögensentziehung"[42] bzw. als „zweite ‚Arisierung'"[43] bezeichnet.

Bekannte Beispiele für derartige erzwungene Übereignungen sind die Restitutionsfälle der Sammlungen der Brüder Alphonse und Louis Rothschild, deren Entziehung im vorherigen Kapitel dargestellt wurde, sowie der der Sammlung von Adele Bloch-Bauer[44]. Letztere Sammlung wurde zwar an die Erben Ferdinand Bloch-Bauers – der seinerseits Alleinerbe der bereits 1925 verstorbenen Adele Bloch-Bauer war – nach Kriegsende restituiert.[45] 1948 schloss Österreich mit den Erben jedoch eine Vereinbarung, nach der fünf Gemälde von Gustav Klimt, darunter auch dessen berühmten Werke „Adele Bloch-Bauer I" und „Adele Bloch Bauer II", die heute zu den teuersten Bildern weltweit zählen, dem österreichischen Staat übereignet und im Gegenzug die Genehmigung zur Ausfuhr anderer Kunstwerke erteilt wurde.[46]

C. Die Vereitelung der Restitutionen der Sammlungen Alphonse und Louis Rothschild

Nachdem der wesentliche Teil der beschlagnahmten Kunstgegenstände aus den Sammlungen von Alphonse und Louis Rotschild nach Kriegsende von den amerikanischen Behörden in österreichische Treuhandverwaltung übergeben wurde,

---

39 *Lillie* a. a. O., S. 245 (250).

40 Ebda.

41 *Lillie* a. a. O., S. 245 (249).

42 *Caruso/Frank/Nimeth/Schallmeiner/Stelzl-Gallian* in: *Anderl/Bazil/Blimlinger/Kühschelm/Mayer/Stelzl-Gallian/Weidinger* (Hrsg.), ... wesentlich mehr Fälle als angenommen, S. 52 (53).

43 *Zechner* in: *Anderl/Caruso* (Hrsg.), NS-Kunstraub in Österreich und die Folgen, S. 235 (238).

44 Zum Entzug und zur Restitution der Sammlung Adele Bloch-Bauer vgl. *Lillie* Was einmal war, S. 203–208; *Schnabel/Tatzkow* Nazi Looted Art, S. 312–315.

45 *Schnabel/Tatzkow* a. a. O., S. 312.

46 *Röhling* Restitution jüdischer Kulturgüter nach dem Zweiten Weltkrieg, S. 211; *Schnabel/Tatzkow* a. a. O., S. 312–314.

machten Clarice Rothschild, die Witwe von Alphonse Rothschild und Louis Rothschild Restitutionsansprüche gegenüber dem österreichischen Staat geltend, deren Bestehen auch gerichtlich festgestellt wurde.[47] Die Begründetheit dieser Ansprüche ergab sich daraus, dass sowohl die Beschlagnahmung der beiden Sammlungen 1938 wie auch die formaljuristische Übertragung des Familienbesitzes an den deutschen Staat durch Louis Rothschild aufgrund des notariellen Vertrages vom Mai 1939 nach dem Nichtigkeitsgesetz und dem 3. Rückstellungsgesetz zivilrechtlich unwirksam waren.[48] Die Rothschilds hatten daher ihr Eigentum an den Sammlungen nicht verloren, sodass sie deren Herausgabe verlangen konnten.[49]

Da die Rothschilds, die nach Kriegsende nicht zur Rückkehr nach Österreich bereit waren, wegen finanzieller Engpässe nach ihrer Flucht in die USA einen Teil ihrer Sammlung im Ausland veräußern wollten, beantragten sie beim österreichischen Bundesdenkmalamt eine Ausfuhrgenehmigung nach dem Ausfuhrverbotsgesetz.[50] Diesem berechtigten Anliegen standen jedoch die Interessen der österreichischen Museen entgegen, die sich die Restitutionsobjekte einverleiben wollten.[51] Infolgedessen machte das Bundesdenkmalamt die Erteilung der Ausfuhrgenehmigung unter dem Vorwand der Sicherung des österreichischen Kulturbesitzes vom Abschluss einer Vereinbarung abhängig, wonach hunderte, zum Teil herausragende Gemälde, Zeichnungen, Münzen, Möbel etc. aus dem Eigentum der Rothschilds in österreichischen Museen verbleiben sollten und daher von den Rothschilds an diese übereignet werden mussten.[52] Die Rechtsvertreter von Louis und Clarice Rothschild sahen sich gezwungen, diesen abgepressten „Schenkungen" zuzustimmen, um zumindest für den Rest der Sammlung die benötigte Ausfuhrgenehmigung zu erhalten.[53]

Die den Rothschilds zwischen 1946 und 1949 abgenötigten Übereignungen stellten im Nachkriegsösterreich die umfangreichsten Vorgänge dieser Art dar.[54] Letztendlich gingen insgesamt 207 „Widmungen" und 70 langfristige „Leihgaben" aus den Sammlungen der Rothschilds in die Bestände österreichischer Museen

---

47 *Schnabel/Tatzkow* a. a. O., S. 303 f.; *Dorrmann* in: *Bertz/Dorrmann* (Hrsg.), Raub und Restitution, S. 121 (124).
48 *Schnabel/Tatzkow* a. a. O., S. 304; *Anton* Illegaler Kulturgüterverkehr, S. 543.
49 Ebda.
50 *Schnabel/Tatzkow* Nazi Looted Art, S. 303; *Anton* a. a. O., S. 543.
51 *Schnabel/Tatzkow* a. a. O., S. 303.
52 Ebda; *Anton* Illegaler Kulturgüterverkehr, S. 543.
53 *Dorrmann* in: *Bertz/Dorrmann* (Hrsg.), Raub und Restitution, S. 121 (124 f.).
54 *Lillie* in: *Bertz/Dorrmann* (Hrsg.), Raub und Restitution, S. 245 (250); *Anton* Illegaler Kulturgüterverkehr, S. 543.

über.[55] Allein dem Kunsthistorischen Museum in Wien wurden aus der Sammlung Alphonse Rothschild im Jahr 1948 82 Kunstwerke sowie weitere 29 Kunstobjekte aus der Sammlung Louis Rothschild „überlassen".[56] Auch die österreichische Galerie, das Belvedere, das Heeresgeschichtliche Museum, die Albertina, die Österreichische Nationalbibliothek, das Österreichische Museum für angewandte Kunst sowie die Wiener Städtischen Sammlungen erhielten umfangreiche „Schenkungen" aus den Sammlungen der Rothschild-Brüder.[57]

D. Das Kunstrückgabegesetz

Ausgelöst durch die mediale Berichterstattung über die Schicksale der Sammlung Bloch-Bauer und die der Rothschilds sowie durch die Beschlagnahme der beiden Schiele Gemälde „Bildnis Wally" und „Tote Stadt III" als potentielle NS-Raubkunst durch die New Yorker Staatsanwaltschaft im Januar 1998[58], wurde einen Monat später in Österreich eine Kommission für Provenienzforschung eingesetzt und am 5. November desselben Jahres – somit bereits vor Verabschiedung der Washingtoner Prinzipien – das KRG[59] vom Nationalrat beschlossen.[60] Anschließend werden die Voraussetzungen der Restitution von NS-Raubkunst auf Grundlage des KRG erläutert.

I. Restitutionsentscheidung

Gem. § 2 Abs. 1 Nr. 1 KRG wird der zuständige Bundesminister, in dessen Ressortbereich die betroffenen Bundesmuseen bzw. -sammlungen fallen[61], lediglich zur Übereignung der von § 1 Abs. 1 KRG erfassten Kunstgegenstände ermächtigt und nicht zu deren Rückgabe verpflichtet.[62] Das Gesetz billigt den Berechtigten daher keinen unmittelbaren Restitutionsanspruch bzw. eine Parteienstellung im

55 *Loitfellner* in: *Pawlowsky/Wendelin* (Hrsg.), Enteignete Kunst, S. 13 (22).
56 *Lillie* Was einmal war, S. 1006, 1114; *Lillie* in: *Bertz/Dorrmann* (Hrsg.), Raub und Restitution, S. 245 (250).
57 *Lillie* a. a. O., S. 1006, 1114; *Lillie* a. a. O., S. 245 (250).
58 Zum Restitutionsstreit über diese beiden Werke vgl. *Schnabel/Tatzkow* Nazi Looted Art, S. 392–395.
59 Vgl. oben S. 11 Fn. 26.
60 *Zechner* in: *Anderl/Caruso* (Hrsg.), NS-Kunstraub in Österreich und die Folgen, S. 235 (235); *Loitfellner* in: *Pawlowsky/Wendelin* (Hrsg.), Enteignete Kunst, S. 25; *Schnabel/Tatzkow* Nazi Looted Art, S. 131; *Anton* Illegaler Kulturgüterverkehr, S. 551.
61 *Zechner* a. a. O., S. 209 (211).
62 *Schnabel/Tatzkow* Nazi Looted Art, S. 132; *Anton* Illegaler Kulturgüterverkehr, S. 553.

Restitutionsverfahren zu.[63] Dies wird durch § 2 Abs. 2 S. 2 KRG nochmals verdeutlicht, der klarstellt, dass durch die Bestimmungen des KRG „keinerlei Anspruch auf Übereignung begründet“ wird. Die Entscheidung über die Restitution liegt ausschließlich in der Entscheidungsgewalt des zuständigen Bundesministers, dem insoweit Ermessensspielraum eingeräumt wird.[64]

Vor der Rückgabeentscheidung hat der zuständige Bundesminister gem. § 2 Abs. 2 S. 1 KRG den auf Grundlage von § 3 KRG eingerichteten Kunstrückgabe-Beirat zu hören. Dessen Beschluss kann bei der Restitutionsentscheidung als Empfehlung herangezogen werden, er ist jedoch nicht verbindlich.[65] Gleichwohl fühlen sich die zuständigen Bundesminister in der Praxis an die Beiratsempfehlungen gebunden, was vermutlich auch darauf zurückzuführen ist, dass abweichende Entscheidungen aufgrund des internationalen öffentlichen Interesses an NS-Raubkunstrestitutionen nur schwerlich allgemeine Anerkennung finden würden.[66]

Mangels Parteistellung und da kein allgemeines Verwaltungsverfahren stattfindet, haben die Berechtigten innerhalb des Restitutionsverfahrens, abgesehen von der Möglichkeit, ihre Stellungnahme im Rahmen einer Sitzung des Kunstrückgabebeirats abzugeben, keinerlei Mitwirkungsrechte.[67] Macht der zuständige Bundesminister von seiner Rückgabeermächtigung keinen Gebrauch, so stehen den Berechtigten gegen diese Entscheidung keine Rechtsmittel zu.[68]

Das Rückgabeverfahren wird von Amts wegen eingeleitet und beginnt mit der Überprüfung der Kunstbestände in österreichischem Bundesbesitz durch die gem. § 4 a KRG eingerichtete Kommission für Provenienzrecherche, deren Dossiers anschließend dem Kunstrückgabebeirat übermittelt werden.[69] Zu betonen ist, dass mangels Antragserfordernisses auch keine Antragsfristen versäumt werden kön-

---

63 *Röhling* Restitution jüdischer Kulturgüter nach dem Zweiten Weltkrieg, S. 210; *Zechner* in: *Anderl/Caruso* (Hrsg.), NS-Kunstraub in Österreich und die Folgen, S. 235 (242); *Schnabel/Tatzkow* a. a. O., S. 132; *Blimlinger* in: *Anderl/Bazil/Blimlinger/Kühschelm/Mayer/Stelzl-Gallian/Weidinger* (Hrsg.), ... wesentlich mehr Fälle als angenommen, S. 17 (27); *Anton* a. a. O., S. 553.

64 *Zechner* a. a. O., S. 235 (243); *Schnabel/Tatzkow* a. a. O.; *Anton* a. a. O., S. 553.

65 *Schnabel/Tatzkow* a. a. O., S. 137; *Blimlinger* in: *Anderl/Bazil/Blimlinger/Kühschelm/Mayer/Stelzl-Gallian/Weidinger* (Hrsg.), ... wesentlich mehr Fälle als angenommen, S. 17 (27).

66 *Zechner* in: *Pawlowsky/Wendelin* (Hrsg.), Enteignete Kunst, S. 209 (213); *Noll* in: *Pawlowsky/Wendelin* (Hrsg.), Enteignete Kunst, S. 233 (241); *Schnabel/Tatzkow* a. a. O., S. 135; *Anton* Illegaler Kulturgüterverkehr, S. 553.

67 *Blimlinger* in: *Anderl/Bazil/Blimlinger/Kühschelm/Mayer/Stelzl-Gallian/Weidinger* (Hrsg.), ... wesentlich mehr Fälle als angenommen, S. 17 (27).

68 *Noll* in: *Pawlowsky/Wendelin* (Hrsg.), Enteignete Kunst, S. 233 (242).

69 *Zechner* in: *Pawlowsky/Wendelin* (Hrsg.), Enteignete Kunst, S. 209 (211, 213).

nen, so dass Restitutionen auf Grundlage des KRG grundsätzlich ohne zeitliche Beschränkung möglich sind.[70]

III. Tatbestandvoraussetzungen des Kunstrückgabegesetzes

Ziel des KRG ist gem. § 1 Abs. 1 KRG die Restitution von Kulturgütern aus österreichischem Bundeseigentum an die Alteigentümer bzw. deren Erben, die im Zuge oder als Folge der NS-Gewaltherrschaft in Bundeseigentum gelangt sind.[71] Durch die ausdrückliche Beschränkung des KRG auf öffentliches Eigentum soll vermieden werden, dass über ein halbes Jahrhundert nach der Entziehung in die Rechte gutgläubiger Erwerber und anderer Eigentümer nachträglich eingegriffen wird.[72] § 1 Abs. 1 KRG enthält drei unterschiedliche Tatbestandkonstellationen, bei deren Vorliegen eine Restitution erfolgen kann:

1. Rückerstattung von Kulturgutverlusten aufgrund des Ausfuhrverbotsgesetzes

Nach § 1 Abs. 1 Nr. 1 KRG werden von der Ermächtigung zur Restitution solche Kulturgüter erfasst, die nach Kriegsende an die Berechtigten zu restituieren gewesen wären, die jedoch im Zuge von Verfahren nach dem Ausfuhrverbotsgesetz in Bundeseigentum übergegangen sind und sich auch noch im Eigentum des Bundes befinden. Mit dieser Regelung wollte der Gesetzgeber die oben geschilderte missbräuchliche Ausfuhrverbotspraxis der Nachkriegszeit rückgängig machen und diejenigen Kunstwerke der Restitutionsermächtigung unterwerfen, die im Gegenzug für die Erteilung einer Ausfuhrbewilligung nach dem Ausfuhrverbotsgesetz den österreichischen Museen übereignet wurden.[73] Da die Regelung des § 1 Abs. 1 Nr. 1 KRG in erster Linie auf die Restitution des Teils der Sammlungen Rothschild, der für die Erlangung von Ausfuhrgenehmigungen den österreichischen Bundesmuseen „gewidmet" wurde, abzielte, wurde sie allgemein auch als „Lex Rothschild" bezeichnet.[74] Auf Grundlage von § 1 Abs. 1 Nr. 1 KRG erfolgten jedoch über tausend Restitutionen, was die These vom Einzelfallgesetz eindeutig widerlegt und die Größenordnung der Fälle zeigt, in denen österreichische Behörden Restitutionsberechtigten „Widmungserklärungen" abgepresst haben.[75]

---

70 *Zechner* a.a.O., S. 209 (213f.).
71 *Anton* Illegaler Kulturgüterverkehr, S. 551.
72 *Anton* a.a.O., S. 553.
73 *Meissel/Jungwirth* in: *Pawlowsky/Wendelin* (Hrsg.), Enteignete Kunst, S. 104 (106).
74 *Lillie*, in: *Bertz/Dorrmann* (Hrsg.), Raub und Restitution, S. 245 (250).
75 Ebda.

2. Weitere Rückerstattungstatbestände

Nach § 1 Abs. 1 Nr. 2 KRG werden solche Kulturgüter von der Restitutionsermächtigung erfasst, die „zwar rechtmäßig in das Eigentum des Bundes übergegangen sind, jedoch zuvor Gegenstand eines Rechtsgeschäfts oder einer sonstigen Rechtshandlung" gem. § 1 des Nichtigkeitsgesetzes[76] waren. § 1 Abs. 2 Nr. 2 a KRG erstreckt den Anwendungsbereich des KRG auf Vermögensentziehungen, die während der NS-Zeit auf dem Herrschaftsgebiet des damaligen Deutschen Reichs, außerhalb des Gebietes der heutigen Republik Österreich erfolgten, und mit den von § 1 des Nichtigkeitsgesetzes erfassten Tatbeständen vergleichbar sind.

§ 1 Abs. 1 Nr. 3 KRG erfasst diejenigen Kulturgüter, die „nach Abschluss von Rückstellungsverfahren nicht an die ursprünglichen Eigentümer oder deren Rechtsnachfolger von Todes wegen zurückgegeben werden konnten, als herrenloses Gut unentgeltlich in das Eigentum des Bundes übergegangen sind und sich noch im Eigentum des Bundes befinden."

IV. Ausnahmebestimmung zum Denkmalschutzgesetz

Gem. § 4 Abs. 1 KRG finden die Bestimmungen des österreichischen Denkmalschutzgesetzes „über die freiwillige Veräußerung und die Verbringung ins Ausland" „auf Gegenstände, die nach den Bestimmungen" des KRG „übereignet werden, auf die Dauer von 25 Jahren nach der Übereignung keine Anwendung".[77] Durch diese Norm wird – wie schon im Rahmen des 2. Kunst- und Kulturgutbereinigungsgesetz – sichergestellt, dass grundsätzlich jedes restituierte Kunstwerk im Anschluss an die Restitution von den Berechtigten auch aus Österreich aus-

76 Vgl. oben S. 233.

77 Da das KRG nur Bundeseigentum erfasst, wurden auch auf österreichischer Landes- und Kommunalebene verschiedene Rückerstattungsregelungen geschaffen. So haben die Steiermark, Oberösterreich und Kärnten Restitutionsgesetze erlassen, die dem KRG inhaltlich entsprechen. Im Burgenland, Niederösterreich, Salzburg und Vorarlberg und in Wien wird die Frage der Kunstrückgabe hingegen durch Beschlüsse der Landesregierung geregelt (vgl. *Blimlinger* in: *Anderl/Bazil/Blimlinger/Kühschelm/Mayer/Stelzl-Gallian/Weidinger* (Hrsg.), ... wesentlich mehr Fälle als angenommen, S. 17 (28 f.); *Anton* Illegaler Kulturgüterverkehr, S. 569 f.). Vor diesem Hintergrund ist die Regelung des § 4 Abs. 2 KRG zu verstehen. Dieser bestimmt, dass die in § 4 Abs. 1 KRG verfügte Ausnahmeregelung zum Denkmalschutzgesetz auch für bewegliche Kulturgüter gilt, die aufgrund dem KRG entsprechenden landesrechtlichen Regelungen bzw. „auf Grund eines Beschlusses eines Organs einer Gebietskörperschaft" restituiert wurden, „wenn das zur Übereignung zuständige Organ der Gebietskörperschaft die Übereignung dem Bundesdenkmalamt anzeigt und dieses nicht binnen sechs Wochen nach Einlangen der Anzeige durch Bescheid die Bewilligung der freiwilligen Veräußerung gem. § 6 Denkmalschutzgesetz [...], in der jeweils geltenden Fassung, und der Ausfuhr gem. § 17 Denkmalschutzgesetz [...], in der jeweils geltenden Fassung verweigert".

geführt werden kann.[78] Zur Erläuterung dieser Regelung ist darauf hinzuweisen, dass im Rahmen einer zum 1. Januar 2000 in Kraft getretenen Novelle des Denkmalschutzgesetzes[79] das Ausfuhrverbotsgesetz in das Denkmalschutzgesetz eingegliedert wurde, so dass sich der Abwanderungsschutz für Kulturgut in Österreich seit diesem Zeitpunkt allein nach dem Denkmalschutzgesetz bestimmt.

Der Abwanderungsschutz nach dem Denkmalschutzgesetz in seiner heutigen Fassung ist relativ weit gefasst. So sind nicht nur gem. § 16 Abs. 1 Nr. 1 des Denkmalschutzgesetzes Kulturgüter, die unter Denkmalschutz stehen, bzw. bei denen ein Unterschutzstellungsverfahren eingeleitet ist, mit einem Ausfuhrverbot belastet, sondern gem. § 16 Abs. 1 Nr. 2, Abs. 3 des Denkmalschutzgesetzes auch solche Objekte, die nach einer Verordnung des Bundesministers für Unterricht und kulturelle Angelegenheiten[80] einer Ausfuhrbewilligung bedürfen. Diese Verordnung unterteilt Kulturgut in bestimmte Kategorien und legt für die jeweiligen Kategorien bestimmte Beschaffenheitskriterien, sowie Alters- und Wertgrenzen fest, nach denen zu bestimmen ist, ob die Ausfuhr eines Kulturguts der Ausfuhrbewilligung bedarf oder nicht. Die Anforderungen, nach welchen ein Kulturgut einer Ausfuhrgenehmigung bedarf, sind dabei relativ niedrig. So sind beispielsweise Bilder und Gemälde, die älter als 50 Jahre sind, nicht ihren Urhebern gehören und einen Wert von über 150.000 Euro haben, stets mit einem Ausfuhrverbot belastet.[81] Dieser weite Anwendungsbereich der denkmalrechtlichen Ausfuhrverbote zeigt die große Bedeutung des § 4 Abs. 1 KRG, ohne den ein beträchtlicher Teil der nach dem KRG restituierten Kulturgüter mit einem Ausfuhrverbot belastet wäre.

Der österreichische Gesetzgeber hat somit den Konflikt zwischen dem Interesse der Restitutionsberechtigten, über ihr Eigentum unbeschränkt verfügen zu können und dem allgemeinen Interesse am Schutz des österreichischen Kulturbesitzes, zugunsten Ersterer gelöst. Diese Entscheidung erscheint vor dem Hintergrund der NS-Verfolgung der Alteigentümer und vor allem angesichts der missbräuchlichen Ausfuhrverbotspraxis der Nachkriegszeit als zwingend. Eine erneute Vereitelung von Restitutionen auf Grundlage des KRG durch Ausfuhrverbote nach dem Denkmalschutzgesetz wäre in keiner Weise zu rechtfertigen und zumindest in moralischer Hinsicht als höchst verwerflich einzustufen.

---

78 *Anton* Illegaler Kulturgüterverkehr, S. 558.

79 BGBl. I Nr. 170/1999.

80 „Verordnung des Bundesministers für Unterricht und kulturelle Angelegenheiten, mit welcher Kategorien von Kulturgütern festgesetzt werden, die auf Grund der Bestimmungen des Denkmalschutzgesetzes für die Ausfuhr keiner Bewilligung bedürfen" (BGBl. II Nr. 484/1999).

81 Vgl. Art. I Nr. 3 Abs. 2 der Verordnung.

VIII. Die Restitution der Sammlungen Alphonse und Louis Rothschild auf Grundlage des § 1 Abs. 1 Nr. 1 KRG

Nachdem die Kommission für Provenienzforschung die von 1946 bis 1949 an die österreichischen Bundesmuseen und Sammlungen zwangsübereigneten Kunstobjekte der Rothschilds ermittelt hatte, empfahl der Kunstrückgabebeirat in seiner ersten Sitzung vom 11. Februar 1999 einstimmig die Rückgabe der betroffenen Werke an die Erben der beiden Rothschild-Familien auf Grundlage von § 1 Abs. 1 Nr. 1 KRG.[82] Dieser Empfehlung wurde Folge geleistet und die betreffenden Kunstwerke an die Berechtigten übereignet.[83] Der Tatbestand des § 1 Abs. 1 Nr. 1 KRG war problemlos erfüllt, da die Rothschild-Sammlungen zwar restituiert wurden, jedoch im Zusammenhang mit dem Ausfuhrgenehmigungsverfahren in Bundeseigentum übergegangen waren und sich dort auch noch zum Zeitpunkt der Restitutionsentscheidung befanden.[84] Insgesamt wurden im Rahmen dieser Restitutionsentscheidung 247 Kunstobjekte an die Rothschild-Erben rückübereignet.[85] In den darauffolgenden Jahren kam es überdies noch zu weiteren Restitutionen von Objekten, die aus den Rothschild-Sammlungen beschlagnahmt worden waren.[86]

§ 2 Die Ausfuhrverbotspraxis in Bezug auf NS-Raubkunst in Deutschland

I. Nachkriegszeit

Auch im Nachkriegsdeutschland kam es im Zuge der ersten Kunstrestitutionswelle auf Grundlage des alliierten Rückerstattungsrechts zu Konflikten zwischen den Interessen ausfuhrwilliger Restitutionsberechtigter und den damals für Kulturgut geltenden Abwanderungsschutzbestimmungen nach der Ausfuhrverordnung und den entsprechenden landesrechtlichen Bestimmungen.[87] Eine derart miss-

---

82 *Schnabel/Tatzkow* Nazi Looted Art, S. 303; *Dorrmann* in: *Bertz/Dorrmann* (Hrsg.), Raub und Restitution, S. 121 (126); *Anton* Illegaler Kulturgüterverkehr, S. 544.

83 *Dorrmann* a. a. O., S. 121 (126).

84 *Schnabel/Tatzkow* Nazi Looted Art, S. 304.

85 *Lillie* Was einmal war, S. 1006, 1114.

86 *Schnabel/Tatzkow* Nazi Looted Art, S. 303.

87 Insoweit ist zu beachten, dass die Anmeldefristen der alliierten Rückerstattungsgesetze bereits spätestens 1950 abgelaufen waren, das KultgSchG jedoch erst 1955 in Kraft trat, so dass sich der Abwanderungsschutz unmittelbar im Anschluss an eine Restitution auf Grundlage des alliierten Rückerstattungsrechts noch nach der Ausfuhrverordnung und den entsprechenden landesrechtlichen Regelungen bestimmte (vgl. oben S. 41).

bräuchliche allgemeine Ausfuhrverbotspraxis wie in Österreich existierte allerdings in Deutschland nicht.[88] Verschiedene Einzelfälle zeigen jedoch, dass es auch in Deutschland Bestrebungen gab, NS-Raubkunstrestitutionen durch Belastung der betroffenen Kulturgüter mit Ausfuhrverboten zu verhindern, um diese dadurch in Deutschland zu halten.

In dieser Hinsicht war wohl unter einigen Museumsleitern die Vorstellung verbreitet, dass eine derartige Verwaltungspraxis zum Schutz des deutschen Kulturbesitzes, und vor allem zum Schutze der Bestände ihrer Museen, gerechtfertigt sei. So empfand der nach Kriegsende im Amt verbliebene Leiter der Städtischen Galerie in Frankfurt am Main Alfred Wolters[89] die Restitution der Kunstsammlungen von Max von Goldschmidt-Rothschild und von Carl von Weinberg im Rahmen eines Vergleichs auf Basis des USREG als „absolut katastrophale Einbuße an Kunstbesitz" sowie als „Preisgabe eines Devisenbesitzes von eindeutigem und hohem internationalem Wert".[90] Daraufhin schlug der Direktor des Frankfurter Museums für Kunsthandwerk Walter Mannowsky vor, dass dieser „Verlust" durch eine Eintragung in das Verzeichnis der national wertvollen Kunstwerke abgewandt werden könne.[91] Zwar wurden wohl keine Werke aus diesen Sammlungen nach der Restitution mit einem Ausfuhrverbot belastet. Im Falle der restituierten Sammlung Weinberg wurde jedoch die Ausfuhrverordnung eingesetzt, um die Schenkung einer Skulptur aus der Sammlung an das Frankfurter Liebighaus zu erwirken.[92] Im Gegenzug wurde dem Erben Carl von Weinbergs eine Ausfuhrgenehmigung für einige bedeutende Werke, die bereits vor der Restitution in dem Verzeichnis der national wertvollen Kunstwerke eingetragen waren, erteilt.[93]

Ein weiterer Fall, der ein negatives Licht auf die Ausfuhrverbotspraxis der Nachkriegszeit wirft, ist derjenige der nach Kriegsende restituierten Goldschmiedesammlung Alfred Pringsheims. Die äußert wertvolle, knapp 100 Objekte zählende Goldschmiedesammlung setzte sich vor allem aus Prunksilber der deutschen und der niederländischen Renaissance sowie des Barocks zusam-

---

88 Der Verfasser ist zumindest bei seinen Recherchen nicht auf eine derartige Verwaltungspraxis gestoßen. Schriftliche Anfragen bei Koordinierungsstelle für Kulturgutverluste in Magdeburg und beim Bundesamt für zentrale Dienste und offene Vermögensfragen ergaben nichts Gegenteiliges.

89 Dieser hatte sich bereits während der NS-Zeit der Ausfuhrverordnung bedient, um jüdischen Kunstbesitz in Frankfurt zu halten (vgl. oben S. 135).

90 *Kingreen* in: Bürokratien, Initiative und Effizienz, S. 17 (39).

91 Ebda.

92 *Schöne* in: Museum im Widerspruch, S. 241 (255).

93 Ebda.

men.[94] Die Sammlung war am 21. November 1938 im Zuge der auch als „Judenaktion" bezeichneten Beschlagnahmungen, die etwa im Zeitraum vom 15. November 1938 bis zum 18. Januar 1939 in München und Oberbayern stattfanden, von der Gestapo konfisziert worden.[95] Für diese Beschlagnahmungen existierte sogar bei Zugrundelegung der nationalsozialistischen Rechtsordnung keine gesetzliche Grundlage.[96]

Nachdem die Goldschmiedesammlung zusammen mit weiteren Kunstgegenständen an die Erben nach Alfred Pringsheim[97] restituiert worden war,[98] beabsichtigten diese, die Sammlung in die USA auszuführen, um sie dort zu veräußern.[99] Eine Ausfuhr der gesamten Goldschmiedesammlung war jedoch zunächst nicht möglich, da vier Objekte der Sammlung in dem Verzeichnis der national wertvollen Kunstwerke von 1938 eingetragen und folglich mit einem Ausfuhrverbot belastet waren.[100] Nachdem die Pringsheim-Erben die nach § 1 des einschlägigen bayerischen Gesetzes über die Ausfuhr von Kunstwerken von 1949 erforderliche Ausfuhrgenehmigung[101] beantragt hatten, genehmigte der nach § 4 dieses Gesetzes gebildete Sachverständigenausschuss die Ausfuhr der eingetragenen Objekte[102], „da den emigrierten Eigentümern keinesfalls ein zweites Mal die Verfügung über ihre Kunstwerke entzogen werden sollte".[103] Aufgrund einer anschließenden Verbringung der für die Ausfuhr bestimmten Kunstgegenstände nach Wiesbaden waren die vier in dem Verzeichnis der national wertvollen Kunstwerke eingetragenen Objekte jedoch erneut einem Ausfuhrverbot unterworfen, da die bayerische Ausfuhrgenehmigung in Hessen keine Geltung hatte.[104]

---

94 *Seelig* in: Entehrt. Ausgeplündert. Arisiert, S. 265 (267).

95 In diesem Zeitraum wurden in München und Oberbayern insgesamt 59 jüdische Sammlungen konfisziert (vgl. *Seelig* a. a. O., S. 265 (271–273)).

96 *Seelig* a. a. O., S. 265 (272).

97 Dabei handelte es sich um dessen drei Söhne Peter, Heinz und Klaus Pringsheim sowie um seine Tochter Katia Mann (vgl. *Lubina/Schneider* in: FS Siehr, 2010, S. 161 (168)).

98 *Seelig* in: Entehrt. Ausgeplündert. Arisiert., S. 265 (280). Dort findet sich weder das genaue Datum, noch die Rechtsgrundlage der Restitution.

99 Ebda.

100 Ebda.

101 Vgl. oben S. 38 Fn. 146. Von dem Ausfuhrverbot nach § 1 des bayerischen Gesetzes über die Ausfuhr von Kunstwerken waren solche Kunstobjekte erfasst, die entweder in dem auf Grundlage der Ausfuhrverordnung erstellten „Verzeichnis der national wertvollen Kunstwerke" oder in einem entsprechenden Landesverzeichnis, das aufgrund eines gleichartigen Landesgesetzes erstellt worden war, eintragen waren (vgl. § 2 S. 1 des Gesetzes über die Ausfuhr von Kunstwerken).

102 BVerwG Urt. v. 24.11.2011 – Az.: 7 C 12.10, Rn. 38.

103 *Seelig* in: Entehrt. Ausgeplündert. Arisiert., S. 265 (280).

104 Ebda. Es bedurfte wohl einer erneuten Ausfuhrgenehmigung nach der Ausfuhrverordnung, da diese in Hessen nach der Verordnung über die über die Befugnisse nach der Verordnung der

Dies veranlasste Thomas Mann, den Schwiegersohns Alfred Pringsheims, bei einem hochrangigen Vertreter der amerikanischen Besatzungsmacht mit der Bitte vorstellig zu werden, „‚die deutschen Behörde' zu veranlassen, ‚diese Sache so bald wie möglich zu regeln'".[105] Erst am 27. April 1953 erteilten die zuständigen Hessischen Landesbehörden in Abstimmung mit dem Bonner Innenministerium die erforderliche Ausfuhrgenehmigung.[106] Anschließend konnte die Kunstsammlung von den Pringsheim-Erben in die USA ausgeführt werden.[107] Voraussetzung für die Erteilung der Ausfuhrgenehmigung war jedoch, dass das bedeutendste Stück der Sammlung, der sog. Holbein-Pokal, eine Goldschmiedearbeit aus Antwerpen aus den Jahren 1521/22, der nicht im Verzeichnis der national wertvollen Kunstwerke eingetragen war, definitiv in Deutschland verblieb.[108] Im Oktober 1953 gelang es den Pringsheim-Erben schließlich, den Pokal an das Bayerische Nationalmuseum zu verkaufen.[109] Der Rest der Goldschmiedesammlung wurde von den Erben nach der Ausfuhr vor allem über den New Yorker bzw. Londoner Kunsthandel veräußert.[110]

Die erläuterten Fälle zeigen, dass es während der Nachkriegszeit keineswegs eine Selbstverständlichkeit war, dass NS-geschädigte Alteigentümer bzw. deren Rechtsnachfolger eine Ausfuhrgenehmigung für ihren in dem Verzeichnis der national wertvollen Kunstwerke eingetragenen Kunstbesitz erhielten. Auch vor dem Hintergrund von NS-Verfolgung und Vertreibung sowie der durch die Restitution angestrebten Wiedergutmachung wurde dem Ausfuhrinteresse von NS-Opfern bzw. deren Erben nicht zwangsläufig der Vorrang vor dem öffentlichen Interesse am Schutz des deutschen Kulturbesitzes eingeräumt. Sofern die Ausfuhrverbote nach der Ausfuhrverordnung – wie im Frankfurter Fall Weinberg – dazu eingesetzt wurden, Schenkungen an deutsche Museen zu erzwingen, so ist dies insbesondere vor dem zeitgeschichtlichen Hintergrund höchst verwerflich. Auch wenn im Fall Pringsheim keine Übereignung von Kunstgegenständen an deutsche Museen erzwungen wurde, so ist es zumindest aus moralischer Sicht äußert fragwürdig, dass die hessischen Behörden die Erteilung der Ausfuhrge-

---

Reichsregierung über die Ausfuhr von Kunstwerken vom 11. Dezember 1919 vom 22. September 1948 (vgl. oben S. 38 Fn. 145) durch die entsprechenden hessischen Stellen ausgeführt werden musste.

105 *Seelig* a.a.O., S. 265 (280).

106 Ebda.

107 Ebda.

108 *Seelig* a.a.O., S. 265 (280 f.).

109 *Seelig* a.a.O., S. 265 (281).

110 Ebda.

nehmigung vom Verbleib des Holbein Pokals in Deutschland abhängig gemacht haben.

II. Die Gegenwart

Abgesehen von der anschließend behandelten Eintragung der Musikbibliothek Peters gibt es nach Kenntnis des Verfassers keine weiteren Fälle, in denen NS-verfolgungsbedingt entzogene Kulturgüter, die seit Beginn der neunziger Jahre auf Grundlage von § 1 Abs. 6 VermG, § 985 BGB oder der Washingtoner Prinzipien, der Gemeinsamen Erklärung und der Handreichung restituiert wurden, im Zuge des Restitutionsverfahrens oder im Anschluss an die Restitution mit einem Ausfuhrverbot nach dem KultgSchG belastet wurde. Es scheint, als würden die zuständigen Landesbehörden grundsätzlich davon absehen, NS-Raubkunst mit einem Ausfuhrverbot nach dem KultgSchG zu belasten, um politische Konflikte zu vermeiden. So wurden in den letzten Jahren zahlreiche herausragende Werke bedeutender Künstler wie Ernst Ludwig Kirchner, Lovis Corinth, Adolph von Menzel, Otto Müller, Anselm Feuerbach, Caspar David Friedrich, Max Slevogt und Vincent van Gogh aus öffentlichen deutschen Museen und Sammlungen restituiert[111], von denen zumindest einige wohl eindeutig als national wertvolles Kulturgut i. S. v. § 1 Abs. 1 S. 1 KultgSchG einzustufen sind. Keines der restituierten Werke war jedoch bereits vor der Restitution mit einem Ausfuhrverbot belastet und keines wurde im Zuge des Restitutionsverfahrens bzw. im Anschluss an die Restitution mit einem solchem belastet. Ob die zuständigen Landesbehörden in diesen Fällen bewusst von einer Unterschutzstellung abgesehen haben, um die Restitution nicht zu erschweren und die Interessen der Restitutionsberechtigten zu wahren, oder ob sie schlichtweg die Eintragungsvoraussetzungen als nicht erfüllt ansahen, ist nicht ersichtlich.

Hervorzuheben in dieser Hinsicht ist die Restitution des Bildes „Ein Nachmittag im Tuilleriengarten“ von Adolph von Menzel. Das Bild wurde 2005 auf Grundlage von § 1 Abs. 6 VermG aus dem Besitz der Dresdner Kunstsammlungen an die Erben der Alteigentümerin Estella Meyer restituiert.[112] Anschließend veräußerten es diese für 2,8 Millionen Euro an einen amerikanischen Kunstsammler, der es daraufhin für 3,2 Millionen Pfund an die National Gallery in London wei-

111 Vgl. zu den einzelnen Raubkunstrückgaben die Fallsammlung bei *Schnabel/Tatzkow* Nazi Looted Art, S. 255–500.

112 *Baier* Schwere Trennung, Die Welt v. 11.11.2005; *Schnabel/Tatzkow* Nazi Looted Art, S. 373.

terverkaufte.[113] Dort wird es nun als ein zentrales Kunstwerk des 19. Jahrhunderts dauerhaft ausgestellt.[114] Das Gemälde dürfte m. E. als national wertvolles Kulturgut i. S. v. § 1 Abs. 1 S. 1 KultgSchG zu qualifizieren sein, da es sich bei diesem um ein wichtiges Werk eines der bedeutendsten deutschen Realisten des 19. Jahrhunderts handelt. Darauf deutet auch die Tatsache hin, dass in dem bayerischen Landesverzeichnis national wertvollen Kulturgutes bereits drei Werke Menzels eingetragen sind.[115] Ob die zuständige sächsische Landesbehörde von der im Anschluss an die Restitution bestehenden Möglichkeit, das Werk mit einem Ausfuhrverbot nach dem KultgSchG zu belasten[116] absah, um die Interessen der Erben nicht zu beeinträchtigen, oder ob sie das Bild nicht als national wertvoll erachtete, ist nicht bekannt.

Genau wie im Fall des Menzel-Werkes kam es auch im Anschluss an die Restitution des Kirchner-Bildes „Berliner Straßenszene" nicht zu einer Einleitung eines Eintragungsverfahrens nach dem KultgSchG. Das Gemälde wurde auf Grundlage der Washingtoner Prinzipien, der Gemeinsamen Erklärung und der Handreichung aus dem Besitz des Berliner Brücke-Museums an Anita Halpin, die Enkelin und Alleinerbin der Alteigentümerin Thekla Hess restituiert.[117] Am 27. Juli 2006 wurde von sämtlichen Parteien eine entsprechende Rückgabevereinbarung unterzeichnet.[118] Am 1. August 2006 wurde das Bild schließlich im Brücke-Museum an die Rechtsanwälte der Hess-Erbin übergeben und anschließend nach London verbracht.[119] Von dort wurde das Bild nach New York überführt, wo es am 8. November 2006 von Christie's versteigert wurde.[120] Erworben wurde das Bild von dem bekannten New Yorker Kunstsammler Ronald S. Lauder für einen Gesamtpreis von 38 Millionen Dollar.[121] Dieser stellt es seitdem in seinem Privatmuseum „Neue Galerie" auf der New Yorker Fifth Avenue öffentlich aus.

Bereits während den der Restitution vorhergehenden Verhandlungen zwischen der Hess-Erbin und der Berliner Kulturverwaltung über einen Rückkauf der

---

113 *Baier* a. a. O.; *Schnabel/Tatzkow* a. a. O., S. 373.
114 *Baier* a. a. O.; *Schnabel/Tatzkow* a. a. O., S. 373.
115 Stand: Dezember 2014.
116 Es ist zu betonen, dass die Möglichkeit Kulturgut im öffentlichen Eigentum in ein Verzeichnis national wertvollen Kulturgutes einzutragen erst seit 2007 besteht (vgl. oben S. 48 f.). Das Gesagte gilt natürlich nur dann, wenn das Bild vor seiner Restitution im Eigentum der Dresdner Kunstsammlungen stand.
117 Hinsichtlich der rechtlichen Voraussetzungen der umstrittenen Restitution kann auf die Darstellung bei *Schnabel/Tatzkow* Berliner Straßenszene, S. 111–127 verwiesen werden.
118 *Schnabel/Tatzkow* a. a. O., S. 104.
119 *Schnabel/Tatzkow* a. a. O., S. 105.
120 *Schnabel/Tatzkow* a. a. O., S. 104–107.
121 *Schnabel/Tatzkow* a. a. O., S. 107.

„Berliner Straßenszene“ durch das Land Berlin überlegte die Berliner Kulturverwaltung, das Werk in das Berliner Verzeichnis national wertvollen Kulturgutes einzutragen.[122] Sie ließ sich dabei von dem Gedanken leiten, dass eine Eintragung den Marktwert des Bildes wohl erheblich vermindert und somit ihre Verhandlungsposition im Rahmen der Rückkaufverhandlung gestärkt hätte.[123] Schlussendlich wurden derartige Überlegungen jedoch verworfen und das Land Berlin versicherte in einer separaten Erklärung, dass nach der Rückgabe der „Berliner Straßenszene“ kein Eintragungsverfahren nach dem KultgSchG eingeleitet werde.[124] An diese Vereinbarung hielt sich das Land Berlin auch und hinderte die Hess-Erbin nicht an der Ausfuhr des Bildes im August 2006. Von der ab der Übereignung des Gemäldes an Anita Halpin bestehenden Möglichkeit der Eintragung des Objektes in das Berliner Verzeichnis national wertvollen Kulturgutes[125] wurde kein Gebrauch gemacht.

In Bezug auf den Fall der „Berliner Straßenszene“ ist anzumerken, dass auch dieses Gemälde m. E. unproblematisch die Eintragungsvoraussetzungen des § 1 Abs. 1 S. 1 KultgSchG erfüllt hätte. Ernst Ludwig Kirchner war einer der wichtigsten Vertreter des deutschen Expressionismus und das Gemälde „Berliner Straßenszene“ ist eines der bedeutendsten Werke dieser Stilrichtung. Es handelt sich somit – wie vom Kriterienkatalog der KMK gefordert – um ein wichtiges Objekt eines Künstlers von internationalem Rang.[126] Die Wichtigkeit Kirchners für den deutschen Kulturbesitz wird überdies dadurch bestätigt, dass gegenwärtig sechs seiner Werke in den Landesverzeichnissen national wertvollen Kulturgutes eingetragen sind.[127] All dies hätte für eine Eintragung des Werkes in das Berliner Landesverzeichnis national wertvollen Kulturgutes gesprochen. Die Berliner Kulturverwaltung unterließ jedoch wie vereinbart die Eintragung des Gemäldes und räumte dem Ausfuhrinteresse der Hess-Erbin Vorrang vor dem Allgemeininteresse am Schutz des deutschen Kulturbesitzes ein.

---

122 *Schnabel/Tatzkow* a. a. O., S. 102.
123 Ebda.
124 Ebda.
125 Vgl. die Anmerkung oben S. 250 Fn. 116.
126 Vgl. S. 2 lit. C Ziff. 1 lit. a des Kriterienkatalogs der KMK in der Fassung vom 29. April 2010.
127 Stand: Dezember 2014.

§ 3 Der Konflikt zwischen Restitution und Kulturgüterschutz am Beispiel des Falles der Musikbibliothek Peters

A. Die Unterschutzstellung der Musikbibliothek Peters auf Grundlage des KultgSchG

Aufgrund der Präzedenzqualität der Belastung der auf Grundlage von § 1 Abs. 6 VermG restituierten Musikbibliothek Peters mit einem Ausfuhrverbot nach dem KultgSchG lohnt sich vorliegend eine genauere Betrachtung der entsprechenden Unterschutzstellungsverfahren. Diesbezüglich ist zunächst auszuführen, dass sich die Musikbibliothek Peters nach der Wiedervereinigung – wie schon zu DDR-Zeiten – teils in der Leipziger Stadt- und Musikbibliothek sowie teils im Bach-Archivs Leipzig befand.[128] Zwischen 1998 und 2003 schloss die Frankfurter C.F. Peters GmbH & Co. KG mit der Stadt Leipzig und dem Bach-Archiv Leipzig verschiedene Überlassungs- und Verwahrungsverträge, die sich auf die in der Stadt- und Musikbibliothek befindlichen Objekte der Musikbibliothek, sowie auf einzelne Stücke der Musikbibliothek aus dem Besitz des Bach-Archivs bezogen.[129] Im Juni 2004 kündigte die C.F. Peters GmbH & Co. KG diese Verträge teilweise und verlangte von der Stadt- und Musikbibliothek und dem Bach-Archiv die Herausgabe von insgesamt 206 besonders wertvollen Einzelstücken der Musikbibliothek.[130] Dies geschah wohl vor dem Hintergrund, dass die Hinrichsen-Erben beabsichtigten, verschiedene wertvolle Stücke der Sammlung in London zu versteigern.[131] Die von der Kündigung betroffenen Gegenstände wurden nach ihrer Herausgabe nach Berlin verbracht und dort bei einer Kunstspedition in Verwahrung gegeben.[132]

Aufgrund dieser Sachlage setzten sich die Stadt Leipzig und das Bach-Archiv mit dem Sächsischen Staatministerium für Wissenschaft und Kunst in Verbindung und diskutierten mit diesem die Möglichkeit, die Ausfuhr wertvoller Stücke der Musikbibliothek durch Belastung der Sammlung mit einem Ausfuhrverbot auf

---

128 BVerwG Urt. v. 24.11.2011 – Az.: 7 C 12.10, Rn. 4; OVG Bautzen Urt. v. 19.8.2010 – Az.: 1 A 112/09 5 K 1837/05, S. 3.

129 BVerwG Urt. v. 24.11.2011 – Az.: 7 C 12.10, Rn. 4; OVG Bautzen Urt. v. 19.8.2010 – Az.: 1 A 112/09 5 K 1837/05, S. 3; VG Dresden Urt. v. 5.11.2008 – Az.: 5 K 1837/05, S. 3.

130 BVerwG Urt. v. 24.11.2011 – Az.: 7 C 12.10, Rn. 4; VG Dresden Urt. v. 5.11.2008 – Az.: 5 K 1837/05, S. 4.

131 VG Dresden Urt. v. 5.11.2008 – Az.: 5 K 1837/05, S. 4.

132 BVerwG Urt. v. 24.11.2011 – Az.: 7 C 12.10, Rn. 4; OVG Bautzen Urt. v. 19.8.2010 – Az.: 1 A 112/09 5 K 1837/05, S. 4; VG Dresden Urt. v. 5.11.2008 – Az.: 5 K 1837/05, S. 4; VG Berlin Urt. v. 29.11.2006 – Az.: 1 A 162/05, S. 2f.

Grundlage des KultgSchG zu verhindern.[133] Nachdem die Berliner Senatsverwaltung für Wissenschaft, Kultur und Forschung von dem Sächsischen Staatministerium für Wissenschaft und Kunst über die Gefahr der Abwanderung der Musikbibliothek Peters ins Ausland in Kenntnis gesetzt worden war, leitete diese am 26. August 2004 hinsichtlich des nach Berlin verbrachten Teilbestandes ein Eintragungsverfahren nach dem KultgSchG ein.[134] Zur Begründung der Einleitung des Eintragungsverfahrens wurde darauf verwiesen, dass die zu dieser Zeit in Berlin gelagerten Objekte der Musikbibliothek Peters das Herzstück der gesamten Sammlung bilden würden.[135] Weiter verwies die Berliner Senatsverwaltung auf die internationale Bedeutung der Musikbibliothek, die „einen repräsentativen Zimelien-Querschnitt durch die europäische und speziell deutsche Musikgeschichte“ biete, „dessen Bedeutung weiter über die Stadt Leipzig hinausreiche.“[136]

Nur einen Tag später teilte auch das Sächsische Staatministerium für Wissenschaft und Kunst den Vertretern der C.F. Peters GmbH & Co. KG unter Hinweis auf die Bedeutung der Musikbibliothek Peters für das nationale Kulturgut mit, dass auch für die in Leipzig befindlichen Objekte der Musikbibliothek ein Eintragungsverfahren eingeleitet werde.[137] Der daraufhin nach § 2 Abs. 2 KultgSchG gebildete Sachverständigenausschuss befürwortete die Eintragung der Musikbibliothek Peters in das sächsische Landesverzeichnis national wertvollen Kulturgutes.[138] Diesbezüglich betonte er die Zugehörigkeit der Musikbibliothek Peters zum deutschen Kulturbesitz, da diese „in Leipzig begründet, ausgebaut und über 100 Jahre gepflegt worden sei“.[139] Überdies sei die Musikbibliothek auch in inhaltlicher Hinsicht dem deutschen Kulturbesitz zuzuordnen, da ihre Bestände vorwiegend Werke deutscher bzw. deutschsprachiger Musiker beinhalten.[140] Zudem unterstrich der Sachverständigenausschuss die besondere Bedeutung der

133 OVG Bautzen Urt. v. 19. 8. 2010 – Az.: 1 A 112/09 5 K 1837/05, S. 4; VG Dresden Urt. v. 5. 11. 2008 – Az.: 5 K 1837/05, S. 4.

134 BVerwG Urt. v. 24. 11. 2011 – Az.: 7 C 12.10, Rn. 5; VG Dresden Urt. v. 5. 11. 2008 – Az.: 5 K 1837/05, S. 5; VG Berlin Urt. v. 29. 11. 2006 – Az.: 1 A 162/05, S. 3.

135 VG Dresden Urt. v. 5. 11. 2008 – Az.: 5 K 1837/05, S. 5; VG Berlin Urt. v. 29. 11. 2006 – Az.: 1 A 162/05, S. 3.

136 Ebda.

137 BVerwG Urt. v. 24. 11. 2011 – Az.: 7 C 12.10, Rn. 6; OVG Bautzen Urt. v. 19. 8. 2010 – Az.: 1 A 112/09 5 K 1837/05, S. 4; VG Dresden Urt. v. 5. 11. 2008 – Az.: 5 K 1837/05, S. 5.

138 BVerwG Urt. v. 24. 11. 2011 – Az.: 7 C 12.10, Rn. 6; VG Dresden Urt. v. 5. 11. 2008 – Az.: 5 K 1837/05, S. 6.

139 OVG Bautzen Urt. v. 19. 8. 2010 – Az.: 1 A 112/09 5 K 1837/05, S. 5; VG Dresden Urt. v. 5. 11. 2008 – Az.: 5 K 1837/05, S. 6.

140 OVG Bautzen Urt. v. 19. 8. 2010 – Az.: 1 A 112/09 5 K 1837/05, S. 5; VG Dresden Urt. v. 5. 11. 2008 – Az.: 5 K 1837/05, S. 6.

Musikbibliothek, die aufgrund „ihres außerordentlichen Umfangs und ihrer einmaligen inhaltlichen Qualität" ein „unverzichtbares und unersetzliches Kulturgut" sei.[141]

Nachdem die Vertreter der C.F. Peters GmbH & Co. KG bei ihrer Anhörung im Rahmen des Berliner und des Sächsischen Eintragungsverfahrens mit ihren Einwänden gegen eine Eintragung der Musikbibliothek Peters nicht gehört wurden, erhoben sie am 24. August 2005 vor dem VG Berlin und dem VG Dresden Klage gegen die Einleitung des Eintragungsverfahrens.[142] Die Klagen wurden im Wesentlichen auf die Behauptung gestützt, dass das KultgSchG auf Kulturgüter, die auf Grundlage von § 1 Abs. 6 VermG restituiert wurden, nicht anwendbar sei.[143]

Am 14. Februar 2006 wurde das Berliner Eintragungsverfahren schließlich durch die endgültige Eintragung des in Berlin befindlichen Teilbestandes der Musikbibliothek Peters in das Berliner Landesverzeichnis national wertvollen Kulturgutes beendet.[144] In seiner Sitzung vom 18. Januar 2006 hatte sich der Sachverständigenausschuss des Landes Berlin der Auffassung des Sächsischen Sachverständigenausschusses dahingehend angeschlossen, dass es sich bei der Musikbibliothek Peters um national wertvolles Kulturgut handelt und sich daher für eine Eintragung in das Berliner Landesverzeichnis ausgesprochen.[145] Nachdem der in Berlin verwahrte Teilbestand der Musikbibliothek 2008 wieder zurück nach Leipzig verbracht wurde, hob das Land Berlin am 12. August 2010 den Bescheid über die Eintragung des Berliner Teilbestandes der Musikbibliothek in das Ver-

141 OVG Bautzen Urt. v. 19. 8. 2010 – Az.: 1 A 112/09 5 K 1837/05, S. 5; VG Dresden Urt. v. 5. 11. 2008 – Az.: 5 K 1837/05, S. 6.

142 BVerwG Urt. v. 24. 11. 2011 – Az.: 7 C 12.10, Rn. 7; OVG Bautzen Urt. v. 19. 8. 2010 – Az.: 1 A 112/09 5 K 1837/05, S. 6; VG Dresden Urt. v. 5. 11. 2008 – Az.: 5 K 1837/05, S. 7; VG Berlin Urt. v. 29. 11. 2006 – Az.: 1 A 162/05, S. 3. Sowohl vor dem Verwaltungsgericht Berlin als auch vor dem Verwaltungsgericht Dresden erhoben die Vertreter der C.F. Peters GmbH & Co. KG im Hauptantrag zunächst eine Anfechtungsklage gegen den Bescheid über die Einleitung des Eintragungsverfahrens nach dem KultgSchG und hilfsweise eine allgemeine Leistungsklage auf Einstellung des Eintragungsverfahrens (vgl. VG Dresden Urt. v. 5. 11. 2008 – Az.: 5 K 1837/05, S. 11; VG Berlin Urt. v. 29. 11. 2006 – Az.: 1 A 162/05, S. 4).

143 Zum Klägervorbringen vgl. VG Dresden Urt. v. 5. 11. 2008 – Az.: 5 K 1837/05, S. 8 – 11; VG Berlin Urt. v. 29. 11. 2006 – Az.: 1 A 162/05, S. 4. Am 26. 2. 2007 schlossen sich die Hinrichsen-Erben der Klage der C.F. Peters GmbH & Co. KG vor dem VG Dresden an. Grund dafür war, dass ihnen im September 2005 das Eigentum an der Musikbibliothek von der Komplementärin der C.F. Peters GmbH & Co. KG, der Edition Peters GmbH Leipzig, übertragen worden war (BVerwG Urt. v. 24. 11. 2011 – Az.: 7 C 12.10, Rn. 7; OVG Bautzen Urt. v. 19. 8. 2010 – Az.: 1 A 112/09 5 K 1837/05, S. 6).

144 BVerwG Urt. v. 24. 11. 2011 – Az.: 7 C 12.10, Rn. 5; OVG Bautzen Urt. v. 19. 8. 2010 – Az.: 1 A 112/09 5 K 1837/05, S. 4; VG Dresden Urt. v. 5. 11. 2008 – Az.: 5 K 1837/05, S. 5; VG Berlin Urt. v. 29. 11. 2006 – Az.: 1 A 162/05, S. 3.

145 Ebda.

zeichnis national wertvollen Kulturgutes auf.[146] Das sächsische Eintragungsverfahren wurde daraufhin auf den aus Berlin zurück nach Leipzig verbrachten Teilbestand erweitert. [147]

Parallel zu den beiden Eintragungsverfahren und den daraus resultierenden Gerichtsverfahren bemühten sich die Beteiligten um eine gütliche Einigung im Wege des Ankaufs der Musikbibliothek Peters durch die Stadt Leipzig bzw. die Stiftung Bach-Archiv Leipzig.[148] In diesem Zusammenhang betonte 2006 der Kulturausschuss der KMK und der BKM gegenüber der Stadt Leipzig, dass eine gütliche Einigung in Anbetracht der Washingtoner Prinzipien sowie der Leidensgeschichte der jüdischen Familie Hinrichsen während der NS-Zeit aus moralischen und politischen Gründen zu befürworten sei.[149] Eine solche gütliche Einigung kam jedoch vorerst nicht zustande, da es an den nötigen Mitteln zur Finanzierung eines Ankaufs fehlte.[150]

Das Verfahren zur Eintragung der Musikbibliothek Peters in das sächsische Landesverzeichnis national wertvollen Kulturgutes wurde schließlich durch die am 30. Januar 2012 im Sächsischen Amtsblatt bekanntgemachte Eintragung der Musikbibliothek Peters abgeschlossen und die Sammlung dadurch mit einem endgültigen Ausfuhrverbot nach dem KultgSchG belegt.[151] Ein Jahr später einigten sich die Erben nach Henri Hinrichsen und die Stadt Leipzig über einen Ankauf der Musikbibliothek durch die Stadt Leipzig für einen Kaufpreis von wohl rund 3 Millionen Euro, wodurch der Verbleib der Sammlung in Leipzig sichergestellt werden konnte.[152] Als Grund für den Ankauf gaben die Parteien an, dass der richtige Standort für die Musikbibliothek „nur Leipzig sein kann, wo Max Abraham die Bibliothek gründete und Henri Hinrichsen sie übernahm, bewahrte und für alle zukünftigen Nutzer erweiterte."[153] Am 28. Juni 2013 wurde die Musikbibliothek

---

146 OVG Bautzen Urt. v. 19. 8. 2010 – Az.: 1 A 112/09 5 K 1837/05, S. 7.

147 Ebda.

148 VG Dresden Urt. v. 5. 11. 2008 – Az.: 5 K 1837/05, S. 4 f.

149 VG Dresden Urt. v. 5. 11. 2008 – Az.: 5 K 1837/05, S. 5 f.

150 VG Dresden Urt. v. 5. 11. 2008 – Az.: 5 K 1837/05, S. 6.

151 Vgl. Sächsisches ABl. Nr. 8/2012, S. 225.

152 Pressemitteilung der Stadt Leipzig v. 6. 2. 2013 (abrufbar unter: http://www.kulturstiftung.de/presse/pressemitteilungen/archiv/2013/ (Stand: Dezember 2014); Stadt Leipzig hat Musikbibliothek Peters gekauft, Die Welt v. 16. 2. 2013. Finanziert wurde der Ankauf durch Mittel des BKM, des Sächsischen Staatministeriums für Wissenschaft und Kunst, der Kulturstiftung der Länder, des amerikanischen Packard Humanities Institute sowie der Ostdeutschen Sparkassenstiftung gemeinsam mit der Stadtsparkasse Leipzig (ebda.).

153 Ebda.

im Rahmen eines Festaktes während der jüdischen Woche in Leipzig wieder der Öffentlichkeit übergeben.[154]

B. Die Rechtsprechung zum Fall des Musikbibliothek Peters

I. Das Urteil des Verwaltungsgerichts Berlin

Mit Urteil vom 29. November 2006 hob das VG Berlin den Eintragungsbescheid der Berliner Senatsverwaltung aus formellen Gründen auf[155] und wies die Klage C.F. Peters GmbH & Co. KG und der Hinrichsen-Erben im Übrigen ab.[156] In materieller Hinsicht war das Gericht der Auffassung, dass das KultgSchG auch auf Kulturgüter, die zuvor auf Grundlage von § 1 Abs. 6 VermG an die Nachfahren NS-verfolgter jüdischer Alteigentümer restituiert worden waren, anwendbar ist, da dieses „Kulturgüter losgelöst von der Person des jeweiligen Eigentümers und ungeachtet der konkreten Eigentumsverhältnisse […], allein wegen ihrer besonderen Bedeutung für den deutschen Kulturbesitz vor Abwanderung schützen will“.[157]

Diesbezüglich verwies das Gericht zunächst darauf, dass keine völkerrechtlichen Verträge bestünden, die die Anwendung des KultgSchG auf nach § 1 Abs. 6 VermG restituiertes Kulturgut ausschließen.[158] Insoweit betonte es, dass es sich bei den Washingtoner Prinzipien nicht um einen völkerrechtlichen Vertrag, sondern lediglich um eine „rechtlich unverbindliche Absichtserklärung“ handele.[159] Auch die Gemeinsame Erklärung könne keine rechtliche Bindungswirkung entfalten.[160]

154 Ebda.

155 Dies begründete das Gericht damit, dass die bei der Berliner Senatsverwaltung „vorhandenen Verwaltungsvorgänge zu den einzelnen Eintragungsentscheidungen“ kein Verzeichnis i.S.v. § 1 Abs. 1 S. 1 KultgSchG darstellen, da sie nicht „die gesetzlichen Anforderungen an ein einsehbares Verzeichnis mit Publizitätsfunktion“ erfüllen (VG Berlin Urt. v. 29.11.2006 – Az.: 1 A 162/05, S. 9 f.).

156 VG Berlin Urt. v. 29.11.2006 – Az.: 1 A 162/05, S. 1. Die im Hauptantrag der C.F. Peters GmbH & Co. KG gegen den Bescheid der Berliner Senatsverwaltung über die Einleitung des Eintragungsverfahrens nach dem KultgSchG erhobene Anfechtungsklage, sowie die hilfsweise erhobene auf Einstellung des Eintragungsverfahrens gerichtete allgemeine Leistungsklage wies das Gericht mangels Klagebefugnis als unzulässig ab. Auch die Anfechtungsklage der Hinrichsen-Erben gegen den Bescheid über die Einleitung des Eintragungsverfahrens wurde mangels Verwaltungsaktsqualität des Bescheides als unstatthaft abgewiesen. Lediglich die allgemeine Leistungsklage der Hinrichsen-Erben gegen die Einleitung des Eintragungsverfahrens wurde vom Gericht als zulässig erachtet (vgl. VG Berlin Urt. v. 29.11.2006 – Az.: 1 A 162/05, S. 5).

157 VG Berlin Urt. v. 29.11.2006 – Az.: 1 A 162/05, S. 7.

158 Ebda.

159 Ebda.

160 Ebda.

Beide Erklärungen können daher „nur dort Wirkung entfalten, wo die gesetzlichen Regelungen den handelnden Behörden einen Entscheidungsspielraum lassen."[161] Ein solcher bestehe bei der Entscheidung über die Eintragung national wertvollen Kulturgutes in ein entsprechendes Landesverzeichnis jedoch gerade nicht, da der zuständigen Behörde kein Ermessen zukomme.[162] Ein Ermessenspielraum, in dessen Rahmen die Washingtoner Prinzipien und die Gemeinsame Erklärung Wirkung entfalten können, sei dem BKM jedoch bei seiner Entscheidung über die Erteilung einer Ausfuhrgenehmigung nach §§ 1 Abs. 4, 5 KultgSchG eingeräumt.[163] Das Verwaltungsgericht hob hervor, dass im Rahmen dieser Entscheidung daher zu berücksichtigen sei, dass das betroffene Kulturgut „den ursprünglichen Eigentümern von den Nationalsozialisten in menschenrechtswidriger Weise entzogen wurde."[164] Vor diesem Hintergrund müsse auch den „wirtschaftlichen Interessen der Nachkommen", an die das jeweilige Kulturgut restituiert wurde, „gegenüber den Belangen des deutschen Kulturbesitzes Gewicht" zukommen.[165]

Anschließend wies das Gericht darauf hin, dass die Ausfuhrbeschränkungen des KultgSchG weder aus europarechtlicher noch aus verfassungsrechtlicher Sicht zu beanstanden seien.[166] In diesem Zusammenhang unterstrich das VG Berlin ausdrücklich, dass bei restituierter NS-Raubkunst die Erteilung der Ausfuhrgenehmigung nach §§ 1 Abs. 4, 5 KultgSchG nur insoweit verweigert werden dürfe, als dies durch das Vorliegen „gewichtiger Gründe" gerechtfertigt ist.[167] Weiter erläuterte das VG Berlin, dass das VermG keine Regelung enthalte, die den Anwendungsbereich des KultgSchG einschränke.[168] Die Eintragung zuvor auf Grundlage von § 1 Abs. 6 VermG restituierter Kulturgüter stehe „nicht in unvereinbarem Widerspruch zu dem gesetzgeberischen Ziel einer möglichst umfassenden Restitution" und lasse „die Wiedergutmachung nicht ins Leere gehen."[169] Zudem beinhalte das VermG selbst restitutionsausschließende Tatbestände, ohne dadurch gegen höherrangiges Recht zu verstoßen.[170] Abschließend führte das VG Berlin aus, dass die Einleitung des Eintragungsverfahrens bezüglich des Berliner Teilbestandes der Musikbibliothek Peters auch materiell gerechtfertigt gewesen

161 Ebda.
162 Ebda.
163 Ebda.
164 Ebda.
165 Ebda.
166 VG Berlin Urt. v. 29.11.2006 – Az.: 1 A 162/05, S. 7 f.
167 VG Berlin Urt. v. 29.11.2006 – Az.: 1 A 162/05, S. 8.
168 Ebda.
169 Ebda.
170 Ebda.

sei, da „gewichtige Anhaltspunkte" dafür sprechen würden, dass es sich bei der Musikbibliothek Peters um national wertvolles Kulturgut i.S.v. § 1 Abs. 1 S. 1 KultgSchG handele.[171]

II. Das Urteil des Verwaltungsgerichts Dresden

Mit Urteil vom 5. November 2008 wies das VG Dresden die gegen die Eintragung der Musikbibliothek Peters in das Sächsische Landesverzeichnis national wertvollen Kulturgutes gerichtete Klage der C.F. Peters GmbH & Co. KG und der Hinrichsen Erben ab.[172] Auch das VG Dresden war der Auffassung, dass das KultgSchG auf nach § 1 Abs. 6 VermG restituiertes Kulturgut anwendbar ist.[173] Das Gericht argumentierte zunächst, dass weder aus dem Wortlaut und dem systematischen Zusammenhang des § 1 Abs. 6 VermG noch aus den Vorschriften des KultgSchG der Ausschluss der Anwendbarkeit des KultgSchG auf Kulturgüter, die zuvor auf Grundlage von § 1 Abs. 6 VermG restituiert wurden, folge.[174] Das VG Dresden unterstrich in diesem Zusammenhang ebenfalls, dass das VermG selbst restitutionsausschließende Tatbestände enthält, die auch auf den Tatbestand des § 1 Abs. 6 VermG anwendbar seien, ohne dabei gegen höherrangiges Recht zu verstoßen.[175] Im Übrigen unterliege nach § 1 Abs. 6 VermG restituiertes Vermögen den allgemeinen Gesetzen und Bestimmungen und somit auch den Verfügungsbeschränkungen des KultgSchG.[176] Etwas Gegenteiliges ergebe sich auch nicht aus Sinn und Zweck des § 1 Abs. 6 VermG, der lediglich eine grundsätzliche Gleichstellung NS-geschädigte Juden bzw. ihrer Nachfahren mit den durch das DDR-Regime Enteigneten anstrebe.[177]

Anschließend verwies das Gericht darauf, dass sich auch aus der Vereinbarung vom 27./28. September nichts anderes ableiten lasse, da diese für das Beitrittsgebiet lediglich die Einführung von dem BRüG und dem BEG entsprechenden

---

171 VG Berlin Urt. v. 29.11.2006 – Az.: 1 A 162/05, S. 9.

172 VG Dresden Urt. v. 5.11.2008 – Az.: 5 K 1837/05, S. 1. Im Gegensatz zum VG Berlin hielt das VG Dresden die C.F. Peters GmbH & Co. KG für klagebefugt. Das VG Dresden wies die im Hauptantrag erhobenen Anfechtungsklagen gegen den Bescheid über Einleitung des Eintragungsverfahrens als unstatthaft zurück. Die allgemeinen Leistungsklagen auf Einstellung des Eintragungsverfahrens wurden als zulässig, jedoch unbegründet erachtet (vgl. VG Dresden Urt. v. 5.11.2008 – Az.: 5 K 1837/05, S. 13 f.).

173 VG Dresden Urt. v. 5.11.2008 – Az.: 5 K 1837/05, S. 15.

174 Ebda.

175 Ebda.

176 Ebda.

177 Ebda.

Wiedergutmachungsregelungen verlangen.[178] Dieser Verpflichtung sei die Bundesrepublik Deutschland bereits durch Erlass des EV nachgekommen, nach dessen Art. 8 das BRüG und das BEG auf das Beitrittsgebiet erstreckt wurden.[179] Mit der Einführung des § 1 Abs. 6 VermG sei die Bundesrepublik Deutschland daher weit über ihre völkerrechtlichen Verpflichtung hinausgegangen.[180] Aus der Vereinbarung vom 27./28. September könne somit nicht auf „die Einführung eines die Rückübereignung übertreffenden und die allgemein für Eigentum geltenden Gesetze ausschließenden Gebots zur Verschaffung des unmittelbaren Besitzes" geschlossen werden.[181] Folglich könne aus dieser Vereinbarung auch nicht gefolgert werden, „dass eine Eigentumsverschaffung nach dem VermG im Falle einer Schädigung nach § 1 Abs. 6 VermG in der Weise erfolgen müsste, dass dem im Ausland befindlichen jüdischen Geschädigten der unmittelbare Besitz im Ausland zu verschaffen ist und dem entgegenstehende allgemeine Gesetze unanwendbar sind."[182]

Genau wie das VG Berlin war auch das VG Dresden der Auffassung, dass die Unterschutzstellung eines Kulturgutes nach dem KultgSchG der vollständigen Erfüllung des Restitutionsanspruchs aus § 1 Abs. 6 VermG nicht entgegenstünde.[183] Dies gelte selbst dann, wenn die „Anwendbarkeit des Kulturgutschutzgesetzes trotz der erfolgten Rückübereignung der Erfüllung des nachvollziehbaren Wunsches der vertriebenen Berechtigten nach einer körperlichen Inbesitznahme der betroffenen Kulturgüter im Ausland entgegenstehen kann".[184]

Im Hinblick auf die rechtlichen Wirkungen der Washingtoner Prinzipien und der Gemeinsamen Erklärung schloss sich das VG Dresden den entsprechenden Ausführungen des VG Berlin an.[185] Ferner erläuterte das VG Dresden, dass sich die Kläger im Rahmen der Eintragungsentscheidung nicht auf Art. 3 Abs. 1 GG berufen können, da diese nicht im Ermessen der Eintragungsbehörde stehe.[186] Eine abweichende Sachbehandlung in anderen Fällen sei daher unerheblich.[187] Überdies gewähre Art. 3 Abs. 1 GG keinen Anspruch auf Gleichbehandlung im Unrecht.[188]

178 Ebda.
179 VG Dresden Urt. v. 5.11.2008 – Az.: 5 K 1837/05, S. 16.
180 Ebda.
181 VG Dresden Urt. v. 5.11.2008 – Az.: 5 K 1837/05, S. 15.
182 VG Dresden Urt. v. 5.11.2008 – Az.: 5 K 1837/05, S. 15 – 17.
183 Ebda.
184 Ebda.
185 VG Dresden Urt. v. 5.11.2008 – Az.: 5 K 1837/05, S. 18.
186 Ebda.
187 Ebda.
188 Ebda.

Darüber hinaus betonte auch das VG Dresden, dass die Ausfuhrbeschränkungen weder gegen Unionsrecht noch gegen das Grundgesetz verstoßen.[189]

III. Das Urteil des Oberverwaltungsgerichts Bautzen

Mit Urteil vom 19. August 2010 wies das OVG Bautzen die Berufung der C.F. Peters GmbH & Co. KG und der Hinrichsen-Erben gegen das Urteil des VG Dresden als unbegründet zurück, da die Einleitung des Eintragungsverfahren rechtmäßig gewesen sei.[190] Das Gericht erläuterte zunächst, dass die Entscheidung über die Einleitung des Eintragungsverfahrens nicht aufgrund der NS-Verfolgung der Familie Hinrichsen ermessensfehlerhaft sei, da der zuständigen Behörde bei dieser Entscheidung kein Ermessen zustehe.[191] Auch das OVG Bautzen betonte, dass sich die Kläger nicht auf Art. 3 Abs. 1 GG berufen können, wenn die zuständigen Behörden in vergleichbaren Fällen von einer Eintragung abgesehen haben, da eine solche rechtswidrige Verwaltungspraxis keinen Gleichbehandlungsanspruch vermittele.[192]

Alsdann wies das Gericht darauf hin, dass sich dem VermG keinerlei Anhaltspunkte dafür entnehmen lassen, dass eine Restitution auf Grundlage von § 1 Abs. 6 VermG die Anwendung des KultgSchG ausschließt.[193] Insbesondere deute nichts darauf hin, dass im Falle einer Restitution nach § 1 Abs. 6 VermG Eigentum zurückübertragen werde, das nicht den Bindungen des Art. 14 Abs. 1 S. 2 GG unterliege.[194] Vielmehr sei der Tatbestand der Wiedergutmachung bereits dann erfüllt, „wenn für Eigentumsverluste bei Ausschluss der Rückübertragung nach den §§ 4 und 5 VermG eine Entschädigung nach Maßgabe des [...] NS-VEntschG gewährt wird.“[195] Nach Ansicht des OVG Bautzen steht auch das alliierte Rückerstattungsrecht einer Anwendung des KultgSchG auf Kulturgut, das nach § 1 Abs. 6 VermG restituiert wurde, nicht entgegen.[196] Das Gericht argumentierte, dass „wenn nach Rechtsprechung des Bundesverwaltungsgerichts in den Fällen des § 1 Abs. 6 VermG sogar der Ausschluss der Restitution nach §§ 4 und 5 VermG mit dem alliierten Rückerstattungsrecht verträglich ist“, dies erst Recht für die Ausfuhrverbote nach dem KultgSchG gelten müsse, „denn diese Verbote sind für den

189 Ebda.
190 OVG Bautzen Urt. v. 19.8.2010 – Az.: 1 A 112/09 5 K 1837/05, S. 2, 10, 17–19.
191 OVG Bautzen Urt. v. 19.8.2010 – Az.: 1 A 112/09 5 K 1837/05, S. 19.
192 Ebda.
193 OVG Bautzen Urt. v. 19.8.2010 – Az.: 1 A 112/09 5 K 1837/05, S. 22.
194 Ebda.
195 Ebda.
196 Ebda.

Betroffenen weniger belastend als der in Rede stehende Ausschluss der Restitution."[197]

Sodann erläuterte das OVG Bautzen, dass auch die Bestimmungen der Washingtoner Prinzipien, der Gemeinsame Erklärung und der Handreichung eine Anwendung des KultgSchG auf nach § 1 Abs. 6 VermG restituiertes Kulturgut nicht ausschließen können.[198] Dies ergebe sich zum einen daraus, dass diesen Regelungen eine Unanwendbarkeit des KultgSchG auf restituierte NS-Raubkunst nicht entnommen werden könne, und zum anderen aus deren rechtlicher Unverbindlichkeit.[199] In Bezug auf die Gemeinsame Erklärung wies das Gericht darauf hin, dass diese kein Gesetz im formellen Sinne darstelle und daher den Anwendungsbereich des KultgSchG nicht einschränken könne.[200]

Auch unter Berücksichtigung der Vereinbarung vom 27./28. September bestehen nach Meinung des OVG Bautzen im vorliegenden Fall keine Bedenken gegen die Anwendung des KultgSchG, weil dieser im innerstaatlichen Bereich keine Rechtswirkung zukommt, da es sich weder um eine allgemeine Regel des Völkerrechts i.S.v. Art. 25 S. 1 GG handelt noch eine Transformierung in die deutsche Rechtsordnung gem. Art. 59 Abs. 2 S. 1 GG erfolgt ist.[201] Abschließend wies auch das OVG Bautzen darauf hin, dass die Ausfuhrverbote nach dem KultgSchG sowohl mit dem Grundgesetz als auch mit dem Gemeinschaftsrecht vereinbar seien.[202]

IV. Das Urteil des Bundesverwaltungsgerichts

Mit Urteil vom 24. November 2011 wies das BVerwG die Revision der Hinrichsen-Erben gegen das Urteil des OVG Bautzen als unbegründet zurück.[203] Auch das BVerwG stellte klar, dass das KultgSchG auf nach § 1 Abs. 6 VermG restituierte Vermögenswerte Anwendung findet.[204] Gegenteiliges ergebe sich weder aus den Bestimmungen des KultgSchG noch aus den Regelungen des VermG und auch nicht aus Sinn und Zweck des § 1 Abs. 6 VermG, der darin bestehe, die während der sowjetischen Besatzung und der DDR-Zeit unterbliebene Wiedergutmachung des

---

197 OVG Bautzen Urt. v. 19.8.2010 – Az.: 1 A 112/09 5 K 1837/05, S. 22.
198 OVG Bautzen Urt. v. 19.8.2010 – Az.: 1 A 112/09 5 K 1837/05, S. 23f.
199 Ebda.
200 OVG Bautzen Urt. v. 19.8.2010 – Az.: 1 A 112/09 5 K 1837/05, S. 24.
201 OVG Bautzen Urt. v. 19.8.2010 – Az.: 1 A 112/09 5 K 1837/05, S. 25.
202 OVG Bautzen Urt. v. 19.8.2010 – Az.: 1 A 112/09 5 K 1837/05, S. 25f.
203 BVerwG Urt. v. 24.11.2011 – Az.: 7 C 12.10, Rn. 22.
204 BVerwG Urt. v. 24.11.2011 – Az.: 7 C 12.10, Rn. 34–36.

NS-Unrechts im Beitrittsgebiet nachzuholen.[205] Überdies sei die Bundesrepublik Deutschland ihren völkerrechtlichen Verpflichtungen aus der Vereinbarung vom 27./28. September durch die Einbeziehung der Restitutionsansprüche von NS-Verfolgten in das VermG hinreichend nachgekommen.[206] Der Gesetzgeber habe, sofern er im Rahmen der Wiedergutmachung von NS-Unrecht Besonderheiten berücksichtigt wissen wollte, spezielle vermögensrechtliche Regelungen geschaffen.[207] Soweit dies nicht der Fall sei, gelten die allgemeinen Bestimmungen des VermG.[208] Weiter unterstrich das BVerwG, dass auch die alliierten Rückerstattungsvorschriften keine Bestimmungen enthalten, die das Verhältnis zwischen Kulturgüterschutz und Rückerstattung regeln.[209] Auch eine allgemeine Verwaltungs- bzw. Spruchpraxis der Nachkriegszeit, nach welcher der Rückerstattung vor dem Kulturgüterschutz Vorrang einzuräumen ist, existiere nicht.[210]

Wie die zuvor mit der Problematik befassten Gerichte war auch das BVerwG der Meinung, dass auf Grundlage von § 1 Abs. 6 VermG restituierte Vermögensgegenstände den allgemeinen Inhalts- und Schrankenbestimmungen i. S. v. Art. 14 Abs. 1 S. 2 GG und folglich auch den Verfügungsbeschränkungen des KultgSchG unterliegen.[211] Auch das BVerwG betonte, dass eine Eintragung von restituiertem Kulturgut nach dem KultgSchG die Restitution nach § 1 Abs. 6 VermG nicht leerlaufen lassen, da eine solche Eintragung die Restitution weder hindere noch rückgängig mache.[212] Der Eigentümer könne, wenn auch mit Einschränkungen, grundsätzlich über das betroffene Kulturgut verfügen.[213]

Genau wie das OVG Bautzen war auch das BVerwG der Ansicht, dass die Hinrichsen-Erben sich schon deshalb nicht auf einen Verstoß gegen die Vereinbarung vom 27./28. September berufen können, weil diese Vereinbarung kein revisibles Bundesrecht darstelle.[214] Überdies ergebe sich aus dieser Vereinbarung auch nicht, dass das KultgSchG dahingehend auszulegen sei, dass Vermögenswerte, die auf Grundlage von § 1 Abs. 6 VermG restituiert worden sind, dem Kulturgüterschutz entzogen sind.[215]

---

205 Ebda.
206 Ebda.
207 BVerwG Urt. v. 24.11.2011 – Az.: 7 C 12.10, Rn. 37.
208 Ebda.
209 BVerwG Urt. v. 24.11.2011 – Az.: 7 C 12.10, Rn. 38.
210 Ebda.
211 Ebda.
212 BVerwG Urt. v. 24.11.2011 – Az.: 7 C 12.10, Rn. 37.
213 Ebda.
214 BVerwG Urt. v. 24.11.2011 – Az.: 7 C 12.10, Rn. 41.
215 BVerwG Urt. v. 24.11.2011 – Az.: 7 C 12.10, Rn. 42.

Anschließend hob auch das BVerwG hervor, dass die Washingtoner Prinzipien, die Gemeinsame Erklärung und die Handreichung aufgrund ihrer rechtlichen Unverbindlichkeit einer Anwendung des KultgSchG auf nach § 1 Abs. 6 VermG restituierte Vermögensgegenstände nicht entgegenstehen können.[216] Überdies seien die Washingtoner Prinzipien schon der Sache nach nicht einschlägig, da diese ihrem Wortlaut nach nur solche Kunstwerke erfassen würden, „die von den Nationalsozialisten beschlagnahmt und in der Folge nicht zurückerstattet wurden".[217] Zum Verhältnis von Restitution und Kulturgüterschutz äußern sie sich hingegen nicht.[218] Zudem hätten die Teilnehmer der Washingtoner Konferenz im Rahmen der Einleitung der Washingtoner Prinzipien ausdrücklich anerkannt, dass die Teilnehmerstaaten unterschiedliche Rechtssysteme haben und die Länder im Rahmen ihrer eigenen Rechtsvorschriften handeln.[219] Zu diesen nationalen Rechtsvorschriften gehören auch die Regelungen des KultgSchG.[220] Sodann legte auch das BVerwG dar, dass sowohl das vorläufige absolute Ausfuhrverbot nach § 4 Abs. 1 KultgSchG als auch das endgültige Ausfuhrverbot mit Genehmigungsvorbehalt nach § 1 Abs. 4 S. 1 KultgSchG weder aus gemeinschaftsrechtlicher noch aus verfassungsrechtlicher Sicht zu beanstanden seien.[221]

Wie bereits die zuvor mit der Problematik befassten Gerichte bekräftigte auch das BVerwG, dass die Entscheidung über die Einleitung des Eintragungsverfahrens nach dem KultgSchG sowie die Entscheidung über die Eintragung selbst nicht in das Ermessen der zuständigen Behörde gestellt seien, sodass die Verfahrenseinleitung im Falle der Musikbibliothek Peters auch nicht ermessensfehlerhaft sein könne.[222] Das Gericht betonte, dass die Restitution von Kulturgut strikt von dessen Unterschutzstellung nach dem KultgSchG zu unterscheiden sei, da insoweit mit der Wiedereinräumung der Eigentümerstellung durch die Restitution und mit dem Schutz des deutschen Kulturbesitzes vor Abwanderung ins Ausland durch die Eintragung nach dem KultgSchG zwei komplett verschiedene Zwecke verfolgt werden.[223] „Die Restitution schließt eine nachfolgende Eintragung daher ebenso wenig aus wie bereits erfolgte Eintragung die Restitution."[224] Abschließend ist hervorzuheben, dass das BVerwG ausdrücklich darauf hinwies, dass im Rahmen

216 BVerwG Urt. v. 24.11.2011 – Az.: 7 C 12.10, Rn. 43.
217 BVerwG Urt. v. 24.11.2011 – Az.: 7 C 12.10, Rn. 44.
218 Ebda.
219 Ebda.
220 Ebda.
221 BVerwG Urt. v. 24.11.2011 – Az.: 7 C 12.10, Rn. 46 f.
222 BVerwG Urt. v. 24.11.2011 – Az.: 7 C 12.10, Rn. 52.
223 BVerwG Urt. v. 24.11.2011 – Az.: 7 C 12.10, Rn. 56.
224 Ebda.

der Entscheidung über die Erteilung der Ausfuhrgenehmigung gem. § 1 Abs. 4 Satz 3 KultgSchG u. a. der zeitgeschichtliche Hintergrund in die Abwägungsentscheidung einzubeziehen ist.[225]

§ 4 Ausfuhrverbote für NS-Raubkunst: Die Bewertung der Rechtslage

Wie erläutert waren im Fall der Musikbibliothek Peters sämtliche mit der Entscheidung befassten Gerichte der Auffassung, dass die Ausfuhrbeschränkungen des KultgSchG auf nach § 1 Abs. 6 VermG restituiertes Kulturgut uneingeschränkt Anwendung finden, und dass im Rahmen des Eintragungsverfahrens keine Möglichkeit besteht, den zeitgeschichtlichen Hintergrund zu berücksichtigen. In diesem Abschnitt stellt sich nun zum einen die Frage, ob dieser Auffassung zuzustimmen ist. Die vorliegende Prüfung ist dabei jedoch nicht auf nach § 1 Abs. 6 VermG restituiertes Kulturgut beschränkt, sondern erfasst auch solche Objekte, die auf Grundlage der alliierten Rückerstattungsgesetze, § 985 BGB sowie den Washingtoner Prinzipien, der Gemeinsamen Erklärung und der Handreichung restituiert wurden bzw. noch zu restituieren sind. Zum anderen ist zu prüfen, ob und unter welchen Voraussetzungen den Eigentümern eingetragener NS-Raubkunst eine Ausfuhrgenehmigung zu erteilen ist. Generell geht es darum, den Konflikt zwischen dem Interesse der Allgemeinheit am Verbleib national wertvoller Kulturgüter in Deutschland und dem Interesse der Berechtigten, im Anschluss an eine Restitution über das restituierte Objekt uneingeschränkt verfügen zu können, einer rechtlichen Lösung zuführen. Was NS-Raubkunst von „gewöhnlichen" Kulturgütern unterscheidet, ist in tatsächlicher Hinsicht die rassische Verfolgung des Alteigentümers und der darauf basierende Entzug des Objektes sowie in rechtlicher Hinsicht das in Deutschlang geltende Restitutionsrecht und die dahinterstehenden völkerrechtlichen Verpflichtungen. Es ist zu prüfen, ob bzw. wie sich diese Besonderheiten auf die Anwendbarkeit des KultgSchG auf NS-Raubkunst, auf deren Unterschutzstellung sowie im Rahmen der Ausfuhrgenehmigungserteilung auswirken.

Ähnliche Probleme ergeben sich auch im Zusammenhang mit den Verfügungsbeschränkungen des BayDSchG. Auch hier stellt sich die Frage, ob diese auf NS-Raubkunst Anwendung finden, unter welchen Voraussetzungen NS-Raubkunst unter Denkmalschutz gestellt werden kann und unter welchen Voraussetzungen Eigentümern von NS-Raubkunst eine denkmalrechtliche Verbringungs-

225 BVerwG Urt. v. 24.11.2011 – Az.: 7 C 12.10, Rn. 38.

erlaubnis zu erteilen ist. Abschließend stellt sich die Frage der Anwendbarkeit der das KultgSchG ergänzenden europarechtlichen Verordnung 116/2009 auf NS-Raubkunst sowie die Frage, unter welchen Voraussetzungen für geschütztes deutsches Kulturgut die nach dieser Verordnung erforderliche Genehmigung zur Ausfuhr aus dem Zollgebiet der Europäischen Union zu erteilen ist.

A. Ausfuhrverbote nach dem KultgSchG für NS-Raubkunst

I. Anwendbarkeit des KultgSchG auf NS-Raubkunst

Die Frage, ob das KultgSchG mit seinen Ausfuhrbeschränkungen auf NS-Raubkunst anwendbar ist, stellt sich nicht nur in den Fällen, in denen eine Restitution an den Berechtigten schon erfolgt ist, sondern auch bereits im Vorfeld der Restitution. Zwar werden die Ausfuhrbeschränkungen des KultgSchG für den Berechtigten erst nachdem er aufgrund der Restitution den Besitz an dem Restitutionsobjekt erhalten hat auch tatsächlich relevant, da er erst ab diesem Zeitpunkt in der Lage ist, das Objekt auch aus Deutschland auszuführen. Jedoch hat er bereits vor der Restitution ein Interesse daran, dass das zu restituierende Kulturgut nicht mit einem Ausfuhrverbot belegt wird, da das Objekt ansonsten mit dieser Belastung an ihn restituiert wird. Dies gilt mehr denn je seit der Einfügung des § 18 Abs. 2 KultgSchG, der nun auch die Eintragung von NS-Raubkunst ermöglicht, die vor ihrer Restitution im öffentlichem Eigentum steht.

Es ist zu ermitteln, ob die Anwendung des KultgSchG auf NS-Raubkunst mit dem in Deutschland geltenden Restitutionsrecht bzw. den dahinterstehenden völkerrechtlichen Verpflichtungen im Einklang steht. Im Einzelnen sind die Bestimmungen der alliierten Rückerstattungsgesetze, die an diese anschließenden völkerrechtlichen Restitutionsverpflichtungen der Bundesrepublik Deutschland, die Vorschriften des VermG sowie das „soft-law" der Washingtoner Prinzipien, der Gemeinsamen Erklärung und der Handreichung zur Klärung dieser Problematik heranzuziehen. Zu untersuchen ist, ob die nach diesen Vorschriften bestehenden (Selbst-)Verpflichtungen zur Restitution einer Anwendbarkeit des KultgSchG auf NS-Raubkunst entgegenstehen bzw. ob diesen Bestimmungen eine Wertung zu entnehmen ist, die sich auf die Frage der Anwendbarkeit des KultgSchG auf NS-Raubkunst übertragen lässt.

1. Die Bestimmungen der alliierten Rückerstattungsgesetze

Die alliierten Rückerstattungsgesetze sind heutzutage zum einen dann noch von Relevanz, wenn es zu klären gilt, ob Kulturgut, das auf Grundlage dieser Vorschriften restituiert wurde, in ein Verzeichnis national wertvollen Kulturgutes eingetragen werden kann bzw. ob eine vergangene Eintragung solchen Kulturgutes auf Grundlage der Ausfuhrverordnung oder des KultgSchG wirksam ist. Zum anderen knüpfen nicht nur § 1 Abs. 6 VermG und die Handreichung an die Grundsätze des alliierten Rückerstattungsrechts an. Diese beanspruchen zudem auch heute noch über die Vereinbarung vom 27./28. September und den Überleitungsvertrag Geltung im alten Bundesgebiet. Die Grundsätze des alliierten Rückerstattungsrechts sind daher immer noch von maßgeblicher Bedeutung, wenn es darum geht, den Umfang der Verpflichtung zur Wiedergutmachung des NS-Unrechts zu bestimmen. Es ist daher zu prüfen, ob das alliierte Rückerstattungsrecht einer Anwendbarkeit des KultgSchG auf NS-Raubkunst entgegensteht.

Das USREG, das BrREG und die REAO[226] enthalten weder Bestimmungen, die konkret regeln, ob nach diesen Normen restituiertes Kulturgut mit Ausfuhrverboten zum Schutz des deutschen Kulturbesitzes belastet werden darf, noch enthalten sie Vorschriften, die sich allgemein zum Verhältnis zwischen Restitution und Kulturgüterschutz äußern. Es ist daher nach anderweitigen rechtlichen Wertungen des alliierten Rückerstattungsgesetzgebers zu suchen, die sich auf die vorliegende Problematik übertragen lassen.

a) Der Anspruch auf Naturalrestitution

Denkbar ist, dem alliierten Rückerstattungsrecht zu entnehmen, dass NS-Raubkunst vom Anwendungsbereich des KultgSchG ausgenommen ist, sofern dessen Verfügungsbeschränkungen mit der nach alliiertem Recht grundsätzlich geschuldeten Naturalrestitution[227] in unvereinbarem Widerspruch stehen.

Insoweit ist zunächst auszuführen, dass das aufgrund einer rechtskräftigen Rückerstattungsanordnung gem. Art. 15 Abs. 1 USREG, 12 S. 1 BrREG und 13 S. 1 REAO auf den Berechtigten zurück übertragene Eigentum an dem entzogenen Vermögensgegenstand – wie jedes andere Eigentum auch – den allgemeinen Inhalts- und Schrankenbestimmungen des Art. 14 Abs. 1 S. 2 GG unterliegt. Eine Rückübertragung von „unbeschränktem" Eigentum, das nicht den Bindungen des Art. 14 Abs. 1 S. 2 GG unterliegt, kann den alliierten Rückerstattungsgesetzen nicht entnommen werden. Es ist daher rechtlich grundsätzlich nicht zu beanstanden, dass nach alliiertem Rückerstattungsrecht restituiertes Kulturgut den Verfügungsbeschränkungen des KultgSchG unterworfen wird, da es sich bei diesen um

---

226 Die VO Nr. 120 wird aus der vorliegenden Betrachtung wiederum ausgeklammert, da sie zu stark von den anderen Rückerstattungsgesetzen abweicht, so dass aus ihr keine für das alliierte Rückerstattungsrecht verallgemeinerungsfähigen Schlüsse gezogen werden können (vgl. oben S. 163).

227 Vgl. Art. 1 Abs. 1 USREG, 1 Abs. 1 BrREG und 1 Abs. 1 REAO.

verfassungsmäßige Inhalts- und Schrankenbestimmungen i. S.v. Art. 14 Abs. 1 S. 2 GG handelt.[228]

Etwas Anderes könnte jedoch dann gelten, sofern der Naturalrestitutionsanspruch nach den alliierten Rückerstattungsgesetzen im Einzelfall eine nicht mit den Ausfuhrbeschränkungen des KultgSchG vereinbare Verschaffung des unmittelbaren Besitzes an dem Restitutionsobjekt außerhalb des Geltungsbereichs des KultgSchG beinhalten konnte. Die Besitzübertragung an einem nach alliiertem Rückerstattungsrecht restituierten Kulturgut bestimmte sich je nach Auffassung entweder nach § 985 BGB oder nach einem ungeschriebenen rückerstattungsrechtlichen Herausgabeanspruch, wobei Letzterer m. E. mit § 985 BGB inhaltsgleich ist.[229] Der Anspruch nach § 985 BGB und somit auch der nach anderer Auffassung einschlägige ungeschriebene rückerstattungsrechtliche Herausgabeanspruch sind auf Abgabe des unmittelbaren Besitzes an den Eigentümer gerichtet. Diese hat nach herrschender Meinung beim redlichen und unverklagten Besitzer am gegenwärtigen Belegenheitsort der Sache, beim bösgläubigen und verklagten Besitzer an dem Ort, an dem sich die Sache bei Eintritt der Bösgläubigkeit bzw. der Rechtshängigkeit befand, sowie beim deliktischen Besitzer am Ort ihrer Erlangung zu erfolgen.[230] Die aus dem Restitutionsanspruch folgende Herausgabeschuld war somit jedenfalls nicht als Bring- oder Schickschuld ausgestaltet. Der Restitutionsberechtigte hatte daher – auch wenn er im Ausland wohnhaft war – keinen Anspruch darauf, dass ihm der Schuldner das betroffene Kunstwerk im Ausland übergibt oder es dorthin versendet. Eine nicht mit den Ausfuhrbeschränkungen des KultgSchG vereinbare Besitzverschaffung im Ausland war folglich nicht geschuldet. Die nach alliiertem Rückerstattungsrecht grundsätzlich geschuldete Naturalrestitution stand daher der Belastung von NS-Raubkunst mit einem Ausfuhrverbot nach § 1 Abs. 4 S. 1 bzw. 4 Abs. 1 KultgSchG nicht entgegen.

War ein Kulturgut bereits vor seiner Restitution auf Grundlage des alliierten Rückerstattungsrechts mit einem Ausfuhrverbot nach der Ausfuhrverordnung belastet, so hat dies die anschließende Restitution nicht beeinträchtigt. Weder die Übertragung des Eigentums an dem Restitutionsobjekt noch die nach alliiertem Rückerstattungsrecht geschuldete Besitzverschaffung wurden durch die Eintragung des Restitutionsobjektes in das Verzeichnis der national wertvollen Kunstwerke gehindert oder eingeschränkt. Gleiches gilt für eine Eintragung im Anschluss an eine Restitution. Der Naturalrestitutionsanspruch nach den alliierten

228 Vgl. oben S. 81–84. .
229 Vgl. oben S. 172.
230 Vgl. oben S. 226 f.

Rückerstattungsgesetzen war mit der Eigentumsübertragung durch die Rückerstattungsanordnung und der Herausgabe des Restitutionsobjektes an den Berechtigten erfüllt. Sofern das restituierte Kulturgut anschließend nach der Ausfuhrverordnung oder dem KultgSchG mit einem Ausfuhrverbot belastet wurde bzw. heutzutage belastet wird, hat dies in rechtlicher Hinsicht mit dem bereits erfüllten Restitutionsanspruch nichts zu tun. Aus dem nach alliiertem Rückerstattungsrecht bestehenden Naturalrestitutionsanspruch kann somit nicht gefolgert werden, dass das KultgSchG auf NS-Raubkunst keine Anwendung findet.

b) Der Ausschluss des Restitutionsanspruchs

Aus der Tatsache, dass die alliierten Rückerstattungsgesetze mit den Art. 18 Abs. 1 USREG, 14 Abs. 1 BrREG und 15 Abs. 1 REAO selbst restitutionsausschließende Tatbestände enthielten, könnte der Rückschluss zu ziehen sein, dass auch die Belastung von NS-Raubkunst mit einem Ausfuhrverbot nach dem KultgSchG nicht den Grundprinzipien des alliierten Rückerstattungsrechts widerspricht. Die vom alliierten Gesetzgeber verfügten Ausschlusstatbestände stellten im Vergleich zu einer Eintragung eines Kulturgutes nach dem KultgSchG für den Restitutionsberechtigten eine deutlich schwerwiegendere Belastung dar, da diese nicht nur dessen Verfügungsbefugnis einschränkten, sondern den Rückgabeanspruch gänzlich ausschlossen. Die Existenz der Art. 18 Abs. 1 USREG, 14 Abs. 1 BrREG und 15 Abs. 1 REAO zeigt, dass eine dem alliierten Rückerstattungsrecht genügende Wiedergutmachung des NS-Unrechts auch bei Ausschluss der Naturalrestitution vorliegen kann, sofern eine entsprechende Geldentschädigung gewährt wird.[231] Ob daraus der Rückschluss gezogen werden kann, dass NS-Raubkunst den Ausfuhrbeschränkungen des KultgSchG unterfällt, hängt maßgeblich davon ab, ob zwischen dem Normzweck dieser Ausschlusstatbestände und dem der Verfügungsbeschränkungen des KultgSchG eine gewisse Vergleichbarkeit besteht.[232] Sofern dies der Fall ist, spricht vieles dafür, dass die Anwendung der Ausfuhr-

---

231 Vgl. Art. 18 Abs. 2 USREG, 14 Abs. 2 BrREG und 15 Abs. 2 REAO.

232 An einer solchen Vergleichbarkeit fehlt es jedenfalls im Hinblick auf die Ausschlusstatbestände der Art. 19 S. 1 USREG, 15 S. 1 BrREG und 16 S. 1 REAO, nach denen die Rückerstattung ausnahmsweise wegen eines redlichen Dritterwerbs ausgeschlossen war. Dies ergibt sich bereits daraus, dass es sich bei den genannten Regelungen um absolute Ausnahmevorschriften handelt, da ein gutgläubiger Erwerb im alliierten Rückerstattungsrecht grundsätzlich ausgeschlossen war (vgl. Art. 1 Abs. 2 S. 2 USREG, 1 Abs. 3 S. 2 BrREG, 1 Abs. 3 S. 2 REAO). Auch der Normzweck dieser Ausschlusstatbestände – der Schutz des redlichen Erwerbers – lässt sich kaum mit dem des KultgSchG vergleichen, da Erstere das Interesse einzelner Privatpersonen schützten, wohingegen das KultgSchG den deutschen Kulturbesitz im Interesse der Allgemeinheit schützt.

beschränkungen des KultgSchG auf NS-Raubkunst mit dem alliierten Rückerstattungsrecht vereinbar ist.

Wie erläutert war nach Art. 18 Abs. 1 USREG, 14 Abs. 1 BrREG und 15 Abs. 1 REAO die Rückerstattung dann ausgeschlossen, wenn der betroffene Vermögensgegenstand nach seiner Entziehung zugunsten eines öffentlichen Zwecks enteignet worden war und er auch noch im Zeitpunkt des Inkrafttreten des jeweiligen Rückerstattungsgesetzes „einem öffentlichen noch als gesetzmäßig anerkannten Zweck“ diente.[233] Ziel dieser Ausschlusstatbestände war es, die Naturalrestitution in Fällen zu begrenzen, in denen der Alteigentümer auch ohne den verfolgungsbedingten Entzug sein Eigentum aus nichtdiskriminierenden Gründen durch Enteignung zum öffentlichen Wohle verloren hätte.[234] Der Restitutionsausschluss diente daher dem öffentlichen Allgemeininteresse, hinter dem das Interesse des Restitutionsberechtigten an der Rückgabe des entzogenen Vermögenswertes zurückzutreten hatte. Insoweit ist durchaus eine Vergleichbarkeit mit der Belastung eines Kulturgutes mit den Ausfuhrbeschränkungen des KultgSchG gegeben. Auch in diesem Fall hat das Interesse des Restitutionsberechtigten, unbeschränkt über das Restitutionsobjekt verfügen zu können, hinter einem öffentlichen Allgemeininteresse am Schutz des deutschen Kulturbesitzes vor einer Abwanderung ins Ausland zurückzutreten. Es ist somit konsequent, aus der Existenz der restitutionsausschließenden Tatbestände der Art. 18 Abs. 1 USREG, 14 Abs. 1 BrREG und 15 Abs. 1 REAO, die das Privatinteresse des Restitutionsberechtigten zugunsten des Allgemeininteresses zurückstuften, den Rückschluss zu ziehen, dass NS-Raubkunst den Verfügungsbeschränkungen des KultgSchG unterfällt.

2. Die völkerrechtlichen Verpflichtungen der Bundesrepublik Deutschland

Fraglich ist, ob die gegenüber den Westalliierten übernommenen völkerrechtlichen Verpflichtungen der Bundesrepublik Deutschland zur Wiedergutmachung des NS-Unrechts einer Anwendbarkeit des KultgSchG auf NS-Raubkunst entgegenstehen. Aus der Vereinbarung vom 27./28. September ergibt sich für die alten Bundesländer u. a., dass die Fortgeltung der im Überleitungsvertrag „festgelegten Grundsätze in Bezug auf die innere Rückerstattung“ sowie Fortgeltung des BRüG und des BEG durch die Streichung der entsprechenden Bestimmungen des Überleitungsvertrages nicht beeinträchtigt wird. Aufgrund des ersten Teils dieser Bestimmung wird die Verpflichtung der Bundesrepublik Deutschland aus dem

233 Vgl. oben S. 173 f.
234 Ebda.

Überleitungsvertrag aufrechterhalten, die innere Restitution auf Grundlage des alliierten Rückerstattungsrechts durchzuführen. Wie festgestellt steht dieses der Anwendbarkeit des KultgSchG auf NS-Raubkunst nicht entgegen. Eine über das alliierte Rückerstattungsrecht hinausgehende völkerrechtliche Verpflichtung zur Wiedergutmachung von NS-Unrecht im alten Bundesgebiet, die es generell verbietet, die Ausfuhrbeschränkungen des KultgSchG auf NS-Raubkunst anzuwenden, besteht daher nicht. Die in der Vereinbarung vom 27./28. September bestimmte Fortgeltung des BRüG und des BEG ist insoweit irrelevant, da beide Gesetze keinen Anspruch auf Naturalrestitution statuierten.[235] Wenn daher über die bestehenden völkerrechtlichen Verpflichtungen hinaus NS-Raubkunst an die Alteigentümer bzw. deren Rechtsnachfolger zurückgegeben und vor oder nach der Restitution mit einem Ausfuhrverbot belastet wird, kann dies nicht gegen die Vereinbarung vom 27./28. September verstoßen. Da keine Naturalrestitution geschuldet ist, kann eine Beschränkung der Verfügungsbefugnis des Restitutionsberechtigten über das Restitutionsobjekt auch nicht völkerrechtswidrig sein.

Für die neuen Bundesländer gilt im Ergebnis nichts Anderes. Insoweit hat sich die Bundesregierung in der Vereinbarung vom 27./28. September lediglich verpflichtet, das BRüG und das BEG auch auf das Beitrittsgebiet zu erstrecken.[236] Somit kann aus dieser Vereinbarung keine völkerrechtliche Verpflichtung der Bundesrepublik Deutschland zur Rückgabe entzogener Vermögensobjekte im Beitrittsgebiet abgeleitet werden. Eine Belastung von NS-Raubkunst mit einem Ausfuhrverbot nach dem KultgSchG verstößt daher auch im Beitrittsgebiet nicht gegen die Vereinbarung vom 27./28. September.[237]

Selbst wenn man anderer Auffassung sein sollte und in der Erstreckung des KultgSchG auf NS-Raubkunst einen Verstoß gegen die Vereinbarung vom 27./28. September sieht, so ist zu betonen, dass ein solcher Verstoß nicht die Anwendbarkeit des KultgSchG hindern kann, da dieser Vereinbarung mangels

---

235 Vgl. oben S. 179.

236 Vgl. oben S. 178 f.

237 So im Ergebnis auch VG Dresden Urt. v. 5.11.2008 – Az.: 5 K 1837/05, S. 15–17. *Schnabel* ZOV 2007, 107 (110 f.) hält es hingegen zumindest für möglich, dass die aufgrund der Vereinbarung vom 27./28 September bestehenden völkerrechtlichen Pflichten einer Anwendung des KultgSchG auf nach § 1 Abs. 6 VermG restituierte NS-Raubkunst entgegenstehen. Er führt insoweit äußerst unklar aus, dass die Bundesrepublik Deutschland aufgrund der Vereinbarung vom 27./28. September die „erneute völkerrechtliche Verpflichtung", „die Wiedergutmachung nationalsozialistischen Unrechts durchzuführen" übernommen habe, und dass diese Verpflichtung möglichweise eine verfassungskonforme Auslegung des KultgSchG gebiete, nach welcher NS-Raubkunst nicht mit einem Ausfuhrverbot nach dem KultgSchG belastet werden dürfe. Dieser Gedanke ist jedoch m. E. mangels einer aus der Vereinbarung vom 27./28. September folgenden völkerrechtlichen Rückgabeverpflichtung für das Beitrittsgebiet abwegig.

Transformierung in die deutsche Rechtsordnung gem. Art. 59 Abs. 2 S. 1 GG keine Geltung im innerstaatlichen Bereich zukommt.[238]

3. Die Bestimmungen des Vermögensgesetzes

Nachdem sich weder dem alliierten Rückerstattungsrecht noch den völkerrechtlichen Restitutionsverpflichtungen der Bundesrepublik entnehmen lässt, dass NS-Raubkunst vom Anwendungsbereich des KultgSchG ausgeschlossen ist, stellt sich die Frage, ob die Bestimmungen des VermG dieses Ergebnis für Kulturgut, das in ihren Geltungsbereich fällt, bestätigen. Auch im VermG finden sich keine Regelungen, die sich unmittelbar zum Verhältnis von Restitution und Kulturgüterschutz äußern. Es muss daher wiederum nach gesetzgeberischen Wertungen gesucht werden, die für oder gegen die Anwendbarkeit des KultgSchG sprechen.

a) Der Anspruch auf Naturalrestitution

Es stellt sich erneut die Frage, ob die nach § 1 Abs. 6 VermG grundsätzlich geschuldete Naturalrestitution einer Belastung des Restitutionsobjektes mit einem Ausfuhrverbot nach dem KultgSchG entgegensteht. Genau wie im Falle einer Naturalrestitution auf Grundlage des alliierten Rückerstattungsrechts ist insoweit zunächst zu betonen, dass das nach bestandskräftiger Rückübertragungsentscheidung i.S.v. § 34 Abs. 1 S. 1 VermG auf den Berechtigten zurückübertragene Eigentum den allgemeinen Inhalts- und Schrankenbestimmungen i.S.v. Art. 14 Abs. 1 S. 2 GG unterliegt. Dieser hat somit auch eine Beschränkung seiner Verfügungsbefugnis nach den Bestimmungen des KultgSchG grundsätzlich hinzunehmen.[239]

Der aus der bestandkräftigen Rückübertragungsentscheidung nach § 34 Abs. 1 S. 1 VermG folgende Anspruch des Restitutionsberechtigten auf Herausgabe des Besitzes an dem Restitutionsobjekt bestimmt sich nach § 985 BGB. Wie bereits erläutert kann aus § 985 BGB keine Pflicht des Restitutionsgläubigers zur Besitzverschaffung außerhalb des Geltungsbereichs des KultgSchG gefolgert werden. Auch der aus § 1 Abs. 6 VermG folgende Herausgabeanspruch kann daher einer Anwendbarkeit des KultgSchG auf zu restituierende NS-Raubkunst nicht entgegenstehen. Gleiches gilt für die Belastung des betroffenen Kulturgutes mit einem

238 BVerwG Urt. v. 24.11.2011 – Az.: 7 C 12.10, Rn. 40; OVG Bautzen Urt. v. 19.8.2010 – Az.: 1 A 112/09 5 K 1837/05, S. 25.

239 Vgl. auch BVerwG Urt. v. 24.11.2011 – Az.: 7 C 12.10, Rn. 46; OVG Bautzen Urt. v. 19.8.2010 – Az.: 1 A 112/09 5 K 1837/05, S. 22.

Ausfuhrverbot im Anschluss an die Restitution. Der Anspruch nach § 1 Abs. 6 VermG ist mit der aus der bestandskräftigen Rückübertragungsentscheidung folgenden Eigentumsübertragung auf den Restitutionsberechtigten und der anschließenden Inbesitznahme der Sache durch diesen vollständig erfüllt. Eine nachfolgende Belastung des Restitutionsobjektes mit den Ausfuhrbeschränkungen des KultgSchG beeinträchtigt die Restitution daher in keiner Weise.[240] Auch der Naturalrestitutionsanspruch nach § 1 Abs. 6 VermG steht einer Anwendung des KultgSchG auf NS-Raubkunst nicht entgegen.

b) Der Ausschluss des Restitutionsanspruchs

Dafür, dass das KultgSchG mit seinen Verfügungsbeschränkungen auf NS-Raubkunst, die in den Anwendungsbereich des § 1 Abs. 6 VermG fällt, anwendbar ist, könnte abermals die Tatsache sprechen, dass das VermG mit den §§ 4, 5 selbst restitutionsausschließende Tatbestände enthält, die gegenüber den Verfügungsbeschränkungen des KultgSchG einen gravierenderen Eingriff in die Rechte des Restitutionsberechtigten darstellen.[241] Das Vorhandensein dieser Ausschlusstatbestände, die zumindest nach herrschender Meinung und Rechtsprechung auch auf den Tatbestand des § 1 Abs. 6 VermG anwendbar sind, zeigt, dass es selbst im Falle des Ausschlusses der Naturalrestitution zu einer dem Vermögensrecht genügenden Wiedergutmachung von NS-Unrecht kommen kann, sofern eine Entschädigung nach dem NS-VEntschG gewährt wird.[242] Falls zwischen dem Normzweck der Ausschlusstatbestände des VermG und den Verfügungsbeschränkungen des KultgSchG eine gewisse Vergleichbarkeit gegeben ist, spricht dies daher wiederum dafür, dass eine Belastung von NS-Raubkunst mit einem Ausfuhrverbot nach dem KultgSchG mit dem VermG im Einklang steht.

An einer solchen Vergleichbarkeit der Normzwecke fehlt es jedoch zwischen dem Ausschlusstatbestand des redlichen Erwerbs nach § 4 Abs. 2, 3 VermG und den Ausfuhrverboten des KultgSchG. Zweck ersterer Regelung ist es zwischen den Interessen des Rückübertragungsberechtigten und denen des gegenwärtigen Eigentümers einen sozial verträglichen Ausgleich zu schaffen.[243] Es geht somit um einen Interessenausgleich zwischen zwei Privatpersonen. § 4 Abs. 2, 3 VermG kann daher seinem Normzweck nach nicht mit den dem öffentlichen Allgemeininter-

240 So im Ergebnis auch BVerwG Urt. v. 24.11.2011 – Az.: 7 C 12.10, Rn. 56; VG Dresden Urt. v. 5.11.2008 – Az.: 5 K 1837/05, S. 15 – 17.

241 Vgl. auch OVG Bautzen Urt. v. 19.8.2010 – Az.: 1 A 112/09 5 K 1837/05, S. 22; VG Berlin Urt. v. 29.11.2006 – Az.: 1 A 162/05, S. 8; VG Dresden Urt. v. 5.11.2008 – Az.: 5 K 1837/05, S. 15.

242 OVG Bautzen Urt. v. 19.8.2010 – Az.: 1 A 112/09 5 K 1837/05, S. 22.

243 Vgl. oben S. 189.

esse dienenden Verfügungsbeschränkungen des KultgSchG verglichen werden. Aus dem Vorhandensein des Ausschlusstatbestandes des § 4 Abs. 2, 3 VermG lässt sich somit kein Rückschluss auf die Frage der Anwendbarkeit des KultgSchG auf NS-Raubkunst ziehen.

Eine gegenteilige Schlussfolgerung könnte jedoch aus der Existenz der Unmöglichkeitsgeneralklausel des § 4 Abs. 1 S. 1 VermG und des diese konkretisierenden § 5 Abs. 1 VermG zu ziehen sein. Nach § 4 Abs. 1 S. 1 VermG wird der Grundsatz der Naturalrestitution zugunsten des dem VermG zu Grunde liegenden Prinzips eines sozialverträglichen Interessenausgleichs durchbrochen. Das private Rückgabeinteresse des Restitutionsberechtigten hat hinter dem öffentlichen Interesse an einer sozialverträglichen und rechtspolitisch vernünftigen Lösung zurückzutreten.[244] Dieser Normzweck ist durchaus mit dem der Verfügungsbeschränkungen des KultgSchG vergleichbar, die das Privatinteresse des Kulturguteigentümers hinter dem öffentlichen Interesse am Schutz des deutschen Kulturbesitzes zurückstufen. Gleiches gilt für den Normzweck des § 5 Abs. 1 VermG, der eine Restitution von entzogenen Grundstücken und Gebäuden ausschließt, wenn an deren gegenwärtiger Nutzung ein öffentliches Interesse besteht.[245] Auch diese Regelung hat den Schutz eines öffentlichen Interesses zu Lasten des Restitutionsberechtigten zum Ziel. Es ist daher schlüssig, aus dem Vorhandensein der §§ 4 Abs. 1 S. 1, 5 Abs. 1 VermG zu folgern, dass es nicht im Widerspruch zum Vermögensrecht steht, wenn NS-Raubkunst mit einem Ausfuhrverbot nach dem KultgSchG belastet wird.

4. Die Bestimmungen der Washingtoner Prinzipien, der Gemeinsamen Erklärung und der Handreichung

Weder die Washingtoner Prinzipien, noch die Gemeinsame Erklärung und die Handreichung enthalten Regelungen, die sich unmittelbar zum Verhältnis von Kulturgüterschutz und Restitution äußern. Es muss somit wieder nach allgemeinen Wertungen und Prinzipien gesucht werden, die sich auf diese Problematik übertragen lassen.

a) Der mittelbare Restitutionsanspruch

Wie erläutert sind die Washingtoner Prinzipien, die Gemeinsame Erklärung und die Handreichung als rechtlich unverbindliches „soft law“ zu qualifizieren. Alt-

---

244 Vgl. oben S. 187.

245 Vgl. oben S. 187 f.

eigentümer von NS-Raubkunst bzw. deren Rechtsnachfolger können aus diesen Bestimmungen daher grundsätzlich keinen rechtlich durchsetzbaren Restitutionsanspruch ableiten, der einer Belastung von NS-Raubkunst mit einem Ausfuhrverbot nach dem KultgSchG entgegensteht. Selbst wenn man mit hier vertretener Auffassung davon ausgeht, dass sich ein mit Restitutionsentscheidungen befasster Verwaltungsträger aufgrund einer ständigen und gleichmäßigen, den Washingtoner Prinzipien, der Gemeinsamen Erklärung und der Handreichung entsprechenden Verwaltungspraxis selbst binden kann, gilt nichts Anderes. Liegen die Voraussetzungen einer solchen Selbstbindung vor und ist das von dem Restitutionsgesuch betroffene Kunstwerk seinem Alteigentümer NS-verfolgungsbedingt entzogen worden, so kommt dem Berechtigten zwar nach Art. 3 Abs. 1 GG ein mittelbarer Anspruch auf die Rückgabe des Werkes bzw. auf Findung einer anderweitigen „gerechten und fairen Lösung“ auf dem Verhandlungsweg zu. Sofern der Berechtigte sich für eine Naturalrestitution entscheidet, kann jedoch auch dieser mittelbare Rückgabeanspruch einer Belastung des betroffenen Kulturgutes mit einem Ausfuhrverbot nach dem KultgSchG nicht entgegenstehen. Es ist nicht ersichtlich, warum auf Grundlage eines solchen mittelbaren Restitutionsanspruchs mehr geschuldet sein sollte, als die Übereignung des Restitutionsobjektes nach §§ 929 – 931 BGB.[246] Das zurückübertragene Eigentum unterliegt selbstverständlich wiederum den allgemeinen Inhalts- und Schrankenbestimmungen i. S.v. Art. 14 Abs. 1 S. 2 GG, so dass insoweit keine Bedenken gegen eine Anwendung des KultgSchG bestehen können. Der aus der Eigentumsübertragung folgende Herausgabeanspruch des Restitutionsberechtigten kann sich nur nach § 985 BGB bestimmen. Die aus § 985 BGB folgende Besitzverschaffungspflicht steht wie erläutert einer Belastung des Restitutionsobjektes mit einem Ausfuhrverbot nicht entgegen.

b) Das Ziel einer „gerechten und fairen Lösung“

M. E. ist aus dem die Washingtoner Prinzipien, die Gemeinsame Erklärung und die Handreichung prägenden Ziel, Kunstrestitutionsfälle im Interesse der Alteigentümer bzw. ihrer Rechtsnachfolger einer „gerechten und fairen Lösung“ zuzuführen, der Grundsatz abzuleiten, dass die Restitution von NS-Raubkunst auch über die tatsächliche Rückgabe hinaus zu unterstützen und zu fördern ist, um eine möglichst umfassende Wiedergutmachung des NS-Unrechts zu erreichen. Dies bedeutet, dass staatliche Maßnahmen, die im Einzelfall eine tatsächliche Be-

246 Sofern der Alteigentümer bzw. dessen Rechtsnachfolger überhaupt das Eigentum an dem Raubkunstwerk verloren hat.

hinderung oder Erschwerung der Restitution bzw. eine Schmälerung des Wiedergutmachungserfolges zur Folge haben, und daher der angestrebten „gerechten und fairen Lösung" widersprechen, unterbleiben sollen. Folgt man dieser Sichtweise, so sollte NS-Raubkunst grundsätzlich nicht mit einem Ausfuhrverbot nach dem KultgSchG belastet werden, sofern dadurch die Restitution zumindest in faktischer Hinsicht behindert oder erschwert wird bzw. der Wiedergutmachungserfolg dadurch in irgendeiner Weise nachträglich dezimiert wird. Somit steht m. E. das Ziel einer „gerechten und fairen Lösung" der Belastung von NS-Raubkunst mit einem Ausfuhrverbot nach dem KultgSchG insbesondere dann entgegen, wenn der Berechtigte im Ausland wohnhaft ist und das Ausfuhrverbot ihn daran hindert, sein restituiertes Eigentum an seinem Wohnsitz in Besitz zu nehmen. Auch wenn die Restitution in solchen Fällen rein rechtlich durch das Ausfuhrverbot nicht beeinträchtigt wird, so führt die Verfügungsbeschränkung doch zu einem „faktischen Restitutionshindernis", welches m. E. mit dem aus den restitutionsrechtlichen „soft law"-Bestimmungen folgenden Ziel einer „gerechten und fairen Lösung" im Widerspruch steht. Aber auch wenn die Belastung von NS-Raubkunst mit einem Ausfuhrverbot zu einer wirtschaftlichen Schmälerung des Wiedergutmachungserfolges führt, sollte diese m. E. unterbleiben. Ein solcher Fall wird insbesondere dann vorliegen, wenn der Berechtigte das restituierte Kunstobjekt im Anschluss an die Restitution im Ausland veräußern will, dies jedoch aufgrund der Belastung des Kulturgutes mit einem Ausfuhrverbot nach dem KultgSchG verhindert wird. In diesem Fall würde ein Ausfuhrverbot die wirtschaftlichen Verwertungsmöglichkeiten des Restitutionsberechtigten erheblich einschränken und damit in der Regel den Marktwert des Restitutionsobjekts drastisch reduzieren. Der Umfang der Wiedergutmachung würde damit in finanzieller Hinsicht beschränkt werden. Dies erscheint vor dem angestrebten Ziel einer „gerechten und fairen Lösung" unangemessen.

Die hier vertretene Sichtweise wurde vom BVerwG nicht geteilt. Dieses war der Auffassung, dass die Washingtoner Prinzipien im Hinblick auf die vorliegende Problematik schon der Sache nach nicht einschlägig seien, da sie nur solche Kunstwerke erfassen würden, die noch nicht zurückerstattet wurden und sie sich überdies auch nicht zum Verhältnis von Restitution und Kulturgüterschutz äußern.[247] M. E. ist diese strikt am Wortlaut der Washingtoner Prinzipien festhaltende Auslegung des BVerwG zu formal. Das Gericht berücksichtigt nicht, dass es sich bei den Washingtoner Prinzipien eben nicht um starres „hard law", sondern vielmehr um flexibles „soft law" handelt. Die Washingtoner Prinzipien – und so auch das Ziel einer „gerechten und fairen Lösung" – sind bewusst vage gehalten,

247 BVerwG Urt. v. 24.11.2011 – Az.: 7 C 12.10, Rn. 44.

um dem Anwender den Interpretationsspielraum zu bieten, der nötig ist, damit der jeweilige Restitutionsfall einer angemessenen Lösung zugeführt werden kann. Die Auffassung des BVerwG vermag daher nicht zu überzeugen.

Die Tatsache, dass das Ziel einer „gerechten und fairen Lösung" m. E. der Belastung von NS-Raubkunst mit einem Ausfuhrverbot in verschiedenen Fällen entgegenstehen kann, hindert jedoch auch in diesen Fällen nicht die Anwendung des KultgSchG auf NS-Raubkunst. Aufgrund der „soft law"-Natur der Washingtoner Prinzipien, der Gemeinsamen Erklärung und der Handreichung kann von dem diesen Regelungen innewohnenden Ziel einer „gerechten und fairen Lösung" keine rechtliche Bindungswirkung ausgehen. Diese Vorschriften können nicht die Anwendbarkeit des KultgSchG, das seinerseits ein formelles Parlamentsgesetz („hard law") darstellt, auf NS-Raubkunst hindern. Im Falle der Washingtoner Prinzipien kommt dies sogar in deren Einleitung zum Ausdruck. In dieser wird betont, dass die Konferenzteilnehmer „die Tatsache, dass die Teilnehmerstaaten unterschiedliche Rechtssysteme haben und dass die Länder im Rahmen ihrer eigenen Rechtsvorschriften handeln" anerkennen.[248] Zu diesen Rechtsvorschriften, die von den Teilnehmern der Washingtoner Konferenz ausdrücklich anerkannt wurden und die den gesetzlichen Rahmen für die Anwendung der Washingtoner Prinzipien setzen, gehören auch die Vorschriften des KultgSchG.[249] Die „soft-law"-Regelungen der Washingtoner Prinzipien, der Gemeinsamen Erklärung und der Handreichung stehen daher der grundsätzlichen Anwendbarkeit des KultgSchG auf NS-Raubkunst nicht entgegen. Sofern jedoch das KultgSchG dem Rechtsanwender den notwendigen Ermessens- oder Abwägungsspielraum bietet, ist nach hier vertretener Auffassung zu berücksichtigen, dass die Ausfuhrverbote des KultgSchG die Restitution von NS-Raubkunst nicht erschweren oder behindern bzw. den Wiedergutmachungserfolg nicht nachträglich schmälern sollen.

II. Die Eintragung von NS-Raubkunst

Es ist zunächst darauf hinzuweisen, dass verschiedene Konstellationen denkbar sind, in denen sich die Frage stellt, ob bzw. unter welchen Voraussetzungen NS-Raubkunst in ein Verzeichnis national wertvollen Kulturgutes eingetragen werden kann. Zum einen muss zwischen Eintragungen vor und nach der Restitution unterschieden werden. Die Restitution führt jedenfalls insoweit zu einem Einschnitt, als dass sie stets die Übertragung des Besitzes an dem Restitutionsobjekt auf den

248 Vgl. oben S. 194.

249 So im Ergebnis auch BVerwG Urt. v. 24. 11. 2011 – Az.: 7 C 12.10, Rn. 43.; OVG Bautzen Urt. v. 19. 8. 2010 – Az.: 1 A 112/09 5 K 1837/05, S. 22–24.

Berechtigten zur Folge hat. In Fällen, in denen der Alteigentümer durch die Entziehung, oder anschließend aufgrund eines Rechtserwerbs Dritter das Eigentum an dem Restitutionsobjekt verloren hat[250], wird durch die Restitution überdies auch das Eigentum an dem Restitutionsobjekt auf den Berechtigten übertragen. Zum anderen muss zwischen der Eintragung von Kulturgut in Privateigentum und Kulturgut im öffentlichen Eigentum unterschieden werden, da das KultgSchG die Eintragung je nach Eigentumslage an unterschiedliche Voraussetzungen knüpft.

Aus diesen Unterscheidungskriterien ergeben sich verschiedene rechtliche Konstellationen, die getrennt voneinander zu beurteilen sind. So ist zunächst die Anwendung des KultgSchG auf bereits restituierte NS-Raubkunst zu erörtern. Insoweit ist anzumerken, dass sich in dieser Variante das betroffene Raubkunstwerk aufgrund der bereits erfolgten Restitution grundsätzlich in Privateigentum befinden wird. In der nächsten Konstellation ist das Raubkunstwerk noch nicht restituiert und befindet sich daher entweder im Besitz eines öffentlichen Museums bzw. einer anderweitigen öffentlichen Einrichtung oder eines Privatsammlers bzw. einer Privatinstitution. Hat der Alteigentümer bzw. dessen Rechtsnachfolger durch die Entziehung oder einen anschließenden Rechtserwerb Dritter sein Eigentum an dem Raubkunstwerk verloren, so wird der öffentliche bzw. private Besitzer in der Regel auch das Eigentum an dem Restitutionsobjekt innehaben. Kam es bei dem Alteigentümer bzw. bei dessen Rechtsnachfolger nicht zu einem Eigentumsverlust, so ist der Restitutionsberechtigte hingegen bereits vor der Restitution Eigentümer des zu restituierenden Kulturgutes. Von den genannten Konstellationen sind außerdem die Sonderfälle abzugrenzen, in denen eine Eintragung in das aufgrund der Ausfuhrverordnung geführte Verzeichnis der national wertvollen Kunstwerke bereits vor der Entziehung vorgenommen wurde.

1. Die Eintragung von bereits restituierter NS-Raubkunst

Da es sich bei den Berechtigten von NS-Raubkunstrestitutionen in der Regel um Privatpersonen handelt, befindet sich restituierte NS-Raubkunst im Anschluss an die Restitution grundsätzlich in Privateigentum, so dass die Vorschriften des KultgSchG in dieser Konstellation uneingeschränkt Anwendung finden. Es ist jedoch zu prüfen, ob sich aus der Tatsache, dass es sich bei dem Eintragungsobjekt um NS-Raubkunst handelt, im Rahmen des Eintragungsverfahrens spezifische Besonderheiten ergeben.

250 Zur Eigentumssituation bei NS-Raubkunst vgl. oben S. 218 – 224.

a) Die Einleitung des Eintragungsverfahrens gegen den Willen des Kulturguteigentümers

aa) Antragsrecht

Unproblematisch sind die Fälle, in denen ein Eintragungsverfahren gem. § 3 Abs. 1 S. 1 1. Alt., S. 2 KultgSchG i.V.m. der entsprechenden landesrechtlichen Rechtsverordnung auf Antrag des Raubkunsteigentümers eingeleitet wird, da dieser dann an der Ausfuhr des Kulturgutes kein Interesse haben wird. Zu einer Interessenskollision kann es jedoch kommen, wenn der in einigen Bundesländern gem. § 3 Abs. 1 S. 1 1. Alt., S. 2 KultgSchG i.V.m. der entsprechenden landesrechtlichen Rechtsverordnung antragsberechtigte Kulturgutbesitzer die Verfahrenseinleitung gegen den Willen des Kulturguteigentümers beantragt. Bei dem Kulturgutbesitzer kann es sich z.B. um ein öffentliches Museum oder eine anderweitige öffentliche Kulturinstitution handeln, dem das Kulturgut im Anschluss an die Restitution als Leihgabe überlassen wurde. In diesen Fällen ist es durchaus denkbar, dass eine solche öffentliche Einrichtung von ihrem Antragsrecht Gebrauch macht, sobald bekannt wird, dass der Eigentümer erwägt, das Leihverhältnis zu beenden, um das betroffene Raubkunstwerk anschließend aus Deutschland auszuführen.[251] Gleiches gilt, wenn eine landesrechtliche Antragsverordnung einer öffentlichen Kulturinstitution unmittelbar ein Antragsrecht einräumt und diese ein Interesse am Verbleib des betroffenen Kulturgutes in Deutschland hat. Auch der BKM kann gem. § 3 Abs. 2 KultgSchG ein Eintragungsverfahren gegen den Willen des Raubkunsteigentümers einleiten. Ein solches Verhalten öffentlicher Einrichtungen würde zwar m.E. regelmäßig gegen das die Washingtoner Prinzipien, die Gemeinsamen Erklärung und die Handreichung prägende Ziel einer „gerechten und fairen Lösung" verstoßen. Gleichwohl könnte ein solcher Verstoß öffentliche Kulturinstitutionen nicht daran hindern, von ihrem Antragsrecht Gebrauch zu machen, da die genannten Vorschriften aufgrund ihrer „soft law"-Natur keine rechtliche Bindungswirkung erzeugen können.

bb) Pflicht zur Einleitung des Eintragungsverfahrens

Wie oben festgestellt sind die obersten Landesbehörden bei Kulturgut in Privateigentum nach § 3 Abs. 1 S. 1 2. Alt. KultgSchG i.V.m. § 22 S. 2 Nr. 1 1. Alt. VwVfG zur Einleitung eines Eintragungsverfahrens von Amts wegen verpflichtet, sofern gewichtige Anhaltspunkte dafür sprechen, dass die Eintragungsvoraussetzungen

---

251 Ein Museum, dem restituierte NS-Raubkunst leihweise überlassen wurde, kann natürlich stets, unabhängig von einem etwaigen Antragsrecht, die Eintragung des Leihobjekts bei der obersten Landesbehörde anregen.

i. S.v. § 1 Abs. 1 S. 1 KultgSchG vorliegen bzw. die Auffassung, dass die einzutragenden Gegenstände unter den Schutz des Gesetzes fallen, nicht abwegig ist.[252] Im Rahmen der Entscheidung über die Einleitung des Eintragungsverfahrens können daher nur solche Faktoren berücksichtigt werden, welche die Bedeutung des Objektes für den deutschen Kulturbesitz betreffen. Im Hinblick auf die Verfahrenseinleitung bei NS-Raubkunst ist insoweit festzustellen, dass es sich bei dem zeitgeschichtlichen Hintergrund des NS-verfolgungsbedingten Entzugs nicht um einen Umstand handelt, der sich auf die Bedeutung des Objektes für den deutschen Kulturbesitz auswirkt. Die obersten Landesbehörden können diesen Umstand daher nicht in ihre Entscheidungsfindung über die Verfahrenseinleitung einbeziehen. Daran vermögen auch die Bestimmungen der Washingtoner Prinzipien, der Gemeinsamen Erklärung und der Handreichung nichts zu ändern, da diese Vorschriften nur dort rechtliche Wirkung entfalten können, wo das Gesetz den betroffenen Behörden eine gewissen Handlungsspielraum einräumt.[253] An einem solchem fehlt es jedoch im Rahmen der Entscheidung über die Einleitung des Eintragungsverfahrens. Falls NS-Raubkunst daher als potentiell national wertvoll einzustufen ist, sind die obersten Landesbehörden – genau wie bei jedem anderen Kulturgut auch – von Amts wegen verpflichtet, ein Eintragungsverfahren einzuleiten.[254]

Sofern ein Antrag auf Eintragung eines Raubkunstwerks i. S.v. § 3 Abs. 1 S. 1 1. Alt. KultgSchG vorliegt, können die obersten Landesbehörden nur dann von einer Verfahrenseinleitung absehen, wenn von vorneherein auszuschließen ist, dass das betroffene Raubkunstwerk die Eintragungsvoraussetzungen erfüllt.[255] Es besteht somit auch in dieser Konstellation keine Möglichkeit, den zeitgeschichtlichen Hintergrund des NS-verfolgungsbedingten Entzugs zu berücksichtigen.

b) Eintragungspflicht bei NS-Raubkunst

Wie im ersten Kapitel erläutert sind die obersten Landesbehörden nach § 1 Abs. 1 S. 1 KultgSchG verpflichtet, Kulturgut in Privateigentum in ein Verzeichnis national wertvollen Kulturgutes einzutragen, sofern sich im Rahmen des Eintragungsverfahrens herausstellt, dass es die Eintragungsvoraussetzungen erfüllt.[256] Dies gilt auch dann, wenn es sich bei dem einzutragenden Kulturgut um NS-Raubkunst

252 Vgl. oben S. 54 f.

253 Vgl. auch VG Berlin Urt. v. 29.11.2006 – 1 A 162/05, S. 7.

254 BVerwG Urt. v. 24.11.2011 – Az.: 7 C 12.10, Rn. 52; OVG Bautzen Urt. v. 19.8.2010 – Az.: 1 A 112/09 5 K 1837/05, S. 19.

255 Vgl. oben S. 55.

256 Vgl. oben S. 62 f.

handelt. Da im Rahmen der Eintragungsentscheidung nur geprüft werden darf, ob das betroffene Kulturgut aufgrund seiner Bedeutung für den deutschen Kulturbesitz die Eintragungsvoraussetzungen des § 1 Abs. 1 S. 1 KultgSchG erfüllt, können die NS-Verfolgung des Alteigentümers und der daraus resultierende Entzug des Kulturgutes wiederum nicht berücksichtigt werden. Gleiches gilt mangels behördlichen Ermessensspielraums für die Washingtoner Prinzipien, die Gemeinsame Erklärung und die Handreichung. Erfüllt somit ein restituiertes NS-Raubkunstwerk die Eintragungsvoraussetzungen des § 1 Abs. 1 S. 1 KultgSchG, so sind die obersten Landesbehörden verpflichtet, dieses auch in ein Verzeichnis national wertvollen Kulturgutes einzutragen.[257]

c) Selbstbindung der Verwaltung

Wie oben erläutert stellt die Eintragung der Musikbibliothek Peters einen bisher einmaligen Vorgang dar, da die zuständigen Landesbehörden ansonsten stets von einer Eintragung restituierter NS-Raubkunst abgesehen haben, auch wenn wohl einige der in den letzten Jahren restituierten Kulturgüter als national wertvoll i. S. v. § 1 Abs. 1 S. 1 KultgSchG zu qualifizieren gewesen wären. Wird jedoch im Gegensatz zu der vorherrschenden Verwaltungspraxis NS-Raubkunst in ein Verzeichnis national wertvollen Kulturgutes eingetragen, so kann sich der Eigentümer nicht auf einen Verstoß gegen den allgemeinen Gleichheitssatz nach Art. 3 Abs. 1 GG aufgrund einer gegenläufigen Selbstbindung der Verwaltung berufen.[258] Dies ergibt sich bereits daraus, dass eine Verwaltungspraxis, nach der NS-Raubkunst, welche die Eintragungsvoraussetzungen des § 1 Abs. 1 S. 1 KultgSchG erfüllt, nicht in ein Verzeichnis national wertvollen Kulturgutes eingetragen wird, schlichtweg rechtswidrig ist. Der allgemeine Gleichheitssatz nach Art. 3 Abs. 1 GG gewährt wegen des Grundsatzes des Vorrangs des Gesetzes kein Recht auf „Gleichheit im Unrecht".[259] Es besteht daher kein „Anspruch auf Fehlerwiederholung bei der Rechtsanwendung", so dass sich der von dem zwar abweichenden, jedoch

257 BVerwG Urt. v. 24.11.2011 – Az.: 7 C 12.10, Rn. 52; VG Dresden Urt. v. 5.11.2008 – Az.: 5 K 1837/05, S. 18; VG Berlin Urt. v. 29.11.2006 – Az.: 1 A 162/05, S. 7. A.A. *Schnabel* ZOV 2007, 107 (110 f.), der insoweit der Auffassung ist, dass zumindest bei NS-Raubkunst, die auf Grundlage von § 1 Abs. 6 VermG restituiert wurde, die bloße Wortlautauslegung des § 1 Abs. 1 S. 1 KultgSchG rechtsfehlerhaft sei und diesbezüglich eine „Berücksichtigung verfassungsrechtlicher Überlegungen" fordert (ebda.). Welche „verfassungsrechtlichen Überlegungen" berücksichtigt werden sollen und inwiefern diese dazu führen sollen, dass bei NS-Raubkunst keine Eintragungspflicht besteht, bleibt jedoch unklar.

258 Vgl. auch OVG Bautzen Urt. v. 19.8.2010 – Az.: 1 A 112/09 5 K 1837/05, S. 19; VG Dresden Urt. v. 5.11.2008 – Az.: 5 K 1837/05, S. 18.

259 *Boysen* in: *v. Münch/Kunig*, GG, Art. 3 Rn. 81; *Jarass* in: *Jarass/Pieroth*, GG, Art. 3 Rn. 36.

rechtmäßigen Verwaltungshandeln betroffene Bürger nicht auf rechtswidrige Parallelfälle berufen kann.[260]

d) Löschung der Eintragung bei NS-Raubkunst

Sofern restituierte NS-Raubkunst in ein Verzeichnis national wertvollen Kulturgutes eingetragen ist, kann der Umstand, dass es sich bei dem Objekt um NS-Raubkunst handelt, keinen Anspruch des Eigentümers auf Löschung der Eintragung nach § 7 Abs. 1 KultgSchG begründen. Voraussetzung wäre insoweit u. a., dass sich die Umstände, die für die Eintragung von Bedeutung waren, wesentlich geändert haben und bei Berücksichtigung des neuen Sachverhalts die Eintragung nicht mehr vorgenommen werden dürfte.[261] Bei dem NS-verfolgungsbedingten Entzug des betroffenen Kulturgutes handelt es sich bereits nicht um einen Umstand, der sich seit der Eintragungsentscheidung verändert hat. Überdies handelt es sich dabei auch nicht um einen Umstand, der im Rahmen der Eintragungsentscheidung nach § 1 Abs. 1 S. 1 KultgSchG von Bedeutung gewesen ist. Es ist somit ausgeschlossen, dass ein Antrag auf Löschung der Eintragung gem. § 7 Abs. 1 KultgSchG Erfolg hat, sofern er lediglich auf den NS-verfolgungsbedingten Entzug des Objektes gestützt wird.

e) Rechtsschutzmöglichkeiten des Raubkunsteigentümers

Der Eigentümer eines restituierten Raubkunstwerks kann gegen die Einleitung des Eintragungsverfahrens mit einer allgemeinen Leistungsklage auf Verfahrenseinstellung und gegen die Eintragungsentscheidung im Wege der Anfechtungsklage i. S.v. § 42 Abs. 1 Alt. 1 VwGO vorgehen.[262] Werden diese Klagen jedoch allein auf den Umstand gestützt, dass es sich bei dem Eintragungsobjekt um NS-Raubkunst handelt, so sind sie unbegründet, da sich daraus nicht ergibt, dass die Verfahrenseinleitung bzw. die Eintragung rechtswidrig ist. Auch eine Verpflichtungsklage i. S.v. § 42 Abs. 1 2. Alt. VwGO auf Löschung der Eintragung wird nur dann Erfolg haben, wenn es sich bei dem eingetragenen Raubkunstwerk nicht (mehr) um national wertvolles Kulturgut i. S.v. § 1 Abs. 1 S. 1 KultgSchG handelt.

---

260 Ebda. Überdies ist zu beachten, dass eine Selbstbindung der Verwaltung stets nur innerhalb des Verwaltungsträgers, dessen Behörde diese durch ihr Handeln begründet hat, entstehen kann (vgl. oben S. 215). Daher kann eine oberste Landesbehörde durch die Handhabung der Eintragungen nach § 1 Abs. 1 S. 1 KultgSchG in anderen Bundesländern ohnehin nicht gebunden werden.
261 Vgl. oben S. 69 f.
262 Vgl. oben S. 71 f.

2. Die Eintragung (noch) nicht restituierter NS-Raubkunst

Wie zuvor erläutert, ergeben sich bei (noch) nicht restituierter NS-Raubkunst aufgrund verschiedener Eigentums- und Besitzverhältnisse unterschiedliche Konstellationen, zwischen denen im Rahmen des Eintragungsverfahrens zu unterscheiden ist. In vielen Fällen wird sich das zu restituierende Objekt im Besitz öffentlicher Museen bzw. anderweitiger öffentlicher Kultureinrichtungen befinden. Dies bedeutet jedoch nicht zwangsläufig, dass das besitzende Museum auch gleichzeitig Eigentümer des Raubkunstwerks ist. Insoweit kommt es zum einen darauf an, ob die Entziehung des Kulturgutes zum Eigentumsverlust des Alteigentümers führte. Während dies bei den „freiwilligen" Entziehungen durch Rechtsgeschäft der ersten Raubkunstphase zumindest nach herrschender Meinung häufig der Fall gewesen sein wird, werden die meisten Entziehungsakte der zweiten Raubkunstphase als von Anfang an nichtig einzustufen sein, so dass der Alteigentümer in letzterem Fall seine Eigentumsposition nicht verloren hat.[263] Zum anderen besteht die Möglichkeit, dass der Alteigentümer bzw. sein Rechtsnachfolger das Eigentum an dem Raubkunstwerk im Anschluss an die Entziehung durch einen Rechtserwerb Dritter verloren hat. Insofern kommt ein Eigentumserwerb eines Dritten durch gutgläubigen Erwerb vom Nichtberechtigten i.S.v. § 932 BGB oder durch Ersitzung i.S.v. § 937 BGB in Betracht.[264] Es wird sich daher in öffentlichen Kultureinrichtungen sowohl NS-Raubkunst finden, die noch im Eigentum des Alteigentümers bzw. seines Rechtsnachfolgers steht, als auch NS-Raubkunst, an der die besitzende Institution das Eigentum innehat. Aufgrund der unterschiedlichen Anwendung des KultgSchG auf Privat- und auf öffentliches Eigentum, sind diese beiden Konstellationen getrennt voneinander zu beurteilen. Wie der Fall Gurlitt zeigt, ist es überdies auch heutzutage noch denkbar, dass sich größere Bestände von NS-Raubkunst in Privatbesitz befinden. In dieser Variante muss ebenfalls danach unterschieden werden, ob der Privatbesitzer auch Eigentümer des jeweiligen Kulturgutes ist, oder ob dieses noch im Eigentum des Alteigentümers bzw. seines Rechtsnachfolgers steht.

a) NS-Raubkunst im öffentlichen Besitz

aa) Öffentliches Eigentum

Seit Einfügung des § 18 Abs. 2 KultgSchG im Jahre 2007 stellt sich die Frage, ob auch NS-Raubkunst im öffentlichen Eigentum vor ihrer Rückübereignung an den Restitutionsberechtigten in ein Verzeichnis national wertvollen Kulturgutes ein-

---

263 Vgl. oben S. 218–223.
264 Vgl. oben S. 223–225.

getragen werden kann. Diese Problematik wird in der Praxis natürlich erst dann relevant, wenn das jeweilige Kulturgut bereits als NS-Raubkunst identifiziert worden ist bzw. insoweit zumindest ein fundierter Verdacht besteht.

(1) Einleitung des Eintragungsverfahrens

(a) Anmelde- bzw. Antragsrecht

Sofern ein Kulturgut nicht in Landeseigentum steht, kann der öffentliche Eigentümer dieses gem. § 18 Abs. 2 S. 1 2. Alt. KultgSchG zur Eintragung in ein Verzeichnis national wertvollen Kulturgutes anmelden. Diesbezüglich wird vertreten, dass sich durch Einfügung des § 18 Abs. 2 KultgSchG die Verhandlungsposition der Restitutionsberechtigten massiv verschlechtert habe, da restitutionsverpflichtete Museen nun bereits durch die Ankündigung, das Restitutionsobjekt zur Eintragung anzumelden, dem Alteigentümer aufzeigen können, „dass dieser zwar die NS-Raubkunst zurückerhält, diese aber nicht aus Deutschland ausführen darf.“[265] Auch wenn eine Anmeldung durch den öffentlichen Raubkunsteigentümer m. E. in den meisten Fällen mit dessen Bekenntnis nach den Washingtoner Prinzipien, der Gemeinsamen Erklärung und der Handreichung, Restitutionsfälle einer „gerechten und fairen Lösung“ zuzuführen, im Widerspruch stehen wird, so führt dies aufgrund der rechtlichen Unverbindlichkeit der genannten „soft law“-Bestimmungen nicht zur Rechtswidrigkeit des Eintragungsverfahrens. Gleiches gilt, sofern der BKM von seinem Antragsrecht gem. § 18 Abs. 2 3. Alt. KultgSchG Gebrauch machen sollte.

(b) Entscheidung über die Verfahrenseinleitung

Wie festgestellt entscheiden die obersten Landesbehörden bei Kulturgut im öffentlichen Eigentum nach pflichtgemäßem Ermessen i. S.v. § 22 S. 1 VwVfG, ob sie ein Eintragungsverfahren von Amts wegen einleiten oder nicht.[266] Fraglich ist, welche Erwägungen die obersten Landesbehörden in diese Ermessensentscheidung einzustellen haben, sofern es sich bei dem Eintragungsobjekt um (noch) nicht restituierte NS-Raubkunst handelt und dieser Umstand den obersten Landesbehörden bekannt ist bzw. zumindest diesbezüglich ein fundierter Verdacht besteht.

Wie oben erläutert können die Bestimmungen der Washingtoner Prinzipien, der Gemeinsamen Erklärung und der Handreichung im Rahmen von Ermes-

265 *Schnabel* ZOV 2007, 107 (109).

266 Vgl. oben S. 66 f.

sensentscheidungen berücksichtigt werden, eine rechtliche Verpflichtung der betroffenen Behörde hierzu besteht jedoch nicht.[267] Die obersten Landesbehörden können daher die Wertungen dieser „soft law"-Regelungen in ihre Entscheidung über die Verfahrenseinleitung von Amts wegen einfließen lassen, ohne dazu verpflichtet zu sein. M. E. ist – wie erläutert – aus dem die genannten Bestimmungen prägenden Ziel einer „gerechten und fairen Lösung" zu folgern, dass NS-Raubkunst nicht mit einem Ausfuhrverbot belastet werden soll, wenn dies die Restitution in irgendeiner Art und Weise behindert oder erschwert bzw. der Wiedergutmachungserfolg dadurch in wirtschaftlicher Hinsicht geschmälert wird.[268] Dieser Wertung folgend, sollten die obersten Landesbehörden bei NS-Raubkunst in der Regel von der Einleitung eines Eintragungsverfahrens absehen. Dies gilt insbesondere dann, wenn den Behörden bekannt ist, dass der Restitutionsberechtigte im Ausland wohnhaft ist und das Kulturgut im Anschluss an die Restitution an seinem Wohnort in Besitz nehmen will bzw. er nach der Restitution eine wirtschaftliche Verwertung des Kulturgutes im Ausland plant. Falls die obersten Landesbehörden entgegen dieser Wertung ein Eintragungsverfahren einleiten, so ist diese Entscheidung jedoch mangels rechtlicher Bindungswirkung des restitutionsrechtlichen „soft law" nicht ermessensfehlerhaft und somit auch nicht rechtswidrig.

Im Gegensatz dazu sind die obersten Landesbehörden im Rahmen der Entscheidung über die Einleitung des Eintragungsverfahrens m. E. verpflichtet, den tatsächlichen Umstand der NS-Verfolgung des Alteigentümers und den daraus resultierenden Entzug des Kulturgutes zu berücksichtigen. Dieser Umstand unterscheidet das zu restituierende Raubkunstwerk von „gewöhnlichem" Kulturgut und ist nicht nur für den Restitutionsberechtigten, sondern auch aus allgemeiner politischer bzw. ethisch-moralischer Sicht von großer Bedeutung.[269] Wird der zeitgeschichtliche Hintergrund des NS-verfolgungsbedingten Entzugs von den obersten Landesbehörden nicht berücksichtigt, so ist die Entscheidung über die Verfahrenseinleitung m. E. aufgrund eines „Ermessensfehlgebrauchs"[270] rechtswidrig.

267 Vgl. oben S. 210 f.

268 Vgl. oben S. 275.

269 Die Bedeutung des zeitgeschichtlichen Hintergrundes des NS-verfolgungsbedingten Entzugs für die vorliegende Problematik wird im Rahmen der Ausführungen zur Abwägungsentscheidung über die Ausfuhrgenehmigung ausführlich erläutert, sodass diesbezüglich auf die dortige Darstellung verwiesen werden kann (vgl. unten S. 290 – 293).

270 Diesbezüglich ist auszuführen, dass der Rechtsprechung zufolge ein rechtsfehlerhafter Ermessensgebrauch vorliegt, „wenn die Behörde ihr bekanntgewordene oder erkennbare außer-

Es bleibt festzuhalten, dass die obersten Landesbehörden die Washingtoner Prinzipien und die daran anschließenden nationalen „soft law"-Vorschriften als gegen die Verfahrenseinleitung sprechende Umstände berücksichtigen können und den zeitgeschichtlichen Hintergrund des NS-verfolgungsbedingten Entzugs des Kulturgutes insoweit berücksichtigen müssen. Wiegen die gegen eine Verfahrenseinleitung sprechenden Umstände schwerer als das öffentliche Allgemeininteresse am Verbleib des betroffenen Kulturgutes in Deutschland, so haben die obersten Landesbehörde von einer Verfahrenseinleitung abzusehen.

Macht ein öffentlicher Kulturguteigentümer von seinem Anmelderecht gem. § 18 Abs. 2 S. 1 2. Alt. KultgSchG oder der BKM von seinem Antragsrecht gem. § 18 Abs. 2 S. 1 3. Alt. KultgSchG Gebrauch, so ergibt sich aus § 22 S. 2 Nr. 1 2. Alt. VwVfG eine Pflicht der obersten Landesbehörden zur Einleitung des Eintragungsverfahrens. Nur wenn von vorneherein ausgeschlossen werden kann, dass eine positive Eintragungsentscheidung ergeht, kann die Behörde trotz einer entsprechenden Anmeldung bzw. eines Antrags von der Einleitung des Eintragungsverfahrens absehen.[271] Voraussetzung wäre insoweit, dass das jeweilige Kulturgut eindeutig nicht als national wertvoll zu qualifizieren ist oder dass die gegen eine Eintragung sprechenden Erwägungen das öffentliche Interesse am Verbleib des betroffenen Kulturgutes in Deutschland eindeutig überwiegen.

(2) Verfahrensausschluss des Restitutionsberechtigten

Problematisch ist, dass die obersten Landesbehörden vor der Eintragung (noch) nicht restituierter NS-Raubkunst im öffentlichem Eigentum selbst dann nicht zur Anhörung des Restitutionsberechtigten verpflichtet sind, wenn die Restitution unmittelbar bevorsteht. Da der Berechtigte erst durch die Übereignung im Zuge der Restitution das Eigentum an dem Kulturgut (wieder-)erlangt, wird durch eine Eintragung vor der Restitution nicht in seine Rechte eingegriffenen. Er ist daher auch nicht als Beteiligter i. S.v. § 28 Abs. 1 VwVfG i.V. m. § 13 Abs. 1 Nr. 2 1. Alt. VwVfG anzuhören.[272] Somit kann in diesen Fällen das Eintragungsverfahren unter Ausschluss des Restitutionsberechtigten durchgeführt werden und dieser vor

---

gewöhnliche Umstände des Falles, die eine andere Entscheidung möglich erscheinen lassen, nicht erwogen hat." (vgl. *Ipsen* Allgemeines Verwaltungsrecht, Rn. 539).

271 Vgl. oben S. 57.

272 Etwas Anderes würde dann gelten, wenn der Restitutionsberechtigte von der obersten Landesbehörde gem. § 13 Abs. 2 S. 1 VwVfG als Beteiligter hinzugezogen wurde.

vollendete Tatsachen gestellt werden, wenn die Eintragungsentscheidung vor der Restitution des eingetragenen Kulturgutes bestandskräftig geworden ist.[273]

(3) Eintragungsentscheidung

Wie zuvor erläutert räumt § 18 Abs. 2 KultgSchG den obersten Landesbehörden bei der Entscheidung über die Eintragung von Kulturgut im öffentlichen Eigentum Ermessen ein. Im Rahmen dieser Ermessensentscheidung hat eine Abwägung zwischen dem allgemeinen öffentlichen Interesse am Verbleib des betroffenen Kulturgutes in Deutschland und den gegen ein Ausfuhrverbot sprechenden Umständen zu erfolgen. Hinsichtlich der in die Abwägungsentscheidung einzustellenden Umstände bestehen gegenüber der Entscheidung über die Verfahrenseinleitung keine Besonderheiten. Die obersten Landesbehörden können somit das „soft law" der Washingtoner Prinzipien, der Gemeinsamen Erklärung und der Handreichung in ihre Entscheidungsfindung einbeziehen und müssen m. E. den zeitgeschichtlichen Hintergrund des NS-verfolgungsbedingten Entzugs berücksichtigen. Wird letzterer Umstand nicht bedacht, so ist die Eintragungsentscheidung ermessensfehlerhaft und somit rechtswidrig. Aufgrund des zeitgeschichtlichen Hintergrundes sollte eine Eintragung von NS-Raubkunst m. E. grundsätzlich unterbleiben. Dies gilt insbesondere dann, wenn durch die Belastung des Kulturgutes mit einem Ausfuhrverbot die bevorstehende Restitution in tatsächlicher Hinsicht behindert oder erschwert wird, bzw. die zu erfolgende Wiedergutmachung in wirtschaftlicher Hinsicht erheblich beeinträchtigt wird.

Es ist abschließend darauf hinzuweisen, dass sich die Ermessensentscheidung der obersten Landesbehörden in eine Eintragungspflicht wandelt, sobald das betroffene Kulturgut aufgrund der Restitution in Privateigentum übergeht. Dies muss auch dann gelten, wenn das Eintragungsverfahren bereits vor der Restitution eingeleitet worden ist. Daraus folgt das widersprüchliche Ergebnis, dass der Restitutionsempfänger durch die im Zuge der Restitution erfolgte Eigentumsübertragung hinsichtlich der Eintragungsentscheidung schlechter gestellt wird als dies vor der Restitution der Fall war. Sobald das Restitutionsobjekt auf den Restitutionsberechtigten übereignet wurde, besteht eine Eintragungspflicht der obersten Landesbehörden, die im Rahmen der Eintragungsentscheidung weder die Washingtoner Prinzipien, die Handreichung und die Gemeinsame Er-

273 *Schnabel* ZOV 2007, 107 (112). Im Falle einer bestandskräftigen Eintragungsentscheidung kann der Restitutionsberechtigte dann nur noch im Wege der Verpflichtungsklage i. S. v. § 42 Abs. 1 2. Alt. VwGO auf Rücknahme der Eintragung gem. § 48 Abs. 1 VwVfG gegen diese vorgehen, sofern die Eintragungsentscheidung rechtswidrig ist.

klärung noch den NS-verfolgungsbedingten Entzug des Kulturgutes berücksichtigen können.

(4) Löschung der Eintragung

Wird ein eingetragenes Kulturgut an den Restitutionsberechtigten restituiert, so kann dieser nicht aufgrund der Tatsache, dass es sich bei dem betroffenen Objekt um NS-Raubkunst handelt, nach § 7 Abs. 1 KultgSchG die Löschung des Kulturgutes aus dem jeweiligen Landesverzeichnis durchsetzen, da dieser Umstand wie erläutert keinen Löschungsanspruch begründet. Denkbar wäre allenfalls, dass der Restitutionsberechtigte im Anschluss an die Restitution eine Rücknahme des Eintragungsbescheids nach § 48 VwVfG beantragt und sich darauf beruft, dass die Eintragung aufgrund der Nichtberücksichtigung des zeitgeschichtlichen Hintergrundes des NS-verfolgungsbedingten Entzugs von Anfang an rechtswidrig war.

(5) Rechtsschutzmöglichkeiten des Restitutionsberechtigten

Dem Restitutionsberechtigten stehen vor der Restitution weder gegen die Einleitung des Eintragungsverfahrens, noch gegen die Eintragungsentscheidung Rechtsmittel zur Verfügung. Da er (noch) nicht Eigentümer des Restitutionsobjektes ist, wird durch die Eintragung des Kulturgutes nicht in sein Eigentumsrecht aus Art. 14 Abs. 1 S. 1 GG eingegriffen. Mangels Verletzung in eigenen Rechten ist der Restitutionsberechtigte daher nicht gem. § 42 Abs.1 1. Alt. VwGO (analog[274]) klagebefugt.[275] Ist das Eintragungsverfahren im Anschluss an die Restitution noch nicht abgeschlossen, so kann der Restitutionsempfänger gegen die Verfahrenseinleitung im Wege der allgemeinen Leistungsklage vorgehen. Gegen eine nicht bestandskräftige Eintragungsentscheidung kann er sich mit einer Anfechtungsklage i. S.v. § 42 Abs. 1 1. Alt. VwGO verteidigen. Ist hingegen bereits Bestandskraft eingetreten, so kann der Restitutionsempfänger nur noch im Wege der Verpflichtungsklage i. S.v. § 42 Abs.1 2. Alt. VwGO eine Rücknahme der Eintragung gem. § 48 VwVfG durchsetzen, sofern die Eintragungsentscheidung rechtswidrig ist.

274 Im Falle einer gegen die Verfahrenseinleitung gerichteten allgemeinen Leistungsklage.
275 So auch *Schnabel* ZOV 2007, 107 (111).

bb) Privateigentum

Sofern sich NS-Raubkunst vor der Restitution zwar im öffentlichen Besitz, jedoch im Privateigentum des Restitutionsberechtigten befindet, gilt grundsätzlich das im Rahmen zur Eintragung restituierter NS-Raubkunst in Privateigentum Gesagte. Die obersten Landesbehörden können auf Antrag oder von Amts wegen das Eintragungsverfahren einleiten, wobei sie in beiden Varianten zur Verfahrenseinleitung verpflichtet sind, wenn eine Eintragung nicht abwegig erscheint bzw. von vorneherein ausgeschlossen werden kann, dass das Kulturgut die Eintragungsvoraussetzungen erfüllt. Es ist darauf hinzuweisen, dass öffentliche Museen, die im Besitz von NS-Raubkunst sind, gem. § 3 Abs. 1 S. 1 1. Alt., S. 2 Alt. KultgSchG die Eintragung des Objektes beantragen können, wenn ihnen durch landesrechtliche Rechtsverordnung ein Antragsrecht eingeräumt ist. Sofern sich im Rahmen des Eintragungsfahrens herausstellt, dass es sich bei dem Raubkunstwerk um ein national wertvolles Kulturgut i. S.v. § 1 Abs. 1 S. 1 KultgSchG handelt, sind die obersten Landesbehörden auch zur Eintragung verpflichtet und können weder die Bestimmungen der Washingtoner Prinzipien, der Gemeinsamen Erklärung und der Handreichung noch den zeitgeschichtlichen Hintergrund des NS-verfolgungsbedingten Entzugs des Kulturgutes berücksichtigen.

b) NS-Raubkunst in Privatbesitz

aa) Eigentum des Besitzers

Befindet sich das Raubkunstwerk vor seiner Restitution im Privateigentum des Besitzers, so gilt grundsätzlich wiederum das zur Eintragung restituierter NS-Raubkunst in Privateigentum Gesagte. Zu beachten ist in dieser Konstellation, dass der private Kulturguteigentümer in den meisten Bundesländern das Recht hat, nach § 3 Abs. 1 S. 1 1. Alt. KultgSchG dessen Eintragung zu beantragen. Macht er von diesem Antragsrecht Gebrauch, so sind die obersten Landesbehörden bei potentiell national wertvollem Kulturgut zur Einleitung eines Eintragungsverfahrens verpflichtet. Stellt sich im Rahmen des Eintragungsverfahrens heraus, dass das jeweilige Kulturgut tatsächlich als national wertvoll zu qualifizieren ist, so besteht selbstverständlich wiederum eine Eintragungspflicht der obersten Landesbehörden, sodass weder die restitutionsrechtlichen „soft law"-Regelungen noch der Umstand des NS-verfolgungsbedingten Entzugs im Rahmen der Eintragungsentscheidung berücksichtigt werden können. Nachteilig für den Restitutionsberechtigten ist zudem, dass die obersten Landesbehörden nicht gem. § 28 Abs. 1 VwVfG verpflichtet sind, ihn vor der Eintragungsentscheidung anzuhören. Überdies hat der Restitutionsberechtigte vor der Restitution mangels Klagebefugnis i. S.v. § 42 Abs. 2 VwGO auch keine Möglichkeit, gerichtlich gegen die Eintragungsentscheidung vorzugehen.

bb) Eigentum des Restitutionsberechtigten

Steht ein aus Privatbesitz zu restituierendes Kulturgut im Eigentum des Restitutionsberechtigten, so ist zu dessen Gunsten zu beachten, dass dem bloßen Kulturgutbesitzer nicht in allen Bundesländern ein Antragsrecht i. S.v. § 3 Abs. 1 S. 1 1. Alt., S. 2 KultgSchG eingeräumt ist.[276] Vorteilhaft für den Restitutionsberechtigten ist überdies, dass die obersten Landesbehörden gem. § 28 Abs. 1 VwVfG verpflichtet sind, ihn vor der Eintragungsentscheidung anzuhören. Zudem kann er gegen die Verfahrenseinleitung im Wege der allgemeinen Leistungsklage und gegen die Eintragungsentscheidung im Wege der Anfechtungsklage gem. § 42 Abs. 1 1. Alt. VwGO vorgehen.

III. Der Sonderfall der Eintragung vor der Entziehung

Abschließend ist auf die Fälle einzugehen, in denen Kulturgüter bereits vor ihrer Entziehung durch Eintragung in das Verzeichnis der national wertvollen Kunstwerke auf Grundlage der Ausfuhrverordnung mit einem Ausfuhrverbot belastet wurden. Gem. § 22 Abs. 3 KultgSchG wirken die aufgrund einer solchen Eintragung bestehenden Ausfuhrverbote grundsätzlich fort, bis über eine Übernahme der eingetragenen Kunstwerke in ein Verzeichnis national wertvollen Kulturgutes entschieden worden ist. Da dieser Übernahmeprozess zumindest 2013 noch nicht abgeschlossen war, haben die aufgrund der Eintragungen in das Verzeichnis von 1938 verfügten Ausfuhrverbote jedenfalls bis 2013 teilweise noch rechtliche Geltung beansprucht.[277] Es stellt sich daher die Frage, wie die Rechtmäßigkeit solcher Ausfuhrverbote zu beurteilen ist.

Insoweit ist zwischen Eintragungen, die bereits vor der NS-Zeit erfolgten und keinerlei diskriminierenden Hintergrund hatten, und solchen Eintragungen, die missbräuchlich vorgenommen wurden, um jüdische Emigranten an der Mitnahme ihres Kunstbesitzes zu hindern, zu unterscheiden. Erstere Eintragungen werden grundsätzlich rechtmäßig sein, da davon auszugehen ist, dass zur Weimarer Zeit in der Regel nur solche Objekte, die die Eintragungsvoraussetzungen erfüllten, in das Verzeichnis der national wertvollen Kunstwerke eingetragen wurden. Anders stellt sich die Situation dann dar, wenn ein Kulturgut mit dem alleinigen Zweck eingetragen wurde, den jüdischen Eigentümer an der Ausfuhr des Objektes zu hindern, ohne dass es sich bei diesem überhaupt um ein national wertvolles Kunstwerk handelte. In diesem Fall war die Eintragungsentscheidung zumindest rechtswidrig. Ist der Missbrauch der Eintragung evident, so kommt darüber hinaus

276 Vgl. oben S. 53.
277 Vgl. oben S. 42.

auch eine Nichtigkeit der Eintragungsentscheidung gem. § 44 Abs. 1 VwVfG in Betracht, die nach § 43 Abs. 3 VwVfG deren Unwirksamkeit zur Folge hat. Im Falle der Nichtigkeit der Eintragungsentscheidung gehen daher von der Eintragung keinerlei Rechtswirkungen aus, so dass der Kulturguteigentümer das Objekt auch ohne Ausfuhrgenehmigung aus Deutschland ausführen darf.

IV. Das Ausfuhrgenehmigungsverfahren bei NS-Raubkunst

Nachdem auf erster Stufe die Belastung von NS-Raubkunst mit einem Ausfuhrverbot auf Grundlage des KultgSchG erörtert wurde, ist auf zweiter Stufe zu fragen, ob und unter welchen Voraussetzungen den Eigentümern solcher Objekte eine Ausfuhrgenehmigung zu erteilen ist. Diese Frage stellt sich nur, sofern das betroffene Kulturgut auch im Privateigentum des Restitutionsberechtigten steht, sei es, weil ihm das Eigentum im Zuge der Restitution (zurück-)übertragen wurde, oder sei es, weil er bzw. sein Rechtsvorgänger das Eigentum an dem Restitutionsobjekt weder durch die Entziehung, noch durch einen späteren Eigentumserwerb Dritter verloren hat. Ein Restitutionsberechtigter wird insbesondere im Anschluss an die Restitution ein Interesse an einer Ausfuhrgenehmigung haben. Grund dafür kann – wie erwähnt – sein, dass der Restitutionsberechtigte im Ausland wohnhaft ist und das Kulturgut auch an seinem Wohnsitz in Besitz nehmen will oder dass er eine wirtschaftliche Verwertung des Objektes im Ausland anstrebt. Aber auch dann, wenn das Kulturgut noch nicht an den Berechtigten restituiert wurde, er aber bereits vor der Restitution Eigentümer ist, wird dieser regelmäßig ein Interesse an der Erteilung einer Ausfuhrgenehmigung haben, um sicherzustellen, dass er unmittelbar im Anschluss an die Restitution unbeschränkt über das restituierte Kulturgut verfügen kann. Befindet sich das betroffene Kulturgut vor der Restitution hingegen im Eigentum des öffentlichen oder privaten Besitzers, so hat der Restitutionsberechtigte kein Recht, die Einleitung des Ausfuhrgenehmigungsverfahrens zu beantragen. Da der Kulturguteigentümer in diesen Fällen kaum eine Ausfuhrgenehmigung beantragen wird, ist die Frage, ob und unter welchen Umständen in diesen Fällen eine Ausfuhrgenehmigung zu erteilen ist, nicht praxisrelevant, so dass eine entsprechende Erörterung unterbleiben kann.

1. Die Erteilung der Ausfuhrgenehmigung bei NS-Raubkunst

Im Rahmen der Entscheidung über die Ausfuhrgenehmigung gem. § 1 Abs. 4 S. 3 KultgSchG ist wie oben erläutert auf Tatbestandsebene zwischen dem öffentlichen Belang der territorialen Bindung des Kulturgutes und dem Privatinteresse des Kulturguteigentümers an seiner unbeschränkten Verfügungsbefugnis abzuwägen.[278] Da eine Eintragung eines Kulturgutes grundsätzlich dessen hohe Bedeutung für den deutschen Kulturbesitz indiziert, ist eine Ausfuhrgenehmigung nur ausnahmsweise, wenn auf Seiten des Eigentümers besonders wichtige Gründe vorliegen, zu erteilen. Es stellt sich zunächst die Frage, welche für eine Ausfuhrgenehmigung sprechenden Umstände überhaupt im Interesse des Raubkunsteigentümers im Rahmen der vorzunehmenden Abwägung berücksichtigt werden können. Diese Umstände sind dann gem. § 1 Abs. 4 S. 3 KultgSchG gegen die „wesentlichen Belange des deutschen Kulturbesitzes" abzuwägen.

a) Das Interesse an einer wirtschaftlichen Verwertung von NS-Raubkunst im Ausland

Nach wohl herrschender Auffassung ist das bloße Interesse des Eigentümers an einer wirtschaftlichen Verwertung des Kulturgutes im Ausland nicht abwägungsrelevant, da die wirtschaftlichen Eigentümerinteressen erst nach rechtskräftigen Versagung der Ausfuhrgenehmigung im Rahmen der Entscheidung über einen billigen Ausgleich gem. § 8 KultgSchG Berücksichtigung finden können.[279] Dies muss grundsätzlich auch im Falle eines geplanten Auslandsverkaufs von NS-Raubkunst gelten, da die Berücksichtigung rein wirtschaftlicher Interessen des Raubkunsteigentümers gegen die Systematik des KultgSchG verstoßen würde. Es ist m. E. jedoch vertretbar, den wirtschaftlichen Interessen des Raubkunsteigentümers auf mittelbarem Wege Gewicht im Rahmen der Abwägungsentscheidung über die Erteilung der Ausfuhrgenehmigung einzuräumen. Diesbezüglich ist auszuführen, dass der BKM aufgrund des zeitgeschichtlichen Hintergrundes m. E. zu berücksichtigen hat, dass eine Verweigerung der Ausfuhrgenehmigung dazu führen kann, dass die durch die Restitution bezweckte Wiedergutmachung des NS-Unrechts in wirtschaftlicher Hinsicht erheblich geschmälert wird. Sofern das Ausfuhrverbot daher die wirtschaftlichen Verwertungsmöglichkeiten des Raubkunsteigentümers erheblich einschränkt und den Marktwert des Werkes beträchtlich senkt, so ist es m. E. vertretbar zu argumentieren, dass der BKM diesen Umstand zugunsten des Raubkunsteigentümers im Rahmen seiner Abwägungsentscheidung zu berücksichtigen hat.[280]

---

278 Vgl. oben S. 76 f.

279 Vgl. oben S. 78.

280 So im Ergebnis auch VG Dresden Urt. v. 5.11.2008 – Az.: 5 K 1837/05, S. 18; VG Berlin Urt. v. 29.11.2006 – Az.: 1 A 162/05, S. 7.

b) Das „soft law" der Washingtoner Prinzipien, der Gemeinsamen Erklärung und der Handreichung

Wie im vorherigen Kapitel ausgeführt kann die Exekutive „soft law"-Bestimmungen auch dann berücksichtigen, sofern der Gesetzgeber ihr einen Abwägungsspielraum auf Tatbestandsebene eingeräumt hat. Die Washingtoner Prinzipien, die Gemeinsame Erklärung und die Handreichung können daher vom BKM im Rahmen der Abwägungsentscheidungen über die Erteilung der Ausfuhr nach § 1 Abs. 4 S. 3 KultgSchG berücksichtigt werden, ohne dass dieser dazu verpflichtet ist.[281]

c) Der NS-verfolgungsbedingte Entzug des Kulturgutes

Der BKM ist verpflichtet, im Rahmen der Entscheidung über die Ausfuhrgenehmigung nach § 1 Abs. 4 S. 3 KultgSchG zu berücksichtigen, dass der Alteigentümer vom NS-Regime aus rassischen Gründen verfolgt und ihm aufgrund dieser Verfolgung das eingetragene Kulturgut entzogen wurde. Er hat zu bedenken, dass die Entziehung von Kulturgütern aus jüdischem Besitz in unmittelbarem Zusammenhang mit dem Völkermord an den Juden stand, da es Ziel des NS-Regimes war, das jüdische Volk nicht nur physisch zu vernichten, sondern auch dessen Kultur zu zerstören.[282] Insbesondere vor dem Hintergrund dieser ideologischen Verknüpfung des NS-Kunstraubs mit dem Holocaust ist dem Umstand des NS-verfolgungsbedingten Entzugs im Rahmen der Abwägungsentscheidung über die Erteilung der Ausfuhrgenehmigung m. E. starkes Gewicht beizumessen. Die Tatsache, dass der BKM verpflichtet ist, den NS-verfolgungsbedingten Entzug in seine Entscheidung über die Erteilung der Ausfuhrgenehmigung einzubeziehen, wurde – wie bereits erläutert – auch vom BVerwG in dessen Entscheidung zur Musikbibliothek Peters anerkannt.[283]

d) Die Abwägungsentscheidung

Es bleibt festzuhalten, dass der BKM im Rahmen der Abwägungsentscheidung über die Erteilung der Ausfuhrgenehmigung nach § 1 Abs. 4 S. 3 KultgSchG das „soft law" der Washingtoner Prinzipien, der Gemeinsamen Erklärung und der

---

281 So wohl auch VG Berlin Urt. v. 29.11.2006 – Az.: 1 A 162/05, S. 7.

282 Vgl. oben S. 115.

283 BVerwG Urt. v. 24.11.2011 – Az.: 7 C 12.10, Rn. 38. So ähnlich auch VG Berlin Urt. v. 29.11.2006 – Az.: 1 A 162/05, S. 7, das insoweit ausführte, dass bei Abwägung der Umstände des Einzelfalls zu berücksichtigen ist, „dass schützenswertes Kulturgut den ursprünglichen Eigentümern von den Nationalsozialisten in menschenrechtswidriger Weise entzogen wurde."

Handreichung zugunsten des Kulturguteigentümers berücksichtigen kann und den NS-verfolgungsbedingten Entzugs des Kulturguts berücksichtigen muss. Stellt der BKM den zeitgeschichtlichen Hintergrund nicht in seine Abwägungsentscheidung ein, so ist diese rechtswidrig. Ob der Umstand des NS-verfolgungsbedingten Entzugs des Kulturgutes auch dazu führt, dass die Interessen des Eigentümers das öffentliche Interesse an der territorialen Bindung des Kulturgutes überwiegen, muss unter Berücksichtigung der Umstände des Einzelfalls entschieden werden. Aufgrund des zeitgeschichtlichen Hintergrundes ist m. E. jedoch davon auszugehen, dass eine Ausfuhrgenehmigung grundsätzlich zu erteilen ist und nur ganz ausnahmsweise, wenn dies durch besonders gewichtige Belange des deutschen Kulturbesitzes gerechtfertigt ist, verweigert werden darf.[284] Ist der Eigentümer im Ausland wohnhaft und will er das Kulturgut mit dem alleinigen Zweck, es auch an seinem Wohnsitz in Besitz nehmen zu können, ausführen, so ist m. E. vor dem zeitgeschichtlichen Hintergrund die Versagung der Ausfuhrgenehmigung unzumutbar, und der BKM zur Erteilung der Ausfuhrgenehmigung verpflichtet. Gleiches gilt m. E., wenn der Raubkunsteigentümer nachweisbar einen Auslandsverkauf plant und er beweisen kann, dass ein Verkauf im Inland mit einem drastischen Wertverlust verbunden wäre, und somit das Ausfuhrverbot zu einer erheblichen wirtschaftlichen Schmälerung der durch die Restitution bezweckten Wiedergutmachung des NS-Unrechts führt.

e) Nebenbestimmungen

Auch im Falle einer geplanten Ausfuhr eines Raubkunstwerkes ist es unter Umständen sinnvoll, die Erteilung der Genehmigung gem. § 1 Abs. 4 S. 2 KultgSchG an eine Nebenbestimmung i. S. v. § 36 VwVfG zu knüpfen. Insoweit kommt zum einen die Erteilung der Ausfuhrgenehmigung unter der Auflage, dass das betroffene Kulturgut im Ausland einer breiten Öffentlichkeit bzw. der Wissenschaft zugänglich gemacht wird, in Betracht. Zum anderen ist es denkbar, die Ausfuhrgenehmigung mit der Auflage zu versehen, dass das Kulturgut gelegentlich zu Ausstellungszwecken und zur wissenschaftlichen Erforschung nach Deutschland verbracht wird. Wird eine Ausfuhrgenehmigung für NS-Raubkunst mit einer solchen Nebenbestimmung versehen, so können der Genehmigungserteilung aufgrund des starken Gewichts, das dem zeitgeschichtlichen Hintergrund im Rahmen der Genehmigungsentscheidung einzuräumen ist, m. E. keine wesentlichen Belange des deutschen Kulturbesitzes entgegengehalten werden, die das Ausfuhrinteresse des Kulturguteigentümers überwiegen. Lassen sich die genannten Ne-

---

284 So ähnlich auch VG Berlin Urt. v. 29.11.2006 – Az.: 1 A 162/05, S. 8.

benbestimmungen im konkreten Einzelfall realisieren, so wird der deutsche Kulturbesitz durch diese hinreichend geschützt, so dass den Eigentümern von NS-Raubkunst m. E. ein Anspruch auf Erteilung einer Ausfuhrgenehmigung zukommt.

2. Rechtsschutz gegen die Nichterteilung der Ausfuhrgenehmigung

Wird dem NS-Raubkunsteigentümer die Ausfuhrgenehmigung i. S. v. § 1 Abs. 4 S. 1 KultgSchG versagt, so kann er dagegen im Wege der Verpflichtungsklage nach § 42 Abs. 1 2. Alt. VwGO vorgehen.

V. Ergebnis

Im Ergebnis bleibt festzuhalten, dass das KultgSchG auf NS-Raubkunst ausnahmslos Anwendung findet. Weder die Bestimmungen des alliierten Rückerstattungsrechts, noch die völkerrechtlichen Restitutionsverpflichtungen der Bundesrepublik Deutschland und auch nicht die Vorschriften des VermG stehen einer Anwendung des KultgSchG auf NS-Raubkunst entgegen. Zwar kann m. E. aus dem die Washingtoner Prinzipien, die Gemeinsamen Erklärung und die Handreichung prägenden Ziel der Findung einer „gerechten und fairen Lösung“ mit den rechtmäßigen Eigentümern von NS-Raubkunst geschlossen werden, dass die Belastung solcher Objekte mit einem Ausfuhrverbot unterbleiben sollte, wenn dies die Restitution faktisch hindert oder erschwert bzw. den Wiedergutmachungserfolg in irgendeiner Weise schmälert. Aufgrund der „soft law“-Natur dieser Bestimmungen, vermögen diese jedoch nichts an der uneingeschränkten Anwendung des KultgSchG auf NS-Raubkunst zu ändern.

Raubkunstwerke in Privateigentum sind im Rahmen des Eintragungsverfahrens genau wie jedes andere Kulturgut in Privateigentum zu behandeln. Die obersten Landesbehörden sind daher bei potentiell national wertvollen Raubkunstwerken von Amts wegen bzw. auf Antrag verpflichtet, ein Eintragungsverfahren einzuleiten. Stellt sich im Rahmen des Eintragungsverfahrens heraus, dass das restituierte Raubkunstwerk als national wertvoll zu qualifizieren ist, so sind die obersten Landesbehörden auch zur Eintragung verpflichtet. Weder das „soft law“ der Washingtoner Prinzipien, der Gemeinsamen Erklärung und der Handreichung noch der zeitgeschichtliche Hintergrund können insoweit berücksichtigt werden.

Befindet sich NS-Raubkunst vor der Restitution hingegen im öffentlichen Eigentum, so steht sowohl die Verfahrenseinleitung von Amts wegen als auch die endgültige Eintragungsentscheidung gem. § 18 Abs. 2 KultgSchG im Ermessen der obersten Landesbehörden. Diese können daher das „soft law“ der Washingtoner Prinzipien, der Gemeinsamen Erklärung und der Handreichung zugunsten des

Restitutionsberechtigten berücksichtigen. Überdies sind sie verpflichtet, den Umstand des NS-verfolgungsbedingten Entzugs in ihre Ermessenserwägungen einfließen zu lassen. Sofern die Belastung des Kulturgutes mit einem Ausfuhrverbot zu einer faktischen Behinderung oder Erschwerung der Restitution bzw. zu einer erheblichen wirtschaftlichen Schmälerung der mit der Restitution bezweckten Wiedergutmachung des NS-Unrechts führt, sollten die obersten Landesbehörden m.E. von einer Eintragung absehen. Es ist nochmals zu betonen, dass sich die Ermessensentscheidung der obersten Landesbehörden in eine Eintragungspflicht wandelt, sobald das betroffene Kulturgut aufgrund der Restitution in Privateigentum übergeht. Ab diesem Zeitpunkt können daher weder die Washingtoner Prinzipien, die Handreichung und die Gemeinsame Erklärung noch der NS-verfolgungsbedingten Entzug des Kulturgutes im Rahmen der Eintragungsentscheidung berücksichtigt werden. Da zumindest einige der in letzten Jahren restituierten Raubkunstwerke als national wertvolles Kulturgut zu qualifizieren sind, hätten diese Werke im Anschluss an die Restitution in ein Verzeichnis national wertvollen Kulturgutes eingetragen werden müssen. Eine solche Eintragung ist zwar aus ethisch-moralischer Sicht verwerflich und würde wohl auch vielfach außenpolitische Verstimmungen hervorrufen. Die bestehende Gesetzeslage lässt jedoch keinen anderen Schluss zu.

Im Rahmen der Abwägungsentscheidung über die Erteilung der Ausfuhrgenehmigung gem. § 1 Abs. 4 S. 3 KultgSchG für NS-Raubkunst kann der BKM das „soft law" der Washingtoner Prinzipien, der Gemeinsamen Erklärung und der Handreichung zugunsten des Eigentümers berücksichtigen. Zudem ist er verpflichtet, den zeitgeschichtlichen Hintergrund des NS-verfolgungsbedingten Entzugs in seine Abwägung einzubeziehen und diesem ein starkes Gewicht einzuräumen. Der BKM hat den Restitutionsberechtigten daher grundsätzlich die Ausfuhr des betroffenen Raubkunstwerkes zu genehmigen. Nur wenn dieser besonders gewichtige Belange des deutschen Kulturbesitzes entgegenstehen, erscheint eine Versagung der Ausfuhrgenehmigung gerechtfertigt. Sofern der Eigentümer im Ausland wohnhaft ist und das Kulturgut an seinem Wohnsitz in Besitz nehmen will bzw. das Ausfuhrverbot zu einer erheblichen wirtschaftlichen Schmälerung der mit der Restitution bezweckten Wiedergutmachung des NS-Unrechts führt, ist der BKM m.E. zur Erteilung der Ausfuhrgenehmigung verpflichtet.

VI. Vorschläge zur Änderung des KultgSchG

1. Suspendierung des KultgSchG bei restituierter NS-Raubkunst

Wie festgestellt haben die obersten Landesbehörden bei restituierter NS-Raubkunst in Privateigentum im Rahmen der Eintragungsentscheidung nach § 1 Abs. 1

S. 1 KultgSchG keinerlei Möglichkeit, den zeitgeschichtlichen Hintergrund des NS-verfolgungsbedingten Entzugs sowie die aufgrund der Washingtoner Prinzipien, der Gemeinsamen Erklärung und der Handreichung bestehende ethisch-moralische „Selbstverpflichtung" zur Wiedergutmachung des NS-Unrechts zu berücksichtigen. Es besteht m. E. insoweit eine „gesetzliche Schieflage", die nur aufgrund der inkonsequenten Anwendung des KultgSchG durch die obersten Landesbehörden bisher nicht zu etlichen Konflikten mit den Interessen ausfuhrwilliger Raubkunsteigentümer geführt hat. Zwar wird der BKM bei NS-Raubkunst den Restitutionsberechtigten wohl stets eine Ausfuhrgenehmigung erteilen, sofern eine solche beantragt wird. Insoweit ist jedoch zu berücksichtigen, dass sich – wie die Eintragung der Musikbibliothek Peters in das Sächsische Landesverzeichnis national wertvollen Kulturgutes gezeigt hat – die Eintragungsverfahren nach dem KultgSchG regelmäßig über mehrere Jahre hinziehen und dass die betroffenen Objekte für die Dauer dieses Verfahrens mit einem absoluten Ausfuhrverbot belastet sind. Es besteht somit trotz der Bereitschaft des BKM, die Ausfuhr von NS-Raubkunst stets zu genehmigen, ein erhebliches Konfliktpotential. Insbesondere vor dem Hintergrund, dass das KultgSchG das unmittelbare Nachfolgegesetz der Ausfuhrverordnung darstellt, die ihrerseits vom NS-Regime zum Kunstraub instrumentalisiert wurde, ist es moralisch höchst bedenklich, wenn heutzutage ein Restitutionsberechtigter aufgrund eines Eintragungsverfahrens nach dem KultgSchG an der Ausfuhr eines restituierten Raubkunstwerkes gehindert wird.

Zur Vermeidung solcher ethisch-moralischer Konflikte ist es m. E. notwendig, das KultgSchG dahingehend zu ändern, dass dessen Bestimmungen für restituierte NS-Raubkunst in Privateigentum suspendiert werden.[285] Es ist dabei ausreichend, wenn eine solche Ausnahmeregelung an die erfolgte Restitution anknüpft und NS-Raubkunst erst im Anschluss an diese vom Anwendungsbereich des KultgSchG ausnimmt. Vor der Restitution hat der Restitutionsberechtigte das Kulturgut nicht im Besitz, so dass er es auch dann nicht aus Deutschland ausführen kann, wenn er Eigentümer des Objektes ist. NS-Raubkunst bereits vor der Restitution vom Anwendungsbereich des KultgSchG auszunehmen, würde außerdem zu erheblichen Rechtsunsicherheiten führen, da oft erst unmittelbar vor einer Restitution geklärt sein dürfte, ob es sich bei dem betroffenen Objekt wirklich um NS-Raubkunst handelt.

Für eine Suspendierung nationaler Ausfuhrbeschränkungen hat sich auch der Europarat im Rahmen der Resolution 1205 (1999) Looted Jewish cultural property

285 Für eine Suspendierung des KultgSchG bei NS-Raubkunst spricht sich auch *Schnabel* ZOV 2007, 107 (112) aus.

vom November 1999[286] ausgesprochen. Dort heißt es: „It may be necessary to facilitate restitution by providing for legislative change with particular regard being paid to [...] waiving export controls“[287] Ähnlich hatte sich auch James D. Bindenagel, der ehemalige U.S. Sonderbotschafter für Holocaust Angelegenheiten im Rahmen einer Rede auf der Holocaust Era Assets Conference in Prag 2009 geäußert. Dort forderte er die Konferenzteilnehmer auf, Ausfuhrbeschränkungen für restituierte NS-Raubkunst aufzuheben: „Recovered property shall NOT be subject to designation as ‚cultural or national treasure‘ or other designations that would restrict export by the victim or a buyer from the victim.“[288]

Denkbar wäre es, eine mit dem österreichischen § 4 KRG vergleichbare Bestimmung in das KultgSchG einzufügen, nach der restituierte NS-Raubkunst für eine gewisse Dauer vom Anwendungsbereich des KultgSchG ausgenommen ist und somit nicht mit einem Ausfuhrverbot belastet werden kann. Der in § 4 Abs. 1 KRG angesetzte Zeitraum von 25 Jahren ab der Restitution erscheint insoweit angemessen. Nach Ablauf dieser 25-Jahresfrist ist es vertretbar, den Restitutionsempfänger trotz des zeitgeschichtlichen Hintergrundes von Verfolgung und Entziehung wie einen „normalen“ Eigentümer zu behandeln und seine Verfügungsbefugnis über das Restitutionsobjekt zum Schutz des deutschen Kulturbesitzes zu beschränken. Die vorgeschlagene Regelung bezieht sich daher nur auf NS-Raubkunst, die auf Grundlage des VermG, § 985 BGB und der Washingtoner Prinzipien, der Gemeinsamen Erklärung und der Handreichung restituiert wurde. Bei Objekten, die nach alliiertem Rückerstattungsrecht restituiert wurden, liegt die Restitution sowieso über 25 Jahre zurück, da die letzte Anmeldefrist dieser Gesetze bereits 1950 ablief, sodass es bei diesen Werken keiner Suspendierung des KultgSchG bedarf. Sofern man eine Ausnahmebestimmung für NS-Raubkunst schafft, ist jedoch zu berücksichtigen, dass aufgrund der im Falle einer Eintragung gem. § 1 Abs. 3 KultgSchG zu gewährenden Steuervorteile dem Eigentümer stets die Möglichkeit eingeräumt werden muss, die Eintragung seines Kulturgutes von sich aus zu beantragen. Eine entsprechende Bestimmung könnte wie folgt lauten:

> „Dieses Gesetz findet auf Kulturgut im Privateigentum, das seinem rechtmäßigen Eigentümer NS-verfolgungsbedingt entzogen worden war und an diesen bzw. an dessen Rechtsnachfolger zurückübertragen wurde, keine Anwendung. Dies gilt für die Dauer von 25 Jahren ab der Rückübertragung des Kulturgutes. Kulturgut im Sinne von Satz 1 kann auf Antrag des Eigentümers in das „Verzeichnis national wertvollen Kulturgutes“ oder das „Verzeichnis national wertvoller Archive“ eingetragen werden.“

---

286 Vgl. oben S. 193 Fn. 555.

287 Ziff. 13 IV. Resolution 1205 (1999).

288 *Bindenagel* Washington Principles on Nazi-confiscated Art: Ten Years and Promises of the Washington Principles, 2009, S. 12.

2. Einführung eines gesetzlichen Vorkaufsrechts

Denkbar wäre es überdies, im KultgSchG ein gesetzliches Vorkaufsrecht des BKM zu verankern, dass dann greift, wenn der Eigentümer vom Anwendungsbereich des KultgSchG grundsätzlich ausgenommene NS-Raubkunst im In- oder Ausland veräußert und einen entsprechenden Kaufvertrag mit einem Dritten abgeschlossen hat.[289] Sinnvoll wäre es, die Ausübung des Vorkaufsrechts – wie in Art. 19 Abs. 1 S. 2 BayDSchG – an die Bedingung zu knüpfen, dass diese durch das Allgemeinwohl gerechtfertigt ist. Es wäre weiter zu bestimmen, dass eine solche Rechtfertigung insbesondere dann gegeben ist, wenn das betroffene Kulturgut der Öffentlichkeit zugänglich gemacht werden soll. Der große Nutzen eines solchen staatlichen Vorkaufsrechts würde darin liegen, dass durch dessen Ausübung, zwei Ziele des Kulturgüterschutzes, der Schutz der kulturellen Bindung, und die Zugänglichmachung des Kulturgutes für die Allgemeinheit, in Einklang gebracht werden könnten.[290] Auch wenn Restitutionskritiker, wie einleitend ausgeführt, häufig fordern, restituierte NS-Raubkunst mit Ausfuhrverboten zu belasten, um zu verhindern, dass diese der deutschen Öffentlichkeit entzogen wird, so ist klarzustellen, dass die öffentliche Zugänglichkeit eines national wertvollen Kulturgutes durch Ausfuhrverbote in keiner Weise gesichert werden kann. Mit der Einführung eines staatlichen Vorkaufsrechts könnte daher einerseits die öffentliche Zugänglichkeit national wertvoller Kulturguter sichergestellt und somit das Hauptbedenken vieler Restitutionskritiker ausgeräumt werden und andererseits den Interessen der Restitutionsberechtigten hinreichend Rechnung getragen werden. Ein staatliches Vorkaufsrecht könnte durch eine folgendermaßen lautende Bestimmung in das KultgSchG eingefügt werden:

> „Dem Beauftragten der Bundesregierung für Kultur und Medien steht beim Kauf von Kulturgut i. S.v. § ...[291] ein Vorkaufsrecht zu. Das Vorkaufsrecht darf nur ausgeübt werden, wenn das Wohl der Allgemeinheit dies rechtfertigt, insbesondere wenn das Kulturgut der Öffentlichkeit zugänglich gemacht werden soll."

3. Modifizierung der Bestimmung des § 22 Abs. 3 KultgSchG

Wie festgestellt knüpft das KultgSchG über § 22 Abs. 3 KultgSchG an die auf Grundlage der Ausfuhrverordnung verfügten Eintragungen in das Verzeichnis national wertvoller Kunstwerke aus dem Jahre 1938 an. Somit wird eine rechtliche Bestimmung aufrechterhalten, die vom NS-Regime instrumentalisiert und zum

---

289 Für die Schaffung eines Vorkaufsrechts spricht sich auch *Schnabel* ZOV 2007, 107 (112) aus.
290 Vgl. oben S. 27 f.
291 An dieser Stelle wäre auf die oben vorgeschlagene Bestimmung des KultgSchG zu verweisen, nach der restituierte NS-Raubkunst vom Anwendungsbereich des KultgSchG ausgeschlossen ist.

Kunstraub an jüdischen Auswanderern missbraucht wurde. Diese Ansicht wird durch den „Bericht der Bundesregierung zum Kulturgüterschutz in Deutschland" vom 24. April 2013 bestätigt. Dort wird ausgeführt, dass der Entscheidungsprozess über die Übernahme der im Verzeichnis der national wertvollen Kunstwerke von 1938 eingetragenen Kulturgüter noch nicht abgeschlossen ist und daher die aufgrund einer Eintragung in das Verzeichnis von 1938 verfügten Ausfuhrverbote teilweise noch fortbestehen.[292] Dies heißt im Klartext, dass fast sieben Jahrzehnte nach dem Zusammenbruch des Dritten Reichs eine Bestimmung, die zum Kunstraub an den deutschen Juden missbraucht wurde, zumindest teilweise immer noch rechtliche Geltung beansprucht. Es ist daher theoretisch möglich, dass eine Eintragung in das Verzeichnis der national wertvollen Kunstwerke aus dem Jahre 1938, die grob missbräuchlich und mit dem alleinigen Zweck, einem aus Deutschland fliehenden Juden seinen Kunstbesitz zu entziehen erfolgte, auch heute noch ein Ausfuhrverbot nach sich zieht. Es ist daher m. E. dringend erforderlich, die Übergangsbestimmung des § 22 Abs. 3 KultgSchG dahingehend neu zu fassen, dass Eintragungen, die in der Zeit vom 30. Januar 1933 bis zum 8. Mai 1945 erfolgt sind, nicht ihrem Anwendungsbereich unterfallen. Nur auf diese Art und Weise könnte ein konsequenter Schlussstrich unter die missbräuchliche nationalsozialistische Kulturgüterschutzpraxis gezogen werden. § 22 Abs. 3 KultgSchG könnte dementsprechend folgendermaßen modifiziert werden:

> „Die Ausfuhr der Kunstwerke, die auf Grund der Verordnung der Reichsregierung vom 11. Dezember 1919 in das Verzeichnis der national wertvollen Kunstwerke eingetragen waren und bisher noch nicht in ein Landesverzeichnis neu aufgenommen worden sind, bleibt genehmigungspflichtig, bis über ihre Übernahme in die nach diesem Gesetz aufzustellenden Verzeichnisse entschieden worden ist. Dies gilt nicht für solche Kunstwerke, die in den in der Zeit vom 30. Januar 1933 bis zum 8. Mai 1945 in das Verzeichnis der national wertvollen Kunstwerke eingetragen wurden."

B. Ausfuhrverbote für NS-Raubkunst nach dem BayDSchG

I. Die Anwendbarkeit des BayDSchG auf NS-Raubkunst

Der grundsätzlichen Anwendbarkeit der Bestimmungen des BayDSchG auf NS-Raubkunst stehen keine Bedenken entgegen. Insbesondere kollidiert das in Art. 10 Abs. 1 S. 1 BayDSchG statuierte Beseitigungs- und Veränderungsverbot für eingetragene bewegliche Denkmäler nicht mit den Belangen der Restitutionsberechtigten, da weder eine Vernichtung des Raubkunstwerks noch eine Verände-

292 Bericht der Bundesregierung zum Kulturgutschutz in Deutschland v. 24.4.2013, S. 33, 53 f.

rung seiner Substanz in deren Interesse liegen dürfte.[293] Im Hinblick auf das Ausfuhrverbot, welches das Verbringungsverbot nach Art. 10 Abs. 1 S. 1 3. Alt. BayDSchG nach sich zieht, kann nichts Anderes gelten, als das zur Anwendbarkeit des KultgSchG auf NS-Raubkunst Gesagte. Weder das alliierte Rückerstattungsrecht noch die daran anschließenden völkerrechtlichen Restitutionsverpflichtungen der Bundesrepublik Deutschland und auch nicht die Bestimmungen des VermG stehen daher der Anwendbarkeit des denkmalrechtlichen Verbringungsverbots auf NS-Raubkunst entgegen. Sofern mit hier vertretener Auffassung davon ausgegangen wird, dass die Washingtoner Prinzipien, die Gemeinsame Erklärung und die Handreichung im Einzelfall der Belastung eines Raubkunstwerks mit einem Verbringungsverbot entgegenstehen können, wenn dadurch die Restitution erschwert oder behindert bzw. der Wiedergutmachungserfolg erheblich wirtschaftlich geschmälert wird, so ist wiederum zu betonen, dass die genannten Bestimmungen aufgrund ihrer „soft law"-Natur nicht den Anwendungsbereich des BayDSchG, das seinerseits „hard law" darstellt, einschränken können.

II. Die Eintragung von NS-Raubkunst

Im Gegensatz zum KultgSchG unterscheidet das BayDSchG nicht zwischen privatem und öffentlichem Eigentum, sodass insoweit keine verschiedenen Konstellationen zu bilden sind. Sinnvoll ist es jedoch, zwischen der Eintragung bereits restituierter und noch zu restituierender NS-Raubkunst zu unterscheiden.

1. Die Eintragung restituierter NS-Raubkunst

a) Verfahrenseinleitung gegen den Willen des Eigentümers

Das Landesamt für Denkmalpflege kann ein Eintragungsverfahren gem. Art. 2 Abs. 2 2. Alt. BayDSchG von Amts wegen einleiten, wenn es sich um einen besonders wichtigen Fall handelt, d.h. wenn die Erhaltung des Denkmals für die Allgemeinheit unter allen Umständen erreicht werden soll. Sofern ein solcher besonders wichtiger Fall vorliegt, steht die Verfahrenseinleitung im Ermessen des Landesamtes für Denkmalpflege. [294] In Bezug aus NS-Raubkunst kann insoweit nichts Anderes gelten als im Rahmen der nach dem KultgSchG zu treffenden Ermessensentscheidungen. Das Landesamt für Denkmalpflege kann daher im Rahmen der Entscheidung über die Verfahrenseinleitung die Washingtoner Prinzipien, die Gemeinsame Erklärung und die Handreichung berücksichtigen

293 Zu diesen Verbotsvorbehalten vgl. oben S. 98 Fn. 471.
294 Vgl. oben S. 94.

und muss den zeitgeschichtlichen Hintergrund des NS-verfolgungsbedingten Entzugs in seine Entscheidung einfließen lassen.

b) Eintragungsentscheidung

Im Rahmen der Ermessensentscheidung über die Eintragung beweglicher Denkmäler gem. Art. 2 Abs. 2 BayDSchG hat das Landesamt für Denkmalpflege den Nutzen, den die Allgemeinheit von der Unterschutzstellung eines Denkmals hat, gegen die Nachteile, die eine Eintragung für den Eigentümer mit sich bringt, abzuwägen.[295] Zugunsten des Raubkunsteigentümers kann das Landesamt für Denkmalpflege abermals das restitutionsrechtliche „soft law" berücksichtigen und ist verpflichtet, den zeitgeschichtlichen Hintergrund des NS-verfolgungsbedingten Entzugs einzubeziehen. Wird letzterer Umstand nicht bedacht, so ist die Eintragungsentscheidung ermessensfehlerhaft und somit rechtswidrig. Aufgrund des zeitgeschichtlichen Hintergrundes ist das Landesamt für Denkmalpflege m. E. verpflichtet von der Eintragung restituierter NS-Raubkunst abzusehen, wenn dadurch die Restitution in faktischer Hinsicht vereitelt oder erschwert wird bzw. die mit der Restitution erfolgte Wiedergutmachung des NS-Unrechts nachträglich in wirtschaftlicher Hinsicht erheblich geschmälert wird.

c) Löschung der Eintragung

Denkbar ist, dass ein Raubkunsteigentümer mit einem auf Art. 48 Abs. 1 BayVwVfG gestützten Löschungsantrag Erfolg hat, sofern die Eintragungsentscheidung mangels Berücksichtigung des zeitgeschichtlichen Hintergrundes rechtswidrig war.

d) Rechtsschutzmöglichkeiten des Denkmaleigentümers

Wird restituierte NS-Raubkunst in die Denkmalliste eingetragen, so kann der Denkmaleigentümer gegen die Eintragung im Wege der Anfechtungsklage gem. § 42 Abs. 1 1. Alt. VwGO vorgehen. Sofern ein Löschungsanspruch besteht, kann dieser im Wege der Verpflichtungsklage gem. § 42 Abs. 1 2. Alt. VwGO gerichtlich verfolgt werden.

---

295 Vgl. oben S. 95.

2. Die Eintragung noch nicht restituierter NS-Raubkunst

a) Einleitung des Eintragungsverfahrens

Wie erläutert kann sich NS-Raubkunst vor seiner Restitution sowohl im Besitz öffentlicher Museen bzw. anderweitiger öffentlicher Kulturinstitutionen als auch im Besitz privater Sammler befinden. Sofern der Besitzer auch Eigentümer des Raubkunstwerkes ist, kann dieser gem. Art. 2 Abs. 2 1. Alt. BayDSchG die Eintragung beantragen. Im Falle der Stellung eines solchen Antrags durch den Denkmaleigentümer ist das Landesamt für Denkmalpflege gem. Art. 22 S. 2 Nr. 1 2. Alt. BayVwVfG zur Verfahrenseinleitung verpflichtet.[296] Im Hinblick auf die Möglichkeit der Verfahrenseinleitung von Amts wegen gem. Art. 2 Abs. 2 2. Alt. BayDSchG gilt das oben im Rahmen der Eintragung restituierter NS-Raubkunst Gesagte.

b) Verfahrensausschluss des Restitutionsberechtigten

Problematisch ist, dass der Restitutionsberechtigte vor der Eintragungsentscheidung nur dann gem. Art. 28 Abs. 1 BayVwVfG vom Landesamt für Denkmalpflege anzuhören ist, sofern er bereits vor der Restitution Eigentümer des Restitutionsobjektes ist. Ist dies nicht der Fall, so kann das Eintragungsverfahren unter Ausschluss des Restitutionsberechtigten durchgeführt werden.

c) Eintragungsentscheidung

Sofern das Landesamt für Denkmalpflege davon Kenntnis hat, dass ein bewegliches Denkmal als NS-Raubkunst zu qualifizieren ist, gilt im Rahmen der Ermessensentscheidung über die Eintragung nach Art. 2 Abs. 2 BayDSchG das zuvor zur Eintragung restituierter NS-Raubkunst Gesagte.

d) Löschung der Eintragung

Wenn der Restitutionsberechtigte bereits vor der Restitution Eigentümer des von der Eintragung betroffenen beweglichen Denkmals ist, kann dieser die Löschung des Denkmals aus der Denkmalliste nach Art. 48 Abs. 1 BayVwVfG beantragen, sofern die Eintragungsentscheidung mangels Nichtberücksichtigung des zeitgeschichtlichen Hintergrundes rechtswidrig war. Gleiches gilt natürlich im Anschluss an die Restitution, wenn dem Restitutionsberechtigten im Zuge der Restitution das Eigentum an dem eingetragenen Denkmal übertragen worden ist.

---

296 Vgl. oben S. 94.

e) Rechtsschutzmöglichkeiten des Restitutionsberechtigten

Ist der Restitutionsberechtigte bereits vor der Restitution Eigentümer des von der Eintragung betroffenen Denkmals, so kann er im Wege der Anfechtungsklage gem. § 42 Abs. 1 Alt. 1 VwGO gegen die Eintragungsentscheidung vorgehen. Ist er vor der Restitution nicht Eigentümer des Restitutionsobjektes, so stehen ihm hingegen mangels Klagebefugnis gegen die Eintragungsentscheidung keine Rechtsmittel zur Verfügung. Ein Raubkunsteigentümer kann einen eventuell nach Art. 48 Abs. 1 BayVwVfG bestehenden Anspruch auf Löschung der Denkmaleintragung im Wege der Verpflichtungsklage gem. § 42 Abs. 1 2. Alt. VwGO gerichtlich durchsetzen.

III. Erlaubnisverfahren bei NS-Raubkunst

1. Erteilung der Verbringungserlaubnis bei NS-Raubkunst

Der Eigentümer eines eingetragenen beweglichen Denkmals kann bei der Unteren Denkmalschutzbehörde eine Verbringungserlaubnis i. S. v. Art. 10 Abs. 1 BayDSchG beantragen. Wird das bewegliche Denkmal durch die beabsichtigte Verbringung nicht in seiner Denkmalsubstanz gefährdet, so hat der Antragsteller einen Rechtsanspruch auf Erteilung der Verbringungserlaubnis.[297] Sofern es um die Verbringung von NS-Raubkunst geht, wird es in der Regel an einer solchen Substanzgefährdung fehlen. Bei NS-Raubkunst handelt es sich meist um Bilder, insbesondere um Gemälde und Zeichnungen. Wird ein solches Objekt an einen anderen Standort verbracht, so lässt sich das Risiko einer Substanzgefährdung durch einen fachgerechten Transport und eine fachgerechte Aufbewahrung am neuen Standort in den meisten Fällen auf ein Minimum reduzieren. NS-Raubkunsteigentümer werden daher häufig einen Anspruch auf Erteilung einer Verbringungserlaubnis i. S. v. Art. 10 Abs. 1 BayDSchG haben.

Führt der geplante Standortwechsel hingegen zu einer Gefährdung der Denkmalsubstanz, so steht die Erteilung der Verbringungserlaubnis im Ermessen der Unteren Denkmalschutzbehörde. Hinsichtlich der in die Ermessensentscheidung einzustellenden Umstände gilt wiederum, dass die „soft law"-Bestimmungen der Washingtoner Prinzipien, der Gemeinsamen Erklärung und der Handreichung berücksichtigt werden können und der zeitgeschichtliche Hintergrund des NS-verfolgungsbedingten Entzugs einbezogen werden muss. Überdies können private wirtschaftliche Belange des Denkmaleigentümers jedenfalls insoweit unmittelbar Berücksichtigung finden, als dass die Versagung der Verbringungserlaubnis unzumutbar ist, sofern der Denkmaleigentümer ohne diese Erlaubnis von seinem Denkmal keinen vernünftigen Gebrauch mehr machen kann und

297 Vgl. oben S. 101 f.

dieses auch praktisch unveräußerlich ist. Wie erwähnt, kommen insbesondere solche Fälle in Betracht, in denen der Denkmaleigentümer das Denkmal an seinem gegenwärtigen Standort nicht nutzen kann (weil er woanders wohnhaft ist) und es nur einen ideellen Wert besitzt oder das Verbringungsverbot den Marktwert so drastisch senkt, dass eine Veräußerung wirtschaftlich sinnlos ist.[298] Liegt ein solcher Fall vor, so hat der Raubkunsteigentümer einen Anspruch auf Erteilung der denkmalrechtlichen Verbringungserlaubnis. Auch ansonsten hat die Untere Denkmalschutzbehörde m. E. bei NS-Raubkunst aufgrund des zu berücksichtigenden zeitgeschichtlichen Hintergrunds grundsätzlich eine Verbringungserlaubnis zu erteilen. Dies gilt wiederum insbesondere dann, wenn das Verbringungsverbot die Restitution faktisch vereitelt oder erschwert bzw. die mit der Restitution bezweckte Wiedergutmachung des NS-Unrecht in wirtschaftlicher Hinsicht erheblich schmälert.

2. Nebenbestimmungen

Denkbar ist es, die Verbringungserlaubnis mit einer Auflage i. S.v. Art. 36 Abs. 2 Nr. 4 BayVwVfG zu versehen, welche sicherstellt, dass das Denkmal an seinem neuen Aufbewahrungsort mindestens ebenso gut aufgehoben ist wie an seinem ursprünglichen. Sind solche Nebenbestimmungen im Einzelfall realisierbar, so kommt dem Denkmaleigentümer ein Anspruch auf eine mit einer solchen Nebenbestimmung versehene Verbringungserlaubnis zu, da dann einer Verbringung keine denkmalrechtlichen Gründe mehr entgegenstehen können.

3. Rechtsschutz gegen die Nichterteilung der Ausfuhrgenehmigung

Gegen die Weigerung der Unteren Denkmalschutzbehörde, eine Verbringungserlaubnis zu erteilen, kann der Raubkunsteigentümer im Wege der Verpflichtungsklage gem. § 42 Abs.1 2. Alt. VwGO vorgehen.

IV. Ausübung des staatlichen Vorkaufsrechtes bei NS-Raubkunst

Sofern der Freistaat Bayern NS-Raubkunst der Öffentlichkeit zugänglich machen bzw. verhindern will, dass ein Raubkunstwerk aus einer Sammlung, die in ihrer Gesamtheit erhalten werden soll, entfernt wird, kann er von seinem Vorkaufsrecht nach Art. 19 Abs. 1 BayDSchG Gebrauch machen. Die Ausübung eines Vorkaufs-

---

298 Vgl. oben S. 104.

rechts mit dem alleinigen Ziel, die Abwanderung von NS-Raubkunst zu verhindern, ist hingegen nicht zulässig.

V. Enteignung von NS-Raubkunst

Enteignungen i. S.v. Art. 18 Abs. 1 BayDSchG dürfen nur aus Substanzschutzgründen und nur als ultima ratio erfolgen. Eine Enteignung mit dem ausschließlichen Zweck, die Abwanderung eines Raubkunstwerks ins Ausland zu verhindern, ist daher unzulässig.

VI. Ergebnis

Im Ergebnis bleibt festzuhalten, dass das BayDSchG auf NS-Raubkunst uneingeschränkt Anwendung findet. Im Rahmen der Ermessensentscheidung, ob ein Eintragungsverfahren für NS-Raubkunst eingeleitet wird bzw. ob NS-Raubkunst in die Denkmalliste eingetragen wird, kann das Landesamt für Denkmalpflege das restitutionsrechtliche „soft law" berücksichtigen und ist verpflichtet, den zeitgeschichtlichen Hintergrund des NS-verfolgungsbedingten Entzugs in die Entscheidungsfindung einzubeziehen. Beantragt der Eigentümer des Raubkunstwerks eine Verbringungserlaubnis, so hat die Untere Denkmalschutzbehörde diesem Verlagen Folge zu leisten, wenn das Raubkunstwerk durch die geplante Verbringung nicht in seiner Substanz gefährdet wird. Besteht die Gefahr einer Schädigung der Denkmalsubstanz, so steht die Entscheidung über die Erteilung der Verbringungserlaubnis im Ermessen der Unteren Denkmalschutzbehörde. Diese kann daher wiederum das restitutionsrechtliche „soft law" in die Entscheidungsfindung einbeziehen und muss den zeitgeschichtlichen Hintergrund des NS-verfolgungsbedingten Entzugs insoweit berücksichtigen und aufgrund letzterem in der Regel die beantragte Verbringungserlaubnis erteilen.

VII. Vorschlag zur Änderung des BayDSchG

Da auch das denkmalrechtliche Verbringungsverbot nach Art. 10 Abs. 1 S. 1 3. Alt. BayDSchG die Restitution von NS-Raubkunst faktisch hindern bzw. erschweren kann, ist es m. E. angebracht, auch dieses für restituierte NS-Raubkunst zu suspendieren. Nicht notwendig ist es hingegen, restituierte NS-Raubkunst gänzlich aus dem Anwendungsbereich des Denkmalschutzgesetzes auszunehmen, da das Beseitigungs- und Veränderungsverbot nach Art. 10 Abs. 1 S. 1 1., 2. Alt. BayDSchG die Restitution nicht in tatsächlicher Hinsicht behindern kann und somit nicht mit den Interessen eines Restitutionsberechtigten kollidiert. Es empfiehlt sich daher Art. 10 Abs. 1 BayDSchG wie folgt zu ergänzen:

„Ausgenommen von der Erlaubnispflicht für die Verbringung sind bewegliche Denkmäler, die ihrem rechtmäßigen Eigentümer NS-verfolgungsbedingt entzogen worden waren und an diesen bzw. an dessen Rechtsnachfolger zurückübertragen wurden. Dies gilt für die Dauer von 25 Jahren ab der Rückübertragung des beweglichen Denkmals."

C. Ausfuhrverbote für NS-Raubkunst nach der Verordnung Nr. 116/2009

Abschließend ist kurz auf die Anwendung der das KultgSchG ergänzenden Verordnung Nr. 116/2009 auf NS-Raubkunst einzugehen. Der grundsätzlichen Anwendbarkeit dieser Verordnung auf NS-Raubkunst stehen, aus den bereits in Bezug auf die Anwendbarkeit des KultgSchG auf NS-Raubkunst angeführten Gründen, keinerlei Bedenken entgegen. Zu betonen ist, dass die Verordnung Nr. 116/2009 sämtliches Kulturgut mit einem für die Außengrenzen der Europäischen Union geltenden Ausfuhrverbot belastet, das ihrem Anhang unterfällt, ohne dass es eines Unterschutzstellungsverfahrens bedarf. Dies gilt selbstverständlich auch für NS-Raubkunst.

Sofern es um die Ausfuhr in Deutschland belegenen Kulturgutes geht, kann der Kulturguteigentümer bei den zuständigen Landesbehörden bzw. bei den von diesen beauftragten Einrichtungen die nach Art. 2 Abs. 1 der Verordnung Nr. 116/2009 erforderliche Ausfuhrgenehmigung beantragen. Ist ein in Deutschland belegenes Kulturgut in eines der Landesverzeichnisse national wertvollen Kulturgutes eingetragen, so liegt es gem. Art. 2 Abs. 2 Uabs. 3 der Verordnung Nr. 116/2009 im Ermessen der zuständigen Behörde, dessen Ausfuhr aus dem Zollgebiet der Europäischen Union zu genehmigen. Die Ermessensentscheidung über die Erteilung der Ausfuhrgenehmigung nach der Verordnung Nr. 116/2009 ist m. E. im Wesentlichen deckungsgleich mit der Abwägungsentscheidung über die Erteilung der Ausfuhrgenehmigung nach § 1 Abs. 4 S. 3 KultgSchG.[299] Die zuständigen Behörden können auch daher im Rahmen der Entscheidung über die Ausfuhrgenehmigung nach der Verordnung Nr. 116/2009 zugunsten des Raubkunsteigentümers das „soft law" der Washingtoner Prinzipien, der Gemeinsamen Erklärung und der Handreichung berücksichtigen und müssen den zeitgeschichtlichen Hintergrund des NS-verfolgungsbedingten Entzugs einbeziehen. Aufgrund des zeitgeschichtlichen Hintergrundes gilt wiederum, dass die zuständigen Landesbehörden insbesondere dann die beantragte Ausfuhrgenehmigung zu erteilen haben, wenn das Ausfuhrverbot die Restitution in faktischer Hinsicht vereitelt oder erschwert bzw. zu einer erheblichen wirtschaftlichen Schmälerung der mit der Restitution bezweckten Wiedergutmachung des NS-Unrechts führt. Ist das

---

299 Vgl. oben S. 111.

betroffene Kulturgut nicht einem Verzeichnis national wertvollen Kulturgutes eingetragen, so hat der Raubkunsteigentümer generell einen Anspruch auf Erteilung der Ausfuhrgenehmigung gem. Art. 2 Abs. 2 der Verordnung Nr. 116/2009.[300] Einer Suspendierung der Verordnung Nr. 116/2009 für in Deutschland belegene NS-Raubkunst bedarf es daher nicht. Vielmehr wäre die Suspendierung des KultgSchG ausreichend, um die Interessen der Restitutionsberechtigten hinreichend zu wahren, da es sich bei der Erteilung der Ausfuhrgenehmigung für in Deutschland belegenes Kulturgut, das nicht in einem Verzeichnis national wertvollen Kulturgutes eingetragen ist, um eine reine Formalität handelt.

300 Ebda.

Fazit

Im Rahmen der vorliegenden Arbeit wurde in den ersten beiden Kapiteln der für in Deutschland belegene Kulturgüter geltende Abwanderungsschutz sowie der Themenkomplex des NS-Kunstraubs und der Restitution dargestellt. Im dritten Kapitel wurde erläutert, wie der Konflikt dieser beiden widerstreitenden Rechtsmaterien im Einzelfall zu lösen ist. Die vorliegende Ausarbeitung erfolgte dabei auf Grundlage der bei Einreichung der Arbeit im Dezember 2014 bestehenden Rechtslage.

Diesbezüglich hat die vorstehende Erörterung aufgezeigt, dass das KultgSchG nur eine unzureichende Grundlage bot, um den Konflikt zwischen den im Allgemeininteresse geschaffenen Abwanderungsschutz-bestimmungen und dem Ausfuhrinteresse der Restitutionsberechtigten einer sachgerechten Lösung zuzuführen. Vor allem war es hoch problematisch, dass NS-Raubkunst, die als national wertvoll i. S. d. § 1 Abs. 1 S. 1 KultgSchG einzustufen war, spätestens, wenn sie aufgrund der Restitution in das Privateigentum des Restitutionsberechtigten überging, in ein Verzeichnis national wertvollen Kulturgutes einzutragen und somit mit einem Ausfuhrverbot nach dem KultgSchG zu belasten war. Dieses Ergebnis war aufgrund des zeitgeschichtlichen Hintergrunds und dem nach den Washingtoner Prinzipien, der Gemeinsamen Erklärung und der Handreichung abgegebenen Bekenntnis der Bundesrepublik Deutschland zur Restitution von NS-Raubkunst aus untragbar.

Es war allein der inkonsequenten Umsetzung des KultgSchG durch die deutschen Behörden geschuldet, dass die Belastung national wertvoller NS-Raubkunst mit einem Ausfuhrverbot auf Grundlage des KultgSchG die Ausnahme darstellte. Eine gegenteilige – gesetzestreue – Verwaltungspraxis hätte wohl erhebliche außenpolitische Konflikte nach sich gezogen und dem Ansehen der Bundesrepublik Deutschland im Ausland großen Schaden zufügt.

Man stelle sich vor, welch ein Skandal ausgelöst worden wäre, hätten deutsche Behörden eines der Werke aus der Sammlung Gurlitt, bei dem sich der Raubkunstverdacht bestätigt hat, mit einem Ausfuhrverbot belasten und dadurch dessen Rückgabe an einen im Ausland lebenden Berechtigten faktisch vereiteln. In diesem Fall hätte sich Deutschland vor der internationalen Öffentlichkeit zu Recht dem Vorwurf ausgesetzt gesehen, eine umfassende Wiedergutmachung des NS-Unrechts zu blockieren und sich in diesem Zusammenhang eines Mittels zu bedienen, das bereits vom NS-Regime zum Kunstraub missbraucht worden war.

Der deutsche Gesetzgeber hat diese Problematik im Rahmen der Novellierung des deutschen Kulturgutschutzrechtes nun erfreulicherweise erkannt und

https://doi.org/10.1515/9783110543224-007

entsprechende Ausnahmebestimmungen in das KGSG eingefügt, welche es den Restitutionsberechtigten unter bestimmten Voraussetzungen ermöglichen, die Ausfuhr von NS-Raubkunst durchzusetzen.

Nachträgliche Anmerkung: Die Behandlung von NS-Raubkunst nach dem KGSG

Der deutsche Gesetzgeber hat im Rahmen des Anfang August 2016 in Kraft getretenen KGSG den Konflikt zwischen den zum Schutz des deutschen Kulturbesitzes bestehenden Ausfuhrverboten und dem Interesse der Restitutionsberechtigten an einer unbeschränkten Ausfuhr von NS-Raubkunst einer gesetzlichen Regelung zugeführt. Eine erste entsprechende Vorschrift findet sich in § 13 Abs. 2 KGSG, welcher in Zusammenhang mit § 13 Abs. 1 KGSG zu lesen ist. § 13 Abs. 1 i.V.m. § 13 Abs. 2 KGSG regeln folgendes im Hinblick auf die Löschung von NS-Raubkunst aus einem Verzeichnis national wertvollen Kulturgutes:

> „(1) Haben sich die das Kulturgut betreffenden Umstände, die zur Eintragung des Kulturgutes in ein Verzeichnis national wertvollen Kulturgutes geführt haben, wesentlich verändert, so kann die Eintragung von Amts wegen oder auf Antrag des Eigentümers von der obersten Landesbehörde gelöscht werden.
>
> (2) Eine Änderung wesentlicher Umstände nach Absatz 1 ist stets gegeben, wenn rechtskräftig oder durch eine abschließende Regelung der Beteiligten im Hinblick auf einen Entzug festgestellt ist, dass das Kulturgut zwischen dem 30. Januar 1933 und dem 8. Mai 1945 aufgrund der Verfolgung durch den Nationalsozialismus einem früheren Eigentümer entzogen worden ist und es aus dem Bundesgebiet ausgeführt werden soll, um es an außerhalb des Bundesgebietes lebende ursprüngliche Eigentümer oder deren dort lebende Rechtsnachfolger zurückzugeben."

§ 23 Abs. 3 KGSG statuiert überdies bei NS-Raubkunst, die aufgrund ihrer Einstufung als sog. „nationales Kulturgut" mit einem Ausfuhrverbot belastet ist[1], unter parallel zum Löschungsrecht nach § 13 Abs. 2 KGSG gefassten Voraussetzungen, eine Pflicht des BKM zu Erteilung einer Genehmigung für die dauerhafte Ausfuhr. Konkret bestimmt § 23 Abs. 3 KGSG folgendes:

> *„Die Genehmigung ist zu erteilen, wenn rechtskräftig oder durch eine abschließende Regelung der Beteiligten im Hinblick auf einen Entzug festgestellt ist, dass das Kulturgut zwischen dem 30. Januar 1933 und dem 8. Mai 1945 einem früheren Eigentümer aufgrund der Verfolgung durch den Nationalsozialismus entzogen worden ist und es aus dem Bundesgebiet ausgeführt werden soll, um es an außerhalb des Bundesgebiets lebende ursprüngliche Eigentümer oder deren dort lebende Rechtsnachfolger zurückzugeben.*

1 Vgl. § 6 KGSG i.V.m. § 23 Abs. 1 KGSG.

https://doi.org/10.1515/978311054324-008

Nachfolgend werden diese beiden Ausnahmebestimmungen mit den relevanten Abwanderungsschutzbestimmungen des KGSG in einen Gesamtzusammenhang gestellt und deren Voraussetzungen und rechtliche Auswirkungen kurz erläutert.

§ 1 Die Ausfuhrverbote des KGSG

Das KGSG enthält gegenüber dem KultgSchG deutlich verschärfte Abwanderungsschutzbestimmungen für Kulturgut. So ist nach dem KGSG nicht nur die Ausfuhr solcher Kulturgüter, die in ein Verzeichnis national wertvollen Kulturgutes eingetragen sind genehmigungspflichtig, sondern auch generell die Ausfuhr von öffentlichem Kulturgut. Überdies werden nach dem KGSG die Ausfuhrverbote der Verordnung 116/2009 unter modifizierten Voraussetzungen auf die Ausfuhr in einen EU-Mitgliedsstaat erstreckt.

A. Eingetragenes national wertvolles Kulturgut

Das KGSG hält zunächst einmal am bisherigen „Listenprinzip" des KultgSchG und den danach erfolgten Eintragungen in die jeweiligen Landesverzeichnisse fest.[2] So statuiert § 23 Abs. 1 i.V. m. § 6 Abs. 1 Nr. 1 KGSG eine Genehmigungspflicht für die dauerhafte Ausfuhr[3] solcher Kulturgüter, die in ein Verzeichnis national wertvollen Kulturgutes eingetragen sind. Die Eintragungsvoraussetzung sind in § 7 KGSG geregelt, der – im Gegensatz zum KultgSchG – nicht mehr zwischen Kulturgut im privaten und im öffentlichen Eigentum differenziert. Überdies knüpft § 7 KGSG die Eintragung in ein Verzeichnis national wertvollen Kulturgutes an strengere Voraussetzungen, als dies nach der entsprechenden Bestimmung des § 1 Abs. 1 S. 1 KultgSchG der Fall war. So soll nach § 7 Abs. 1 Nr. 1 KGSG zum einen nur noch solches Kulturgut in ein Verzeichnis national wertvollen Kulturgutes eingetragen werden, das „besonders bedeutsam für das kulturelle Erbe Deutschlands, der Länder oder einer seiner historischen Regionen und damit identitätsstiftend für die Kultur Deutschlands ist". Zum anderen wird nach § 7 Abs. 1 Nr. 2 KGSG gefordert, dass die Abwanderung des jeweiligen Kulturgutes „einen wesentlichen Verlust für den deutschen Kulturbesitz bedeuten würde und deshalb

2 § 90 Abs. 1 KGSG.

3 Dauerhaft ist die Ausfuhr von Kulturgut dann, „wenn sie für einen Zeitraum von mehr als fünf Jahren erfolgt" (vgl. § 2 Abs. 1 Nr. 18 KGSG).

sein Verbleib im Bundesgebiet im herausragenden kulturellen öffentlichen Interesse liegt."

Durch die Regelung des § 7 Abs. 1 Nr. 1 KGSG wird folglich im Vergleich zu § 1 Abs. 1 S. 1 KultgSchG eindeutig klargestellt, dass die für die Eintragung notwendige Zugehörigkeit eines Kulturgutes zum deutschen Kulturbesitz keinesfalls lediglich in seiner nicht nur vorübergehenden Belegenheit auf dem Bundesgebiet liegen kann.[4] Es ist darüber hinaus vielmehr erforderlich, dass das jeweilige Kulturgut einen besonderen Bezug zum nationalen kulturellen Erbe sowie eine besondere Bedeutung für die deutsche kulturgeschichtliche Entwicklung aufweist, aus welcher sich wiederum eine identitätsstiftende Funktion des Kulturgutes für die deutsche Kultur ergeben muss.[5] Eine weitere Zuspitzung der Eintragungsvoraussetzungen ergibt sich zudem aus § 7 Abs. 1 Nr. 2 KGSG, der gegenüber § 1 Abs. 1 S. 1 KultgSchG zusätzlich fordert, dass der Verbleib des Kulturguts aufgrund seines drohenden Verlustes „im herausragenden kulturellen öffentlichen Interesse" liegen muss.[6]

B. Öffentliches Kulturgut

Eine erste Verschärfung der Abwanderungsschutzbestimmungen des KGSG gegenüber dem KultgSchG ist darin zu sehen, dass Ersteres nach § 23 Abs. 1 i.V.m. § 6 Abs. 1 Nr. 2–4 KGSG die Ausfuhr von öffentlichem Kulturgut generell unter Ausfuhrverbot stellt. Erfasst von diesem generellen Ausfuhrverbot wird gem. § 6 Abs. 1 Nr. 2–4 KGSG solches Kulturgut, das „sich in öffentlichem Eigentum und im Bestand einer öffentlich-rechtlichen Kulturgut bewahrenden Einrichtung befindet" (Nr. 2), „sich im Eigentum und im Bestand einer Kulturgut bewahrenden Einrichtung befindet, die überwiegend durch Zuwendungen der öffentlichen Hand finanziert wird" (Nr. 3) oder das „Teil einer Kunstsammlung des Bundes oder der Länder ist" (Nr. 4). Sofern es sich bei dem betroffenen Kulturgut jedoch um eine private Leihgabe im Bestand der vorgenannten Einrichtungen handelt, stellt § 6 Abs. 2 S. 1 KGSG klar, dass das jeweilige Objekt nur mit ausdrücklicher Zustimmung des Verleihers den vorgenannten Vorschriften und somit dem generellen Ausfuhrverbot für öffentliches Kulturgut unterfällt.

---

4 Vgl. oben S. 47.

5 Vgl. BT-Dr 18/7456 S. 67 f. Zu den weiteren Tatbestandvoraussetzungen des § 7 Abs. 1 Nr. 1 vgl. BT-Dr 18/7456 S. 68 f.

6 Vgl. BT-Dr 18/7456 S. 67. Zu den weiteren Tatbestandsvoraussetzungen des § 7 Abs. 1 Nr. 2 KGSG vgl. BT-Dr 18/7456 S. 69 f.

C. Erstreckung der Verordnung 116/2009 auf die Ausfuhr innerhalb des Binnenmarktes

Eine weitere Verschärfung der Abwanderungsschutzbestimmungen des KGSG gegenüber dem KultgSchG folgt daraus, dass die nach der Verordnung 116/2009 für die Ausfuhr aus dem europäischen Binnenmarkt in einen Drittstaat bestehende Ausfuhrverbote gem. § 24 Abs. 1 Nr. 2 i.V.m. § 24 Abs. 2 KGSG auf eine Ausfuhr innerhalb des Binnenmarktes in einen Mitgliedsstaat erstreckt werden, sofern sich das betroffene Kulturgut nicht im Eigentum des Urhebers oder Herstellers befindet. Der Anwendungsbereich der Verordnung 116/2009 wird jedoch bei einer Ausfuhr innerhalb des Binnenmarktes insoweit eingeschränkt, als dass nach § 24 Abs. 2 KGSG insbesondere die nach dem Anhang der Verordnung 116/2009 festgesetzten Wert- und Altersgrenzen hochgesetzt werden. So wird beispielsweise die nach Anhang I A. Nr. 3 der Verordnung 116/2009 bestehende Genehmigungspflicht für die Ausfuhr von Bildern ab einem Wert von 150.000 Euro nach § 24 Abs. 2 Nr. 1 KGSG dahingehend modifiziert, dass die Wertgrenze auf 300.000 Euro erhöht und zusätzlich ein Mindestalter von 75 Jahren vorausgesetzt wird.

Jedenfalls dem gesetzgeberischen Willen nach handelt es sich bei der nach § 24 Abs. 1 Nr. 2 i.V.m. § 24 Abs. 2 KGSG bestehenden Genehmigungspflicht lediglich um einen Präventivvorbehalt, dessen Zweck insbesondere darin bestehen soll, der Verwaltung Kenntnis von der drohenden Abwanderung von potentiell national wertvollem Kulturgut zu verschaffen.[7] So stellt auch § 24 Abs. 5 i.V.m. § 21 Nr. 1, 3, 4, und 5 KGSG klar, dass grundsätzlich eine Pflicht zur Erteilung einer Ausfuhrgenehmigung bestehen soll, sofern nicht für das jeweilige Kulturgut ein Eintragungsverfahren nach § 7 KGSG eingeleitet wurde[8], das betroffene Objekt nicht unrechtmäßig eingeführt[9], aus Gründen des Kulturgüterschutzes sichergestellt[10] und auch nicht aufgrund eines Verstoßes gegen das KGSG vom Zoll angehalten wurde[11].

§ 2 Anwendbarkeit des KGSG auf NS-Raubkunst

§§ 13 Abs. 2 und 23 Abs. 3 KGSG sprechen ausdrücklich von Kulturgut, das „zwischen dem 30. Januar 1933 und dem 8. Mai 1945 aufgrund der Verfolgung durch

7 BT-Dr 18/7456 S. 85.
8 Vgl. § 24 Abs. 5 i.V.m. § 21 Nr. 1 i.V.m. § 7 KGSG.
9 Vgl. § 24 Abs. 5 i.V.m. § 21 Nr. 3 i.V.m. § 32 Abs. 1 KGSG.
10 Vgl. § 24 Abs. 5 i.V.m. § 21 Nr. 4 i.V.m. § 33 Abs. 1 KGSG.
11 Vgl. § 24 Abs. 5 i.V.m. § 21 Nr. 5 i.V.m. § 81 Abs. 4 KGSG.

den Nationalsozialismus einem früheren Eigentümer entzogen worden ist" und somit von NS-Raubkunst. Durch die Einführung der §§ 13 Abs. 2 und 23 Abs. 3 KGSG hat der Gesetzgeber folglich eindeutig klargestellt, dass das KGSG auf NS-Raubkunst uneingeschränkt Anwendung findet. Wie bereits im Rahmen der obenstehenden Ausführungen zur Anwendbarkeit des KultgSchG auf NS-Raubkunst erläutert, hat sich der Gesetzgeber dadurch weder in Widerspruch zu den völkerrechtlichen Restitutionsverpflichtungen der Bundesrepublik Deutschland noch zu den Vorschriften des alliierten Rückerstattungsrechts sowie des VermG gesetzt. Auch das „soft law" der Washingtoner Prinzipien sowie die zu deren Umsetzung in Deutschland erlassenen nationalen „soft law"-Bestimmungen der Gemeinsamen Erklärung und der Handreichung stehen aufgrund ihrer rechtlichen Unverbindlichkeit einer Anwendung des KGSG auf NS-Raubkunst nicht entgegen.[12]

§ 3 Belastung von NS-Raubkunst mit einem Ausfuhrverbot

Wie zuvor erwähnt, sind zum einen solche Kulturgüter mit einem Ausfuhrverbot belastet, die nach § 7 KGSG in ein Verzeichnis national wertvollen Kulturgutes eingetragen wurden. In § 7 Abs. 1 KGSG heißt es, dass Kulturgut, welches die dort genannten Tatbestandvoraussetzungen erfüllt, in ein Verzeichnis national wertvollen Kulturgutes einzutragen „ist". § 7 Abs. 1 KGSG statuiert daher seinem Wortlaut nach eine Eintragungspflicht für national wertvolles Kulturgut. Dies ergibt sich auch ausdrücklich aus der Gesetzesbegründung.[13] Im Rahmen der Eintragungsentscheidung kommt folglich nur den in § 7 KGSG genannten Tatbestandsvoraussetzungen, die das jeweilige Kulturgut ausschließlich in seinem Stellenwert für den deutschen Kulturbesitz betreffen, Bedeutung zu.[14] Es bleibt daher auch nach den Bestimmungen des KGSG dabei, dass die obersten Landesbehörden bei der Eintragung von NS-Raubkunst den zeitgeschichtlichen Hintergrund und das „soft law" der Washingtoner Prinzipien mangels Ermessensspielraums nicht berücksichtigen können. Somit sind die obersten Landesbehörden verpflichtet, NS-Raubkunst, die als national wertvolles Kulturgut i. S. v. § 7 KGSG einzustufen ist, in ein Verzeichnis national wertvollen Kulturgutes einzutragen und aufgrund dieser Eintragung mit einem Ausfuhrverbot zu belasten.

---

12 Vgl. oben S. 265–276.
13 BT-Dr 18/7456 S. 68.
14 Vgl. S. 79 des Gesetzesentwurfs.

Sofern ein Objekt als öffentliches Kulturgut den Tatbestandvoraussetzungen des § 23 Abs. 1 i.V. m. § 6 Abs. 1 Nr. 2–4 KGSG unterfällt oder weil es nach § 24 Abs. 1 Nr. 2 i.V. m. § 24 Abs. 2 KGSG unter den modifizierten Anhang der Verordnung 116/2009 zu subsumieren ist, tritt die Belastung des jeweiligen Kulturgutes mit einem Ausfuhrverbot unmittelbar von Gesetzes wegen ein. Eine etwaige Qualifikation des betroffenen Objektes als NS-Raubkunst kann daher auch in diesem Fall nicht berücksichtigt werden.

§ 4 Löschung der Eintragung

Genau wie § 7 Abs. 1 KultgSchG knüpft auch § 13 Abs. 1 KGSG ein Löschungsrecht des Kulturguteigentümers an eine wesentliche Veränderung der Umstände, die zur Eintragung geführt haben. In § 13 Abs. 2 KGSG wird anschließend – systematisch falsch[15] – darauf verwiesen, dass eine solche Änderung wesentlicher Umstände stets gegeben ist, wenn der NS-verfolgungsbedingte Entzug des eingetragenen Gegenstandes „rechtskräftig oder durch eine abschließende Regelung der Beteiligten“ festgestellt wurde und das jeweilige Objekt „aus dem Bundesgebiet ausgeführt werden soll, um es an außerhalb des Bundesgebietes lebende ursprüngliche Eigentümer oder deren dort lebende Rechtsnachfolger zurückzugeben.“ In der Begründung dieser Neuregelung wird ausdrücklich betont, dass es Zweck dieser Regelung ist, sicherzustellen, dass die „Schutzmechanismen des Abwanderungsschutzes [...] nicht der Findung von fairen und gerechten Lösungen nach den Washingtoner Prinzipien von 1998 entgegenstehen.“ Klargestellt wird überdies, dass die zuständigen obersten Landesbehörden zur Löschung verpflichtet sind, sofern die Tatbestandsvoraussetzungen des § 13 Abs. 2 KGSG vorliegen.[16] Zudem soll der Gesetzesbegründung nach ein Löschungsrecht bereits dann bestehen, wenn auch nur ein Mitglied einer Erbengemeinschaft im Ausland lebt und das Restitutionsobjekt an dieses zurückgeben werden soll.[17]

§ 5 Das Ausfuhrgenehmigungsverfahren

Das Ausfuhrgenehmigungsverfahren für eingetragenes national wertvolles Kulturgut sowie für öffentliches Kulturgut, welches § 6 Abs. 1 Nr. 2–4 KGSG unterfällt,

15 Da der NS-verfolgungsbedingte Entzug im Rahmen der Eintragungsentscheidung keine Berücksichtigung finden kann.

16 BT-Dr 18/7456 S. 75.

17 Ebda.

bestimmt sich nach § 23 KGSG. Die Genehmigungserteilung ist grundsätzlich an dieselben negativ definierten Voraussetzungen gebunden, wie dies nach § 1 Abs. 4 S. 3 KultgSchG der Fall war. So bestimmt § 23 Abs. 2 KGSG, dass die Ausfuhrgenehmigung zu versagen ist, „wenn bei Abwägung der Umstände des Einzelfalls wesentliche Belange des deutschen Kulturbesitzes überwiegen." Genau wie nach alter Rechtslage hat der für die Genehmigungserteilung zuständige BKM[18] daher im Rahmen seiner Entscheidung die Belange des Kulturgutschutzes gegen das Ausfuhrinteresse des Eigentümers abzuwägen. Im Anschluss an diese Abwägungsentscheidung auf Tatbestandsebene steht dem BKM kein Ermessensspielraum mehr zu.[19] Nicht abwägungsrelevant ist wiederum ein rein wirtschaftlich motiviertes Ausfuhrinteresse des Kulturguteigentümers, wohingegen in der Gesetzesbegründung ausdrücklich betont wird, dass außenpolitische Erwägungen Berücksichtigung finden können.[20]

Der bereits erwähnte § 23 Abs. 3 KGSG enthält eine parallel zum Löschungsrecht nach § 13 Abs. 2 KGSG gefasste Ausnahmeregelung für die Erteilung der Ausfuhrgenehmigung bei NS-Raubkunst. Nach § 23 Abs. 3 KGSG ist der BKM bei Kulturgütern, deren NS-verfolgungsbedingter Entzug „rechtskräftig oder durch eine abschließende Regelung der Beteiligten" festgestellt wurde, zur Erteilung einer Ausfuhrgenehmigung verpflichtet, sofern das betroffene Objekt mit dem Zweck ausgeführt werden soll, „es an außerhalb des Bundesgebiets lebende ursprüngliche Eigentümer oder deren dort lebende Rechtsnachfolger zurückzugeben." Hinsichtlich der Auslegung der Tatbestandvoraussetzungen des § 23 Abs. 3 KGSG gilt das zum Löschungsrecht nach § 13 Abs. 2 KGSG Gesagte.

Aber auch wenn die Tatbestandsvoraussetzungen der Ausnahmeregelung des § 23 Abs. 3 KGSG nicht vorliegen, bleibt es dem BKM nach § 23 Abs. 2 KGSG unbenommen eine Ausfuhrgenehmigung zu erteilen, sofern die für eine Ausfuhr sprechenden Erwägungen, einschließlich des zeitgeschichtlichen Hintergrundes und der Washingtoner Prinzipien, die Belange des deutschen Kulturbesitzes überwiegen.

Bei Kulturgut, welches mit einem Ausfuhrverbot nach § 24 Abs. 1 Nr. 2 i.V.m. § 24 Abs. 2 KGSG belastet ist, sind die obersten Landesbehörden wie bereits erläutert gem. § 24 Abs. 5 KGSG zur Erteilung der Ausfuhrgenehmigung verpflichtet, sofern einer Ausfuhr keiner der in § 22 Nr. 1, 3, 4 und 5 KGSG genannten Gründen entgegensteht. Gem. § 24 Abs. 7 S. 1 KGSG hat die jeweils zuständige

18 Vgl. § 23 Abs. 4 S. 1 KGSG.
19 BT-Dr 18/7456 S. 84.
20 Ebda.

oberste Landesbehörde innerhalb von 10 Arbeitstagen nach Antragstellung über die Ausfuhrgenehmigung zu entscheiden.

§ 6 Fortgeltung der Ausfuhrverbote aus der NS-Zeit

Genau wie das KultgSchG[21] knüpft auch das KGSG weiterhin an die während der NS-Zeit aufgrund der Ausfuhrverordnung erlassenen Ausfuhrverbote an. So bestimmt die Übergangsregelung des § 90 Abs. 2 Nr. 1 KGSG, dass die Ausfuhr solcher Kulturgutüber bis Ende des Jahres 2025 genehmigungspflichtig bleibt, die aufgrund der Ausfuhrverordnung „in das Verzeichnis der national wertvollen Kunstwerke eingetragen waren und über deren Eintragung in ein Verzeichnis national wertvollen Kulturgutes noch nicht entschieden worden ist". Dieses Festhalten an den während der NS-Zeit verfügten Eintragungen ist aufgrund des zuvor dargestellten Missbrauchs der Ausfuhrverordnung zum Kunstraub an jüdischen Auswanderern höchst bedenklich.[22] Wie bereits im Rahmen der Änderungsvorschläge zum KultgSchG erläutert[23], wäre es daher angebracht, wenn der Gesetzgeber solche Kulturgüter aus dem Anwendungsbereich des § 90 Abs. 2 Nr. 1 KGSG ausnehmen würde, die in der Zeit vom 30. Januar 1933 bis zum 8. Mai 1945 in das Verzeichnis der national wertvollen Kunstwerke eingetragen wurden.

§ 7 Fazit zur Behandlung von NS-Raubkunst nach dem KGSG

Mit Schaffung der Ausnahmeregelungen der §§ 13 Abs. 2 und 23 Abs. 3 KGSG hat der Gesetzgeber eine Kompromisslösung zwischen dem öffentlichen Interesse am Verbleib bedeutender Kulturgüter in Deutschland und dem Ausfuhrinteresse der Restitutionsberechtigten geschaffen. Entgegen dem österreichischen Ansatz[24] und der vom Verfasser oben vorgeschlagenen Gesetzesänderung[25] hat sich der Gesetzgeber jedoch dafür entschieden, NS-Raubkunst nicht gänzlich aus dem Anwendungsbereich des KGSG auszunehmen. Nur unter der Voraussetzung, dass das jeweilige Restitutionsobjekt mit dem Zweck der Rückgabe an einen im Ausland lebenden Restitutionsberechtigten ausgeführt werden soll, hat nach §§ 13 Abs. 2, 23 Abs. 3 KGSG das öffentliche Interesse am Schutz des deutschen Kulturbesitzes

21 Vgl. § 22 Abs. 3 KultgSchG.
22 Vgl. oben S. 132–137.
23 Vgl. oben S. 295–297.
24 Vgl. § 4 Abs. 1 KRG. Vgl. oben S. 243 f.
25 Vgl. oben S. 297.

hinter dem Ausfuhrinteresse der Restitutionsberechtigten zurückzutreten. Der Gesetzgeber misst somit nur dem „Besitzinteresse“ der Restitutionsberechtigten und nicht ihren wirtschaftlich oder anderweitig motivierten Ausfuhrbestrebungen Bedeutung bei. Vor diesem Hintergrund ist die gesetzgeberische Lösung m. E. durchaus kritisch zu werten. Wie bereits ausgeführt kann die Verweigerung einer Ausfuhrgenehmigung zu einer beträchtlichen Senkung des Marktwertes des jeweiligen Restitutionsobjektes führen, und somit eine erhebliche wirtschaftliche Schmälerung der mit der Restitution bezweckten Wiedergutmachung des NS-Unrechts zur Folge haben. Eine solche erhebliche wirtschaftliche Schmälerung des Wiedergutmachungserfolges steht m. E. im Widerspruch zu dem nach den Washingtoner Prinzipien angestrebten Ziel, Restitutionsfälle einer „gerechten und fairen Lösung“ zuzuführen. Kritisch zu werten ist die gesetzgeberische Lösung überdies vor dem Hintergrund, dass auch die Ausfuhr von NS-Raubkunst, welche die Tatbestandsvoraussetzungen der §§ 13 Abs. 2 und § 23 Abs. 3 KGSG erfüllt, für die Dauer des Eintragungsverfahrens, für welche das betroffene Kulturgut gem. § 21 Nr. 1 KGSG mit einem absoluten Ausfuhrverbot belastet ist, blockiert werden kann.[26]

In der Praxis werden die §§ 13 Abs. 2 und 23 Abs. 3 KGSG den Restitutionsberechtigten jedoch einen durchaus weiten Handlungsspielraum lassen. So besteht – wie zuvor angemerkt – bereits dann ein Löschungsrecht bzw. ein Recht auf Erteilung einer Ausfuhrgenehmigung, wenn auch nur ein Mitglied einer Erbengemeinschaft im Ausland lebt und das Restitutionsobjekt an dieses vorübergehend zurückgeben werden soll. Nach erfolgter Rückgabe sind die Eigentümer in ihrer Verfügungsmacht über das Restitutionsobjekt unbeschränkt und können dieses dann auf dem internationalen Kunstmarkt veräußern. Dies könnte in Praxis dazu führen, dass es zu „Scheinrückgaben“ an im Ausland lebende Restitutionsberechtigte kommt. Es sind daher auch Zweifel an der Praktikabilität der §§ 13 Abs. 2 und 23 Abs. 3 KGSG angebracht.

Im Ergebnis bleibt jedoch als positiv hervorzuheben, dass sich die Rechtsposition von Restitutionsberechtigten gegenüber der nach dem KultgSchG bestehenden Rechtslage erheblich verbessert hat. Die §§ 13 Abs. 2 und 23 Abs. 3 KGSG verschaffen den Restitutionsberechtigten ein bisher nicht bestehendes Recht auf Löschung der Eintragung bzw. auf Erteilung einer Ausfuhrgenehmigung, sofern mit der Ausfuhr die Rückgabe des Restitutionsobjektes an einen im Ausland le-

26 Vor diesem Hintergrund ist zwar zu begrüßen, dass das Eintragungsverfahren nach dem KGSG gem. § 14 Abs. 6 S. 2 binnen sechs Monaten nach Verfahrenseinleitung abgeschlossen sein soll. Zu beachten sind jedoch auch die nachfolgend genannten Gründe, welche zur Hemmung dieser Sechs-Monatsfrist führen können (vgl. § 14 Abs. 6 S. 3 und S. 4). Es wird daher wohl i. d. R. nicht mit einem Abschluss des Eintragungsverfahrens innerhalb von sechs Monaten zu rechnen sein.

benden Berechtigten bezweckt wird. Durch die vorgenannten Ausnahmeregelungen wird somit jedenfalls dahingehend Rechtssicherheit erzeugt, dass die Rückgabe des jeweiligen Restitutionsobjektes an einen im Ausland lebenden Berechtigten allenfalls für die Dauer des Eintragungsverfahrens blockiert werden kann, jedoch letzten Endes zu erfolgen hat.

Literaturverzeichnis

Abele, Klaus Ist das Verhältnis von Kulturgüterschutz und Eigentum ein Finanzierungsproblem? Daneben auch ein Beitrag zum Begriff des Kulturgüterschutzes: in Fechner, Frank/Oppermann, Thomas/V. Prott, Lyndel (Hrsg.), Prinzipien des Kulturgüterschutzes, Ansätze im deutschen, europäischen und internationalen Recht; Tübinger Schriften zum internationalen und europäischen Recht (Hrsg.: Oppermann, Thomas/Assmann Heinz-Dieter/Mangoldt, Hans v./Möschel, Wernhard, Graf Vitzthum, Wolfgang), Band 37; Duncker & Humblot, Berlin, 1996, S. 67 ff.

Anton, Michael Rechtshandbuch Kulturgüterschutz und Kunstrestitutionsrecht, Band 1, Illegaler Kulturgüterverkehr; de Gruyter, Berlin, New York, 2010

Armbruster, Thomas Rückerstattung der Nazi-Beute, Die Suche, Bergung und Restitution von Kulturgütern durch die westlichen Alliierten nach dem Zweiten Weltkrieg, Schriften zum Kulturgüterschutz (Hrsg.: Fiedler, Winfried/Jayme, Erik/Siehr, Kurt); de Gruyter, Berlin, New York, 2008

Bader, Johann/Ronellenfitsch, Michael Verwaltungsverfahrensgesetz Kommentar; Verlag C.H. Beck, München, 2010

Baier, Uta „Da helfen nur scharfe Anwälte", Die Welt vom 20. 11. 2006

Baier, Uta Schwere Trennung, Die Welt vom 11. 11. 2005

Banken, Ralf Das nationalsozialistische Devisenrecht als Steuerungs- und Diskriminierungsinstrument 1933–1945, in: Bähr, Johannes/Banken Ralf (Hrsg.), Wirtschaftssteuerung durch Recht im Nationalsozialismus, Studien zur Entwicklung des Wirtschaftsrechts im Interventionsstaat des „Dritten Reichs", Studien zur europäischen Rechtsgeschichte, Veröffentlichungen des Max-Planck-Instituts für europäische Rechtsgeschichte Frankfurt am Main, Band 199, Das Europa der Diktatur Band 9; Vittorio Klostermann, Frankfurt am Main, 2006, S. 121 ff.

Baresel-Brand, Andrea Die Koordinierungsstelle Magdeburg und die Lostart Datenbank 2010, in: die Verantwortung dauert an, Beiträge deutscher Institutionen zum Umgang mit NS-verfolgungsbedingt entzogenem Kulturgut, Veröffentlichungen der Koordinierungsstellung für Kulturgutverluste (Hrsg.), Magdeburg, 2007, Band 8, Magdeburg, 2010, S. 431 ff.

Barkai, Avraham Vom Boykott zur „Entjudung", Der wirtschaftliche Existenzkampf der Juden im Dritten Reich 1933–1943; Fischer Taschenbuch, Frankfurt am Main, 1988

Berndt, Joachim Internationaler Kulturgüterschutz, Abwanderungsschutz, Regelungen im innerstaatlichen Recht, im Europa- und Völkerrecht; Schriftenreihen Völkerrecht, Europarecht, Staatsrecht (Hrsg.: Bleckmann, Albert); Carl Heymanns Verlag KG, Köln, Berlin, Bonn, München, 1997

Bernsdorff, Nobert/Kleine-Tebbe, Andreas Kulturgutschutz in Deutschland, Ein Kommentar; Carl Heymanns Verlag KG, Köln, Berlin, Bonn, München, 1996

Bila, Jacqueline Nationaler Kulturgüterschutz in der Europäischen Union, Bonn, 1997

Bindenagel, James D. Washington Principles on Nazi-confiscated Art: Ten Years and Promises of the Washington Principles (2009); abrufbar auf < http://www.commartrecovery.org/sites/default/files/docs/events/bindenagel.pdf>; Stand: Oktober 2014

Blau, Bruno Das Ausnahmerecht für die Juden in Deutschland 1933–1945; Verlag Allgemeine Wochenzeitung der Juden in Deutschland; 3. Aufl., Düsseldorf, 1965

https://doi.org/10.1515/9783110543324-009

Blimlinger, Eva Rückstellung und Entschädigung in Österreich 1945 bis 2008. Ein Überblick, in: ... wesentlich mehr Fälle als angenommen, 10 Jahre Kommission für Provenienzforschung (Hrsg.: Anderl, Gabriele/Bazil, Christoph/Blimlinger, Eva/Kühschelm, Oliver/Mayer, Monika/Stelzl-Galian, Anita/Weidinger, Leonhard), Schriftenreihe der Kommission für Provenienzforschung 1; Böhlau Verlag, Wien, Köln, Weimar, 2009, S. 17 ff.

Brockhaus Enzyklopädie in 30 Bänden, Band 16, 21. Aufl.; F.A. Brockhaus, Leipzig, Mannheim, 2006

Broszat, Martin/Frei, Norbert Das Dritte Reich im Überblick, Chronik – Ereignisse – Zusammenhänge; Piper Verlag, 6. Aufl., München, 1999

Brückler, Theodor Kunstraub, Kunstbergung und Restitution in Österreich 1938 bis heute; Studien zu Denkmalschutz und Denkmalpflege Band XIX (Hrsg.: Bundesdenkmalamt/Bacher, Ernst); Böhlau Verlag, Wien, Köln, Weimar, 1999

Bruhns, Maike Kunst in der Krise, Hamburger Kunst im „Dritte Reich"; Dollinger und Galitz Verlag, München, Hamburg, 2001

Bucholtz, Erika Henri Hinrichsen und der Musikverlag C.F. Peters, Deutsch-jüdisches Bürgertum in Leipzig von 1891 bis 1938, Schriftenreihe wissenschaftlicher Abhandlungen des Leo Baeck Instituts, Band 65; Mohr Siebeck, Tübingen, 2001

Büchner, Dieter Möglichkeiten und Grenzen des Denkmalschutzes für national wertvolles Kulturgut und national wertvolle Archive, KUR 2009, Heft 5 S. 131 ff.

Buschom, Helmut Die völkerrechtlichen und staatlichen Maßnahmen zur Beseitigung des im Namen des Deutschen Reiches verübten nationalsozialistischen Unrechts, in: Bundesminister der Finanzen/Schwarz, Walter (Hrsg.), Das Bundesrückerstattungsgesetz, Die Wiedergutmachung Nationalsozialistischen Unrechts durch die Bundesrepublik Deutschland, Band II; Verlag C.H. Beck München, 1981, S. 1 ff.

Buomberger, Thomas Raubkunst – Kunstraub, Die Schweiz und der Handel mit gestohlenen Kulturgütern zur Zeit des Zweiten Weltkriegs; Orell Fuessli Verlag, Zürich, 1998

Callies, Christian/Ruffert, Matthias EUV/AEUV, Das Verfassungsrecht der Europäischen Union mit Europäischer Grundrechtscharta, Kommentar, 4. Aufl.; Verlag C. H. Beck, München, 2011

Caruso, Alexandra/Frank, Lisa/Nimeth, Ulrike/Schallmeier, Anneliese/Stelzl-Gallian, Anita Zur Arbeitspraxis der Kommission für Provenienzforschung, in: ... wesentlich mehr Fälle als angenommen, 10 Jahre Kommission für Provenienzforschung (Hrsg.: Anderl, Gabriele/Bazil, Christoph/Blimlinger, Eva/Kühschelm, Oliver/Mayer, Monika/Stelzl-Galian, Anita/Weidinger, Leonhard), Schriftenreihe der Kommission für Provenienzforschung 1; Böhlau Verlag, Wien, Köln, Weimar, 2009, S. 52 ff.

Crezelius, Georg Die Umsetzung der sogenannten Washingtoner Prinzipien, in: Verantwortung wahrnehmen, NS-Raubkunst – Eine Herausforderung an Museen, Bibliotheken und Archive, Veröffentlichungen der Koordinierungsstellung für Kulturgutverluste, Band 7; Magdeburg, 2009, S. 133 ff.

Dirnberger, Franz/Eberl, Wolfgang/Göhner, Wolfgang Karl/Greipl, Johannes/Martin, Dieter Bayerisches Denkmalschutzgesetz, Kommentar unter besonderer Berücksichtigung finanz- und steuerrechtlicher Aspekte; Landesrecht Bayern (Hrsg.: Busse, Jürgen); 6. Aufl.; Verlag W. Kohlkammer, Stuttgart, 2007

Dolzer, Rudolf Kulturgüter im Friedensvölkerrecht, in: Dolzer, Rudolf/Jayme, Erik/Mußgnug, Reinhard (Hrsg.), Rechtsfragen des internationalen Kulturgüterschutzes, Symposium vom

22./23. Juni 1990 im Internationalen Wissenschaftsforum Heidelberg; Heidelberger Forum Band 87, C.F. Müller Juristischer Verlag, Heidelberg, 1994

Dorrmann, Michael Der Raub an Louis von Rothschild, in: Bertz, Inka/Dorrmann, Michael (Hrsg. i.A. des Jüdischen Museums Berlin und des Jüdischen Museums Frankfurt am Main), Raub und Restitution, Kulturgut aus jüdischem Besitz von 1933 bis heute; Wallsteinverlag, Göttingen, 2008, S. 120 ff.

Dreier, Horst Grundgesetz Kommentar, Band I, Präambel, Artikel 1–19, 2. Aufl.; Mohr Siebeck, Tübingen, 2004

Druba, Matthias, Die „Beratende Kommission im Zusammenhang mit der Rückgabe NS-verfolgungsbedingt entzogenen Kulturguts, insbesondere aus jüdischem Besitz", in: Schoeps, Julius H./Ludewig, Anna-Dorothea (Hrsg.), Eine Debatte ohne Ende? Raubkunst und Restitution im deutschsprachigen Raum; Verlag für Berlin-Brandenburg, Berlin, 2007, S. 211 ff.

Düx, Heinz Rückerstattung statt Rückübertragung im Sinne des Vermögensgesetzes bei NS-Verfolgung, VIZ 1992, Heft 7, S. 257 ff.

Ebling, Klaus/Schulze, Marcel Kunstrecht; Verlag C.H. Beck, München, 2012

Ehricke, Ulrich „Soft Law" – Aspekte einer neuen Rechtsquelle, NJW 1989, Heft 31, S. 1906 ff.

El-Bitar, Julia Der deutsche und der französische Kulturgüterschutz nach der Umsetzung der Kulturgüterrückgaberichtlinie: Eine materiellrechtliche und kollisionsrechtliche Untersuchung; Peter Lang, Frankfurt am Main, 2007

Engel, Christoph Völkerrecht als Tatbestandsmerkmal deutscher Normen, Tübinger Schriften zum internationalen und europäischen Recht, Band 19; Duncker & Humblot, Berlin, 1989

Engstler, Ludwig Die territoriale Bindung von Kulturgütern im Rahmen des Völkerrechts; Annales Universitatis Saraviensis, Schriftenreihe der Rechts- und Wirtschaftswissenschaftlichen Fakultät der Universität des Saarlandes, Heft 8; Carl Heymanns Verlag KG, Köln, Berlin, Bonn, München, 1964

Erbguth, Wilfried/Paßlick, Hermann Das Denkmalrecht der Länder, Ein Rechtsvergleich unter besonderer Berücksichtigung Nordrhein-Westfalens; DVBl. 1984, S. 603 ff.

Erman, BGB Kommentar, 14. Aufl., Verlag Dr. Otto Schmidt, Köln, 2014

Erichsen, Hans-Uwe/Ehlers, Dirk Allgemeines Verwaltungsrecht, 14. Aufl.; de Gruyter, Berlin, New York, 2010

Essner, Cornelia Die „Nürnberger Gesetze" oder Die Verwaltung des Rassenwahns 1933–1945; Ferdinand Schöningh Verlag, Paderborn, 2002

Fechner, Frank Prinzipien des Kulturgüterschutzes, Eine Einführung, in: Fechner, Frank/Oppermann, Thomas/V. Prott, Lyndel (Hrsg.), Prinzipien des Kulturgüterschutzes, Ansätze im deutschen, europäischen und internationalen Recht; Tübinger Schriften zum internationalen und europäischen Recht (Hrsg.: Oppermann, Thomas/Assmann Heinz-Dieter/Mangoldt, Hans v./Möschel, Wernhard, Graf Vitzthum, Wolfgang), Band 37; Duncker & Humblot, Berlin, 1996, S. 11 ff.

Fiedler, Winfried Vom territorialen zum humanitären Kulturgüterschutz. Zur Entwicklung des Kulturgüterschutzes nach kriegerischen Konflikten, in: Fechner, Frank/Oppermann, Thomas/V. Prott, Lyndel (Hrsg.), Prinzipien des Kulturgüterschutzes, Ansätze im deutschen, europäischen und internationalen Recht; Tübinger Schriften zum internationalen und europäischen Recht (Hrsg.: Oppermann, Thomas/Assmann Heinz-Dieter/Mangoldt, Hans v./Möschel, Wernhard, Graf Vitzthum, Wolfgang), Band 37; Duncker & Humblot, Berlin, 1996, S. 159 ff.

Francini, Esther Tisa /Heuß, Anja/Kreis, Georg Fluchtgut – Raubgut, Der Transfer von Kulturgütern in und über die Schweiz 1933–1945 und die Frage der Restitution; Chronos, Zürich, 2001

Franz, Michael Die Koordinierungsstelle für Kulturgutverluste und die Lostart Internet Database – eine Zwischenbilanz, in: in: Museen im Zwielicht, Ankaufspolitik 1933–1945, Kolloquium vom 11. und 12. Dezember 2001 in Köln, die eigene Geschichte, Provenienzforschung an deutschen Kunstmuseen im internationalen Vergleich, Tagung vom 20. bis 22. Februar 2002 in Hamburg, Veröffentlichungen der Koordinierungsstellung für Kulturgutverluste (Hrsg.), Band 2, 2., erweiterte Aufl. , Magdeburg, 2007, S. 405 ff.

Geiger, Rudolf/Khan, Daniel-Erasmus/Kotzur, Markus EUV/AEUV, Vertrag über die Europäische Union und Vertrag über die Arbeitsweise der Europäischen Union, 5. Aufl.; Verlag C.H. Beck, München, 2010

von Godin, Hans/von Godin, Reinhard Rückerstattung feststellbarer Vermögensgegenstände in der amerikanischen Besatzungszone, de Gruyter, Berlin, 1949

Goschler, Constantin Zwei Wellen der Restitution, Die Rückgabe jüdischen Eigentums nach 1945 und 1990, in: Bertz, Inka/Dorrmann, Michael (Hrsg. i.A. des Jüdischen Museums Berlin und des Jüdischen Museums Frankfurt am Main), Raub und Restitution, Kulturgut aus jüdischem Besitz von 1933 bis heute; Wallsteinverlag, Göttingen, 2008, S. 30 ff.

Graf, Hans J. Rückgabe von Vermögenswerten an Verfolgte des nationalsozialistischen Regimes im Beitrittsgebiet – Eine Untersuchung zur entsprechenden Anwendung westalliierten Rückerstattungsrechts im Beitrittsgebiet aufgrund rechtsvergleichender Ergebnisse zwischen dem US-Rückerstattungsgesetz und dem Vermögensgesetz; Nomos, Baden-Baden, 1999

Groeger, Stefan Anwendbarkeit des Vermögensgesetzes aus Ansprüche von NS-Verfolgten gegen private Erwerber?, VIZ 1995, Heft 3, S. 142 ff.

Hammer, Felix Die geschützten Denkmale der Landesdenkmalschutzgesetze, DÖV 1995, Heft 9, S. 358 ff.

Hammer, Felix Das Schutzsystem der deutschen Denkmalschutzgesetze; JuS 1997, Heft 11, S. 971 ff.

Hartung, Hannes Kunstraub in Krieg und Verfolgung, Die Restitution der Beute- und Raubkunst im Kollisions- und Völkerrecht; Schriften zum Kulturgüterschutz (Hrsg.: Fiedler, Winfried/Jayme, Erik/Siehr, Kurt); de Gruyter, Berlin, New York, 2005

Heuß, Anja Die Restitution von Kulturgütern in Deutschland 1945–1966, in: Schoeps, Julius H./Ludewig, Anna-Dorothea (Hrsg.), Eine Debatte ohne Ende? Raubkunst und Restitution im deutschsprachigen Raum; Verlag für Berlin-Brandenburg, Berlin, 2007, S. 15 ff.

Heuß, Anja Wie geht es weiter? – Die Verantwortung der Museen, in: Museen im Zwielicht, Ankaufspolitik 1933–1945, Kolloquium vom 11. und 12. Dezember 2001 in Köln, die eigene Geschichte, Provenienzforschung an deutschen Kunstmuseen im internationalen Vergleich, Tagung vom 20. bis 22. Februar 2002 in Hamburg, Veröffentlichungen der Koordinierungsstellung für Kulturgutverluste (Hrsg.), Band 2, 2., erweiterte Aufl., Magdeburg, 2007, S. 429 ff.

Hipp, Anette Schutz von Kulturgütern in Deutschland; Schriften zum Kulturgüterschutz (Hrsg.: Fiedler, Winfried/Jayme, Erik/Siehr, Kurt); de Gruyter, Berlin, New York, 2000

Hönes, Ernst-Rainer Das Gesetz zum Schutz deutschen Kulturgutes gegen Abwanderung vom 6. August 1955; BayBl. 1989 Heft 2, S. 38 ff.

Hönes, Ernst-Rainer Zum Denkmalschutzrecht in der Bundesrepublik Deutschland; NvwZ 1983 Heft 4, S. 213ff.

Hönes, Ernst-Rainer Nochmals: „Künstlerische Bedeutung" und „öffentliches Interesse" im Denkmalschutzrecht; DÖV 1984, Heft 16, S. 671ff.

Ipsen, Jörn Allgemeines Verwaltungsrecht, 8. Aufl.; Verlag Franz Vahlen, München, 2012

Ipsen, Knut Völkerrecht, Ein Studienbuch; C.H. Beck Verlag, 6. Aufl., München, 2014

Jarass, Hans/Pieroth, Bodo Grundgesetz der Bundesrepublik Deutschland, Kommentar, 13. Aufl.; C.H. Beck, München, 2014

Jäckel, Eberhard/Longerich, Peter/Schoeps, Julius H. Enzyklopädie des Holocaust, Die Verfolgung und Ermordung der europäischen Juden, Band I, Argon, Berlin 1993

Jäckel, Eberhard/Longerich, Peter/Schoeps, Julius H. Enzyklopädie des Holocaust, Die Verfolgung und Ermordung der europäischen Juden, Band II, Argon, Berlin 1993

Jayme, Erik Narrative Normen im Kunstrecht, in: Becker, Jürgen/Hilty, Reto M./Stöckli, Jean-Fritz/Würtenberger, Thomas (Hrsg.), Recht im Wandel seines sozialen und technologischen Umfeldes, Festschrift für Manfred Rehbinder, Verlag C.H. Beck, Stämpfli Verlag AG, München, Bern, 2002, S. 539ff.

Jayme, Erik Die Washingtoner Erklärung über Nazi-Enteignungen von Kunstwerken der Holocaustopfer: Narrative Normen im Kunstrecht, in: Museen im Zwielicht, Ankaufspolitik 1933–1945, Kolloquium vom 11. und 12. Dezember 2001 in Köln, die eigene Geschichte, Provenienzforschung an deutschen Kunstmuseen im internationalen Vergleich, Tagung vom 20. bis 22. Februar 2002 in Hamburg, Veröffentlichungen der Koordinierungsstellung für Kulturgutverluste (Hrsg.), Band 2, 2., erweiterte Aufl., Magdeburg, 2007, S. 257ff.

Kingreen, Monika Raubzüge einer Stadtverwaltung, Frankfurt am Main und die Aneignung „jüdischen Besitzes", in: Gruner, Wolf/Nolzen, Armin (Hrsg.), „Bürokratien", Initiative und Effizienz, Beiträge zur Geschichte des Nationalsozialismus, Band 17; Assoziation A, Berlin, 2001

Kirchmaier, Robert Die haushaltsrechtliche Bewältigung der Restitution von Holocaust Art im Freistaat Bayern, in: Odendahl, Kerstin/Weber Peter Johannes (Hrsg.), Kulturgüterschutz – Kunstrecht – Kulturrecht, Festschrift für Kurt Siehr zum 75. Geburtstag aus dem Kreise des Doktoranden- und Habilitandenseminars „Kunst und Recht"; Nomos Verlagsgesellschaft, Baden-Baden, 2010, S. 177ff.

Kleeberg, Rudolf/Eberl, Wolfgang Kulturgüter in Privatbesitz, Handbuch für das Denkmal- und Steuerrecht; 2. Aufl.; Verlag Recht und Wirtschaft GmbH, Heidelberg, 2001

Knauff, Matthias Der Regelungsverbund: Recht und Soft Law im Mehrebenensystem; Mohr Siebeck, Tübingen, 2010

Koldehoff, Stefan Die Bilder sind unter uns, Das Geschäft mit der NS-Raubkunst; Eichbornverlag, Frankfurt am Main, 2009

Kopp, Ferdinand/Ramsauer, Ulrich Verwaltungsverfahrensgesetz, Kommentar, 14. Aufl.; C.H. Beck, München, 2014

König, Harald Fragen der Restitution in Deutschland: Rechtliche Grundlagen der Restitution seit 1945, in: Verantwortung wahrnehmen, NS-Raubkunst – Eine Herausforderung an Museen, Bibliotheken und Archive, Veröffentlichungen der Koordinierungsstellung für Kulturgutverluste, Band 7; Magdeburg, 2009, S. 101ff.

Krois, Isabella Die Restitution von Kunst- und Kulturgütern am Fall der Familie Rothschild; Verlag Österreich, Wien, 2000

Kubuschok, Egon/Weißstein, Rudolf Rückerstattungsrecht der Britischen und Amerikanischen Zone, Kommentar zum Militärregierungsgesetz 59, C.H. Beck'sche Verlagsbuchhandlung, München, Berlin, 1950

Kunig, Philip Deutsches Verwaltungshandeln und Empfehlungen internationaler Organisationen, in: Hailbronner, Kay/Ress, Georg/Stein, Torsten (Hrsg.), Staats- und Völkerrechtsordnung, Festschrift für Karl Doehring, Springer Verlag, Heidelberg, 1989, S. 529 ff.

Kuhn, Petra Die „Gemeinsame Erklärung" von Bund, Ländern und kommunalen Spitzenverbänden vom Dezember 1999, in: Museen im Zwielicht, Ankaufspolitik 1933–1945, Kolloquium vom 11. und 12. Dezember 2001 in Köln, die eigene Geschichte, Provenienzforschung an deutschen Kunstmuseen im internationalen Vergleich, Tagung vom 20. bis 22. Februar 2002 in Hamburg, Veröffentlichungen der Koordinierungsstellung für Kulturgutverluste (Hrsg.), Band 2, 2., erweiterte Aufl., Magdeburg, 2007, S. 307 ff.

Kunze, Hans Henning Restitution „Entarteter Kunst", Sachenrecht und Internationales Privatrecht, Schriften zum Kulturgüterschutz (Hrsg.: Fiedler, Winfried/Jayme, Erik/Siehr, Kurt); de Gruyter, Berlin, New York, 2000

Lenski, Sophie-Charlotte Öffentliches Kulturrecht, Materielle und immaterielle Kulturwerke zwischen Schutz, Förderung und Wertschöpfung; Jus Publicum, Beiträge zum Öffentlichen Recht, Band 220; Mohr Siebeck, Tübingen, 2013

Lenski, Sophie-Charlotte Subjektive Rechte und objektive Pflichten im nationalen Kulturgüterschutz, BayVBl., Heft 1, 2008, S. 12 ff.

Lillie, Sophie Restitution in Österreich als zweite Enteignung, in: Bertz, Inka/Dorrmann, Michael (Hrsg. i.A. des Jüdischen Museums Berlin und des Jüdischen Museums Frankfurt am Main), Raub und Restitution, Kulturgut aus jüdischem Besitz von 1933 bis heute; Wallsteinverlag, Göttingen, 2008, S. 245 ff.

Lillie, Sophie Was einmal war, Handbuch enteigneter Kunstsammlungen Wiens; Czernin Verlag, Wien, 2003

Lindner, Franz/Möstl, Markus/Wolff, Heinrich Amadeus Verfassung des Freistaates Bayern, Kommentar; Verlag C.H. Beck, München 2009

Loitfellner, Sabine NS-Kunstraub und Restitution in Österreich. Institutionen – Akteure – Nutznießer, in: Pawlowsky, Verena/Wendelin, Harald (Hrsg.), Enteignete Kunst, Raub und Rückgabe, Österreich von 1938 bis heute; Mandelbaum Verlag, Wien, 2006, S. 13 ff.

Lubina, Katja/Schneider, Hildegard Pringsheim, Provenance and Principles: a Case Study on the Restitution of Nazi Looted Art and Compensatory Payments, in: Odendahl, Kerstin/Weber Peter Johannes (Hrsg.), Kulturgüterschutz – Kunstrecht – Kulturrecht, Festschrift für Kurt Siehr zum 75. Geburtstag aus dem Kreise des Doktoranden- und Habilitandenseminars „Kunst und Recht"; Nomos Verlagsgesellschaft, Baden-Baden, 2010, S. 161 ff.

Mangoldt, Herrmann/Klein, Friedrich/Starck, Christian (Hrsg.), Kommentar zum Grundgesetz, Band 1: Präambel, Artikel 1 bis 19, 6. Aufl.; Verlag Franz Vahlen, München, 2010

Mangoldt, Herrmann/Klein, Friedrich/Starck, Christian (Hrsg.), Kommentar zum Grundgesetz, Band 2: Artikel 20 bis 82, 6. Aufl.; Verlag Franz Vahlen, München, 2010

Marquier, Julia Soft law: Das Beispiel des OSZE-Prozesses, Ein Beitrag zur völkerrechtlichen Rechtsquellenlehre, Bonn, 2003

Martin, Dieter Bundesverfassungsgericht contra Denkmalschutz? Anmerkungen zu seinem Beschluss vom 2.3.1999 – 1 BvL 7/91; BayVBl. 2000, Heft 19, S. 584 ff.

Martin, Dieter/Krautzberger, Michael Handbuch Denkmalschutz und Denkmalpflege – einschließlich Archäologie – Recht – fachliche Grundsätze – Verfahren – Finanzierung; herausgegeben in Zusammenarbeit mit der Deutschen Stiftung Denkmalschutz; 3. Aufl.; Verlag C.H. Beck, München, 2010

Martinek, Michael Die Wiedergutmachung NS-bedingter Kulturgutverluste als Soft law-Problem, in: Wittinger, Michaela/Wendt, Rudolf/Ress, Georg (Hrsg.), Verfassung – Völkerrecht – Kulturgüterschutz.: Festschrift für Wilfried Fiedler zum 70. Geburtstag, Duncker & Humblot, Berlin, 2011, S. 415 ff.

Maunz, Theodor/Dürig, Günther Grundgesetz Kommentar, Band I, Art. 1–5; Verlag C.H. Beck, München, Stand: November 2014

Maurer, Christoph H.M. Die Ausfuhr von Kulturgütern in der Europäischen Union, Haag + Herchen Verlag, Hanau, 1997

Meinl, Susanne/Zwilling, Jutta Legalisierter Raub: Die Ausplünderung der Juden im Nationalsozialismus durch die Reichsfinanzverwaltung in Hessen, Wissenschaftliche Reihe des Fritz Bauer Instituts; Campus Verlag; Frankfurt, New York, 2004

Meissel, Franz-Stefan/Jungwirth, Julia Moralisch verständlich, aber rechtlich nichts zu machen? Munchs „Sommernacht am Strand“ vor dem Kunstrückgabebeirat, in: Pawlowsky, Verena/Wendelin, Harald (Hrsg.), Enteignete Kunst, Raub und Rückgabe, Österreich von 1938 bis heute; Mandelbaum Verlag, Wien, 2006, S. 104 ff.

Moench, Christoph Reichweite und Grenze des Denkmalschutzes; NJW 1983, Heft 36, S. 1998 ff.

Moench, Christoph Die Entwicklung des Denkmalschutzrechts; NVwZ 1988, Heft 4, S. 304 ff.

Moll, David Zwischen Ausfuhrverboten und Restitutionsgeboten, Die Bedeutung des Kulturgutschutzgesetzentwurfs für den Umgang mit NS-Raubkunst; KUR 2016, Heft 2, S. 43 ff.

Mongi-Vollmer Eva Alltägliches Recht, alltägliches Unrecht, Die Gemäldeerwerbungen des Städels 1933–1945, in: Fleckner, Uwe/Hollein, Max (Hrsg.), Museum im Widerspruch, Das Städel und Nationalsozialismus, Schriften der Forschungsstelle „Entartete Kunst“, Band VI; Akademie Verlag, Berlin, 2011, S. 147 ff.

Müller, Markus Kulturgüterschutz: Mittel nationaler Repräsentation oder Wahrung des Gemeinsamen Erbes der Menschheit?, in: Fechner, Frank/Oppermann, Thomas/V. Prott, Lyndel (Hrsg.), Prinzipien des Kulturgüterschutzes, Ansätze im deutschen, europäischen und internationalen Recht; Tübinger Schriften zum internationalen und europäischen Recht (Hrsg.: Oppermann, Thomas/Assmann Heinz-Dieter/Mangoldt, Hans v./Möschel, Wernhard, Graf Vitzthum, Wolfgang), Band 37; Duncker & Humblot, Berlin, 1996, S. 257 ff.

Müller, Melinda Raubkunst – Rückblick und Ausblick, in: Odendahl, Kerstin/Weber Peter Johannes (Hrsg.), Kulturgüterschutz – Kunstrecht – Kulturrecht, Festschrift für Kurt Siehr zum 75. Geburtstag aus dem Kreise des Doktoranden- und Habilitandenseminars „Kunst und Recht“; Nomos Verlagsgesellschaft, Baden-Baden, 2010, S. 147 ff.

Müller, Melissa/Tatzkow, Monika Verlorene Bilder, Verlorene Leben, Jüdische Sammler und was aus ihren Kunstwerken wurde; Elisabeth Sandmann Verlag, München, 2009

Müller-Katzenburg, Astrid Gutgläubiger Erwerb, Ersitzung, Verjährung ...?, in: Museen im Zwielicht, Ankaufspolitik 1933–1945, Kolloquium vom 11. und 12. Dezember 2001 in Köln, die eigene Geschichte, Provenienzforschung an deutschen Kunstmuseen im internationalen Vergleich, Tagung vom 20. bis 22. Februar 2002 in Hamburg,

Veröffentlichungen der Koordinierungsstellung für Kulturgutverluste (Hrsg.), Band 2, 2., erweiterte Aufl., Magdeburg, 2007, S. 221ff.

Mummenthey, Irmgard Gesetz zum Schutze deutschen Kulturgutes gegen Abwanderung: Die hamburgerischen Eintragungen in der sogenannten „Reichsliste von 1938"; KUR 2012, Heft 5, S. 174ff.

v. Münch, Ingo/Kunig, Philip Grundgesetz Kommentar, Band 1, Präambel bis Art. 69, 6. Aufl.; C.H. Beck, München, 2012

Münchener Kommentar zum Bürgerlichen Gesetzbuch, 6. Auflage, Verlag C.H. Beck, München, 2012

Mußgnug, Dorothee Die Reichsfluchtsteuer 1931–1953, Schriften zur Rechtsgeschichte, Heft 60; Duncker & Humblot, Berlin, 1993

Naumann, Michael Zur medialen Debatte über die Rückgabe des Kirchner-Bildes, in: Schoeps, Julius H./Ludewig, Anna-Dorothea (Hrsg.), Eine Debatte ohne Ende? Raubkunst und Restitution im deutschsprachigen Raum; Verlag für Berlin-Brandenburg, Berlin, 2007, S. 257ff.

Neumann, Bernd Eröffnung, in: Verantwortung wahrnehmen, NS-Raubkunst – Eine Herausforderung an Museen, Bibliotheken und Archive, Veröffentlichungen der Koordinierungsstellung für Kulturgutverluste, Band 7; Magdeburg, 2009, S. 15ff.

Nipperdey, Hans Carl Die Grundrechte und Grundpflichten der Reichsverfassung, Kommentar zum zweiten Teil der Reichsverfassung, Dritter Band: Artikel 143–165 und „Zur Ideengeschichte der Grundrechte"; Verlag von Reimar Hobbing, Berlin, 1930

Noll, Alfred Gnade statt Recht? Impressionen zur Kunstrestitution in Österreich, in: Pawlowsky, Verena/Wendelin, Harald (Hrsg.), Enteignete Kunst, Raub und Rückgabe, Österreich von 1938 bis heute; Mandelbaum Verlag, Wien, 2006, S. 233ff.

Odendahl, Kerstin Kulturgüterschutz, Entwicklung, Struktur und Dogmatik eines ebenenübergreifenden Normensystems; Jus Publicum, Beiträge zum Öffentlichen Recht, Band 140; Mohr Siebeck, Tübingen, 2005

Palandt Bürgerliches Gesetzbuch, 74. Aufl., Verlag C.H. Beck, München, 2015

Palmer, Norman Museums and the Holocaust: Law, Principles and Practice; Institute of Art and Law Ltd, Biddles Ltd, London, 2000

Papier, Hans-Jürgen/Möller, Johannes Die rechtsstaatliche Bewältigung von Regime-Unrecht nach 1945 und nach 1989, NJW 1999, S. 3289ff.

Parzinger, Herrmann Wege zu mehr Verantwortung: Vom Umgang mit NS-Raubkunst 10 Jahre nach Washington, in: Verantwortung wahrnehmen, NS-Raubkunst – Eine Herausforderung an Museen, Bibliotheken und Archive, Veröffentlichungen der Koordinierungsstellung für Kulturgutverluste, Band 7; Magdeburg, 2009, S. 49ff.

Petropoulos, Jonathan Kunstraub und Sammelwahn, Kunst und Politik im Dritten Reich, Propylaen Verlag, Berlin, 1999

Petropoulos, Jonathan Written Comments for House Banking Committee Hearing of 10 February 2000, verfügbar unter: http://archives.financialservices.house.gov/banking/21000pet.shtml, letztmalig aufgerufen am 20.12.2014

Peya, Andreas Die Ausfuhr von Kulturgütern im nationalen und Gemeinschaftsrecht; Europäische Hochschulschriften, Reihe II, Band 3543; Peter Land Europäischer Verlag der Wissenschaften, Frankfurt am Main, Berlin, Bern, Brüssel, New York, Oxford, Wien, 2002

Pieroth, Bodo/Kampmann, Bernd Außenhandelsbeschränkungen für Kunstgegenstände; NJW 1990, Heft 22, S. 1385ff.

Raschèr, Andrea F. G. Washingtoner Raubkunst-Richtlinien – Entstehung, Inhalt und Anwendung, KUR 2009, Heft 3/4, S. 75 ff.

Raue, Peter Summum ius summa iniuria – Geraubtes jüdisches Kultureigentum auf dem Prüfstand des Juristen, in: Museen im Zwielicht, Ankaufspolitik 1933–1945, Kolloquium vom 11. und 12. Dezember 2001 in Köln, die eigene Geschichte, Provenienzforschung an deutschen Kunstmuseen im internationalen Vergleich, Tagung vom 20. bis 22. Februar 2002 in Hamburg, Veröffentlichungen der Koordinierungsstellung für Kulturgutverluste (Hrsg.), Band 2, 2., erweiterte Aufl., Magdeburg, 2007, S. 287 ff.

Rechtshandbuch Vermögen und Investitionen in der ehemaligen DDR – RVI, Band II, (Hrsg.: Clemm, Hermann/Etzbach, Ernst/Faßbender, Josef/Messerschmidt, Burkhard/Schmidt-Räntsch, Jürgen), C.H. Beck Verlag, München, 62. Ergänzungslieferung, Stand Oktober 2013

Rietschel, Solveig Internationale Vorgaben zum Kulturgüterschutz und ihre Umsetzung in Deutschland, Das KGÜAG- Meilenstein oder fauler Kompromiss in der Geschichte des deutschen Kulturgüterschutzes?; Schriften zum Kulturgüterschutz (Hrsg.: Fiedler, Winfried/Jayme, Erik/Siehr, Kurt); de Gruyter, Berlin, New York, 2009

Röhling, Kerstin Restitution jüdischer Kulturgüter nach dem Zweiten Weltkrieg, Eine völkerrechtliche Studie, Saarbrücker Studien zum Internationalen Recht (Hrsg.: Fiedler, Wilfried/Jung, Heike/Martinek, Michael/Ress, Georg/Stein, Torsten), Band 26; Nomos Verlagsgesellschaft, Baden-Baden, 2004

Roellecke Gerd Warum schützen wir Kulturgüter?, in: Mußgnug, Reinhard/Roellecke, Gerd (Hrsg.), Aktuelle Fragen des Kulturgüterschutzes, Beiträge zur Reform des deutschen Kulturgutschutzgesetzes 1955 und seiner Angleichung an den europäischen Kulturgüterschutz; Motive-Texte-Materialien (MTM), Band 79; C.F. Müller Verlag, Heidelberg, 1998, S. 31 ff.

Roth, Martin Restitution – die Angst vor der eigenen Geschichte?, in: Schoeps, Julius H./Ludewig, Anna-Dorothea (Hrsg.), Eine Debatte ohne Ende? Raubkunst und Restitution im deutschsprachigen Raum; Verlag für Berlin-Brandenburg, Berlin, 2007, S. 123 ff.

Rudolph, Sabine Restitution von Kunstwerken aus jüdischem Besitz, Dingliche Herausgabeansprüche nach deutschem Recht; Schriften zum Kulturgüterschutz (Hrsg.: Fiedler, Winfried/Jayme, Erik/Siehr, Kurt); de Gruyter, Berlin, New York, 2005

Sachs, Michael Grundgesetz Kommentar, 7. Aufl., C.H. Beck, München, 2014

Stelkens, Paul/Bonk, Heinz Joachim/Sachs, Michael Verwaltungsverfahrensgesetz Kommentar, 8. Aufl.; C.H. Beck, München

Säcker, Franz Jürgen Vermögensrecht: Kommentar zu §§ 1 bis 21 Vermögensgesetz, Verlag C.H. Beck, München, 1995

Schmidt, Wolfgang Entziehung von Sachvermögen und Rechten innerhalb des Geltungsbereich des Bundesrückerstattungsgesetzes, in: in: Bundesminister der Finanzen/Schwarz, Walter (Hrsg.), Das Bundesrückerstattungsgesetz, Die Wiedergutmachung Nationalsozialistischen Unrechts durch die Bundesrepublik Deutschland, Band II; Verlag C.H. Beck München, 1981, S. 123 ff.

Schnabel, Gunnar/Tatzkow, Monika Nazi Looted Art, Handbuch Kunstrestitution weltweit; Proprietas-Verlag, Berlin, 2007

Schnabel, Gunnar/Tatzkow, Monika Berliner Straßenszene: Raubkunst und Restitution. Der Fall Kirchner; Proprietas-Verlag, Berlin, 2008

Schnabel, Gunnar Ausfuhrverbote vs. Raubkunstrückgabe, ZOV 2007, Heft 2, S. 107 ff.
Schoeps, Julius H. Das Erbe der Mendelsohns, Biographie einer Familie; S. Fischer Verlag, 3. Aufl., Frankfurt am Main 2009
Schöne, Dorothea Revision, Restitution und Neubeginn, Das Städel nach 1945, in: Fleckner, Uwe/Hollein, Max (Hrsg.), Museum im Widerspruch, Das Städel und Nationalsozialismus, Schriften der Forschungsstelle „Entartete Kunst", Band VI; Akademie Verlag, Berlin, 2011, S. 241 ff.
Schönenberger, Beat Restitution von Kulturgut, Stämpfli Verlag, Bern, 2009
Von Schorlemer, Sabine Internationaler Kulturgüterschutz, Ansätze zur Prävention im Frieden sowie im bewaffneten Konflikt, Duncker & Humblot, Berlin, 1992
Schultz, Bernd Amputation einer einzigartigen Sammlung, Ernst Ludwig Kirchners Gemälde „Berliner Straßenszene" aus dem Berliner Brücke-Museum ist zu Unrecht als Raubgut eingestuft worden, in: Frankfurter Allgemeine Zeitung vom 4. 11. 2006
Schultz, Bernd Man sagt Holocaust und meint Geld, in: Frankfurter Allgemeine Zeitung vom 10. 1. 2007
Schwarz, Walter Rückerstattung nach den Gesetzen der Alliierten Mächte, Die Wiedergutmachung nationalsozialistischen Unrechts durch die Bundesrepublik Deutschland, Bundesminister der Finanzen/Schwarz, Walter (Hrsg.), Die Wiedergutmachung Nationalsozialistischen Unrechts durch die Bundesrepublik Deutschland, Band I, Verlag C.H. Beck, München, 1974
Schwarz, Walter Die Wiedergutmachung nationalsozialistischen Unrechts durch die Bundesrepublik Deutschland. Ein Überblick, in: Herbst, Ludolf/Goschler, Constantin (Hrsg.) Wiedergutmachung in der Bundesrepublik Deutschland; R. Oldenbourg Verlag, München, 1989, S. 33 ff.
Schwarze, Jürgen Der Schutz nationalen Kulturguts im europäischen Binnenmarkt, *JZ 1994*, Heft 7, S. 111 ff.
Seelig, Lorenz Die Münchner Sammlung Alfred Pringsheim – Versteigerung, Beschlagnahmung, Restitution, in: Entehrt. Ausgeplündert. Arisiert. Entrechtung und Enteignung der Juden, Veröffentlichungen der Koordinierungsstellung für Kulturgutverluste, Band 3; dmv // druck-medienverlag GmbH, Halle-Queis, 2005
Von Selle, Claudia/Zschunke, Ulrich Ein Weg, wo kein Wille ist? Soft law-Vereinbarungen als nichtstaatliche Konfliktlösung in Restitutionsfällen; Osteuropa, 56. Jg., 1–2/2006, S. 383 ff.
Sprecher, Jörg Beschränkungen des Handels mit Kulturgut und die Eigentumsgarantie; de Gruyter, Berlin, 2003
Streinz, Rudolf EUV/AEUV, Vertrag über die Europäische Union und Vertrag über die Arbeitsweise der Europäischen Union, 2. Aufl.; Verlag C.H. Beck, München 2012
J. von Staudingers Kommentar zum Bürgerlichen Gesetzbuch, Sellier – de Gruyter, Berlin, Neubearbeitung jeweils angegeben
Syssoeva, Elena Kunst im Krieg, Eine völkerrechtliche Betrachtung der deutsch-russischen Kontroverse um kriegsbedingt verbrachte Kulturgüter, Schriften zum Völkerrecht, Band 152; Duncker & Humblot, Berlin, 2004
Thorn, Bettina Internationaler Kulturgüterschutz nach der UNIDROIT-Konvention; Schriften zum Kulturgüterschutz (Hrsg.: Fiedler, Winfried/Jayme, Erik/Siehr, Kurt); de Gruyter, Berlin, New York, 2005

Tisa Francini, Esther Im Spannungsfeld zwischen privater und öffentlicher Institution, Das Städelsche Kunstinstitut und seine Direktoren 1933–1945, in: Fleckner, Uwe/Hollein, Max (Hrsg.), Museum im Widerspruch, Das Städel und Nationalsozialismus, Schriften der Forschungsstelle „Entartete Kunst", Band VI; Akademie Verlag, Berlin, 2011, S. 93 ff.

Von Trott zu Solz, Jost Die Behandlung nichtiger Enteignungen im Rahmen von § 1 Abs. 6 VermG, dargestellt am Beispiel der Vermögensentziehungen nach § 3 der 11. VO zum Reichsbürgergesetz, ZOV 1998, Heft 3, S. 163 ff.

Von Trott zu Solz, Jost/Gielen, Imke Kunstrestitution auf der Grundlage der Beschlüsse der Washingtoner Konferenz vom 3. Dezember 1998 und der Gemeinsamen Erklärung vom Dezember 1999, ZOV, Heft 5 2006, S. 256 ff.

Uhl, Antje-Katrin Der Handel mit Kunstwerken im europäischen Binnenmarkt: Freier Warenverkehr versus nationaler Kulturgüterschutz, Duncker & Humblot, Berlin, 1993

VermG Kommentar Band 1 (Hrsg.: Fieberg, Gerhardt/Reichenbach, Harald/Messerschmidt, Burkhard/Neuhaus, Heike), C.H. Beck Verlag, München, 34. Ergänzungslieferung, Stand Januar 2014

Graf Vitzthum, Wolfgang Völkerrecht, 5. Aufl.; de Gruyter, Berlin, New York, 2010

Voss, Julia Bayerisches Bollwerk, FAZ v. 7.10.2010

Walk, Joseph Das Sonderrecht für die Juden im NS-Staat, Eine Sammlung der gesetzlichen Maßnahmen und Richtlinien – Inhalt und Bedeutung; 2. Aufl., UTB Uni-Taschenbücher Verlag; Stuttgart 1996

Weber, Marc Unveräußerliches Kulturgut im nationalen und internationalen Rechtsverkehr; Schriften zum Kulturgüterschutz (Hrsg.: Fiedler, Winfried/Jayme, Erik/Siehr, Kurt); de Gruyter, Berlin, New York, 2002

Westermann, Harm Peter/Grunewald, Babara/Maier-Reimer, Georg Erman Bürgerliches Gesetzbuch, Handkommentar, Band II, 14. Aufl.; Verlag Dr. Otto Schmidt, Köln, 2014

Wolff, Hans J./Bachof, Otto/Stober, Rolf/Kluth, Winfried Verwaltungsrecht I, Ein Studienbuch, 12. Aufl.; Verlag C.H. Beck, München, 2007

Zechner, Ingo Zweifelhaftes Eigentum. Fußnoten zur Kunstrestitution in Österreich, in: Anderl, Gabriele/Caruso, Alexandra (Hrsg.), NS-Kunstraub in Österreich und die Folgen; Studien Verlag, Innsbruck, Wien, Bozen, 2005, S. 235 ff.

Zechner, Ingo Wie Entscheidungen fallen – Kunstrestitution in der Praxis, in: Pawlowsky, Verena/Wendelin, Harald (Hrsg.), Enteignete Kunst, Raub und Rückgabe, Österreich von 1938 bis heute; Mandelbaum Verlag, Wien, 2006, S. 209 ff.

Zimmermann, Norbert die Praxis der Restitution, in: Museen im Zwielicht, Ankaufspolitik 1933–1945, Kolloquium vom 11. und 12. Dezember 2001 in Köln, die eigene Geschichte, Provenienzforschung an deutschen Kunstmuseen im internationalen Vergleich, Tagung vom 20. bis 22. Februar 2002 in Hamburg, Veröffentlichungen der Koordinierungsstellung für Kulturgutverluste (Hrsg.), Band 2, 2., erweiterte Aufl., Magdeburg, 2007, S. 323 ff.

FSC
www.fsc.org
MIX
Papier | Fördert
gute Waldnutzung
FSC® C083411

Kolibri 360 GmbH
Ferdinand-Jühlke-Straße 7
99095 Erfurt, Deutschland
produktsicherheit@kolibri360.de